Lukas Wyss

Die Kunst der Verhandlungsführu

Lukas Wyss

Die Kunst der Verhandlungsführung

2. stark erweiterte Auflage

Strategie

Taktik

Konfliktlösung

Helbing Lichtenhahn

C.H.BECK

Bibliographische Information der Deutschen Nationalbibliothek

Die Deutsche Nationalbibliothek verzeichnet diese Publikation in der Deutschen Nationalbibliographie; detaillierte bibliographische Daten sind im Internet unter http://dnb.dnb.de abrufbar.

Alle Rechte vorbehalten. Dieses Werk ist weltweit urheberrechtlich geschützt. Insbesondere das Recht, das Werk mittels irgendeines Mediums (grafisch, technisch, elektronisch und/oder digital, einschliesslich Fotokopie und downloading) teilweise oder ganz zu vervielfältigen, vorzutragen, zu verbreiten, zu bearbeiten, zu übersetzen, zu übertragen oder zu speichern, liegt ausschliesslich beim Verlag. Jede Verwertung in den genannten oder in anderen als den gesetzlich zugelassenen Fällen bedarf deshalb der vorherigen schriftlichen Einwilligung des Verlags.

ISBN 978-3-7190-4648-4 (Helbing Lichtenhahn)
ISBN 978-3-406-81118-0 (Verlag C.H. Beck)

© 2023 Helbing Lichtenhahn Verlag, Basel
www.helbing.ch

Vorwort zur 2. Auflage

Als ich im Jahr 2017 mit dem Schreiben der ersten Auflage dieses Buches begann, wusste ich noch nicht, wo die Reise hinführen würde. Die Aufgabe, ein völlig neues, systematisches und praxisnahes Konzept zur Verhandlungsführung zu entwerfen, das nicht nur Grundsätze der modernen Erkenntnispsychologie und Kommunikation, sondern auch Aspekte des strategischen Denkens wie auch des Projektmanagements berücksichtigte, erschien mir fast unlösbar. Doch im Winter 2019 kam das Buch auf den Markt, und der Erfolg sowie die zahlreichen positiven Rezensionen und Rückmeldungen von Kolleginnen und Kollegen freuten mich sehr und ermutigten mich, die erste Auflage zu überarbeiten und Themen zu vertiefen, die ich vorher aus Zeitgründen nur anschneiden konnte. Viele Reaktionen von Anwältinnen und Anwälten, aber auch Managern, Ingenieuren und anderen Berufsleuten lauteten etwa so: «*Ich führe schon seit langem Verhandlungen. Hätte ich Ihr Buch früher gelesen und die Grundlagen der Verhandlungsführung besser verstanden, so wäre mir viel Ärger erspart geblieben und ich hätte sicherlich erfolgreicher verhandelt.*» Junge Kolleginnen und Kollegen freuen sich, endlich ein fundiertes und praktisch orientiertes Buch über Verhandlungsführung in der Hand zu haben, das nicht nur die Grundlagen der Verhandlungslehre aufzeigt, sondern praxisnah darlegt, *wie man konkret angepasst an die verschiedensten Umstände verhandelt.* Das Konzept in der zweiten bleibt dasselbe wie in der ersten Auflage. Allerdings habe ich das Buch erheblich überarbeitet, um es *noch besser verständlich und noch praxisnaher* zu gestalten: So habe ich viele Stellen im konzeptionellen Teil ergänzt und verdeutlicht, indem ich *zahlreiche weitere, ausführliche Verhandlungsbeispiele* aufführe. Erneut habe ich dabei aus einem breiten Fundus geschöpft. Aufgrund der Praxisrelevanz habe ich insbesondere den Teil zu den Druckstrategien überarbeitet und ergänzt. Weiter behandle ich das Zeitelement – *Rhythmus und Timing* – neu in einem eigenen Kapitel. Ein weiteres Kapitel ist der Frage gewidmet, wie wir unwahre Aussagen entdecken können. Dies kann gerade in Verhandlungen von grossem Wert sein. Auch die *Prospect Theory* von Kahnemann und Tversky zur Verhaltensökonomie und die Bedeutung der Psychologie in der Verhandlungsführung erhält aufgrund des grossen Interesses der Leserschaft mehr Raum und wird anhand von anschaulichen Beispielen weiter verdeutlicht. Überdies habe ich den Teil zur Analyse von Verhandlungssituationen und zur Entscheidfindung, insbesondere zur *Berechnung von Alternativen zu einer Verhandlungslösung* («BATNA»), sowie zum *Projektmanagement* erweitert und noch verständlicher ausformuliert. Ein separates, ausführliches Kapitel behandelt die «*reine Preisdiskussion*» und die *Preisfindung durch Auktion,* da diese in der Praxis häufig vorkommen. Zudem behandle ich die strategische Frage, ob besser ein Erst- oder Zweitangebot unterbreitet werden soll, ob es also in Verhandlungen ein Vorteil ist, seine Karten rascher auf den Tisch zu legen oder zuzuwarten. Drei neue Kapitel widme ich zudem den Verhandlungskünsten des ehemaligen US-Präsidenten Donald Trump, dem hochbrisanten und aktuellen Thema «Verhandlungen mit dem Teufel», wo sich schwierige verhandlungsbezogene ethisch-moralische Fragen stellen, und ich erörtere, wie mit solchen Verhandlungssituationen umgegangen werden kann, und schliesslich dem «Debriefing». Die Zusammenfassung des Verhandlungsführungsprozesses ist als Kernstück des Buches so überarbeitet, dass für einfache («Typ I») wie auch für komplexe («Typ II») Verhandlungssituationen ein detaillierter und leicht anwendbarer *Verhandlungsalgorithmus* vorliegt. Zudem ist das Inhaltsverzeichnis erneut so detailliert ausgestaltet, dass es in Verhandlungen als Checkliste dienen kann. Wiederum freue ich mich über Ihr möglichst zahlreiches Feedback auf lukas.wyss@bratschi.ch.

Inhaltsverzeichnis

Vorwort zur 2. Auflage 5

Teil 1:
Einführung 15

I. **«Disputo, ergo sum»** 17

Teil 2:
Grundlagen der Verhandlungsführung 23

II. **Definitionen und Grundbegriffe** 25
A. Definitionen 25
B. Analyse, Verhandlungsziel, Verhandlungsstrategie und -taktik 28

III. **Verhandlungen verstehen – Grundlagen des Verhandelns** 33
A. Die «Verhandlungslandkarte» und ihre Umgebung 33
    1. Vorbemerkung 33
    2. Die fünf Verhandlungsebenen 34
    3. Der Verhandlungsführungsprozess 37
    4. Die fünf Phasen des Verhandlungsprozesses 38
    5. «The Big Four»: Vier Fragen, welche sich in Verhandlungen immer wieder stellen 38
    6. Die Verhandlungslandkarte 39
    7. Drei Caveats 40
    8. Der rechtliche Rahmen von Verhandlungen 42
        8.1 Der rechtliche Rahmen von Verhandlungen im Allgemeinen 42
        8.2 Daten- und Geheimnisschutz 44
            8.2.1 Datenschutzrechtliche Rahmenbedingungen 44
            8.2.2 Geheimnisschutzrechtliche Rahmenbedingungen 47
        8.3 Partikularitäten der Verhandlungsführung durch Anwältinnen und Anwälte 49
B. Zwei grundlegende Verhandlungsmodelle und spieltheoretische Verhandlungsansätze 52
    1. Vorbemerkungen 52
    2. Distributive Verhandlungsmodelle: Austausch von Angeboten und Aufbau sowie Ausspielen von tatsächlicher oder vermeintlicher Verhandlungsmacht («win-lose») 52
    3. Kooperative Verhandlungsmodelle: Identifikation und Abgleich gemeinsamer Interessen («win-win») 60

4. Spieltheoretische Verhandlungsansätze 63
   4.1 Vorbemerkungen 63
   4.2 Das «Gefangenen-Dilemma»: Wenn die Kooperation eine höhere Dividende bringt als «no deal», aber mit egoistischem Verhalten die maximale Dividende zu erzielen wäre 64
   4.3 Das «Feiglings-Spiel»: Irrational-sturer Kollisionskurs mit fatalen Konsequenzen 67
   4.4 «Ich teile – du wählst» 70
   4.5 Das «Ultimatums-Spiel» 73
   4.6 Erkenntnisse aus spieltheoretischen Verhandlungsansätzen 74
5. Gewinnen – oder Verhandeln? 75

C. **Die Dynamik hinter Verhandlungen: sechs (sieben) grundlegende taktische Ausrichtungen** 77
1. Einführung 77
2. Druck ausüben: Angreifen, Drängen, Zermürben und der Einsatz von Ultimaten 80
   2.1 Druck ausüben – und der Ritt auf der Rasierklinge 80
   2.2 Beispiele zur Druckausübung 88
   2.3 Der Einsatz von Ultimaten – riskant oder sinnvoll? 92
   2.4 Indirekte Druckausübung – «Flirten mit dem Gegner» 96
3. Ausweichen und Verzögern 97
4. Nachgeben 100
5. Beharren und Widerstand leisten 101
6. Kompromiss eingehen 102
7. Kooperieren 103
8. «Black Magic»: List und Täuschung 104
   8.1 List und Täuschung in Verhandlungen – darf man das? 104
   8.2 Rechtliche Konsequenzen von List und Täuschung 109
   8.3 List und Täuschung erkennen 110
   8.4 Wie wir Lügen aufdecken und die Wahrheit erfahren 112
      8.4.1 Wahrheit oder Unwahrheit – das ist hier die Frage 112
      8.4.2 Woran erkennen wir, dass jemand lügt? 114
      8.4.3 Wie gehen Verhörspezialisten vor, um Lügen aufzudecken? ... 119
      8.4.4 Kreuzverhörtechniken, um die Wahrheit zu erfahren 127
9. Positive und negative Dynamik 128
10. Kombinationen und Mischformen von Vorgehensweisen 128

D. **Besondere Eigenheiten und kulturelle Aspekte in internationalen Verhandlungen** 131

E. **Die Bedeutung von Verhandlungsstrategien – und die Wichtigkeit, davon situativ abzuweichen** 133

		1. Die Bedeutung von Verhandlungsstrategien für den Verhandlungsprozess	133
		2. Strategie und Verhandlungstaktik	137
	F.	Typisierung von Verhandlungsstrategien und Verhandlungen	139
		1. Grundtypen von Verhandlungsstrategien	139
		2. Harte beziehungsweise kompetitive Verhandlungsstrategien	139
		3. Weiche Verhandlungsstrategien	141
		4. Kooperative und kooperationsorientierte Verhandlungsstrategien – das Harvard Konzept und die Chicago Schule	142
		5. Semi-kooperative beziehungsweise kooperationsorientierte Verhandlungsstrategien	144
		6. Einmalige und wiederkehrende Verhandlungen	145
		7. Strukturierte und unstrukturierte Verhandlungen	145
		8. «Shock and awe» beziehungsweise «all in» vs. langsamer Aufbau einer Position der relativen Stärke	147
		9. Synthese: flexible, analyse-basierte und strukturierte Verhandlungsführung	148
IV.	«Die Werkzeugkiste»: Elemente erfolgreicher Verhandlungsführung ...		151
A.	Was heisst erfolgreich verhandeln?		151
		1. Verhandlungserfolg in qualitativer und quantitativer Hinsicht	151
		2. Weshalb Verhandlungen scheitern	152
B.	Erfolgreich verhandeln heisst vorab, verstehen und eine Beziehung schaffen: Die Bedeutung der Psychologie und Kommunikation in der Verhandlungsführung		155
		1. Verhandeln und Psychologie	155
		2. Verhandeln unter Druck	165
		3. Denkmuster und Denkfallen	166
		3.1 «Bias» und «Noise»	166
		3.2 Gewinnhoffnung, Verlustaversion und das «vierfache Muster» nach Kahneman	167
		3.3 Wahrnehmungsverzerrungen («Bias»)	173
		3.4 Kognitives Störrauschen («Noise»)	180
		3.5 «Schau auf den Ball, nicht auf den Spieler!»	181
		4. Verhandeln, Beziehungsaufbau und Beziehungspflege	182
		5. Die Bedeutung der Kommunikation für die Verhandlungsführung	189
		5.1 Beziehungsaufbau und -pflege durch Kommunikation	189
		5.2 Die vier Ebenen der Kommunikation	190
		5.3 Drei Grundregeln für eine erfolgreiche Kommunikation	191
		5.3.1 Kommunizieren Sie positiv	191

5.3.2 Kommunizieren Sie klar, transparent und zielgerichtet 195
5.3.3 Definieren Sie die Kommunikationskanäle und Adressaten der Kommunikation und informieren Sie phasengerecht die Stakeholder 196
6. Was wir von den Verhandlungsprofis des FBI lernen können 198
7. Setzen Sie vertrauensbildende Massnahmen ein 209
8. Schaffen Sie Vertrauen durch einen strukturierten Verhandlungsprozess 214
9. Die positive Verhandlungsspirale und die negative Verhandlungsschlaufe 214

C. Verhandeln heisst Interessen definieren und gemeinsam Lösungen erarbeiten 217
D. Die Bedeutung von Informationen für die Verhandlungsführung 219
E. Systematische Verhandlungsplanung und -durchführung 224
F. Die Gunst der Stunde nutzen 227
    1. Initiative 227
    2. Verhandlungsmacht *(«Leverage»)* *229*
    3. Momentum 231
    4. Das Zeitelement – Rhythmus und Timing 232
G. Der Einsatz von bewährten Verhandlungs-Tools 235
    1. Die Kommunikationsmittel 235
    2. Die Sitzung (Meeting) 235
    3. Die Traktandenliste (Tagesordnungsliste) 238
    4. Das Protokoll 241
    5. Der Zeitplan 241
    6. Die Massnahmenliste (To do-Liste) 241
    7. Dokumentenmanagement 242
    8. Projektcontrolling 243
H. «Perfekte Prognosen» und Strategiebewertung 244
    1. «Perfekte» Prognosen – ein kleiner Ausflug in die Statistik 244
        1.1 Prognosen und statistische Grundlagen 245
        1.2 Fehlerquellen von Prognosen 247
        1.3 «Gute Prognosen» 251
            1.3.1 Das Bayes'sche Theorem oder die Wichtigkeit starker Prädikatoren 251
            1.3.2 Nichttrivialität, Objektivität und Validität 253
            1.3.3 Einfachheit und regelmässige Überprüfung der Prädikatoren .. 255
            1.3.4 Berücksichtigung von Wahrnehmungsverzerrungen 256
            1.3.5 Langzeitprognosen sind hochgradig unsicher und oft falsch ... 257
    2. Schlussfolgerungen für die Verhandlungsplanung 259

Teil 3:
Der Verhandlungsprozess 263

V. **Der Ablauf von Verhandlungen: Das fünfstufige dynamisch-flexible Verhandlungsmodell** 265
A. Phase 1 – Vorbereitung und Planung der Verhandlungen 266
    1. Einordnung der Verhandlung 266
    2. Informationsbeschaffung und Analyse als Grundlage von Verhandlungen 268
    3. Die Beziehungsebene 274
        3.1 Analyse der Stakeholder (Key Player) 274
        3.2 Stärken und Schwächen der Parteien und ihrer Vertreter 277
        3.3 Abhängigkeiten, Verflechtungen und Rückkoppelungen 279
    4. Die Sachebene 279
        4.1 Interessen, Motive und Positionen 279
        4.2 Das Verhandlungsziel: Best case, Must haves und Tradeables 283
        4.3 Vorbedingungen 288
        4.4 Abhängigkeiten, Verflechtungen und Rückkoppelungen 291
        4.5 Rechtliche Rahmenbedingungen 292
        4.6 Sachliche Stärken und Schwächen sowie die Argumente der Parteien 292
        4.7 Welches ist das übrige Verhandlungsumfeld? 293
        4.8 Wer profitiert vor allem von der Vereinbarung, und wer würde von einem Vertragsbruch profitieren? 293
    5. Beurteilung der Lage und Verhandlungsplanung 293
        5.1 Bewertung der Informationen und Entwicklung von Verhandlungsszenarien 294
        5.2 Festlegung der Verhandlungsstrategie und -taktik (Entschlussfassung) 298
            5.2.1 Strategieentwicklung 298
            5.2.2 Strategieüberprüfung und -umsetzung 301
            5.2.3 Zudem: BATNA und Exit-Strategie prüfen 303
            5.2.4 Verhandlungsoptionen und BATNA berechnen beziehungsweise approximieren 306
    6. Verhandlungsorganisation, Verhandlungsablauf und Regie (Umsetzung) 312
    7. Vertraulichkeit, Kostentragung und Exklusivität 315
    8. Kommunikation 315
B. Phase 2 – Einstieg in die Verhandlungen: Beziehungs- und Vertrauensaufbau («Warm-up») sowie Organisation der Verhandlungen ... 317
C. Phase 3 – Informationsaustausch und Klärung der Interessenlagen .. 323

D. Phase 4 – Die eigentliche Verhandlung beziehungsweise der Kernverhandlungsprozess 325
   1. Acht allgemeine Empfehlungen für die Verhandlungsführung 326
      1.1 Stellen Sie ein geeignetes Verhandlungsteam zusammen und definieren Sie eine Teamstrategie 326
      1.2 Definieren Sie Ihr Verhandlungsziel und behalten Sie dieses im Auge 332
      1.3 Verhandeln Sie phasenkonform 333
      1.4 Erfolgreich zu verhandeln setzt voraus, dass Sie Ihren Verhandlungspartner oder Ihre Verhandlungspartnerin verstehen – und *vice versa* *334*
      1.5 Arbeiten Sie sich von der MAPP über die Zone of Possible Agreement (ZOPA) zum Agreement 335
      1.6 Haben Sie Geduld und antizipieren Sie 341
      1.7 Planen Sie den Verhandlungsablauf 342
      1.8 Setzen Sie die interne und externe Kommunikation zielführend ein .. 343
   2. ... und acht Verhandlungstechniken für erfolgreiche Verhandlungen 344
      2.1 Wer fragt, führt – wer argumentiert, verliert 345
      2.2 Erarbeiten Sie kreative Lösungen 352
          2.2.1 Think out of the box 352
          2.2.2 Testen Sie Ideen und lassen Sie «Versuchsballons» steigen ... 356
      2.3 Balancieren Sie geschickt «Leverage» und kooperatives Verhandeln .. 357
          2.3.1 Setzen Sie «Leverage» und Verhandlungsdruck dosiert und zielorientiert ein 357
          2.3.2 Berücksichtigen Sie in den Verhandlungen stets auch die Beziehungsebene 358
          2.3.3 Stellen Sie Interessen und nicht Positionen in den Mittelpunkt 361
          2.3.4 Entwickeln Sie vor der Entscheidung verschiedene Wahlmöglichkeiten 362
          2.3.5 Definieren Sie vorgängig Ihre Kriterien zur Beurteilung möglicher Verhandlungslösungen 363
      2.4 Behalten Sie eine strategische Reserve in der Hand 365
      2.5 Sichern Sie sich Ihren Einfluss auf die Redaktion des Vereinbarungsdokuments 365
      2.6 Bleiben Sie glaubwürdig und vermeiden Sie Sackgassen 366
      2.7 Fordern Sie beidseitige Zugeständnisse ein 371
      2.8 Setzen Sie Ihre Emotionen bewusst (und sparsam) sowie jene der Gegenpartei zu Ihrem Vorteil ein 372

E. Phase 5 – Der Abschluss der Verhandlung: «Make it or break it» 374
   1. Bauen Sie gegen Ende der Verhandlungen Verhandlungs- und Abschlussdruck auf 374
   2. Schaffen Sie bezüglich der Verhandlungszwischenergebnisse Verbindlichkeit 377
      2.1 «Anker werfen» 378
      2.2 Setzen Sie Leitplanken oder revidieren Sie das Verhandlungsziel ... 379
      2.3 Bringen Sie die Verhandlungen durch Versprechen voran 380
      2.4 Überprüfen Sie regelmässig, ob sich die Verhandlungen auf «Zielkurs» befinden 381
      2.5 Fixieren Sie Zwischenergebnisse schriftlich 381
   3. Fixieren Sie die finale Verhandlungslösung in schriftlicher Form und sichern Sie sie ab 382
   4. Insbesondere: Die «reine Preisdiskussion» 388
   5. Preisfindung durch Auktion 393
   6. Wenn die Verhandlungen stocken oder blockiert sind 396
   7. Exit-Strategie: Abbruch der Verhandlungen 399
   8. Debriefing 400

Teil 4:
Konfliktlösung 403

VI. Konfliktsituationen: Verhandeln unter erschwerten Bedingungen 405
A. Konfliktmanagement in Verhandlungen 405
   1. Konflikte und Konfliktmanagement 405
   2. Konflikte als Chancen 408
   3. Grundlagen des Konfliktmanagements 408
   4. Konflikte antizipieren, vermeiden und frühzeitig lösen 414
   5. Acht Empfehlungen für den erfolgreichen Umgang mit Konflikten in Verhandlungssituationen 416
      5.1 Bleiben Sie ruhig, gewinnen Sie Zeit und deeskalieren Sie wenn nötig 416
      5.2 Analysieren Sie den Konflikt und ordnen Sie ihn ein 424
         5.2.1 Analyse des Kontextes und der Dynamik des Konflikts 425
         5.2.2 Analyse der Ursachen des Konflikts auf den fünf Verhandlungsebenen 427
      5.3 Weichen Sie den Konflikt auf, indem Sie die Konfliktthemen aufarbeiten und auf die Gegenseite zugehen 434
      5.4 Verändern Sie die Dynamik der Verhandlungen von Konflikt auf eine gemeinsame Lösungsfindung 438

	5.5	Suchen Sie sich Verbündete	446
	5.6	Bauen Sie eine «goldene Brücke» und schaffen Sie die erforderliche Nachvollziehbarkeit und Akzeptanz aus der Sicht der anderen Partei	448
	5.7	Machen Sie es der anderen Partei schwierig, «Nein» zu sagen	452
	5.8	Wenn alles nichts nützt: Erwägen Sie die Änderung des Verhandlungsteams, rechtliche Möglichkeiten oder den Exit aus den Verhandlungen	454
6.	Strategien gegen trickreich und unfair taktierende Parteien sowie gegen Ultimaten		457
	6.1	Typische Antworten auf trickreiche und unfaire Taktiken	457
	6.2	Wie beantworten wir persönliche Angriffe und Provokationen?	462
	6.3	Wie gehen wir mit Ultimaten um?	465
	6.4	Exkurs «The Art of the Deal» – US-Präsident Trumps Verhandlungskünste unter der Lupe	467

B. Verhandeln mit dem Teufel 472
 1. Sollen wir mit dem «Teufel» verhandeln? 472
 2. Unter welchen Umständen sollen wir mit dem «Teufel» verhandeln? 479
 3. Welche Schlussfolgerungen können wir für Verhandlungen mit dem Teufel ziehen? 485
C. Verhandeln oder Prozessieren? 496
D. Einvernehmliche Konfliktbeilegung unter Beizug Dritter 499
E. Konfliktbeilegung vor Gerichten und Schiedsgerichten 503
 1. Allgemeine Ausführungen 503
 2. Besonderheiten bei Einigungsverhandlungen vor staatlichen Gerichten und Schiedsgerichten 504

Teil 5:
Die Anwendung in der Praxis und Schlussbemerkungen 507

VII. Die Anwendung in der Praxis 509
A. Typ I- und Typ II-Verhandlungen 509
B. Beispiele für Typ I- und Typ II-Verhandlungen 522

VIII. Schlussbemerkungen 527

Literaturverzeichnis 529

Stichwortverzeichnis 543

Teil 1:
Einführung

I. «Disputo, ergo sum»

Verhandeln ist eine urmenschliche Tätigkeit – eine Tätigkeit, die wir von Kindesalter an immer und immer wieder ausüben: Wir verhandeln um Essen, Kleidung, Zuneigung und Freundschaft, über Produktpreise, Reiseangebote, Jobs und Lohn. Wir verhandeln mit unseren Geschwistern, Eltern, Partnerinnen und Partnern, im privaten, geschäftlichen oder politischen Umfeld, in einfachen und in komplexen Situationen. Unsere Stellung im sozialen, wirtschaftlichen, rechtlichen und politischen Umfeld wird massgeblich durch unsere Fähigkeit, zu verhandeln, bestimmt. Wir können deshalb mit Fug sagen: *«Disputo, ergo sum»*, oder *«ich verhandle, also bin ich»*.

Verhandlungsführung als Instrument, um gute Lösungen zu erzielen, faszinierte mich bereits als Jurastudent, wo ich das «Harvard Konzept», den berühmten kooperativen Verhandlungsansatz, kennenlernte.[1] Das «Schlüsselerlebnis» hatte ich dann im Sommer 1999, als ich als junger Anwalt erlebte, wie ein erfahrener Verhandlungsführer die andere Partei in komplexen Produktions- und Lizenzverhandlungen strategisch und taktisch «überspielte», nur um kurz darauf zu erkennen, dass der vermeintliche Erfolg ein Pyrrhussieg war ... Ich war nachhaltig fasziniert davon, wie komplex und vielschichtig Verhandlungen sein können und realisierte, dass es dabei oft um weit mehr geht als nur um *«getting to yes»*.[2] Ich begann, mich systematisch mit dem Verhandlungsprozess und verschiedenen Verhandlungsansätzen zu beschäftigen. Seither habe ich nicht nur eine Vielzahl von Verhandlungen geführt, sondern auch über hundertfünfzig Prozesse vor staatlichen Gerichten und privaten Schiedsgerichten. Die Erkenntnis, dass Prozesse – wenn auch oft unvermeidlich – regelmässig nur begrenzt dazu geeignet sind, die effektiven Interessen der Parteien durchzusetzen,[3] und dass die damit verbundenen Kollateralschäden wie zerstörte Geschäftsbeziehungen und die Bindung von personellen und finanziellen Ressourcen den Prozess-

Den Verhandlungspartner taktisch zu überspielen, stellte sich als Pyrrhussieg heraus.

---

[1] Vgl. zum Harvard Konzept insbesondere Kapitel III.F.4 und V.D.2.3.
[2] «Getting to yes» war das ursprüngliche Motto des Harvard Konzepts.
[3] Dies rührt unter anderem daher, dass in Prozessen – anders als in Verhandlungslösungen – nur bestimmte Rechtsbehelfe zur Verfügung stehen und Rechtsbegehren zulässig sind. So stehen bei Vertragsverletzungen typischerweise Nachbesserung, Preisminderung, Rücktritt vom Vertrag und Schadenersatz zur Verfügung. Der Vollzug des Vertrages (Realexekution) dagegen ist oftmals rechtlich nicht möglich. Auch die Weiterführung des Vertrages zu veränderten Bedingungen oder der Abschluss eines neuen, weiteren Vertrages unter Aufhebung der alten Vereinbarung nebst Neugestaltung der Preisregelung und beispielsweise Einführung von Mindestabnahmemengen zur Kompensation des Schadens aus dem anderen Vertrag ist nur als Verhandlungslösung möglich. Allerdings dienen Prozesse oftmals auch dazu, in Konfliktsituationen die Positionen der Parteien aufzuarbeiten und Verhandlungsdruck zu erzeugen. Viele Prozesse werden am Ende des Tages durch eine Vergleichslösung erledigt. Zum Verhältnis von Verhandlungen zur Prozessführung, siehe Kapitel VI.C.

gewinn oft relativieren, wenn nicht gar in Frage stellen, ist dabei gleich alt wie jene, dass wir «vor Gericht und auf hoher See in Gottes Hand» sind.[4] Dies macht die Verhandlungsführung umso interessanter, sind doch Verhandlungen nicht nur ein ausgezeichnetes Mittel, um Vereinbarungen über gemeinsame Projekte zu erzielen, sondern auch, um Konflikte nachhaltig beizulegen.[5]

Im Rahmen meiner Verhandlungs- und Schulungstätigkeit stellte ich immer wieder fest, dass Verhandlungsführung regelmässig mit taktischen Tricks gleichgesetzt wird, und dass dies in der Praxis regelmässig zu unbefriedigenden Ergebnissen führt: Verhandlungen werden unnötig verkompliziert, eskalieren oder scheitern. *Doch erfolgreiche Verhandlungsführung ist lernbar!* In diesem Buch erarbeite ich einerseits die Grundlagen der Verhandlungsführung, und andererseits stelle ich einen praxisorientierten Verhandlungsansatz vor, in dem ich alte asiatische Strategien mit modernen wissenschaftlichen Erkenntnissen verbinde und in den ich meine Erkenntnisse und Erfahrungen aus rund dreissig Jahren Verhandlungspraxis einbringe. Dabei freue ich mich auf die kritischen Rückmeldungen der Leserinnen und Leser!

Verhandeln heisst, Interessen abzugleichen und Angebote auszutauschen, um gemeinsam eine Lösung zu finden und eine Vereinbarung abzuschliessen.

Was heisst nun verhandeln? Vereinfacht gesagt bedeutet verhandeln, im Dialog mit anderen Interessen abzugleichen und Angebote auszutauschen, um gemeinsam eine Lösung zu finden und eine Vereinbarung abzuschliessen. Dies ist einfacher gesagt als getan, sind doch die Interessen der Parteien, ihre Verhandlungserfahrung, aber auch ihre Vorstellungen, wie Verhandlungsprozesse ablaufen, oft sehr unterschiedlich. Die Verhandlungssituationen, die wir im Alltag antreffen, sind vielfältig und finden in völlig unterschiedlichen Kontexten statt: So wird verhandelt, um im Rahmen eines Projektes eine gemeinsame Vision umzusetzen, um im politischen Umfeld eine Lösung zu erzielen oder um rechtliche Auseinandersetzungen einvernehmlich beizulegen. Dazu prägen persönliche, kulturelle oder verhandlungsbezogene Faktoren die Verhandlungen mit. Erfolgreiche Verhandlungsführung ist deshalb eine Kunst, die ein *gutes Grundwissen und Übung* erfordert. Oder wie Napoleon Bonaparte I. sagte: «*Die wahren, einzigen Eroberungen, die kein Bedauern in uns zurücklassen, sind die, welche man auf dem Gebiet der Unwissenheit macht.*»[6]

---

4 Der Ausgang eines Prozesses ist in der Tat kaum je sicher vorauszusagen, und selbst im Falle des Prozessgewinns kann die Urteilsdurchsetzung noch eine dornenvolle Angelegenheit sein. Vgl. dazu auch Kapitel VI.C und E sowie die Überlegungen zur Prozesschancenanalyse in Kapitel V.A.5.2.4.
5 Die Verhandlungsführung kann dabei je nach Situation in unterschiedlichem Rahmen stattfinden, wie in den Kapiteln V und VI gezeigt wird.
6 ZAMOYSKI, Napoleon – Ein Leben, S. 212.

Die Frage, die sich in Verhandlungen immer wieder stellt und die im Zentrum dieses Buches steht, lautet: *Wie können wir Verhandlungen erfolgreich gestalten?* Obschon es dazu kein Patentrezept gibt, können wir doch festhalten, dass strukturierte Verhandlungen, die einer Verhandlungsstrategie folgen, tendenziell erfolgreicher sind als unstrukturierte. Auch sind kooperative Verhandlungen in vielen Situationen nachhaltiger als kompetitive.[7] Die Verhandlungsstrategie dient dazu, eine bestimmte – oder bei ergebnisoffenen Verhandlungen: eine gemeinsam zu bestimmende – Verhandlungslösung[8] zu erzielen.

«Strukturierte Verhandlungen, die einer Verhandlungsstrategie folgen, sind tendenziell erfolgreicher als unstrukturierte – kooperative nachhaltiger als kompetitive.»

Um in unterschiedlichen Situationen erfolgreich zu verhandeln, müssen Verhandlungsführerinnen und -führer in der Lage sein, die Situation rasch zu erfassen, situativ flexibel zu reagieren und neue, kreative Lösungen zu erarbeiten. Dabei bewährt sich ein **analysebasierter und dynamisch-flexibler Verhandlungsstil**, bei dem die Verhandlungsstrategie und -taktik situationsbezogen gewählt und bei Bedarf angepasst werden. Das Wort «dynamisch» weist auf die Veränderung im Rahmen des Verhandlungsverlaufs, «flexibel» auf die Anpassung des Verhandlungsansatzes auf das jeweilige Verhandlungsumfeld hin.[9] Der hier vertretene Verhandlungsansatz basiert zudem auf der Systemtheorie und folgt modernen *Psychologie-, Kommunikations- sowie Management- und insbesondere Projektmanagement-Grundsätzen*. Er kann deshalb auch als **systemisch-konzeptionell** und damit als *wissenschaftlich* bezeichnet werden.

Verhandlungen im Wirtschaftsumfeld werden oft von technischen, ökonomischen und rechtlichen Themen geprägt. Im politischen Bereich dagegen stehen neben Sachthemen regelmässige Machtthemen, politische Rücksichtnahmen, Allianzen und Gepflogenheiten im Vordergrund. Die Grundsätze für ein erfolgreiches Verhandeln bleiben jedoch grundsätzlich dieselben. Dieses Buch richtet

---

7 Vgl. zu den verschiedenen Arten von Verhandlungsstrategien Kapitel III.F.
8 Ergebnisoffen meint dabei nicht eine völlige Offenheit gegenüber dem Verhandlungsziel, sondern vor allem, *wie das angestrebte Verhandlungsziel in einer Vereinbarung konkret umgesetzt* werden soll. So kann eine Erweiterung des Absatzes durch ein Joint Venture, einen Vertriebsvertrag oder den Einsatz von Agenten im neu zu erschliessenden Vertriebsgebiet erzielt werden. Bei jeder dieser Optionen besteht zudem eine Vielzahl von Regelungsmöglichkeiten. Je definierter diesbezüglich unsere Vorstellung zu Beginn der Verhandlungen ist, umso mehr engen wir uns in Bezug auf mögliche Vertragspartner ein und verschliessen uns der im konkreten Fall erfolgsversprechenden Lösung. Dies schliesst natürlich nicht aus, dass bestimmte Elemente für eine Einigung unverzichtbar sind und deshalb fester Bestandteil einer Verhandlungslösung sein müssen («Must haves»).
9 Bereits der berühmte chinesische Stratege **Sun Tzu** erkannte, dass das Festhalten an überkommenen Ideen und Plänen nur Unglück und Verderben bringt (vgl. Sun Tzu/Cleary, The Art of War, S. 23). Die biographischen Details zu **Sun Tzus** Leben sind spärlich gesät, so dass bisweilen sogar vermutet wurde, er habe gar nie gelebt. Heute geht man jedoch davon aus, dass er in der klassischen chinesischen Zeit im 5. Jahrhundert v.Chr. als General, strategischer königlicher Berater und Philosoph gelebt hat. Vgl. dazu etwa Sun Tzu/Griffith, Die Kunst des Krieges, S. 83 ff.

sich deshalb an *alle Verhandlungsinteressierten* und gibt ihnen einen Leitfaden für die Verhandlungsführung in die Hand.

Erfahrungsgemäss **scheitern** Verhandlungen vor allem aus drei Gründen:

- **einer unzutreffenden Wahrnehmung und Einschätzung,**
- **mangelhafter Kommunikation, und**
- **einem unstrukturierten Verhandlungsprozess.**

Wenn wir die Verhandlungssituation falsch wahrnehmen, schätzen wir sie unzutreffend ein und setzen nicht nur die Verhandlungsziele falsch fest, sondern gehen auch falsch vor. Kommunizieren wir mangelhaft, so können wir unsere Anliegen nicht erfolgreich vermitteln. Und ein unstrukturierter Verhandlungsprozess führt zu Missverständnissen, Leerlauf und Misserfolg. Erfolgreiche Verhandlungsführung erfordert deshalb, dass wir die eigene Wahrnehmung wie auch jene des Gegenübers verstehen, reflektieren und hinterfragen; dass wir klar und positiv kommunizieren, und schliesslich, dass wir die Verhandlung in einem strukturierten Prozess erfolgreich zu einem positiven Ergebnis führen können. Der hier beschriebene Verhandlungsansatz setzt genau dort an und erlaubt deshalb den Leserinnen und Lesern, in den verschiedensten Situationen erfolgreich zu verhandeln.[10] Das Buch ist dabei in vier Teile gegliedert: Nach der Einführung in Teil 1 werden in Teil 2 die Grundlagen der Verhandlungsführung (Kapitel II und III) und und eine *Vielzahl von bewährten Verhandlungstechniken* und unterstützenden Instrumenten erläutert. Diese bilden in den Verhandlungen unsere «Werkzeugkiste» (Kapitel IV). Da Verhandlungen stets zwischen Menschen stattfinden, werden Erkenntnisse aus der modernen **Kommunikationslehre** sowie der **Verhaltenspsychologie** berücksichtigt. In Teil 3 (Kapitel V) wird der **typische Verhandlungsablauf**, aufgegliedert in fünf Phasen, detailliert dargestellt und mit zahlreichen Beispielen aus der Praxis illustriert (weiterführende Beispiele werden zur einfacheren Lesbarkeit speziell gekennzeichnet; dass viele Beispiele auch aus der Politik stammen, ist natürlich kein Zufall, können wir doch alle von gewieften Politprofis lernen!). Dabei wird der Analyse des Verhandlungsumfelds sowie der Vorbereitung der Verhandlungen grosse Bedeutung zugemessen. Beides wirkt sich entscheidend auf die Wahrnehmung der Parteien in Bezug auf die Verhandlungssituation und den Verhandlungsprozess aus. Eine «Verhandlungslandkarte» vereinfacht die Orientierung in Letzterem. In Teil 4 (Kapi-

---

10 Auch wenn die hier aufgezeigten Verhandlungsgrundsätze allgemein und damit auch in Alltagssituationen anwendbar sind, ist naheliegend, dass *ein systemisch-konzeptioneller Verhandlungsansatz eher in Verhandlungen mittlerer und höherer Komplexität im Geschäfts- und Politikbereich seinen vollen Nutzen entfaltet*. Die Grundsätze der positiven Kommunikation (Kapitel IV.B), die allgemeinen Verhandlungsgrundsätze (Kapitel V.D–E) sowie die Methoden des Konfliktmanagments (Kapitel VI) bewähren sich dagegen in den verschiedensten Situationen.

tel VI) untersuchen wir, wie **Konfliktsituationen** überwunden werden können und welche die Alternativen zur einvernehmlichen Konfliktlösung bestehen. In Teil 5 folgt dann eine zusammenfassende Betrachtung, wie wir die in den vorangehenden Kapiteln dargestellten Grundsätze in der Praxis anwenden können (Kapitel VII). Das Buch schliesst mit einigen Schlussbemerkungen (Kapitel VIII).

Da die späteren auf den vorherigen Kapiteln aufbauen, empfehle ich, das Buch in der vorgesehenen Reihenfolge durchzuarbeiten. Um den grössten Nutzen aus *Die Kunst der Verhandlungsführung* zu erzielen, probieren Sie die Prozesse, Techniken und Empfehlungen am besten in Ihrem Verhandlungsalltag aus und perfektionieren stets Ihren Verhandlungsstil.

Die Erkenntnisse in diesem Buch verdanke ich nicht nur der jahrelangen Beschäftigung mit dem Thema des Verhandelns, sondern auch den vielen Führungskräften, Anwaltskolleginnen und -kollegen sowie Freunden, mit denen ich oft seit Jahrzehnten zusammenarbeite. Sie haben mir durch ihre geschickte, umsichtige und ideenreiche Verhandlungsführung nicht nur viele Anregungen gegeben und Erkenntnisse ermöglicht, sondern mich auch stets von Neuem herausgefordert und damit motiviert, das Thema weiter zu vertiefen. Ein besonderer Dank gebührt meiner Frau Brigitte für ihre Geduld und Nachsicht während der letzten Jahre, in denen ich ungezählte Abende, Wochenenden und Ferientage für mein Buchprojekt einsetzte, und die dieses stets unterstützte. Bei meinen Freunden Jürgen Brönnimann und Robert Häubi bedanke ich mich für ihre sorgfältige Durchsicht des Manuskripts und für ihre vielen kritischen Anregungen. Robert Häubi und Roger Hämmerli überprüften und ergänzten zudem fachkundig meine Ausführungen zur Statistik und Prognosestellung, wofür ich ihnen sehr dankbar bin. Ohne sie hätte ich dieses Kapitel nicht zu verfassen gewagt. «Last but not least» bedanke ich mich herzlich beim Team des Helbing Lichtenhahn Verlags – und insbesondere bei Frau Veronica Rohrer – für ihr Interesse am Thema, die umsichtige Mitwirkung bei der Überarbeitung des Manuskripts sowie die gestalterische Umsetzung des Textes und der Grafiken.

Teil 2:
Grundlagen der Verhandlungsführung

II. Definitionen und Grundbegriffe

A. Definitionen

In diesem Buch werden die folgenden Begriffe verwendet:

Verhandlungsstrategie Als Verhandlungsstrategie werden *der übergeordnete Plan und die grundsätzlichen Verhaltensweisen* bezeichnet, um unter Berücksichtigung des Verhandlungsumfelds die definierten Verhandlungsziele zu erreichen (vgl. dazu im Detail Kapitel III.E).

Verhandlungstaktik, Verhandlungstechnik Unter Verhandlungstaktik oder -technik werden die verschiedenen *Verhaltensweisen* verstanden, mit deren Hilfe wir die Verhandlungsstrategie umsetzen (vgl. dazu Kapitel III.E.2 sowie V.D und E).

Zum Verhältnis von Verhandlungsstrategie und -taktik siehe Kapitel III.C.

Verhandlungslandkarte («Negotiation Map») Als Verhandlungslandkarte wird die vereinfachte und zusammenfassende Übersicht des Verhandlungsprozesses bezeichnet, wie sie für dieses Buch entwickelt wurde und in Kapitel III.A dargestellt ist.

Verhandeln, Verhandlungsführung Die Begriffe Verhandeln und Verhandlungsführung werden hier synonym verwendet. Damit ist das konkrete *Führen von Verhandlungen* mit einer anderen Partei oder mit anderen Parteien gemeint. Verhandeln heisst, dass zwei oder mehr Parteien Interessen abgleichen und Angebote austauschen, um eine Vereinbarung abzuschliessen.

Verhandlungsprozess Der Verhandlungsprozess umfasst die Vorbereitung, die Analyse und die Strategiefestlegung mit Blick auf Verhandlungen sowie die eigentliche Verhandlung mit der anderen Partei (vgl. dazu näher Kapitel III.A.4). Der gesamte Verhandlungsprozess wird in Kapitel V behandelt.

Verhandlungsführungsprozess	Unter Verhandlungsführungsprozess wird hier die Anwendung der für die Verhandlungsführung zentralen, sich wiederholenden Tätigkeiten der *Informationsbeschaffung* und *-analyse*, der Definition des *Verhandlungsziels*, der *Verhandlungsstrategie* und der *Verhandlungstaktik* sowie des Überprüfens des Verhandlungsergebnisses beziehungsweise -zwischenergebnisses verstanden (vgl. dazu Kapitel III.A.3).
Kernverhandlungsprozess	Die Phase der «eigentlichen» direkten Verhandlung mit der anderen Partei bezeichne ich als **«Kernverhandlungsprozess»**. Dort wird der Verhandlungsgegenstand moduliert und verbindlich festgelegt. Er wird in Kapitel V.D, insbesondere in dessen Ziff. 1.5, näher dargestellt.
Verhandlungsoptionen und Alternativen	Als Verhandlungsoptionen werden verschiedene Varianten einer Verhandlungslösung mit der anderen Partei bezeichnet. Der Begriff der «Alternative» dagegen wird hier als solche zu einer Verhandlungslösung mit der anderen Partei verstanden und stellt damit eine Exit-Strategie dar. Vergleiche dazu auch den Begriff der BATNA.
Stakeholder	Mangels eines geeigneten deutschen Begriffs wird hier der Begriff des «Stakeholder» verwendet, um die Verhandlungsparteien wie auch andere Personen, Unternehmen, Organisationen oder politische Einheiten zu bezeichnen, welche für den Verhandlungsprozess und den Abschluss einer Vereinbarung sowie deren Umsetzung relevant sind. Diese werden auch «Key Player» genannt. *Stakeholder* können sein: Geschäftsleitung, Aufsichts- beziehungsweise Verwaltungsrat, Aktionäre, interne Kunden, externe Schlüsselkunden (Key Accounts), Mitarbeitende im Projekt, Meinungsführer, Politiker, allenfalls die Öffentlichkeit, Experten etc.[11]

---

11 Vgl. FREI, Change Management, S. 57 f. sowie die Stakeholder-Analyse bei JOHNSON et al., Strategisches Management, S. 181 ff.

Andere Partei beziehungsweise andere Parteien	Verhandlungen werden zwischen mindestens zwei Parteien geführt, oftmals jedoch zwischen einer Mehr- oder sogar einer Vielzahl von Beteiligten. Zum einfacheren Verständnis wird nachfolgend von Zweiparteienverhandlungen ausgegangen, ausser es würde ausdrücklich etwas anderes erwähnt. Allgemein kann festgehalten werden, dass Mehrparteienverhandlungen komplexer als Zweiparteienverhandlungen sind und deshalb eine umso genauere Abstimmung im Hinblick auf Verhandlungsabläufe, Dokumentation und Organisation erfordern.
BATNA	Mit dem Begriff «BATNA» wird im «Harvard Konzept», dem bekannten kooperativen Verhandlungsansatz von Roger Fisher, William L. Ury und Bruce Patton,[12] die «Best Alternative to a Negotiated Agreement», mithin die beste Alternative zum Vertragsabschluss, auch Nichteinigungsalternative genannt, bezeichnet (vgl. dazu näher in Kapitel IV.C. und V.A.5.2.3).
ZOPA	«ZOPA» bezeichnet die «Zone of Possible Agreement», also den Bereich, in dem eine gemeinsame Lösung möglich sein sollte (vgl. dazu die Kapitel III.B.3., IV.C und V.A.4.2).
MAPP beziehungsweise MAPP-Strategie	Das Ziel der Verhandlungsplanung ist dagegen, eine «Maximum Plausible Position»-Strategie («MAPP»-Strategie) zu entwickeln, das heisst eine Strategie, mit welcher mit grösstmöglicher Wahrscheinlichkeit die maximale eigene Position verwirklicht werden kann. Diese ist zumindest teilweise deckungsgleich mit der ZOPA (vgl. dazu Kapitel V.A.5.2.1).
TIOLI	Mit dem «TIOLI» wird eine Ultimatums-Situation («Take It Or Leave It») bezeichnet (vgl. dazu Kapitel III.C.2.3).

---

12 Vgl. dazu FISHER/URY/PATTON, Das Harvard Konzept, Kapitel III.F.4 und V.D.2.3.

B. Analyse, Verhandlungsziel, Verhandlungsstrategie und -taktik

«Der Ziellose erleidet sein Schicksal, der Zielbewusste gestaltet es.»

Immanuel Kant

«Jedes Handeln sollte durch das Prinzip der Voraussicht geleitet werden.»

Der chinesische Militärstratege und Philosoph Sun Tzu forderte in seinem fundamentalen und auch heute noch aktuellen Strategiehandbuch «Die Kunst des Krieges», dass das eigene Handeln durch das Prinzip der **Voraussicht** geleitet werde:[13] Der Stratege soll auf jede Situation vorbereitet sein und sein Handeln auf eine *sorgfältige Analyse* der internen und externen Faktoren, welche dieses beeinflussen können, abstützen, das zu erreichende *Ziel* und eine *Strategie* zur Erreichung des Ziels definieren und schliesslich die Strategie umzusetzen und den *Prozess sowie die Zielerreichung* regelmässig überprüfen. Dies entspricht der fünfphasigen militärischen Aktionsplanung der Problemerfassung, Beurteilung der Lage, Entschlussfassung, Planentwicklung, Befehlsgebung und Umsetzung sowie modernen Projektmanagement-Grundsätzen. Für Sun Tsu bedeutete Voraussicht zudem, *für Konflikte gerüstet zu sein, sie jedoch möglichst zu vermeiden*, um die Harmonie im Universum zu erhalten.[14] Auch Napoleon war bekannt für seine minutiöse Planung. So kaufte er zur Vorbereitung des Italienfeldzuges im Jahr 1796 sämtliche erhältlichen Bücher und Karten von Italien, sperrte sich über eine Woche in seinem Büro ein und studierte diese wie auch alle möglichen Marschrouten und Frontverläufe im Detail. Letztere zeichnete er in seine Karten ein, was ihm während des Feldzuges sehr von Nutzen war.[15]

Diese Grundsätze gelten auch für die Verhandlungsführung: Wir verhandeln, um ein Ergebnis zu erzielen. Um erfolgreich zu verhandeln, müssen wir deshalb unser **Verhandlungsziel** kennen, was das aufgeführte Kant-Zitat trefflich zum Ausdruck bringt. Die Wichtigkeit eines zielorientierten Vorgehens hat Denker seit jeher beschäftigt. Schon der im 6. Jahrhundert v.Chr. lebende chinesische Philosoph Lao Tse erkannte, dass *nur wer sein Ziel kennt, den Weg dazu findet*. Ziellose

---

13 So lautet auch der Titel des ersten Kapitels seines Werkes (chinesisch «Bey» oder «Bay-ee»; siehe DE MENTHE BOYÉ, The Chinese have a Word for It, S. 10). Griffith übersetzt den chinesischen Titel auch mit «Einschätzungen» oder «Berechnungen» beziehungsweise «Pläne»; siehe TZU/GRIFFITH, Die Kunst des Krieges, S. 91.
14 Die Wahrung der Harmonie im Universum ist ein Grundprinzip der chinesischen Philosophie und stellt auch die Essenz der Lehre von Sun Tsu dar (SUN TZU/CLEARY, The Art of War, S. 1). Die Chinesen nennen dies «Kun» oder «Koon» (DE MENTHE BOYÉ, The Chinese have a Word for It, S. 223).
15 ZAMOYSKI, Napoleon – Ein Leben, S. 133 ff. – Die minutiöse Planung von Feldzügen war zur damaligen Zeit, wo viele hohe Offiziere aufgrund von Beziehungen und nicht infolge ihrer Verdienste und Erfahrung zu Befehlschargen kamen, alles andere als selbstverständlich.

Verhandlungen hingegen sind ineffizient und führen oft ins Abseits, was regelmässig mit «Aktionismus» kompensiert wird. Mark Twain kalauerte dazu, kaum hätten wir das Ziel aus den Augen verloren, würden wir unsere Anstrengungen verdoppeln.[16]

Haben wir das **Verhandlungsziel** identifiziert, gilt es sorgfältig und systematisch zu planen, wie wir dieses erreichen können. Dazu nehmen wir eine **Analyse** vor und definieren die **Verhandlungsstrategie**[17] sowie die **Verhandlungstaktik** zur Zielumsetzung.[18]

Gerade komplexe Verhandlungen sind oft durch eine Hybridisierung geprägt: Die Probleme sind wertgeladen, die Werte widerstreitend, Lösungen dringend, aber meist suboptimal, die Fakten ungewiss, uneindeutig oder umstritten, und es steht viel auf dem Spiel. Die Philosophen Jerome Ravetz und Silvio Funtowicz bezeichneten dies als **«Postnormalität»**.[19] In solchen Situationen sind umso mehr eine sorgfältige Analyse, Planung und ein systematisches Vorgehen gefragt. Wie wir sehen werden, zeitigt eine systematische Vorgehensweise regelmässig bessere Ergebnisse und ist insbesondere weniger fehleranfällig als ein spontaner, unsystematischer und vor allem durch Eigeninteressen geprägter taktischer Verhandlungsansatz, der regelmässig ins Abseits führt.[20]

Der Einsatz einer **flexiblen Verhandlungsstrategie**, wie sie hier befürwortet wird, bedeutet deshalb nicht, ziellos und rein situativ-intuitiv zu verhandeln.[21] Vielmehr gilt es, wie Sun Tzu bemerkte, bei der Planung und Durchführung von Verhandlungen strategisch vorzugehen, dabei die Pläne und Handlungsweisen der anderen Parteien zu *antizipieren* und stets in der eigenen Verhandlungsführung zu berücksichtigen[22]. So beschrieb der amerikanische Aussenminister

---

16 Dies wird als «Reinvestierungsstrategiefehler» bezeichnet. Vgl. dazu Kapitel IV.B.2.
17 Vgl. zur Bedeutung der Verhandlungsstrategie Kapitel III.E und für die Darstellung verschiedener Verhandlungsstrategien Kapitel III.F nachstehend.
18 Auch das Strategische Management als systematischer Führungsprozess zur Sicherung des langfristigen Unternehmenserfolgs gliedert sich in die drei grundsätzlichen Phasen der **Informationsanalyse**, der **Strategieentwicklung** und der **Strategieumsetzung**. Vgl. dazu etwa LOMBRISER/APLANALP, Strategisches Management, S. 51.
19 Vgl. KAESER, Auch «hässliches» Wissen muss Gehör finden, NZZ vom 6. Februar 2020.
20 MALIK, Führen, Leisten, Leben, S. 40.
21 Das zeigte sich etwa an der (fehlenden) Strategie der Schweiz bei ihren Verhandlungen mit der Europäischen Union zum Abschluss eines Rahmenabkommens. Das Fehlen eines klaren Verhandlungsziels und einer Verhandlungsstrategie liess auch keine Bildung einer Allianz von Meinungsträgern in der Schweiz zu, was die Verhandlungen an den Rand des Scheiterns brachte. Die neue Bundesrätin Karin Keller-Suter versuchte dann, die blockierten Gespräche mit den Gewerkschaften zur für das Abkommen zentralen Sicherung der Lohn- und Arbeitsschutzmassnahmen über eine Versachlichung der Debatte und mit neuen Vorschlägen zu beleben und innenpolitisch neue Impulse zu setzen.
22 Vgl. dazu auch Kapitel V.A.

Antony Blinken 2021 die US-amerikanische China-Politik wie folgt: «*Our relationship with China will be competitive when it should be, collaborative when it can be, and adversarial when it must be.*»[23]

Verhandeln ist ein dynamischer Prozess, der oftmals von Unwägbarkeiten und Überraschungen geprägt ist. Während die Vorgehensweise bestimmten Prinzipien folgt, sind deshalb das Verhandlungsziel, die Verhandlungsstrategie sowie die Verhandlungstaktik im Laufe der Verhandlungen stets von Neuem kritisch zu hinterfragen und gegebenenfalls **anzupassen**.[24]

Gegen den systematischen Verhandlungsansatz wird gelegentlich vorgebracht, verhandeln sei ein intuitiver Prozess, gute Verhandlungsführerinnen und -führer seien deshalb spontan und vor allem gewieft im Taktieren. Auch wenn die Verhandlungstaktik in Verhandlungen durchaus eine wichtige Rolle spielt, stellt sie nur eine Seite der Verhandlungsführung dar. Selbstverständlich müssen wir in Verhandlungen auch intuitiv und situativ entscheiden. Eine sorgfältige Vorbereitung hilft uns jedoch, erfolgreich zu improvisieren. Beides schliesst sich deshalb nicht aus, sondern ergänzt sich vielmehr. Wie der bekannte Managementexperte Fredmund Malik zeigte, stellen das Befolgen gewisser Regeln, Prinzipien und Grundsätze, eine sorgfältige Herangehensweise an die Aufgabenstellung und der Einsatz bewährter Werkzeuge auch heute die *Grundlage einer wirksamen Arbeitsweise* dar.[25] Dies gilt auch für die Verhandlungsführung.

> Das Befolgen gewisser Regeln, Prinzipien oder Grundsätze, eine sorgfältige Herangehensweise an die Aufgabenstellung und der Einsatz bewährter Werkzeuge stellen die Grundlage einer erfolgreichen Verhandlungsführung dar.

Analyse, Verhandlungsziel, Verhandlungsstrategie und Verhandlungstaktik stehen in einem inneren logischen Zusammenhang:

Abb. 1 – Grundlegende Elemente der Verhandlungsführung

---

23 Sun Zhe, In Search of a Strategy, Foreign Affairs Vol. 101 Nr. 2 (2022), S. 184.
24 Der Management-Experte Jim Collins schreibt dazu: «Dauerhafte Spitzenunternehmen bewahren ihre zentralen Werte und Zielsetzungen, während sie ihre Unternehmensstrategien und -praktiken ununterbrochen an die sich verändernden Verhältnisse anpassen. Das ist die magische Kombination aus ‹Bewahre den Kern und fördere die Weiterentwicklung›.» (vgl. Collins, Der Weg zu den Besten, S. 221). Dieses Management-Prinzip trifft auch auf Verhandlungen zu.
25 Vgl. zu den verschiedenen Verhandlungsstrategien Kapitel III.F.

Je nach *Komplexität des Verhandlungsumfelds* fallen Vorbereitung und Durchführung von Verhandlungen einfacher oder aufwändiger aus. Doch selbst in Alltagsverhandlungen, die wir nur während fünf bis zehn Minuten oder einer halben Stunde vorbereiten, erzielen wir in aller Regel ein besseres Ergebnis, als wenn diese unvorbereitet, spontan und unstrukturiert geführt werden. Es lohnt sich deshalb in jedem Fall, sich mit der Verhandlungslehre vertieft auseinanderzusetzen.

Nach jahrelanger Beschäftigung mit der Verhandlungsführung haben sich für mich **sechs Grundsätze erfolgreichen Verhandelns** herausgeschält:

Erfolgreiche Verhandlerinnen und Verhandler

1. verfügen über *gute Grundkenntnisse* der Verhandlungsführung;
2. wenden allgemein anerkannte *Grundsätze der Psychologie, der Kommunikation und des Managements (insbesondere des strategischen sowie des Projektmanagements)* an. Sie sind dabei gute Zuhörer und messen der Analyse grosse Bedeutung bei;
3. verhandeln *strukturiert und unter Berücksichtigung aller fünf Verhandlungsebenen;*
4. wenden *bewährte Instrumente zur Gestaltung des Verhandlungsablaufs und -gegenstandes* an;
5. erachten *Konflikte als Chance* und nicht als Hindernis; und
6. *perfektionieren* stets ihre Verhandlungskünste, indem sie Verhandlungen gut vorbereiten und im Anschluss daran ein Debriefing vornehmen *(Lessons learned)*.

Diese darzustellen, ist die Aufgabe des vorliegenden Buches.

III. Verhandlungen verstehen – Grundlagen des Verhandelns

«Die grösste Verwundbarkeit ist die Unwissenheit.»
Sun Tzu

A. Die «Verhandlungslandkarte» und ihre Umgebung

1. Vorbemerkung

Verhandlungen werden – zumindest heute noch[26] – von Menschen geführt, selbst wenn es darum geht, die Ziele einer Gruppe von Menschen, einer Organisation[27] oder einer Unternehmung zu erreichen. Sie beinhalten deshalb neben wirtschaftlichen, politischen, rechtlichen und organisatorischen Elementen stets auch Aspekte der Psychologie und der Kommunikation. Dies macht die Verhandlungsführung gleichzeitig interessant und anspruchsvoll. Sie gleicht oft einer Reise durch trügerische Gewässer oder durch einen undurchdringlichen Dschungel, wo viele Gefahren lauern und Überraschungen auf uns warten. Nebst der richtigen Vorbereitung und Ausrüstung brauchen wir in einer solchen Situation eine gute Karte.

Verhandlungen enthalten regelmässig wirtschaftliche, politische, rechtliche und organisatorische Aspekte sowie solche der Psychologie und der Kommunikation.

Ich habe deshalb eine **Verhandlungslandkarte (*«Negotiation Map»*)** erarbeitet, die einen umfassenden Ansatz zur Verhandlungsführung aufzeigt und eine Orientierungshilfe in der Vorbereitung, Planung und Durchführung von Verhandlungen bietet. Sie besteht aus folgenden Elementen:

- fünf Verhandlungsebenen,
- einem fünfstufigen Verhandlungsführungsprozess,
- fünf Verhandlungsphasen und
- vier zentralen Fragen, um die sich Verhandlungen meist drehen.

Jede Verhandlungsführerin und jeder Verhandlungsführer schafft sich im Laufe der Jahre seine eigene «Negotiation Map», die optimal auf die eigenen Bedürfnisse zugeschnitten ist. Die nachfolgend Aufgezeigte kann dafür einen Ausgangspunkt bilden.

---

26 Sobald automatisierte Verhandlungen, wie im Bereich Blockchain, einsetzen, werden die nachfolgend beschriebenen Grundsätze ganz oder teilweise ausser Kraft gesetzt.
27 Was staatliche oder nicht-staatliche Akteure einschliesst.

2. Die fünf Verhandlungsebenen

Für eine systematische Untersuchung und Planung des Verhandlungsprozesses hat es sich bewährt, diesen in **fünf Ebenen** aufzugliedern:[28]

> Die **Beziehungsebene zu anderen Stakeholdern der Verhandlungen** ist geprägt von Psychologie, Kommunikation und persönlichen Sympathien, Animositäten oder Konflikten.

> Auf der **Sachebene** ist der eigentliche Verhandlungsgegenstand angesiedelt

> Auf der **verhandlungsprozessualen Ebene** ist zu fragen, wie die Verhandlungen geführt werden. Sie umfasst vor allem verhandlungstechnische Zwischenschritte und organisatorische Aspekte.

> Die **Ebene der internen und externen Kommunikation** regelt, wer wie wann über die Verhandlungen orientiert wird. Dazu gehören auch Geheimhaltungserklärungen und -fristen, Medien-Communiqués etc.

> Schliesslich enthalten Verhandlungen stets auch eine **Dokumentenebene**: Auf dieser stellt sich die Frage, welche Dokumente welche Verhandlungszwischen- und -endergebnisse festhalten sollen. Streben die Parteien eine detaillierte Regelung oder nur ein Dokument an, welches ein gemeinsames grundsätzliches Verständnis (wie ein Memorandum of Understanding) wiedergibt?

Abb. 2 – Die fünf Verhandlungsebenen

Wenn auf einer dieser Ebenen **Probleme** auftreten, betrifft und beeinflusst dies meist auch die anderen Verhandlungsebenen sowie den ganzen Verhandlungsprozess. Deshalb müssen diese Probleme zuerst durch geeignete Massnahmen angegangen werden, bevor die Verhandlungen erfolgreich vorangetrieben werden können.[29]

- **Beziehungsebene:** Ein gutes Einvernehmen der Parteien und insbesondere der Verhandelnden ist erfahrungsgemäss ein wichtiger Erfolgsfaktor bei Verhandlungen. Dagegen werden diese durch Schwierigkeiten auf der Beziehungsebene erheblich erschwert, wenn nicht gar verunmöglicht. Deshalb kommt dem *Vertrauens- und Beziehungsaufbau* in Verhandlungen eine grosse Bedeutung zu. Persönliche Probleme in Verhandlungen können wir demnach nicht einfach durch «Fokussieren auf die Sache» ignorieren. Vielmehr müssen wir sie auf der Beziehungsebene angehen.[30]

---

[28] Die fünf Verhandlungsebenen werden in Kapitel V dargestellt.
[29] Dies ergibt sich auch aus der Systemtheorie, welche in Kapitel IV näher dargestellt wird.
[30] Vgl. dazu näher Kapitel IV.B.

- **Sachebene:** Auf der Sachebene (auch Inhaltsebene genannt) wird die effektive Verhandlungslösung erarbeitet. Allerdings stellen wir in Verhandlungen immer wieder fest, wie wenig Zeit schliesslich in die sachliche Lösung fliesst und wie viel in die Aufarbeitung von persönlichen Problemen wie Vorurteilen, Animositäten, Kompetenzgerangel, Egospielen, Kommunikationsproblemen, Missverständnissen etc. investiert werden muss.

- **Verhandlungsprozessuale Ebene:** Bei komplexeren Verhandlungen ist es hilfreich, wenn die Parteien ein gemeinsames Verständnis in Bezug auf den Verhandlungsprozesses erzielen und sich darüber einigen, wie dieser ablaufen soll. Dieses Verständnis müssen die Parteien während den Verhandlungen laufend abgleichen und bei Bedarf anpassen.[31] Der bedeutende deutsche Soziologe und Gesellschaftskritiker Niklas Luhmann wies dabei nach, wie *durch Verfahren Legitimation* – im Verhandlungskontext könnte man auch von Akzeptanz sprechen – geschaffen wird.[32] Ein intransparentes, wenig strukturiertes oder durch Tricks und Täuschung beeinträchtigtes Verfahren dagegen wirkt sich automatisch auf das Ergebnis und, was ebenso wichtig ist, auf die Wahrnehmung der Verhandlungslösung durch die Parteien aus.[33] Dies zeigte sich etwa im «Friedensplan», den US-Präsident Donald Trump am 28. Januar 2020 im Beisein von Israels Regierungschef Benjamin Netanyahu vorstellte: Dieser war zwischen den USA und Israel ausgehandelt worden, ohne dass die Palästinenser begrüsst worden wären, was ihm von Anfang an jede Chance auf Akzeptanz raubte.[34]

- **Kommunikationsebene:** Auch Probleme auf der Ebene der internen und externen Kommunikation können den Verhandlungsprozess torpedieren oder das Verhandlungsergebnis obsolet machen: Wird zum Beispiel ein wichtiger Stakeholder nicht rechtzeitig ins Boot geholt, verweigert er allenfalls seine Zustimmung zum Vertragsabschluss oder blockiert die Finanzierung. Die Kommunikation bezieht sich dabei nicht nur auf den Inhalt (Sachebene), sondern stets auch auf die Art und Weise, wie wir etwas übermitteln (Beziehungsebene).[35]

Durch ein gemeinsam vereinbartes Verfahren schaffen wir Legitimation und Akzeptanz.

---

31 Unter Umständen bringt jedoch auch das Erinnern an vereinbarte Regeln und Prinzipien und das Insistieren darauf, Struktur in die Verhandlungen und erlaubt, diese erfolgreich voranzubringen. Die verhandlungsprozessuale Ebene schliesst deshalb organisatorische Aspekte in Bezug auf die Verhandlungsführung mit ein.
32 LUHMANN, Legitimation durch Verfahren.
33 Zur Bedeutung der Psychologie in Verhandlungen, siehe Kapitel IV.B.
34 Dass dieser entsprechend einseitig zugunsten von Israel ausgefallen war und auch deshalb keine Chance auf Akzeptanz seitens der Palästinenser hatte, erstaunt deshalb kaum. Damit hatte die US-Regierung jeglichen Anschein eines fairen Friedensstifters im Nahen Osten verloren. Vgl. CROWLEY/HALBFINGER, Trump Outlines Mideast Peace Plan That Strongly Favors Israel, New York Times online vom 28. Januar 2020.
35 Vgl. dazu ausführlich Kapitel IV.B.

- **Dokumentenebene:** Komplexere Vereinbarungen, gerade im geschäftlichen Bereich, werden meistens schriftlich abgeschlossen. Deshalb wird hier die Dokumentenebene als zusätzliches Element in die Betrachtung einbezogen. Wird diese vernachlässigt, fehlt es an Klarheit im Verhandlungsprozess oder -ergebnis, was oft Missverständnisse, unnötige Verhandlungsschlaufen, aber auch Vertrauensverlust und Konflikte zur Folge hat. Kommt es zudem im Anschluss an einen Vereinbarungsabschluss zu rechtlichen Auseinandersetzungen, werden die Chancen, berechtigte Interessen durchzusetzen, durch eine unklare Vertragssituation erheblich beeinträchtigt oder sogar zunichte gemacht. Die Dokumentenebene umfasst einerseits das Erstellen von Vereinbarungen beziehungsweise Verträgen,[36] anderseits den Austausch von bereits bestehenden Unterlagen und Informationen, welche der Meinungsbildung der Parteien dienen. Dies sind bei Unternehmenskäufen etwa die Unterlagen für die Due-Diligence-Prüfung, für Compliance-Prüfungen jene zur Sicherstellung, dass die Leitlinien des Bestellers von Produkten oder Dienstleistungen zur *Social & Environmental Responsibility* eingehalten werden, oder bei Audits die Prüfung, ob die IT-Infrastruktur des Dienstleistungserbringers gewissen Mindeststandards entspricht.[37] Bei Verträgen kommen je nach Bereich Unterlagen wie Konzepte, Machbarkeitsstudien, Rentabilitätsberechnungen, geologische oder rechtliche Gutachten und Ähnliches dazu.[38] Die Dokumentenebene umfasst jedoch auch *nichtvertragliche Dokumente*, welche später zur Auslegung der Vereinbarung hinzugezogen werden können, wie etwa Korrespondenz, Protokolle, Projekt- oder Verkaufspräsentationen etc.

Die Aufgliederung in verschiedene Verhandlungsebenen erlaubt nicht nur, Verhandlungen systematisch vorzubereiten und zu führen. Sie hilft uns auch, zu identifizieren und zu **verstehen**, wo Probleme bestehen und weshalb Verhandlungen stocken oder gar zu scheitern drohen: Sind die Probleme vor allem auf der Beziehungsebene angesiedelt? Wird intern schlecht kommuniziert? Oder ist eine unsystematische und chaotische Verhandlungsführung verantwortlich? Je nachdem können wir **Massnahmen** ergreifen, um die Probleme zu beheben und die Verhandlungen einem erfolgreichen Abschluss zuzuführen. Zudem erlaubt

---

[36] Jede Vereinbarung, also einvernehmliche Übereinkunft, stellt schliesslich einen Vertrag dar. Deshalb werden im Folgenden die Begriffe Vereinbarung und Vertrag synonym verwendet.

[37] Dazu werden etwa Zertifikate von Prüfgesellschaften einverlangt, Fragebögen zum Selberausfüllen ausgegeben oder Audits vor Ort durchgeführt. Dies wurde insbesondere deshalb wichtig, weil Cyberattacken oftmals über Zulieferanten von Grosskonzernen ausgeübt werden, da diese regelmässig niedrigere IT-Sicherheitsstandards als Grosskonzerne haben.

[38] Oftmals werden diese dann in einer im Laufe der Vertragsverhandlungen überarbeiteten und aufdatierten Form auch Vertragsbestandteil.

uns eine systematische Analyse einzuschätzen, ob das Verhandlungsziel realistischerweise erreicht werden kann oder ob wir es anpassen oder allenfalls ein Exit-Szenario prüfen müssen.[39]

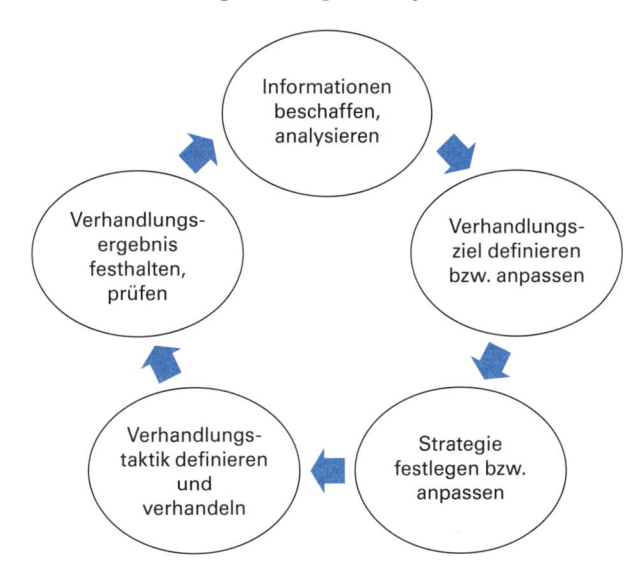

3. Der Verhandlungsführungsprozess

Der fünfstufige Verhandlungsführungsprozess kommt nicht erst im Rahmen der Verhandlungen selber zur Anwendung, sondern bereits bei den vorgelagerten Phasen der Festlegung eines grundsätzlichen Verhandlungsziels (welches im Laufe des Verhandlungsprozesses konkretisiert und allenfalls neu definiert werden muss), der Informationsbeschaffung über das Verhandlungsumfeld, der Analyse der Information, darauf gestützt der Festlegung der Verhandlungsstrategie und -taktik. Komplexe Verhandlungen sind nicht-triviale und oft komplexe Systeme, die sich fortlaufend weiterentwickeln und bei denen *Verhandlungsführung, Verhandlungsziel und Verhandlungsumfeld* in konstanter Wechselwirkung stehen. Sie entwickeln oft Rückkoppelungsschleifen. Um dem Rechnung zu tragen, sind die geplanten mit den effektiv erfolgten Verhandlungsschritten, aber auch mit den Verhandlungszielen stets von Neuem abzugleichen. Wir sprechen dabei von einem *iterativen Prozess in komplex-adaptiven Systemen*:[40]

Abb. 3 – Der Verhandlungsführungsprozess

---

39 Die Analyse, die Verhandlungsführung und die Konfliktbewältigung auf allen fünf Ebenen werden in den Kapiteln V und VI dargestellt.
40 Vgl. dazu Grundlegendes, dargestellt anhand der Einsatzplanung, bei GISSLER, EINSÄTZE WIRKSAM FÜHREN, S. 74 f., 102 und 251 f.

4. Die fünf Phasen des Verhandlungsprozesses

Verhandlungen laufen, wie wir in Kapitel V sehen werden, regelmässig in fünf Phasen ab:

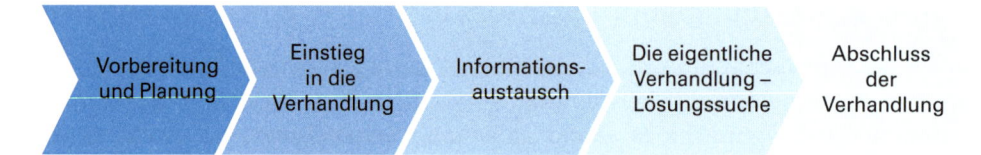

| Vorbereitung und Planung | Einstieg in die Verhandlung | Informationsaustausch | Die eigentliche Verhandlung – Lösungssuche | Abschluss der Verhandlung |

Abb. 4 – Die fünf Phasen des Verhandlungsprozesses

Diese fünf Phasen zeigen idealtypisch den systematischen und zeitlichen Ablauf von Verhandlungen auf. Sie können sich durchaus ganz oder teilweise in Schlaufen («Verhandlungsloops») wiederholen, was gerade bezüglich der letzten drei Phasen auch regelmässig der Fall ist. Der Übergang von einer Phase zur anderen ist meist fliessend.

5. «The Big Four»: Vier Fragen, welche sich in Verhandlungen immer wieder stellen

Verhandlungen drehen sich regelmässig um einige zentrale Fragen, die wir stets im Auge behalten sollten. Sie werden hier als die **«vier grossen Fragen»** («the Big Four») bezeichnet:

1. **Ziel:** Welches ist unsere MAPP, welches das gemeinsame Interesse, der gemeinsamer Nenner?
2. **Weg ins Ziel:** *Wie und mit welchen Mitteln erreiche ich mein Verhandlungsziel und wie* können die Interessen und Verhandlungsziele der Parteien dabei in Einklang gebracht werden?
3. **Hindernisse und Lösungen:** Welche *Hindernisse* könnten einem optimalen Verhandlungsergebnis entgegenstehen, und welche Lösungen bieten sich an?
4. **Alternativen:** Welche Alternativen zu den Verhandlungen habe ich und hat mein Gegenüber (BATNA), und wann brechen die Parteien die Verhandlungen ab *(Exit-Strategie)*? Was würde ein Verhandlungsabbruch für mich und die anderen Parteien bedeuten?

Abb. 5 – Vier zentrale Fragen

Gerade die letzte Frage, also jene nach möglichen Alternativen, zwingt uns stets erneut, unsere Kerninteressen im Auge zu behalten und die Situation laufend neu zu beurteilen.

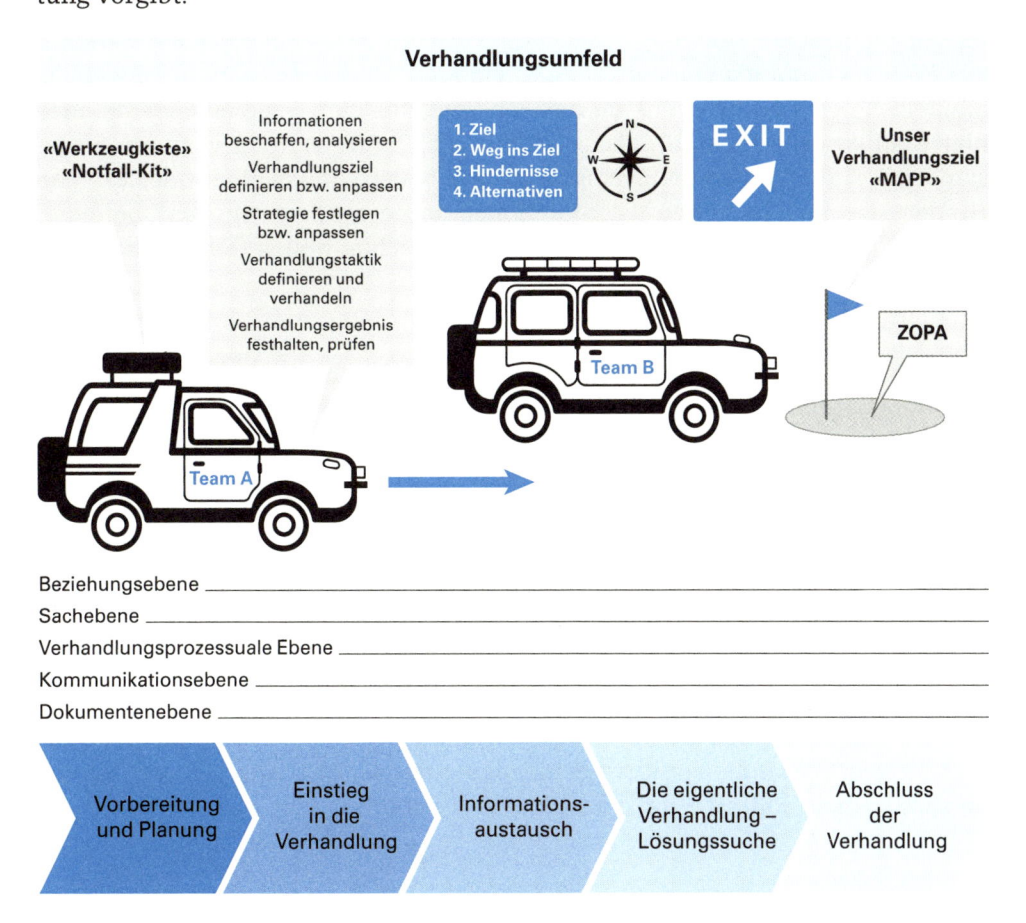

6. Die Verhandlungslandkarte

Die Verhandlungslandkarte fügt die verschiedenen in diesem Buch beschriebenen Elemente, Abläufe und Werkzeuge zu einem Gesamtbild zusammen: Der *Verhandlungsprozess* wird durch die Reise symbolisiert. Die *fünf Verhandlungsebenen* bilden das Terrain, auf dem wir uns bewegen. Der *fünfstufige Verhandlungsführungsprozess* wird durch die sich auf unserer Reise mal schneller, mal langsamer drehenden Räder der Fahrzeuge dargestellt. Die *fünf Verhandlungsphasen* stellen den Weg dar, auf dem wir uns während unserer Verhandlungen vorwärtsbewegen. Die *vier zentralen Fragen,* die wir während der Verhandlungen stets im Blick behalten, sind unser Kompass (oder das Navigationssystem), der uns die Richtung vorgibt.

> Die Verhandlungslandkarte fügt die verschiedenen in diesem Buch beschriebenen Elemente, Abläufe und Werkzeuge zu einem Gesamtbild zusammen.

Abb. 6 – Die Verhandlungslandkarte

Die Analogien der Verhandlungen zu einer Reise gehen noch weiter: Die Verhandlungsteams müssen verschiedene Fähigkeiten haben, um die anspruchsvolle Reise erfolgreich zu gestalten. Es sind insbesondere planerische, technische, kommunikative und psychologische Fähigkeiten gefragt.[41] Je nach Disposition der Verhandlungsteams, der Verhandlungsumgebung und des Verhandlungsziels gestaltet sich die Reise einfacher oder anspruchsvoller («holpriger») und ergibt sich eine unterschiedliche Verhandlungsdynamik.[42] Dem tragen wir durch die Art und Weise der Vorbereitung und Durchführung der Reise oder der Verhandlung Rechnung.[43] Die Parteien haben nicht unbedingt die gleichen Vorstellungen davon, wohin die Reise gehen und wie sie bewältigt werden soll (die MAPP der Parteien). Man nähert sich dem Ziel über eine (zunächst oft vage) gemeinsame Vorstellung (ZOPA), die dann im Verlauf der Zeit konkretisiert wird. Die Geländegängigkeit der Fahrzeuge drückt die Verhandlungskompetenz der Parteien aus. Wenn Schwierigkeiten auftreten, ist ein «Notfall-Kit» (Reparaturwerkzeuge, Sandbleche oder Seilwinden, um das Fahrzeug aus dem Sand zu ziehen), oder hier Konfliktmanagement-Tools, erforderlich.[44] Das Terrain im weiteren Sinne symbolisiert die Verhandlungsumgebung wie andere Stakeholder oder externe Hindernisse. Zudem treffen wir Situationen an, in welchen wir uns überlegen müssen, ob wir die Reise weiterführen oder abbrechen wollen («Exitszenario»).

7. Drei Caveats

Bevor wir uns nun näher mit der Verhandlungslehre beschäftigen, erlaube ich mir drei *Caveats*:

Erstens handelt es sich bei dem hier beschriebenen Verhandlungsansatz um eine **idealtypische Darstellung** eines strukturierten und kooperationsorientierten Verhandlungsprozesses. In der Praxis sind wir jedoch oft mit komplexen und konfliktbeladenen Situationen konfrontiert, welche eine strukturierte Verhandlung erschweren und situative Anpassungen verlangen. Wie bei Navigationsgeräten, die uns als Autofahrer bei unreflektierter Anwendung in Fussgängerpassagen oder andere missliche Situationen führen können, sind auch die hier beschriebenen «Rezepte» in der konkreten Situation stets kritisch zu hinterfragen und mit gesundem Menschenverstand anzuwenden. Dennoch sind gerade in schwierigen Verhandlungssituationen eine systematische Analyse und Vorgehensweise meist hilfreich, um eine Lösung zu finden.

---

41 Siehe dazu «die Werkzeugkiste», Kapitel IV.
42 Siehe dazu Kapitel III.C.
43 Siehe dazu Kapitel V.
44 Zum Verhandeln unter erschwerten Bedingungen, siehe Kapitel VI.

Zweitens ist Verhandlungsführung auch eine **Frage der Persönlichkeit** und der **persönlichen Vorlieben** der Verhandelnden. In diesem Sinn gibt es auch nicht «einen» richtigen Verhandlungsansatz – wohl aber bewährte Vorgehensweisen und Techniken. Diese werden in den nachfolgenden Kapiteln dargestellt.

Erfolgreiches Verhandeln setzt drittens voraus, dass wir die **Dynamik hinter den Verhandlungen** verstehen und über eine «Werkzeugkiste» mit Verhandlungstechniken verfügen, um in anspruchsvollen Verhandlungen bestehen zu können. Trotz dieser Techniken sowie der zahlreichen Formen der konsensorientierten Konfliktbeilegung wie Mediation, Schlichtung oder Mischformen der alternativen Konfliktbeilegung (ADR)[45] können wir nicht alle Probleme durch Verhandeln aus der Welt schaffen: Wenn die Gegenpartei nicht verhandeln will, können wir sie nicht dazu zwingen.[46] Und auch wenn kooperatives Verhandeln einem auf Konfrontation beruhenden Verhandlungsstil grundsätzlich vorzuziehen ist und in der Regel erfolgreicher ist als Letzterer,[47] treffen wir im Verhandlungsalltag regelmässig Situationen an, in welchen Kooperation (zumindest vorerst) nicht zum Ziel führt.[48] Dies ist etwa der Fall, wenn die andere Partei gewisse rechtliche, gesellschaftliche oder soziale Linien überschritten und wir Rechtsbehelfe ergrei-

«Härte» in Verhandlungen darf nicht mit Unfairness und Sturheit verwechselt und sollte stets zielorientiert und verhältnismässig eingesetzt werden.

---

45 Vgl. dazu Kapitel VI.E.
46 Ein typisches Beispiel, wo zumindest **eine der Parteien kein Interesse an einer Beilegung des Konflikts** hatte, ist der Ukraine-Konflikt, der im Februar 2014 in den ostukrainischen Oblasten Donezk und Luhansk entstand. Dabei fanden im Nachgang zur Annexion der Krim durch Russland Kampfhandlungen zwischen von Russland unterstützten Milizen, regulären russischen und ukrainischen Truppen sowie Freiwilligenmilizen statt. Die prorussischen Kräfte kämpften dabei für die Abspaltung der zwei durch sie proklamierten Volksrepubliken Donezk und Luhansk von der Ukraine. Russland hatte offenkundig ein Interesse an der Aufrechterhaltung des Konflikts, um eine Zuwendung der Ukraine zum Westen zu vermeiden und Russlands Einfluss in der Ukraine zu bewahren (der vormalige Präsident der Ukraine hatte vor seiner Vertreibung in der «Revolution der Würde» 2013 beste Kontakte zum Kreml). Zudem dienten die beiden Gebiete den Russen bis zum Ukrainekrieg als dauerhaftes «Pfand», um sich in den Gesprächen um die Zukunft der Ukraine, ihrem jahrhundertelangen Einflussgebiet, Mitsprache zu sichern. Vgl. dazu auch THEISEN, Der Westen und die neue Weltordnung, S. 35 und 120 ff. sowie Kapitel VI, wo aufgezeigt wird, dass Konflikte oftmals aufgrund unterschiedlicher Positionen nicht lösbar sind und deshalb eine positive Koexistenz das Ziel sein muss.
47 Harte Verhandlungsstile beruhen auf Druck und verursachen deshalb oft einen «Flurschaden», indem die Partei, die in die Lösung mehr oder weniger widerwillig einwilligen musste, nach Vertragsabschluss nach Wegen sucht, um das von ihr als tendenziell unfair empfundene Verhandlungsergebnis zu «optimieren». Vgl. dazu näher Kapitel III.B.2.
48 Im Englischen besteht dazu der treffende Ausdruck des *«soften up the belly of the crocodile»*, was heisst, beim gepanzerten und aggressiven Krokodil zuerst auf den weichen Unterbauch zu zielen. Wenn die andere Partei nicht kooperativ verhandelt, muss unter Umständen zunächst mit harten Verhandlungstaktiken deren Bereitschaft gefördert werden, fair und kooperativ zu verhandeln. Zudem kann damit gegebenenfalls bewirkt werden, dass sich die andere Partei überhaupt an den Verhandlungstisch setzt. Vgl. weiterführende Bemerkungen dazu in den Kapiteln VI.C–E oder bei TROCZYNSKI/LÖHR, Verhandlungen gewinnen, S. 88, welche ebenfalls die Ansicht vertreten, dass einseitig kooperative Verhandlungsstile oft zur unnötigen Aufgabe wichtiger Positionen führen.

fen müssen oder wenn sie einen konfrontativen Verhandlungsansatz gewählt hat und stur auf ihren Positionen beharrt. Solange eine solche Partei durch konfrontatives Verhalten gewinnt, wird sie sich kaum auf kooperative Verhandlungen einlassen. *Ein einseitiges Fokussieren auf kooperatives Verhandeln ist deshalb weder praktikabel noch zeitigt es die gewünschten Ergebnisse.* Zudem läge meines Erachtens einem solchen Fokus ein falsches Verständnis von Konfliktsituationen zugrunde: Wie wir in Kapitel VI sehen werden, stellen Konflikte regelmässig Chancen dar – wenn wir, statt sie zu vermeiden, uns darauf einlassen und geschickt damit umgehen. *Aber auch «harte» Verhandlungen können rasch an Grenzen stossen* und bei der anderen Partei Abwehrreflexe auslösen. «Härte» in Verhandlungen darf deshalb nicht mit Unfairness und Sturheit verwechselt werden und sollte stets situativ, zielorientiert und verhältnismässig eingesetzt werden. Zudem kommen kompetitive Verhandlungsstrategien rasch an ihre Grenzen, wenn die andere Partei ebenso hart verhandelt, mehr Verhandlungsmacht hat oder wenn die angestrebte oder bereits bestehende Vertragsbeziehung solchen entgegensteht. Erfolgreiche Verhandlungsführerinnen und -führer verhandeln deshalb **analysebasiert und flexibel**.[49] Sie sind gute Strategen und gewiefte Taktiker. Sie kommen ohne «schmutzige Tricks» aus, erkennen aber unfaire Verhandlungsstrategien und -taktiken der Gegenseite und vermögen darauf angemessen zu reagieren (deshalb werden wir uns in den Kapiteln III.C.8 und VI auch mit unfairen Taktiken beschäftigen). Legitimation und Erfolg ergeben sich am Ende des Tages aus einem korrekten Verhandlungsprozess und einer für beide Parteien annehmbaren Lösung und nicht aus der Anwendung von List und Tücke.

8. Der rechtliche Rahmen von Verhandlungen

8.1 Der rechtliche Rahmen von Verhandlungen im Allgemeinen

Verhandlungen finden stets in einem rechtlichen Umfeld statt. Es würde allerdings den Rahmen dieser Abhandlung über Verhandlungsführung sprengen, auf einzelne rechtliche Fragen näher einzugehen. Hier soll es deshalb genügen, einige wichtige rechtliche Aspekte aufzuführen, die gerade in kommerziellen Verhandlungen regelmässig eine Rolle spielen:

---

49 So wies eine Studie über auf Schiedsverfahren spezialisierter amerikanischer Anwälte nach, dass über 65% aller in der Studie erfassten Anwälte aus zwei US-Grossstädten einen kooperativen Verhandlungsstil pflegten. Bei der Beurteilung ihrer Effektivität ergab sich, dass mehr als 75% der erfolgreichen Verhandlungsführer einen kooperativen Stil anwendeten. Vgl. Voss/Raz, Kompromisslos verhandeln, S. 231.

- Welche **zwingenden Rechtsnormen** sind zu beachten? Zwingende rechtliche Normen bestehen etwa im Arbeitsrecht, im Mietrecht, im Kartellrecht, im Datenschutzrecht (vgl. dazu nachstehend Ziff. 8.2); auch ausländische Rechtsordnungen können zwingende Regeln enthalten. Aber auch das Einhalten von Ausfuhrbestimmungen (insbesondere auch bei Technologietransfer), Sanktionsregimen und das Beachten von Konzern- beziehungsweise Unternehmensverantwortungsbestimmungen entlang der Lieferketten *(social and environmental responsibility)* nebst entsprechender Absicherung, dass die andere Partei diese auch einhält, sind in Betracht zu ziehen.
- Bestehen **Gültigkeitshindernisse** oder Hemmnisse, welche die Durchsetzung einer Forderung aus der getroffenen Vereinbarung verhindern könnten? Regelmässig existieren Formvorschriften, welche einzuhalten sind, damit eine Vereinbarung rechtsgültig oder durchsetzbar ist. Dies ist regelmässig in gesellschaftsrechtlichen oder liegenschaftsbezogenen Fragen, aber auch in internationalen Vertragsabschlüssen bei zahlreichen Ländern wie etwa China, Russland, Brasilien etc. der Fall.
- Welche Regeln gelten für die **Verbindlichkeit rechtlicher Verpflichtungen der Parteien**, insbesondere für deren Organe und Vertreter (Kompetenzfragen)?
- Was gilt bezüglich vorvertraglicher Verpflichtungen, besteht eine Rechtsfigur analog der *culpa in contrahendo,* welche in bestimmten Situationen bereits eine **vorvertragliche Haftung** der Parteien vorsieht? Dies kann sich auf die Freiheit, Verhandlungen zu führen oder abzubrechen, auswirken. Gegebenenfalls müssen die Parteien diesen Punkt vor Beginn der Verhandlungen explizit und schriftlich regeln, was im Rahmen von Geheimhaltungsvereinbarungen auch regemässig getan wird.
- Wie wirkt sich die **Rechtswahl** auf den Inhalt des Vertrages aus? So bestehen beispielsweise unter deutschem Recht im Gegensatz zum schweizerischen materiellen Recht limitiertere Möglichkeiten der Haftungsbegrenzung. Wichtig ist auch, die Gültigkeit und Möglichkeit der Durchsetzung von Sicherheiten zu prüfen.
- Wie werden Verträge unter dem gewählten Recht **ausgelegt**? Sind eher detailliertere (wie unter US-Recht) oder eher weniger detaillierte Vertragsregelungen (wie bei Anwendung von deutschem, österreichischem oder Schweizer Recht) erforderlich?
- Wie wirkt sich die Wahl des **Gerichtsstandes** auf die Durchsetzung der vertraglichen Ansprüche aus? Ist eine Schiedsklausel, in welcher die Streitbeilegung einem internationalen privaten Schiedsgericht unterbreitet wird, zu bevorzugen, um die Vertraulichkeit, die Vereinbarung einer bestimmten Verfahrenssprache und die internationale Durchsetzung der Ansprüche sicherzu-

stellen? Wenn ja, welches soll der Sitz des Schiedsgerichts sein, welche Schiedsregeln sollen zur Anwendung gelangen?[50]

- Gibt es rechtliche Schranken hinsichtlich der **Verhandlungstaktik?** Irreführendes oder anderes unfaires Verhalten kann beispielsweise die nachträgliche Vertragsauflösung oder Schadenersatzfolgen nach sich ziehen. Zudem untergraben solche Taktiken das Vertrauen, was sich kurz- oder langfristig auf das Verhältnis zwischen den Parteien auswirkt. Die Taktik sollte sich deshalb nicht nur im Rahmen des rechtlich Zulässigen, sondern stets auch des sozial Üblichen und als fair Erachteten halten. Dies ist umso empfehlenswerter, als die wirklich erfolgreichen Verhandlungsansätze dies ohnehin voraussetzen.

8.2 Daten- und Geheimnisschutz

Der Daten- und der Geheimnisschutz haben in den letzten Jahren im Geschäftsleben und damit auch für Verhandlungen grosse Bedeutung erlangt.

8.2.1 Datenschutzrechtliche Rahmenbedingungen

Die Digitalisierung hat in den letzten zwanzig Jahren unser persönliches Leben, die Gesellschaft und die Geschäftswelt revolutioniert. Daten spielen in den meisten Aspekten unseres Lebens eine zentrale Rolle und sind zum *neuen Kapital* geworden. Entsprechend ist auch die Schutzbedürftigkeit von Daten gestiegen, was sich in neuen datenschutzrechtlichen Regelungen niederschlägt: So brachte die Allgemeine Datenschutzverordnung (EU 2016/679, «DSGVO»), welche die EU-Richtlinie 95/46 über den Schutz personenbezogener Daten ersetzt hat und im Mai 2018 in Kraft getreten ist, eine wesentliche Verstärkung und Vereinheitlichung des Datenschutzes. Auch wenn sie ursprünglich vor allem auf Datenverarbeiter wie Facebook, WhatsApp und Instagram zielte, beeinflusst die DSGVO heute das gesamte Geschäftsleben, nicht zuletzt wegen der erheblichen Bussgelder von bis zu 20 Mio. EUR bei ihrer Nichteinhaltung. Die DSGVO wurde nach ihrer Inkraftsetzung in den EU-Mitgliedstaaten in nationales Recht umgesetzt.

Die DSGVO bezweckt den *Schutz von Personen und ihren persönlichen Daten* und legt Regeln für deren Verarbeitung und Übermittlung fest. Persönliche Daten sind beispielsweise Personalien wie Name, Geburtsort, Geburtsdatum, Nationalität, Familienstand, Kontaktdaten wie Anschrift, E-Mail-Adresse, Telefonnummer, IP-Adresse, Angaben über Vermögen, Eigentum sowie Schulden und Kredite, physische Merkmale, Kaufverhalten etc. Neben diesen Datensätzen gibt es noch *besonders schützenswerte personenbezogene Daten*, die einem wesentlich strengeren Datenschutz unterliegen. Es handelt sich dabei um Informationen zu einer

---

50 Vgl. dazu Kapitel VI.E.

allfälligen Gewerkschaftszugehörigkeit, zur religiösen, philosophischen und politischen Orientierung sowie zur rassischen und ethnischen Herkunft; zu psychischen und physischen Krankheitsbildern, sowie zur sexuellen Orientierung. Sie betreffen den höchstpersönlichen Lebensbereich eines Menschen und sind damit besonders sorgfältig zu behandeln.

Verantwortlich für die Einhaltung der datenschutzrechtlichen Bestimmungen sind natürliche oder juristische Personen, Behörden, Ämter oder andere Einrichtungen, die als *Datenverantwortliche* allein oder gemeinsam mit anderen über die Zwecke und Mittel der Verarbeitung personenbezogener Daten entscheiden, während die *Datenverarbeiter* die personenbezogenen Daten in deren Auftrag verarbeiten (Art. 4 DSGVO). Der materielle Anwendungsbereich des DSGVO umfasst grundsätzlich die gesamte Verarbeitung von Personendaten (Art. 2[1] DSGVO). Es bestehen bestimmte Ausnahmen vom materiellen Anwendungsbereich, einschliesslich der Verarbeitung personenbezogener Daten im Rahmen einer Tätigkeit, die nicht in den Anwendungsbereich des Unionsrechts fällt (Art. 2[2][a] DSGVO). Aufgrund des weitreichenden territorialen Geltungsbereichs der DSGVO ist dieser Ausschluss jedoch nur von begrenzter Wirkung. Die DSGVO gilt für die Verarbeitung von Daten durch die dafür Verantwortlichen im Rahmen der Tätigkeiten einer Niederlassung eines für die Verarbeitung Verantwortlichen oder eines Auftragsverarbeiters in der EU (Art. 3[1] DSGVO) oder ausserhalb der EU, wenn sie *auf den Verkauf von Waren oder Dienstleistungen an betroffene Personen in der EU oder auf die Überwachung ihres Verhaltens innerhalb der EU abzielt* (Art. 3[2] DSGVO).

Unternehmen und Verhandlungspartner fallen leicht als Verantwortliche und Datenverarbeiter im Sinne der DSGVO in Betracht, da sie Entscheidungen über die Verarbeitung von Daten treffen oder Daten im Namen eines für die Verarbeitung Verantwortlichen verarbeiten (wozu auch die Weiterleitung gehört), selbst wenn sie ausserhalb der EU ansässig sind.

Die DSGVO führt in Art. 5 explizit folgende sechs Grundsätze für die Verarbeitung personenbezogener Daten auf:
- *Rechtmässigkeit, Verarbeitung nach Treu und Glauben, Transparenz:* Wo die DSGVO gilt, können personenbezogene Daten nur dann von einem für die Datenverarbeitung Verantwortlichen verarbeitet werden, wenn die Verarbeitung rechtmässig erfolgt und damit mindestens eine von sechs Rechtsgrundlagen zutrifft. Eine dieser Rechtsgrundlagen ist die Einwilligung. Die Einwilligungsoption sollte jedoch sorgfältig geprüft und stets mit Vorsicht angewendet werden, da die betroffenen Personen, die in die Verarbeitung ihrer persönlichen Daten eingewilligt haben, ihre Einwilligung auch jederzeit zurückziehen können. Ein anderer Zweck ist die Wahrnehmung berechtigter rechtlicher

Interessen (zum Beispiel im Rahmen eines Prozesses) oder deren Verwendung im vorgesehenen geschäftlichen Kontext (zum Beispiel bei E-Mails, Protokollen, Berichten etc.).

- *Zweckbindung:* Die Verarbeitung darf nur für festgelegte, eindeutige und legitime Zwecke erfolgen.
- *Datenminimierung:* Die Datenverarbeitung muss für den Zweck angemessen und erheblich sowie auf das notwendige Mass beschränkt sein.
- *Speicherbegrenzung:* Daten müssen in einer Form gespeichert werden, welche die Identifizierung der betroffenen Personen nur so lange ermöglicht, wie dies erforderlich ist.
- *Integrität und Vertraulichkeit:* Es sind angemessene Massnahmen zur Sicherheit der personenbezogenen Daten, einschliesslich des Schutzes vor unbefugter oder unrechtmässiger Verarbeitung und vor unbeabsichtigtem Verlust, unbeabsichtigter Zerstörung oder unbeabsichtigter Schädigung zu treffen.

Den für die Datenverarbeitung Verantwortlichen ist es unter der DSGVO generell untersagt, Daten in Länder ausserhalb der EU zu übermitteln, es sei denn, es handelt sich um ein Land, das ein gleichwertiges Schutzniveau für personenbezogene Daten bietet, wenn der für die Verarbeitung Verantwortliche oder der Auftragsverarbeiter angemessene Garantien vorgesehen hat oder wenn eine der Ausnahmen im DSGVO Anwendung findet.

Die DSGVO verpflichtet den für die Datenverarbeitung Verantwortlichen darüber hinaus zur Einhaltung bestimmter Verpflichtungen; unter anderem die betroffenen Personen über die Verarbeitung zu informieren (durch Dokumente wie Datenschutzhinweise und Datenschutzrichtlinien, siehe Art. 12–14 DSGVO) und Aufzeichnungen über die Verarbeitungstätigkeiten zu führen, liegt doch die Beweislast für die Einhaltung der DSGVO-Vorschriften beim Verarbeiter der Daten (Art. 30 DSGVO).

Nach Art. 15 DSGVO hat zudem jede Person das Recht auf Auskunft über alle sie betreffenden Daten:

- Die Informationen darüber sind laut Art. 12 DSGVO in «präziser, transparenter, verständlicher und leicht zugänglicher Form in einer klaren und einfachen Sprache» zu liefern.
- Nach Art. 13 und 14 DSGVO muss jeder betroffenen Person bei einer Datenerhebung in einer Datenschutzerklärung umfangreich Auskunft unter anderem über Zweck, Empfänger und Verantwortliche der Datenverarbeitung, Dauer der Datenspeicherung, Rechte zur Berichtigung, Sperren und Löschen und Verwendung der Daten für Profiling-Zwecke gegeben werden. Wenn sich der Zweck ändert, ist die betroffene Person aktiv zu informieren.

- Nach Art. 16 DSGVO hat die betroffene Person ein Recht auf Berichtigung falscher Daten sowie laut Art. 18 DSGVO ein Recht auf Einschränkung («Sperrung») der Datenverarbeitung, wenn Richtigkeit oder Grundlage der Datenverarbeitung bestritten werden.
- Nach Art. 30 DSGVO hat jeder Verantwortliche und gegebenenfalls sein Vertreter ein Verzeichnis von Verarbeitungstätigkeiten, die ihrer Zuständigkeit unterliegen, zu führen.

Die **Schweiz** als Nicht-EU-Mitgliedstaat regelt den Datenschutz in Anlehnung an die EU-Regelungen. Art. 13 der Schweizerischen Bundesverfassung (BV) legt dabei grundlegend fest, dass jede Person Anspruch auf Achtung ihres Privat- und Familienlebens, ihrer Wohnung sowie ihres Brief-, Post- und Fernmeldeverkehrs sowie auf Schutz vor Missbrauch ihrer persönlichen Daten hat. Dieser Schutz wurde im Bundesgesetz über den Datenschutz (DSG) gesetzlich verankert, das seit dem 1. Juli 1993 in Kraft ist. Aktuell ist eine Revision der schweizerischen Datenschutzbestimmungen im Gange, welche das Schutzniveau jenem der EU angleichen soll. Das totalrevidierte DSG und die Ausführungsbestimmungen in der neuen Datenschutzverordnung (DSV) wie auch der neuen Verordnung über Datenschutzzertifizierungen (VDSZ) treten am 1. September 2023 in Kraft.

Um die Rechtmässigkeit der Datenbearbeitung in **Verhandlungen** sicherzustellen, sind Datenschutzfragen frühzeitig anzusprechen und notwendige **Vorkehrungen** zur Wahrung der Vertraulichkeit und des Datenschutzes zu treffen. Diese umfassen insbesondere die Definition des Bearbeitungszweckes und der Behandlungsgrundsätze von Personendaten, die Zugriffsbeschränkung nach dem «need-to-know»-Prinzip, das Treffen von IT-Sicherheitsvorkehrungen wie die Verwendung einer modernen IT und von aktuellen Malware-Schutzprogrammen, die Verwendung verschlüsselter elektronischer Kommunikation oder Data Share Points sowie den Abschluss von Geheimhaltungsvereinbarungen und von Vereinbarungen zum Datenschutz.

Datenschutzfragen sind frühzeitig anzusprechen, um die notwendigen Vorkehrungen zur Wahrung der Vertraulichkeit und des Datenschutzes zu treffen.

8.2.2 Geheimnisschutzrechtliche Rahmenbedingungen

Geschäftsgeheimnisse waren lange Zeit vor allem über Geheimhaltungsvereinbarungen («Non-Disclosure Agreements», NDA), Geheimhaltungsklauseln in sonstigen Verträgen, über strafrechtliche Bestimmungen oder solche zum Schutz vor unlauterem Wettbewerb geschützt. Am 5. Juli 2016 trat dann die *EU-Richtlinie 2016/943 (Schutz von Geschäftsgeheimnissen)* in Kraft.[51] Sie wurde in der Folge ins nationale Recht der EU-Mitgliedstaaten umgesetzt, so etwa im Rahmen des deutschen Gesetzes zum Schutz von Geschäftsgeheimnissen vom 18. April 2019

---
51 Vgl. dazu das Amtsblatt der Europäischen Union DE 15.6.2016, L 157/9.

(«GeschGehG») oder der österreichischen UWG-Novelle 2018, in Kraft seit dem 29. Januar 2019.

Die EU-Richtlinie wie auch die nationalen Gesetze sehen zum ersten Mal eine **Legaldefinition** des Begriffs des Geschäftsgeheimnisses vor: Gemäss Art. 1 der Richtlinie sind «Geschäftsgeheimnisse» Informationen, die alle nachstehenden Kriterien erfüllen: a) sie sind in dem Sinne geheim, dass sie weder in ihrer Gesamtheit noch in der genauen Anordnung und Zusammensetzung ihrer Bestandteile den Personen in den Kreisen, die üblicherweise mit dieser Art von Informationen umgehen, allgemein bekannt oder ohne Weiteres zugänglich sind; b) sie sind von kommerziellem Wert, weil sie geheim sind; c) sie sind Gegenstand von den Umständen entsprechenden angemessenen Geheimhaltungsmassnahmen durch die Person, die die rechtmässige Kontrolle über die Informationen besitzt. Inhaber eines Geschäftsgeheimnisses ist dabei jede natürliche oder juristische Person, welche die rechtmässige Kontrolle über ein Geschäftsgeheimnis besitzt. Ein Rechtsverletzer dagegen ist jede natürliche oder juristische Person, die auf rechtswidrige Weise Geschäftsgeheimnisse erworben, genutzt oder offengelegt hat (Abs. 1–3). Gemäss Abs. 4 der Richtlinie sind zudem rechtsverletzende Produkte solche, deren Konzeption, Merkmale, Funktionsweise, Herstellungsprozess oder Marketing in erheblichem Umfang auf rechtswidrig erworbenen, genutzten oder offengelegten Geschäftsgeheimnissen beruhen.

Die entscheidende Neuerung ist dabei, dass das *Geschäftsgeheimnis alleine objektiv bestimmt* wird und angemessene **Geheimhaltungsmassnahmen** voraussetzt. Auf den Geheimhaltungswillen der entsprechenden Partei kommt es dagegen nicht mehr entscheidend an. Für den straf- und wettbewerbsrechtlichen Schutz von Geschäftsgeheimnissen wird deshalb in Zukunft wesentlich sein, dass der Geheimnisinhaber darlegen kann, welche konkreten Massnahmen er zum Schutz seiner Geschäftsgeheimnisse ergriffen hat und dass diese angemessen sind. Hinweise darauf können unter anderem Zugangssperren, Passwörter, IT-Sicherheitsmassnahmen, lückenlose arbeitsvertragliche Verpflichtungen der Mitarbeiter zur Geheimhaltung, Vertraulichkeitsvereinbarungen mit Geschäftspartnern, räumliche Zugangssicherungen und dergleichen darstellen. Die EU-Richtlinie schützt dabei grundsätzlich auch das Know-how einer Unternehmung. Allerdings schützt sie auch hier nur den, der die erwähnten Anforderungen erfüllt und dies auch nachweisen kann.[52]

> Geschäftsgeheimnisse anderer Parteien dürfen nur aufgrund einer rechtlichen Grundlage erhältlich gemacht, besessen oder genutzt werden.

Wer Geschäftsgeheimnisse anderer Parteien erhältlich macht, besitzt oder nutzt, bedarf dazu einer rechtlichen Grundlage, was im Geschäftsverkehr in der Regel durch eine **Geheimhaltungsvereinbarung oder -klausel** in einem anderen Ver-

---

52 Vgl. dazu Art. 11 der EU Richtlinie *2016/943*.

trag sichergestellt wird.[53] Dies bedeutet bei Verhandlungen, dass die Parteien vor deren Aufnahme und in jedem Fall vor Austausch von Geschäftsgeheimnissen ein NDA abschliessen sollten. Zudem haben sie nachweisbar **angemessene Schutzmassnahmen** zu treffen.

Bei fahrlässiger oder vorsätzlicher **Verletzung** der Gesetzesbestimmungen sieht die EU-Geheimnisschutzrichtlinie Ansprüche auf Beseitigung, Unterlassung, Vernichtung, Herausgabe, Rückruf, Entfernung und Schadensersatz.[54] Die nationalen Gesetze sehen teilweise weitergehende Ansprüche vor. Das GeschGehG etwa verschafft den Rechtssuchenden einen Auskunftsanspruch, der so in der Richtlinie nicht vorgesehen ist. Damit werden die Rechte des Geheimnisinhabers gestärkt, der sich vormals vor allem auf vertragliche Rechtsbehelfe abstützten musste.

Auch unter Geheimnisschutzgesichtspunkten sind die Parteien gehalten, den Verwendungszweck und die Bearbeitungsgrundsätze der Geschäftsgeheimnisse zu definieren, Massnahmen zur Zugriffsbeschränkung nach dem «need-to-know»-Prinzip sowie die erwähnten IT-Sicherheitsvorkehrungen zu treffen. Die Verwendung der Geschäftsgeheimnisse ist zudem im Rahmen einer Geheimhaltungsvereinbarung näher zu regeln.

8.3 Partikularitäten der Verhandlungsführung durch Anwältinnen und Anwälte

Während sich alle verhandelnden Parteien an das Recht zu halten haben, gelten für frei praktizierende Anwältinnen und Anwälte zusätzliche Regeln, sind sie doch dem Standesrecht und weiteren Normen unterstellt. So verlangt etwa Art. 12 des schweizerischen Bundesgesetzes über die Freizügigkeit der Anwälte, dass Anwältinnen und Anwälte ihren Beruf sorgfältig und gewissenhaft sowie unabhängig ausüben. Sie meiden jeden Konflikt zwischen den Interessen ihrer Klientschaft und den Personen, mit denen sie geschäftlich oder privat in Beziehung stehen. Zudem klären sie ihre Klientschaft bei Übernahme des Mandates über die Grundsätze ihrer Rechnungstellung auf und informieren sie periodisch oder

---

53 Gemäss Art. 3 Abs. 1 der EU Richtlinie 2016/943 gilt als legaler Erwerb eines Geschäftsgeheimnisses (a) die unabhängige Entdeckung oder Schöpfung; (b) Beobachtung, Untersuchung, Rückbau oder Testen eines Produkts oder Gegenstands, das beziehungsweise der öffentlich verfügbar gemacht wurde oder sich im rechtmässigen Besitz des Erwerbers der Information befindet, der keiner rechtsgültigen Pflicht zur Beschränkung des Erwerbs des Geschäftsgeheimnisses unterliegt; (c) Inanspruchnahme des Rechts der Arbeitnehmer oder Arbeitnehmervertreter auf Information und Anhörung gemäss dem Unionsrecht sowie gemäss den Rechtsvorschriften und den Gepflogenheiten der Mitgliedstaaten, und (d) jede andere Vorgehensweise, die unter den gegebenen Umständen mit einer seriösen Geschäftspraxis vereinbar ist.
54 Vgl. etwa §§ 11–13 GeschGehG.

auf Verlangen über die Höhe des geschuldeten Honorars.[55] Die deutschen und österreichischen Standesregeln sehen vergleichbare Grundsätze vor.

Damit sind dem Verhalten von freipraktizierenden Anwältinnen und Anwälten Schranken gesetzt: Verlangt wird insbesondere, dass Auftreten und Verhalten korrekt sind. Tricksereien oder Täuschungsmanöver können nicht nur die in Ziff. 7 erwähnten Anfechtbarkeits- oder Haftungsfolgen, sondern auch standesrechtliche Konsequenzen nach sich ziehen, wie beispielsweise Bussen oder gar den Verlust des Anwaltspatents.

Anwältinnen und Anwälte haben zudem die *nötige Distanz* zu ihren Mandanten zu wahren, um sie korrekt beraten zu können. In Bezug auf Verhandlungen ist wichtig, bei der Klientschaft keine falschen Hoffnungen zu wecken, da solche erfahrungsgemäss vorteilhafte Lösungen verunmöglichen können *(«Expectation Management»):* Wem etwa kommuniziert wurde, in seinem Fall liege mindestens EUR 1 Mio. drin, gibt sich vergleichsweise kaum mit EUR 300'000 zufrieden – auch wenn dies das wahrscheinliche Prozess- oder Verhandlungsergebnis wäre. Aus diesem Grund sollte die eigene Position beziehungsweise die Position der Klientschaft stets kritisch hinterfragt werden. Die Klientschaft sollte zudem in aller Klarheit darüber aufgeklärt werden, welches lediglich taktische Argumente sind und wie die tatsächliche – interne – (Risiko-)Einschätzung ausfällt. Dies ist umso wichtiger, wenn in Verhandlungen offensiv «Anker» geworfen werden[56] oder Rechtsschriften für Laien sehr überzeugend ausfallen. Solche Aufklärungen finden mit Vorteil schriftlich, beispielsweise per E-Mail, statt.

> Die Herausforderung bei der Verhandlungsführung besteht letztlich darin, Lösungen zu erarbeiten, welche für beide Parteien akzeptabel sind.

Bei der Lösungsfindung muss zudem *stets auch die eigene Klientschaft einer Analyse unterzogen* werden. Nur so werden in schwierigen Verhandlungssituationen Lösungen, welche schliesslich für beide Parteien akzeptabel sind, möglich. Die Herausforderung bei der Verhandlungsführung besteht deshalb nicht einfach darin, kunstvoll zu taktieren, sondern Lösungen zu erarbeiten, welche für *beide* Parteien akzeptabel sind.

Dennoch sollten sich die Anwältin oder der Anwalt *stets klar ersichtlich auf der Seite ihrer Klientschaft positionieren*: Zu viel (gutgemeintes) Interesse und Verständnis für die andere Partei kann das Vertrauensverhältnis zur eigenen Klientschaft untergraben. Sofern diese eine unrealistische Erwartungshaltung oder Position einnimmt, kann es zudem vorteilhaft sein, sie selber die Erfahrung machen zu lassen, dass sie damit nicht zum Erfolg kommt («Das wird nach den Äusserungen der anderen Partei schwierig – aber unterbreiten wir ihr mal diese Offerte»). Zudem sollte die eigene Partei von Anfang an in die Erarbeitung von

---

55 Vgl. ‹https://www.sav-fsa.ch/rechtsprechung›.
56 Vgl. dazu Kapitel IV.B.3 und V.E.2.1. Zur Prozesschancenanalyse vgl. auch Kapitel V.A.5.2.4.

Lösungen einbezogen werden, da dies nicht nur die möglichst optimale Wahrung ihrer Interessen sicherstellt, sondern auch die Akzeptanz für die erarbeitete Lösung erhöht.

Damit sie ihre standesrechtlichen Verpflichtungen wahrnehmen können und zudem die Verhandlungen eine einheitliche «Handschrift» tragen, sollten Anwältinnen und Anwälte die *Verhandlungsorganisation und -führung* übernehmen oder zumindest massgeblich in diese involviert sein.[57]

Mit diesem Wissen um die grundlegenden Aspekte des Verhandlungsprozesses wenden wir uns nun den Grundlagen der Verhandlungsführung zu.

---

57 Zum Ganzen, siehe auch GIRSBERGER/PETER, Aussergerichtliche Konfliktlösung, S. 102 ff.

B. Zwei grundlegende Verhandlungsmodelle und spieltheoretische Verhandlungsansätze

1. Vorbemerkungen

Wenn wir nur aufgrund unserer Erfahrung verhandeln, begrenzen wir unsere Erfolgschancen.

Wir alle haben unterschiedliche Vorstellungen davon, was Verhandeln bedeutet: Wer Verhandlungen als «Basar» versteht, wird vor allem um Positionen feilschen. Wer darunter Taktieren und Tricksen versteht, wird in Verhandlungen genau dies tun. Und wer nur Verhandlungen kennt, in denen eine Partei gewinnt und die andere verliert, richtet sein Verhalten danach. Wenn allein unser Erfahrungshorizont unser Verhandeln bestimmt, handeln wir eindimensional und reüssieren zwar in gewissen Situationen, in anderen dagegen gerade nicht. Achselzuckend meinen wir dann: «Ich verhandle einfach so, das ist mein Stil. Wem das nicht passt, der soll es sein lassen.» Damit laufen wir Gefahr, in Verhandlungen Fehler zu begehen oder zu wiederholen, die wir bei einem besseren Verständnis der Gesetzmässigkeiten und Dynamiken hinter Verhandlungen vermieden hätten. Ein vertieftes Verständnis der Verhandlungsführung macht uns deshalb zu erfolgreicheren Verhandlungsführerinnen und -führern.

Die Verhandlungslehre hat verschiedene *idealtypische Verhandlungsmodelle* entwickelt und einlässlich untersucht, um daraus Erkenntnisse für Verhandlungen abzuleiten.[58] Diese Modelle werden jedoch in der Praxis nur selten in reiner Form eingesetzt. Die beiden Wichtigsten sind das distributive und das kooperative Verhandlungsmodell. Zudem bestehen diverse spieltheoretische Ansätze, um Verhandlungen zu erklären. Diese untersuchen wir in den folgenden Kapiteln.

2. Distributive Verhandlungsmodelle: Austausch von Angeboten und Aufbau sowie Ausspielen von tatsächlicher oder vermeintlicher Verhandlungsmacht («win-lose»)

Distributive beziehungsweise kompetitive Verhandlungen zielen vor allem darauf ab, durch Taktieren und Druckausübung eine für sich optimale Aufteilung des «Kuchens» zu erzielen.

Unter Verhandeln verstehen viele den Austausch von Angeboten, die mit Argumenten untermauert werden, mit dem Ziel, die Gegenpartei vom eigenen Angebot zu überzeugen. Dabei wird zunächst ein Angebot unterbreitet, welches möglichst weit entfernt liegt von dem Preis, der die Grenze zwischen gutem und schlechtem «Deal» darstellt (sogenannter **«Indifferenzpreis»**). Der Punkt, an welchem das Geschäft zum Scheitern kommt, wird als **«Drohpunkt»** bezeichnet.[59] Durch geschicktes Taktieren, gewandte Rhetorik und Druck wird dann versucht, einen möglichst vorteilhaften Preis zu erzielen. Der mögliche Verhandlungs-

---

58 Vgl. dazu Kapitel III.B.
59 Vgl. Berz, Spieltheorie, S. 7 ff. und 10 f.

erfolg – der Bereich zwischen den beiden initialen Offerten der Verhandlungspositionen der Parteien – wird als «**Kuchen**» bezeichnet. Da es darum geht, einen mehr oder weniger feststehenden «Kuchen» zwischen den Parteien zu verteilen, gelten solche Verhandlungsmodelle als *distributiv*: Was die eine Partei gewinnt, verliert die andere («win-lose»). Den Drohpunkt zu verschieben, bedeutet hier gleichzeitig, den Anteil am Kuchen, der zwischen den Parteien noch verteilt wird, zu reduzieren.

Da in solchen Verhandlungsmodellen die Parteien versuchen, durch Aufbau von tatsächlicher oder vermeintlicher **Verhandlungsmacht** eine für sie möglichst optimale Aufteilung des «Kuchens» zu erzielen, werden diese Modelle auch als *kompetitiv* bezeichnet.

Distributive Verhandlungen basieren damit darauf, durch Feilschen, Taktieren und Druckausübung den Drohpunkt zu verschieben:

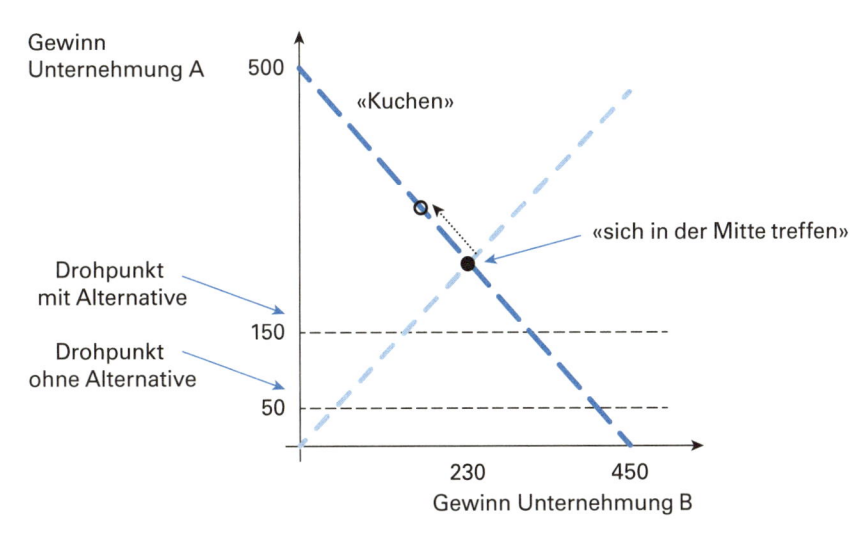

Lesart: Die Unternehmung A macht im für sie maximalen Fall aus einem bestimmten Geschäft einen Gewinn von 500, dann allerdings erzielt die Unternehmung B keinen Gewinn mehr. Umgekehrt erzielt die Unternehmung B im für sie optimalen Fall einen Gewinn von 450. Der «Kuchen», der zu verteilen ist, bewegt sich von der maximalen Gewinnmarke von A zu jener von B. Wenn keine der Parteien eine überwiegende Verhandlungsmacht hat, wird sich der Preis, und damit der Gewinn der Parteien, tendenziell in der Mitte einpendeln. Wenn dagegen Partei A es schafft, eine eigene Alternative aufzubauen, kann sie den Verhandlungspreis in ihre Richtung bewegen (s. dazu den punktierten Pfeil).

Abb. 7 – Verhandeln mit Drohpunkt

Den distributiven Verhandlungsansatz finden wir oft in Bereichen, in denen das Produkt oder die Dienstleistung mehr oder weniger austauschbar ist und deshalb der *Preis dominiert*. Allerdings werden mangels besseren Wissens regelmässig auch Verhandlungen so geführt, die eigentlich eine differenziertere Lösung mit beidseitigen Gewinnchancen beinhalten würden («win-win») und in denen eine sorgfältige Verhandlungsplanung und -führung kreative Gestaltungsmöglichkeiten und ungeahnte Lösungen ermöglichen würden.

> Ein typisches Beispiel für distributive beziehungsweise kompetitive Verhandlungen sind zudem einmalige *Schadenersatzverhandlungen* zwischen Geschädigten und Versicherungen: Niemand ist auf eine zukünftige Kooperation angewiesen, so dass die Entschädigungshöhe nebst dem Risiko, in einem Prozess ganz oder teilweise zu unterliegen, verhandlungsbestimmend ist.[60] Ein weiteres Beispiel dazu sind Verhandlungen, in denen ein *Rechtsverletzer* in einem Patent- oder Markenrechtsverletzungsprozess dazu gebracht werden soll, die Rechte des Rechteinhabers zu respektieren und Schadenersatz zu bezahlen.[61] Kompetitive Verhandlungssituationen treffen wir oft auch im *geo- und wirtschaftspolitischen Kontext* an: So verfolgt China seit vielen Jahren eine Wirtschafts- und Wachstumspolitik, in welcher forcierter Technologietransfer, Wirtschaftsspionage und die Verletzung von Immaterialgüterrechten (insbesondere von Patenten) eine wichtige Rolle spielen.[62] Kooperatives Verhandeln ist in solchen Situationen ohne (genügende) Druckmittel *a priori* nicht erfolgversprechend, da die andere Partei durch Nachgeben einen Vorteil einbüssen würde, ohne dazu gezwungen zu sein. Entsprechend verfolgt Letztere meist eine Strategie, die auf möglichst langes Ausnutzen des Vorteils setzt.[63] Die USA lancierten deshalb unter Präsident Donald Trump 2018 einen Handelskrieg, um China über eine Strategie des maximalen Drucks zum Einlenken zu zwingen.

---

60 Vgl. allerdings Kapitel V.E.4 zu reinen Preisdiskussionen, welche dennoch kreativen Verhandlungsspielraum zulassen.
61 Dass auch in solchen Situationen Möglichkeiten bestehen, gemeinsame Interessen zu schaffen und eine semi-kooperative Lösung zu erzielen, wird in Kapitel V gezeigt.
62 Vgl. WINKLER, Huawei ist nur die Spitze des Eisbergs, NZZ vom 22. Mai 2019.
63 Während Jahrzehnten hat der Westen versucht, dem mit wohlgemeintem konstruktivem Engagement entgegenzutreten – erfolglos. Ohne strategischen Weitblick wurde verkannt, dass China kein Interesse an einer Selbstbeschränkung hat. Deshalb wurden die Vereinbarung sowie Durchsetzung von korrigierenden Massnahmen verpasst, als China wirtschaftlich und politisch noch nicht genügend stark war, sich diesen zu widersetzen. Heute ist Remedur gegenüber einem politisch selbstbewussten und wirtschaftlich starken China ungemein viel schwieriger, dies umso mehr, als der Westen China über Jahrzehnte gezeigt hat, dass er selten bereit ist, energisch für seine Interessen einzutreten, und damit von China mehrheitlich als schwach wahrgenommen wird. Westlichen Drohgebärden fehlt damit oft die Glaubwürdigkeit. Deshalb sah sich China lange Zeit auch nicht gezwungen, seine Strategie zu ändern, und die Bemühungen des Westens, China zu deren Änderung anzuhalten, zeitigten bisher keinen Erfolg.

Eine analoge Situation liegt vor, wenn durch Androhen oder Einleiten eines Gerichtsprozesses die Voraussetzungen für einen Vergleich zwischen den Parteien geschaffen werden soll.[64]

Übliche Verhaltensweisen, um Verhandlungsmacht aufzubauen, sind etwa:

- Der Hinweis auf den Wettbewerb (*«Wettbewerbsargument»*), wobei Zeitdruck aufgebaut und der Eindruck vermittelt wird, es bestehe eine «Jetzt oder nie»-Situation. Das Angebot wird künstlich reduziert, es dominieren Argumente wie «Es ist das letzte Stück, morgen ist sicher alles verkauft!», oder auf Buchungsplattformen «Nur noch zwei Angebote vorhanden – vier andere Websitebesucher interessieren sich für dasselbe Zimmer!». Dabei stellt die eine Partei die andere vor die Wahl, das Geschäft zu bestimmten (allenfalls noch leicht verhandelbaren) Bedingungen *abzuschliessen, ansonsten ein Mitbewerber zum Abschluss komme (Alternativgeschäft)*, womit die ursprüngliche Partei leer ausgehen würde.
- Argumente, welche darauf abzielen, in wirtschaftlicher, rechtlicher oder sonstiger Hinsicht die *Situationseinschätzung* der anderen Partei zu eigenen Gunsten zu verändern.
- Oder es werden eigene (echte oder vermeintliche) *Alternativen* geschaffen oder die Alternativen der anderen Partei beeinträchtigt beziehungsweise eliminiert, womit der Drohpunkt verschoben wird.
- Auch drohende oder ohne «Deal» effektiv steigende *Transaktionskosten* (Rechtskosten, insb. Prozesskosten, Opportunitätskosten bei verzögertem Projektbeginn) führen zu einer Verschiebung des Drohpunktes.
- Dasselbe ist der Fall, wenn es gelingt, *Kunden oder Allianzpartner* abzuwerben oder ins eigene Boot zu holen, oder
- der anderen Partei Marktanteile abzujagen beziehungsweise damit zu drohen.[65] Auch dies wirkt sich auf den Drohpunkt und damit auf die Verteilung des Kuchens aus.[66]
- Eine weitere, im wirtschaftlichen und vor allem auch im politischen Bereich beliebte Taktik, Verhandlungsmacht aufzubauen, ist, sich ein *«Faustpfand» zu verschaffen*, um Zugeständnisse einzuhandeln. Sun Tzu empfahl diesbezüglich: *«Erfahrene Feldherren greifen nicht an, wenn der Gegner mit wohlgeordneten Bannern und eindrücklichen Truppen in Reih und Glied anrückt. [...] Wenn einer fragt: ‹Wie soll ich mit einem wohlgeordneten Gegner, der mich angreifen will,*

---

64 Vgl. Kapitel VI.C und VI.E.
65 Siehe dazu Grundsätzliches bei von Clausewitz, 17. Buch, Kapitel 1, Ziff. 2 und S. 34.
66 Vgl. Berz, Spieltheorie, S. 12–13.

fertig werden?›, so sage ich: Bringe etwas in deinen Besitz, das er wertschätzt, und er wird sich deinen Wünschen fügen.»[67]

Dies kann etwa dadurch erfolgen, dass ein *Vertrag zum Zwecke der Neuverhandlung aufgekündigt wird, so geschehen* etwa bei den NAFTA-Verhandlungen unter der Administration Trump 2018 oder bei der massiven, breiten und stufenweise Erhöhung der Einfuhrzölle auf chinesischen Waren zur Erzwingung von Handelsverhandlungen und -zugeständnissen durch die Administration Trump in den Jahren 2018 und 2019. Ebenso wird gerne vor Friedensverhandlungen *durch eine Offensive zusätzliches Terrain* erobert (was in der Verhandlungsführung auch im übertragenen Sinn verstanden werden kann), womit nicht nur die eigene Schlagkraft bewiesen, sondern auch ein Faustpfand für die Verhandlungen geschaffen wird. Dies war die jahrelange Taktik der Taliban in Afghanistan vor Verhandlungen mit den USA. Ebenso kündigte Nordkorea vor Verhandlungen mit den USA 2019 die Lancierung einer neuen Langstreckenrakete an. Auch Russland verschaffte sich in der Ukraine durch die Unterstützung der ukrainischen Rebellen ein Faustpfand, um die EU und die NATO vor einer weiteren Ausdehnung Richtung russische Grenze aufzuhalten. Im Wirtschaftsbereich sind etwa Patente, der Erwerb oder Schutz von Schlüsseltechnologien, die Sicherung von «Key Playern» (hochspezialisierten Technikern, Kenner bestimmter anderer Spezialmaterien, auf welche die andere Partei angewiesen ist) Faustpfänder.

Wie man sich ein Faustpfand verschafft, um Verhandlungsmasse zu generieren, aber auch um seine Alliierten hinter sich zu scharen, zeigt das folgende Beispiel: Im Dezember 2018 wurde in Vancouver, Kanada, auf Ersuchen der US-Justizbehörden die Tochter des Huawei-Gründers und CFO des Unternehmens, Meng Wanzhou, aufgrund des Vorwurfs des Betrugs festgenommen. Es wurde ihr vorgeworfen, sanktionierte Geschäfte mit Iran getätigt und diese gegenüber den Banken verschwiegen zu haben. Die Administration Trump hatte mehr oder weniger unverhohlen klargemacht, dass Meng Wanzhou als Faustpfand im US-chinesischen Wirtschaftskrieg diente. China konterte, indem zwei Kanadier, die in China lebten, aufgrund von Spionage-Vorwürfen festgenommen wurden. Anfangs Oktober 2021 wurde Meng Wanzhou unter der Administration Biden, welche sich um eine Verbesserung der Beziehung zu China bemühte, im Rahmen eines Deals mit den US-Justizbehörden freigelassen. Sie verpflichtete sich, gewissen Darstellungen der amerikanischen Behörden nicht zu widersprechen und gestand indirekt ein, eine Bank falsch über ihre Geschäfte im sanktionsbelegten Iran informiert zu haben. Die Chinesen feierten die Freilassung als «Sieg» ihres Landes über die von ihnen als aggressiv bezeichnete US-Aussenpolitik. Was hatte den US-Behörden nun die Verhaftung gebracht? Zwar konnte Meng Wanzhou nicht direkt als Faustpfand im Wirtschaftskrieg eingesetzt werden. Allerdings setzten die USA mit der Verhaftung ein starkes Zeichen, dass sie gewillt waren, ihre Interessen gegenüber China auch mit harten Bandagen durchzusetzen, und scharten ihre Verbündeten im Wirtschaftskrieg gegen China hinter sich. Dabei dürf-

---

67 Sun Tzu/Griffith, Die Kunst des Krieges, Kapitel VII, Spruch 25 und Kapitel XI, Spruch 28.

ten die Verhaftung und das Eingeständnis von Meng Wanzhou dazu geführt haben, dass enge Alliierte der USA wie Grossbritannien und Australien nicht auf das sicherheitspolitisch heikle G5-Netzwerk von Huaweii setzen – was die USA von Anfang an beabsichtigt hatten.[68]

Ein «Faustpfand» beziehungsweise eine unverhohlene Drohung setzte auch die Baronin Freifrau von Thyssen Bornemisza in ihren Verhandlungen mit der spanischen Regierung ein, als es darum ging, die Vereinbarung über die Überlassung ihrer wunderbaren Kunstsammlung zur Ausstellung in Madrid neu zu verhandeln. Das berühmte Gemälde «Mata Mua», ein Meisterwerk von Paul Gaugin, verschwand im Madrider Museum Thyssen-Bornemisza plötzlich, was Schockwellen durch die spanische Kulturszene sandte. Bereits einmal hatte die Baronesse ein Kunstwerk aus der Sammlung entfernt und verkauft, um sich – wie sie sagte – die benötigte Liquidität für ihren Unterhalt, aber auch für jenen der Bilder zu beschaffen. Die spanische Kunstwelt und Regierung befürchteten deshalb, sie habe dasselbe mit dem Bild «Mata Mua» vor. Doch bald konnten sie aufatmen, denn als sich die Parteien in der Folge geeinigt hatten, wieviel die spanische Regierung der Baronin für die Zurverfügungstellung der Bilder und deren Unterhalt zahlen würde (insgesamt EUR 100 Mio. oder 6.5 Mio. pro Jahr, nebst Vorkaufsrecht nach Ablauf dieser 15-jährigen Periode), tauchte das Gemälde urplötzlich wieder im Museum auf … Die geschäftstüchtige Baronin hatte es verstanden, den erforderlichen «Leverage» bei ihren Verhandlungen mit der spanischen Regierung publikumswirksam, aber dennoch diskret (verdeckte Drohung) einzusetzen. Dabei beherzigte sie den Grundsatz *«facts speak louder than words!»*[69]

- Der Drohpunkt wird auch verschoben, indem eine Partei *etwas energisch und überraschend* tut, was die andere Partei nicht erwartet hat («Überraschungsangriff»), was Alexander der Grosse in seinem Persienfeldzug und Napoleon meisterhaft beherrschten. In der Verhandlungsführung bestehen solche Überraschungsmomente oft in Angeboten, die erst in der letzten Minute und wenn die andere Partei unter Zeitdruck ist, unterbreitet werden, oder im Stellen von Ultimaten.[70]

Bei distributiven Verhandlungen gehen Verhandlungsparteien oft davon aus, die Lösung bestehe darin, den Kuchen mehr oder weniger **hälftig zu teilen.**[71] Entsprechend werden die anfänglichen Verhandlungspositionen gewählt: Extrem und so ausgelegt, dass man noch in erheblichem Masse nachgeben kann, um die

---

68 Vgl. etwa Süddeutsche Zeitung, Huawei-Finanzchefin geht Deal mit USA ein, ‹https://www.sueddeutsche.de/wirtschaft/meng-wanzhou-huawei-deal-kanada-china-1.5421176›.
69 UTE MÜLLER, Die Baronin und ihr Gespür für Geld, NZZ vom 27. Februar 2021, S. 20.
70 Der Einsatz und die Beantwortung von Ultimaten in Verhandlungssituationen werden in den Kapiteln III.C.2.3, V.D.2.6 und VI.A.5.1 behandelt.
71 Man spricht dabei von einer perzeptiv und normativ prominenten Lösung beziehungsweise einer *Schiedsrichterlösung* (vgl. RÖHL, Verhandlungstechnik für Juristen, S. 17 f.; BERZ, Spieltheorie, S. 7–12; JULMI, Arbitration in der Spieltheorie, S. 9).

Gegenpartei zu ebensolchen Zugeständnissen zu bewegen.[72] Danach feilschen die Parteien mit Haken und Ösen um das Verhandlungsergebnis, wobei die eigene Position verteidigt und die andere Partei zum Nachgeben veranlasst werden soll.[73] Die hälftige Aufteilung des Kuchens ist jedoch oft nicht die angemessene Lösung: Sofern eine Partei Alternativen hat, weniger Nutzen aus dem Geschäft zieht oder dieses *a priori* nicht benötigt, kann sich in solchen Situationen der Drohpunkt zu ihren Gunsten verschieben.[74]

> In Verhandlungen besteht die Kunst darin, in dem Moment eine Entscheidung zu treffen, in welchem wir genügend Fakten haben, um die Entwicklungen richtig einschätzen zu können.

In der Praxis besteht bei distributiven Verhandlungen die Herausforderung regelmässig darin, trotz **unvollständiger oder asymmetrischer Information** – der Indifferenzpreis der einen oder beider Parteien ist unbekannt – ein optimales Ergebnis zu erzielen. Henry Kissinger bemerkte deshalb, bei Entscheidungen bestehe die Kunst darin, *in dem Moment eine Entscheidung zu treffen, in dem man genügend Fakten habe, um die Entwicklungen richtig einschätzen zu können: Nicht so früh, dass man alles über den Haufen werfe, und nicht so spät, dass man ins Stocken gerate.*[75] Der Indifferenzpreis kann sich dabei in einem Geldwert ausdrücken oder sonst jeden beliebigen Verhandlungsgegenstand umfassen, die Mechanik der Verhandlungen bleibt grundsätzlich dieselbe.

In distributiven Verhandlungen verliert die Partei, die einen Preis zu nahe am eigenen Indifferenzpreis nennt oder deren Angebot zu weit über dem Indifferenzpreis der anderen Partei liegt:[76] Hier hätte man mehr «herausholen» können. In der Verhandlungspraxis besteht deshalb eine der grossen Herausforderungen darin, möglichst rasch so viele **Informationen** wie möglich zu den verhandlungsrelevanten Umständen zu gewinnen, und darauf basierend seine Verhandlungen zu führen.[77]

Sofern jede Partei nur auf Kosten der anderen Partei gewinnen kann, besteht lediglich dann ein Anlass, sich auf Verhandlungen einzulassen, wenn zumindest eine Partei auf eine Verhandlungslösung angewiesen ist oder eine Partei über Drohmöglichkeiten verfügt. Diesfalls dienen die Verhandlungen vorwiegend dazu, soweit als möglich den Status zu erhalten. Wir sprechen dann von einem **Nullsummenspiel.**[78]

---

72 Allerdings haben extreme Angebote einen sogenannten **«chilling effect»**, das heisst, sie können die Parteien davon abhalten, annehmbare Vorschläge zu unterbreiten (Julmi, Arbitration in der Spieltheorie, S. 11).
73 Vgl. dazu auch Fisher/Ury/Patton, Das Harvard Konzept, S. 29 ff.
74 Vgl. Berz, Spieltheorie, S. 10 f.
75 Vgl. Lord, Kissinger über Kissinger, S. 30 f.
76 Berz, Spieltheorie, S. 7 und 13.
77 Das Thema Informationsbeschaffung und Vorbereitung von Verhandlungen wird in Kapitel V.A behandelt.
78 Vgl. Röhl, Verhandlungstechnik für Juristen, S. 17.

Kompetitive Verhandlungsansätze haben den Vorteil, dass sie intuitiv und einfacher umzusetzen sind als kooperative Verhandlungsmodelle, bedingen Letztere doch ein vertieftes Verständnis der Interessen beider Parteien und ein differenziertereres Verhandlungsinstrumentarium (sofern eine Partei der anderen aufgrund ihrer Verhandlungsmacht die Vereinbarungsbedingungen praktisch diktieren kann, können wir allerdings nicht ernsthaft von Verhandeln sprechen). Sie erscheinen deshalb *a priori* als vorteilhaft und sind im Verhandlungsalltag deshalb recht gebräuchlich. Ihr **Nachteil** besteht darin, dass in kooperativen Verhandlungen regelmässig nachhaltigere Ergebnisse erzielt werden, die den Interessen der Parteien besser Rechnung tragen.[79] Zudem können kompetitive Verhandlungen die Beziehung zwischen den Parteien beschädigen, was sich gerade bei langfristigen Vertragsbeziehungen oder bei wiederholten Vertragsabschlüssen (etwa regelmässigen Produktkäufen) nachteilig auswirken kann – wer fühlt sich schon gerne über den Tisch gezogen? Weil zudem bei Lösungen, die in kompetitiven Verhandlungen erzielt wurden, zumindest eine der Parteien latent einen Vorteil aus einem Vertragsbruch gewinnen kann, beispielsweise dann, wenn ein Dritter die Leistung günstiger anbietet als der aktuelle Vertragspartner, sind diese tendenziell instabiler als solche, die in kooperativen Verhandlungen erzielt wurden. Allerdings muss man realistischerweise sagen, dass in einem gewissen Ausmass stets auch distributiv verhandelt wird. Das **Verhandlungsdilemma** verhindert dabei regelmässig, dass allzu aggressive Verhandlungsmethoden angewendet werden. Es besagt, dass je mehr Druck angewendet wird, desto mehr das Verhältnis zwischen den Parteien und damit das Einigungsergebnis sowie die Compliance zu dessen Umsetzung beeinträchtigt oder sogar gefährdet werden.[80]

Kompetitive Verhandlungen sind intuitiv und meist einfacher zu führen als kooperative. Sie bewirken jedoch regelmässig suboptimale Lösungen und können die Beziehung zwischen den Parteien beschädigen.

Das Risiko von Druckstrategien verdeutlicht auch *Kaiser Napoleon Bonaparte I. Russlandfeldzug 1812*, als dieser und das revolutionäre Frankreich auf der Höhe ihrer Macht waren: Napoleon hatte sich durch seine unbestrittenen Verdienste in den französischen Revolutionskriegen und in diversen Feldzügen gegen die Frankreich feindlich gesinnten Mächte, insbesondere Russland, Preussen und Österreich, vielfach ausgezeichnet (mit allen unterhielt er zwischenzeitlich Friedensabkommen). Er hatte sich vom kleinen korsischen Artillerieoffizier zum Kaiser des neuen französischen Empire, sozusagen zum Nachfolger Karls des Grossen, aufgeschwungen. Doch mit der Kontinentalsperre, die Frankreich zur Schonung des eigenen Handels schliesslich nicht durchsetzte, die Napoleon jedoch den anderen europäischen Mächten aufzwang – entweder durch Bündnisse oder durch Kriege – drängte er insbesondere den russischen Zaren Alexander in die Enge: Das damals bestehende Bündnis mit Frankreich war bei der russischen Aristokratie unbeliebt, und das Volk litt unter dem Einbruch des Handels mit England. Als der Gesandte Alexanders gegenüber

---

79 Vgl. dazu näher Ziff. 3 nachstehend.
80 Siehe dazu auch BÜRLIN-UHLE/EIDENMÜLLER/NELLE, Verhandlungsmanagement, S. 89 ff.

Napoleon andeutete, Russland werde die Kontinentalsperre gegenüber England wohl nicht aufrechterhalten, geriet Napoleon in Rage und beleidigte ihn. Dann versuchte er Russland mit der damals ungelösten Frage, ob Polen die Unabhängigkeit zuzuerkennen sei (was Russland entschieden ablehnte), zur Aufrechterhaltung der Kontinentalsperre zu zwingen. *Es war jedoch eine leere Drohung,* da Napoleon angesichts der leeren Kassen keinen Feldzug gegen Russland, mit dem Frankreich formell verbündet war, suchte. Als er zudem Schweden, dem Russland ein natürlicher Feind war, seinen Vertrauten Bernadotte zur Seite stellte, kochte in Russland die Wut über das Verhalten Napoleons über. Napoleon brachte das Abkommen mit Russland definitiv zum Scheitern, als er Alexander die Erhöhung der Zölle «befahl», um die Kontinentalsperre duchzusetzen. *Zar Alexander hatte keine andere Wahl als sich von Napoleon abzuwenden – der Krieg gegen Russland wurde unausweichlich. Dabei schätzte Napoleon die Situation auch militärisch völlig falsch ein: Auf dem Gipfel seines Ruhmes und seiner Macht und umgeben von einem grossen Hofstaat, war er anders als früher von der Realität abgeschnitten.* Obschon vorherige Schlachten das Gegenteil gezeigt hatten, glaubte er, die Russen wären feige und würden ohnehin nicht kämpfen, und Alexander würde angesichts der grossen französischen Streitmacht rasch einlenken. Auch hatte er es *versäumt, die Türken, welche auf dem Balkan gegen die Russen gekämpft hatten, zur Weiterführung ihres Kampfes anzuhalten.* In der Folge *schlug er trotz klarer Einschätzungen der Situation seitens seiner Generäle und anderen Vertrauten verschiedene Gelegenheiten aus, Frieden mit Russland zu schliessen,* selbst als sich seine Armee durch die Ausweichtaktik des russischen Kutusow immer weiter zurückzog und Napoleons Truppen weiter nach Osten lockte – was für die Franzosen zunehmend zum logistischen und wetterbedingten Albtraum wurde. Die stete *Sorge um seinen Ruf* führte schliesslich dazu, dass Napoleon immer zögerlicher handelte – und es aus Angst, seinen Unfehlbarkeitsnimbus einzubüssen, gegen allen Rat versäumte, vor dem Einbruch des russischen Winters aus Moskau abzuziehen. Das Ende ist bekannt: Die Franzosen gewannen zwar auf dem Russlandfeldzug alle Schlachten, auch das blutige Gemetzel von Borodino, mussten sich aber schliesslich aufgrund des russischen Winters und weil das russische Reich auch nach der Besetzung seiner Hauptstadt nicht kapitulierte, aus Moskau zurückziehen. Die Verluste betrugen je nach Schätzung 200'000 bis 400'000 Tote und Vermisste.[81]

3. Kooperative Verhandlungsmodelle: Identifikation und Abgleich gemeinsamer Interessen («win-win»)

Anders als in kompetitiven Verhandlungen versuchen die Parteien in kooperativen Verhandlungsmodellen wie dem Harvard Konzept, durch eine gemeinsam erarbeitete Verhandlungslösung einen grösseren Gewinn zu erzielen, als dies durch Verteilung des «Kuchens» der Fall wäre: Der «Kuchen» wird vergrössert (sogenannter **«Kooperationsgewinn»** beziehungsweise «win-win»). Dies gelingt

---

81 ZAMOYSKI, Napoleon – Ein Leben, S. 594 ff.

insbesondere dann, wenn gemeinsam *neue Werte geschaffen* werden, etwa wenn eine Partei Kapital und die andere Arbeit und Knowhow einbringt, um neue Produkte zu entwickeln und zu produzieren, die dann am Markt erfolgreich verkauft werden. Ein Joint Venture erlaubt den Parteien, gemeinsame Synergien zu schaffen und neue Märkte zu gewinnen. Oder dann wird ein umstrittenes Gasfeld zusammen ausgebeutet, anstatt dass sich die Parteien um die Rechte daran bekriegen und bei dessen Ausbeutung gegenseitig behindern (was nicht ausschliesst, dass zur Stärkung der eigenen Verhandlungsposition zunächst eine konfrontative Position eingenommen wird).

So verstanden heisst Verhandeln, in einem kooperativen Prozess **unterschiedliche Interessen in Einklang zu bringen**. Meines Erachtens ist diese Beschreibung deshalb besonders zutreffend, weil die individuellen Interessenlagen meist nur teilweise gleichgerichtet sind, jedoch gut abgestimmt ein harmonisches Zusammengehen erzeugen – so wie dies bei verschiedenen Instrumenten eines Orchesters der Fall ist. Und wie bei einem Orchester steckt oft ein grosses Stück Arbeit und die eine oder andere Friktion während des Einübens der Symphonie dahinter. Vom berühmten chinesischen Strategen Zhuge Liang[82] ist überliefert, dass er während seinen Verhandlungen im Jahre 209 n.Chr mit dem Fürsten Sun Quan zur Bildung eines Bündnisses gegen den berüchtigten Kanzler und Warlord Cao Cao zusammen mit Sun Quans Berater auf dem Saiteninstrument *qin* gespielt hat, um die Einigkeit und Harmonie der Parteien zu demonstrieren.[83]

In kooperativen Verhandlungen bringen die Parteien gemeinsam ihre individuellen Interessen in Einklang.

Kooperative Verhandlungslösungen sind deshalb tendenziell stabiler als distributive, da die gemeinsamen Interessen die Parteien zusammenschweissen und das Einhalten der Verhandlungslösung beiden Parteien Erfolg verspricht.[84]

---

82 **Zhuge Liang** (oder Kongming), im Jahr 181 n.Chr. in Yangdu (heute Yinan, Provinz Shandong), China, geboren und 234 gestorben, war ein gefeierter Berater von Liu Bei, dem Gründer der Shu-Han-Dynastie (221–264). Zhuge war so populär, dass er Eingang in viele chinesische Stücke und Geschichten fand, insbesondere solche, welche die 36 chinesischen Strategeme illustrieren, und Tempel für ihn errichtet wurden. Besonders bekannt ist die Geschichte des «leeren Forts» oder das «Strategem der offenen Stadttore»: Als der gegnerische Feldherr Cao Cao mit einer mächtigen Armee gegen eine von Zhuge Liang gehaltene Stadt zog, liess Zhuge deren Stadttore öffnen und spielte auf der Stadtmauer Zither. Cao Cao meinte, dies stelle wiederum eine der bekannten Kriegslisten seines Gegners dar und zog sich zurück – die Stadt war jedoch zuvor heimlich evakuiert worden (vgl. THORNE, Crouching Dragon, S. 153; VON SENGER, Strategeme, S. 15). – Zhuge war zudem nicht nur ein legendärer Feldherr, Diplomat und Gouverneur, sondern auch ein mechanisches und mathematisches Genie. Vgl. etwa ‹https://www.britannica.com/biography/Zhuge-Liang›.
83 THORNE, Crouching Dragon, S. 153; VON SENGER, Strategeme, S. 15.
84 Vgl. Kapitel III.B.2. – Auch die Mediation als Form der einvernehmlichen Streitbeilegung setzt die *Interessen* der Parteien an oberste Stelle, dies im Gegensatz zu Prozessen vor staatlichen oder Schiedsgerichten, welche forderungs- und positionsorientiert sind. Vgl. dazu etwa SCHÜTZ, Mediation und Schiedsgerichtsbarkeit, S. 90 und Kapitel VI.D.

In interessenorientierten Verhandlungen können wir oft Lösungen erarbeiten, welche sich keine der beiden Parteien zu Beginn der Verhandlungen vorgestellt hatten und die erst durch eine gemeinsame vertiefte Auseinandersetzung mit den Interessen der Parteien und dem Verhandlungsumfeld erarbeitet werden konnten. Solche **massgeschneiderte Lösungen** berücksichtigen die wahren Interessen der Parteien und lassen sich deshalb nicht einfach einem Vertragsformular entnehmen.

Auch in kooperativen Verhandlungen wollen die Parteien natürlich einen *«Deal» zu Konditionen abschliessen, die sie als für sich vorteilhaft erachten*. Kooperativ zu verhandeln heisst deshalb nicht, «weich» zu verhandeln. Vielmehr werden die Interessen und Positionen der anderen Partei hartnäckig hinterfragt und die eigenen überzeugend dargelegt, wobei wir für andere, bessere Lösungen als die von uns vorgeschlagenen offen sind. Anders als in distributiven Verhandlungen geht es jedoch nicht um die einseitige Durchsetzung eines vorgefassten Verhandlungsziels. Vielmehr wird das Verhandlungsergebnis in *interessenorientierten und mehr oder weniger ergebnisoffenen*[85] *Verhandlungen* gemeinsam erarbeitet.[86]

Das Beispiel in Abbildung 8 zeigt, wie die Parteien durch kooperative Verhandlungen den «Kuchen» vergrössern: Die blau gestrichelte Gewinnlinie verschiebt sich nach rechts, der Gewinn für beide Parteien erhöht sich:

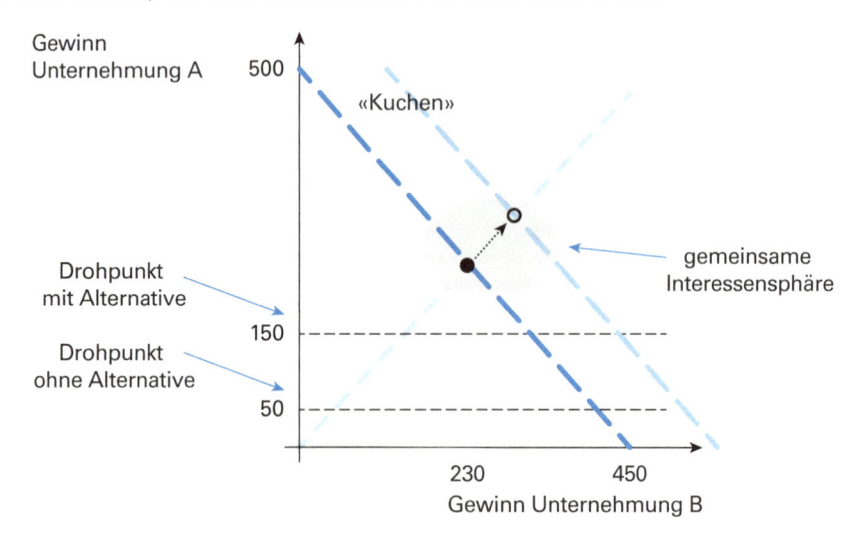

Abb. 8 – Kooperatives Verhandeln

---

[85] Die Ergebnisoffenheit ist auch ein Merkmal der Mediation (SCHÜTZ, Mediation und Schiedsgerichtsbarkeit, S. 92).
[86] Vgl. dazu auch die *Caveats* in Kapitel III.A.7 sowie zum allgemeinen Verhandlungsprozess (unabhängig davon, ob dieser kooperativ ist oder nicht) Kapitel V.

Kooperative Verhandlungen bezwecken, **im Rahmen der gemeinsamen Interessen** eine Lösung zu finden. Im Laufe des Verhandlungsprozesses werden mögliche gemeinsame Interessen identifiziert und eine **Zone gemeinsamer Interessen («Zone of Possible Agreement», ZOPA)**[87] definiert, während die Lösung erarbeitet wird.[88] Bei kooperativen Verhandlungen wird deshalb nicht ein «Kuchen», sondern der Nutzen am «Deal» geteilt.[89]

Die Parteien erarbeiten eine Zone gemeinsamer Interessen (ZOPA) und teilen sich den Nutzen am «Deal».

Vertragsverhandlungen zwischen befreundeten Nationen oder langjährigen beziehungsweise zumindest regelmässigen Vertragspartnern werden typischerweise (überwiegend) kooperativ geführt, da kompetitive Verhandlungen die zukünftige Zusammenarbeit beeinträchtigen können. Dasselbe gilt für Verhandlungen mit internationalen Organisationen. Da rein kooperative Verhandlungsmodelle jedoch oft daran kranken, dass die eigene Verhandlungsposition unnötig preisgegeben wird,[90] bevorzuge ich einen flexiblen Verhandlungsansatz, bei dem sich das Verhandlungsziel nicht an der ZOPA, sondern an der MAPP orientiert.

4. Spieltheoretische Verhandlungsansätze

4.1 Vorbemerkungen

Neben den zwei dargestellten verhandlungstheoretischen Modellen helfen auch spieltheoretische Ansätze, Verhandlungen besser zu verstehen. Die Spieltheorie ist eine abstrakte Form, strategisches Denken vereinfacht darzustellen. Im Rahmen der Spieltheorie kann das Verhalten der Teilnehmenden wie in einem Spiel analysiert werden, was verschiedene Vorteile hat: Wie in Verhandlungen, sind auch in Spielen immer mindestens zwei Akteure erforderlich, um eine Interaktion zu ermöglichen. Zudem geben Spielregeln die Leitplanken des Spiels vor, wie dies in Verhandlungssituationen meist rechtliche, gesellschaftliche und moralische Regeln tun. Schliesslich gibt es – erneut wie in Verhandlungen – etwas zu gewinnen oder zu verlieren.

Um die **Dynamik von Entscheiden in Verhandlungen besser zu verstehen**, werden spieltheoretische Ansätze anhand von vereinfachten Modellen durchgespielt. Wie nachfolgend gezeigt wird, führt dies zu hilfreichen Erkenntnissen, bestimmt jedoch gleichzeitig auch deren Limiten: Spieltheorien geben die Komplexität der Verhandlungssituationen im richtigen Leben nur begrenzt wieder. Insbesondere werden das Umfeld und andere Bedürfnisse der Spieler als der

Spieltheoretische Ansätze verhelfen zu wichtigen Erkenntnissen, geben jedoch die Verhandlungsrealität nur unvollständig wieder.

---

87 Die Zone gemeinsamer Interessen – oder Zone of Possible Agreement» (ZOPA) – wird in den Kapiteln III.B.2, V.D.1.4 und VI.A.5.3 näher dargestellt.
88 Vgl. zum Verhandlungsführungsprozess Kapitel III.A.3 und zum Ablauf von Verhandlungen Kapitel V.
89 BERZ, Spieltheorie, S. 74.
90 Vgl. dazu Kapitel III.A.7.

Verhandlungsgegenstand sowie eine allfällige gemeinsame Vergangenheit oder Zukunft ausgeblendet,[91] was bei der spieltheoretischen Analyse von Verhandlungssituationen zu berücksichtigen ist.

4.2 Das «Gefangenen-Dilemma»: Wenn die Kooperation eine höhere Dividende bringt als «no deal», aber mit egoistischem Verhalten die maximale Dividende zu erzielen wäre

Das bekannteste Spiel in diesem Zusammenhang ist das «Gefangenen-Dilemma» («Prisoner's Dilemma»)[92]. Die Ausgangslage präsentiert sich dabei wie folgt: Zwei Delinquenten werden von der Polizei festgenommen und inhaftiert. Vor der Gerichtsverhandlung schlägt die Staatsanwaltschaft jedem der beiden je einen «Deal» vor: Wenn einer gesteht und dabei gleichzeitig seinen Komplizen belastet, wird er lediglich zu einem Jahr, sein Komplize dagegen zu fünf Jahren Gefängnis verurteilt. Kooperieren beide mit der Staatsanwaltschaft, so werden sie zu je vier Jahren Gefängnis verurteilt, da der «Kronzeugen-Rabatt» wegfällt. Verweigern jedoch beide die Kooperation und gesteht keiner die Tat, kann ihnen mangels Beweisen nur ein Teil der zur Last gelegten Vergehen nachgewiesen werden, weshalb sie diesfalls beide je zu zwei Jahren Gefängnis verurteilt werden. Der Entscheidungsprozess der Gefangenen findet dabei simultan und ohne Kommunikation zwischen ihnen statt.

Jeder der beiden Gefangenen hat zwei Möglichkeiten (oder Strategien): Kooperation mit der Staatsanwaltschaft – oder Nichtkooperation. In einer Tabelle dargestellt sieht dies folgendermassen aus:

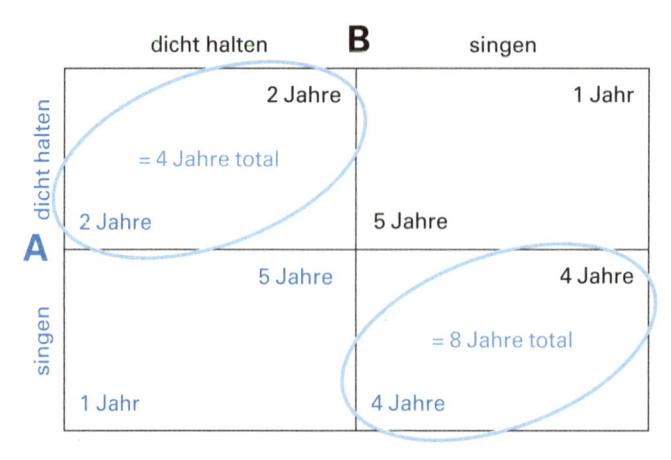

Abb. 9 – Bewertung der Alternativen im «Gefangenen-Dilemma»

---

91 Vgl. Röhl, Verhandlungstechnik für Juristen, S. 20.
92 Berz, Spieltheorie, S. 63 und 74.

Beide können ihre Gefängniszeit dann möglichst kurzhalten, wenn sie nicht mit der Staatsanwaltschaft kooperieren – vorausgesetzt, die andere Partei verweigert ebenfalls die Kooperation. Allerdings wissen beide nicht, ob die andere tatsächlich schweigt. Jede Person schätzt ihr Risiko, zu fünf Jahren Gefängnis verurteilt zu werden, als erheblich ein. Deshalb wählen beide Täter im Gefangenen-Dilemma typischerweise dieselbe Strategie: Sie verraten ihren Komplizen und kassieren damit je vier, beziehungsweise zusammen acht Jahre Gefängnis, obwohl sie mit Schweigen nur zur Hälfte dieser Zeit verurteilt worden wären. Das Gefangenen-Dilemma beschreibt damit eine Situation, in der *mangels Kommunikation eine individuell (vermeintlich) optimierte Strategie zu einem Resultat führt, welches gesamthaft gesehen nicht optimal ist.*

Für das Gefangenen-Dilemma ist damit charakteristisch, dass beide «Spieler» eine relativ hohe Dividende erhalten, wenn sie im gemeinsamen Interesse kooperieren, jedoch eine noch höhere einstreichen, wenn sie *im Gegensatz zur anderen Partei* nicht kooperieren. Es zeigt, dass man in vielen Situationen durch Kooperation gewinnen kann. Kooperation setzt jedoch *Vertrauen* voraus und bedingt *Kommunikation*. Und diese gibt es im klassischen Gefangenen-Dilemma nicht.

> Typische Beispiele, in denen das Gefangenen-Dilemma auftritt, sind etwa *Verkehrssituationen*, in denen jeder versucht, möglichst viele andere Verkehrsteilnehmende zu überholen, bevor er in den angekündigten Stau kommt und dadurch den Verkehr so behindert, dass sich der Stau besonders ausprägt. Wenn dagegen im Sinne eines rationalen und kooperativen, abgestimmten Verhaltens («Verhandlung») alle Verkehrsteilnehmer die Geschwindigkeit ein wenig reduzierten, würde oft gar kein Stau entstehen. Es entsteht eine klassische *«Die anderen tun's ja auch»-Situation.*
>
> Weitere Beispiele, in welchen sich die Nichtkooperation zum Nachteil des Ganzen auswirkt, sind die Umweltverschmutzung, Überfischung etc. Auch hier maximiert jede Partei ihren Vorteil zum Nachteil der Gesamtheit – und damit schliesslich zum eigenen Nachteil. Kooperation würde sich auch hier für alle auszahlen. Solange jedoch keine Kooperation besteht, «gewinnt» jene Partei kurzfristig, die egoistisch ihre eigenen Interessen wahrnimmt.

Für **Verhandlungssituationen** bedeutet dies, dass jede Partei in der Regel zumindest auf längere Sicht besser fährt, wenn sie Transparenz schafft, zum Preis einer geringeren Dividende kooperiert und nicht das erhöhte Risiko der Nichtkooperation eingeht – vorausgesetzt keine der Parteien benötigt unbedingt einen «Deal» (wodurch die andere Partei nicht kooperieren muss), und keine der Parteien hat eine vorteilhafte Alternative zu diesem Deal.[93] Dann ist sie nicht gezwungen, zu

Das Gefangenen-Dilemma zeigt, wie Kooperation zu besseren Ergebnissen führt als individuell optimierte Strategien. Kooperation setzt jedoch Vertrauen und Kommunikation voraus.

Es ist in Verhandlungen wichtig, Alternativen zu haben, bis sich eine positive Lösung abzeichnet.

---

93 Vgl. dazu auch Berz, Spieltheorie, S. 72.

kooperieren.[94] Sofern jedoch eine der Parteien den «Deal» unbedingt braucht und dies der anderen Partei bekannt ist, etwa weil sie es ihr unvorsichtigerweise signalisiert hat («Ich brauche diesen Deal, damit ich finanziell überlebe»), ist sie in einer schwierigen Verhandlungsposition: Die andere Partei weiss nun, dass sie in den Verhandlungen härter auftreten kann. Verhandlungstaktisch ist es deshalb besser, glaubhaft zu signalisieren, dass man auf diesen «Deal» nicht angewiesen ist und **Alternativen** hat, und sich auch solche zu schaffen.[95] So hielt sich der französische Staatsmann und Diplomat Charles-Maurice de Talleyrand-Périgord[96] stets eine Reihe von Optionen so lange offen, bis der weitere, positive Verlauf der Dinge abzusehen war.[97] Auch im Projektmanagement werden standardmässig Handlungsoptionen eingeplant (sogenannter «*Contingency Plan*»).[98]

Weiter funktioniert die aufgezeigte Dynamik des Gefangenen-Dilemmas dann nicht, wenn es sich um **repetitive, also nicht um Einmalsituationen** handelt, ansonsten das Nachlassen von der eigenen Position zum Vorteilsgewinn von anderen Parteien kopiert wird und für alle Parteien zu einem Nachteil führt. Beispiel: Eine Tankstelle lässt 5 Cent pro Liter vom Preis nach, um sich einen Wettbewerbsvorteil zu erzielen. Dies wird von den anderen Tankstellen sofort kopiert, womit der Wettbewerbsvorteil wegfällt und alle weniger verdienen.[99]

Die Aussicht auf eine Wiederholungssituation erhöht die Kooperationsbereitschaft in Verhandlungen.

In Verhandlungen ergibt sich eine gewisse Kooperationsbereitschaft oft schon deshalb, weil die Aussicht auf eine *Wiederholungssituation* wie ein erneutes Zusammentreffen im Wirtschaftsleben besteht, etwa bei Offertsituationen oder bei Anwälten bei einem erneuten Aufeinandertreffen vor Gericht. Zudem können rechtliche Rahmenbedingungen oder soziale Normen (beziehungsweise die Ächtung bei deren Verletzung) zu einem kooperativen Verhalten führen. Nichtkooperativ, also kompetitiv Verhandelnde, sind zwar in Einmalsituationen oft erfolgreich, zahlen jedoch in einer Wiederholungssituation für ihr früheres Verhalten

---

94 Vgl. aber dazu Kapitel III.B.5, wo gezeigt wird, dass auch in Situationen, in denen wir gewinnen könnten (und würden), Kooperation von Vorteil sein kann.
95 BERZ, Spieltheorie, S. 71 f.
96 Charles-Maurice de Talleyrand-Périgord entstammte dem französischen Hochadel. Er wurde nach einer Priesterausbildung Bischof von Autun und spielte dann als liberaler Abgeordneter der Nationalversammlung am Vorabend der französischen Revolution sowie später unter anderem als Aussenminister unter Napoleon und Louis XVIII eine wichtige innen- und aussenpolitische Rolle im Frankreich des 19. Jahrhunderts. Am Wiener Kongress 1814/15 wirkte er auf einen Ausgleich der europäischen Grossmächte, eine angemessene Stellung von Frankreich, welches den Krieg verloren hatte, und einen dauerhaften Frieden hin.
97 WILLMS, Talleyrand, S. 45.
98 Vgl. etwa LIENTZ/REA, International Project Management, S. 91 f.
99 BERZ, SPIELTHEORIE, S. 67 ff.

einen Preis.[100] Da wir uns alle als Verhandelnde mit der Zeit einen bestimmten *Ruf* erwerben, ist dies selbst gegenüber solchen Gegenüber der Fall, mit denen wir bisher noch nicht zu tun hatten. Dasselbe gilt für «Auge-um-Auge»-Strategien.[101]

Das Gefangenendilemma zeigt zudem den *hohen Preis von Anarchiesituationen* auf, welche entstehen, wenn die individuelle Rationalität die Akteure zu Strategien treibt, die ein geringes individuelles und soziales Wohlergehen bewirken, was gerade bei komplexen Verhandlungen oft dazu führt, dass diese scheitern. Ein Mittel, um dem entgegenzuwirken, sind strukturierte Verhandlungen.[102]

4.3 Das «Feiglings-Spiel»: Irrational-sturer Kollisionskurs mit fatalen Konsequenzen

In einfachen wie auch in komplexen Verhandlungen – und leider gerade oft auch in der internationalen Politik – ist ein weiterer Spielansatz sehr beliebt, nämlich das «Feiglings-Spiel» (auch «Chicken Game» genannt).[103] Der Begriff stammt aus den USA, wo in den 50er-Jahren ein «Spiel» gespielt wurde, bei dem sich zwei Halbstarke je in ein Auto setzten und auf einer Landstrasse frontal aufeinander zurasten. Derjenige, der zuerst auswich, galt als Feigling (englisch umgangssprachlich «Chicken») und hatte verloren. Berühmt wurde das «Chicken Game» insbesondere durch den Film «*… denn sie wissen nicht, was sie tun*» mit James Dean in der Rolle von Jim und Corey Allen in jener von Buzz: Beide rasen mit ihren «Rostlauben» auf eine Klippe zu. Jim springt im letzten Augenblick aus dem Auto, während Buzz, dessen Ärmel sich im Türgriff verfängt, in den Tod stürzt.[104]

Beim «Feiglings-Spiel» besteht eine klassische gegenseitige **Ultimatums**-Situation.[105] Spieltheoretisch können beide Spieler zwischen zwei einfachen Aktionen (oder Strategien) auswählen: Kurs halten oder ausweichen. Das ideale Ergebnis ist für jeden Spieler, seinen Kurs beizubehalten, so dass der andere ausweichen muss. Dies wird in der nachstehenden Tabelle durch einen Minus- (Ausweichender) respektive einen Pluspunkt (Kurs gehalten) ausgedrückt. *Erweisen sich beide*

---

100 Vgl. Berz, Spieltheorie, S. 63 ff.; Röhl, Verhandlungstechnik für Juristen, S. 14 ff.; Basieux, Die Welt als Spiel, S. 92 ff., sowie ‹http://scienceblogs.de/zoonpolitikon/2008/04/22/spieltheorie-ein fach-erklart-i-einleitung-und-gefangenendilemma/›.
101 Vgl. diesbezüglich ausführlich Basieux, Die Welt als Spiel, S. 96–102.
102 Marsa-Maestre/Lopez-Carmona/Velasco/de la Hoz, Avoiding the Prisoner's Dilemma in Auction-based Negotiations, S. 432.
103 Vgl. dazu etwa ‹http://scienceblogs.de/zoonpolitikon/2008/04/24/spieltheorie-einfach-erklart-ii-feiglingsspiel-chicken/›; Höltschi, Feiglingsspiel nähert sich der Entscheidung, NZZ vom 9. Mai 2015; Berz, Spieltheorie, S. 63; Basieux, Die Welt als Spiel, S. 87 f.
104 Vgl. dazu auch den interessanten Artikel von Ferguson, Feiglingsspieler grillieren unseren Planeten, NZZ vom 27. August 2017.
105 Der Einsatz und die Beantwortung von Ultimaten in Verhandlungssituationen wird in den Kapiteln III.C.2.3, V.D.2.6 und VI.A.6 behandelt.

Spieler als irrational und stur, kommt es zur fatalen Kollision. Diese ist nicht im Interesse der Spieler und wird daher mit -10 Punkte dargestellt. Beide Spieler würden dieser Situation gegenüber vorziehen, als «Feigling» dazustehen, wenn sie das Ergebnis von vorherin wüssten. Weichen beide gleichzeitig aus, gibt es weder einen Gewinner noch einen Verlierer:

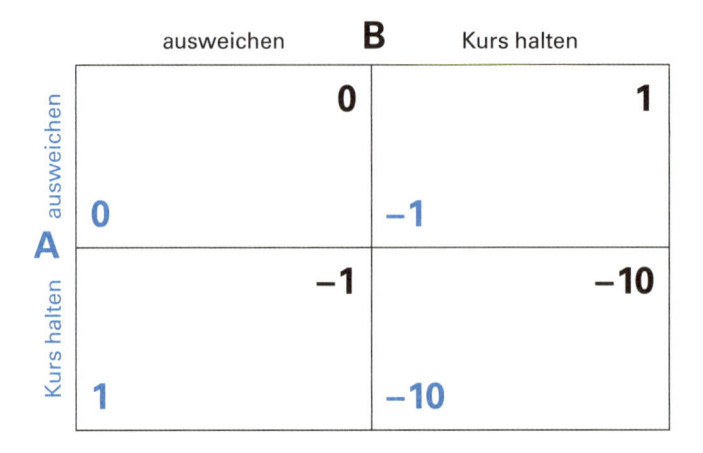

	B ausweichen	**B** Kurs halten
A ausweichen	0 / 0	1 / −1
A Kurs halten	−1 / 1	−10 / −10

Abb. 10 – Bewertung der Alternativen im «Feiglings-Spiel»

In diesem Spiel kann kein Gleichgewicht vorausgesagt werden, da es wahrscheinlich ist, dass einer der beiden Fahrer – oder Spieler – ausweicht. Mit viel Zufall weichen beide gleichzeitig aus. Ist mindestens einer der Akteure rational, kommt es zu keiner Kollision. Die Kunst im Spiel besteht darin, zu erkennen, ob und wann das Lenkrad herumgerissen werden muss. Die möglichen Resultate werden nach dem bekannten Mathematiker John Nash (*«A Beautiful Mind»*) als sogenanntes *«Nash-Gleichgewicht»* bezeichnet.[106]

Wie kann man in einer «Feiglings-Spiel»-Situation **gewinnen**? Eine Möglichkeit besteht darin, die Gegenpartei davon zu überzeugen, dass man nicht ausweichen wird oder kann. Dies kann dadurch erfolgen, dass wir vorgeben, nicht rational zu handeln, oder dass wir den Preis der Kollision nicht scheuen – was bei einer «Kamikaze»-Strategie der Fall ist. Diese schien der ehemalige US-Präsident Donald Trump oft zu verfolgen, indem er etwa den Iran oder Nordkorea mit völlig

---

[106] Das *Nash-Gleichgewicht* definiert die Situation, in der die Strategie eines Spielers die beste Antwort auf die Strategie seines Gegners ist. Es stehen in einem solchen Equilibrium nur schlechtere Möglichkeiten für einen individuellen Spieler zur Verfügung. Oder anders ausgedrückt, würde man sich in ein anderes Quadrat der Grafik «begeben», würde sich der Gewinn von mindestens einem Spieler verschlechtern. Vgl. dazu JULMI, Arbitration in der Spieltheorie, S. 29 ff.

überzogenen – eben irrationalen – Drohungen eindeckte, um sie zum Kooperieren zu zwingen. Oder wir geben vor, wir seien gezwungen, den Kurs zu halten («das Lenkrad ist blockiert»), was eine Ultimatums-Situation schafft. Eine weitere Strategie ist, den Preis in der Wahrnehmung der anderen Partei oder tatsächlich zu erhöhen. Bekannt ist auch die Taktik, sich Rückzugsmöglichkeiten zu verbauen. Man spricht dabei im übertragenen Sinne davon, «Schiffe zu verbrennen», wie dies der spanische Konquistador Hernán Cortés vor der Eroberung des Azteken-Reichs tat, um seine Männer vom Desertieren abzuhalten und zur Weiterführung der gefährlichen Expedition zu zwingen.[107] Eine weitere Möglichkeit besteht darin, die andere Partei vom «Feiglings-Spiel» abzubringen und von einem kooperativen Verhandlungsweg zu überzeugen.

Doch das ist oft nicht so einfach. Das Leben liebt Helden, und James Dean war zu seiner Zeit definitiv ein Held. Um einen hohen Einsatz zu «gamblen», hat deshalb für viele etwas Romantisches, und der Nervenkitzel sowie die Belohnung, in einem riskanten Spiel gewonnen zu haben, werden teilweise als viel befriedigender empfunden als in «langweiligen» kooperativen Verhandlungen eine Lösung erzielt zu haben. Nicht umsonst spricht man von einem «Siegesrausch». Es erstaunt deshalb wenig, dass «Chicken Game»-Situationen im realen Leben recht häufig vorkommen. Die spieltheoretisch entscheidende Frage ist, *wann ein Spieler im «Feiglings-Spiel» besser ausweicht oder eskaliert*. Aus mathematischer Sicht **lohnt sich ein Eskalieren**, wenn die Wahrscheinlichkeit, dass die andere Partei ausweicht, über 90%, mithin das Kollisionsrisiko unter 10% liegt.[108] Ansonsten sollte man besser ausweichen, um keine «Frontalkollision» zu riskieren. Man nennt dies eine *gemischte Strategie*. Allerdings können eine Veranlagung (etwa zum Nachgeben oder «Gefallenwollen»), Desinformationen oder andere Faktoren dazu führen, dass aus dem grundsätzlich symmetrischen «Feiglings-Spiel» ein asymmetrisches Spiel wird und sich deshalb die **Wahrscheinlichkeiten zu Gunsten einer Partei verschieben:** Wer glaubt, die andere Partei werde in keinem Fall ausweichen, wird in der Regel ausweichen. Dabei spielt es keine Rolle, ob diese Einschätzung der Realität entspricht oder auf einem Bluff der Gegenpartei beruht: Es kommt alleine auf die gegnerische *Wahrnehmung und Einschätzung* an. Die Fähigkeit zu eskalieren hängt in der Praxis zudem regelmässig davon ab, ob man sich für den Fall des gegnerischen Widerstandes *alternative oder weitergehende Handlungsmöglichkeiten* zurechtgelegt hat.

Aus spieltheoretischer Sicht lohnt sich ein Eskalieren, wenn die Erfolgschance bei 90% oder mehr liegt.

---

[107] Vgl. auch Berz, Spieltheorie, S. 151; man spricht deshalb in diesem Zusammenhang von den «verbrannten Schiffen des Cortés».
[108] Je nachdem, welches die Auswirkungen des Scheiterns der Verhandlungen sind, liegt dieser Prozentsatz in der Praxis natürlich tiefer.

Typische Beispiele für «Feiglings-Spielsituationen» waren die nukleare Abschreckungsstrategie der NATO und des Warschauer Paktes im Kalten Krieg oder die Kuba-Krise 1962 (wo der damalige sowjetische Regierungschef Nikita Chruschtschow das «Spiel» verlor). Ich erlebe es auch regelmässig in Verhandlungen um Projekte, in deren Entwicklung beide Parteien bereits viel investiert haben und der anderen Partei zur Durchsetzung ihrer Interessen signalisieren, sie bestünden auf gewissen Forderungen, sonst würden sie das Projekt aufgeben. Der «Spieleinsatz» entspricht dabei den erheblichen Vorinvestitionen, die allenfalls abgeschrieben werden müssen. Auch die Verhandlungen Griechenlands mit der EU um ein weiteres Rettungspaket zur Verhinderung des Staatsbankrotts im Sommer 2015 stellten ein «Feiglings-Spiel» dar. Dabei ging die neu gewählte griechische Regierung unter Ministerpräsident Alexis Tsipras und Finanzminister Yanis Varoufakis auf Konfrontationskurs mit der EU unter der Leitung der damaligen deutschen Bundeskanzlerin Merkel und Finanzminister Schäuble. Beide Parteien signalisierten, sie würden es, wenn nötig, auf einen «Grexit» ankommen lassen. Tsipras steigerte das Spiel zudem mit einem nationalen Referendum, in welchem er die «Nein»-Parole ausgab. Am Ende «gewann» die EU, da Griechenland keine Alternative zum finanziellen Rettungsschirm der EU hatte. Auf einen Staatsbankrott wollte es die griechische Seite nämlich auch nicht ankommen lassen. Weiter kann der aktuelle Handelsstreit zwischen den USA und China als «Chicken Game» bezeichnet werden: Beide Parteien überziehen sich gegenseitig mit stets neuen und höheren Einfuhrzöllen oder anderen Sanktionen, begleitet von stets aggressiver werdender Rhetorik. Bisher lenkte, trotz negativen Auswirkungen auf die Wirtschaft, keine der Parteien ein, um nicht Schwäche zu zeigen und um die andere Seite zum Nachgeben zu zwingen. Auch die seinerzeitigen Brexit-Verhandlungen zwischen Grossbritannien und der EU näherten sich mit fortlaufender Dauer einem «Chicken Game» an, in dem die Parteien an Fundamentalpositionen festhielten und die Konfrontation verschärften, was im Mai 2019 zum Sturz von Premierministerin Theresa May und zu einem «harten» Brexit (also ohne geregelte Übergangslösung nach dem Austritt Grossbritanniens aus der EU) führte.[109]

4.4 «Ich teile – du wählst»

Ein weiteres Verhandlungsmodell besteht darin, dass eine Partei selber oder mit der anderen Partei zusammen mehrere **Varianten** erarbeitet und es der anderen Partei überlässt, unter den Varianten eine zu wählen *(«Ich teile – du wählst»)*[110]. Dabei ist von zentraler Bedeutung, die *Grösse und die Bewertung des Kuchens durch die involvierten Parteien* zu kennen. So offerierte beispielsweise eine Stahl-

---

109 Dabei spielte allerdings die fundamentale Zerstrittenheit quer durch die englische Regierung und das englische Parlament in der Frage, wie der Austritt zu gestalten sei, eine gewichtige Rolle: Während Grossbritannien immer neue Zugeständnisse von der EU forderte, blieb sie selber in für die EU zentralen Fragen unflexibel und unberechenbar. Dies führte bei der EU zu abnehmender Bereitschaft, weitere Schritte auf Grossbritannien zuzugehen.
110 Vgl. BERZ, Spieltheorie, S. 16 ff.

unternehmung einem Abnehmer von Abfallprodukten, entweder die Kosten für die Lagerbewirtschaftung und die Aufbereitung zu teilen oder die Aufbereitungskosten selbst zu übernehmen und die Lagerbewirtschaftungskosten dem Vertriebspartner zu überlassen. Je nach Möglichkeit, durch eine Lösung Kosten zu sparen oder *andere wirtschaftliche Vorteile* zu gewinnen, kann sich in Vertrags- und insbesondere in Vergleichsverhandlungen eine Dynamik ergeben, die in blockierten Situationen überraschend zu einer Lösung führt.

Den «Ich teile – du wählst»-Ansatz treffen wir in Verhandlungen in verschiedenen Erscheinungsformen an. Zunächst hat er auf den ersten Blick betrachtet distributiven Charakter. Das muss jedoch nicht sein: So kommt gerade in *kooperativen Verhandlungen* dem **Erarbeiten von Lösungsvarianten** grosse Bedeutung zu.[111] Wenn eine Partei der anderen die Wahl zwischen zwei Lösungen lässt, signalisiert sie einerseits Fairness, setzt die andere Partei jedoch auch dem Druck aus, zwischen einer der beiden Lösungen wählen zu müssen. So haben Untersuchungen ergeben, dass ein Angebot von der anderen Partei dann besser akzeptiert wird, wenn es gleichzeitig mit einer Alternative verbunden wird, welche schlechter als die von uns angestrebte Verhandlungslösung ist. Dies wird auch *«Decoy-Effekt»* genannt.[112] Doch auch bei kompetitiven oder semi-kooperativen Verhandlungsstrategien haben Varianten durchaus ihren Zweck, indem sie der Gegenpartei eine (definierte) **«goldene Brücke»** schaffen, über die sie zur Abwendung eines Nachteils schreiten kann.[113]

Der «Ich teile, du wählst»-Ansatz setzt voraus, dass gleichwertige Verhandlungsoptionen erarbeitet werden. Er eröffnet damit der anderen Partei eine «goldene Brücke».

«Ich teile – du wählst»-Angebote kombinieren regelmässig echte Verhandlungsangebote und Ultimaten.[114] Sie bilden deshalb oft die Ouvertüre zu einer harten Verhandlungsstrategie oder werden in der letzten Verhandlungsphase eingesetzt, um den Abschlussdruck auf die andere Partei zu erhöhen.[115] Da sie der Durchsetzung der eigenen Interessen dienen, werden sie zudem gerne zur Lösung von konfrontativen Auseinandersetzungen verwendet, wenn die eigenen Rechte verletzt wurden: So wird beispielsweise einer Partei angedroht, Strafanzeige zu erstatten, sofern sie ihre ehrverletzenden Äusserungen (oder andere Rechtsverletzungen) nicht sofort einstellt und schriftlich zusichert, diese nicht mehr zu wiederholen. Zudem wird die Zahlung einer Genugtuung gefordert. Die Gegenpartei wählt unter diesen beiden nichtverhandelbaren Optionen regelmässig die zweite und vermeidet damit das Strafverfahren. In einem weiteren Beispiel wird

---

111 Vgl. dazu Kapitel V.D.2.2.
112 NASHER, Deal!, S. 162.
113 Vgl. zu den verschiedenen Verhandlungsstrategien Kapitel III.F; zum Bauen einer «goldenen Brücke» siehe zudem die Kapitel III.C.2.1 und VI.A.5.6.
114 Der Einsatz und die Beantwortung von Ultimaten in Verhandlungssituationen wird in den Kapiteln III.C.2.3, V.D.2.6 und VI.A.5.1 behandelt.
115 Vgl. dazu nähere Ausführungen in Kapitel V.D und V.E.

dem Rechtsverletzter in einem Patentverletzungs- oder einem Schadenfall die Zahlung eines Vergleichsbetrags nebst Einstellen der verletzenden Tätigkeit angeboten («das Zuckerbrot», die Verhandlung der Höhe der Summe ist das kooperative Element), ansonsten der Prozessweg (das harte Element oder «die Peitsche») gewählt wird.

Eine Spielart des «Ich teile – du wählst»-Ansatzes ist die *«Final Offer Arbitration»*, in welcher beide Parteien nach vorangehenden Verhandlungen ein (letztes) Angebot unterbreiten und der Arbitrator eines der beiden als Lösung wählen muss. Die Parteien können dabei annehmen, dass der Arbitrator eine faire Lösung wählen wird. Allerdings besteht die Gefahr, dass sofern es zu keinen richtigen Verhandlungen kommt, beide Parteien dennoch extreme Angebote tätigen in der Hoffnung, ihr Angebot werde – da vernünftiger als jenes der Gegenpartei – gewählt. Dann hat der Arbitrator nur die Wahl zwischen zwei schlechten Angeboten. Faktoren, welche die Verhandlungsdynamik beeinflussen, sind die Unsicherheit über den Arbitrationsprozess, die Person des Arbitrators, die Festlegung einer «Deadline» zum Einreichen von Angeboten, sowie die Regelung der Frage, ob die Parteien auf frühere Angebote zurückkommen dürfen oder nicht (Irreversibilität).[116] Interessant ist dabei, dass trotz intensiver Forschung keine allgemeingültigen Aussagen gemacht werden können, wie welche Faktoren zum Gelingen einer einvernehmlichen Lösung oder einer fairen Entscheidung des Arbitrators beitragen. Vielmehr entscheidet sich dies in jedem einzelnen Fall.[117] Die «Final Offer Arbitration» kann jedoch gerade bei Parteien, die viel Erfahrung im Verhandeln und im entsprechenden Gebiet verfügen und deshalb ihre Position gut einschätzen können, ein geeigneter Weg sein, um relativ rasch eine bindende Lösung herbeizuführen.[118]

---

116 Siehe JULMI, Arbitration in der Spieltheorie, S. 24 f.
117 JULMI, Arbitration in der Spieltheorie, S. 128.
118 JULMI, Arbitration in der Spieltheorie, S. 12 und 14. – Julmi zeigt, dass in «Final Offer Arbitrations» nicht nur extreme Positionen den Prozess unterminieren können, sondern die Parteien im Bestreben, ein Angebot einzureichen, welches der Arbitrator wählt, auch «minderwertige» Angebote machen könnten. Beiden Problemen kann insoweit entgegengewirkt werden, dass die Parteien **mehrere finale Angebote** («Multiple Final Offers») tätigen dürfen (in der Regel 2–3 Angebote; man spricht dabei von einer «Multi Final Offer Arbitration»; siehe JULMI, a.a.O., S. 15), oder eine **Bandbreite** für die Verhandlungslösung vorgeben können. Auch ist denkbar, dass der Arbitrator aus den Vorschlägen der Parteien eine eigenständige Lösung zusammenstellen darf. Da eine solche Lösung jedoch für beide Parteien viel Unsicherheit birgt, eignet sie sich meines Erachtens eher als unverbindlichen Schlichtungsvorschlag.

4.5 Das «Ultimatums-Spiel»

Das «Ultimatums-Spiel» stammt aus der experimentellen Wirtschaftsforschung und stellt einen Spezialfall einer bilateralen Verhandlung in einer Ultimatums-Situation dar. Anders als im «Chicken Game», welches auf völlige Konfrontation ausgelegt ist, macht hier Spieler A (die Verhandlungspartei A) Spieler B (Verhandlungspartei B) ein Angebot über die Aufteilung eines vorgegebenen Geldbetrags, das dieser anschliessend *ohne weitere Verhandlungen so annehmen oder ablehnen* kann. Akzeptiert Spieler B den Vorschlag, so wird dieser umgesetzt, und die Beträge werden an beide Spieler ausbezahlt. Lehnt Spieler B diesen jedoch ab, so erhalten beide Spieler nichts.

Das Ultimatums-Spiel ist deshalb interessant, weil gemäss der ökonomischen Standardtheorie Spieler B *jeden Betrag annehmen* würde, der grösser als Null ist, da er kein Anrecht auf irgendeinen Betrag hat und mit jedem Betrag besser fährt, als wenn er den Vorschlag von Spieler A nicht akzeptiert. Gemäss dieser Theorie antizipiert dies Spieler A und bietet deshalb dem Spieler B nur den kleinstmöglich zulässigen Geldbetrag (einen Cent) an. Den Rest beansprucht er für sich. In Experimenten wird jedoch ein anderes Verhalten der Personen in der Rolle von Spieler B festgestellt: Diese lehnen häufig Beträge ab, die eine zu einseitige Auszahlungsverteilung beinhalten. Dies antizipiert Spieler A meist richtig und bietet deshalb oft Beträge zwischen 35–50% an. Den Grund sehen die Forscher in *sozialen Erwartungshaltungen und Fairnessüberlegungen*. Das «Ultimatum»-Spiel zeigt damit, wie nichtökonomische Komponenten das Verhalten anders beeinflussen, als die ökonomische Theorie erwarten lassen würde,[119] und damit die *Bedeutung nichtökonomischer Komponenten in Verhandlungen*. Schon der chinesische Gelehrte Konfuzius[120] bemerkte, dass diejenigen Regeln gerne eingehalten werden, welche

Nichtökonomische Komponenten wie Fairness-Überlegungen beeinflussen unser Verhalten oft anders, als die ökonomische Theorie erwarten lassen würde.

---

119 Vgl. ANDERSEN et al., Stakes matter, S. 3427 ff.: Die Einsätze beliefen sich auf 20, 200, 2000 und 20'000 Rupies. Während bei 2000 Rupies noch 109 Probanden das Angebot zurückwiesen, waren es bei 20'000 Rupies nur noch 24. Vgl. auch OCKENFELD, Ultimatumspiel ‹https://wirtschaftslexikon.gabler.de/definition/ultimatumspiel-48215›.

120 Konfuzius, chinesisch **Kung Fu-Zi**, war ein chinesischer Gelehrter. Er wurde in Qufu in der Shandong Provinz im Jahr 551 v.Chr. geboren und starb 479 v.Chr. Konfuzius begründete die chinesische Morallehre, welche eine hierarchische Gesellschaftsordnung zur Wahrung der Harmonie und klare praktische Verhaltensregeln vorsah und bis zur kommunistischen Revolution grossen Einfluss auf das chinesische soziale und politische Leben hatte. Das zentrale Thema seiner Lehren war die menschliche Ordnung, die seiner Auffassung nach durch *Achtung vor anderen Menschen und Ahnenverehrung* erreichbar sei. Als Ideal galt ihm der «Edle», ein moralisch guter Mensch. Edel kann der Mensch gemäss Konfuzius dann sein, wenn er sich in Harmonie mit dem Weltganzen befindet. Dieses Weltbild hat China über die letzten gut zweitausend Jahre geprägt. Vgl. DE MENTHE BOYÉ, The Chinese have a Word for It, S. 148 und 227; BAUER, Geschichte der Chinesischen Philosophie, S. 51 f.

eine faire Lösung gewährleisten. Solche dagegen, welche ein bestimmtes Verhalten aufzwingen, verleiten zu Widerstand und Streit.[121]

Andersen et al. zeigen allerdings mit ihrer in armen nordindischen Bezirken durchgeführten Studie auch auf, dass die **Rückweisungsquote** vom Vermögen der Probanden abhängt: Je tiefer das Vermögen, desto tiefer auch die Rückweisungsquote. Gleichzeitig besteht eine direkte Korrelation zwischen der Rückweisungsrate und dem Spieleinsatz: Wenn dieser sehr hoch ist, nimmt die Rückweisungsrate auch bei in Aussicht gestellten Spielgewinnen unter 20% unabhängig vom vorhandenen Vermögen der Probanden stark ab (24 von 458 Probanden). Dies bedeutet, dass sofern der *relative Gewinn* für eine Partei sehr hoch ist, allgemeine Fairnessüberlegungen in den Hintergrund treten.

4.6 Erkenntnisse aus spieltheoretischen Verhandlungsansätzen

Die Beschäftigung mit spieltheoretischen Ansätzen im Rahmen von realen Verhandlungen hat den Vorteil, dass sich die Verhandlungsparteien *strukturiert mit möglichen Szenarien und deren Ausgang* auseinandersetzen. Dabei haben offensive Verhandlungsstrategien den Maximalgewinn im Visier, während sich vorsichtige Verhandlungsstrategien an Minimalverlustszenarien orientieren.[122] Die aufgeführten Verhandlungsspiele zeigen, dass (reine) Ultimaten ins Verderben führen können, bei Kooperation in der Regel beide Parteien profitieren und Verhandlungslösungen durch eine Grundfairness gekennzeichnet sein sollten. Zudem zeigen sie die Wichtigkeit von Alternativen in Verhandlungen auf.

Um solche Überlegungen in Verhandlungen gewinnbringend einzusetzen, empfiehlt es sich, **Verhandlungsszenarien** zu entwerfen und durchzuspielen, wobei die diesen zugrundeliegenden Annahmen im Rahmen des Verhandlungsprozesses stets wieder einer kritischen Überprüfung zu unterziehen sind.[123] Dies wird auch *Scripting* genannt. Szenarien sind dabei detaillierte und plausible Sichtweisen darüber, wie sich die Verhandlungsteilnehmenden verhalten und sich die Verhandlungen entwickeln könnten.

> Alle Verhandlungsstrategien haben ihre Grenzen. Deshalb empfiehlt sich eine analysebasierte, situationsbezogene und flexible Verhandlungsführung.

Insgesamt ist festzuhalten, dass ein bestimmtes Verhandlungsmodell nie in allen Situationen erfolgreich ist, da der Erfolg einer Verhandlungsstrategie auch von den konkreten Umständen und der Strategie der anderen Partei abhängt. Zudem stellen sich Parteien in Wiederholungssituationen[124] mit der Zeit auf die Ver-

---

121 DE MENTHE BOYÉ, The Chinese have a Word for It, S. 213.
122 BASIEUX, Die Welt als Spiel, S. 68 und 88 f.
123 Vgl. dazu auch Kapitel V.A.5.1.
124 Eine solche liegt auch vor, wenn von einer Partei oder einer Verhandlungsführerin bekannt ist, welche Verhandlungsstrategie sie in der Regel verfolgt, zum Beispiel ob sie eher kompetitiv oder kooperativ verhandelt, ob sie Risiken scheut oder regemässig blufft etc.

handlungsstrategie der anderen Partei ein, was deren Effektivität reduzieren oder gar neutralisieren kann. Im praktischen Leben empfiehlt sich deshalb eine *analysebasierte, situationsbezogene und flexible Verhandlungsführung,* die alternative und konditionale Entscheidungsmöglichkeiten miteinbezieht und Präferenzen sowie Stärken und Schwächen der Verhandlungspartner, aber auch das weitere Verhandlungsumfeld berücksichtigt und eine gewisse Unberechenbarkeit beinhaltet.[125]

5. Gewinnen – oder Verhandeln?

Wie wir in den vorstehenden Kapiteln gesehen haben, sind Verhandlungen oft asymmetrisch: Eine Partei befindet sich in der besseren, vielleicht sogar klar besseren Ausgangslage. Weshalb sollte sie da überhaupt verhandeln? Ein Sprichwort sagt denn auch: «*Wer gewinnt, verhandelt nicht.*» Und es gibt durchaus Gründe, nicht zu verhandeln: Ein Gerichtsprozess oder ein Schiedsverfahren mit autoritativer Klärung des Streitpunkts ist wegen anderer involvierter Parteien, welche durch den Entscheid eingebunden werden sollen oder müssen (wie Zulieferer, Versicherungen etc.), unvermeidlich. Der Prozess soll Signalwirkung gegenüber anderen Marktteilnehmenden haben (so in Patent- oder Markenverletzungsverfahren). Alternativ hat man einfach recht, und die andere Partei verweigert die Zahlung oder Lieferung völlig unberechtigt und missbräuchlich. Ebenso möglich ist, dass der Gegner durch seine vorangehenden Handlungen unsere ausgestreckte Hand gar nicht verdient hat.[126]

«Wer gewinnt, verhandelt nicht» – oder doch?

Es gibt aber ebenfalls gute Gründe, auch als mutmasslicher Gewinner – oder als stärkere Partei – zu verhandeln: Wer es schafft, Kontrahenten in Lösungen einzubeziehen, schafft Freiraum für weitere gemeinsame Erfolge und verpufft nicht erhebliche Kräfte in Positions- und Konkurrenzkämpfen. Dies gilt politisch wie auch wirtschaftlich: Vielleicht ist eine Lizenzvereinbarung mit einem Patentverletzer am Schluss wirtschaftlich viel interessanter, als die Verletzungsklage zu gewinnen. Letzteres bindet nämlich auch erhebliche Kräfte und dauert seine Zeit. Zudem riskiert der Patentinhaber nicht, am Ende eine widerklageweise erhobene Patentnichtigkeitsklage zu verlieren, was zum Hinfall eines strategischen Schutzrechts führen könnte. Die geregelte Koexistenz kann auch unter anderen Titeln vorteilhaft sein. So war es eine der grossen Leistungen des ehemaligen US-Präsidenten Abraham Lincoln, seine vormaligen politischen Kontrahenten in die Regierung einzubinden, was in politisch schwierigen Zeiten Konsens und Kraft für gemeinsame Lösungen schuf sowie schliesslich zur Einigung

---

125 Entsprechend ist es meist unklug, gleich zu Beginn der Verhandlungen sämtliche Karten auf den Tisch zu legen. Vgl. auch BASIEUX, Die Welt als Spiel, S. 103.
126 Vgl. diesbezüglich auch das Kapitel VI.C «Verhandeln oder Prozessieren?».

der Vereinigten Staaten von Amerika führte.[127] Die mittlerweile üblichen Alleingänge und die daraus resultierenden Politkämpfe zwischen Demokraten und Republikanern dagegen verhindern in den USA dringend erforderliche Lösungen in gesellschaftlichen, wirtschaftlichen und umweltpolitischen Fragen. Und wie wir zudem in Kapitel III.B.2 und 3 gesehen haben, sind kooperativ herbeigeführte Verhandlungslösungen regelmässig nachhaltiger und stabiler als solche, die unter erheblichem Druck erzwungen wurden.

Selbst im Konfliktfall empfiehlt es sich deshalb, einvernehmliche Lösungen oder alternative Streitbeilegungsmechanismen wie die Mediation[128] sorgfältig zu prüfen und allenfalls auch aus einer Position der Stärke am Schluss die Hand auszustrecken, um eine einvernehmliche Lösung zu finden.

Dasselbe gilt bei der Überlegung, *wie sehr* wir bei kooperativen Verhandlungen unsere Interessen durchsetzen wollen. Wie wir in Kapitel III.C.2 noch näher sehen werden, haben auch Verhandlungserfolge ihren Preis. Ob wir diesen zu zahlen bereit sind, fragen wir uns leider oft erst im Nachgang zur Verhandlung, mithin wenn es bereits zu spät ist.

---

127 Dies wird eindrücklich beschrieben in GOODWIN, Team of Rivals.
128 Vgl. dazu auch Kapitel VI.D.

C. Die Dynamik hinter Verhandlungen: sechs (sieben) grundlegende taktische Ausrichtungen

«Siegen wird der, der weiss, wann er kämpfen muss und wann nicht.»

«Ein Feldherr, der in der Kriegsführung nicht die passenden Taktiken […] kennt, ist nicht in der Lage, seine Truppen wirkungsvoll einzusetzen […].»

Sun Tzu

1. Einführung

Nachdem wir verschiedene Grundmechanismen untersucht haben, die in Verhandlungen wirken, wenden wir uns nun näher dem Verhandlungsprozess zu. In dessen Verlauf stellen sich regelmässig die Fragen: **«Was bewegt die Verhandlungen?»** oder **«Was geht hier eigentlich ab?»** Wir fragen uns, weshalb die Verhandlungen plötzlich so hektisch geworden sind oder nicht mehr voranschreiten, was wir tun können, um sie voranzubringen, welche Handlungsalternativen uns zur Verfügung stehen und welche davon wir wählen sollen. Kurzum, es stellt sich die Frage nach der tatsächlichen oder gewünschten Verhandlungsdynamik, also der Art und Weise, wie wir uns auf unserer Reise durch die Verhandlungslandschaft bewegen.

Ausgangspunkt sind dabei stets die Analyse,[129] unser Verhandlungsziel und unsere Verhandlungsstrategie.[130] Die Dynamik von Verhandlungen ergibt sich dabei insbesondere durch die involvierten Parteien, die Verhandlungsumgebung und das anvisierte Verhandlungsziel. Um die Verhandlungsstrategie umzusetzen und die Verhandlungsziele zu erreichen, werden gezielt verschiedene taktische Mittel eingesetzt. Dabei ist für die Entscheidfindung hilfreich, systematisch zu überlegen, *welche Dynamik hinter den verschiedenen Möglichkeiten steckt beziehungsweise welche Dynamik wir anstreben*, und diese dann anhand von verschiedenen **Szenarien** durchzuspielen.[131]

> Die Dynamik von Verhandlungen ergibt sich insbesondere durch die involvierten Parteien, die Verhandlungsumgebung und die Verhandlungsziele der Parteien.

Die nachfolgend dargestellten grundlegenden taktischen Ausrichtungen wurden über Jahrhunderte vor allem im Rahmen der Militärstrategie und der Diplomatie entwickelt und in den zwei berühmtesten Strategiewerken, Sun Tzus **«Die Kunst**

---

129 Vgl. dazu Kapitel V.A.
130 Diese sind bei Bedarf anzupassen.
131 Vgl. dazu Kapitel V.A.5.1.

des Krieges» und von Clausewitz' **«Vom Kriege»**,[132] eingehend dargestellt. Gerade in der chinesischen Kultur ist das strategisch-taktische Denken seit Jahrtausenden tief verankert. Es schlägt sich in den chinesischen **Strategemen** oder «listreichen Vorgehensweisen» nieder, welche der Sinologe Harro von Senger in seinen Büchern einlässlich beschreibt.[133,134] Die hier dargestellten Dynamiken sind dabei nicht nur verhandlungsrelevant: Vielmehr handelt es sich um *grundlegende Dynamiken der zwischenmenschlichen Interaktion*.

Die den Verhandlungen innewohnende Dynamik kann in **Momentum** münden, mithin einer sich selber verstärkenden Eigendynamik, die den Verhandlungsprozess in eine bestimmte Richtung lenkt. Sobald wir Momentum erzeugen können, indem wir die *für uns günstigen Kräfte im Verhandlungsumfeld aktivieren,* ergeben sich oft wie von selbst Lösungen, um die wir vorher mühsam gerungen haben. Momentum wird dabei nicht gegen Widerstand, sondern – wie Sun Tzu richtig erkannte – *in Kenntnis der Mechanik und Psychologie der Auseinandersetzung* erzeugt.[135] Deshalb erachtete er reine Kampfstrategien als ineffizient.[136]

Die verschiedenen Verhandlungstaktiken werden **auf allen fünf Verhandlungsebenen** eingesetzt: Drei sind offensiv (Angreifen, Ausweichen, Nachgeben), eine defensiv (Beharren beziehungsweise Widerstand leisten) und zwei kooperativ (Kompromiss, Zusammenarbeiten). Die Systematisierung hilft, **Handlungsoptionen** zu prüfen und zu erarbeiten, die in allen beschriebenen Verhandlungsstrategien und in jeder Phase eingesetzt werden können. Bei Bedarf werden ver-

---

132 **Carl Philipp Gottlieb von Clausewitz** (1780–1831) war ein preussischer Generalmajor, Heeresreformer, Militärwissenschaftler und -ethiker. Von Clausewitz wurde durch sein unvollendetes Hauptwerk «Vom Kriege» berühmt, in welchem er sich mit der Theorie des Krieges beschäftigte. Seine Theorien über Strategie, Taktik und Philosophie hatten grossen Einfluss auf die Entwicklung des Kriegswesens in allen westlichen Ländern und werden bis heute an Militärakademien gelehrt. Heute finden sie auch im Bereich der Unternehmensführung sowie im Marketing Anwendung. Vgl. etwa Souchon, Strategie im 21. Jahrhundert, S. 18 ff.
133 Vgl. dazu von Senger, Strategeme – Lebens- und Überlebenslisten und ders., 36 Strategeme für Manager.
134 Chinesische Strategien haben auch eine philosophische Dimension. So findet im chinesischen Taoismus eine weitere Systematisierung von dynamischen Qualitäten und Ausrichtungen statt. Dabei werden **fünf Elemente** unterschieden, welche verschiedene Energiequalitäten symbolisieren: die *grosse Leere* (*Ku,* als Ursprung der Energie); der Wind oder das gasförmige, unfassbare, aber auch den Intellekt versinnbildlichende Element (*Fu*); das Feuer oder das energieabgebende, expansive Element (*Ka*); das Wasser oder das fliessende, sich immer in Bewegung befindliche, anpassungsfähige, aber auch energieneutralisierende Element (*Sui*); und schliesslich die Erde als das feste, verharrende, unflexible und Widerstand leistende Element (*Chi*).
135 Vgl. auch Sun Tzu/Cleary, The Art of War, Einführung, S. 21.
136 Vgl. auch Sun Tzu/Cleary, The Art of War, S. 14 und 19; Näheres zum Momentum kann Kapitel IV.F.3 entnommen werden.

schiedene taktische Elemente **kombiniert**.[137] Das siebte Element – List und Tücke – wird im Titel in Klammern erwähnt, da dessen aktiver Einsatz hier nicht empfohlen wird. Allerdings müssen wir solche gegnerischen Taktiken rechtzeitig erkennen, um sie angemessen beantworten zu können.

Je nach der definierten Verhandlungsstrategie fallen auch die taktischen Ausrichtungen und Massnahmen aus und ergibt sich eine entsprechende **Verhandlungsdynamik**. Dabei interessiert,

- wer,
- wie,
- warum,
- mit welchen Mitteln und
- auf welcher Verhandlungsebene

drängt, ausweicht, Widerstand leistet, kooperiert oder eine Lösung verhindert.

Weiter fragt sich stets, ob die Verhandlungsdynamik **positiv oder negativ** ist: Hindert oder fördert, unterstützt oder torpediert sie die Verhandlungen? Die verschiedenen Handlungsoptionen sind dabei grundsätzlich *neutral*. Wie wir nachfolgend sehen werden, muss insbesondere eine Druckstrategie nicht negativ sein. Angemessen eingesetzt, kann sie der Interessenwahrung dienen und gerade in der finalen Verhandlungsphase dazu eingesetzt werden, um Lösungen herbeizuführen, wenn die andere Partei zögerlich und unentschlossen ist. Auch Verzögerungstaktiken sind nicht *a priori* negativ. So schützen sie etwa bei fehlenden Informationen vor übereilten Entschlüssen. Deshalb ist es bei einer flexiblen Verhandlungsführung für die Analyse der Verhandlungssituation wichtig, die Wirkung der Dynamik auf die Verhandlungen zu hinterfragen.

Finden wir Antworten auf diese Fragen, hilft uns dies nicht nur, die eigenen Verhandlungsoptionen besser zu erkennen, sondern auch, die wahren Motive der anderen Stakeholder und deren Rollen zu durchschauen. Wir verstehen, weshalb die Verhandlungen blockiert sind oder zögerlich, emotional oder mit viel Druck geführt werden. Zudem lernen wir die von den Parteien eingesetzten und zur Verfügung stehenden Mittel sowie Alternativen zu einer Verhandlungslösung besser einzuschätzen. Auch erfahren wir, wie ernsthaft die andere Partei die Verhandlungen führt. Dies wiederum erlaubt uns, die eigene(n) Verhandlungsziele, -strategie und -taktik anzupassen und die Verhandlungen erfolgreich voranzutreiben – oder rechtzeitig abzubrechen.

---

137 Auch von Senger beschreibt die Stratagemverkettung (vgl. von Senger, 36 Stratageme für Manager, S. 180 ff.).

Verhandlungen werden teilweise auch aus rein **taktischem Kalkül** angeboten. Nachdem Russland am 24. Februar 2022 die Ukraine überfallen hatte, sagte der US-Aussenminister Anthony Blinken das vorher angesetzte Treffen mit seinem russischen Gegenpart Sergei Lawrow ab. Es mache angesichts der Invasion keinen Sinn. Allerdings würden die USA und ihre Alliierten die Türen der Diplomatie nie ganz zuschlagen – sofern die diplomatischen Avancen ernst gemeint seien. Der österreichische Bundespräsident Karl Nehammer dagegen reiste am 11. April 2022 nach Moskau, um – wie er später sagte – mit dem russischen Präsidenten Wladimir Putin die Möglichkeit von Friedensgesprächen zu sondieren und weitere Fluchtkorridore für Flüchtlinge aus den umkämpften Gebieten zu besprechen. Die Mission erntete viel Kritik: So wurde bemängelt, dass Nehammer ohne Unterstützung anderer westlicher Staatschefs, ohne klares Ziel und ohne Aussicht auf Erfolg nach Moskau gereist war. Spätestens nach den Kriegsverbrechen der russischen Armee in Butscha waren nämlich die Fronten zwischen der ukrainischen und der russischen Verhandlungsdelegation verhärtet und die bilateralen Gespräche zwischen den Kriegsparteien aufs Eis gelegt worden. Die Aussichtslosigkeit von Nehammers Mission war umso offensichtlicher, als Putin offenkundig ganz auf Krieg setzte: Die russische Armee bereitete gerade einen Grossangriff auf die Ostukraine vor. Russland inszenierte in den heimischen (staatskontrollierten) Medien seine «siegreiche» Armee, und Putin wollte am 9. Mai, dem Jahrestag über den Sieg über Nazideutschland, den Sieg über die Ukraine verkünden können. In diesem Umfeld bestand kein Raum für Friedensgespräche.[138] Der Besuch Nehammers in Moskau wurde erwartungsgemäss von russischer Seite sofort propagandistisch ausgeschlachtet: Die russische Seite teilte später mit, Nehammer habe Putin wegen der russischen Gastransporte durch Österreich «erpressen» wollen, was es diesem erlaubte, Russland einmal mehr als «Opfer» des Westens darzustellen. Putin trat zudem abermals gegenüber einem Vertreter des Westens siegessicher und hart auf und zeigte damit dem einheimischen Publikum, dass ihr Präsident stark und zuversichtlich, das Land nicht isoliert und der Westen nicht einig waren.[139]

2. Druck ausüben: Angreifen, Drängen, Zermürben und der Einsatz von Ultimaten

2.1 Druck ausüben – und der Ritt auf der Rasierklinge

«Wir betreiben ernsthaft frivole Dinge und mit leichter Hand die schwerwiegendsten. Weder beraten noch diskutieren wir: Wir schreien, lästern und versuchen uns gegenseitig auszustechen.»

Adrien Duquesnoy[140]

---

138 ACKERET, Kaum Chancen für Friedensmission, NZZ online vom 12. April 2022.
139 BAUMANN, Dieses Signal nützt Putin mehr als der Ukraine, NZZ online vom 12. April 2022.
140 So beschrieb Adrien Duquesnoy, ehemaliger Deputierter der französischen Nationalversammlung, die Debatten und Verhandlungen im Vorfeld der französischen Revolution. Siehe WILLMS, Talley-

Das dynamisch-aggressive Element des Angreifens, Drängens und Zermürbens ist eine Haupttaktik in allen möglichen Unternehmungen. Immer in Bewegung, wird die Gegenpartei unter steten Druck gesetzt, um ein vorteilhaftes Ergebnis zu erzielen. Druckstrategien bezwecken oft die Überwältigung der Gegenpartei. So schrieb Sun Tzu: «*Wenn man die Rüstung ablegt und rasch aufbricht, weder Tag noch Nacht rastet und im Sturmschritt hundert Li zurücklegt, werden drei Befehlshaber gefangen.*»[141] Druckstrategien wenden gerne Parteien an, die über Verhandlungsmacht («Leverage») verfügen – oder diese vortäuschen wollen.[142] Doch obschon Druckstrategien oft negativ konnotiert sind, stellen sie in Verhandlungen ein essentielles Mittel dar, um die eigenen Interessen zu befördern und die Verhandlungen zu gestalten und voranzubringen.[143] Wer keine (Verhandlungs-) Macht hat, ist machtlos.

Druckstrategien können unter sehr unterschiedlichen Erscheinungsformen auftreten: Neben der unverhüllt und **offen-aggressiven Verhandlungsstrategie**, die oft auch auf Überrumpelung setzt («Blitzkrieg-Strategie»),[144] gründen druckvolle Strategien teilweise auch auf **passiv-aggressive Vorgehensweisen**, indem man sich hilflos, verloren, hilfsbedürftig zeigt – und schon dreht sich der ganze Verhandlungszirkus um diese Person![145] Wenn solche Verhandler die anderen Parteien zur Weissglut treiben und dazu verleiten, aggressiv aufzutreten oder Vorwürfe zu erheben, kann dies Unterstützungs- und Schuldzuweisungsmechanismen in Gang setzen, von denen die passiv-aggressive Partei profitiert. So wusste eine Verwandte von mir die ganze Familie im Schach zu halten, indem sie bei unliebsamen Diskussionen sofort einen Migräneanfall monierte. Ein ihr bekannter Arzt nannte sie deshalb hinter vorgehaltener Hand die «sanfte Terroristin». Eine passiv-aggressive Strategie setzte auch Mahatma Ghandi erfolgreich gegen die englische Kolonialmacht ein.[146]

> Wer keine (Verhandlungs-) Macht hat, ist machtlos.

---

rand, S. 47.
141 Sun Tzu/Griffith, Die Kunst des Krieges, Kapitel VII, Spruch 9. Die «Rüstung ablegen» kann in der Verhandlungsführung mit «*seine Position schwächen und entblössen*» gleichgesetzt werden. «Weder Tag noch Nacht rasten» und «im Sturmschritt hundert Li zurücklegen» meint, unüberlegt und überhastet vorwärtsstürmen: In der Regel legten Truppen zu Sun Tzus Zeiten 30 Li im Tag zurück (Sun Tzu/Griffith, Die Kunst des Krieges, Kapitel VII, Spruch 7). Zum Verhandeln unter Druck vgl. Kapitel IV.B.2.
142 Vgl. dazu ausführlich Kapitel IV.F.2.
143 Dies ist, wie der renommierte US-amerikanische Konfliktforscher **Prof. Bernard Mayer** vom Werner Institute for Negotiation and Dispute Resolution an der Creighton Universität aufzeigt, auch in der Konfliktforschung anerkannt. Siehe Mayer, Staying with Conflict, S. 151 ff.
144 Greene, 33 Strategies of War, S. 179 ff.
145 Greene, 33 Strategies of War, S. 419 ff.
146 Greene, 33 Strategies of War, S. 420 ff. Im berühmten Salzmarsch, der eher wie ein kleines religiöses Procedere begann, sammelte Ghandi zunehmend Anhänger um sich, seine Reden wurden immer fordernder. Schliesslich brach er das Salzgesetz, welches den Engländern das Salzmonopol in Indien gab, und sammelte am Strand Salz. Zu diesem Zeitpunkt war die Anhängerschaft so stark

Eine ebenfalls wirksame Druckstrategie ist der **Konterangriff**: Nachdem die eine Partei ihre Stossrichtung, aber allenfalls auch bereits Abhängigkeiten und Schwachstellen in ihrer Position und Handlungsweise offenbart hat, setzen wir genau dort an und erzielen damit mit wenig Aufwand viel Wirkung («Leverage»). Damit wir einen Konterangriff lancieren können, drängt sich unter Umständen auf, die Gegenpartei zum Angriff beziehungsweise einem aggressiven Vorgehen zu provozieren. Konterangriffsstrategien werden deshalb oft mit Täuschungsstrategien verbunden – *der beste Konterangriff ist derjenige, den man nicht kommen sah.*[147] Dazu rät Greene, allenfalls zunächst in einer vorhersehbaren Art und Weise zu handeln, um dann plötzlich vom bisherigen Handlungsstrang auf eine ungewöhnliche und unerwartete Handlungsart umzuschwenken und damit die Gegenpartei zu überraschen.[148]

Oft gilt, dass wer hart verhandelt, erfolgreicher verhandelt. Das haben beispielsweise die Briten den Schweizern im Rahmen des «Brexits» und damit im Verhältnis zur Europäischen Union vorgemacht. Während die Schweiz früh wichtige Eingeständnisse machte, übte Grossbritannien maximalen Druck aus, um dann im letzten Moment ein Austrittsabkommen mit der EU abzuschliessen. Die Schweiz scheiterte schliesslich bei den Verhandlungen eines Rahmenabkommens mit der EU: Die noch mögliche Lösung mit der EU war innenpolitisch nicht mehr machbar.[149] Wie wir gesehen haben, haben Druckstrategien allerdings ihren Preis. Das **Verhandlungsdilemma** lehrt uns, Durckstrategien sorgfältig zu dosieren, um nicht unnötig das Verhältnis zwischen den Parteien und damit das Einigungsergebnis sowie die Compliance zu dessen Umsetzung zu beeinträchtigen oder gar zu gefährden.[150]

> Wie rücksichtslose Druckpolitik zögerliche Kontrahenten überwältigt, machte der russische Präsident Vladimir Putin Ende 2021/anfangs 2022 vor: Während Putin für den Westen, insbesondere die USA, nicht-annehmbare Ultimaten stellte und seine Armee aufmarschieren liess, gefielen sich die europäischen Staatsoberhäupter darin, nach Moskau zu pilgern, um Putin von seinem offensichtlichen Vorhaben abzubrin-

---

angeschwollen und die internationale Aufmerksamkeit so sehr auf die Angelegenheit ausgerichtet, dass seitens der britischen Autoritäten wirksame Gegenmassnahmen ohne erhebliches Risiko von gewaltsamen Revolten und gesichtsverlustgenerierender Gewaltanwendung nicht mehr möglich war. Die zunehmenden Proteste der indischen Bevölkerung, zusammen mit deren Boykott der englischen Waren, führten dazu, dass Ghandi wiederum verhaftet wurde, was landesweite Proteste zur Folge hatte. Der britische Vizekönig, Lord Edward Irwin, war daraufhin gezwungen, mit Ghandi zu verhandeln – eine Situation, welche es bislang im britischen Kolonialstaat Indien nicht gegeben hatte. Ghandi hatte das britische Empire ausgetrickst. Im Jahre 1947 schliesslich wurde Indien in die Unabhängigkeit entlassen.

147 Greene, 33 Strategies of War, S. 109 ff.
148 Greene, 33 Strategies of War, S. 313 ff. Greene nennt dies die «Ordinary – extra-ordinary Strategy».
149 Widmer, Die Briten haben besser verhandelt, NZZ vom 18. Januar 2021.
150 Siehe zum Verhandlungsdilemma auch Kapitel III.B.2.

gen. Dies beeindruckte diesen, der von Anfang an auf maximalen Druck setzte, wie zu erwarten war, jedoch keineswegs. Als seine Armee auf breiter Front in die Ukraine einfiel, rieben sich dieselben europäischen Staatsoberhäupter verwundert die Augen. Wie der erfahrene Verhandlungsspezialist Matthias Schranner dazu bemerkte, war der Überfall Russlands durch *last minute*-Verhandlungen von Anfang an nicht zu vermeiden gewesen. Vielmehr hätte der Westen gegenüber einem dermassen entschlossenen Gegner viel früher klare Linien setzen und den hohen Preis, den Russland und Putin für eine Invasion zahlen müssten, klarmachen müssen. *Auch aggressive Gegner wägen nämlich sorgfältig ab, ob der Preis, den sie bei einer Eskalation und Weiterverfolgung ihrer Druckstrategie zahlen müssen (sogenannter* «**Preis der Nichteinigung**»), *höher ist als den Gewinn, den eine Verhandlungslösung bringt.* Zudem muss dem Aggressor absolut gemacht werden sein, dass man gewillt ist, diesen Preis einzufordern.

Eine vage Haltung wie etwa jene der deutschen Regierung, diesen Preis nicht offenzulegen und nicht einmal klarzustellen, dass diesfalls die Nord Stream 2-Pipeline nicht in Betrieb genommen würde, war sicherlich nicht hilfreich und offenkundig nicht die geeignete Strategie gegen einen aggressiven Gegner wie Putin. Dies ist umso mehr der Fall, als Putin bereits bei der Invasion der Krim und des Donbass im Jahr 2014 weitgehend unbehelligt davongekommen war, was ihn in seiner Aggressionspolitik bestärkt hatte. *Eine zögerliche Haltung ermutigt Aggressoren*; diese verstehen meist nur die **Sprache der Stärke und des entschiedenen Handelns**. Wer dagegen **um jeden Preis eine (militärische) Konfrontation vermeiden** will, muss die immer gleiche Erfahrung machen: Er ist **erpressbar**. Wer dagegen frech und selbstbewusst auftritt, mit harten Massnahmen droht und damit Fakten schafft, geht oft (zumindest vorerst) siegreich aus dem Konflikt hervor. Dies zeigten nicht nur die erwähnten «Pilgerreisen» nach Moskau, sondern auch Neville Chamberlains desaströse Münchenreise 1938.[151]

Einseitig auf Druck ausgelegte Strategien sind oft aufwändig und beinhalten neben der Chance des Überwältigens und Zermürbens stets das Risiko der unnötigen Eskalation. Sie können Beziehungen nachhaltig (zer-)stören, viele Ressourcen verschlingen und schliesslich doch nicht zum Erfolg führen. Sun Tzu schreibt in Kapitel II, Spruch 7: «*[E]s hat noch nie einen langwierigen Krieg gegeben, der einem Land Nutzen gebracht hätte.*» Der Stratege Li Quan kommentierte dies mit den Worten: «*Jene, die die Waffen nicht niederlegen, werden selbst davon ausge-*

---

151 Der britische Premierminister Neville Chamberlain versuchte nach der katastrophalen Erfahrung des ersten Weltkrieges gegenüber Nazi-Deutschland um jeden Preis den Frieden zu erhalten und einen neuen Krieg zu vermeiden. So kam er am 30. September 1938 nach einem Treffen mit Hitler aus München zurück in der Meinung, er habe den Frieden auf absehbare Zeit gesichert. Nach seiner Rückkehr erklärte er (in einer Reminiszenz an Benjamin Disraeli nach dem Berliner Kongress 1878) stolz, er habe einen ehrenvollen Frieden mitgebracht: «*Ich glaube, es ist der Friede für unsere Zeit. […] Nun gehen Sie nach Hause und schlafen Sie ruhig und gut*» (‹https://de.wikipedia.org/wiki/Appeasement-Politik – cite_note-4 sowie https://de.wikipedia.org/wiki/Appeasement-Politik›).

löscht werden.» Und auch für Talleyrand und von Clausewitz war Krieg nur die *ultima ratio*, die zum Einsatz kam, wenn man alle anderen Möglichkeiten ausgeschöpft hatte.[152] Napoleon dagegen behandelte die politischen Angelegenheiten wie militärische und drängte auf rasche Siege, um dann die Friedensbedingungen zu diktieren – und scheiterte in Waterloo im europäischen Machtpoker.[153]

«Auge-um-Auge»-Strategien und anderweitige beidseitige Eskalationsstrategien führen oft zu einer Pattsituation, wobei beide Parteien kaum von ihrer Position abrücken können, ohne damit Schwäche zu signalisieren. Das einseitige Nachgeben gegenüber dem Druck der anderen Partei dagegen bestätigt die druckausübende Partei in ihrem Verhalten und ermutigt sie, dieses weiterzuführen. Oft sind Parteien auch in *destruktiven Mustern* des abwechslungsweisen Druckausübens, Nachgebens, Erhebens von Vorwürfen sowie Gegenvorwürfen und Rückzugs gefangen.[154] Druckstrategien und -taktiken gleichen deshalb oft einem «Ritt auf der Rasierklinge» und sollten stets mit Bedacht sowie im Rahmen der Verhandlungsstrategie und -taktik eingesetzt werden. Das heisst, dass sie zielorientiert, dem Verhandlungsumfeld entsprechend, verhältnismässig, flexibel und so angewendet werden sollten, dass eine Steigerung des Drucks (strategische Reserve) und eine Verhandlungslösung möglich bleiben, was insbesondere der anderen Partei die **Wahrung des Gesichts** ermöglichen sollte.[155]

> Wie sehr eine gesichtswahrende Verhandlungslösung möglich und auch anzustreben ist, hängt allerdings stets von der konkreten Situation ab. So ist etwa bei klaren Rechtsverletzungen zu berücksichtigen, dass eine solche Lösung die Gegenpartei, aber auch andere Parteien, nicht zu einem ähnlichen Verhalten ermuntern kann. Dies ist gerade bei internationalen Konflikten der Fall. So gerieten der französische Präsident Macron und der ehemalige US-Aussenminister Henry Kissinger unter Druck, als sie kurze Zeit nach Beginn des russischen Einmarsches in die Ukraine empfahlen, man müsse dem russischen Präsident Putin eine gesichtswahrende Verhandlungslösung anbieten. Dies war angesichts des russischen Überfalls nicht nur moralisch fragwürdig, sondern auch im Hinblick auf allfällige zukünftige Verhandlungen unklug. Macron signalisierte damit nämlich Putin, dass er mit seiner Aggression Erfolg haben könnte. Zudem suggerierten diese nicht mit anderen westlichen Staatschefs abgesprochenen Äusserungen, man könne den Westen in der Ukraine-Frage spalten.

Oftmals dienen tatsächliche oder kreierte äussere Ereignisse als **Anlass, um Druckstrategien umzusetzen und zu rechtfertigen**.

---

152 Willms, Talleyrand, S. 143; von Clausewitz, Vom Kriege, S. 28.
153 Willms, Talleyrand, S. 139.
154 Siehe dazu etwa Mayer, Staying with Conflict, S. 160 ff. und 1128.
155 Siehe dazu etwa Mayer, Staying with Conflict, S. 165 ff.

So nutzte der türkische Präsident Recep Tayyip Erdogan den 2018 gescheiterten Putsch für eine Säuberungswelle und die weitgehende Kaltstellung seiner politischen Gegner. Napoleon I. nahm das am 24. Dezember 1800 von Royalisten auf ihn verübte Attentat als Vorwand, um zahlreiche Royalisten zu inhaftieren, einige sogar exekutieren zu lassen und Notrecht einzuführen (die sogenannten «sénatus-consultes»). Dies erlaubte ihm, bei Bedarf an der Judikative vorbei Sondergerichte einzusetzen und seine Macht zu festigen.[156] Gleichermassen nahm der russische Präsident Vladimir Putin die Auseinandersetzung mit dem Oligarchen Michail Chodorkowski zum Anlass, die Macht im Staat definitiv an sich zu reissen. Indem er den wirtschaftlich und politisch stark in Richtung Westen orientierten Chodorkowski mit Scheinprozessen kaltstellte, konnte er dessen zunehmenden politischen Einfluss zurückbinden.[157] Hitler kreierte 1939 einen Zwischenfall an der deutsch-polnischen Grenze, um einen Vorwand für den Einmarsch in Polen zu haben; Putin schürte im Donbass Spannungen, um dann den pro-russischen Separatisten «zu Hilfe» zu eilen.

Druckstrategien setzen voraus, dass Druckmittel vorhanden sind, der Gegenpartei Alternativen fehlen, die eigene Partei Alternativen hat, die Zeit für sie spielt oder man sonstwie aus einer Position der Stärke agiert – oder gerade das Gegenteil der Fall ist und eine «Vorwärtsstrategie» überraschend im Sinne von «Angriff ist die beste Verteidigung» angewendet werden sollte.[158]

Druckausübung, oder die Option dazu, sowie kooperatives Verhandeln gehen oft Hand in Hand: Letzteres ist kaum erfolgreich, wenn keine Alternativen bestehen und Druck *a priori* nicht mit Gegendruck beantwortet werden soll oder kann. Der erfahrene ehemalige Schweizer Spitzendiplomat und IKRK-Präsident Jakob Kellenberger sagte deshalb zu Recht, neben dem Zuhören müssten erfolgreiche Verhandlungsführer auch **Druck aushalten** können und bereit sein, die Verhandlungen scheitern zu lassen. Das müsse auch die Gegenpartei spüren.[159] Auch dies ist eine Art der Druckausübung: Die Haltung übermitteln *Lieber kein Deal als ein schlechter Deal.* » Allerdings ist Druckausübung im Bereich der Verhandlungsführung selten erfolgreich, wenn der anderen Partei nicht im richtigen Moment eine *«goldene Brücke»*[160] zu einer für sie annehmbaren Lösung gebaut wird. Dabei ist wichtig, dass beide Parteien bei dieser Lösung, aber auch bei deren Zustandekommen das Gesicht wahren können.

Auch bei Druckstrategien sollte der anderen Partei im richtigen Moment eine «goldene Brücke» gebaut werden.

---

156 ZAMOYSKI, Napoleon – Ein Leben, S. 362.
157 BELTON, Putins Netz, S. 335 ff.
158 Vgl. auch 36 Strategeme für Juristen, S. 109, Strategem Nr. 4 «Ausgeruht den erschöpften Gegner erwarten»; SCHRANNER, Verhandeln im Grenzbereich, S. 71 ff.; siehe Grundsätzliches auch bei VON CLAUSEWITZ, Vom Kriege, 7. Buch, Kapitel 1 ff. und insbesondere S. 438 ff.
159 Vgl. TRIBELHORN/GAFAFER, Interview mit Jakob Kellenberger, Überheblichkeit ist eine Form von Dummheit, NZZ vom 3. Oktober 2019.
160 Vgl. dazu Kapitel VI.A.5.6.

Wer dagegen einseitig auf maximalen Druck setzt, riskiert die **Eskalation** der Situation bis hin zum **maximalen Scheitern** mit ungewollten Nebeneffekten.

Dies zeigt sich bereits in der Grundanlage des *«Chicken Game»*,[161] der Druckausübungs- und Überwältigungstaktik in Reinkultur. So baute beispielsweise US-Präsident Donald Trump 2018 und 2019 durch die Verschärfung der Sanktionen gegen Iran maximalen Druck auf, um diesen zum Einlenken im Atomkonflikt zu bewegen, ohne jedoch eine «goldene Brücke» oder eine Möglichkeit zur Gesichtswahrung für das iranische Regime anzubieten. Dies eröffnete China und Russland die Chance auf verbesserte Beziehungen zum Iran, da dieser auf Partner angewiesen war. Zudem schweisste der ausländische Druck die iranische Bevölkerung zusammen und stärkte die Hardliner in der Regierung – was nicht wirklich das war, was Trump gewollt hatte.[162] Hinzu kam, dass die iranischen Revolutionswächter in der Folge ihrerseits den Gegendruck erhöhten, indem sie Anschläge auf Tanker in der Strasse von Hormuz verübten, und als Trump nur verbal reagierte, (mutmasslich) sogar auf die zwei grössten Erdölraffinerien von Saudi Arabien, dem Verbündeten der USA. Die USA befanden sich nun in der unangenehmen Situation, entweder mit den Saudis gegen Iran militärisch vorzugehen und in der Golfregion einen Flächenbrand zu provozieren (wahrlich kein erquickliches Szenario ein Jahr vor dem Wahlkampf für die US-Präsidentschaft!), oder auf eine Vergeltungsaktion zu verzichten und weiter als «Maulheld» Glaubwürdigkeit einzubüssen. Der am 3. Januar 2020 gegen den General der Quds-Einheiten, Quasim Soleimani, durchgeführte tödliche Anschlag der Amerikaner eskalierte die Situation weiter. Strategisch hatte Trump mit seiner Handlungsweise nichts erreicht. Dieses Beispiel zeigt, wie Druckstrategien oft *unvorhergesehene und unerwünschte Auswirkungen* haben und teilweise gerade das Gegenteil dessen bewirken, was mit ihnen bezweckt worden war.

Druckstrategien können im Gegensatz zu interessenorientierten und auf gegenseitigen Nutzen ausgelegte Verhandlungen einfacher **ausgehebelt** werden: Wenn es uns gelingt, die Umstände zu unseren Gunsten zu beeinflussen und den *Dreh- und Angelpunkt beziehungsweise die Dynamik der Verhandlung zu verändern*, etwa indem wir Alternativen oder neue Allianzen schaffen, läuft die gegnerische Strategie ins Leere.

James Clavell schildert in seinem packenden Bestseller «King Rat»,[163] wie ein amerikanischer Korporal, von allen nur «the King» genannt, während des zweiten Weltkrieges im berüchtigten japanischen Gefangenenlager Changi durch geschicktes Handeln mit Aussenstehenden und Wachen einerseits sowie mit Mitgefangenen anderseits zu

---

161 Vgl. Kapitel III.B.4.3.
162 Vgl. Hosp, Trumps maximaler Druck bedeutet maximales Risiko, NZZ vom 24. April 2019.
163 Clavell, King Rat. Clavell war als junger englischer Artillerieoffizier im zweiten Weltkrieg während des Falls von Singapur in japanische Kriegsgefangenschaft geraten und überlebte das brutale POW-Lager Changi. «King Rat» ist ein autobiographisch gefärbter Roman, der wahren Gegebenheiten nachempfunden ist.

Macht und relativem Wohlstand kommt. Der «King» hat im Gegensatz zu seinen Kamaraden eine eigene Schlafecke, stets makellose Kleidung, genügend zu essen. Selbst Offiziere dienen sich ihm an. Als Gegenleistung zu Zigaretten, extra Essensrationen und anderem mehr erledigen sie vielfältige Arbeiten für ihn. Der «King» ist das Paradebeispiel eines dominanten Taktikers. Er erhält etwa von seinem Freund Peter Marlowe, einem englischen Fliegeroffizier, kostenfrei ein Rezept zur «Veredelung» von selbst gedrehten Zigaretten und macht sofort ein Geschäft daraus, an dem er verschiedene mitgefangene Prisoners of War (POW) beteiligt. Sie verkaufen die Ware für ihn oder stellen sie in Lizenz her. Ihr Anteil fällt wegen der angeblich hohen Anfangsinvestitionen vorerst nur bescheiden aus. Doch das Rezept wird bald «geleakt». Marlowe wundert sich, als der «King» lakonisch bemerkt, es sei für ihn dennoch ein gutes Geschäft gewesen. Dieser erklärt ihm die angeblich hohen Anfangsinvestitionen wie folgt: «*Das war ein Verkaufsgespräch. Das war für die Öffentlichkeit bestimmt. Ein Verkaufsgespräch ist eine Spielerei. Ein Mittel, um die Leute an etwas glauben zu lassen. Die Leute wollen immer etwas für nichts. Also muss man sie glauben machen, dass sie dich bestehlen, dass du der Trottel bist – dass sie – die Käufer – verdammt viel schlauer sind als du.*» Und gewinnt so das Spiel.[164] Der «King» hatte nämlich von Anfang an gewusst, dass das Rezept rasch «geleakt» werden dürfte und hatte deshalb seinen Profit so berechnet, dass er diesen bereits in den ersten Wochen realisieren konnte. Dann «leakte» er das Rezept selber – als Entgelt für andere für ihn wertvolle Informationen! Als die Japaner nach ihrer Kapitulation das Lager den Alliierten übergeben, ist die Macht des «King» schlagartig vorbei, und seine Kamaraden, die vorher vielfach von seinem Einfallsreichtum und seiner Geschäftstüchtigkeit mitprofitiert hatten, wenden sich in der Zeit bis zur Auflösung des Lagers und der Repatriierung der Soldaten von ihm ab. Plötzlich ist der «King» der einsamste Mann in ganz Changi.

Druckstrategien stossen zudem rasch an **rechtliche Grenzen:** Sie können eine Drohung oder Nötigung und gerade im Wirtschaftsbereich je nach Situation unlauteren Wettbewerb, einen kartellrechtlich unzulässigen Missbrauch von Marktmacht oder sonstwie eine Rechtsverletzung darstellen. Dies kann nicht nur die Ungültigkeit oder Anfechtbarkeit der damit erwirkten Vereinbarung zur Folge haben, sondern auch verwaltungs- oder sogar strafrechtliche Konsequenzen nach sich ziehen.

---

164 Die Bedeutung der Wahrnehmung – wie auch deren Beeinflussung – im Rahmen von Verhandlungen werden wir in Kapitel IV.B.1 näher untersuchen.

2.2 Beispiele zur Druckausübung

*«Hast du erst die Führung [Initiative],
ist dir der Sieg so gut wie sicher.»*

Myiamoto Musashi[165]

Viele Druckstrategien stammen aus dem militärischen Bereich. Aus den dortigen Vorgehensweisen können jedoch auch Schlüsse für die Verhandlungsführung gezogen werden. Dazu einige Beispiele:

Durch gezielte, **immer wiederkehrende Angriffe** konnte die sowjetische Armee beim entscheidenden Gegenangriff ab dem 22. Juni 1944 in der Operation «Bagration» die deutsche Front ins Wanken bringen. Die Sowjetarmee war dabei personell viermal stärker und materialmässig (Panzer, Geschütze etc.) über 30–60 Mal überlegen, weshalb sie die deutsche Wehrmacht bis Berlin vor sich hertrieb und mit ihrer Feuerkraft aufrieb.[166]

Druckausübung wirkt sich insbesondere auch auf die *Ressourcen* der Parteien aus: Die westlichen Alliierten etwa zwangen die deutsche Wehrmacht im zweiten Weltkrieg durch massive Flugangriffe, Truppen, Waffen und Material zu deren Bekämpfung einzusetzen.[167] Diese fehlten dann an der Front.

Verhandlungsmacht ist auch in **Verhandlungen** wichtig: Wer «*Leverage*» besitzt, diktiert oft weitgehend das Geschehen. So kann die Gegenpartei, die über weniger Ressourcen verfügt, mit Anfragen, stets neuen Vertragsdokumenten, Sitzungen, Telefonkonferenzen etc. überhäuft werden, um deren Ressourcen zu strapazieren. Damit kann es bei einem zeitlich engem Verhandlungsrahmen gelingen, den Widerstand gegen bestimmte, für die eigene Partei wichtige Anliegen zu reduzieren.

Druckausübung stand auch in folgendem Fall im Vordergrund: Ein von einem Schweizer Grossverteiler importiertes und vertriebenes Fitnessgerät war mangelhaft und führte zu einem Personenschaden. Der vom Geschädigten eingeklagte Importeur verkündete im *Haftpflichtprozess* dem ausländischen Hersteller wie auch dem Grossverteiler den Streit. Dadurch bekamen diese die Möglichkeit, ihre Position in den Prozess einzubringen; im Gegenzug waren sie grundsätzlich auch an das Ergebnis des Prozesses gebunden. Der Grossverteiler verweigerte jedoch jegliche Koopera-

---

165 Musashi, Das Buch der fünf Ringe, S. 102. **Myiamoto Musashi** war ein berühmter japanischer Samurai des 16. Jahrhunderts und ein herausragenden Schwertkämpfer. Sein Werk «Buch der fünf Ringe» ist ein bekanntes Schwertkampf- und Strategiebuch. Musashi unterscheidet drei Arten des Drucks: Entweder Druck, welcher der Gegenpartei *zuvorkommt*. Oder dann wird die Initiative nach kurzem vermeintlichem Nachgeben sofort an sich gerissen, nachdem die Gegenpartei Druck aufbaut beziehungsweise angreift (*«Konter»*). Schliesslich kann auch eine Strategie des *gleichzeitigen Druckaufbaus* gewählt werden, indem Druck der Gegenpartei (beziehungsweise deren «Angriff») sofort mit entsprechendem Gegendruck pariert wird.

166 Eberle, Hitlers Weltkriege, S. 268. Die Alliierten in der Normandie hatten die absolute Lufthoheit erzielt und waren den Deutschen zahlenmässig weit überlegen. A.a.O., S. 266 ff.

167 Eberle, Hitlers Weltkriege, S. 268 ff.

tion. Nachdem der rechtskräftige Entscheid im Haftpflichtprozess vorlag, versuchte der Hersteller, der für den Schaden und die Rechtskosten des Prozesses gegen den Geschädigten aufgekommen war, beim Grossverteiler einen Anteil am Schaden zurückzuholen. Dessen Monteure hatten nämlich das Gerät falsch zusammengesetzt und damit erst den Unfall ermöglicht.[168] Der Grossverteiler spielte zuerst wiederum auf Zeit und offerierte erst an der Verhandlung vor den baselstädtischen Schlichtungsbehörden einen Betrag, von dem er annahm, er würde genügen, um die Gegenpartei von einem erneuten Prozess abzuhalten. Er zählte darauf, dass diese nach dem jahrelangen teuren Hauptprozess keine Lust mehr verspürte, ein neues aufwändiges und mit diversen Rechtsrisiken behaftetes Verfahren zu führen. Seine Taktik ging auf und die harte Verhandlungsführung zahlte sich für den Grossverteiler, der am Schluss den (geringen) angebotenen Betrag mit einem Ultimatum verband, aus.

Druck kann zudem aus der **Enthüllung von Verdecktem** entstehen, insbesondere wenn eine Partei eine Tatsache im Dunkeln halten möchte.[169] Dazu können auch sogenannte «*Enthüllungsstrategeme*» eingesetzt werden. Man kann etwa «auf das Gras schlagen, um die Schlangen aufzuscheuchen», wie das chinesische Stratagem Nr. 13 lehrt.[170] So wurde der ehemalige österreichische FPÖ-Kanzlerkandidat und spätere Vizekanzler Strache in eine Falle gelockt, um seine Gesinnung zu enthüllen: Über Kontakte wurde ihm bereits 2017 eine angebliche russische Oligarchen-Milliardärstochter vermittelt, welche zunächst in Österreich Land erwerben und Strache dann angeblich über geldwerte Zuwendungen und den Kauf eines Anteils an der «Kronenzeitung» zur Kanzlerwahl verhelfen wollte. Strache versprach dafür lukrative Geschäfte und Einfluss – für die vermeintliche Milliardärstochter und sich. In geselliger Atmosphäre wurde Strache «aus dem Busch geklopft», seine politisch heiklen und nach Vorteilsgewährung riechenden Äusserungen wurden heimlich gefilmt. Als die Sache 2019 in den Medien publik wurde, musste Strache von allen Ämtern zurücktreten und die österreichische blau-schwarze Regierung fiel auseinander.

Auch können **Irrationalität und Unberechenbarkeit eine Taktik** zur Durckausübung darstellen: Wer nicht weiss, wie weit die andere Partei zu gehen bereit ist, gerät unter Druck. Diese Strategie verfolgten sowohl der ehemalige US-Präsident Donald Trump wie auch der Doyen der US-Aussenpolitik, Henry Kissinger, gegenüber der Sowjetunion, dies vor allem durch das Propagieren eines begrenzten taktischen Atomschlags gegen die zahlen- und panzermässig überlegenen Sowjet-Divisionen.[171] Dieser Taktik bediente sich auch der chinesische Präsident Xi Jingping, indem er in seiner Rede vor dem Kommunistischen Parteikongress im Jahre 2022 betonte, es gelte, zur Durchsetzung der chinesischen Interessen *alle Mittel* in Betracht zu ziehen.[172]

---

168 Aus Produktesicherheitsgründen hätte man das Produkt allerdings gar nicht erst falsch zusammensetzen können sollen; deshalb waren vorliegend beide Parteien in der Pflicht.
169 Vgl. dazu die Enthüllungs-Strategeme bei von Senger, 36 Strategeme für Manager, S. 105 ff.
170 Von Senger, 36 Strategeme für Juristen, S. 162 ff.
171 Greiner, Henry Kissinger, S. 14.
172 Xi Jinping eröffnet Kongress der Kommunistischen Partei Chinas, Reuters-Meldung in NZZ online vom 16. Oktober 2022

Die ehemalige US-Aussenministerin Madeleine Albright beschreibt in ihrer Autobiographie, wie die USA unter Präsident Bill Clinton mit Russland unter der Führung von Präsident Boris Jelzin bezüglich der Osterweiterung der NATO «prophylaktisch» hart verhandelten, um angesichts der sehr zähen Verhandlungen überhaupt Erfolge zu erzielen. Jelzin insistierte dabei immer wieder, dass er zusammen mit seinem «Freund Bill» entscheiden wolle. Alles sei möglich, wenn er mit seinem Freund «Beeel» sprechen könne, was natürlich für die USA nicht möglich war, da sie die EU in die Verhandlungen und den Vertragsschluss miteinbinden mussten.[173] Die US-Delegation wollte die Osterweiterung mit möglichst wenig «Magenbrennen» Russlands bewerkstelligen. Als einmal in den Verhandlungen der Verhandlungsführer Russlands, Primakov, seufzte, man sei wieder auf Feld eins und so werde es kein Übereinkommen geben, gab ihm Madeleine Albright zu verstehen, man benötige für die Aufnahme weiterer Ostländer in die NATO auch kein Einverständnis Russlands, um so die Kooperation Russlands zu erzwingen: Sie spielte damit eine Trumpfkarte («Leverage») aus, was jedoch auch dazu führte, dass Jelzin in den russischen Medien die «amerikanische Arroganz» beklagte, um seine Glaubwürdigkeit als Verfechter der russischen Interessen zu markieren. Als die Verhandlungen sehr hart wurden, lockerte sie Bill Clinton, der damals nach einem Sportunfall noch im Rollstuhl sass, mit dem Spruch auf: «*Seien Sie nicht zu hart zu mir, ich habe ein kaputtes Knie*» (paradoxe Intervention), worauf Boris Jelzin andeutete, sein Hemd zu öffnen, um die Narbe seiner Herzoperation zu zeigen. Im Ringen um die ZOPA boten dabei die USA an, die Zahl der Ostländer, die zumindest in der ersten Runde in die NATO aufgenommen werden sollten, stark zu begrenzen. Nach hartem Widerstand sagte Jelzin endlich zu Clinton, «ok Bill, ich versuchte es». Die russische Strategie bestand gemäss dem damaligen US-Verhandlungsführer Strobe Talbott in einer «**Zahnwurzelbehandlung**»: Die Verhandlungen sollten möglichst mühsam und hart sein, so dass die Europäer auf eine weitere NATO-Erweiterung verzichten würden. Die USA bearbeiteten die Russen dagegen «in Wellen»: Die kleinsten Zugeständnisse wurden den Russen als Verhandlungserfolge verkauft, die sie ihrem Volk präsentieren könnten. Solche Runden waren gefolgt von Verhandlungen zwischen Albright und Primakov, wobei anschliessend NATO-Generalsekretär Javier Solana auf diesen Verhandlungen aufbaute und den Russen klarmachte, dass sie ohne Kompromiss als Verlierer dastehen würden, da die NATO-Erweiterung dann halt vonstatten gehen würden, ohne dass die Russen dabei mitgewirkt und ihre Interessen eingebracht hätten. Bei den Verhandlungen spielten auch Weltanschauungsdifferenzen und die Positionierung von Atomwaffen beziehungsweise deren Kontrolle eine grosse Rolle, da es letztlich um Einfluss und Macht ging. Solche Differenzen versuchten Madeleine Albright und ihr Team durch *nicht bindende Versicherungen* («wir haben keine Absicht, in Ostländern Atomwaffen zu positionieren, und wir werden nie eine solche haben; deshalb müssen wir diesbezüglich auch keine Vereinbarung abschlies-

---

173 Die Festlegung des **Teilnehmerkreises** für Verhandlungen, oder Verhandlungsrunden, ist ein zentrales Gestaltungsmittel für Verhandlungen. Während hier «just the two of us» nicht möglich war, brachte genau diese Strategie den Durchbruch in den Verhandlungen der USA für die NATO mit Serbien um eine Friedenslösung in Bosnien (vgl. ALBRIGHT, Madam Secretary, S. 271f.).

sen») und gemeinsame Abendessen im vertrauten Kreis zu überwinden, was schliesslich gelang. Die Russen sahen mit der Zeit ein, dass die Amerikaner und die EU-Länder nicht nachlassen würden, die NATO zu erweitern, und dass es nur noch darum ging, das Beste herauszuholen und sich den Platz in der Geschichte zu sichern. Nach «hard talks followed by retreat», wie Albright schrieb, gab Jelzin schliesslich nach.[174]

Harte Verhandlungstechniken werden oft auch eingesetzt, um während längeren, komplexen Verhandlungen die **Einigkeit sowie die Entschlossenheit der anderen Partei zu testen**.

Dies war etwa die Strategie des Regimes von Saddam Hussein, während die USA und die UNO auf eine Einhaltung der UNO Atomwaffenkonvention und die Durchführung der vereinbarten Kontrollen vor Ort durch UNO-Inspektionsteams drängten. Dabei versuchte er immer wieder, die Mitglieder des UNO-Sicherheitsrates auseinanderzudividieren und die USA als *«arrogant und unvernünftig»* hinzustellen. Russland und Frankreich nahmen nämlich gegenüber dem Irak eine mildere Haltung ein als die USA und setzten möglichst auf Kooperation, während die USA vor allem Sanktionen befürworteten. Als der Irak wieder einmal die Vereinbarungen schwerwiegend verletzt hatte und die USA im UNO-Sicherheitsrat den Entscheid zur Bombardierung von irakischen Atomstätten erlangt hatten, schrieb die Irakische Regierung der UNO in letzter Minute einen Brief, man werde wieder kooperieren, worauf zum Leidwesen der USA, die ein Exempel statuieren wollten, Russland und Frankreich zurückkrebsten und dem Irak eine weitere Chance einräumten.[175] Als dann der Irak doch wieder nicht kooperierte, blieb nur entschiedenes Handeln, um die eigene Glaubwürdigkeit der UNO und der USA wiederherzustellen: In der Operation Desert Fox bombardierten am frühen Morgen des 16. Dezember 1998 über 650 Bomber und Lenkwaffen irakische sicherheitsrelevante Ziele.[176] Mit dem Aufbauen von Druck ist auch das **Ergreifen von Gelegenheiten** verbunden, welche sich daraus ergeben.[177]

Eine damit verwandte weitere, in der Praxis oft angewendete Druckstrategie ist, ein *fait accompli* zu schaffen: Es ist einfach nun so, alle haben sich damit zu arrangieren. Allerdings ist eine solche Politik mit viel Risiko verbunden und kann starke Gegenreaktionen hervorrufen. Dass die Glaubwürdigkeit und der Ruf, ein fairer Verhandlungspartner zu sein, darunter leiden, versteht sich von selbst.[178] Beispiele lieferte der russische Präsident Putin mit der Annexion der Krim im Jahre 2014 oder dem Überfall auf die Ukraine im Jahre 2022. In einem Fall, in dem

---

174 Vgl. ALBRIGHT, Madam Secretary, S. 256–259. – Dass der Westen die Osterweiterung der NATO dem damals schwachen Russland aufdrängte, hat Putin bis heute nicht verwunden und dürfte eine Mitursache des Ukrainekonflikts sein.
175 Vgl. ALBRIGHT, Madam Secretary, S. 278 ff. und 286 ff.
176 Vgl. ALBRIGHT, Madam Secretary, S. 288.
177 Vgl. dazu die Ausmünzung-Strategeme bei VON SENGER, 36 Strategeme für Manager, S. 105 ff. und Kapitel IV.F.
178 GREENE, 33 Strategies of War, S. 389 ff.

die Parteien ein *Joint Venture* verhandelten, verpflichtete die dominante Partei bereits einen Distributionspartner, mietete Bürolokalitäten zu und engagierte vorab den Geschäftsführer. Damit waren bereits vor Abschluss der Verhandlungen wichtige Eckpunkte definiert und auch gleich klar, wer das Sagen haben würde. *Faits accomplis* können aber auch mit Ultimaten zusammen und etwa dadurch geschaffen werden, dass der anderen Partei in einem bestimmten Zeitpunkt der Verhandlungen ein durch die eigene Partei bereits unterzeichnetes Vertragsdokument zur Gegenzeichnung zugestellt wird (zum Einsatz von Ultimaten siehe ausführlich Kapitel III.C.2).

2.3 Der Einsatz von Ultimaten – riskant oder sinnvoll?

Druckstrategien sind häufig mit Ultimaten verbunden: Das Stellen eines Ultimatums ist regelmässig der Kulminationspunkt einer Druckstrategie. Verbreitet ist auch die Verhandlungstaktik, nach einer Druckphase aus einer Position der Stärke, oder selbst nach kooperativen Verhandlungen ein Ultimatum einzubringen, um die Verhandlungen mit einem letzten Angebot zum Abschluss zu führen.

Durch das Stellen eines Ultimatums entsteht eine *asymmetrische Situation,* da wir uns entweder auf das Angebot der Gegenpartei einlassen oder sonst riskieren, gar kein «Stück vom Kuchen» zu erhalten. Wir stehen einem «Take It Or Leave It» (sogenanntes «TIOLI») gegenüber. Dies müssen wir in Ultimatumssituationen stets berücksichtigen und als Alternative auch Szenarien ohne Verhandlungserfolg prüfen. Sofern konkurrenzfähige Alternativen bestehen, kann das Ultimatum erfolgreich gekontert werden, indem wir diese der anderen Partei aufzeigen und mit dieser dann eine Vereinbarung auf Marktbasis abschliessen – oder das Konkurrenzangebot wählen.[179] Auch in der Politik sind Ultimaten oft anzutreffen: So stellten beispielsweise die USA der Türkei im Mai 2019 ein Ultimatum in dem Sinne, dass falls die Türkei das russische Fliegerabwehrsystem S-400 kaufe, ihr die USA keine Kampfflugzeuge des Typs F-35 verkaufe.[180] Doch die Türkei lenkte nicht ein.

Ultimaten schaffen eine «Take It Or Leave It»-Situation (TIOLI). Sie schaffen Verhandlungsdruck und Klarheit, bergen aber das Risiko des Scheiterns und wenig nachhaltiger, da erzwungener Vereinbarungen.

Ultimaten enthalten sämtliche Vor- und Nachteile von Druckstrategien, dies jedoch in verstärktem Masse. Insbesondere haftet ihnen das **Risiko** an, dass die andere Partei das Ultimatum wegen des damit verbundenen *Gesichtsverlusts* nicht annehmen kann: Unter Druck einzuknicken verrät Schwäche, was sich Führungskräfte nicht vorwerfen lassen wollen. Selbst wenn das Eingehen der mit dem Ultimatum verbundenen Vereinbarung aus wirtschaftlichen oder politischen Gründen sinnvoll und in kooperativen Verhandlungen mutmasslich das erzielte

---

179 Vgl. auch Berz, Spieltheorie, S. 23.
180 Winkler, Kein Durchbruch zwischen den USA und der Türkei, NZZ online vom 13. November 2019.

Verhandlungsergebnis gewesen wäre, können wegen des drohenden Gesichtsverlusts die Verhandlungen scheitern. Kommt hinzu, dass unfaire Lösungen oft selbst dann nicht angenommen werden, wenn sie noch mit einem kleinen Vorteil für die eigene Partei verbunden sind.[181]

Ultimaten bergen jedoch nicht nur das Risiko des Scheiterns, sie haben auch sonst einen *Preis:* So werden regelmässig nachteilige Verträge unter Ultimatumssituationen abgeschlossen, nur um dann sofort zu versuchen, über *Vertragsnachträge* oder Nachtragsforderungen das Geschäft dennoch rentabel zu gestalten. Dies ist etwa im Baugewerbe verbreitet. Oder dann wird die Leistung (kaum merklich) gekürzt, so dass das kompetitive Verhandeln für den vermeintlichen «Gewinner» zum Verlust wird. Diese Gefahr besteht gerade in öffentlichen oder privaten öffentlichen Ausschreibungen, die oft TIOLI-Situationen enthalten.[182] Damit wird das von der anderen Partei mittels Ultimatum erzielte Verhandlungsergebnis unterlaufen.

Um ein Ultimatum erfolgreich stellen zu können, benötigen wir **Glaubwürdigkeit.** Das heisst, die andere Partei muss *daran glauben,* dass die Drohung, die mit dem Ultimatum verbunden ist, bei Ablehnung des Angebots wahrgemacht wird.[183] Entsprechend kontern wir ein Ultimatum vor allem dann wirksam, wenn wir glaubhaft aufzeigen, dass wir auf das Angebot nicht angewiesen sind (Wettbewerbsargument, es bestehen *Alternativen*), wenn es uns gelingt, die andere Partei zu kooperativen Verhandlungen zu bewegen oder indem wir *das Ultimatum mit einem Gegenultimatum kontern und den Preis, den die andere Partei im Falle der Wahrmachung der Drohung zahlen muss, genügend erhöhen.* Dazu sind überzeugende Argumente erforderlich, welche die Einschätzung der Gegenpartei, die zum Ultimatum geführt hat, widerlegen oder relativieren. Das Gegenultimatum besteht in der Androhung von Gegenmassnahmen, welche den Abbruch der Geschäftsbeziehung, den Gang vor die Gerichte oder andere Massnahmen zur Neutralisierung der Drohung der Gegenpartei beinhalten.

> Diese Glaubwürdigkeit hatte beispielsweise die ehemalige britische Premierministerin Theresa May nicht, als sie mit der Europäischen Union (EU) harte Brexit-Verhandlungen führen wollte: Sie verkündete zwar, «no deal is better than a bad deal», setzte ohne Not «rote Linien» und rief am 29. März 2017 die Austrittsklausel des EU-Vertrags an, obwohl weder ihr Kabinett noch das Parlament eine Vorstellung von der

---

181 Vgl. dazu auch das «Ultimatums-Spiel», Kapitel III.B.4.5.
182 In *privaten Ausschreibungen* gilt es jedoch stets abzuklären, ob wirklich oder *nur* vermeintlich eine TIOLI-Situation vorliegt, oder ob gewisse Vertragsanpassungen in Form von Unternehmervarianten zulässig sind oder ob bestimmte Vertragsklauseln noch «nachverhandelt» oder zumindest im Sinne einer gemeinsamen Klärung des Verständnisses beeinflusst werden können. Dies ist in öffentlichen Ausschreibungen des Gemeinwesens nicht möglich.
183 Vgl. BERZ, Spieltheorie, S. 24 f. und 89 ff.

eigenen Verhandlungsposition gegenüber Brüssel hatten. Es gab keinen Plan, aber – von nun an – die Brexit-Deadline von Ende März 2019 und ein «Zwangskorsett» für die Verhandlungen mit der EU, aber auch für die Verhandlungen im Parlament. Als sie auch noch die im Sommer 2017 unnötigerweise abgehaltenen Parlamentsneuwahlen verlor, war ihre Glaubwürdigkeit gegenüber dem Wahlvolk und der EU verspielt, und May trat im Herbst 2019 zurück.

Auch Präsident Barack Obama machte seine Erfahrung mit Ultimaten: Als sich im Syrienkonflikt 2012 die Anzeichen mehrten, dass die syrische Armee Giftgas gegen ihre Gegner einsetzen könnte, sagte Obama auf Anfrage von Journalisten: «Wir haben dem Assad-Regime sehr klar gesagt, dass für uns eine rote Linie überschritten ist, wenn wir sehen, dass eine Menge chemischer Waffen transportiert oder eingesetzt werden.» Als das Assad-Regime chemische Waffen gegen Zivilisten einsetzte und Tausende starben, stellte sich die Frage nach der angemessenen Reaktion. Viele Abgeordnete hatten Angst vor einem neuen Krieg und machten klar, dass ein militärischer Schlag das Einverständnis des Kongresses erforderte. Zudem sollte internationaler Support eingeholt werden. Als die Administration Obama dies versuchte und sich weder auf Kongressebene noch international genügende Unterstützung abzeichnete, sah sie von einem Militärschlag ab. Stattdessen gelang es, mit Hilfe der Russen das Assad-Regime zum Abbau und zur Vernichtung der chemischen Waffen zu bewegen. Damit war zwar mehr erreicht als mit einem Militäreinsatz, aber Präsident Obama hatte nun den Ruf, handlungsschwach zu sein und selbst seine Ultimaten nicht wahrzunehmen.[184] Leere und laute Drohungen sind deshalb eine «Todsünde», wie der Schweizer Spitzendiplomat Jakob Kellenberger richtig bemerkte.[185]

Wie mittels eines Ultimatums die unfaire Verhandlungstaktik der Gegenpartei gekontert werden konnte, zeigt das nachfolgende Beispiel: Der CEO einer Bauunternehmung verhandelte mit einem institutionellen Kunden über einen komplexen Auftrag mit Geschäft und Gegengeschäft. Als sie den Vertrag unterschreiben wollen und der Bauunternehmer den Vertrag nochmals prüfte, stellte er fest, dass eine Gegengeschäftsklausel im Wert von rund einer Mio. Euro im letzten Moment – und ohne dies offenzulegen – auf EUR 200'000 reduziert worden war. Der Unternehmer insistierte auf der mündlich getroffenen Abmachung, diese müsse nun auch im finalen Vertrag umgesetzt werden. Die Gegenseite verneinte, diese je getroffen zu haben. Der Bauunternehmer verlangte daraufhin, den CEO der anderen Unternehmung zu sehen. Als dieser erschien, sagte er in ruhiger, gesetzter Stimme: «Wir haben einen Deal zusammen. Wir gaben uns dazu die Hand. Ihre Mitarbeiter verneinen dies nun und sagen, der Gegendeal im Umfang von einer Million Euro sei nie vereinbart worden. Ich möchte nun von Ihnen hören, ob ich, wenn ich sage, dieses Gegengeschäft sei vereinbart worden, Sie alle ins Gesicht anlüge: Sie, Herr X, Sie, die Herren Verwaltungsräte, und meine Kollegen. Wenn das alles eine Lüge sein soll, dann stehe ich

---

[184] Vgl. RHODES, Im Weissen Haus, S. 305 ff.
[185] Vgl. TRIBELHORN/GAFAFER, Überheblichkeit ist eine Form von Dummheit, Interview mit Jakob Kellenberger, NZZ vom 3. Oktober 2019.

hier auf und gehe. Und wenn es eine Lüge ist, muss mich mein Verwaltungsrat sofort entlassen. Ich lasse Sie nun drei Minuten alleine, und dann sagen Sie mir, wie es steht.» Daraufhin stand er auf und ging hinaus. Der CEO des Kunden lief ihm hinterher, beruhigte ihn und lenkte ein.

Ein weiteres Beispiel zum Einsatz von Ultimaten liefert der Transfer des ehemaligen FC Dortmund-Stürmers **Dembélé** zum FC Barcelona: Im Frühjahr 2017 setzten sich der Präsident des FC Barcelona, Josep Maria Bartomeu, mit seinem Verhandlungsteam ins Flugzeug, um jenes des FC Borussia Dortmund zu treffen. Seine selbstverkündete und von den Anhängern des FC Barcelona bejubelte *Mission war, den Stürmer-Star zu verpflichten*. Bartomeus Team hatte sich vorgenommen, mit etwas Smalltalk zu starten, eine entspannte Verhandlungsatmosphäre herbeizuführen und dann den Preis für den Transfer von Ousmane Dembélé, dem Stürmergott des FC Borussia Dortmund, zu verhandeln. Als Ziel hatten sie sich EUR 97 Mio. gesetzt. Doch es kam alles ganz anders: Nachdem der FC Barcelona Neymar für EUR 222 Mio. an Paris St.Germain transferiert hatte, war Bartomeu unter Druck: Er *musste* Dembélé heimbringen! Und das wussten die Unterhändler des FC Borussia Dortmund. Auch wussten sie um die volle Transferkasse des FC Barcelona. Also setzten sie der Verhandlungsdelegation des FC Barcelona einfach das Messer auf die Brust: «Wir haben keine Zeit für Nettigkeiten, unser Flugzeug fliegt in zwei Stunden wieder ab. Wir verhandeln auch nicht, der Preis für Dembélé beträgt EUR 195 Mio. Sagen Sie uns einfach, ob sie ihn wollen oder nicht.» Zähneknirschend willigte Bartomeu ein. Seine Verhandlungstaktik war an der messerscharfen Analyse der Verhandlungssituation und der Ultimatum-Strategie des FC Borussia zerschellt.[186]

Ultimaten sind in Verhandlungssituationen vor allem dann **sinnvoll**, wenn ihnen ernsthafte Verhandlungen vorangegangen sind, in denen eine für beide Parteien annehmbare ZOPA erarbeitet werden konnte, mithin eine Einigung wahrscheinlich ist und bei der vorgeschlagenen Lösung beide Parteien das Gesicht wahren können. Zudem ist stets zu prüfen, ob durch «**Begleitmassnahmen**» eine gewisse Aufweichung des Ultimatums möglich ist, um die Chancen des Abschlusses zu erhöhen. Solche bestehen etwa in der gleichzeitigen inoffiziellen Mitteilung, bei gewissen kleineren Punkten bestünde eine gewisse Flexibilität,[187] in der nachträglichen gemeinsamen weicheren «Auslegung» bestimmter Begriffe[188] oder dem Entgegenkommen in anderen Bereichen.[189] Weiter können die Parteien

---

186 Panja/Smith, Barcelona and the Crippling Cost of Success, New York Times online vom 12. Februar 2021.
187 Diesfalls ist das Ultimatum eigentlich ein Angebot, welches in wesentlichen Teilen keiner Neuverhandlung mehr zugänglich ist, jedoch durch Begleitmassnahmen leichter «zu schlucken» ist.
188 Was in einem separaten Dokument zur Vereinbarung, zum Beispiel in einem Sideletter, erfolgen kann.
189 Beispielsweise bietet die das Ultimatum stellende Partei gleichzeitig an, bei Annahme des Angebots in Verhandlungen für Verträge in anderen Bereichen zu treten, wobei gewisse wesentliche Bestandteile durch ein Memorandum of Understanding fixiert werden können.

selbst bei einem Ultimatum die angebotene Lösung noch abändern – was jedoch in der Regel damit verbunden sein muss, dass dem Einlenken der Partei, welche das Ultimatum gestellt hat, zur Gesichtswahrung ein (weiteres) Entgegenkommen der anderen Partei gegenübersteht.[190] Begleitmassnahmen können zudem darin bestehen, die mögliche Akzeptanz des Ultimatums auf inoffiziellen Kanälen in Erfahrung zu bringen, oder durch die öffentliche Ankündigung, man denke an ein solches, die Wirksamkeit und Akzeptanz zu testen.

Weitere Möglichkeiten, wie wir mit uns gestellten Ultimaten umgehen können, werden in Kapitel V.D.2.6 und VI.A.6 erörtert.

2.4 Indirekte Druckausübung – «Flirten mit dem Gegner»

Druck kann auch indirekt ausgeübt werden, etwa durch das «Flirten mit dem Gegner» – das heisst, mit einer den Interessen des primären Verhandlungspartners entgegenwirkenden Drittpartei –, um eine Position der Stärke zu erlangen: Nicht nur schafft man sich damit eine Alternative; vielmehr würde der Abschluss einer Vereinbarung mit dieser Partei den Interessen des primären Verhandlungspartners entgegenwirken. Damit verschafft man sich doppelte Verhandlungsmacht, mithin «Double Leverage».

So schrieb die NZZ am 3. Mai 2019 in Bezug auf die Avancen des türkischen Präsidenten Recep Erdogan gegenüber Russland:

> «Der türkische Präsident Recep Tayyip Erdogan war am Mittwoch zum dritten Mal innerhalb von neun Monaten bei Putin zu Besuch. Diese vermeintliche Zuwendung zu Russland ist auch ein Versuch, den Westen zu verunsichern. Erdogan handelt indes aus einer Position der Schwäche. Er tut, was autoritäre Herrscher in der Aussenpolitik meist tun. Er spielt seine internationalen Partner gegeneinander aus, um seine eigene Macht zu sichern. Um den Westen trotz seiner demokratiege Innenpolitik bei der Stange zu halten, kann ein Flirt mit Russland deshalb nicht schaden.»

Um den Westen zu Zugeständnissen zu zwingen, ging Erdogan also auf Putin zu. Zudem kaufte Erdogan 2018/2019 russische Flugzeugabwehrraketen des Typs S-400 und nahm sogar Sanktionen der USA in Kauf. Er verschaffte sich mit diesem Vorgehen jedoch Alternativen und konnte so den Westen für seine Anliegen unter Druck setzen und sich Freiraum für sein expansives Handeln in Nordsyrien schaffen.

---

190 So werden etwa Ultimaten bezüglich eines bestimmten Preises von der anderen Partei mit vorteilhafteren Zahlungs-, Liefer- oder Garantiebedingungen «erkauft». Die Partei, welche das Ultimatum gestellt hat, muss dies jedoch intern und allenfalls auch in der Öffentlichkeit mit weiteren Vorteilen, welche ihr diese Lösung bietet, erklären können. Sonst ist sie ohne Gegenleistung von ihrem Ultimatum abgerückt und verliert für zukünftige Verhandlungen an Glaubwürdigkeit. Solche Gegenleistungen sind dann oft mehr symbolischer Natur.

3. Ausweichen und Verzögern

«Daher vermeidet ein erfahrener Heerführer den Gegner, solange dieser voll Kampfgeist ist. [...] Er erwartet beim Schlachtfeld den von fern kommenden Gegner.»

Sun Tzu

Im Gegensatz zu Druckstrategien bleiben wir bei Ausweich- und Verzögerungsstrategien zwar auch flexibel und stets in Bewegung, aber *defensiv*. Wir legen uns nicht fest, sondern wechseln das Thema. Oder wir gewinnen Zeit, indem wir zwar nicht kooperieren und die Situation ausloten, jedoch auch nicht eine abschlägige Position einnehmen, sondern weiterhin Verhandlungsbereitschaft signalisieren.

Das Ausweichen und Verzögern werden als grundsätzlich defensive Taktik oft **gegen stärkere Gegner** eingesetzt. So schreibt Sun Tzu: *«Bist du zahlenmässig unterlegen, plane einen Rückzug»* oder *«Reicht die Kraft nicht aus, geht er in die Verteidigung. Ist sie im Überfluss vorhanden, greift er an.»*[191] Gleichzeitig kann die Verteidigung organisiert und können Nachschub, Verstärkung oder eine Verbesserung der Ausgangslage auf anderen Wegen erzielt werden. So liess der Herzog von Alba als Heerführer König Philipp II. von Spanien im niederländischen Unabhängigkeitskrieg 1567 den aufständischen Prinzen Wilhelm von Oranien solange ins Leere laufen, bis diesem die finanziellen Mittel ausgingen, um sein Söldnerheer zu bezahlen. Damit konnte dieser seine guten Ortskenntnisse und seine lokale Verwurzelung nicht in militärische Erfolge ummünzen.

Oft wird diese Taktik auch angewendet, um ein **Problem «auszusitzen»**. So spielt etwa China im Handelskonflikt mit den USA seit 2018 (auch) auf Zeit. Die Parteien führten bereits eine Vielzahl von Verhandlungsrunden durch, doch wirkliche Fortschritte erzielten sie nicht. Dies kam China zugute, weil dieses während den Verhandlungen seine wettbewerbsverzerrenden Handlungsweisen weitgehend aufrechterhalten konnte. China setzt darauf, dass jeden Tag, an dem die bisherigen Verhältnisse aufrechterhalten bleiben, die bestehenden Marktvorteile genossen werden können. Dazu kommt, dass der damlige US-Präsident Donald Trump im Wahlkampfjahr 2020 gegenüber dem Wahlvolk wirtschaftlich einen Erfolg ausweisen und keine Verschärfung des Konflikts, der einen Wirtschaftsabschwung zur Folge haben könnte, riskieren wollte (dieser kam dann wegen der COVID-19-Krise ohnehin). Also sitzt China, das im Gegensatz zum hektischen westlichen Politbetrieb langfristig denkt und plant, das Problem mit den USA aus und verhandelt bei Bedarf weiter.[192]

Ausweichen und Verzögern wird regelmässig als defensive Taktik gegen stärkere Gegenparteien eingesetzt, kann jedoch auch offensive Wirkung haben.

---

191 Tzu/Griffith, Die Kunst des Krieges, Kapitel III, Spruch 16 und Kapitel IV, Spruch 6, sowie von Senger, 36 Strategeme für Manager, **Fluchtstrategeme**, S. 192 ff.
192 Wie weitsichtig und sorgfältig China seine Aussenpolitik plant, zeigt eindrücklich Lampton, Chinese Foreign and Security Policy.

Die international tätige Beratungsunternehmung McKinsey prägte in ihrer Werbung sinngemäss den Spruch: *«80% Ihrer Probleme erledigen sich von selbst. Für den Rest kümmern wir uns für Sie.»* Dies bedeutet nicht nur, dass schwierige Probleme durch den Beizug von qualifizierten Beratern gelöst werden können, sondern auch – zutreffenderweise – dass sich viele Probleme von selbst lösen, mithin «ausgesessen» werden können. Oder wie eine Lebensweisheit sagt: *«Time is a healer.»* Dies zeigt eindrücklich folgendes Beispiel: An den Olympischen Winterspielen im Februar 2022 in China wurde die 15-jährige russische Eiskunstläuferin Kamila Waljewa gesperrt, weil sie im Dezember davor positiv auf Doping getestet worden war. Dies wurde jedoch erst während der Olympischen Spiele bekannt. Nachdem Waljewa zunächst gesperrt worden war, wurde sie nach Gutheissung ihres Einspruchs vor dem ständigen Sportgericht TAS in Lausanne für die Finale zugelassen. Dies stiess auf massive Kritik, welche umso heftiger ausfiel, als das Internationale Olympische Komitee IOK ankündigte, im Falle eines Medaillengewinns durch Waljewa werde es keine Siegesfeier geben, da der Dopingfall ja noch pendent sei. Wieder einmal stand der russische Sport als Dopingsünder am Pranger, was umso delikater war, als Russland gleichzeitig massive Militärmanöver nahe der Ukraine abhielt und allseitig eine Invasion befürchtet wurde. Es galt also tunlichst, jedes «Öl-ins-Feuer-zu-giessen» zu vermeiden. Das IOK dürfte sich der in vieler Hinsicht delikaten Situation bewusst gewesen sein und entschied – vorläufig nichts zu tun! Das Problem löste sich dann in der Tat von selbst, als Waljewa angesichts des enormen Drucks, der auf ihr lastete, im Finale patzte und auf den 4. Schlussrang fiel.[193]

Ein weiteres Beispiel einer erfolgreichen Ausweich- und Verzögerungspolitik zeigt die folgende historische Begebenheit: Aufgrund der strategischen und taktischen Cleverness Napoleons I. auf dem Schlachtfeld wichen die Alliierten nach ihrer Niederlage in der Schlacht bei Austerlitz am 2. Dezember 1805 den von Napoleon persönlich befehligten Truppen möglichst aus. Stattdessen suchten sie sofort den Kontakt mit den Armeen, die von dessen Generälen angeführt wurden, die weit weniger begnadete Feldherren als der französische Kaiser waren. Diese Strategie ging auf, und die Alliierten besiegten Napoleons Armee ein erstes Mal entscheidend in der Vielvölkerschlacht bei Leipzig.[194] Dieses Beispiel zeigt auch, wie Ausweichen erfolgreich mit Gegendruckstrategien kombiniert werden kann.

Verzögerungsstrategien dienen häufig dazu, die eigenen Kräfte neu zu sammeln und zu gruppieren, um anschliessend wieder in die Offensive zu gehen. Aus diesem Grund lehnte die ukrainische Führung unter Präsident Selenskyj im Herbst 2022 einen Waffenstillstand mit Russland ab – die ukrainischen Streitkräfte waren auf dem Vormarsch, und die ukrainische Armeeführung wollte der russischen Armee keine Möglichkeit geben, sich zu retablieren und zu re-grup-

---

[193] Vgl. etwa Büttner, Sportmoment 2022: Kamila Walijewa – ein Opfer des Systems, SWR Sport online vom 24. Dezember 2022.
[194] Siemann, Metternich, S. 419 und 431.

pieren. Der grosse Gegenspieler von Napoleon I. anfangs des 19. Jahrhunderts dagegen, **Fürst von Metternich**[195], beharrte auch nach dem Sieg der Alliierten bei Leipzig darauf, mit Napoleon I. Friedensverhandlungen zu führen: Die österreichische Armee war noch zu schwach, um sich am weiteren Kampf gegen Frankreich zu beteiligen.[196]

Defensive Taktiken wie das Verzögern, Ausweichen und Nachgeben beinhalten deshalb stets die Gefahr, die Gegenpartei aufzubauen und deren aggressives Vorgehen Momentum gewinnen zu lassen. Dies gilt es bei der Prüfung der Frage, ob eine solche Taktik eingesetzt werden soll, stets zu beachten.

In Vertragsverhandlungen setzen vor allem Parteien, die Forderungen der anderen Partei abwehren möchten, auf diese Taktik: Die andere Partei, welche auf den Abschluss der Vereinbarung angewiesen ist, wird *hingehalten und «abgenützt»*. Gleichzeitig versucht man, Verbündete für die eigenen Ansinnen zu gewinnen und den Druck anderswo zu erhöhen, bis die andere Partei von ihren Ansinnen ablässt. Oder eine Partei zieht die Verhandlungen hin, weil sie in einem mit der Sache direkt oder indirekt verbundenen Verfahren auf ein positives Gerichtsurteil oder zumindest eine Verbesserung der Ausgangslage aufgrund zusätzlicher Beweise wie Gutachten, erfolgreich verlaufener Partei- und Zeugeneinvernahmen etc. setzt. Diesfalls entfalten das Ausweichen und Verzögern *Druck* und damit durchaus auch eine **offensive Wirkung**.

Mitunter kann ein Problem auch durch **Nichtintervention**, eine Spielart des Ausweichens und Verzögerns, ausgesessen werden. Talleyrand soll auf die Frage, was eigentlich eine Nicht-Intervention sei, gesagt haben: «*Ich fürchte, es ist dasselbe wie eine Intervention.*»[197] Statt sich im Konflikt, der mehrere Parteien umfasst, zu involvieren, zieht man sich zurück und wartet ab, wie sich die Dinge entwickeln.[198] In einem Prozess oder in einer Verhandlungssituation, wo verschiedene Parteien einbezogen sind, kann sich eine Partei unter Umständen aufgrund ihrer vorteilhaften Position zurückziehen und warten, wie sich die anderen Parteien positionieren und gegenseitig angreifen, um dann im richtigen Zeitpunkt mit der richtigen Strategie und Taktik ihre Interessen zu wahren.

---

195 Wenzeslaus Lothar, **Graf von Metternich-Winneburg und Beilstein** (1773–1859), war der langjährige politische Berater Kaiser Franz I. und Strippenzieher österreichischer Aussenpolitik und während der europäischen Revolutionswirren anfangs des 19. Jahrhunderts der grosse politische Gegenspieler von Kaiser Napoleon I. von Frankreich.
196 SIEMANN, Metternich, S. 441. Wie Metternich den Zeitgewinn zum Vorteil Österreichs ausnutzte, wird in Kapitel III.C.8.1 gezeigt.
197 MÜNKLER, Interview mit der NZZ, Es gibt Einflusszonen, die die Bündnisfähigkeit von Ländern beschränken, NZZ online vom 25. Januar 2022.
198 Vgl. dazu das Strategem Nr. 9, «Das Feuer [den Konflikt] vom gegenüberliegenden Ufer [aus sicherer Distanz] aus beobachten»; vgl. VON SENGER, Strategeme – Lebens- und Überlebenslisten, S. 156.

Dies war beispielsweise der Fall, als eine ehemalige Patientin das Spital und den behandelnden Arzt wegen eines angeblichen Kunstfehlers einklagte. In den Fokus geriet dann vor allem das Spital, das die unsorgfältige Nachbehandlung zu verantworten hatte, wogegen der Arzt aufgrund eines für ihn vorteilhaften Gutachtens weitestgehend entlastet war. Auch wenn er solidarisch mithaftete, verstand er es, den Ball dem Spital zuzuschieben und dann den Prozess und die Verhandlungen zwischen der Patientin und dem Spital von der Seitenlinie aus zu verfolgen. Diese erzielten in der Folge einen Vergleich, der Arzt dagegen kam ungeschoren davon.

Eine beliebte defensive Taktik in Verhandlungen ist auch das «**Zerfragen**»: Man stellt so viele Fragen, bis nur noch Probleme zu bestehen scheinen und die andere Partei erschöpft den sich nun als so schwierig herausstellenden Punkt aufgibt.

Die indirekte Taktik der Druckausübung gegen stärkere Gegner empfiehlt auch Sun Tzu, der in Kapitel III, Spruch 7 schreibt: «*Die schlechteste Strategie ist es, Städte [das heisst Gegner in starken Positionen; Anmerkung des Schreibenden], anzugreifen. Greife sie nur an, wenn es keine andere Wahl gibt.*»

Zur Taktik des Verzögerns erzählte mir ein chinesischer Kollege eine Geschichte aus der Zeit des Nördlichen Reiches im 6. Jahrhundert n.Chr. Danach wurde der Fürst Chang Yuan von Minhai vom Kaiser unverzüglich in die Hauptstadt beordert, wo er sich gegen den Vorwurf der Korruption verteidigen sollte. Der Fürst brach mit grossem Gefolge auf, unterbrach jedoch seine Reise immer wieder und schickte dem Kaiser Boten mit Nachrichten, er sei zuerst wegen der einen, dann der anderen Krankheit, die er sich infolge seines treuen Dienstes am Kaiser zugezogen habe, zum Ruhen gezwungen. Dabei erinnerte er den Kaiser stets von Neuem an seine Verdienste und hielt diesen solange hin, bis dessen Zorn verflogen war. Indem er sich dabei geschickt dem Befehl des Kaisers widersetzte, zeigte er ihm auch seine Macht und erinnerte ihn daran, dass er sich nicht ohne erheblichen Widerstand fügen werde. In der durch die Verzögerung gewonnenen Zeit suchte er sich zudem Verbündete und verschaffte sich mit «Faustpfändern» Gegendruckmittel gegen seine Feinde am Hof. Am Schluss überstand er die Reise in die Hauptstadt ohne Schaden.

Auch bei der Verzögerungstaktik sollten wir stets von Neuem sorgfältig prüfen, ob sich diese tatsächlich zu unseren Gunsten auswirkt oder eher die Gegenpartei begünstigt.

4. Nachgeben

Eine weitere defensive Taktik ist das Nachgeben – man bleibt flexibel, defensiv, gibt jedoch soweit wie erforderlich nach, um den Druck abzubauen und Lösungen zu ermöglichen.[199] Es zeigt die Bereitschaft zur Partnerschaft und Kooperation

---

199 Zum Thema «Rückzug, Flucht», von SENGER, 36 Strategeme für Juristen, S. 192 ff., Strategem Nr. 9, 21.

und ist damit Teil aller «echten» Verhandlungen.[200] Zu raschem Nachgeben kann jedoch von der Gegenseite auch als *Aufforderung* zur Druckausübung oder als Bestätigung der eigenen Kompromisslosigkeit verstanden werden. Wichtig ist deshalb, dass das Nachgeben gezielt erfolgt und soweit als möglich (zumindest teilweise) auf **Reziprozität** beruht.[201]

Das Prinzip des Nachgebens wird einerseits gegen überlegene Gegner angewandt. Allerdings sollte zur eigenen Interessenwahrung erst *nach Ausschöpfen der anderen Vorgehensweisen* oder *in Kombination* mit diesen nachgegeben werden, da man sonst leicht seine Verhandlungsposition schwächt, seine Glaubwürdigkeit verliert und sich in eine Position der Unterlegenheit manövriert, aus der man nur schwer wieder herausfindet.

Das Prinzip des Nachgebens wird andererseits teilweise auch eingesetzt, indem ein taktischer Rückzug beziehungsweise ein **taktisches Nachgeben** in einem Punkt die andere Partei in Sicherheit wiegen und den Vorstoss auf einer anderen Ebene oder von einer anderen Seite vorbereiten soll. Wie das chinesische Stratagem 17 rät, «*wirft man einen Backstein hin, um einen Jadestein zu erlangen*».[202] Gerät zum Beispiel eine Partei stark unter öffentlichen Druck, gibt sie in gewissen Punkten nach und verzögert gleichzeitig die Verhandlungen, um dann später wieder energisch entgegenzuhalten, wenn das Thema in der Öffentlichkeit keine Aufmerksamkeit mehr erzeugt.

Schliesslich beinhaltet ausser in Ultimatums-Situationen jede Verhandlungslösung auch Nachgeben. Insofern bedeutet dieses nicht Schwäche, sondern ist ein unverzichtbares Element jeder einvernehmlichen Lösung.

5. Beharren und Widerstand leisten

Das Prinzip des Beharrens und Widerstandleistens, mithin des der Veränderung oder Bewegung Entgegenwirkens, ist konfrontativ und statisch-defensiv ausgelegt. Es wird oftmals **gegen (Überraschungs-)Angriffe weniger gefährlicher oder gewichtiger Gegner** angewendet. Es ist meist *wenig aufwändig, jedoch auch nicht lösungsorientiert* und belässt die Initiative bei der Gegenpartei, was durchaus Risiken beinhaltet, da die Gegenpartei den Anstoss und damit die Gestaltungskraft in Bezug auf die Situation innehat.[203]

> Nachgeben ist Teil eines jeden Verhandlungsprozesses und sollte möglichst auf Reziprozität beruhen.

---

200 Bedingungen diktieren kann nicht als verhandeln bezeichnet werden.
201 Vgl. SCHRANNER, Verhandeln im Grenzbereich, S. 73. Zum Nachgeben als vertrauensbildende Massnahme, vgl. Kapitel IV.B.7.
202 Siehe VON SENGER, 36 Strategeme für Juristen, S. 174 ff.
203 Grundsätzliches dazu siehe bei VON CLAUSEWITZ, Vom Kriege, 6. Buch, Kapitel 1 ff. und insbesondere S. 275 ff.

Beharren und Widerstand leisten wird oft gegen (Überraschungs-) Angriffe weniger gefährlicher oder gewichtiger Gegner angewendet.

So kann Beharren bei aggressiv verhandelnden Parteien angewandt werden, indem auf einer *fairen Verhandlungsführung* oder gewissen *nicht verhandelbaren Positionen* insistiert und die Verhandlung zwischenzeitlich sistiert wird («Wir gehen nicht auf Ultimaten ein, prüfen aber jede angemessene Lösung, die uns die andere Partei präsentiert»). Die andere Partei merkt dabei, dass sie mit ihrer Art des Vorgehens nicht weiterkommt, braucht Ressourcen auf (zum Beispiel in Form von Personal- oder Rechtsaufwand) und muss deshalb ihre Position und ihre Vorgehensweise überdenken. Dies eröffnet die Möglichkeit zu einer konstruktiveren, kooperativen Verhandlungslösung.

Beharren kann mit aktiven Elementen kombiniert werden: So kann auf *Werten beharren* auch bedeuten, beharrlich für sie einzutreten. Dasselbe gilt für das beharrliche Eintreten für oder arbeiten an der *Beziehung* zur anderen Partei, gerade wenn diese Beziehung sehr schwierig oder belastet ist. Zudem bildet das Beharren und Widerstandleisten oft die Grundlage für anschliessende offensive oder kooperative Strategien.

6. Kompromiss eingehen

Eine weitere, zumindest teilweise kooperative Lösung ist der Kompromiss, bei dem jede Partei nachgibt. Man kooperiert teilweise, aber nicht vollumfänglich. Die Lösung ist nicht optimal, aber besser als keine Lösung.[204] Der rechtzeitig angebotene und vertretbare *Kompromiss,* um das, was man behielt, umso besser verteidigen zu können, wurde beispielsweise für Talleyrand zur Faustregel im politischen Machtpoker, in dem keine Kooperation möglich war.[205]

Damit ein allseitig annehmbarer Kompromiss erzielt werden kann, sollten die Position und die Motive des Verhandlungspartners möglichst frühzeitig bekannt sein und vor der Verhandlung ein Verhandlungsziel gesetzt sowie ein Exitszenario definiert werden.

Der Kompromiss ist das typische Ergebnis einer kompetitiven Verhandlung mit distributivem Verhandlungsergebnis.

Der Kompromiss ist das typische Ergebnis einer *kompetitiven Verhandlung mit distributivem Verhandlungsergebnis* – es geht darum, den (begrenzt verstandenen) Kuchen aufzuteilen und sich möglichst das grössere Stück zu sichern. Da solche Ergebnisse oft unbefriedigend ausfallen, wird gelegentlich auch von einem *«faulen Kompromiss»* gesprochen. Wenn eine Partei auf einen Kompromiss drängt, ist deshalb stets zu prüfen, ob nicht eine vorteilhaftere, etwa eine kooperative, nachhaltigere Lösung («win-win») möglich wäre. Am Schluss beinhalten jedoch meist auch kooperative Strategien Elemente des Kompromisses, indem gewisse Positio-

---

204 Vgl. SCHRANNER, Der Verhandlungsführer, S. 56 ff. sowie DERS., Verhandeln im Grenzbereich, S. 74 ff.
205 WILLMS, Talleyrand, S. 33.

nen im Ausgleich zu anderen, die uns von der anderen Partei zugestanden werden, aufgegeben werden.

7. Kooperieren

Die Kooperation oder Zusammenarbeit schliesslich vermeidet eine antagonistische Situation von Anfang an oder löst eine solche, sofern sie bereits eingetreten ist, auf: Beide Parteien gewinnen («win-win»).

Für eine kooperative Zusammenarbeit müssen wir jedoch die *Motive und Interessen des Partners* genau kennen. Sie setzt **Integrität, Kreativität und den Willen zur positiven Zusammenarbeit** voraus. Fehlen diese Voraussetzungen, ist keine kooperative Zusammenarbeit möglich.

So fragt sich gerade in der Politik oft, ob *erfolgreiche Projekte einer anderen Partei* nur destruktiv bekämpft werden sollen, damit diese keinen Erfolg vorweisen kann. Während destruktives Verhalten immer auch auf einen selbst zurückfällt, kann konstruktives Mitwirken bei einem *ehrlichen und kooperativen Gegenüber* beiden Seiten Erfolg bringen, was insbesondere auch im Sinne des Gemeinwohls und damit eindeutig zu bevorzugen ist. Gerade das «Gefangenen-Dilemma» und das «Chicken Game» zeigen, dass Parteien letztlich mit kooperativen Verhandlungsansätzen besser fahren, als wenn sie sich nichtkooperativ verhalten. Ich erlebe täglich, wie Auseinandersetzungen und Schwierigkeiten in Verhandlungen auf *mangelndem Verständnis, Fehleinschätzungen oder Missverständnissen* beruhen.

Die bekannteste kooperative Verhandlungsweise ist das «Harvard Konzept».[206]

Hier zwei Beispiele kooperativen Verhandelns:

> So wurde ich von einem Unternehmer beigezogen, der Storen in einer komplexen vorgehängten Fassade geliefert hatte. Er und die Bauherrschaft hatten sich über Monate nur noch mit gegenseitigen Vorwürfen eingedeckt, Ultimaten gestellt (die allesamt abgelaufen waren) und sich gegenseitig einen Gerichtsprozess angedroht. Ich war eigentlich engagiert worden, um die Bauherrschaft nochmals abzumahnen und die Restwerkforderung des Unternehmers gerichtlich durchzusetzen. Nachdem ich das Dossier geprüft hatte, schlug ich meinem Kunden vor, der Bauherrschaft zuerst in einem konziliant gehaltenen Schreiben eine gemeinsame Besprechung vorzuschlagen. Dem stimmte diese zu. Wir erstellten dann eine detaillierte Traktandenliste mit all den Streitpunkten, die wir an der gemeinsamen Sitzung ruhig besprachen. Wir konnten dabei die Bauherrschaft unter Einsatz der in Kapitel IV.B geschilderten Kommunikationstechniken überzeugen, dass das Problem nicht durch unsere Klientschaft verursacht worden war – was sie vorher aufgrund der hitzigen,

Die Kooperation vermeidet eine antagonistische Situation oder löst sie interessenorientiert auf: Beide Parteien gewinnen («win-win»).

---

206 Vgl. dazu Kapitel III.F.4 und V.D.2.3.

von Misstrauen und Enttäuschung geprägten Auseinandersetzung, in der sich die Parteien gegenseitig mit Vorwürfen und Ultimaten überhäuft hatten, nicht akzeptiert hatte. Daraufhin wurde die Werklohnforderung des Unternehmers bezahlt. Hätten wir die Werklohnverhandlung konfrontativ weitergeführt, wäre ein teurer und langwieriger Prozess unvermeidbar gewesen.

Eine kooperative Lösung bestand bei einem grossen Anlagebauprojekt darin, dass der Unternehmer die von ihm erstellte, aber mängelbehaftete Anlage während einer bestimmten Zeit mit Unterstützung des Bestellers betrieb und den damit erzielten Gewinn einstreichen durfte: Der Unternehmer wollte eigentlich die Leistungen einstellen, da er nicht mehr bezahlt wurde. Mit der getroffenen Lösung jedoch gewannen beide Parteien: Der Unternehmer brachte die Anlage ohne Eingestehen eines Mangels auf Vordermann und schulte das Personal des Bestellers; ohne Bezahlung wäre er dazu nicht mehr bereit gewesen. Der Besteller erhielt die Anlage zwar mit einer gewissen Verzögerung in seine Obhut und konnte erst verspätet einen Deckungsbeitrag erzielen, dafür waren die Mängel behoben und die Anlage lief bei ihrer Übergabe perfekt. Beide Parteien hatten damit die Möglichkeit, die Sache in Ordnung zu bringen und einen jahrelangen teuren Rechtsstreit zu vermeiden.

Kooperative Verhandlungsstrategien und -techniken werden in den Kapiteln III.B.3, IV.B und V näher beschrieben.

8. «Black Magic»: List und Täuschung

8.1 List und Täuschung in Verhandlungen – darf man das?

«Diejenigen, die den Frieden ohne Vertrag suchen, schmieden Komplotte. [...] Wenn die Hälfte ihrer Streitkräfte auf dem Vormarsch ist und die andere Hälfte auf dem Rückzug, versuchen sie, dich zu ködern.»

Sun Tzu[207]

Seit Menschengedenken werden Interessen auch mit List und Täuschung durchgesetzt: So beginnt in der Bibel der Sündenfall des Menschen mit einer Täuschung Evas durch die Schlange. Kain lockt seinen Bruder Abel unter falschen Vorwänden aus Neid aufs Feld, wo er ihn erschlägt, was er vor Jahwe zu vertuschen versucht. In Psalm 37 wird König David über das tückische Verhalten seiner Feinde getröstet. Im indischen Epos Mahabharatha (ca. 500–200 v.Chr.) locken die «bösen» Kaurawas ihre Cousins, die «guten» Pandavas, im Kampf um den Thron in eine Falle und versuchen sie nach einem Gastmahl durch ein im Palast entfachtes Feuer zu beseitigen. Im Trojanischen Krieg konnte das griechische

---

207 Sun Tzu/Cleary, The Art of War, S. 135 (eigene Übersetzung).

Heer der Sage nach die stark befestigten Stadtmauern von Troja mit einer Kriegslist überwinden,[208] und auch die griechische Mythologie ist voll von List und Tücke. Die Gallier lockten im Jahr 9 n.Chr. die Römer im Teutoburger Wald in eine Falle und vernichteten die römischen Legionen bis auf den letzten Mann. Die Briten täuschten im zweiten Weltkrieg im Afrikafeldzug durch intensiven Funkverkehr eine grössere Truppenstärke vor, als sie tatsächlich besassen. Zur Ablenkung vom tatsächlichen Landungsort am D-Day in der Normandie wurde zudem im Rahmen des grössten Täuschungsmanövers der Geschichte mit falschen Truppenmanövern, einer riesigen Anzahl von Panzer- und Flugzeugattrappen sowie massivem Funkverkehr eine bevorstehende Landung bei Calais suggeriert. Die erfolgreiche Landung erfolgte jedoch in der Normandie.[209] Die erfolgreiche Blitz-Offensive der ukrainischen Streitkräfte gegen die russischen Besatzer im September 2022 im Gebiet von Charkiv setzte ebenfalls auf Täuschung, indem zuerst Druck in der Südukraine ausgeübt wurde, damit der Gegner seine Aufmerksamkeit und Streitkräfte auf diesen Kriegsschauplatz konzentrierte, worauf die Ukraine dann im Norden angriff.[210] Die Geschichte ist voll von Beispielen listreichen Vorgehens, mit überraschenden, beeindruckenden, abschreckenden und bisweilen amüsanten Folgen.

Auch in der chinesischen Strategielehre nimmt die List einen wichtigen Platz ein. So schrieb Sun Tzu:[211] *«Jegliche Kriegsführung beruht auf Täuschung.[212] Wenn du kompetent bist, täusche Inkompetenz vor. Wenn du nahe bist, lass es fern erscheinen. Locke den Feind mit einem Köder an, täusche Unordnung vor und überwältige ihn. Wenn sich der Gegner sammelt, triff Vorkehrungen gegen ihn; ist er übermächtig, dann weiche ihm aus. Bring seinen General in Wut und verwirre ihn. Täusche Unterlegenheit vor[213] und nähre seinen Hochmut. Setze ihn unter Druck und zermürbe ihn. Ist er vereint, so spalte ihn. Greif dort an, wo er nicht darauf vorbereitet ist und*

---

208 Während des Trojanischen Krieges segelten die Griechen gemäss der Legende nach ihrer fruchtlosen zehnjährigen Belagerung der Stadt Troja unvermittelt weg und hinterliessen den Gegnern das hölzerne «Trojanische Pferd». Die Trojaner zogen das vermeintliche Abschiedsgeschenk der Griechen in ihre Stadt und feierten ihren «Sieg». In der Nacht öffneten die im Innern des Pferdes versteckten griechischen Soldaten die Stadttore, worauf das heimlich zurückgekehrte griechische Heer die siegestrunken schlafende Stadt einnahm.
209 Wragg, Operation Neptun, S. 89 ff.
210 Häsler, Resultat einer modernen amerikanischen Dokrin, NZZ vom 20. September 2022.
211 Tzu/Griffith, Die Kunst des Krieges, Kapitel I, Sprüche 17 ff.
212 Vgl. auch Tzu/Griffith, Die Kunst des Krieges, S. 78: «Täuschung und Überraschung sind zwei Grundprinzipien.» Aber Achtung: Nur wer auch **moralisch** handelt und sich und sein Team sowie den Kunden in Einklang damit bringt, hat auch längerfristig Erfolg. So auch Tzu/Griffith, Die Kunst des Krieges, Kapitel I, Spruch 7.
213 Allenfalls kombiniert mit einem taktischen Rückzug. Dieser muss aber rasch wieder in aktive Handlungen münden, sonst verliert man die Initiative. Tzu/Griffith, Die Kunst des Krieges, S. 77.

schlag unerwartet zu.[²¹⁴] Das sind die strategischen Schlüssel zum Sieg. Es ist nicht möglich, diese im Voraus zu bestimmen [deshalb muss man gut vorbereiten und auf die wechselnden Umstände reagieren können].»

Je höher der Einsatz in Verhandlungen, desto mehr steigt die Bereitschaft, in die «Trickkiste» zu greifen.

Die 36 Strategeme sind ein beredtes Zeugnis der Bedeutung listenreicher Taktiken im chinesischen Alltag. Die Praxis oder ein Blick in die Tagesmedien zeigen jedoch, dass listenreiche oder auf Täuschung beruhende Vorgehensweisen auch in der westlichen Wirtschaft und Politik oft anzutreffen sind. So legte von Clausewitz Wert auf den Einsatz von List im Krieg.[215] Listreiche Vorgehensweisen reichen vom einfachen Beschönigen, «hoch Pokern» und «Bluffen» über das Zurückhalten von Informationen oder Umwerten von Fakten[216] bis hin zur direkten Täuschung und Lüge, zum Hinterhalt- und Fallenstellen sowie zur Diffamierung der Gegenpartei. Vorgehensweisen wie Desinformation und Täuschung über die wahren Absichten (etwa indem man Verhandlungen vortäuscht, um an Informationen der anderen Partei zu gelangen), die andere Partei im Hotelzimmer oder während Verhandlungspausen auszuspionieren, sie zu provozieren oder hinzuhalten, in letzter Minute auf das Verhandelte zurückzukommen und neue (für sich vorteilhaftere) Angebote zu unterbreiten, Missverständnisse vorzutäuschen und damit den Kaufpreis nachzubessern («CHF 23'500? Ich sagte doch immer CHF 25'300!»), eine emotionale Show abzuziehen («Wollen Sie mich ruinieren? Das ist doch Abzocke!»), gezielt Informationen zu leaken oder Verhandlungsführer auszuwechseln, um auf bereits verhandelte Positionen zurückzukommen etc. stellen harte Verhandlungstaktiken dar, die in Verhandlungen vorkommen und auf die wir vorbereitet sein müssen. Gerade in *distributiven Verhandlungsmodellen* sind sie oft *das* Mittel, um einen Verhandlungserfolg zu erzielen. Je nach Verhandlungsverständnis und -kultur verstehen die Parteien unter Verhandeln zudem nur dies – sich mittels list- und trickreichen Verhandlungstaktiken den eigenen Vorteil zu sichern.[217] Da sie auf psychologischen Gesetzmässigkeiten beruhen,

---

214 Dazu gibt es unzählige Kriegsbeispiele, wie zum Beispiel der deutsche Frankreich-Feldzug im Zweiten Weltkrieg, wo die deutschen Panzertruppen die Maginot-Linie durch schwieriges, gebirgiges Terrain umgingen.
215 Von Clausewitz, Vom Kriege, 3. Buch, Kapitel 10 und insbesondere S. 138.
216 Bekannt sind etwa US-Präsident Trumps stete Wiederholung, es habe während seines Wahlkampfes 2016 von seinem Team keine Kontakte zu den Russen gegeben (was nachweislich nicht stimmte). Sein «no collusion» und «total exoneration» deckte nur den strafrechtlichen Teil der Untersuchung des Sonderermittlers Mueller ab, nicht aber die Frage der Justizbehinderung. Ebenso ausweichend und irreleitend waren die Aussagen des ehemaligen US-Präsidenten Clinton «I didn't inhale» bezüglich seines Marihuana-Konsums oder seine berühmt-berüchtigte Behauptung «I didn't have sex with this woman» (Weisse Haus-Praktikantin Monika Lewinsky), was nur bei einer sehr engen Definition des Begriffes «Sex» zutraf.
217 Vgl. dazu ausführlich Fritzsche, Souverän verhandeln, S. 90 ff. sowie Abdel-Latif, Quick & Dirty, S. 14 ff.

sind solche Verhandlungstricks insbesondere gegenüber verhandlungsunerfahrenen Parteien nicht selten erfolgreich.

John D. Rockefeller zog im Wirtschaftskrieg gegen seinen Konkurrenten Tom Scott um die Herrschaft im Öltransportgeschäft während der späten 1870er Jahren **sämtliche Register der «Black Magic»**, was massgeblich auch zu seinem Ruf als ruchloser Kapitalist beitrug. So versuchte er zunächst, Scott mit Discountpreisen auszubluten, boykottierte dessen Kunden und ruinierte dabei zahlreiche Unternehmen, was zu blutigen Ausschreitungen führte. Am Schluss gab Scott klein bei. Rockefeller setzte sodann wie in anderen gleichen Situationen auf «Gnade» und vergoldete Scott den erzwungenen Deal – womit er sich dessen Unterstützung sicherte und gegenüber anderen Konkurrenten signalisierte, dass es besser sei, mit ihm zu kooperieren statt zu kämpfen. Dieselbe Strategie wandte er an, um einen erbitterten Konkurrenten, die Equitable Petroleum Company von Lewis Emery Jr., zu eliminieren: Um diese zu hindern, ihre Pipeline von den Bradfords Fields nach Buffalo zu bauen, schüchterte er die Hersteller der für Pipelines erforderlichen Zwischentanks ein, damit diese nicht mit Emery arbeiteten, und kaufte gleichzeitig im grossen Stil Eisenbahnwagen beziehungsweise buchte solche für zahllose Aufträge, um Emery am Transport seines für den Pipeline-Bau benötigten Materials zu hindern. Gleichzeitig lockte er dessen Kunden mit Schleuderpreisen und kaufte ganze Landstriche, um den Bau der Konkurrenz-Pipeline zu verhindern. Bauern, die Emery Land verkaufen wollten, wurden mit Falschinformationen zu möglichen Pipelinelecks verunsichert, und die für die Erteilung der Pipelinebewilligungen zuständigen Behörden wurden im grossen Stil bestochen (was offenbar in den USA im späten 19. Jahrhundert ein nicht unübliches Geschäftsgebaren war). Auch bekämpfte er durch «gekaufte» Lobbyisten und Parlamentarier den Erlass von Gesetzen, welche darauf abzielten, den im Ölgeschäft tätigen Unternehmen die für den Öltransport erforderliche Infrastruktur (vor allem Eisenbahnwagen und Pipelines) zu fairen Preisen zur Verfügung zu stellen (dies ist heute etwa bei der Telefonieinfrastruktur aufgrund der Kartellgesetzgebung die Norm). Rockefeller erachtete es als durchaus fair, dass er diese als Druckmittel gegen seine Konkurrenten einsetzte und Standard Oil sowie deren Tochtergesellschaften massiv begünstigt wurden. Gleichzeitig kaufte er Zeitungen (oder erhebliche Anteile an solchen) auf, um damit die öffentliche Meinung zu seinen Gunsten zu beeinflussen.[218] Auch wenn dieses Geschäftsgebaren heute vielerorts undenkbar wäre, erinnert es doch immer wieder an Praktiken, welche uns durchaus bekannt vorkommen ...

Weiter ist die **Provokation** eine durchaus übliche Verhandlungstaktik. Diese beherrschte Fürst von Metternich perfekt. Metternich traf Kaiser Napoleon I. während den napoleonischen Kriegen anfangs des 19. Jahrhunderts nach dem Rückzug der französischen Armee aus Russland anlässlich des Waffenstillstands von Pläswitz am 26. Juni 1813 in Dresden im Chinesischen Zimmer des Palais Marcolini, wo er als Vermittler zwischen den Alliierten und Napoleon auftrat. Metternich benutzte dazu die

---

218 CHERNOV, Titan, S. 201 ff.

damalige neutrale Stellung Österreichs (immerhin hatte Napoleon 1810 Erzherzogin Marie-Louise von Österreich geheiratet), ahnte aber, dass die Wiederaufnahme der kriegerischen Handlungen wohl unvermeidlich war und wollte deshalb Zeit gewinnen. Er kannte aufgrund seiner Ambassadorenzeit in Paris Napoleon bestens. Deshalb gelang es ihm auch, diesen während der Verhandlungen gezielt zu provozieren, indem er ihm eine völlig überhöhte Zahl von österreichischen Truppen nannte, und als Napoleon diese nicht glauben wollte, warf er ihm vor, militärisch nicht informiert zu sein. Da hatte er Napoleons Schwachstelle getroffen – er, der grosse Feldherr, wusste sicherlich besser Bescheid über Truppenstärken als ein arroganter Stubenhocker wie Metternich! Der aufgebrachte und in seinem Stolz getroffene Napoleon offenbarte Metternich daraufhin seine Informationsquellen und führte ihn sogar in sein Arbeitszimmer, wo er ihm die Listen seiner Informanten und der ihm bekannten österreichischen Aufstellung zeigte. Dabei verriet er ihm auch noch weitere militärische Geheimnisse. Fürst Metternich konfrontierte in der Folge Napoleon mit Forderungen der Alliierten, die Frankreich nie erfüllen konnte, Napoleon konterte mit einem Ultimatum, das unbenutzt ablief. Österreich erklärte daraufhin Frankreich am 12. August 1813 den Krieg. Am 19. Oktober 1813 wurde Napoleon in der Völkerschlacht von Leipzig von den Alliierten ein erstes Mal entscheidend geschlagen. Später beklagte er die Verzögerung, welche durch die Friedensverhandlungen eingetreten war und dem österreichischen Heer die geordnete Mobilmachung erlaubt hatte, als seinen grössten strategischen Fehler.[219]

Doch listenreiche Verhandlungstaktiken bergen auch **erhebliche Risiken**: Wenn sie nicht funktionieren, ist die Partei, welche sie angewendet hat, oft schwer in der *Defensive*. Sie *beeinträchtigen* regelmässig die *Beziehung* zwischen den Parteien sowie die eigene *Glaubwürdigkeit und Reputation*. Dies mag für einmalige Verhandlungen irrelevant sein – ausser die andere Partei ist über das listreiche Vorgehen so enttäuscht, dass sie die Verhandlungen abbricht («Ich lass mich doch nicht reinlegen!» beziehungsweise «Mit Betrügern verhandle ich nicht!»). Verhandeln wir jedoch um eine auf Dauer ausgelegte Geschäftsbeziehung oder ein komplexes Projekt, liegen wiederkehrende Verhandlungen vor oder stellen sich Reputationsfragen, sieht die Sache anders aus. So sind Vereinbarungen, in denen eine der Parteien das Gefühl hat, «hereingelegt» worden zu sein, oft wenig tragfähig, sondern tragen den Kern des zukünftigen Konflikts und Scheiterns bereits in sich, versucht doch die übervorteilte Partei meist, sich anderweitig schadlos zu halten.[220] Schliesslich können listenreiche Verhandlungstaktiken direkt *rechtliche Folgen* haben, wie in der folgenden Ziff. 8.2 gezeigt wird.

Je höher der Einsatz in Verhandlungssituationen ist, desto mehr steigt erfahrungsgemäss die Bereitschaft, in die **«Trickkiste»** zu greifen. Zudem sind *einmalige*

---

219 SIEMANN, Metternich, S. 406.
220 Es gilt hier umso mehr das in Kapitel III.B.2 zu kompetitiven Verhandlungen Gesagte.

Verhandlungen oder Preisdiskussionen[221] oft sehr taktisch geprägt, da Kriterien wie Vertrauen und Goodwill hier kaum eine Rolle spielen. Dies ist Grund genug, sich mit dieser näher zu beschäftigen, gilt doch auch hier: «*gouverner, c'est prévoir*» oder: regieren (oder die Situation zu kontrollieren) heisst, vorausschauend zu handeln und sich rechtzeitig gegen listenreiche Manöver zu wappnen. Dazu müssen wir erstens **akzeptieren**, dass Verhandlungstricks in Verhandlungen regelmässig eingesetzt werden und «Teil des Spiels» sind, zweitens die gebräuchlichen Tricks kennen, und drittens Gegenmassnahmen beherrschen.[222] Um Verhandlungen aktiv zu beeinflussen, sollten Sie auf jeden Fall die in Kapitel IV und V beschriebenen *Verhandlungstechniken* beherrschen. Wieweit man dagegen selber *Verhandlungstricks* anwendet, ist eine Frage der Persönlichkeit und des Verhandlungsstils.[223]

8.2 Rechtliche Konsequenzen von List und Täuschung

Doch Achtung: Nicht alle Verhandlungstricks sind legal. Die Grenze zwischen zulässigen und unzulässigen Vorgehensweisen ist fliessend: Während ein betont positives Darstellen von Fakten und Vorteilen einer Verhandlungslösung als «*Die Braut schmücken*» oder gemäss dem Strategem 29 «*Dürre Bäume mit künstlichen Blüten schmücken*»[224] nicht unüblich und in der Regel rechtlich auch nicht unzulässig ist,[225] können täuschendes Verhalten oder der Einsatz von List nicht nur zivil-, sondern unter Umständen auch strafrechtliche Folgen haben: So sind beispielsweise unter Einsatz von Täuschung erwirkte Verträge anfechtbar oder mangels übereinstimmenden Parteiwillen schlicht ungültig (sogenannter «Dissens»). Eine täuschende Partei kann der anderen schadenersatzpflichtig werden, da täuschende Handlungen eine Verletzung von vorvertraglichen oder vertraglichen Verpflichtungen beziehungsweise einen Verstoss gegen den lauteren Wettbewerb darstellen. Widersprüchliche Verhaltensweisen verstossen weiter gegen Treu und Glauben und werden vom Recht nicht geschützt. Hat die «listenreiche» Unternehmung eine marktbeherrschende Stellung, stellen sich zudem oft kartellrechtliche Fragen. Eine Täuschung kann auch ehrverletzend sein, den Betrugs-, Erpressungs- oder Nötigungstatbestand erfüllen oder unter die Strafbestimmungen der Gesetzgebung zum unlauteren Wettbewerb fallen. Täuschende Unternehmen können schliesslich auf schwarze Listen gesetzt und von privaten

---

221 Vgl. dazu auch Kapitel V.E.4.
222 Vgl. dazu Kapitel VI.A.6 und VI.B.
223 Vgl. dazu auch Kapitel VI.
224 Siehe von Senger, 36 Strategeme für Juristen, S. 235 ff.
225 So wird unter Schweizer Recht grundsätzlich die Pflicht verneint, die andere Partei auf Risiken, welche sich für sie aus einem Vertrag ergeben können, hinzuweisen. Allerdings führt gerade dies in Dauerbeziehungen oftmals zu Differenzen und Streit und muss deshalb in kooperativen Verhandlungen kritisch beurteilt werden.

oder öffentlichen Beschaffungen ausgeschlossen werden. Solche Verhandlungstricks rechne ich der «Black Magic» zu.

8.3 List und Täuschung erkennen

«Wenn der Gegner vorgibt zu fliehen, folge ihm nicht.
Greife nie seine Elitetruppen an.
Schlucke keine ausgeworfenen Köder.»

Sun Tzu[226]

«Ihr im Westen glaubt, ihr spielt Schach mit uns. Aber ihr werdet nie gewinnen, denn wir halten uns an keinerlei Regeln.»

Ein russischer Mafioso zu seinem Anwalt[227]

> In Verhandlungen ist es essentiell, rasch zu erkennen, ob der Verhandlungspartner ehrlich verhandelt und welche Ziele und Vorgehensweise er verfolgt.

Da List und Täuschung in Verhandlungen der sie einsetzenden Partei einen raschen und allenfalls sogar entscheidenden Vorteil verschaffen können, müssen wir realistischerweise damit rechnen, dass sie eingesetzt werden, und uns dagegen vorsehen. In Verhandlungen ist es deshalb essentiell, rasch zu erkennen, ob die Verhandlungspartner **ehrlich oder trickreich** verhandeln und **welche Ziele und Vorgehensweise** sie verfolgen, um dann die eigene Verhandlungsstrategie und -taktik danach auszurichten.[228] Bei der Analyse der Verhandlungssituation und in den darauffolgenden Phasen ist es deshalb wichtig, die **wahren Absichten** der anderen Partei zu ergründen und Täuschungsmuster frühzeitig zu durchschauen. Dazu können wir *unabhängige Informationen* einholen, *Erfahrungen, die wir oder andere in der Vergangenheit* mit dieser Partei machten, auswerten und auch *Enthüllungsstrategeme*[229] einsetzen. Wir können die Belastbarkeit von Versprechen prüfen, indem wir den Tatbeweis einfordern und zur Absicherung *Zwischenverhandlungsergebnisse schriftlich festhalten* und mit der anderen Partei abgleichen (beispielsweise im Rahmen der Protokollbereinigung). Die Parteien können auch zu einem bestimmten Zeitpunkt der Verhandlungen eine *«Break-up fee»* vereinbaren, also eine Strafzahlung, welche die Partei zu entrichten hat, welche sich aus den Verhandlungen zurückzieht. Damit werden die Ernsthaftigkeit der Verhandlungen unterstrichen und der Verhandlungsaufwand abgesichert. Weiter können wir die in Kapitel III.C.8.4 beschriebenen Techniken aus dem

---

226 Sun Tzu/Griffith, Die Kunst des Krieges, Kapitel VII, Sprüche 27–29.
227 Belton, Putins Netz, S. 540.
228 Siehe dazu auch Kapitel VI sowie Heussen/Pischel, Handbuch Vertragsmanagement, Rz. 391 ff., 395 ff.
229 So kann etwa **Schweigen** Enthüllungsdruck erzeugen: Wenn eine Partei in den Verhandlungen unvermittelt nicht mehr kommuniziert, wird die andere Partei unter Umständen gezwungen, zu zeigen, wie wichtig ihr die Verhandlungen sind und ob sie an diesen wirklich interessiert ist.

Bereich der *Aussagepsychologie* einsetzen, um die Aussagen der anderen Partei auf ihre Wahrhaftigkeit zu überprüfen. Auch ist empfehlenswert, sich mit anderen in die Verhandlung involvierten Personen explizit zu dieser Frage auszutauschen. Ich habe schon mehrmals erlebt, dass die Antwort dann ist: «Gut sprichst du es an, ich habe auch ein schlechtes Gefühl ...». Oft reichen zudem *gesunder Menschenverstand* und die Einsicht, dass *unübliche oder allzu gute Angebote meist einen Haken haben,* sowie die Erkenntnis, dass man einer Aussage nicht nur glauben sollte, weil sie eine lange und innig gehegte Hoffnung zu bestätigen scheint. So vermeiden wir, in eine Falle zu tappen.

> Dazu ist folgendes Beispiel illustrativ: Im Rahmen der rechtlichen Beratung eines Start-up-Unternehmens kontaktierte mich der Finanzchef wegen eines Privatdarlehens, das per Inserat angeboten wurde. Die Unternehmung benötigte zur Expansion zwingend zusätzliche finanzielle Mittel. Ich sagte ihm, Privatdarlehen seien heikel: Insbesondere unübliche Vorgehensweisen liessen auf Betrug schliessen. Eine beliebte Masche sei dabei, dass der Darlehensnehmer zuerst selbst eine Überweisung vornehmen müsse («Vorschuss der Transaktionsgebühren»), damit ihm das Darlehen gewährt würde. Er solle die Modalitäten in Erfahrung bringen und mir dann zur Prüfung vorlegen. Der Finanzchef wollte die Finanzierung jedoch unbedingt und schlug meinen Rat in den Wind. Prompt wurde er das Opfer eines Trickbetrügers und verlor nicht nur viel Geld und seine Arbeitsstelle, sondern war zeitweise sogar wegen Falschgeldvorwürfen in Untersuchungshaft.

> Catherine Belton gibt in ihrem Buch «Putins Netz» die abgehörte Aussage eines russischen Tycoons wieder, welche zeigt, wie Leichtgläubigkeit und mangelnde Vorsicht durch Personen, welche diese erkennen und bereit sind, sie auszunützen, ins Verderben führen kann: *«Einmal wurde ein sowjetischer Agent nach Grossbritannien geschickt, und ihm ging das Geld aus. Man führte ihn in einen Pokerring ein, und er beschloss zu spielen, um seine Situation zu retten. Ihm fiel auf, dass das Blatt beim Pokerspielen im Vereinigten Königreich normalerweise nicht überprüft oder gezeigt wird. Alle verlassen sich auf dein Wort als Gentleman. Er begann bald zu gewinnen, weil niemand seine Karten kontrollierte. Er gewann hohe Summen.»*[230]

> Auf Überrumpelung setzte Putin dagegen, um die Verfassung abzuändern und die Machtverhältnisse zu seinen Gunsten so umzuformen, dass er auch nach seiner Zeit als Präsident die Zügel in der Hand behält: Die Zeit der Veröffentlichung des neuen Verfassungsentwurfs wurde extrem kurz gehalten, so dass praktisch keine Diskussion über die Folgen stattfinden konnte. Die Änderungen waren sehr umfassend und intransparent. Zudem wurden Themen wie das Verhältnis Russlands zum zweiten Weltkrieg sowie den Glauben an Gott in die Verfassung geschrieben, welche es den Kritikern sehr erschweren, gegen die Reform zu stimmen.[231]

---

[230] Belton, Putins Netz, S. 540.
[231] Bigalke, Wladimir Putin will eine konservative Verfassung, Berner Zeitung vom 9. März 2020.

Wenn wir erkennen, dass die andere Partei in der Verhandlung zu List und Täuschung greift, gilt es sich vor dem Ergreifen von Gegenmassnahmen zu fragen, was das **Motiv** dieser Vorgehensweise ist und ob die **Verhandlungen überhaupt weitergeführt** werden sollen. Das Motiv hilft uns bei der Beantwortung der Frage, wie wir der Vorgehensweise begegnen. Die Art und Weise, wie eine Partei verhandelt, gibt Aufschluss über deren Verständnis, wie die Vertragsbeziehung gelebt werden soll. Wollen wir die Verhandlungen weiterführen, müssen wir der listenreichen Verhandlungsführung der Gegenpartei entschieden entgegentreten. Dafür müssen wir uns gründlich auf die Verhandlungen vorbereiten und die **eigene MAPP** beziehungsweise die **«Big Four»** stets im Auge behalten. Wie wir eine listreiche Verhandlungsführung am besten kontern, wird über die oben aufgeführten Hinweise hinaus in Kapitel VI.A.6 und für Extremfälle in Kapitel VI.B («Verhandeln mit dem Teufel») behandelt.

Erlauben Sie mir dazu noch folgenden Hinweis: In meiner ganzen Verhandlungspraxis bin ich auch in sehr schwierigen und verfahrenen Situationen mit sorgfältigem und flexiblem Verhandeln, wie ich es in diesem Buch beschreibe, meistens ans Ziel gelangt – ohne unredliche Tricks, bei denen einem am Ende des Tages die Schamesröte ins Gesicht steigt. Meine Empfehlung lautet deshalb: Bevor Sie zu nebulösen Verhandlungstricks greifen möchten, prüfen Sie zuerst, ob Sie das anvisierte Ergebnis nicht auch durch die hier beschriebenen Verhandlungstechniken erreichen können. Die «Black Magic»-Box dürfte dann geschlossen bleiben!

8.4 Wie wir Lügen aufdecken und die Wahrheit erfahren

Adams beugte sich über den Tisch zu mir und sagte: «Was ich an dir mag, Jonathan, ist, dass du immer rot wirst, wenn du lügst.» Ich schoss zurück: «Ganz im Gegensatz zu dir, Gerry.»[232]

8.4.1 Wahrheit oder Unwahrheit – das ist hier die Frage

Wir alle haben uns in allen möglichen Lebenssituationen und damit auch in Verhandlungen schon die Frage gestellt, ob eine bestimmte Information wahr ist oder nicht. Nicht alle Informationen können wir dabei durch eigene Recherchen beibringen oder überprüfen. Manchmal sind wir einfach auf Aussagen oder Zusicherungen der anderen Partei angewiesen. Sind diese nun wahr oder nicht? Die Beantwortung dieser Frage kann für die Verhandlung von zentraler Bedeutung sein: Einerseits stellt sich bei einer Unwahrheit die Vertrauensfrage – wollen wir

---

[232] Hitziger Austausch während der Nordirland-Friedensgespräche 1999 zwischen Gerry Adams, dem **ehemaligen Präsidenten der Partei Sinn Féin,** sowie Jonathan Powell, dem britischen Chefunterhändler von Premierminister Tony Blair; POWELL, Great Hatred, Little Room, S. 100.

beispielsweise bei einer Lüge mit der anderen Partei wirklich weiterverhandeln und zusammenarbeiten?[233] Anderseits können unzutreffende Annahmen unsere Einschätzung der Verhandlungssituation verfälschen und sich damit negativ auf unsere Verhandlungsziele, -strategie und -taktik auswirken.

Nicht alle Unwahrheiten sind jedoch Lügen. Sie können auch auf einem *Irrtum* beruhen, in einer *einfachen Übertreibung, einem Bluff oder einer Unterlassung von relevanten Informationen bestehen – aber schlimmstenfalls doch eine blanke Lüge* darstellen. Besonders häufig sind Unterlassungen, da die meisten Personen nicht gerne lügen und eine Unterlassung – sofern sie entdeckt wird – mit einem Versehen erklärt werden kann. Wird man dagegen bei einer Lüge überführt, werden die Glaubwürdigkeit und das Vertrauen zerstört, was oftmals die Aufnahme oder das Weiterführen einer gemeinsamen Zusammenarbeit verunmöglicht.[234]

Idealerweise könnten wir auf eine einfache Weise, wie anhand «entlarvender Merkmale» im non-verbalen Verhalten (sogenanntes «Ausdrucksverhalten») einer Person – etwa dem Senken des Blicks oder dem Zucken der Mundwinkel – feststellen, wenn diese lügt. Die Realität ist leider komplexer: Auch wenn gewisse Filme und populärwissenschaftliche Youtube-Videos das Gegenteil suggerieren, ist in der modernen Aussagepsychologie unbestritten, dass es *keine allgemeingültige Vorgehensweise oder Merkmale* gibt, welche es uns ohne Weiteres erlauben würden, eine Lüge zu entlarven.[235] Dies nicht nur deshalb, weil unterschiedliche Menschen und Kulturen nicht dasselbe Verständnis davon haben, wo in einer bestimmten Situation die Unwahrheit beginnt oder erlaubt ist, sondern auch, weil sie mit dieser Situation unterschiedlich umgehen. Während gewissen Menschen bereits eine Übertreibung Mühe bereitet, finden andere nichts dabei, ihre Interessen bei Bedarf mit einer blanken Lüge zu fördern. Zudem reagieren verschiedene Menschen in Drucksituationen völlig unterschiedlich. Gerade die *Angst*, dass einem zu Unrecht nicht geglaubt wird, kann bei den einen ebenso zu Nervo-

> Es gibt keine allgemeingültige Vorgehensweise oder Merkmale, welche es uns erlauben würden, eine Lüge zu entlarven.

---

233 Vgl. dazu auch das Kapitel VI.B «Verhandeln mit dem Teufel».
234 Vgl. zur Frage, ob wir unter erschwerten Bedingungen dennoch verhandeln sollen, Kapitel VI.B («Verhandeln mit dem Teufel»).
235 SPORER/KÖHNKEN, Nonverbale Indikatoren von Täuschung, S. 457 ff.; JANSEN, Zeuge und Aussagepsychologie, Rz. 30. – Die Aussagepsychologie unterscheidet zwischen erlebnis- und nicht erlebnisbezogenen Aussagen, wobei Letztere der unwahren Aussage entsprechen. Sie geht dabei von einer «Nullhypothese» aus, welche besagt, dass die Aussage *keinen Erlebnisbezug* hat, etwa weil die Aussage ganz oder in wesentlichen Teilen erlogen ist, dem Zeugen suggeriert wurde oder sich dieser die Lüge so lange eingeredet hat, dass er sie nun selbst glaubt. Die Nullhypothese wird dann hinsichtlich *Aussagevalidität* (Fehlerquellenanalyse, etwa bezüglich der Entwicklung der Aussage und einer Analyse der Motivationslage, wobei der Erstaussage grosse Bedeutung zukommt) sowie *Aussagequalität* (sogenannte Glaubhaftigkeitskriterien oder Realkennzeichen) überprüft. Vgl. dazu grundlegend JANSEN, Zeuge und Aussagepsychologie, Rz. 30 ff., 66 und 406 f. Zur **Aussagekompetenz** vgl. a.a.O., Rz. 476 ff., S. 56 f.; LUDEWIG/BAUMER/TAVOR, Einführung in die Aussagepsychologie, S. 56.

sität führen wie bei anderen eine Lüge.[236] Deshalb können wir beispielsweise nicht alleine von Nervosität auf eine Lüge schliessen.

Die Schwierigkeit, Lügen aufgrund des Ausdrucksverhaltens zu entdecken, besteht unabhängig von der Erfahrung mit der Beurteilung von Aussagen: Gemäss experimentellen Studien liegt die Wahrscheinlichkeit, dass Richter und Staatsanwältinnen eine Lüge anhand der subjektiven Eindrucksbildung, insbesondere des nonverbalen Verhaltens der befragten Person, entdecken, lediglich zwischen 45–60% und damit im Zufallsbereich.[237] Wie trügerisch der subjektive Eindruck ist, zeigt auch die Tatsache, dass Emotionen wie Empörung oder Weinen die Aussage gemeinhin glaubwürdiger erscheinen lassen. Empirische Studien zeigen dagegen, dass gerade hier die Manipulationstendenz besonders gross ist.[238]

8.4.2 Woran erkennen wir, dass jemand lügt?

Es gibt verschiedene Theorien,[239] wie wir erkennen können, wann sich die Wahrheitsfrage stellt und wie es um die Glaubwürdigkeit einer Aussage steht – ausser unser Gegenüber sei im Lügen besonders skrupellos und geübt.

Ausgangspunkt einer Glaubwürdigkeitseinschätzung ist die Feststellung der **Aussage- und Erfindungskompetenz** des Gegenübers: Kann dieses aufgrund seines Erfahrungsschatzes und seiner intellektuellen Leistung eine solche Aussage erfinden? Wie hoch ist Komplexität des fraglichen Ereignisses? Wie kam es zur Aussage? Hatte die Person Zeit, ihre Aussage vorzubereiten?[240]

Empirische Studien zeigen sodann, dass sich erlebnisbegründete Aussagen über nicht Erlebtes gegenüber solchen über Erlebtes **in ihrer Qualität unterscheiden**, da lügen deutlich anspruchsvoller ist als die Wahrheit zu sagen.[241] Hinweise auf unwahre Aussagen lassen sich deshalb aus einem *veränderten Aussageverhalten und einer veränderten Aussagequalität* schliessen. Entsprechend müssen wir zunächst das Aussageverhalten unseres Gegenübers in Situationen kennen-

---

236 JANSEN, Zeuge und Aussagepsychologie, Rz. 293.
237 JANSEN, Zeuge und Aussagepsychologie, Rz. 113, 286 und 410; SPORER/KÖHNKEN, Nonverbale Indikatoren von Täuschung, S. 457 f.
238 JANSEN, Zeuge und Aussagepsychologie, Rz. 286. Jansen zeigt dabei, dass schemaentsprechendes Emotionsverhalten besonders leicht simulierbar ist: Gerade die «Verzweiflung», dass einem nicht geglaubt wird, wird bei Lügenden gerne durch Emotionsausbrüche wie weinen, sich auf Gott beziehen, auf seine Mutter schwören etc. verstärkt (a.a.O., Rz. 287).
239 Zu den Theorien, wie Lügen sich im Aussageverhalten ausdrücken, vgl. etwa JANSEN, Zeuge und Aussagepsychologie, Rz. 389 ff.; SPORER/KÖHNKEN, Nonverbale Indikatoren von Täuschung, S. 462.
240 Vgl. dazu JANSEN, Zeuge und Aussagepsychologie, Rz. 476 ff., S. 56 f.; LUDEWIG/BAUMER/TAVOR, Einführung in die Aussagepsychologie, S. 56.
241 JANSEN, Zeuge und Aussagepsychologie, Rz. 373; SPORER/KÖHNKEN, Nonverbale Indikatoren von Täuschung, S. 43 ff.

lernen, wo dieses mit Sicherheit die Wahrheit sagt. Dies wird als «Nullverhalten» oder **Verhaltensstichprobe** bezeichnet. Nur so können wir *abweichendes Verhalten* feststellen[242] und damit wahre von unwahren Aussagen unterscheiden.

Das «Nullverhalten» bringen wir in Erfahrung, indem wir vor der eigentlichen Befragung eine Reihe von Fragen zu unproblematischen Themen stellen. Anhand der in Kapitel IV.B.6 geschilderten Fragetechniken erhalten wir viele allgemeine Informationen, aber auch solche zur Motivation und zum Hintergrund der anderen Partei. Zudem provozieren Fragen wie *«Erzählen Sie uns bitte …», «Erklären Sie uns bitte …»* oder *Beschreiben Sie uns bitte …»* eine Erzählung, welche auf ihre Glaubwürdigkeit überprüfbar ist. Spezifische Fragen sollten erst dann gestellt werden, wenn wir mit allgemeinen und unverfänglichen Fragen das Terrain vorbereitet und das «Nullverhalten» eruiert haben.

Dazu ist jedoch ein Caveat anzubringen: Die *Änderung der Aussagesystematik und -qualität* muss nicht zwingend auf Lügen hinweisen, sondern kann auch ein taktisches Manöver nahelegen.

> So senkte in Verhandlungen um einen internationalen Lizenzvertrag der sonst sehr gesellige CEO eines ausländischen internationalen Konzerns zum Vertrieb von Medizinalprodukten während der hektischen Schlussphase der Verhandlungen plötzlich seine Stimme und seinen Blick und meinte knapp, man könne sonst auch noch das Produkt Y unseres Kunden in den exklusiven Lizenzvertrag einschliessen, das würden sie als Geste des Vertrauens betrachten. Davon war vorher nie die Rede gewesen. Schon *der Zeitpunkt und die Art und Weise, wie er diesen Vorschlag vorbrachte*, liessen bei mir die Alarmglocken schrillen. Ich verlangte ein *Time-out* – doch der Eigentümer und CEO unseres Kunden war von der Idee begeistert und schlug sofort ein. Nach Unterzeichnung des Vertrages und näherer Analyse der Konsequenzen dieses übereilten Einverständnisses stellte der Kunde fest, dass dadurch seine Handlungsfähigkeit erheblich eingeschränkt wurde. Die Parteien prozessierten in der Folge über Jahre zu diesem Punkt – zum Schaden beider Unternehmen.

Liegt die Verhaltensstichprobe vor, gilt es alsdann, die Aussage selber zu beurteilen.

Die Glaubwürdigkeitsbeurteilung von Aussagen erfolgt gemäss Aussagepsychologie aufgrund der *sogenannten* **«Nullhypothese»**, *welche besagt, dass die Aussage falsch und nicht erlebnisbasiert ist, ausser es liegen genügend sogenannte «Realkennzeichen» vor*, welche die Wahrhaftigkeit der Aussage nahelegen, und andere Erklärungen als das eigene Erleben können somit überzeugend zurückgewiesen werden.[243]

---

242 SPORER/KÖHNKEN, Nonverbale Indikatoren von Täuschung, S. 467.
243 JANSEN, Zeuge und Aussagepsychologie, Rz. 376, 398 ff.

Realkennzeichen umfassen Elemente wie die Konstanz von Aussagen, die logische Konsequenz, einen quantitativen Detailreichtum, eine unstrukturierte Darstellung, raumzeitliche Verknüpfungen, Interaktionsschilderungen, die Wiedergabe von Gesprächen, die Schilderung ausgefallener oder nebensächlicher Einzelheiten, Komplikationen im Handlungsablauf, die phänomengemässe Schilderung unverstandener Handlungselemente (*«was ich selber nicht verstehe ...»*) oder die Schilderung eigener psychischer Vorgänge beziehungsweise jener von anderen Personen.[244] Auch Verschachtelungen, die spontane Verbesserung der eigenen Aussage, überschiessende Antworten oder das Eingestehen von Kenntnis- beziehungsweise Erinnerungslücken weisen auf eine erhöhte Glaubwürdigkeit hin.[245] Dabei erhöht das Fehlen *einer Motivation für eine unwahre Aussage* die Glaubwürdigkeit.[246] Emotionsschilderungen dagegen sind leicht simulierbar, sie gehören deshalb oft zu einer Täuschungsstrategie.[247] Dasselbe gilt für Detailreichtum und logische Konsistenz.[248] Aus diesen kann kaum auf Glaubwürdigkeit geschlossen werden. Fehlen sie jedoch, erschüttert dies die Glaubwürdigkeit der Aussage.

Je mehr Realkennzeichen Aussagen enthalten, umso grösser ist die Wahrscheinlichkeit, dass diese wahr sind.

Wer dagegen die **Unwahrheit** sagt, hat regelmässig *Angst* davor, dass die Lüge entdeckt und er oder sie als Lügner beziehungsweise *Lügnerin entlarvt wird. Dies drückt sich in deren **Aussagen** aus.* So verwenden Lügende oft *Stereotype, lineare Erzählungen und Erklärungen*. Diese sind leichter zu *erfinden* und erlauben eher, Widersprüche zu vermeiden als komplexe, nichtlineare Erzählungen. Entsprechend wirken solche Aussagen oft etwas **hölzern**.[249] Ebenso sind das Fehlen von Detailreichtum und ein Mangel an logischer Konsistenz ein Hinweis auf möglicherweise unwahre Aussagen. Zudem sind lügende Personen regel-

---

244 JANSEN, Zeuge und Aussagepsychologie, Rz. 716 ff.; SPORER/KÖHNKEN, Nonverbale Indikatoren von Täuschung, S. 49 f.
245 JANSEN, Zeuge und Aussagepsychologie, Rz. 705 ff., 766 f. und 779.
246 JANSEN, Zeuge und Aussagepsychologie, Rz. 436.
247 JANSEN, Zeuge und Aussagepsychologie, Rz. 431. Vgl. zu einer ausführlichen Analyse der Realkennzeichen a.a.O., Rz. 717 ff.
248 JANSEN, Zeuge und Aussagepsychologie, Rz. 719. Letzteres wird verstärkt durch die Tendenz, an einmal Gesagtem festzuhalten (vgl. a.a.O., Rz. 269). Zu **Täuschungsstrategien** von Erwachsenen und wie dabei die Aussagekonsistenz und die emotionale Schilderung von angeblich Erlebtem eine zentrale Rolle spielen, siehe JANSEN, a.a.O., Rz. 416.
249 JANSEN, Zeuge und Aussagepsychologie, Rz. 417, 423. Eine Lüge kann allerdings dann auch detailreich, unstrukturiert und mit ungewöhnlichen Hinweisen versehen sein, wenn sich die lügende Person auf ein Parallelerlebnis bezieht oder im entsprechenden Bereich besonders viel Erfahrung hat (sogenannte Übertragung; vgl. a.a.O., Rz. 457).

mässig bemüht, besonders *glaubwürdig zu wirken*, weshalb sie ihre Glaubwürdigkeit betonen.[250]

Niemand ausser extremen Narzissten und notorischen Lügnern (die sehr selten sind) lügt gerne. Lügen gilt bei uns gesellschaftlich als verpönt. Deshalb fallen die Antworten von Lügenden auf die entscheidende Frage hin oftmals *ausweichend, indirekt oder unpersönlich* aus («Wer sollte so etwas tun?» statt «Nein, das war ich nicht!»). Zudem haben Lügende regelmässig *Angst* davor, dass die Lüge entdeckt wird. Auch wenn umstritten ist, ob beziehungsweise wieweit das Ausdrucksverhalten Aufschluss über die Wahrhaftigkeit einer Aussage gibt, dürfte als erstellt gelten, dass sich die Angst vor der Entdeckung der Lüge oftmals im Ausdrucksverhalten zeigt. Jack Nasher, Professor für Führung und Organisation an der Munich Business School und Buchautor, spricht davon, dass lügende Personen bei einer Befragung typischerweise situativ *unpassende Angst und Scham* zeigen.[251]

> Nasher merkt an, dass etwa **aufgerissene oder traurige Augen und ein leicht zurückgezogener Mund** als Ausdruck von Angst auf eine Lüge hinweisen. Die Angst kann mit dem *Androhen von Konsequenzen oder der Betonung, wie wichtig eine aufrichtige Kommunikation für die Verhandlung oder Beziehung sei*, verstärkt werden.[252] Beispiel: *«Wird die Ware bis Freitag geliefert?» «Ja, sicher!» «Sehr gut, denn sonst würde die Produktion einige Tage stillstehen, und das würde enorme Kosten verursachen.»* Dabei beobachten wir den Gesichts- und Körperausdruck der anderen Partei. Zeigt diese unangebrachte Angst, war ihre Aussage wahrscheinlich nicht wahr – entweder wird später geliefert, oder die andere Partei ist sich nicht sicher, dass rechtzeitig geliefert werden wird.

Weiter zeigen empirische Untersuchungen, dass Lügende ihre *Bewegungen eher einschränken* – lügen ist nämlich anstrengend und erfordert Konzentration. Zudem äussert sich Angst typischerweise in einem eingeschränkten Bewegungsmuster. Dies gilt insbesondere bei der Mimik (Kopfnicken, Lächeln) sowie bei den Arm- und Handbewegungen. Entsprechend antworten Lügende auf die entscheidenden Fragen eher verzögert, es treten etwas häufiger Sprechfehler auf.[253] Dies ist vor allem dann der Fall, wenn die Antworten weniger Fakten und mehr *Emotionen* zum Inhalt haben.[254] Dieses Ausdrucksverhalten kann von weiteren Abwehrgesten wie Zurücklehnen und Verschränken der Arme oder Andrücken der Ellbogen an den Körper (eine Abwehrhaltung) begleitet werden.

Lügen zeigen sich am ehesten in einer veränderten Aussagesystematik und -qualität sowie unpassender Angst.

---

250 Jansen, Zeuge und Aussagepsychologie, Rz. 419 und Sporer/Köhnken, Nonverbale Indikatoren von Täuschung, S. 463. Man spricht hier von **strategischer Selbstpräsentation**.
251 Sporer/Köhnken, Nonverbale Indikatoren von Täuschung, S. 462; Nasher, Entlarvt!, S. 32 und 41.
252 Vgl. Nasher, Entlarvt!, S. 32.
253 Sporer/Köhnken, Nonverbale Indikatoren von Täuschung, S. 464.
254 Sporer/Köhnken, Nonverbale Indikatoren von Täuschung, S. 466.

Auch wenn eine *Motivation* für eine unwahre Aussage vorliegt, reduziert dies die Glaubwürdigkeit.[255]

Die Aussagepsychologie schliesst dagegen nicht zwingend von der allgemeinen Glaubwürdigkeit auf jene im besonderen Fall: Der Grundsatz «Wer einmal lügt, dem glaubt man nicht, auch wenn er dann die Wahrheit spricht» gilt hier nicht, ausser die vormalige Situation sei mit der aktuellen vergleichbar.[256]

Entscheidend ist stets der **Gesamteindruck**, bei dem die Aussagekompetenz, die Aussagevalidität und -qualität, persönliche Besonderheiten und mögliche Fehlerquellen überprüft sowie eine Realkennzeichenanalyse erfolgt sind.[257]

Zusammenfassend können wir in Bezug auf die Beurteilung, ob eine Aussage wahr oder unwahr ist, Folgendes festhalten:

- Es gibt *keine einfache und allgemeingültige Art und Weise* festzustellen, ob eine Person die Wahrheit sagt oder nicht. Insbesondere können wir dies nicht zuverlässig anhand einzelner Indizien tun, wie etwa besonderen Merkmalen des Ausdrucksverhaltens. Urteiler von wahren und erlogenen Aussagen erzielen bessere Ergebnisse, wenn sie versuchen, stärker auf den **Inhalt von Aussagen** zu achten und nonverbale Indikatoren nur ergänzend herbeizuziehen.[258]

- Gemäss Aussagepsychologie müssen für die Beurteilung, ob jemand die Wahrheit sagt oder nicht, zunächst die **intellektuellen und sprachlichen Kompetenzen** der befragten Person beurteilt werden. Zudem müssen wir wissen, wie sich die Person verhält, wenn sie sicher nicht lügt (sogenannte Verhaltensstichprobe). Ebenfalls zu beachten ist das **Befragungsumfeld**: Je nachdem, durch wen und in wessen Anwesenheit die Befragung stattfindet, kann die Aussage unterschiedlich ausfallen. Dies gilt es bei der Beurteilung der Glaubwürdigkeit einer anderen Person zu beachten.

- Wenn wir **Hinweise auf unwahre Aussagen** haben, fragen wir durch *Spiegeln, Labeln und Zusammenfassen* nach und beobachten genau die Aussage und das Aussageverhalten der Gegenpartei auf Realkennzeichen. Zudem versuchen wir, Zeit zu gewinnen und *überprüfen* wenn möglich die Aussagen. Wenn die Gegenpartei sich dabei ausweichend verhält und versucht, Druck (insbesondere *Zeitdruck*) *aufzusetzen*, um die Verhandlungen abzuschliessen, sollten bei uns definitiv die Alarmglocken läuten!

---

255 Jansen, Zeuge und Aussagepsychologie, Rz. 436.
256 Jansen, Zeuge und Aussagepsychologie, Rz. 47 f.
257 Eine Zusammenfassung der Beurteilung der Glaubhaftigkeit von Aussagen findet sich bei Jansen, Zeuge und Aussagepsychologie, Rz. 773 ff.
258 Sporer/Köhnken, Nonverbale Indikatoren von Täuschung, S. 469.

- Nach der Beurteilung der intellektuellen und sprachlichen Kompetenzen folgt die **Motivationsanalyse** («Weshalb sollte diese Person lügen beziehungsweise nicht lügen?»).
- Als letzter Schritt wird die Aussage **inhaltlich** geprüft. Dabei gilt: Je valider und qualitativ hochstehender Aussagen und Erklärungen sind und je mehr **Realkennzeichen** diese enthalten, umso eher sind sie wahr. Dabei können wir auch **Enthüllungsstrategeme** einsetzen.[259]
- Entscheidend ist bei der Glaubhaftigkeitsbeurteilung stets der *Gesamteindruck*.

8.4.3 Wie gehen Verhörspezialisten vor, um Lügen aufzudecken?

Wie gehen wir nun konkret vor, wenn wir herausfinden wollen, ob unser Gegenüber die Wahrheit sagt? Wie wir gesehen haben, zeigen erstens Menschen beim Lügen typischerweise *Angst*. Zweitens reagieren jene, die lügen und solche, welche die Wahrheit *sagen, auf bestimmte Fragen unterschiedlich*.[260] Basierend auf diesen beiden Grunderkenntnissen haben Verhörspezialisten der CIA[261], des FBI und des amerikanischen Militärs, insbesondere des ehemaligen US-Vernehmungsspezialisten John E. Reid[262], aber auch der Polizei Vernehmungstechniken entwickelt, um Lügen aufzudecken.[263] Das Ziel dabei ist, die Wahrheit herauszufinden – und nicht ein Geständnis zu erwirken. Dies ist ein grosser Unterschied, da Ersteres erlaubt, dem Gegenüber eine «goldene Brücke» zu bauen, welche ihm hilft, sein Gesicht zu wahren. So kommen wir erfolgreicher zur Wahrheit als wenn wir versuchen, unser Gegenüber zu einem Geständnis zu drücken und damit dessen Widerstand umso mehr verstärken.

Dabei hat sich das folgende mehrstufige Vorgehen bewährt:

- **Phase 1 – Vorbereitung und Einleitung:** Eine erfolgreiche Befragung[264] setzt voraus, dass wir das Dossier in Bezug auf den Sachverhalt (soweit bekannt) im Griff haben und genau wissen, in welchen Bereichen wir noch Informationen

---

259 STEIN-WIGGER, Aussagepsychologie im Zivilrecht, S. 277. – Zum Thema Enthüllungsstrategeme vgl. Kapitel III.B.2.2 und III.C.8.3; Kapitel IV.D, V.D.2.8 und Fn. 229.
260 Vgl. NASHER auf Youtube, ‹https://www.youtube.com/watch?v=asCU1uwSZo4›.
261 CIA, KUBARK Handbook.
262 Siehe dazu NASHER, Entlarvt!, S. 14 und 18 ff.
263 Viele der CIA- oder militärischen Verhörtaktiken, welche im KUBARK Handbook, S. 65 ff., beschrieben sind und blumige Namen wie «Alice in Wonderland» oder «Ivan the Dope» tragen, sind zwar sehr interessant zu lesen, eignen sich jedoch natürlich nicht für Verhandlungsszenarien.
264 Als *Befragung* wird in diesem Kapitel jede Art von Fragestellung und Auskunftseinholung bezeichnet, welche auf einer schriftlichen oder mündlichen Aussage von Dritten beruht. Befragungen in diesem Sinne sollten jedoch, zumindest was die Phasen zwei und drei betrifft, möglichst persönlich und in Anwesenheit durchgeführt werden.

benötigen, mithin das **Ziel der Befragung** kennen.[265] Je nachdem, welche Informationen uns im Verlauf der Verhandlung bekannt werden, können wir unsere Suche und Befragung zudem (weiter) präzisieren.

Wichtig ist, dass eine Befragung möglichst gar nicht als solche wahrgenommen wird. Vielmehr sollte zum Gegenüber zunächst eine **Beziehung** aufgebaut werden: Je wohler sich die befragte Person fühlt, desto weniger wird sie lügen beziehungsweise eine Lüge aufrechterhalten – oder dann ist das Gefühl der Schuld umso ausgeprägter.[266] Letzteres hilft uns beim Entdecken der Lüge und deren «Bereinigung».[267] Deshalb ist es auch wichtig, eine entspannte Atmosphäre aufzubauen und möglichst lange aufrechtzuerhalten.[268] Entsprechend *plaudern wir zunächst mit dem Gegenüber entspannt* und stellen allgemeine Fragen sowie solche zum Berufs- und allenfalls zum Privatleben (Hobbies, Ferien, Familie etc.). Dabei erfahren wir, wie dieses «tickt» und welches sein **«Nullverhalten»** (Verhaltensstichprobe) ist.[269] Weiter können wir so die **Persönlichkeit des Gegenübers**, seine **Motivation** und seine **sprachlichen wie auch intellektuellen Kompetenzen** besser einschätzen, was für die Wahl der Befragungsthemen und -techniken und die Glaubwürdigkeitsbeurteilung wichtig ist.[270] Schliesslich können sich daraus Informationen ergeben, welche uns für die Befragung in der Phase 2 dienlich sind.

Während des ganzen Gesprächs bleiben wir **neutral und respektvoll** – es ist zentral, dass wir uns nicht voreilig festlegen und von einer Lüge ausgehen,

---

265 KUBARK Handbook, S. 33 und 60. Gewisse dieser Informationen liegen uns bereits zu Beginn des Gesprächs vor, weitere generieren wir durch gezielte Fragen. Siehe dazu sogleich.
266 NASHER, Entlarvt!, S. 159.
267 KUBARK Handbook, S. 39 und 53. Zur «Bereinigung» der Lüge dient das Bauen einer «goldenen Brücke»; siehe dazu unten, Phase 4.
268 Dies kann sich allenfalls in Phase 3 ändern; siehe dazu sogleich.
269 Vgl. Kapitel 8.4.2.
270 KUBARK Handbook, S. 21 ff. und 65 f. Das KUBARK Handbook unterscheidet verschiedene Typen von befragten Personen und merkt dazu an, dass gerade eher ordentlich-starrsinnige (oft intellektuelle), aber auch freundlich-optimistische Personen *autoritatives, einschüchterndes Verhalten ablehnen*. Eine auf Druck setzende Befragung ist hier nicht erfolgreich. Dasselbe gilt für fordernd-narzisstische Personen: Diese handeln zudem meist nicht aus logischen, sondern emotionalen Gründen (Geltungsbedürfnis) und müssen deshalb auf dieser Ebene angesprochen werden. Auch ängstlich-selbstfokussierte Personen sprechen besser auf *Verlockungen und Lob, etwa ihres (angeblichen) Mutes oder ihrer Fähigkeiten*, als auf Vorwürfe und offenen Druck an. Dasselbe gilt für Personen mit starken moralischen Vorstellungen. Auch diese sollten nicht durch Drucktaktiken, sondern besser mittels Appells an ihr Gewissen, allenfalls kombiniert mit der Androhung von negativen Konsequenzen, zur Kooperation gebracht werden («Schuld und Sühne»). Vgl. dazu KUBARK Handbook, S. 21 ff.; eine Darstellung verschiedener Befragungstypen findet sich auch bei NASHER, Entlarvt!, S. 190 ff. Vgl. zudem das Kapitel IV.B.4 zu den **verschiedenen Verhandlungstypen**. Die dortigen Ausführungen gelten grundsätzlich auch bei Befragungen im Verhandlungskontext.

sonst verfälschen wir das Gespräch und damit auch unsere Beurteilung.[271] Gleichzeitig darf der Small Talk nicht bemüht, sondern sollte natürlich wirken.

In Verhandlungen lenken wir das Gespräch dann **allgemein** auf die *Themen Vertrauen, Ehrlichkeit und Zuverlässigkeit* und betonen, wie wichtig das gegenseitige Vertrauen ist, und dass sich die Parteien aufeinander verlassen können. Dies sei eine zentrale Voraussetzung für eine Zusammenarbeit oder Einigung, und wir seien froh, dass wir hier das gleiche Verständnis hätten. Wir können sogar einen Fall erwähnen, in dem dies nicht zugetroffen hätte, und da hätte man dann die Verhandlungen abgebrochen. *So steigt der Druck auf die Gegenpartei, die Wahrheit zu sagen*.

Die Phase 1 dauert so lange, bis wir die Beziehung hergestellt haben oder realisieren, dass dies nicht möglich ist und das Gegenüber blockt.[272]

- **Phase 2 – Interview:** Anschliessend kommen wir zunächst auf eine allgemeine Art und Weise auf das uns **interessierende Thema** zu sprechen, etwa auf jenes an einer zuverlässigen Lieferung, der Absicht der anderen Partei zum Vertragsabschluss etc. Dazu stellen wir eine **offene Frage**: «*Es geht um die Frage der rechtzeitigen Lieferung. Wir möchten gerne wissen, wie Sie dies sehen*», oder «*Es geht darum, ob auch bei Ihrer Unternehmung ein klarer Wille zum Vertragsabschluss besteht. Wie sehen Sie dies?*»[273] Dabei vermeiden wir jeden Vorwurf, da

---

[271] KUBARK Handbook, S. 12; NASHER, Entlarvt!, S. 73. Wenn wir voreingenommen sind, tendieren wir dazu, unsere vorgefassten Meinungen zu bestätigen und gehen auch in unserer Informationssuche selektiv vor. Widersprüchliche Indizien interpretieren wir im Sinne unseres Verdachts. Dadurch wird unsere Wahrnehmung verzerrt und die Wahrheitssuche erschwert, wenn nicht verunmöglicht. Vgl. JANSEN, Zeuge und Aussagepsychologie, Rz. 389 ff.

[272] KUBARK Handbook, S. 57. Dabei kann es sich um wenige Minuten, bei positivem Verlauf aber auch um fünf bis zehn Minuten oder sogar länger handeln.

[273] Siehe dazu NASHER, Entlarvt!, S. 31, 45 f. und 57. Nasher schlägt im strafrechtlichen Kontext nach den allgemeinen Fragen eher eine aggressivere Eröffnung vor wie: «Wir möchten nun herausfinden, wer von euch das Geld gestohlen hat. Wir werden ganz klar herausfinden, wer es war, aber auch, wer es nicht war.» Damit wird dem Täter Angst eingejagt, und alle anderen sollen beruhigt werden – sie waren es ja nicht. Mit einer **Vergleichsfrage** wird dann nachgeprüft: «*Hast du zwischen dem 10. und dem 25. Lebensjahr je irgendetwas gestohlen?*» Der Schuldige hat damit kein Problem, weil es heute ja eigentlich nicht um diese Frage geht. Der Unschuldige überlegt sich aber meist kurz, ob er mit seiner Antwort seine Glaubwürdigkeit beeinträchtigt und damit in der eigentlich interessierenden Sache dann schuldig wirkt. Dieses leichte Zögern kann gemäss Nasher ein Anzeichen für Unschuld sein. Wenn man dann das Gegenüber mit einer **Testfrage** konfrontiert, *die nur der Täter wissen kann* («*Hat der Reissverschluss des Portemonnaies geklemmt, als du das Geld nahmst?*»), zögert dieser, da er sich überlegt, was er sagen will. Der Unschuldige sagt dagegen spontan einfach: «Ich war es nicht!» Anschliessend wird – wie weiter unten aufgezeigt wird – der Gegenpartei eine **«goldene Brücke»** gebaut. Siehe NASHER, Entlarvt!, S. 20 ff. Diese Vorgehensweise eignet sich allerdings im Verhandlungskontext weniger, da ein solch konfrontatives Vorgehen meist das Vertrauen zerstört. Auch strafprozessrechtlich ist ein solches Vorgehen problematisch, da es als manipulativ und damit die Willensfreiheit einschränkend erachtet werden könnte. Damit wäre die Verwertbarkeit eines so erzielten Geständnisses in Frage gestellt.

ein solcher zu einer sofortigen Abwehrhaltung führen würde.[274] Mit weiteren Fragen versuchen wir zu **ergründen, wo heikle Themen und mögliche Widerstände liegen**, um diese später zu vertiefen.[275] Während die Partei mit einem guten Gewissen das Thema offen und entkrampft angeht, wird jene, die etwas zu verstecken hat, eher knapp, stereotyp und hölzern antworten. Lassen Sie Ihr Gegenüber möglichst reden und beobachten Sie die Realkennzeichen. Versuchen Sie auch, potentielle Ausreden zu *antizipieren* und darauf bereits präzisierende Fragen zum Nachhaken bereit zu haben.

- Danach beginnt die **eigentliche Befragung**:

Mit der *Zweckfrage* können wir das Gegenüber fragen, weshalb dieses Gespräch stattfindet. Im Verhandlungskontext können wir diese so stellen, dass wir etwa fragen: «Sie können sich nach dem gestrigen Gespräch sicher vorstellen, dass bei uns noch diverse Fragen offen sind, nicht wahr?» Wer mit der Wahrheit offen umgeht, wird mögliche Punkte von sich aus ansprechen. Andere warten eher ab, was kommt.

Wir können auch eine *Reflexfrage* stellen, also eine Frage, welche bei einer Person, die weiss, dass sie diesbezüglich die Unwahrheit gesagt hat oder sagen möchte, einen *unbewussten Reflex verursacht*. Wenn Ihr Gegenüber beispielsweise bezüglich der zeitgerechten Lieferung gelogen hat (um beim oben erwähnten Beispiel zu bleiben), ist die Wahrscheinlichkeit recht hoch, dass das Erwähnen einer unpünktlichen Lieferung durch eine Drittpartei bei Ihrem Gegenüber Nervosität oder ein Stocken verursachen wird. Nasher illustriert dies mit dem Beispiel, dass beim Verdacht, ein Mitarbeiter habe Druckerpatronen mitlaufen lassen, die Frage «Wie oft wechseln wir eigentlich die Druckerpatronen?» einen solchen unwillkürlichen Reflex auslöst. Die Frage muss ganz neutral wirken und nur vom Schuldigen als Vorwurf wahrgenommen werden.

Auch *überschiessende Fragen* sind hilfreich, da Lügende meist keine überzeugenden Details zum weiteren Umfeld der Frage preisgeben, sondern sich auf die Lüge selber konzentriert haben.[276] Deshalb wirken entsprechende Antworten dann eigenartig limitiert und knapp, und es treten unverständliche Erklärungslücken auf.

Eine weitere Taktik besteht darin, das Thema zunächst wie eingangs aufgezeigt allgemein anzuschneiden, eventuell eine Reflexfrage einzuflechten und damit der Gegenpartei für den Fall, dass sie lügt, klarzumachen, dass man hier misstrauisch geworden ist, um bei ihr Angst vor der Entdeckung der Lüge auszulösen. Dann reden wir des Langen und Breiten über andere Themen und stel-

---

274 Nasher, Entlarvt!, S. 31 f.
275 KUBARK Handbook, S. 59 f.
276 Siehe dazu oben sowie Nasher, Entlarvt!, S. 56.

len -zig **Fragen**, auch solche, *welche das Gegenüber unmöglich beantworten kann*, so dass dieses irgendwann beinahe erleichtert auf die direkte Frage reagiert – endlich kommen wir auf die eigentliche Sache zu reden![277] Welche Vorgehensweise wir wählen, kommt darauf an, wie hart das Gegenüber «zu knacken» sein dürfte und wie sehr wir eine Konfrontation in Kauf nehmen. Zudem ist diese Taktik nur dann erfolgreich, wenn unser Gegenüber Schuld und Angst empfindet und deshalb das Adressieren der Wahrheit als befreiend wahrnimmt.

In dieselbe Richtung geht die Taktik, in einem angeblich essentiellen Punkt nachzuhaken und zu insistieren, so dass die Gegenpartei meint, wir seien auf der **falschen Fährte** – um dann «am Schluss», wenn die Aufmerksamkeit gesunken ist, nebenbei die eigentliche Frage stellen (*«im Westen lärmen, im Osten angreifen»*).[278]

Heikel, aber in gewissen Fällen erfolgreich ist die **Köderfrage**, wo wir suggerieren, wir wüssten die Antwort bereits (*«Wir haben dies gestern Abend erfahren»*) oder zumindest bald (*«Das werden unsere Abklärungen, welche gegenwärtig noch laufen, bestätigen»*).[279] Auch hier beobachten wir die Realkennzeichen. Schuldige reagieren oft ausweichend und mit unangebrachter Angst.

Weiter kann die ***«Wer weiss davon, wem haben Sie es erzählt?»-Frage*** hilfreich sein: Wer die Wahrheit sagt, hat kein Problem, diesbezüglich offen zu sein. Wer dagegen lügt, möchte sich möglichst nicht dem Risiko aussetzen, dass seine Aussage überprüft wird – und verhält sich entsprechend ausweichend.

Auf eine **glatte Verneinung** (*«Das war nie unsere Absicht!»*) können wir direkt nachfragen: *«Was war denn Ihre Absicht?»* oder *«Wer sonst sollte dann dies beabsichtigen?!»*

Abschliessend stellen wir die **Bestätigungsfrage**: *«Können wir uns darauf verlassen, dass Ihre Aussage so zutrifft?»* beziehungsweise *«Können wir uns darauf verlassen, dass Sie Ihre Zusage einhalten?»* Einer mit gutem Gewissen wird dies ohne Weiteres bestätigen, die anderen werden ausweichend antworten.

In dieser Phase beobachten wir aufmerksam die **Realkennzeichen**[280] und suchen möglichst viel Material für die Phase 3. Dabei sollten Fragen, welche auf wahre Aussagen abzielen und solche, die dem Aufdecken einer Lüge dienen sollen, **gemischt** werden. Dann ist es für eine die Unwahrheit sagende Person schwieriger, konsistent und ohne sich über Realkennzeichen zu verraten, Auskunft zu geben.

---

277 Siehe dazu Nasher, Entlarvt!, S. 55.
278 Vgl. Kapitel VI.A.6.4 (am Schluss).
279 Nasher, Entlarvt!, S. 60 f.
280 Vgl. dazu Kapitel 8.4.2.

Je mehr dieser Techniken wir in einer solchen Befragung einsetzen, desto erfolgreicher ist sie.[281]

- **Phase 3 – Konfrontation:** Dann folgt die konfrontative Befragung. Diese erfolgt oft über die bestimmt und autoritativ vorgetragene **direkte Frage**: *«Ich gehe heute eindeutig davon aus, dass Sie nicht rechtzeitig liefern können. Korrekt?»* Oder dann stellen wir autoritativ fest, dass **diese oder jene Information nicht stimmt**. Während der Wahrhaftige entspannt und direkt antwortet oder verärgert («So ein Blödsinn!») – und dies verneint, wird der Lügende meist *zögerlich, ausweichend und indirekt* antworten.[282] Dabei wird er regelmässig einen *schuldhaften Gesichtsausdruck* einnehmen.[283]

Bei der Konfrontation können wir auch die im folgenden Kapitel beschriebenen weitergehenden Befragungstechniken einsetzen.

Die direkte Konfrontation ist im Verhandlungskontext allerdings oft heikel: Wird etwa die Wahrheitsfrage zu Unrecht gestellt, kann dies die Beziehung zwischen den Parteien beeinträchtigen, was gerade bei Vertragsverhandlungen mit dem Ziel einer zukünftigen Zusammenarbeit unterwünscht ist. Diesfalls empfiehlt sich bei Hinweisen auf unwahre Aussagen, möglichst auf Zeit zu spielen und die Behauptungen unabhängig **nachzuprüfen**.

Dies ist allerdings teilweise *aus Zeitgründen*, aber auch bei *nicht überprüfbaren Aussagen* wie «das ist unser letztes Angebot» oder «sonst schliessen wir den Vertrag mit Ihrem Konkurrenten ab» unpraktikabel. Solche Aussagen sind erst im Nachhinein überprüfbar. Deshalb kann sich hier dennoch die direkte Überprüfung der Aussage im Rahmen der Konfrontation aufdrängen. Dasselbe gilt, wenn die Gegenpartei sehr aggressiv verhandelt – dann dürfen wir uns auch härterer Taktiken bedienen.

Wieweit wir mit der Konfrontation gehen wollen, aber auch ob wir diese offen oder verdeckt ausgestalten (beispielsweise durch ausgedehntes Schweigen), ist eine Frage des persönlichen Stils und wie erwähnt des Verhandlungskontextes.

- **Phase 4 – eine «Brücke» bauen:**[284] Es gilt bei Verhandlungen die Grundregel, dass man die andere Partei nie völlig in die Enge treiben soll – es sollte immer

---

281 NASHER, Entlarvt!, S. 180.
282 NASHER, Entlarvt!, S. 90 ff.
283 Siehe dazu auch oben sowie NASHER, Entlarvt!, S. 40 f. – Die Gegenfrage könnte beispielsweise lauten: «Weshalb sollte ich 10 Euro stehlen?!», die indirekte Lüge: *«Ich habe bereits Ihrem Kollegen gesagt, dass ich nichts damit zu tun habe!»* Um nicht schuldig zu wirken, starrt die Person einen dabei regelmässig an – oder vermeidet dann plötzlich den Augenkontakt. Ausweichende Antworten oder Gegenfragen sind oftmals Anzeigen für eine Lüge.
284 Das Bauen einer «Brücke» ist eine bewährte Technik in Konfliktsituationen. Sie wird in Kapitel VI.A.5.6 näher beschrieben.

ein gesichtswahrender Ausweg offenbleiben.²⁸⁵ Verfolgt man mehr oder weniger den konfrontativen Weg, erfolgt deshalb nach dem Aufbau einer maximalen Spannung die Entspannung: Da kaum jemand (gerne) zugibt, dass er oder sie lügt, bauen wir unserem Gegenüber eine «Brücke», indem wir Verständnis für sein Verhalten und ihm einen Weg aus seiner misslichen Lage zeigen. Wer sich in die Ecke gedrängt fühlt, wird nämlich seine Position umso energischer verteidigen. Wer dagegen eine gesichtswahrende «moralische Ausrede» für sein Verhalten angeboten erhält, nutzt regelmässig diesen Ausweg aus der Klemme. Die «Brücke» kann darin bestehen, dass wir sagen: «*Ich verstehe, wenn Sie das hier nicht so sagen können beziehungsweise dies hier so sagen – ich würde in Ihrer Lage wohl dasselbe tun. Allerdings ...*», gefolgt von der (vermutlich) wahren Aussage. Oder wir akzeptieren das «Missverständnis» oder sonst eine Erklärung für die Lüge und stellen dann die wahren Fakten fest. Hauptsache, wir haben gezeigt, dass wir die Lüge erkannt haben, und wir konnten diese bereinigen.²⁸⁶

Eine Lüge wird meist nur dann eingestanden oder durch eine Ausrede «bereinigt», wenn die lügende Person überzeugt ist, dass die Konsequenzen des Geständnisses beziehungsweise der Bereinigung weniger einschneidend sind als jene einer Aufrechterhaltung der Lüge – sie möchte den «Worst Case» verhindern.²⁸⁷ Dabei spielen wie bereits erwähnt **Angst vor der Überführung der Lüge und des damit verbundenen Gesichtsverlusts sowie Schuldgefühle** eine entscheidende Rolle.²⁸⁸ Deshalb sind beim Bau der «Brücke» der *Appell an die Beziehung, das eigene Gewissen (Ehre), das Aufdecken von Unstimmigkeiten sowie Lob und Schmeichelei* am erfolgreichsten.²⁸⁹ Um das Gefühl der Schuld zu mindern, können wir auch andeuten, dass wir die erfragten Informationen bereits aus einer anderen Quelle erhalten hätten und hier nur noch deren *Bestätigung* suchten.²⁹⁰

Doch nicht immer genügt dies, um die Situation zu bereinigen. Dann müssen wir den Druck erhöhen. Zu diesem Zweck, aber auch um gleichzeitig die «Brücke» klar aufzuzeigen, stellen wir die **Alternativfrage**²⁹¹ – ein Teil derselben beleuchtet die «dunkle» Seite und die negativen Konsequenzen, der andere die «Brücke» und die positiven Konsequenzen: «*Sie wollten uns ja mit den präsentierten Zahlen nicht reinlegen und täuschen, sondern erachteten sie als vertretbar*

---

285 Zum Risiko von Druckstrategien, siehe Kapitel III.C.2.
286 Nasher, Entlarvt!, S. 100f. und 114ff.; diese Taktik entspricht dem *«Reframing»*, welches wir in Kapitel VI.A.5.4 behandeln. Wie eingangs zum Kapitel III.C.8.4.3 gezeigt, geht es hier eben nicht um ein Geständnis, sondern um die Wahrheit.
287 Nasher, Entlarvt!, S. 131.
288 KUBARK Handbook, S. 65f.
289 Nasher, Entlarvt!, S. 100f. und 114ff.
290 KUBARK Handbook, S. 67.
291 Nasher, Entlarvt!, S. 177.

und förderlich für den Deal, korrekt?» Auf die Antwort «*Natürlich wollten wir Sie nicht täuschen, wir dachten, sie seien vertretbar*» haken wir nach: «*Aber wir sind uns einig, dass sie schon sehr optimistisch sind – zu optimistisch, richtig?*» Die Gegenpartei ergreift diesen Rettungsanker meist und antwortet: «*Sie sind schon (sehr) optimistisch*», womit alles gesagt ist. Voraussetzung, dass die Alternativfrage funktioniert, ist natürlich, dass wir das richtige Thema getroffen haben und sie in dem Moment stellen, in welchem wir merken, dass sich die Gegenpartei maximal in die Enge getrieben fühlt.

Wenn die Gegenpartei die ihr präsentierte «Brücke» nicht nutzt, können wir die Alternativfrage verstärken, indem wir sie wiederholen und mit der **Androhung negativer Konsequenzen** für den Fall verstärken, dass die andere Partei nicht einlenken sollte (Drohung mit Strafanzeige, Verhandlungsabbruch – wenn wir Leverage haben, mit Schadenersatzforderungen, dem Prozessweg etc.):[292] «*Wenn wir die Sache hier nicht bereinigen können, schaffen wir es auch nicht, eine gemeinsame Vertrauensbasis zu erstellen, und dann brechen wir die Verhandlungen ab. Ich wäre extrem enttäuscht, wenn Sie uns mit diesen Zahlen zu täuschen versucht hätten, aber nochmals, ich würde es verstehen, wenn sie diese seinerzeit als vertretbar erachtet hätten – obwohl wir heute feststellen müssen, dass sie zu optimistisch waren.*»

Wenn die andere Partei dann einlenkt, lassen wir sie möglichst reden, bedanken uns und zeigen Verständnis: «*Danke für dieses offene Statement, das ist sehr hilfreich und erklärt für mich die Sache.*» Dann gehen wir zum nächsten Punkt, der uns interessiert. Erst wenn die andere Partei möglichst viel zugegeben hat, fragen wir nach Details: Kommt jemand nach grossem Druck einmal ins Reden, erfolgt meist ein **Redefluss**, den wir nutzen sollten, um möglichst die ganze Wahrheit zu erfahren. Deshalb geht es zunächst primär darum, den Redefluss zu erzeugen und erst später um Details.

Solche Diskussionen beziehungsweise Befragungen dauern **selten länger als 30 Minuten**.

Interessant sind dabei die **Verhaltensmuster** von Schuldigen und Unschuldigen beziehungsweise Lügenden und solchen, welche die Wahrheit sagen: Während sich Unschuldige kaum auf Diskussionen über angebliche Beweise, «goldene Brücken» etc. einlassen und ihr Widerstand und ihr Ärger im Verlauf des Gesprächs stets zunehmen, hören Schuldige beziehungsweise Lügende eher zu, wägen ab, was sie zugeben und wo sie weiter lügen sollen, echauffieren sich in

---

292 Nasher, Entlarvt!, S. 135 ff.

unangebrachter Art und Weise, zeigen unangemessene Angst, oder hängen einfach ab und verfallen in Lethargie.[293]

8.4.4 Kreuzverhörtechniken, um die Wahrheit zu erfahren

Gerade für die zweite und dritte Phase der Befragung gibt es verschiedene Techniken aus dem Bereich des angelsächsischen Kreuzverhörs (*«Cross examination»*), die wir anwenden können, um die Wahrheit aufzudecken:

- Eine solche besteht beispielsweise darin, vorgängig die kritischen Punkte des zu erforschenden Sachverhalts zu identifizieren, mögliche Ausflüchte der anderen Partei zu antizipieren und diese dann im Rahmen eines unverbindlichen Gesprächs – im Verhandlungskontext kann dies sehr wohl als Pausengespräch oder im Rahmen der Phasen 2 und 3 erfolgen – zu adressieren, ohne dass die Gegenpartei dabei merkt, dass die Befragung bereits begonnen hat. Man nennt dies *«destroying safe havens»* oder *«closing the foxholes»*: Dabei sammelt man relevante Informationen und verschliesst dabei dem «Fuchs» vorgängig seine Fluchtwege, bevor die eigentliche Jagd (auf die Wahrheit) begonnen hat. Die **Fragen gehen vom *Generellen zum Konkreten*** über und sollten **kurz und offen** ausfallen, mithin nur eine Information beziehungsweise einen «Informationsschnipsel» pro Frage adressieren. Unterscheiden Sie dabei, was Ihr Gegenüber wissen muss, nicht wissen kann, nicht mehr weiss, wo es irrt, und schliesslich wo es die Unwahrheit sagt. Je nachdem stossen Sie entsprechend nach und vertiefen Sie das Thema.

- **Bei ausweichenden Antworten**[294] fragen wir nach: *«Das verstehe ich nicht, können Sie dies näher erklären?»*, *«Es ist mir unklar, was Sie damit sagen wollen»* oder dann nach dem generellen Nachfragen haken wir nach: *«Wollen Sie damit konkret sagen, dass …?»* beziehungsweise *«Ist das ein ‹Ja›?»*. Sie können auch die Frage anders stellen oder schlicht darauf hinweisen, dass die Aussage die Frage nicht beantwortet (*«Dies beantwortet meine Frage nicht»*). Mit der Eliminationstechnik können Sie zudem die Antwort eingrenzen: *«Das heisst also, Sie können mir nicht sagen, ob X … Und Sie können mir auch nicht die Frage beantworten, ob Y …?»*.

- Ausweichendem Verhalten kann auch mit dem Nachlegen von sehr präzisen Fragen oder dem Präsentieren von Beweisen begegnet werden.[295]

- Eine weitere Taktik zielt darauf ab, die Gegenpartei einmal einer Unwahrheit **zu überführen** (sogenanntes *«Impeachment»*) und dies zum Beispiel durch

---

293 NASHER, Entlarvt!, S. 179 f.
294 Vgl. dazu POZNER/DODD, Cross-Examination, Kapitel 19, wo Befragungstechniken zur Kontrolle von «runaway witnesses», also ausweichenden Zeugen, dargestellt werden.
295 NASHER, Entlarvt!, S. 100 f.

längeres Schweigen zu einem so eindrücklichen Moment zu machen, dass sich die Gegenpartei gut überlegt, ob sie im weiteren Verlauf der Verhandlungen noch einmal eine solche Situation riskieren will.[296]

> Befragungen im Verhandlungskontext sollten zwar klar und bestimmt, aber dennoch jederzeit freundlich, ruhig und respektvoll bleiben.

Bedenken Sie dabei, dass wir bei solchen Befragungen gerade im Verhandlungskontext zwar klar und bestimmt, aber dennoch jederzeit freundlich, ruhig und respektvoll bleiben und vermeiden sollten, dass sich unser Gegenüber in einem Kreuzverhör wähnt. Dies hat nicht nur einen positiven Effekt auf die Befragung, sondern auch auf das Verhältnis zwischen den Parteien nach den Verhandlungen.[297] So können Fragen «in Watte verpackt» werden, indem Sie diese mit einer Bemerkung einleiten wie: «*Es tut mir leid, aber ich scheine heute etwas schwer von Begriff zu sein. Können Sie mir bitte nochmals erklären, wie ...*» oder «*Das ist ja kompliziert ... können Sie mir nochmals erklären, wie Sie auf ... kommen?*». In Einzelfällen kann sich allenfalls eine abweichende Taktik aufdrängen, insbesondere wenn die andere Partei unfair taktiert.[298]

9. Positive und negative Dynamik

Eine weitere Einteilung besteht darin, die Dynamik nach ihrer Wirkung zu unterscheiden: Herrscht eine positive, konstruktive oder eine negative, destruktive Dynamik vor? Diese beiden Dynamiken werden in Kapitel IV.B.9 im Rahmen der Kommunikationstechniken näher untersucht.

10. Kombinationen und Mischformen von Vorgehensweisen

In Verhandlungen werden taktische Verhaltensweisen meist kombiniert eingesetzt. Dadurch entstehen *Mischformen*. Solche gemischte Verhandlungstaktiken setzte etwa Talleyrand meisterhaft ein: Um zu verhindern, dass das besiegte Frankreich am Wiener Kongress bei der Neuordnung Europas nach den napoleonischen Kriegen 1814 nur am «Katzentisch» sass, *sprach er sich im Vorfeld* mit England *ab*, indem er die Unterstützung gewisser englischer Forderungen versprach, wenn dafür die Bedingungen der Sieger nicht zu harsch ausfielen. Weiter kritisierte er von Anfang an die *Verhandlungsmodalitäten*, da diese Frankreich in eine reine Empfängerrolle gebracht hätten. Demgegenüber setzte er auf die Neutralitätskarte, um dann als «ehrlicher Makler» Lösungen zu verhandeln und im Machtpoker der Siegermächte das *Zünglein an der Waage* zu spielen. Dabei scheute er sich nicht, einerseits Siegermächte gegeneinander auszuspielen und

---

[296] Vgl. dazu ausführlich POZNER/DODD, Cross-Examination, Kapitel 15.1 ff. und Kapitel 16.
[297] Vgl. dazu Kapitel III.C.8.4.3 (Phase 1) sowie zur grundsätzlichen Haltung in Konfliktsituationen, Kapitel VI.A.5.1.
[298] Vgl. dazu Kapitel VI.A.6 sowie zu Druckstrategien allgemein, Kapitel III.C.2.

anderseits mit ihnen Bündnisse einzugehen. Dabei kam ihm sehr entgegen, dass am Wiener Kongress keine Plenarsitzungen stattfanden, sondern nur Konferenzen kleinerer Kommissionen und Arbeitsgruppen zur Klärung bestimmter Fragen. Dort konnte er praktisch in Salongesprächen unter Seinesgleichen seinen Witz und scharfen Verstand am besten ausspielen. Mit einem Vertrag zwischen England, Frankreich und Österreich konnten zudem die russischen Expansionspläne in Schach gehalten werden – und das erst noch besiegte Frankreich war wieder im Spiel der europäischen Grossmächte dabei.[299] Talleyrands Verhandlungsführung anlässlich des Wiener Kongresses gilt als Musterbeispiel des geschickten Taktierens.

Eine beliebte kombinierte Taktik ist auch das *«Good guy – Bad guy»*-Rollenspiel, in dem ein Mitglied des Verhandlungsteams vor allem Druck aufsetzt, ein anderes dagegen Lösungen anstrebt. So geisselte Vizepräsident Pence vor dem Handelsgipfel der USA mit China im Oktober 2019 die angeblichen politischen und wirtschaftlichen Verfehlungen der Gegenpartei, um Rückhalt beim Parlament zu holen, aber auch, um als «Bad Guy» dem Präsidenten als «Great Dealmaker» die Türe zu öffnen. Da dieses «Spiel» mittlerweile weit bekannt ist, geht ihm allerdings oft etwas die Wirkung ab.

Die Kombination der beschriebenen Verhaltensweisen ergibt die **Optionen**, um in einer bestimmten Situation beziehungsweise auf bestimmte Verhaltensweisen der anderen Partei zu reagieren:

Sie: \ Wir:	Druck ausüben	Ausweichen	Nachgeben	Beharren, Widerstand leisten	Kooperation	Kompromiss
Druck ausüben						
Ausweichen						
Nachgeben						
Beharren, Widerstand leisten						
Kooperation						
Kompromiss						

Abb. 11 – Schematische Darstellung der möglichen Verhaltensweisen

---

299 WILLMS, Talleyrand, S. 227 ff.; ZAMOYSKI, «1815», S. 322–333.

Diese Optionen können **auf allen fünf Verhandlungsebenen** geprüft und evaluiert werden.

Welches die richtige Vorgehensweise beziehungsweise Antwort auf eine solche sein dürfte, eruieren wir anhand der **Analyse**,[300] die sich auf die verfügbaren **Informationen**[301] stützt.

---

300 Vgl. dazu Kapitel V.A.2.
301 Vgl. dazu Kapitel V.A.2.

D. Besondere Eigenheiten und kulturelle Aspekte in internationalen Verhandlungen

Verhandlungen, gerade im internationalen Kontext, werden oft durch den persönlichen, geschäftlichen und kulturellen Hintergrund der Verhandelnden beziehungsweise der Stakeholder geprägt. Kulturelle Eigenheiten können im üblichen Austausch von kleinen Geschenken bei der ersten Begegnung, in der Wichtigkeit des persönlichen Kontakts und darin, die andere Partei das Gesicht wahren zu lassen und Hierarcshien zu berücksichtigen, bestehen. Die Anrede, die Art und Weise, Geschäftskarten zu überreichen und entgegenzunehmen, die Sitzordnung und vieles mehr können eine Atmosphäre des gegenseitigen Respekts schaffen – oder bei Missachtung die Verhandlungen erschweren, wenn nicht sogar torpedieren.

Dies wird mit Vorteil bei der Verhandlungsvorbereitung und -führung berücksichtigt, um der anderen Partei Respekt zu zollen und ein positives Verhandlungsklima zu schaffen.

Weitere besondere Eigenheiten des Verhandlungsumfelds können von der *Marktstellung, anderen erfolgreichen oder gescheiterten Verhandlungen, der Reputation, finanziellen Rahmenbedingungen bis zu geopolitischen Gegebenheiten* reichen. So beschrieb Henry Kissinger, wie die dauernde Bedrohungslage Israel zu einem sehr harten Verhandlungspartner machte oder wie russische Unterhändler aufgrund des zweimaligen Überfalls aus dem Westen eine sehr misstrauische und absichernde Haltung einnahmen. Chinesen dagegen betrachten seiner Meinung nach Verhandlungen einfach als Teil eines Prozesses, was aufgrund ihrer sehr langjährigen Geschichte und ihrer auf lange Zeit ausgelegten strategischen Sichtweise verständlich ist.[302] In kommerziellen Verhandlungen sind «David-Goliath»-Situationen oder kulturell geprägte unterschiedliche Verhandlungsstile häufig.[303]

Durch eine gute Vorbereitung, echtes Interesse an der Situation und an den Bedürfnissen der anderen Partei, durch einen transparenten, interessenorientierten Verhandlungsstil und vertrauensbildende Massnahmen können wir uns kulturelle Eigenheiten der Verhandlungssituation zunutze machen, um das Ver-

Indem wir besondere Eigenheiten des Verhandlungsumfelds in den Verhandlungen berücksichtigen, werden mögliche Stolpersteine zu Elementen des Erfolgs.

---

[302] Lord, Kissinger über Kissinger, S. 139 ff. Vgl. dazu auch das Beispiel in Kapitel V.D.2.6 zum ungeschickten Umgang der Briten mit den Chinesen während der Verhandlungen vor den chinesisch-britischen Opiumkriegen.
[303] Vgl. dazu Spezialliteratur wie Heussen/Pischel, Handbuch Vertragsmanagement, Teil 9, Rz. 1 ff.; Brett, Negotiating Globally; Verhandeln mit Behörden, europäischen Institutionen etc.: Heussen/Pischel, Handbuch Vertragsmanagement, Teil 8.

handlungsumfeld positiv zu beeinflussen. So werden sie von möglichen Stolpersteinen zu Elementen des Verhandlungserfolgs.[304]

---

304 HEUSSEN/PISCHEL, Handbuch Vertragsmanagement, Teil 9, Rz. 1 ff.; BRETT, Negotiating Globally; LORD, Kissinger über Kissinger, S. 140–141; verhandeln mit Behörden, europäischen Institutionen etc.: HEUSSEN/PISCHEL, Handbuch Vertragsmanagement, Teil 8.

E. Die Bedeutung von Verhandlungsstrategien – und die Wichtigkeit, davon situativ abzuweichen

*«Der Sieg sollte (durch gute Vorbereitung und Strategie)
schon gewonnen werden, bevor der Kampf richtig beginnt.»*
Sun Tzu

*«Eine fehlende Gesamtstrategie führt dazu,
dass man an einzelnen Ereignissen scheitern kann.»*
Henry Kissinger[305]

1. Die Bedeutung von Verhandlungsstrategien für den Verhandlungsprozess

Jeder Mensch verhandelt an jedem Tag seines Lebens ungezählte Male. Viele der Verhandlungen sind von kleiner Tragweite: Wer benutzt heute das Familienauto? Was ist unser Wochenendprogramm? Wie lange darf die minderjährige Tochter in den Ausgang? Wer wird die Unternehmung an der nächsten Tagung vertreten? Wieviel kostet der neue Drucker? Wieviel bezahlen wir für das Hotelzimmer? Erhalten wir auf einem Kleid einen Rabatt? In solchen Verhandlungen dominiert die Verhandlungstaktik, für Strategien ist oft keine Zeit vorhanden – wobei auch kleinere Anliegen besser oder schlechter, insbesondere auch gegenüber der «richtigen» Person, zum «richtigen» Zeitpunkt und in der «richtigen» Art und Weise vorgebracht werden können. Oder wie es auch heisst: *«C'est le ton qui fait la musique»,* was durchaus weiter als nur «tonbezogen» verstanden werden kann.

In wichtigeren Belangen und komplexen Situationen dagegen findet rein situativ-taktisch geprägtes Verhandeln rasch seine Grenzen. Hier geniessen gut vorbereitete Parteien, die das Verhandlungsumfeld genau analysiert und sich einen «Game Plan» zurechtgelegt haben, regelmässig Vorteile, da ihr Verhandeln auf einer *Analyse der Verhandlungssituation, der beidseitigen Interessen und der Möglichkeiten beruht, wie das Verhandlungsziel am besten zu erreichen ist,* und nicht auf persönlichen Vorlieben und reflexhaften Vorgehensweisen. Dabei werden die *potentiellen Auswirkungen* der eigenen Vorgehensweise vorgängig hinterfragt, was die Wahrscheinlichkeit verringert, dass wir damit genau den gegenteiligen Effekt von dem erreichen, was wir angestrebt haben. Jonathan Powell, der als Chefunterhändler die britische Regierung unter dem damaligen Premierminister Tony Blair während deren Friedensverhandlungen mit der IRA vertrat, bezeich-

---

305 Lord, Kissinger über Kissinger, S. 167.

nete *mangelnde Planung und Struktur als zwei der Hauptursachen für das Scheitern von Verhandlungen.*[306]

In diesem Zusammenhang bewähren sich **Stufenmodelle**:[307] Sie sind einfach zu benutzen und im Bereich des Managements oder Projektmanagements entsprechend weit verbreitet. Sie folgen grundsätzlich einer linearen und damit rationalen Vorgehensweise und helfen, den Entscheidfindungs- und Vorgehensprozess zu strukturieren und damit bewusster, weniger fehleranfällig, übersichtlicher und nachvollziehbarer zu gestalten als intuitive Vorgehensweisen. Damit erleichtern sie auch die Führung und die Berücksichtigung des gesamten Verhandlungsumfelds sowie die Koordination im Team.[308] Allerdings neigen sie grundsätzlich auch zu einer gewissen Inflexibilität. Die Kombination mit **iterativen Schlaufen** im Rahmen des Verhandlungsführungsprozesses[309] dagegen erlaubt eine flexible Vorgehensweise, welche genügend Raum für intuitive und situativ-adaptive Entscheidungen lässt.

> Ein eindrückliches Beispiel, wie sich langfristige Strategien auszahlen, liefert gegenwärtig China, das es geschafft hat, mit seiner «Road and Belt»-Initiative zahlreiche Länder wirtschaftlich und politisch in seinen Einflussbereich zu bringen. Dagegen brachte die US-Regierung unter Präsident Donald Trump praktisch jeden ehemaligen Verbündeten durch dessen erratische Vorgehensweise und Äusserungen gegen sich auf, und auch die EU schafft es nicht, eine geeinte Aussenpolitik, geschweige denn Aussenhandelspolitik, einzunehmen. Damit verschiebt sich, wie Peter Frankopan in seinem Buch «Die neuen Seidenstrassen» nachweist, das geopolitische Gewicht eindeutig Richtung Osten.[310]

Da die Strategie in Militärangelegenheiten schon immer eine zentrale Rolle gespielt hat, wurde sie in diesem Bereich auch über Jahrtausende intensiv studiert und weiterentwickelt. Der Begriff «Strategie» stammt dabei aus dem Griechischen («strategos») und bedeutet die «Kunst der Heeresführung». Entsprechend wird in der Verhandlungslehre gerne auf grosse Militärstrategen wie Sun Tzu und Carl von Clausewitz zurückgegriffen, deren grundlegende Überlegungen zur Führungs- und Strategielehre auch heute noch von ungebrochener Aktualität sind.

Unter Führung verstand Sun Tzu die Führungsqualitäten von Weisheit, Ehrlichkeit, Menschlichkeit, Mut und Konsequenz des Handelns.[311] In seinem Werk «Die Kunst des Krieges» hielt er zudem strategische Erkenntnisse fest, wie beispiels-

---

306 Powell, Talking to Terrorists, S. 204.
307 Vgl. etwa das Stufenmodell von Conn/McLean, Bullet Proof Problem Solving, S. 19 ff.
308 Vgl. auch Gissler, Einsätze wirksam führen, S. 237.
309 Vgl. Kapitel III.A.3.
310 Frankopan, Die neuen Seidenstrassen, S. 25 ff.
311 Sun Tzu/Griffith, Die Kunst des Krieges, Kapitel I, Spruch 7.

weise, dass derjenige gewinnen wird, der weiss, *wann er kämpfen soll und wann nicht* und dessen Armee im Geiste *einig* ist.[312] Zudem wird jener obsiegen, der eine *fähige Führung* hat und dessen Pläne nicht durch den Herrscher durchkreuzt werden.[313]

Angesichts der vielseitigen Anwendung von Strategien in den Bereichen Management, Verhandlungslehre, Militär, Schach etc. besteht verständlicherweise kein einheitlicher Strategiebegriff. LENNART etwa definiert die Strategie im Bereich der internationalen Politik als Theorie, mit der diverse Handlungsfelder so koordiniert werden, dass die Fähigkeit zur Selbstbestimmung gewahrt und essentielle, übergeordnete Zwecke auch gegen Widerstände und friktionale Einflüsse erreicht werden.[314,315] SOUCHON bezeichnet sie als die Verbindung des Wollens mit dem Handeln, indem der zu erreichende Zweck, die Prioritäten, Vorgehensweisen und die erforderlichen Mittel festgelegt werden.[316] Im Managementbereich wird die

Als Strategie bezeichnen wir den übergeordneten Plan und die grundsätzlichen Verhaltensweisen, um in Berücksichtigung des Verhandlungsumfelds die definierten Ziele zu erreichen.

---

312 Auf Verhandlungen übertragen heisst das: Dessen Team die Ziele und den Weg dazu genau kennt und diesbezüglich einig ist. Vgl. auch SUN TZU/GRIFFITH, Die Kunst des Krieges, Kapitel III, Spruch 8: Die Durchsetzung von Disziplin, Organisation, Kontrolle und angemessene Pflichtzuteilung an die Mitarbeitenden ist zentral. Dies entscheidet mit über Erfolg und Misserfolg. Siehe DIES., Kapitel III, Spruch 8.
313 SUN TZU/GRIFFITH, Die Kunst des Krieges, Kapitel III, Sprüche 24–29 – Ein kluger Herrscher setzt die richtige Person ein, überträgt ihr Verantwortung und erwartet Resultate (Wang Xi). Es ist der Bereich des Herrschers, Bestimmungen zu treffen. Über die Schlacht jedoch entscheidet der General (Du You). Vgl. DIES., Kapitel III, Spruch 29. Die Missachtung solcher Grundsätze wirkt sich oft verheerend aus. Die Einmischung Hitlers in die Entscheidprozesse seiner Generäle etwa hat oft viel Zeit gekostet und den gegnerischen Truppen Gelegenheit verschafft, ihre Position zu verstärken. Eberle beschreibt zudem, wie die Uneinigkeit der deutschen Generäle 1940 in Dünkirch die Elimination des englischen Expeditionsheeres verhinderte (EBERLE, Hitlers Weltkriege, S. 267). Deshalb konnten während der Diskussion, ob die Panzereinheiten weiter vorrücken oder auf Flankenschutz warten sollten, in der Operation «Dynamo» rund 338'000 Soldaten gerettet werden (einen Einfluss auf den verzögerten Vorstoss spielte wohl auch die Hoffnung von Hitler, mit den Engländern Verhandlungen über ein Kriegsende führen zu können; vgl. WRAGG, Operation Neptun, S. 82). Anderseits war Generalfeldmarschall von Rundstedt während der ersten Phase der «Operation Barbarossa» (Russlandfeldzug) zuerst erfolgreich, weil er sich über die Befehle Hitlers hinwegsetzte (WRAGG, Operation Neptun, S. 79). Generalfeldmarschall Erwin Rommel verhinderte nach der Niederlage bei El Alamein durch Rückzüge die Einkesselung seiner Armee, dies entgegen dem Befehl Hitlers, sich nicht zurückzuziehen (WRAGG, Operation Neptun, S. 84). Auch VON CLAUSEWITZ hat sich in seinem Werk «vom Kriege» grundlegend zu Fragen der Strategie, den Truppen, dem Angriff und der Verteidigung etc. geäussert.
314 SOUCHON, Strategie im 21. Jahrhundert, S. 27; VON CLAUSEWITZ, Vom Kriege, 3. Buch, Kapitel 1 («Die Strategie ist der Gebrauch des Gefechts zum Zweck des Krieges; sie muss also dem ganzen kriegerischen Akt ein Ziel setzen, welches dem Zweck desselben entspricht, das heisst sie entwirf den Kriegsplan, und an dieses Ziel knüpft sie die Reihe der Handlungen an, welche zu demselben führen sollen, das heisst sie macht die Entwürfe zu den einzelnen Feldzügen und ordnet in diesen die einzelnen Gefechte an») und 8. Buch, Kapitel 1–2 sowie insb. S. 115 ff. und 483 ff.
315 Vgl. auch WRIGHT/PRINGLE/KROLL, Strategic Management oder GILLENKIRCH, Definition der Strategie.
316 SOUCHEN, Strategie im 21. Jahrhundert, S. 26.

Strategie als die langfristige Ausrichtung einer Organisation verstanden.[317] Zusammenfassend kann man die **Strategie** als den übergeordneten Plan und die grundsätzlichen Verhaltensweisen bezeichnen, um in Berücksichtigung des Verhandlungsumfelds die definierten Ziele zu erreichen.

Im Folgenden wird unter dem Begriff Verhandlungsstrategie entsprechend der **grundsätzliche Verhandlungsplan** («Game Plan») der Parteien verstanden.

Strategien helfen uns, ein planmässiges, sorgfältiges, koordiniertes und zielorientiertes Vorgehen sicherzustellen. Eine erfolgreiche Verhandlungsstrategie besteht damit aus den folgenden drei Elementen:

- *Planmässigkeit:* Die Strategie beschreibt einen übergeordneten Vorgehensplan;
- *Vorbereitung:* sorgfältige Analyse des Verhandlungsumfelds, Organisation der Verhandlungen und Koordination beziehungsweise Konzentration der Kräfte und Mittel[318]; und
- *Zielorientiertheit:* Koordiniertes und planmässiges Vorgehen und Einsetzen der Mittel zur Erreichung des Ziels.

Erfolgreiche Strategien sind klar, einfach und umsetzungsorientiert.

Erfolgreiche Strategien zeichnen sich zudem dadurch aus, dass sie *klar, einfach und umsetzungsorientiert sind*.

Fehlen dagegen **klare Ziele** oder zumindest **Zwischen- und Etappenziele**, stringente Zeitvorgaben und adäquat zugeteilte Mittel sowie die Fähigkeit, professionell und initiativ zu agieren und auf das gegnerische Handeln zu reagieren, ist Erfolg mehr oder weniger Glückssache.[319]

Auch wenn Verhandlungsstrategien bei komplexen Verhandlungen differenzierter ausfallen als bei einfachen, müssen sie nicht kompliziert sein: So kann in einer *Erbschaftsstreitigkeit* die Strategie darin bestehen, Vertrauen aufzubauen, durch neutrale Vermittler negative Gefühle zu besänftigen, keine offenen Konflikte auszutragen und stets transparent, für alle fair und lösungsorientiert zu verhandeln. Dies bestimmt dann sämtliche einzelnen Handlungen im Rahmen des Verhandlungsprozesses. In einer schwierigen *Scheidungssituation* kann die Strategie einer Partei darin bestehen, die Angelegenheit zu versachlichen und die Emotionen durch eine parallellaufende Paartherapie zu besänftigen, damit möglichst rasch eine ausgewogene Ehescheidungskonvention erzielt und auch zu-

---

317 JOHNSON et al., Strategisches Management, S. 24; Lombriser/Abplanalp weisen dabei zu Recht auf den Einfluss der Ambitionen des Unternehmens und damit auf den dynamischen Aspekt der Zielausrichtung und -erreichung der Strategie hin (LOMBRISER/ABPLANALP, Strategisches Management, S. 26).
318 Siehe Grundsätzliches bei VON CLAUSEWITZ, Vom Kriege, 37. Buch, Kapitel 12 und S. 140.
319 Vgl. SOUCHON, Strategie im 21. Jahrhundert, S. 15.

künftige Kontakte – vor allem der Kinder wegen – einigermassen konstruktiv verlaufen. Gleichzeitig soll der anderen Partei durch das Setzen klarer Grenzen aufgezeigt werden, dass «Power Play» statt kooperativem Verhalten, etwa durch prozessuale oder rechnerische «Tricks», seinen Preis hat. Dabei können alternative Streitbeilegungsmechanismen eingesetzt werden, die in Kapitel VI.C näher beschrieben werden. In *kommerziellen Vertragsverhandlungen* kann eine Strategie darin bestehen, die technischen und wirtschaftlichen Verhandlungen vorzuziehen, so dass der anderen Partei der Nutzen der Vereinbarung klar bekannt ist, bevor man in die rechtlichen Belange einsteigt, wo bei der Haftungs- und Gewährleistungsregelung sowie dem Gerichtsstand Konfliktpotential besteht, und Dritte zur Unterstützung des Vertrauensaufbaus beizuziehen. Jede Strategie, ob einfach oder komplex, wird jedoch durch die Elemente Planmässigkeit, Vorbereitung und Zielorientierung bestimmt.

2. Strategie und Verhandlungstaktik

«Gute Stellungen gewinnen keine Partie, gute Züge jedoch schon.»
Schachweisheit

«Alle haben einen Plan, bis sie eins aufs Maul kriegen.»
Mike Tyson, Boxer

Da der Erfolg in Verhandlungen regelmässig von deren Vorbereitung beeinflusst wird, wird oft versucht, im Rahmen von Planspielen die eigenen Positionen und das eigene Vorgehen zu testen und die Vorgehensweisen der Gegenpartei zu **antizipieren**, um dann Lösungen im Sinne von Gegenvorschlägen und Gegentaktiken zu erarbeiten.[320] Dazu werden Stakeholder einbezogen und bei komplexeren Verhandlungen anhand von Fragebogen *interne Vernehmlassungen* und *Strategiepapiere* erstellt.[321]

Den zukünftigen Verhandlungsverlauf zu antizipieren, ist jedoch nur beschränkt möglich.[322] Trotz der Bedeutung der Strategie gilt deshalb auch in Verhandlungen die Schachweisheit, dass gute Stellungen keine Partie gewinnen, gute Züge jedoch schon. Henry Kissinger schreibt in seinem *Oeuvre* «Diplomacy» treffend, dass erfolgreiche Diplomatie die Entwicklung einer *Strategie* voraussetze, jedoch müsse situativ zugunsten von Lösungen auch immer wieder von dieser abgewichen werden. Dabei komme den *Persönlichkeiten* der Verhandlungsführenden

---

[320] Vgl. dazu allgemein auch Kapitel V.A sowie zur Entwicklung von Verhandlungsszenarien Kapitel V.A.5.
[321] Vgl. zur Informationsbeschaffung auch LOMBRISER/ABPLANALP, Strategisches Management, S. 143 ff.
[322] Zur Schwierigkeit, treffgenaue Vorhersagen zu tätigen, siehe Kapitel IV.H sowie V.A.5.1.

und deren *Intuition* grosse Bedeutung zu.[323] Intuition kann hier mit Gespür dafür, wie sich Menschen verhalten werden, wie sich eine Situation entwickelt oder was in einer Verhandlung «drin» liegt, umschrieben werden.

> Wer Strategie *und* Taktik beherrscht, verschafft sich einen klaren Verhandlungsvorteil.

Dies gilt nicht nur für die Diplomatie, sondern für die Verhandlungsführung im Allgemeinen. Ein guter Taktiker wird einen erfahrenen, aber zaudernden Strategen eher ausmanövrieren als umgekehrt. Wer jedoch Strategie *und* Taktik beherrscht, ist beiden überlegen.

Die üblichen Unwägbarkeiten und Überraschungen, die wir in Verhandlungen erleben,[324] bedeuten nicht nur, dass *Verhandlungsstrategien laufend überprüft* und gegebenenfalls an die neuen Verhältnisse angepasst werden müssen, sondern unterstreichen auch *die grosse Bedeutung des situativen Elements, mithin der Taktik*. Heerführer wie Alexander der Grosse oder Napoleon zeichneten sich durch ein ausgezeichnetes Gefühl für taktische Situationen aus. Dasselbe gilt für erfolgreiche Verhandlungsführerinnen und -führer. Der Managementberater Reinhard K. Sprenger schrieb dazu:

*«Die Erfahrung zeigt, dass wirtschaftlich erfolgreich jene sind, die nicht ausrechenbar sind. Die Chancen sehen, die der Zufall bietet. Und die Gelegenheit beim Schopf packen, also **handeln**. Viele hat der Zufall gerufen, aber wenige haben ihn auserwählt. Evident ist auch, dass wir uns als Individuen nicht durch planerische Erfolge entwickeln, sondern durch Schwierigkeiten – durch Pröbeln und durch Tüfteln, durch Versuch und Irrtum. Wer den Zufall auszuschalten versucht, leidet an Misserfolgsarmut. Und er übersieht die Blumen am Wegesrand. Neues entsteht oft aus einem Zustand, der auf den ersten Blick wie eine Katastrophe wirkt.»*[325]

> Das Schaffen und Ergreifen von Chancen ist taktischer, was wir damit erreichen wollen und welche Pfade wir dafür gehen oder vermeiden dagegen strategischer Natur.

Auch in Verhandlungen bieten sich gerade in chaotischen Situationen oft Chancen, wenn wir sie nur sehen und ergreifen. Und oft kreieren wir diese erst, wenn wir etwas probieren und riskieren. Das Schaffen und Ergreifen von Chancen ist taktischer, was wir damit erreichen wollen und welche Pfade wir dafür grundsätzlich gehen oder vermeiden dagegen strategischer Natur. Erfahrene Verhandlungsführerinnen und -führer erkennen, *wann Verhandlungen vor allem strategisch und wann sie taktisch geprägt sind,* und wissen beides – wie beim Schachspiel – geschickt zusammen einzusetzen.

---

323 Intuition ist dabei stark persönlichkeitsbezogen. Sie ergibt sich aber auch aus der *Erfahrung* und wird durch die intensive Vorbefassung mit dem Verhandlungsgegenstand und der Verhandlungssituation sowie durch eine sorgfältige Planung geschärft, was die Bedeutung der *Vorbereitung* von Verhandlungen unterstreicht.
324 Dieser Tatsache mass auch von Clausewitz grosse Bedeutung bei (vgl. Grundsätzliches bei von Clausewitz, Vom Kriege, 1. Buch, S. 21 und 26 sowie Kapitel 10 und 20).
325 Sprenger, Gib dem Zufall eine Chance, NZZ vom 28. Oktober 2019.

F. Typisierung von Verhandlungsstrategien und Verhandlungen

1. Grundtypen von Verhandlungsstrategien

Entsprechend den Verhandlungsmodellen, die in Kapitel V beschrieben werden, bestehen auch verschiedene Verhandlungsstrategien. Neben den «harten», kompetitiven beziehungsweise distributiven («win-lose») sowie den kooperativen («win-win») Verhandlungsstrategien können weiter «weiche» («lose-lose» oder «lose-win») Verhandlungsstrategien unterschieden werden. In der Praxis finden wir neben Fokusstrategien oft auch Hybridstrategien, also Mischformen von Verhandlungsstrategien.[326] Die Synthese zwischen kooperativen und distributiven Verhandlungsansätzen nenne ich die *dynamisch-flexible Verhandlungsführung*.[327]

Weiter unterscheiden wir einmalige und wiederkehrende, beziehungsweise strukturierte und unstrukturierte Verhandlungen.

Henry Kissinger sagte, dass sich in den Staaten, mit denen er verhandelt hatte, oftmals ihre Geschichte widerspiegelte – ob ruhmreich, misstrauisch, revolutionär, oder feilschend.[328] Dies gilt auch bei Verhandlungen mit Individuen und Unternehmen.

Die Typisierung von Verhandlungsstrategien ist hilfreich, da sie erlaubt, deren wesentliche Charakteristika und damit den Verhandlungsprozess selber besser zu verstehen.[329]

2. Harte beziehungsweise kompetitive Verhandlungsstrategien

Harte Verhandlungsstrategien zielen darauf hin, durch *Druck* (oder Gegendruck) die eigene Position aufrechtzuerhalten oder durchzusetzen und damit ein für die eigene Partei vorteilhaftes Verhandlungsergebnis zu erzielen. Sie können im *Fordern* oder *Beharren* auf der eigenen Position bestehen, oder im *Ausweichen und Verzögern,* um gar nicht erst richtig verhandeln zu müssen, und die «Kraft des Faktischen», also der bestehenden Verhältnisse, auszunutzen. Es handelt sich um typische *«win-lose»*-Strategien, mit welchen die eigenen Ziele durchgesetzt werden sollen.

---

326 Vgl. dazu auch JOHNSON et al., Strategisches Management, S. 286 ff.
327 Vgl. dazu auch Kapitel I und V.
328 Siehe LORD, Kissinger über Kissinger, S. 135 und Kapitel III.D.
329 Vgl. allgemein zur Verhandlungsstrategie und Verhandlungstaktik auch HEUSSEN/PISCHEL, Handbuch Vertragsmanagement, S. 20 ff., 192 ff.; RÖHL, Verhandlungstechnik für Juristen, S. 31 ff.; SCHRANNER, Verhandeln im Grenzbereich, S. 71 ff.

Typisch an harten Verhandlungsstrategien ist viel Druck oder das Beharren auf Positionen, wenig Flexibilität bei den Angeboten sowie der Einsatz von Ultimaten und trickreichen Taktiken. Das Ziel ist nicht die Erarbeitung einer interessenorientierten «win-win»-Lösung, sondern das Durchsetzen der eigenen Positionen durch Überwältigung oder Abnutzung.

Harte Strategien bergen allerdings das Risiko der fehlenden Effizienz, des eigenen Gesichtsverlusts beim Scheitern oder jenes der anderen Partei beim Obsiegen, womit die Beziehung gefährdet wird. Weiter sind harte Strategien in gewissen Situationen *a priori* nicht zielführend, weil sich die andere Partei druckresistent zeigt oder auf Druck allergisch reagiert. Zudem besteht bei mit diesen Strategien erzielten Verhandlungslösungen die latente Gefahr, dass die andere Partei die erlittenen Nachteile anderswie auszugleichen versucht, was deren Nachhaltigkeit in Frage stellt. Wie Arnold Suppan anhand der Verträge von Saint-Germain und Trianon, welche 1919/1920 die Nachkriegsordnung für Österreich und Ungarn regelten, zeigte, führen zudem Vereinbarungen, welche als ungerecht empfunden werden, nicht zu Stabilität.[330] Dasselbe gilt für den Versailler-Vertrag, in dem Deutschland nach dem ersten Weltkrieg einseitig die Schuld an dieser Jahrhundertkatastrophe zugewiesen wurde und der diesem unter anderem sehr hohe Reparationszahlungen aufbürdete. Damit war der Nährboden für den Aufstieg der Nationalsozialisten und den nächsten Konflikt gelegt. Weitere Beispiele zu dieser Thematik finden sich in Kapitel IV.A.

Diese Risiken erkannte auch Sun Tzu. Er empfahl deshalb, möglichst *ohne Kampf zu siegen,* da dieser meist Verluste und nachhaltige Schäden mit sich bringe, was es zu vermeiden gelte.[331] Der Gebrauch von Waffen und Gewalt galt ihm deshalb als schlechtes Omen. Er empfahl, diese nur dann einzusetzen, wenn andere Möglichkeiten nicht zur Verfügung standen.[332] Sun Tzu setzte vielmehr darauf, *die den Konflikten zugrundeliegende Psychologie und Mechanik zu verstehen.*[333] Werden potentielle Konflikte frühzeitig erkannt und in geeigneter Form angegangen, bevor sie offen ausbrechen, können sie oft vermieden werden. Deshalb spielt in der Strategie von Sun Tzu die Informationsbeschaffung eine zentrale Rolle.[334]

Auch wenn rechtliche Interessen gelegentlich auf dem Rechtsweg durchgesetzt werden müssen[335] und Druck in geeigneter und angemessener Form auch sonst durchaus eine Verhandlungsstrategie oder zumindest Teil einer solchen sein

---

330 Suppan, The Imperialist Peace Order in Central Europa.
331 Vgl. Sun Tzu/Cleary, The Art of War, S. 19.
332 Vgl. Sun Tzu/Cleary, The Art of War, S. 9.
333 Vgl. Sun Tzu/Cleary, The Art of War, Einführung S. VII.
334 Mayer, Staying with Conflict, S. 21 ff.; Sun Tzu/Cleary, The Art of War, S. 25.
335 Vgl. dazu Kapitel VI.

kann, führen vorwiegend auf Druck ausgerichtete Strategien aus den erwähnten Gründen zumindest längerfristig kaum zu befriedigenden Ergebnissen.[336] Und doch sind sie in der Praxis oft anzutreffen. Keiner verkörpert das kompetitive Verhandeln wohl mehr als Donald Trump. In zahlreichen Verhandlungen als Unternehmer, aber auch mit befreundeten Nationen wie Mexiko und Kanada (im Rahmen der Neuverhandlungen des NAFTA-Abkommens 2018/2019), mit Nordkorea oder im «Handelskrieg» mit der EU und China setzte Trump ausschliesslich auf «America first» und wirtschaftliche und politische Stärke. Langjährige freundschaftliche Beziehungen mit Verbündeten wie der EU spielten dabei kaum eine Rolle. Ob der kurzfristige wirtschaftliche Erfolg den politischen Schaden, nun als unzuverlässiger politischer Verbündeter erachtet zu werden, aufzuwiegen vermag und dieses Vorgehen nicht zu einer Hinwendung der EU zu anderen wirtschaftlichen Partnern wie China führen wird (mit dem man sich auch bereits mangels gemeinsamer politischer und wirtschaftlicher Agenda mit den USA arrangieren muss), wird sich zeigen.[337]

3. Weiche Verhandlungsstrategien

Weiche Verhandlungsstrategien verzichten auf Druck: Sie setzen auf Überzeugen, Nachgeben und Ausweichen, um (fast) um jeden Preis die gute Stimmung und die positive Beziehung der Parteien, insbesondere auf der zwischenmenschlichen Ebene, zu erhalten. Sie haben den Nachteil, dass Verhandlungsziele meist nicht erreicht werden und man sich stattdessen mit einem faulen Kompromiss zufriedengeben muss. Sie werden deshalb als *«lose-lose» oder «lose-win»* bezeichnet.

Gegenüber Druckstrategien sind weiche Verhandlungsstrategien erfolglos. Vielmehr ermuntern sie die andere Partei in ihrem harten und kompromisslosen Auftreten. Zu Recht bemerkte Uli Sigg, ehemaliger Botschafter der Schweiz in China, als er nach der Strategie der Schweiz gegenüber dem offensiv auftretenden China gefragt wurde, die Schweiz dürfe nicht meinen, sie könne den Chinesen nach dem Maul reden und das bringe ihr dann Vorteile ein.[338]

---

336 Selbstverständlich bedarf es keiner grossen Verhandlungskünste, um mittels überlegener Wirtschafts- oder Militärmacht eine für die eigene Partei vorteilhafte «Verhandlungslösung» zu erzielen. Solche «Lösungen», welche dadurch erzielt werden, dass sinnbildlich gesprochen dem «Gegner der Arm hinter dem Rücken verdreht wird», haben jedoch stets ihren Preis – wenn nicht kurz-, dann sicherlich mittel- oder langfristig. So kaufte vor Jahren ein Schweizer Textilhändler bei einem chinesischen Textilfabrikanten Kleider ein. Da der chinesische Hersteller in finanziellen Nöten war und den Auftrag unbedingt brauchte, drückte der Schweizer Einkäufer den Preis bis an die allerunterste Limite. Die Kleidung wurde angeliefert, der Preis bezahlt. Erst dann merkte der Schweizer Textilhändler, dass die Kleider allesamt 10–15 cm kürzer als bestellt ausgefallen waren.
337 Die Verhandlungskünste von Donald Trump werden in Kapitel VI.A.6.4 näher untersucht.
338 VONPLON/SETTELEN, Interview mit Uli Sigg, NZZ vom 17. Januar 2020.

Ein typisches Beispiel einer weichen Verhandlungsstrategie war die «Appeasement-Politik» der Alliierten und insbesondere von Grossbritannien unter Premierminister Neville Chamberlain, welche in den Dreissigerjahren des letzten Jahrhunderts den Forderungen des nationalsozialistischen Deutschlands stets nachgaben. Sie akzeptierten in der Münchner-Konferenz im September 1938 die Annexion des Sudetenlandes durch Deutschland, und Chamberlain verkündete in London stolz, er bringe damit *«Peace for our time»*. Die Geschichte belehrte ihn eines Besseren.

4. Kooperative und kooperationsorientierte Verhandlungsstrategien – das Harvard Konzept und die Chicago Schule

Kooperative Verhandlungen setzen Integrität, Kreativität und den Willen zur positiven Zusammenarbeit voraus.

Kooperative Verhandlungsstrategien verfolgen im Gegensatz zu den vorgenannten Modellen einen «win-win»-Ansatz. Sie zielen darauf hin, für beide Parteien durch die Verhandlungslösung einen Mehrwert zu schaffen, statt einen «Kuchen» zu verteilen.[339]

Das «Harvard Konzept»[340] von Roger Fisher, William Ury und Bruce Patton gilt dabei als das bekannteste kooperative Verhandlungskonzept. Neben dem Klassiker *Das Harvard Konzept* behandeln weitere Bücher dieser Autoren wie *Schwierige Gespräche, Erfolgreich Verhandeln mit Gefühl und Verstand, Nein sagen und trotzdem erfolgreich Verhandeln* oder *Verhandeln mit dem Teufel* Sonderaspekte oder -situationen der Verhandlungsführung.[341]

Das «Harvard Konzept» geht davon aus, dass die Art, wie wir Probleme betrachten, für den Lösungsweg und die Lösung selber entscheidend ist.[342] FISHER/URY/PATTON zeigen, dass das Feilschen um Positionen (der typische «Basar») Verhandlungen unnötig erschwert und vorteilhafte Verhandlungsergebnisse oftmals verunmöglicht, damit ineffizient ist und die zukünftige Beziehung zwischen den Parteien beeinträchtigt.[343]

---

339 Vgl. auch Kapitel III.B.2.
340 FISHER/URY/PATTON, Das Harvard Konzept.
341 Vgl. dazu ausführlich FISHER/URY/PATTON, Das Harvard Konzept; URY, Schwierige Verhandlungen; FRITZSCHE, Souverän verhandeln, S. 62 ff.; RÖHL, Verhandlungstechnik für Juristen, S. 39. Zu letzterem Thema siehe zudem Kapitel VI.B.
342 Vgl. dazu auch HOLIDAY, The Obstacle is the Way. Holiday zeigt eindrücklich, wie die Wahrnehmung einer Situation uns stark machen oder schwächen und damit den Weg zu einer Lösung und zum Erfolg verbauen kann.
343 FISHER/URY/PATTON, Das Harvard Konzept, S. 30 ff.

Das klassische «Harvard Konzept» basiert auf ergebnisoffenen Verhandlungen, in denen die **Interessen der Parteien im Mittelpunkt** stehen.[344] Statt «weich» oder «hart» (kompetitiv) zu verhandeln, empfehlen die Autoren des «Harvard Konzepts», sich von folgenden **Grundsätzen** leiten zu lassen:

- Menschen und Probleme getrennt voneinander behandeln;
- Fokus auf Interessen und nicht auf Positionen richten;
- vor der Entscheidung verschiedene Wahlmöglichkeiten generieren;
- das Ergebnis auf objektiven Entscheidgrundlagen aufbauen.

Das «Harvard Konzept» war bei seiner Einführung im Jahr 1981 bahnbrechend. Allerdings hat sich in der Praxis gezeigt, dass rein kooperative Verhandlungsansätze zur unnötigen Preisgabe von Interessen und Positionen führen. Auch wird der sachbezogene Verhandlungsansatz kritisiert, da Menschen und Probleme oft gerade nicht getrennt behandelt werden können und in Verhandlungen regelmässig nicht objektive, sondern subjektive Entscheidgrundlagen entscheidend sind.[345] Zudem findet es seine **Grenze** oft im Verhandlungsverständnis der Gegenpartei: Wenn beispielsweise eine Partei Kooperation kulturell oder positionsbedingt als Schwäche erachtet und nicht überzeugt werden kann, kooperativ und interessenorientiert zu verhandeln, müssen andere Instrumente als rein kooperative Verhandlungstechniken eingesetzt werden.

Ungefähr zur gleichen Zeit verfolgten zwei Professoren der Universität von Chicago einen völlig anderen Ansatz: Der Ökonom **Amos Tversky und der Psychologe Daniel Kahneman** stellten dazu 1979 die *Prospect Theory* (deutsch: Prospekt-Theorie oder Neue Erwartungstheorie) auf.[346] Diese erlaubt die Beschreibung der Entscheidungsfindung in risikobehafteten Situationen und bildet heute einen wesentlichen Bestandteil der Verhaltensökonomie (englisch: *behavioral economics*). Kahneman erhielt im Jahr 2002 den Nobelpreis für seine Forschung (Tversky war leider bereits 1996 gestorben). Kahneman und Tversky zeigten dabei auf, dass der *Mensch ein irrationales Wesen* und weitgehend emotionsgesteuert ist – und zwar nicht nur im privaten, sondern auch im geschäftlichen Bereich. Dies deckte sich mit den Erkenntnissen des renommierten österreichischen Kommunikationswissenschaftlers, Psychotherapeuten, Philosophen und Autors **Paul Watzlawick**, der unter anderem an der Stanford Universität gelehrt und die Systemtheorie entwickelt hatte. Diese besagt im Wesentlichen, dass

Bei kooperativen Verhandlungsansätzen stehen in ergebnisoffenen Verhandlungen die Interessen der Parteien im Mittelpunkt. Sie bedingen eine Selbstbeschränkung in der Wahl der verhandlungstaktischen Mittel.

---

344 Zur Definition des Begriffs der Ergebnisoffenheit, siehe Fn. 8.
345 Vgl. etwa Voss/Raz, Kompromisslos verhandeln, S. 21 ff.; Rock, Erfolgreiche Verhandlungsführung, S. 436 ff.
346 Tversky/Kahneman, Advances in prospect theory, S. 44–66; Kahneman, Thinking, fast and slow, S. 278–288.

unsere *Wahrnehmungsvorstellungen rein subjektive Konstrukte* sind. Die so wahrgenommene «Wirklichkeit» ist das Ergebnis von Kommunikation und führt deshalb oft zu Missverständnissen. Watzlawick prägte den Satz: **«Man kann nicht nicht kommunizieren.»** Er wies nach, dass jede Kommunikation stets auf der *Inhalts- und Beziehungsebene* erfolgt.

Die Arbeiten von Watzlawick sowie von Kahneman und Tversky zeigen, dass die menschliche Wahrnehmung und menschliches Verhalten häufig von kognitiven Verzerrungen (Biases) beeinflusst werden. Diese Erkenntnisse führten im Gegensatz zum «Harvard Konzept» zum Schluss, dass Menschen (Emotionen) und Probleme gerade *nicht* zu trennen sind, sondern Kommunikation und Psychologie Verhandlungen dominieren und den Schlüssel zum Erfolg darstellen, und dass deshalb subjektive ebenso wichtig wie objektive Entscheidelemente sind.

> Dazu folgendes Beispiel: Das Engineeringunternehmen M. schloss einen Vertrag mit der Unternehmung S. Während der Entwicklung von Prototypen wurde ein Zwischentest durchgeführt, der jedoch, wie sich herausstellte, mangelhaft war. M. wies zwar in der Folge nach, dass das geprüfte Zwischenergebnis vertragskonform war. Doch der Kunde beendete abrupt die Zusammenarbeit. M. forderte Zahlung für die erbrachten Dienstleistungen. Vergleichsgespräche scheiterten. Die Vertreter der Unternehmung M. schilderten uns die Exponenten von S. als kompromisslos, aggressiv und uneinsichtig. Wir reichten eine Klage für EUR 108'000 ein, die Kundin erhob Widerklage auf EUR 288'000. Während des ersten Austauschs vor Gericht realisierten wir, dass die Kundin das Vertrauen verloren hatte, da sie vermutete, der Test sei absichtlich mangelhaft durchgeführt worden, um den Test zu bestehen und die nächste Investitionsrate auszulösen. Wir entschuldigten uns für den Fehler, zeigten Verständnis, erklärten die in Rechnung gestellten Leistungen (worüber weitere Missverständnisse bestanden) und konnten so völlig wider Erwarten unseres Kunden einen angemessenen Vergleich erzielen. Auch (angeblich) so vernunftgesteuerte Menschen wie Ingenieure haben eben Emotionen.

Wir werden die Erkenntnisse von Tversky, Kahneman und Watzlawick in Kapitel IV.B vertiefen. Sie bilden zusammen mit der systematischen Vorgehensweise die Grundlage des in diesem Buch beschriebenen Verhandlungsansatzes.

5. Semi-kooperative beziehungsweise kooperationsorientierte Verhandlungsstrategien

Als semi-kooperative oder kooperationsorientierte Verhandlungsstrategien bezeichne ich solche, bei welchen grundsätzlich kooperativ verhandelt wird, jedoch in unterschiedlichem Ausmass harte Verhandlungstaktiken Eingang finden, beziehungsweise solche, welche grundsätzlich hart geführt werden, bei denen jedoch auch kooperative Verhandlungstaktiken zum Einsatz gelangen. Es handelt sich also um typische Hybridformen.

6. Einmalige und wiederkehrende Verhandlungen

Für die Verhandlungsführung ist von Bedeutung, ob zwischen den Parteien nur einmalige oder wiederkehrende Verhandlungen erfolgen beziehungsweise andauernde Vertrags- oder Verhandlungsbeziehungen bestehen.[347] Je nachdem steht eher die *Gewinnmaximierung* oder das *Eingehen einer längerfristig ausgerichteten Geschäftsbeziehung* im Vordergrund: Während in einmaligen Verhandlungen vorwiegend ergebnisorientiert und damit kompetitiv verhandelt wird, dominiert in (potentiell) wiederkehrenden Konstellationen regelmässig die Kooperation. Allerdings gilt auch in vermeintlich einmaligen Verhandlungssituationen die alte Redewendung, dass man sich im Leben meist zweimal trifft, was zusammen mit den anderen Vorteilen Motivation genug sein sollte, grundsätzlich kooperative Verhandlungen anzustreben.

> So hatten wir vor einigen Jahren gegen eine Unternehmung Klage wegen Vertragsbruchs eingereicht. Der Gegenanwalt war sehr aufgebracht und beschimpfte mich während eines Telefonats. Ich beendete dieses, da unter solchen Umständen keine sachliche Diskussion möglich war, und schlug vor, dass wir uns am nächsten Tag wieder über die Angelegenheit unterhalten würden, was wir auch taten. Dabei schluckte ich meinen Ärger runter, verzichtete auf Retorsionen und versuchte, die Situation zu deeskalieren. In der Folge fanden wir nach harten, aber fairen Verhandlungen eine Lösung. Ein halbes Jahr später trafen derselbe Gegenanwalt und ich in einem anderen Prozess erneut aufeinander: Ich war unter extremem Zeitdruck und benötigte unbedingt dessen Einverständnis, um vom Gericht eine weitere (letzte) Fristerstreckung zum Einreichen meiner Klageantwort zu erhalten. Ich rief ihn an – und nach einigem Zögern gestand er mir diese zu. Er begründete dies ausdrücklich damit, dass ich ihm im früheren Fall erlaubt hatte, das Gesicht zu wahren und Hand für eine einvernehmliche Lösung geboten hatte. Wie gesagt, man trifft sich im Leben meist zweimal.

7. Strukturierte und unstrukturierte Verhandlungen

Eine weitere Einteilung ist jene in strukturierte und unstrukturierte Verhandlungen:

In der Verhandlungspraxis sind wir oft mit **unstrukturierten Verhandlungen** konfrontiert, wobei dies eher bei weniger komplexen Verhandlungen der Fall ist. Aber auch komplexe Verhandlungen werden oft überraschend unstrukturiert geführt. Durch Taktieren sowie gegenseitige Forderungen und Positionsbezüge wird ähnlich einem *orientalischen Basar* auf eine Lösung hingewirkt.[348] Viele Positionen werden dabei nur eingenommen, um der anderen Partei Zugeständnisse

---

347 Vgl. dazu auch Kapitel III.B.4.2 («Gefangenen-Dilemma») sowie Berz, Spieltheorie, S. 67.
348 Fisher/Ury/Patton, Das Harvard Konzept, S. 29 ff.

abzunötigen *(«Tradeables»)* – Chaos kann also durchaus System haben. Dazu werden *Tradeables* vorgängig gerne als wertvoll «verkauft», um sich einen möglichst guten Gegenwert zu erkaufen, was allerdings asymmetrische Information bedingt.[349] Verhandlungspartner, die solches «Verhandlungsjudo» einsetzen, sind oft schwierig einzuschätzen, da sie wie beim Poker gerne bluffen oder verhandlungsunerfahren sind. Die Gefahr, dass dabei die eine oder andere Partei die Situation falsch einschätzt und sich verkalkuliert, ist in solchen Situationen gross. Zudem kann so nur bedingt Vertrauen aufgebaut werden, was die Verhandlungen erschwert. Durch unstrukturiertes Verhandeln verlieren die Parteien zudem oft das Ziel aus den Augen: Persönliche Vorlieben und Abneigungen überdecken das strategische Verhandlungsziel, und Machtkämpfe und Positionsgerangel provozieren unkluge Entscheidungen. Haltungen wie «Das lass ich mir nicht bieten!», «Ich wurde schon das letzte Mal über den Tisch gezogen!» (ob wahr oder nicht …) oder Prägesätze wie «Nachgeben heisst Schwäche zeigen!» führen dabei oft ins Abseits. Schliesslich wissen wir auch nie, was am Ende das Ergebnis sein wird, beziehungsweise ob die Verhandlungen nicht doch noch scheitern.

Das Gegenteil davon sind strukturierte Verhandlungen, in welchen Interessen geklärt und schrittweise Lösungen erarbeitet werden. Verhandlungen, welche einer Strategie folgen, sind stets strukturiert. Wie solche Verhandlungen geplant und geführt werden, wird in Kapitel V aufgezeigt.

Bei unstrukturierten Verhandlungen besteht eine der Hauptaufgaben darin, Struktur in den Verhandlungsprozess zu bringen.

Treffen wir jedoch auf unstrukturierte Verhandlungen, so besteht eine der Hauptaufgaben der Verhandlungsführenden darin, *Struktur in den Verhandlungsprozess zu bringen* – und zwar auf allen fünf Ebenen. Dabei werden Verantwortlichkeiten definiert, Interessen, Begriffe und Leistungsinhalte geklärt und abgestimmt, die von den Parteien angewandten Berechnungsmethoden vereinheitlicht, damit die Parteistandpunkte verglichen werden können, und interessenorientiert eine ZOPA erarbeitet, in welcher eine Lösung möglich ist. Zudem wird dem Verhandlungsprozess eine Struktur gegeben, werden zielstrebig und koordiniert Dokumente erarbeitet und wird eine unterstützende Kommunikation sichergestellt.

---

349 Vgl. BREZ, Spieltheorie, S. 21 f.

8. «Shock and awe» beziehungsweise «all in» vs. langsamer Aufbau einer Position der relativen Stärke

«Wer sich auf die Schwachstellen seines Feindes stürzt, dessen Angriff ist unaufhaltsam.»

Sun Tzu

«Das Ziel ist, die Gegenpartei mit kleinen Schritten in eine Position der relativen Schwäche zu führen, während das eigene Momentum («shi») aufgebaut wird.»

Chinesischer Strategiegrundsatz

Ein weiterer grundlegender Aspekt von Strategien – und damit zentral in der Strategieplanung – ist die **Art und Weise, wie sie umgesetzt werden**.

Nach der klassischen, aus der Kriegsführung stammenden Verhandlungslehre wird die Verhandlungsführung durch Taktik dominiert. Die westliche Kriegstradition bevorzugt dabei für den Sieg eine **gute Vorbereitung und dann den raschen entscheidenden, heroischen Schlag** («Blitzkrieg», «shock & awe») und die völlige Unterwerfung des Gegners. Die chinesische Strategie dagegen betont die **subtile, indirekte und geduldige Ansammlung von relativen Vorteilen und strebt idealerweise die Beherrschung des Gegners ohne Konflikt** an. Dies spiegelt sich in den beiden Taktikspielen des Ostens und Westens *par excellence* wider: Das chinesische «Schach» (*«wei chi»* oder japanisch *«go»*) – oder *«Umzingelungsspiel»* – zielt auf den Aufbau von verschiedenen Zentren der relativen Stärke, und nicht wie das westliche Schach auf einen entscheidenden Durchbruch sowie das Schachmatt. Sun Tzu setzte schon früh auf einen **umfassenden Ansatz**, bei dem die Kräfte der Parteien, das Umfeld, das Wetter etc. berücksichtigt wurden. Die chinesische Strategie zielt dabei vorab auf eine indirekte Schwächung des Gegners durch Attackieren seiner Strategie und seiner Verbündeten, wobei der Psychologie und Täuschung grosse Bedeutung zukommt.[350] Statt auf eine maximale Konzentration der Kräfte wird auf Positionen der **relativen Stärke** gesetzt und der Ausgang des Konflikts zu den eigenen Gunsten begünstigt. Dabei werden zunächst die Schwächen der anderen Partei exploriert und dann die eigenen Kräfte und Mittel geschickt gegen diese eingesetzt. Diese können *Sachzwänge, schwache Verbündete, Zeitdruck zum Vertragsabschluss, mangelnde Glaubwürdigkeit* etc. sein. Sun Tzu lehrte: *«Ein Feldherr, der in der Kriegsführung nicht die passenden Taktiken […] kennt, ist nicht in der Lage,*

---

350 Interessanterweise wird dieses Vorgehen im Westen teilweise als «hinterhältig» empfunden, wobei die westliche Militärtaktik, die in der Vergangenheit wiederholt eine Unzahl von Toten in Kauf nahm, moralisch kaum hinterfragt wird.

seine Truppen wirkungsvoll einzusetzen [...]. Aus diesem Grund muss ein weiser General in seinen Überlegungen sowohl günstige als auch ungünstige Umstände berücksichtigen. Indem er seine günstigen Umstände berücksichtigt, kann er seine Pläne umsetzen. Indem er die ungünstigen berücksichtigt, kann er die Schwierigkeiten lösen.»[351] Statt in einem offenen Konflikt wird der Gegner nach sorgfältiger Analyse *vorsichtig und indirekt unter Einsatz von psychologischen Mitteln und Täuschung («misinformation») bekämpft*. Entsprechend kommt auch der Informationsbeschaffung und Analyse des Umfelds sowie der eigenen sowie gegnerischen Stärken und Schwächen grösste Bedeutung zu. Die Betrachtungsweise ist dynamisch, nicht statisch, weshalb mehr auf die **Dynamik und Richtung** des Konflikts – das **«*konstellationsbedingte Momentum*»**[352] – geachtet wird statt auf statische Bewertungselemente[353]. So verstanden **«fliessen» die Lösungen und Handlungsweisen harmonisch aus dem positiv beeinflussten Umfeld und mit dem entsprechenden Momentum** und müssen nicht mit Gewalt erzwungen werden, was auch dem in der chinesischen Philosophie so wichtigen Prinzip der Harmonie entspricht.[354]

Ob rasch und energisch, oder vorsichtig und abwägend vorgegangen wird, hängt stets von der Situation – und damit von der Analyse der Verhandlungssituation und -umgebung – ab. Oftmals empfielt sich, mit Ersterem zu starten, und wenn sich dann eine Gelegenheit ergibt, diese energisch zu ergreifen. Hier kommt das **Zeitelement** ins Spiel, welches im Kapitel IV.F unter den Aspekten «die Gunst der Stunde nutzen» und «Timing» behandelt wird.

9. Synthese: flexible, analyse-basierte und strukturierte Verhandlungsführung

Einseitige Strategien neigen ebenso wie die intuitive, personenbezogene Verhandlungsführung dazu, in gewissen Situationen zu funktionieren, in anderen dagegen zu versagen. Die hier vertretene flexible, analyse-basierte und strukturierte Verhandlungsführung dagegen folgt einem Verhandlungsansatz, in dem die grundlegenden Verhaltungsweisen in Verhandlungen[355] und die daraus abgeleiteten grundsätzlichen Strategien der kooperativen wie auch der distributiven Verhandlungsführung situativ und entsprechend der Analyse der aktuellen Ver-

---

[351] Sun Tzu/Griffith, S. 176, Kapitel VIII, Sprüche 11–13.
[352] Dies wird im chinesischen als «shi» bezeichnet. Kissinger übersetzt den Begriff als *«ever-changing configuration of forces as well as their general trend»*.
[353] Die Dynamik und Richtung der Verhandlungsführung werden mit den fünf grundlegenden Handlungsalternativen und im Verhandlungsführungsprozess abgebildet. Diese werden in Kapitel III.C besprochen.
[354] Siehe dazu auch Kissinger, On China, S. 23–31.
[355] Vgl. Kapitel III.C.

handlungssituation eingesetzt werden. Meist besteht dabei ein *Leitmotiv*, etwa grundsätzlich kooperativ zu verhandeln, jedoch bei Bedarf auf eine Druckstrategie umzuschwenken, beispielsweise wenn die Gegenpartei auf Zeit spielt und uns hinhält. Solange solche Elemente nicht die Gesamtstrategie dominieren, sondern situativ eingesetzt werden, sind sie taktischer Natur. Soweit sie dagegen die Strategie bestimmen, sind sie strategischer Natur.

Die Wahl der Strategie wird in der Regel nach der Analyse (Schritt 1 der Verhandlungsführung; vgl. Kapitel V.A) getroffen. Sie wird während den Verhandlungen laufend überprüft und gegebenenfalls angepasst.

Auch wenn Verallgemeinerungen schwierig vorzunehmen sind, bestehen gewisse Anhaltspunkte für die Wahl der geeigneten Verhandlungsstrategie:

- Soll zum Beispiel ein Recht – wie ein Patent, eine Marke etc. – *gegen einen Rechtsverletzter* durchgesetzt werden, wird oft (zumindest zuerst) ein kompetitiver Ansatz gewählt.
- Gegenüber *hart oder unfair verhandelnden Gegenparteien* wird eher ein kompetitiver Verhandlungsstil gewählt, zumindest solange, bis auch die andere Partei bereit ist, die Verhandlungen kooperativ zu führen. Nur wenn die Gegenpartei spürt, dass sie mit ihrem Vorgehen nicht zum Ziel gelangt, wird sie dazu neigen, ihren Verhandlungsansatz zu überdenken.
- Teilen die Parteien dagegen eine gemeinsame Vision oder verhandelt die andere Partei kooperativ, führt eher ein ebenfalls kooperativer eigener Verhandlungsstil zum Erfolg.

IV. «Die Werkzeugkiste»: Elemente erfolgreicher Verhandlungsführung

A. Was heisst erfolgreich verhandeln?

1. Verhandlungserfolg in qualitativer und quantitativer Hinsicht

Verhandlungen werden – anders als blosse Gespräche – geführt, um einen «Erfolg» zu erzielen. Doch was bedeutet «Erfolg» in Verhandlungen? Nach welchem Massstab kann man diesen messen? Vor allem zwei Messfaktoren bieten sich an:

- **Die Qualität des Ergebnisses:** Messfaktoren sind hier vorab die *Zielerreichung, die in der Erzielung, Beseitigung, Bewahrung oder Wiederherstellung eines bestimmten Zustandes bestehen kann; die Klarheit und Einfachheit der Regelung* (eindeutig, auslegungssicher, überzeugend, vermeidet Konflikte aufgrund des engen Auslegungsspielraums) sowie deren *Realisierbarkeit und Verbindlichkeit* (keine «Luftschlösser»). Die *Messfaktoren* zur Beurteilung von Alternativen, Optionen sowie einer allfälligen Verhandlungslösung sollten dabei möglichst vorgängig festgelegt werden.[356] Bei kooperativ geführten Verhandlungen sind auch die *Fairness* der Lösung (keine Partei wird eindeutig bevorzugt beziehungsweise benachteiligt) und der durch die Verhandlungslösung geschaffene *Mehrwert* für die Parteien wichtige Erfolgsindikatoren, womit **mehr die *Effizienz und Nachhaltigkeit* der Lösung und weniger das quantiative Element im Vordergrund stehen.** Ein Verhandlungserfolg kann aber auch in der Aufrechterhaltung des Dialogs, einer Zusammenarbeit, oder der Vermeidung des Ausbruchs oder der Verschlimmerung eines Konflikts im Sinne eines «Burgfriedens»[357] bestehen. Je nach Situation kann sogar ein geordneter, gesichtswahrender Rückzug aus einer Konfliktsituation einen Erfolg darstellen.[358]

---

356 Siehe dazu Kapitel V.D.2.3.5.
357 Gemäss Duden online ist ein Burgfriede eine «Vereinbarung zwischen [zwei] Parteien, sich [eine bestimmte Zeit lang] nicht zu bekämpfen». Der Begriff stammt aus dem Mittelalter: Wenn mehrere Parteien Besitz an einer Burg hielten und somit als Burgherren galten, wurden sogenannte »Burgfriedensverträge» geschlossen, die kurz auch Burgfrieden genannt wurden und oft weitreichende Regelungen für das Zusammenleben auf der Burg festlegten, beispielsweise für Instandhaltung und Verteidigung oder die anteilige Besoldung der Wachmannschaften (vgl. etwa ‹https://de.wikipedia.org/wiki/Burgfrieden›).
358 Sun Tzu meint zur Anpassung des strategischen Ziels und zur Art und Weise, Konflikte niederschwellig beizulegen: «Es ist besser, über eine ganze Armee Einfluss zu gewinnen, als sie zu vernichten. [...] Hindere den Gegner nicht, heimzuziehen. Einem umzingelten Gegner musst du einen

- **Die Qualität der Verhandlung:** Selbst wenn die getroffene Vereinbarung befriedigend ausfällt, kann die Verhandlung als solche belastend wirken. Dies ist etwa der Fall, wenn die Art und Weise, wie die Vereinbarung erzielt wurde, unbefriedigend ist, beispielsweise weil der Vertragsschluss viel zu lange gedauert und zu hohe Kosten verursacht, oder weil eine Partei zu schmutzigen Tricks gegriffen und damit das gegenseitige Vertrauen erschüttert hat. Solche Belastungen können das Verhandlungsergebnis so beeinträchtigen, dass die Verhandlungen schliesslich um ihren Erfolg gebracht werden und die Beziehung der Parteien über kurz oder lang auseinanderbricht. Die Qualität von Verhandlungen misst sich deshalb auch an der *Art und Weise, wie sie durchgeführt wurden* (Transparenz, Organisation, Art und Weise der Verhandlungsführung) und nach dem *Verhandlungsklima* (vertrauensvoll, positiv, zukunftsorientiert, oder angespannt, von Misstrauen geprägt etc.). Schliesslich sagt auch die *Effizienz* von Verhandlungen (Aufwand an Zeit und Mitteln) etwas über deren Qualität aus.

Erfolgreich sind demzufolge Verhandlungen dann, wenn das **bestmögliche Verhandlungsergebnis effizient und effektiv** herbeigeführt wird.

2. Weshalb Verhandlungen scheitern

Das Gegenteil von erfolgreichen sind erfolglose Verhandlungen. Solche liegen nach dem hier vertretenen Verständnis vor, wenn sie **unnötigerweise scheitern**. Doch weshalb scheitern Verhandlungen? Die häufigsten Gründe sind ungenügende Vorbereitung, falsche Vorstellungen in Bezug auf das Führen von Verhandlungen («was bedeutet Verhandeln?») und positions- statt interessenbezogene Verhandlungen:[359]

- Die Verhandlungen werden ungenügend vorbereitet und überhastet sowie nicht auf das strategische Verhandlungsziel ausgerichtet geführt.
- Statt sich auf gemeinsame Interessen und Chancen zu konzentrieren, betrachten die Parteien Verhandlungen als *Verteilungskampf («win-lose»)*.
- Entsprechend wird nicht interessen-, sondern rein positionsbezogen verhandelt, und es bestehen völlig unrealistische Erwartungen bezüglich der möglichen und anzustrebenden Verhandlungslösung, da die Interessenlage der anderen Partei nicht oder zuwenig berücksichtigt wird.

Fluchtweg offenlassen. Zwinge einen Gegner nicht, sich [in die Enge gedrängt] zu verteidigen. Das ist die richtige Strategie im Einsatz der Truppen» (vgl. SUN TZU/GRIFFITH, Die Kunst des Krieges, Kapitel III, Spruch 2: sowie Kapitel VII, Sprüche 30–33).

359 Die **Konfliktanalyse** wird in Kapitel VI.A.5.2 eingehend erläutert.

- Beide Parteien versuchen dann, durch gegenseitige *Druckausübung* und ausgeprägtes *Taktieren* ein für sie möglichst optimales Verhandlungsergebnis zu erzielen.
- Weiter wird oft die *Beziehungsebene* vernachlässigt – «Im Geschäftsleben sollte man doch sachlich verhandeln können!» – oder dann für taktische Spiele missbraucht, beispielsweise indem «auf den Mann gespielt» wird, um ein bestimmtes Ergebnis zu erzielen.
- Dies zerstört die Vertrauensbeziehung zwischen den Parteien und führt regelmässig zum Scheitern von Verhandlungen.
- Ein weiterer wichtiger Grund für das Scheitern von Verhandlungen ist, dass die *verhandlungsprozessuale Ebene* vernachlässigt und die Verhandlungen unstrukturiert, intransparent und ziellos geführt werden. Sie ziehen sich endlos hin, versanden irgendwann und werden von den frustrierten Parteien aufgegeben.
- Verhandlungen scheitern oft auch, weil für den «Deal» wichtige Stakeholder nicht (rechtzeitig) ins Boot geholt werden (Kommunikationsebene) oder den Verhandlungen von einer Partei beziehungsweise beiden Parteien nicht die nötige Wichtigkeit beigemessen wird (fehlender Support durch die Entscheidträger).
- Oder eine Partei hat Angst, gegenüber der Verhandlungspartnerin oder ihren Stakeholdern ihr *Gesicht* zu verlieren.
- Abschlusshindernisse treten zudem regelässig auf, wenn der Verhandlungsabschluss forciert wird oder der Regelungsumfang zu umfassend ist («zu schnell, zu viel»). Dann befriedigt die vorgeschlagene Lösung oft auch die Interessen zumindest einer Partei nicht angemessen, und die angestrebten Lösungen liegen zu weit auseinander.
- Ebenso unbefriedigend ist, wenn Vereinbarungen unter Umständen zustande kommen, die für eine oder beide Parteien *unvorteilhafte Ergebnisse* zeitigen und damit bereits den Kern des Konfliktes in sich tragen – diesfalls ist der Erfolg der Verhandlungen zweifelhaft: Die Partei, welche die getroffene Regelung als unfair und für sich nachteilig erachtet, wird in der Folge versuchen, dies im Rahmen der Vertragsumsetzung zu kompensieren, zum Beispiel, indem die Leistung «kostenoptimiert», das heisst nur reduziert erbracht wird oder versucht wird, über Nachfakturieren den Vertrag doch noch in die Gewinnzone zu bringen. Unvorteilhafte und damit wenig dauerhafte Verhandlungslösungen ergeben sich dabei aus den gleichen Gründen, aus welchen Verhandlungen scheitern. Deshalb gilt meist: *Lieber kein Deal als ein schlechter Deal!*

Der Erfolg von Verhandlungen zeigt sich im Ergebnis, in der Art und Weise, wie dieses erzielt wurde, und in der Dauerhaftigkeit der getroffenen Lösung.

Bekannte Beispiele zu schlechten Deals, die dann einseitig «nachgebessert» werden, finden sich in der Praxis etwa bei Bauunternehmern, die aufgrund des Preiskampfes die Armierung im Beton reduzieren und gewisse Leistungen schlicht nicht erbringen oder durch Nachträge versuchen, die vereinbarte Werkpreissumme auf den ihres Erachtens angemessenen Preis zu erhöhen. Auf der anderen Seite bezahlen Käufer, welche nicht geliefert erhalten, was sie ihres Erachtens bestellt haben, nicht den vollen Preis.

- Der Konflikt ist diesfalls vorprogrammiert und die Grundlage für einen Rechtsstreit gelegt. Gleichermassen sind die Verträge, welche im Nahen Osten oder in Afrika die Nachkriegsordnung geregelt haben, oftmals unter Missachtung der Interessen der betroffenen Bevölkerungen entstanden – die Nachwehen der auf dem Reissbrett entstandenen Staatenlösungen wirken bis heute nach.

Jedoch ist nicht jede Verhandlung, die nicht direkt zu einem Verhandlungserfolg führt, erfolglos, kann der Wert von Verhandlungen doch auch in der Erkenntnis liegen, dass eine bestimmte Lösung nicht passt oder ein anderer Weg eingeschlagen werden muss.

B. Erfolgreich verhandeln heisst vorab, verstehen und eine Beziehung schaffen: Die Bedeutung der Psychologie und Kommunikation in der Verhandlungsführung

*«Verstehen heisst nicht, einverstanden zu sein.
Verstehen heisst, zu wissen, was der andere will.»*

Georg Gadamer

1. Verhandeln und Psychologie

Verhandlungen werden von Menschen geführt, die während des Verhandlungsprozesses stets von Neuem **Entscheidungen** in Bezug auf das weitere Vorgehen und das angestrebte Verhandlungsergebnis treffen. Rationale Entscheidungstheorien gehen von der Vernunft der Entscheidenden aus und davon, dass diese mit genügend Fakten die objektiv beste Lösung finden. Die Grundannahme ist, dass die entscheidende Person im Moment der Entscheidung aufgrund der verfügbaren Informationen sowie frei von Emotionen und persönlichen Vorlieben handelt. Die beste Entscheidung ist dabei die, welche objektiv den grösstmöglichen Nutzen bringt.[360] Rationale Theorien, welchen der *Homo economicus* zugrunde liegt und die auf einem Wirtschaftsmodell basieren, das von einem rein in wirtschaftlichen Kategorien denkenden («bester Preis, grösster Nutzen») und rational handelnden Menschen ausgeht, gerieten jedoch in den 80er- und 90er-Jahren des zwanzigsten Jahrhunderts zunehmend in Kritik.

Die Arbeiten von Kahneman, dem Autor von «Thinking, Fast and Slow», und weiteren Autoren zeigen, dass wir **auf zwei Arten Entscheidungen treffen**:[361]

- Erstens basierend auf einem **autonomen (intuitiven) System**, das Informationen *automatisch und schnell* verarbeitet, indem es unbewusste angeborene Beurteilungssysteme und erlernte Gewohnheiten verwendet, um in Sekundenschnelle ein Urteil zu fällen. Dieses System verwendet vereinfachende *Heuristiken*[362] oder Faustregeln, um schnelle Einschätzungen über unkritische Situationen und zu niedrigen Kosten vorzunehmen. Die Entscheidfindung erfolgt dabei weitgehend *intuitiv*. Obwohl intuitive Entscheidungsprozess erfahrungs-

---

360 Vgl. GISSLER, Einsätze wirksam führen, S. 233.
361 Vgl. auch KAHNEMANN, Thinking, Fast and Slow, S. 20 ff.
362 Heuristik kommt vom griechischen Begriff *heurískein* = finden, entdecken und bedeutet gemäss Duden online die «Wissenschaft von den Verfahren, Probleme zu lösen; methodische Anleitung, Anweisung zur Gewinnung neuer Erkenntnisse». Bekannte Heuristiken sind zum Beispiel Versuch und Irrtum, die statistische Auswertung von Zufallsstichproben oder das Ausschlussverfahren. Heuristische Verfahren basieren dabei auf Erfahrungen.

gemäss oft zu fehlerhaften Ergebnissen führen, fällen wir evolutionsbedingt täglich unsere Entscheidungen und Urteile überwiegend so.[363]

- Allerdings verfügt der Mensch mit seiner Fähigkeit, mental zu fokussieren, über einen fortgeschrittenen kognitiven Prozess, der die intuitive Heuristik des ersten Systems überprüfen und bei Bedarf ausser Kraft setzen kann, indem er *Voraussicht und Aufmerksamkeit* anwendet, um *über ein Problem nachzudenken* und dieses dann zu *lösen*. Dies bringt uns zur zweiten Art der Entscheidfindung:

- Die zweite Art, Entscheidungen zu treffen, basiert auf einem **analytisch-logischen System**, das reflektierende, lineare, sprachbasierte bewusste Gedankenprozesse verwendet.[364] Das Denken des zweiten Systems ist *langsam, logisch und bewusst*. Dies erlaubt uns, komplexe Probleme zu lösen und wichtige Entscheidungen zu treffen. Wenn wir lange und hart genug üben, können wir zudem im Laufe der Zeit Fachwissen entwickeln und Gewohnheiten schaffen, die schliesslich autonom werden und wiederum der Intuition zugänglich sind. Um diese Art von unbewusster und automatischer Fähigkeit zu erlangen, benötigen wir gemäss Malcolm Gladwell ungefähr 10'000 Stunden.[365] Im Rahmen dieses wiederholten und aufwendigen Prozesses entwickeln wir *gedankliche Abkürzungen und automatische Gewohnheiten*, die es uns ermöglichen, bestimmte Aufgaben schnell und effizient auszuführen, so wie etwa virtuose Musiker ein schwieriges Musikstück meistern oder Kunstturnerinnen und Chirurgen komplexe Bewegungsabläufe auf höchstem Niveau auch unter Druck fehlerfrei umsetzen. Ebenso können wir durch intensive Beschäftigung mit der Verhandlungsführung analytisch-logische Erkenntnisse nicht nur mit entsprechender Vorbereitung bewusst, sondern mit der Zeit auch intuitiv umsetzen.

Der Mensch entscheidet entweder überwiegend intuitiv oder analytisch-logisch. Das Problem besteht darin, dass wir oft meinen, das zweite zu tun, jedoch dem ersten unterliegen.

Das Problem mit diesen zwei Entscheidsystemen ist, dass wir oft meinen, wir würden einen bewussten und analytisch unterlegten Entscheid treffen, obschon dies sehr oft gerade nicht der Fall ist. So zeigte Paul Watzlawick, dass jede **Kommunikation einen Inhalts- und einen Beziehungsaspekt hat, wobei der Beziehungsaspekt den Inhalt dominiert**[366] – man könnte vereinfacht auch sagen: Der Bauch dominiert (meist) den Kopf. Da wir zudem Beziehungen und Beziehungsstrukturen nur in Bezug auf einen *Referenzpunkt* wahrnehmen können und unser Referenzsystem aus unseren Erfahrungen und unserem Umfeld, aber auch unseren Hoffnungen und Ängsten besteht, bestimmen diese unsere Wahrneh-

---

363 Besonders anfällig sind wir dabei in Drucksituationen auf Denkfehler. Vgl. dazu auch Kapitel IV.B.3.
364 Vgl. Munsinger/Philbin, Why Can't They Settle?, S. 313 ff., Ziff. III.
365 Gladwell, Outliners: The Story of Success.
366 Zitiert bei Opresnik, Erfolgreich kommunizieren, S. 7.

mungen und unsere Entscheide.³⁶⁷ **Jede Wahrnehmung ist damit zwingend subjektiv.**³⁶⁸ Auch Kahneman³⁶⁹ hat gezeigt, dass unsere **Wahrnehmung** der Fakten, Verhandlungsziele und -situationen, unsere **Einschätzung** der Interessen der Verhandlungspartner sowie der Chancen und Risiken prioritär und vor der sachlichen Lösung Vorrang haben.³⁷⁰ Andere Autoren wie Philip E. Tetlock und Dan Gardner («Superforecasting – The Art and Science of Prediction»), Nassim Nicolas Taleb, Joseph T. Hallinan («Why We Make Mistakes») oder Rolf Dobelli («Die Kunst des klaren Denkens – 52 Denkfehler, die Sie besser anderen überlassen») widmen sich dagegen vor allem der Verhaltenspsychologie und deren Auswirkungen auf unsere Entscheidfindung und die dabei getroffenen Einschätzungen und Voraussagen. Alle Autoren betonen die *Subjektivität der Wahrnehmung* und damit die *Illusion dessen, was wir als «Wissen» und «Wirklichkeit» bezeichnen*. Die Erkenntnis, dass wir den grössten Teil unserer Entscheidungen **intuitiv und damit basierend auf unseren persönlichen Erfahrungen, vorgefassten Meinungen sowie Gefühlen** und nicht vernunftbasiert treffen, mag für uns schockierend sein, ist jedoch wissenschaftlich erstellt.³⁷¹

Lassen Sie mich das anhand eines Beispiels verdeutlichen: Ich würde mich eher als rationale analytische Person bezeichnen. Als ich vor einigen Jahren in Rom war, löste ich einen Fahrschein für die Metro und hatte kaum die Abschrankung nach den Fahrkartenautomaten durchquert, als ich von zwei Kontrolleuren angehalten wurde. Sie teilten mir mit, dass ich den Fahrschein nicht nur lösen, son-

---

367 WATZLAWICK, Menschliche Kommunikation, S. 32. – Dies wäre eigentlich keine neue Erkenntnis, merkte doch bereits der deutsche Philosoph Arthur Schopenhauer (1747–1805) an, alles Verstehen sei ein *Akt des Vorstellens* und bleibe daher wesentlich auf dem Gebiete der Vorstellung (vgl. SCHOPENHAUER, Parerga und Paralipomena, Kapitel 4. Einige Betrachtungen über den Gegensatz des Dinges an sich und der Erscheinung). Dennoch dauerte es seine Zeit, bis sich diese Erkenntnis auf der Ebene der allgemeinen Kommunikationslehre durchsetzte.
368 Sprenger erklärt dies damit, dass erstens unsere Wahrnehmung *erfahrungs- und kontextbedingt subjektiv ist* (was einen Akt der Unterscheidung erfordert), zweitens deren Ergebnisse durch unseren Verstand in zwei Seiten – also *in Gegensätze – gespalten werden*, und drittens ein *Bewertungsprozess* zu einem Standpunkt führt, den wir als «richtig» erachten (SPRENGER, Magie des Konflikts, S. 145). Das bedeutet gleichzeitig, dass der andere Standpunkt «falsch» ist, was die Ursache von vielen Konflikten ist.
369 Daniel Kahneman ist ein israelisch-US-amerikanischer Psychologe und emeritierter Hochschullehrer, der 2002 mit Vernon L. Smith den Alfred-Nobel-Gedächtnispreis für Wirtschaftswissenschaften erhielt. Die zugrundeliegende, ausgezeichnete Prospect Theory entwickelte er mit Amos Tversky.
370 Bekannt wurde Kahneman vor allem für seine Arbeiten zu Urteilsheuristiken und kognitiven Verzerrungen (siehe etwa BURKEMAN/KAHNEMAN: «We're beautiful devices», The Guardian vom 14. November 2011). Der Nobelpreisträger Steven Pinker nannte Kahneman den wichtigsten lebenden Psychologen. Daniel Kahneman und Amos Tversky legten die Grundlagen der Verhaltensökonomie. Sie entwickelten die Prospect Theory, um menschliche Urteile bei wirtschaftlichen Entscheidungen realistischer als im traditionellen Kosten-Nutzen-Modell abzubilden.
371 Siehe auch MUNSINGER/PHILBIN, Why Can't They Settle?, S. 316.

dern auch noch hätte entwerten müssen. Ich hatte entgegen meinem Verständnis kein Ticket für meine Fahrt gelöst, sondern sozusagen eine Option für eine Fahrt, die ich zuerst noch einlösen musste. Nachdem ich dies mit meinen begrenzten Italienischkenntnissen begriffen hatte, folgte der Schock: Auch für Ortsunkundige und Touristen wie mich fiel sofort eine Busse von 50 Euro an. Ich nervte mich darüber so sehr, dass ich auch am folgenden Tag nur den Bus benutzte, obschon die Fahrt mit diesem viel länger als mit der Metro dauerte und ich nun wusste, wie die Fahrkarte zu lösen (und zu entwerten!) war. Der in der Metrostation erlittene Ärger bestimmte also mein Handeln und triumphierte über meinen Verstand. Wenn deshalb der ehemalige US-Präsident Barak Obama meinte, «wir dürfen keine Entscheidungen auf der Grundlage von Ängsten treffen», so ist dies zwar wünschenswert, entspricht jedoch leider oft nicht der Realität.

Daraus folgt, dass unsere Beurteilungen und Entscheidungen stets durch unsere Sichtweise der Dinge bestimmt werden, und nicht unbedingt dadurch, wie sich die Situation tatsächlich präsentiert («*Vision drives action*»). Diese müssen wir kennen, um die Situation korrekt einschätzen zu können. Dies beginnt damit, dass wir unsere Sichtweise und Motive hinterfragen und kennen sollten («***kenne dich selbst***»). Dasselbe gilt natürlich auch im Verhältnis zur anderen Partei: Um deren Verhalten zu beeinflussen, müssen wir ihre Wahrnehmung der Wirklichkeit kennen und auf diese Einfluss nehmen («kenne dein Gegenüber»). Sun Tzu fasste dies wie folgt zusammen: «*Was Gegner anlockt, ist die Aussicht auf Gewinn. Was sie abhält, ist die Furcht vor Verlust*»[372] – heute spricht man von «*flight or fight*». Dies gilt es im Rahmen der Analyse und der Verhandlungsführung zu berücksichtigen. Wie wir dies tun, betrachten wir sogleich sowie in Kapitel V.

Gemäss der Systemtheorie können die technischen und sozialen Systeme der involvierten Arbeitsgruppen nicht getrennt voneinander betrachtet werden und beeinflussen die einzelnen Teile eines Systems das gesamte System.

Da Verhandlungen zwingend Kommunikation bedingen und in beziehungsweise zwischen Organisationen stattfinden, können sie auch unter einem *systemischen Ansatz* betrachtet werden. Die **Systemtheorie** nach Luhmann geht davon aus, dass die technischen und sozialen Systeme der involvierten Arbeitsgruppen nicht getrennt voneinander betrachtet werden können, und dass die einzelnen Teile eines Systems das *gesamte System beeinflussen*.[373] Luhmann betonte, dass Menschen keineswegs nur von innen heraus agieren, sondern vor allem aufeinander reagieren. **Wir handeln dabei stets situationsbezogen, indem wir von anderen Menschen in bestimmten Situationen auf eine bestimmte – persönliche – Weise beeinflusst werden. Menschliches Verhalten ist damit das Ergebnis sozialer Prozesse**. Deshalb interessiert sich die Systemtheorie vor allem für das, was «zwischen» den Menschen stattfindet. Wie Sprenger schreibt, spekuliert sie

---

[372] Sun Tzu/Cleary, The Art of War, S. 5.
[373] Kostka, Change Management für Führungskräfte, S. 14. Man spricht auch von der «Gesamtheit» von offenen Systemen (vgl. Watzlawick, Menschliche Kommunikation, S. 141).

nicht über die «innere» Psychodynamik des Einzelnen, *sondern beobachtet das «Aussen», das beobachtete Verhalten und damit die Aussenwirkung.*[374] Sie schaut «nüchtern auf die Prägkraft von Institutionen, die bestimmte Verhaltensweisen von Menschen wahrscheinlich oder unwahrscheinlich machen. Ihre Familie, Ihre Verwandtschaft, Ihr Freundeskreis, Ihre Arbeitskollegen, Ihr Unternehmen – sie alle bilden Systeme, innerhalb derer alle Teile/Personen aufeinander reagieren.»[375] Dabei ist für jede Partei aus ihrer Perspektive ihr *Verhalten sinnvoll*, das heisst es macht für sie aus ihrer Innenperspektive Sinn,[376] auch wenn wir sie rein verstandesmässig als sinnlos, ja widersinnig bezeichnen würden. Die gute Nachricht dabei ist, dass wir **durch unser Verhalten direkt das Verhalten unseres Gegenübers beeinflussen können**, und zwar selbst in Konfliktsituationen. Dies machen sich etwa moderne Deeskalationstechniken zunutze.[377]

Da ein System nicht einfach die Summe seiner Bestandteile ist, kann es auch nicht in isolierte Segmente zerlegt werden.[378] Dies bedeutet für die Verhandlungsführung, dass Themen und Konflikte stets **im Kontext** zu betrachten, einzuordnen und zu behandeln sind.[379]

Beziehungen und Beziehungsmuster sind oft komplex, und zwar auch deshalb, weil sie *nicht linear im Sinne von «actio gleich reactio» funktionieren*. Vielmehr finden in offenen Systemen vielfältige **Rückkoppelungen** statt, welche das Beziehungssystem laufend beeinflussen. Deshalb sind ausser in Ausnahmefällen die Verhaltensweisen der Konfliktparteien zirkulär,[380] sie bedingen sich wechselseitig. Sie fallen entsprechend aus, weil *diese* Menschen in *diesem* Umfeld mit *diesem* Verhalten interagieren. Zwischenmenschliche Systeme können mithin als Rückkoppelungskreise angesehen werden.[381] Dabei wirkt sich nach der Systemtheorie eine Änderung eines Teils des Systems im gesamten System aus.[382] Rückkoppelungen sind deshalb stets mit Begriffen wie Struktur, Organisation und Information verbunden und wirken sich auf diese aus.[383]

Beziehungen neigen zudem zu **Redundanz**, das heisst, eingespielte Mechanismen schränken die Ausdrucks- und Kommunikationsformen sowie die Verhaltensabläufe ein. Es stellt sich dabei ein gemeinsames Verständnis ein, weshalb

Wir können nicht «nicht» kommunizieren. Dabei hat jede Kommunikation einen Inhalts- und einen Beziehungsaspekt, wobei Letzterer meist dominiert.

---

374 SPRENGER, Magie des Konflikts, S. 236.
375 SPRENGER, Magie des Konflikts, S. 238.
376 SPRENGER, Magie des Konflikts, S. 240 f.
377 Vgl. dazu Kapitel VI.A.5.
378 Watzlawick nennt dies «Übersummation» (WATZLAWICK, Menschliche Kommunikation, S. 142).
379 Vgl. dazu auch Kapitel V.A.1.
380 Watzlawick spricht von Rückkoppelungen; siehe dazu näher sogleich.
381 WATZLAWICK, Menschliche Kommunikation, S. 36 und 144.
382 Sogenannte «Ganzheit» des Systems; siehe WATZLAWICK, Menschliche Kommunikation, S. 141.
383 WATZLAWICK, Menschliche Kommunikation, S. 38.

nicht mehr «alles gesagt» werden muss.[384] Dies kann dafür verwendet werden, durch aktuelle verabredete und eingespielte positive Kommunikation und Verhaltensweisen die zukünftigen Verhandlungen positiv vorzuspuren.

Interessanterweise korreliert die effektive Entscheidungsfindung nur bedingt mit angeborener Intelligenz oder Ausbildung. So zeigten Studien, dass selbst bestens ausgebildete Richterinnen und Anwälte von unbewussten kognitiven Fehlkonzeptionen fehlgeleitet werden.[385]

Bei unseren Wahrnehmungen und Überlegungen spielen zudem oft **kognitive Verzerrungen** und **Prozesse der nachträglichen Rationalisierung** mit: Wir meinen, wir hätten eine Situation basierend auf der Analyse der genauen Umstände gefällt, dabei haben wir den Entscheid längst vor der Analyse getroffen und uns von unseren Gefühlen oder gestützt auf subjektiv wahrgenommene Zwänge und Hindernisse leiten lassen. Wir meinen, etwas sei die objektiv beste Lösung, dabei hat die Angst längst die Weichen gestellt – oder dann stellen wir wie im oben erwähnten Fahrkarten-Beispiel suboptimale Prozesse und Ergebnisse wahrnehmungsbedingt nicht in Frage. Verhandlungsführer sollten deshalb stets in Betracht ziehen, dass in den Verhandlungen auftretende Schwierigkeiten wie Ablehnung, Inkonsistenzen im Positionsbezug oder widersprüchliches Verhalten auch personenbezogen beziehungsweise psychologisch und nicht taktisch bedingt sein können.

Indem wir dies im Rahmen unserer Verhandlungsführung berücksichtigen, vermeiden wir psychologische Fehler in unserer Situationseinschätzung und Vorgehensweise und können psychologisch sowie kommunikativ bedingte Schwierigkeiten in unseren Verhandlungen lösen. Darauf werden wir nachfolgend noch näher eingehen.

Zusammenfassend können wir festhalten, dass unsere Bewertungen und Entscheidungen, welche die Grundlage unserer Handlungen und Kommunikation bilden, in erheblichem Masse von unseren **persönlichen Erfahrungen und Vorstellungen** abhängen und damit subjektiv geprägt sind. Viel öfter als uns lieb ist, entscheiden wir intuitiv und nicht analytisch-logisch, auch wenn uns das Gegenteil wahr erscheinen mag. Dabei spielen kognitive Verzerrungen und Prozesse der nachträglichen Rationalisierung eine bedeutende Rolle.[386] Kommunikation neigt zudem zu komplexen und unerwarteten **Rückkoppelungen**. Dies bedeutet für Verhandlungen erstens, dass die *Beziehungsebene* von Anfang an mitberücksichtigt werden muss. Dabei sollten wir unsere Handlungen und Kom-

---

384 Siehe auch WATZLAWICK, Menschliche Kommunikation, S. 39 und 150.
385 MUNSINGER/PHILBIN, Why Can't They Settle?, S. 315.
386 Vgl. dazu auch Kapitel IV.B.3, wo wir uns mit Denkfallen auseinandersetzen.

munikation stets auch auf ihre möglichen Auswirkungen *im konkreten Verhandlungsumfeld* hin prüfen. Da Beziehungen zudem über die Zeit zu Redundanz neigen, sind zweitens das *Schaffen von Vertrauen, einer positiven Verhandlungsatmosphäre und einer Beziehung* zu Beginn der Verhandlungen ein wichtiges Mittel der kooperativen Verhandlungsführung *(«get a good start!»)*. Das heisst, durch entsprechende Einwirkung auf das Verhandlungsumfeld können wir die **Verhandlungen positiv beeinflussen**. Und drittens müssen wir die Handlungen und die Kommunikation der anderen Partei stets auch in Bezug auf die Beziehungsebene verstehen und einordnen.

Angesichts der Bedeutung der Beziehungsebene für die Verhandlungsführung ist die **Fähigkeit, sich in die andere Seite hineinzuversetzen und diese zu verstehen**, eine der wichtigsten Eigenschaften erfolgreicher Verhandlungsführerinnen und -führer.[387] Der ehemalige Präsident Südafrikas, Frederik Willem de Klerk, bezeichnete dies als einen der Schlüsselfaktoren für den Erfolg seiner Verhandlungen mit Nelson Mandela zur Überwindung der Apartheit in seinem Land. Untersuchungen haben zudem gezeigt, dass Israeli und Palästinenser, die sich zunächst unversöhnlich gegenüberstanden, dann jedoch **zuhörten**, wie sich der Nahostkonflikt auf ihren persönlichen Alltag auswirkte und wie sie diesen erlebten, viel verständnisvoller miteinander umgingen, da sie verstanden, dass *beide* Seiten unter den politischen Spannungen litten und dasselbe Interesse an Frieden hatten. Wenn wir die *Interessen* und die *Motive*, aber auch die *Denkweise* der Gegenpartei verstehen, können wir Lösungen zum beidseitigen Nutzen erarbeiten, die für unsere Verhandlungspartner **nachvollziehbar** und überzeugend sind. Nur dann hat unser Lösungsvorschlag eine echte Chance, akzeptiert und die Grundlage für eine nachhaltige Vereinbarung zu werden. *Entscheidend ist nämlich am Schluss nicht die Realität, sondern wie wir – und unser Gegenüber! – diese wahrnehmen.* Wir können deshalb mit Fug festhalten, dass verhaltenspsychologischen Zusammenhängen und der zwischenmenschlichen Vertrauensbildung und Kommunikation[388] in Verhandlungen ebenso grosse Bedeutung zukommt wie sorgfältig erarbeiteten und sachlich vernünftigen Lösungsvorschlägen. Dies macht auch kooperative Verhandlungsansätze in vielen Situationen so erfolgreich: Indem wir uns für die Verhandlungssituation der anderen Partei interessieren, diese aktiv erfragen und damit besser verstehen, erschliessen sich uns völlig neue Lösungsmöglichkeiten, die uns bei Druckstrategien verschlossen geblieben wären.

Wie wichtig die **Wahrnehmung der Realität** ist und wie diese *geschickt beeinflusst* werden kann, zeigen folgende zwei Beispiele:

> Die Fähigkeit, sich in andere hineinzuversetzen und diese zu verstehen, ist eine der wichtigsten Eigenschaften erfolgreicher Verhandlungsführerinnen und -führer.

---

387 Vgl. dazu auch Kapitel IV.B.5.
388 Die Bedeutung der Kommunikation bei Verhandlungen wird in Kapitel IV.B.5 näher beleuchtet.

Am 15. November 2017 fand in New York eine aufsehenerregende, einmalige Kunstauktion statt. **Auktionen** sind eine besondere Art von Verhandlungen, um einen maximalen Verhandlungspreis zu erzielen.[389] Nach einigen bereits sehr erfolgreichen Bildversteigerungen wurde als Höhepunkt des Abends das Gemälde des «Salvator Mundi», eine Darstellung Christi mit der Kristall- oder Weltenkugel in der linken Hand, versteigert. Es sollte gemäss Auktionskatalog von Leonardo da Vinci gemalt worden sein, von dem lediglich 45 Werke erhalten und bekannt sind. Die Versteigerung des *«letzten Leonardo da Vinci»* schlug in und ausserhalb der Kunstwelt hohe Wellen.[390] Das Auktionshaus ging dabei sehr geschickt vor: Eine *aufwändige, emotional gestaltete Werbeoffensive* bereitete das Publikum auf eine Rekordversteigerung vor. Obwohl Da Vinci ein Renaissancemaler war, wurde das Gemälde nicht in einer Auktion für alte Meister, sondern in einer für *zeitgenössische Kunst versteigert*, wo die Bieter traditionell eher weniger Ahnung von Kunst haben und Gemälde eher nach dem «Etikett» kaufen. Beim Wein würde man von «Etikettkäufern» sprechen. Das Gemälde war noch 2005 neben der Treppe in der Wohnung von Warren Kuntz in New Orleans gehangen und hatte eher unansehlich angemutet. Kuntz hatte das Werk 1958 in Grossbritannien für GBP 45 gekauft, was USD 120 entsprach. Nach dessen Tod kaufte Alexander Parish, Kunsthändler aus New York, das Bild aus der Erbschaft für USD 1175 und liess es in der Folge über zwei Jahre aufwändig restaurieren. Dann suchte Parish einen Experten, der das Bild Leonardo da Vinci zuzuschreiben bereit war – und fand diesen im Briten Martin Kemp, einem emeritierten Professor für Kunstgeschichte und renommierten Da Vinci-Experten, der an den Universitäten von Oxford und Cambridge gelehrt hatte. Es gelang Parish anschliessend, das Bild in der grossen Da Vinci-Retrospektive in London zeigen zu lassen – nun galt es als Da Vinci! Nach der Restauration kaufte der russische Milliardär Dmitri Rybolowlew das Gemälde durch Vermittlung des Genfer Kunsthändlers Yves Bouvier und Sotheby's das Bild für USD 127.5 Mio. Da Bouvier über eine Mittelsgesellschaft, die ihm gehörte, einen «Schnitt» von USD 47.5 Mio. erzielt hatte, wollte dieser das Bild jedoch nicht mehr, weshalb es 2017 bei Christie's versteigert wurde (Dmitri Rybolowlew erhob später gegen Sotheby's und Yves Bouvier diverse Klagen, da er sich betrogen fühlte; diese wurden jedoch von den Gerichten abgewiesen, da dieses Vorgehen zur Verschleierung des Käufers branchenüblich sei).

---

389 Berz, Spieltheorie, S. 105 ff.; vgl. auch Kapitel V.E.5.
390 Versteigerungen sind eine Form von Verhandlungen, bei denen in einem klar strukturierten Prozess materielle oder immaterielle Werte dem Meistbietenden verkauft werden. Die Auktion wie auch deren Vorgeschichte und Nachspiel werden etwa im Detail nachvollzogen von Burri/Häuptli, **«Salvator Mundi»: Das Rätsel um das teuerste Bild der Welt, NZZ Online-Magazin vom 5. Oktober 2019;** ‹https://www.watson.ch/wissen/kunst/270430030-da-vincis-salvator-mundi-die-unglaubliche-geschichte-um-das-teuerste-bild›, ‹https://www.weltkunst.de/kunstwissen/2021/04/salvator-mundi-leonardo-da-vinci-warum-der-erloeser-verschwand› sowie ‹https://www.srf.ch/kultur/kunst/teuerstes-gemaelde-der-welt-die-unglaubliche-geschichte-des-letzten-leonardo›.

Auf die Versteigerung hatte Christie's seit Monaten gezielt hingearbeitet. Das Auktionshaus pries das Gemälde als den «Letzten Da Vinci» oder «Die Männliche Mona Lisa» an. Das Gemälde, so der Auktionator, sei einst im Besitz von drei englischen Königen gewesen. Der geschickt inszenierte Coup gelang Christie's meisterhaft: Das **Anfangsgebot lag bei USD 90 Mio.** Und dann stieg der Preis auf USD 140, 150, 160 Mio. Bei 200 Mio. raunt der Saal ein erstes Mal, bei 300 Mio. ein zweites Mal. Der erfahrene Auktionator Jussi Pylkkänen, ein Mann mit Hang zu theatralischer Mimik und Gestik, hielt inne und genehmigte sich einen Schluck Wasser. Zwei Bieter am Telefon blieben im Rennen. 320, 350, 370 Mio. Dann das nächste Gebot. Der Auktionator wartete. Wartete weiter. Und liess schliesslich den Hammer fallen. «The piece is sold.» Für einen Preis von USD 400 Mio., was zusammen mit dem Aufgeld für Christie's einen Preis von USD 450,3 Mio. ergibt. Das sind rund 375'000 iPhones 13 zu CHF 1200, 1800 Porsche 911 zu CHF 250'000, oder 2.25 Mio. Abendessen zu zweit für EUR 200. Als Käufer stellte sich später der **saudische Kronprinz Mohammed bin Salman, MbS** genannt, heraus. Da nach der Auktion die Stimmen, welche die Zuschreibung an Da Vinci in Frage stellten, lauter wurden und der Louvre das Gemälde trotz der Bitte von MbS und dem französischen Präsidenten Emmanuel Macron nicht neben der Mona Lisa ausstellen wollte, war es auch nicht als Magnet für den Louvreableger in Abu Dabi geeignet. Der Prinz hängte den Salvator Mundi deshalb in seiner Jacht auf, und das öffentliche Interesse daran verlor sich.

Die Da Vinci-Auktion kann als mustergültiges Beispiel dafür betrachtet werden, **wie durch das richtige Verhandlungssetting das Verhandlungsergebnis erfolgreich beeinflusst werden kann**: Die Restauration und Beglaubigung des Bildes als «echten Leonardo» durch Experten kann auch mit dem chinesischen Strategem *«den dürren Baum mit künstlichen Blüten schmücken»* bezeichnet werden.[391] In Verhandlungen ist entscheidend, dass die andere Partei die Offerte als werthaltig und den eigenen Vorstellungen entsprechend (oder diese sogar übertreffend) *wahrnimmt*. Dazu werden natürlich nicht nur anerkannte Methoden wie eine fachgerechte Restauration oder das Einholen einer Expertise durch eine anerkannte Fachperson, sondern wohl ebenso oft auch psychologische Tricks oder teilweise sogar Täuschungsmanöver eingesetzt. Zu Ersteren gehört etwa die Ausstellung im Rahmen einer grossen «Da Vinci»-Retrospektive, die Hervorhebung der Rarität des Bildes («der letzte Leonardo!»), oder die Erwähnung, dass sich das Bild (wohl) im Besitz von drei englischen Königen befunden habe. Und schon spielt sich das Auktionsszenario in wahrhaft königlichen Sphären ab! Zu Letzteren dürfte gehören, dass das Bild zunächst Leonardo da Vinci zugeschrieben, später aber vorgegeben wurde, es sei angeblich von diesem gemalt worden. Auch die Betonung des Vorbesitzes («drei Könige!») half, den Preis zu «hypen». Zur Anheizung der Bieterstimmung erfolgte die Versteigerung zudem im Rahmen einer Auktion für *zeitgenössische Kunst*, wo das Ego der Interessenten (Ersteigerung des letzten Leonardo!) entsprechend angesprochen werden kann. Die Werbung, in der Leonardo di Caprio und viele zu Tränen gerührte Menschen gezeigt

---

391 Vgl. etwa von Senger, 36 Strategeme für Manager, S. 81 (Strategem Nr. 29).

werden, steigerte zusätzlich die Emotionalität der Aktion. Und schliesslich war die ganze Regie des Abends, und insbesondere während der Versteigerung des «Salvator Mundi», darauf ausgelegt, einen Bieterkampf zu lancieren und einen neuen Auktionsrekord zu erzielen – mit Erfolg!

Das zweite Beispiel entstammt dem Netflix-Dokumentarfilm **«The Figo Affair: The Transfer that changed Football»**: Der frühere portugiesische Fussballstar Paolo Futre schildert dabei, wie er im Jahr 2000 vom damaligen Kandidaten für das Präsidentenamt von Real Madrid, dem schwerreichen Unternehmer Florentino Pérez, angerufen wurde und ihm dieser den Transfer von Louis Figo zu Real Madrid vorgeschlagen habe. Figo war damals der absolute Liebling und Superstar des FC Barcelona. Pérez erhoffte sich von einem Wechsel Figos zu Real Madrid (wie sich herausstellte, zu Recht) das Präsidentenamt von Real Madrid. Louis Figos Ausstiegsklausel betrug 60 Mio. Euro. Als Futre fragte, wer dies bezahlen würde, antwortete Florentino Pérez: «ich». Einige Tage später rief Futre vom Büro von Pérez aus seinen guten Freund José Veiga, den Agenten von Figo, an und teilte ihm mit, dass ein Präsidentschaftskandidat von Real Madrid Figo verpflichten wolle. Dieser antwortete «Lass gut sein, Paolo. Ruf mich ein andermal an» und legte auf. Futre seinerseits schaltete sein Mobiltelefon nicht aus, sondern behielt es am Ohr. Er redete weiter mit sich selbst und sagte: «Ja, José, ok», nickte und hörte vermeintlich weiterhin Veiga zu, nickte wieder und sagte, «Ja, ja, José». So ging es 30 bis 40 Sekunden, und diese waren entscheidend für den Transfer von Figo: Futre überlegte sich dabei nämlich, dass wenn Pérez in der Lage wäre, diese Transfersumme zu zahlen, *doch sicher noch mehr drin liegen könnte*. Dieser Gedanke drehte wie wild in seinem Kopf. Schliesslich legte er sein Handy hin, drehte sich zu Pérez und sagte: «Veiga möchte 10 Mio. Euro Provision.» Pérez entgegnete: «fünf Millionen», und die beiden einigten sich auf 6 Mio. Daheim angekommen, rief Futre wiederum Veiga an. Dieser erinnerte sich auch später noch bestens an den Anruf und lachte bei der Schilderung der Begebenheit: «Paolo gibt eben nie auf!» Als ihm Futre von den 6 Mio. Euro als Spielerprovision für sie beide erzählte, war Veiga an Bord, und der Figo-Transfer nahm seinen Lauf. Der Transfer, der bei den Barça-Fans Schockwellen auslöste, wurde dadurch begünstigt, dass Barcelona seinen Star zuvor hinsichtlich einer Vertragsverlängerung ein ums andere Mal vertröstet hatte, was Figo als mangelnde Wertschätzung und Anerkennung seitens des Barcelona-Managements auffasste. Trotz seines Superstar-Status bei den Barça-Fans und seines fürstlichen Salärs von 9.6 Mio. Euro pro Jahr wechselte Figo deshalb schliesslich zu Madrid. Gerard Pique, ein anderer ehemaliger Superstar Barcelonas, sagte später gegenüber dem französischen Magazin *So Foot*: «Das war ein Schock! Er war der Beste und ging zum ewigen Rivalen.» Am Ende des Tages war der *Eindruck* eines möglichen Transfers von Figo nach Madrid, den Futre während des entscheidenden Telefonats bei Pérez erweckt hatte, das Schlüsselelement, dass dieser überhaupt zustande kam.

2. Verhandeln unter Druck

Die Vorstellung, dass wir unter Druck besonders gut funktionieren, ist weit verbreitet – besonders unter Personen, die sich selbst als «high performer» betrachten. Entsprechend werden auch viele weitreichende Entscheide unter grossem Zeitdruck und ohne viel Vorbereitung getroffen. Wie Hendrie Weisinger und J.P. Pawliw-Fry in ihrem spannenden Buch «How to Perform under Pressure» zeigen, trifft dies jedoch nicht zu: Dass wir unter Druck besser performen, ist ein längst widerlegter Mythos. So haben Studien der Harvard-Professorin Heidi K. Gardner gezeigt, dass unter grossem Druck die Angst vor dem Versagen stark ansteigt und unsere Wahrnehmung und unser Beurteilungsvermögen leiden. Dies führt unter anderem dazu, dass wir Situationen falsch einschätzen, nicht angemessen reagieren und Entscheide unter Statusgesichtspunkten gefällt werden, wobei das Expertenwissen gegenüber der Hierarchie in den Hintergrund tritt. Zudem steigt die Bereitschaft, zu «tricksen», und die Mitberücksichtigung der Interessen der anderen Parteien nimmt rapide ab. Aber auch die Leistung an sich reduziert sich, was zu erhöhten Fehlerquoten führt.[392] Gardner nennt dies das *Performance Pressure Paradox*.[393] Der Druck ist dabei umso höher, je wichtiger das angestrebte Ergebnis für uns ist, je ungewisser uns dessen Ausgang erscheint und je verantwortlicher wir uns für diesen fühlen.[394]

> Dass wir unter Druck besser performen, ist ein längst widerlegter Mythos.

Dies ist auch der Grund, weshalb **distributive Verhandlungen** auf Druckausübung beruhen: Durch überraschende Manöver, künstlichen Zeitdruck und andere Massnahmen wird die andere Partei psychologisch und wirtschaftlich so unter Druck gesetzt, dass die Annahme der offerierten Verhandlungslösung als der einzige Ausweg erscheint – womit die Partei, welche die Initiative an sich gerissen hat, gewinnt.

Dem können wir durch entsprechende Massnahmen entgegenwirken: Weisinger und Pawliw-Fry haben gezeigt, dass sich die Anpassung der mentalen Einstellung zur Drucksituation und psychologische sowie physiologische Antworten wie Offenbleiben für Inputs und Kritik, körperliche Bewegung und Atem- sowie Stimmkontrolle besonders gut zur **Stressbewältigung** eignen. Doch nicht nur auf der persönlichen, sondern auch auf der sachlichen und verhandlungsprozessualen Ebene können wir uns wappnen: So ist zur Erzielung guter Ergebnisse unter hohem Druck wichtig, dass wir uns *intensiv auf die Verhandlungssituation vorbereiten, Szenarien antizipieren und die Verhandlungen sorgfältig durchführen.*[395]

---

392 WEISINGER/PAWLIW-FRY, How to Perform under Pressure, S. 24 ff. und 71 ff.
393 WEISINGER/PAWLIW-FRY, How to Perform under Pressure, S. 17 ff.
394 WEISINGER/PAWLIW-FRY, How to Perform under Pressure, S. 47.
395 Vgl. dazu Kapitel V.

Dabei gilt es den «*Reinvestierungsstrategiefehler*» zu vermeiden: Wenn wir einen immer grösseren Aufwand treiben, um die Situation erfolgreich zu bewältigen, erhöht dies auch den Stress und beeinträchtigt damit wiederum unsere Erfolgschancen.[396] Gerade das Gefühl, so viel Geld und Mühe in ein bestimmtes Projekt gesteckt zu haben, kann unsere Einschätzung des Projektes verfälschen.[397] Druckstrategien machen sich dies zunutze, indem etwa die andere Partei unter vielen Versprechen zu aufwändigen Verhandlungen gebracht wird, wobei der finale Abschluss in exklusiver Umgebung möglichst weit ab vom Sitz der anderen Partei stattfindet. Wenn dann im Rahmen der finalen Verhandlungen neue Forderungen gestellt werden, wird die überrumpelte Partei die Verhandlungen daran nicht scheitern lassen – der Abschlussdruck ist zu gross: Zu viel wurde ins Projekt gesteckt, und die Stakeholder daheim warten auf die Erfolgsmeldung.

3. Denkmuster und Denkfallen

«Was den Gegner anlockt, ist die Aussicht auf Gewinn.
Was ihn abhält, ist die Furcht vor Verlust.»
Sun Tzu

3.1 «Bias» und «Noise»

Da unser Denken und unsere Entscheidfindung aufgrund der Dominanz des autonomen Systems von unseren persönlichen Erfahrungen, Vorlieben, Hoffnungen und Ängsten, mithin persönlichen Denkmustern, mitbestimmt sind, tappen wir immer wieder in dieselben Denkfallen. Kahneman zeigte auf, dass unsere Wahrnehmung vor allem durch zwei Arten von Verzerrungen beeinträchtigt wird: durch «Bias» und «Noise». Während **«Bias»** *eine systematische Abweichung* bezeichnet, spricht man von **«Noise»**, *wenn eine Zufallsstreuung auftritt*. «Bias» geht auf eine identifizierbare Ursache zurück, «Noise» dagegen ist ohne Ursachenforschung mess- und erkennbar. Kahneman vergleicht dies mit einem Schützen, der auf der Zielscheibe alle Treffer etwas unten links von der Mitte platziert hat («verzerrt», als «biased»), gegenüber einer Schützin, die ihre Schüsse auf der ganzen Zielscheibe verstreut («Noise» oder gleichmässiges Störrauschen). Um Urteilsfehler zu verstehen und zu vermeiden, müssen wir uns mit beiden Phänomenen beschäftigen.[398]

---

396 WEISINGER/PAWLIW-FRY, How to Perform under Pressure, S. 30.
397 Vgl. dazu auch den *Sunk Cost Bias* in Kapitel IV.B.3.
398 KAHNEMAN et al., Noise, S. 9–11.

3.2 Gewinnhoffnung, Verlustaversion und das «vierfache Muster» nach Kahneman

Basierend auf der Erkenntnis, dass viele automatische Erkenntnis- und Entscheidprozesse wie auch emotionale Muster durch Wahrnehmungsverzerrungen beeinflusst werden,[399] entwickelten Kahneman und Tversky das sogenannte **vierfache Muster**. Dieses besagt, dass Menschen eher den von ihnen wahrgenommenen *möglichen Gewinnen und Verlusten* Bedeutung zumessen und in ihren Entscheidprozessen berücksichtigen als dem Vermögen selbst. Es sind also vor allem die **Gewinnhoffnung** und die **Verlustaversion**, welche unser Denken und Handeln dominieren – wie Sun Tzu bereits vor 2500 Jahren erkannt hat!

Das vierfache Muster ist eine der Hauptkenntnisse der *Prospect Theory*. Auch wenn einige seiner Elemente bei der ersten Veröffentlichung der Arbeiten von Kahneman und Tversky nicht völlig neu waren, so war doch die Gesamterkenntnis und vor allem jene im Quadranten oben rechts überraschend. Kahneman und Tversky identifizierten die folgenden vier gundlegenden Muster:[400]

	GEWINNE	VERLUSTE
Hohe Wahrscheinlichkeit Auswirkung der Gewissheit	95% Chance, USD 10'000 zu gewinnen bewirkt Angst bezüglich einer Enttäuschung und resultiert in einer *Risikoaversion* In Verhandlung: *Akzeptiert* **nachteiligen Verhandlungsausgang**	95% Risiko, USD 10'000 zu verlieren bewirkt Hoffnung, den Verlust zu vermeiden und resultiert in einer *Risikoorientierung* In Verhandlung: *Verwirft* **vorteilhaftes Angebot**
Tiefe Wahrscheinlichkeit Effekt der Möglichkeit	5% Chance, USD 10'000 zu gewinnen bewirkt Hoffnung auf grossen Gewinn und resultiert in *Risikoorientierung* In Verhandlung: *Verwirft* **vorteilhaftes Angebot**	5% Chance, USD 10'000 zu verlieren bewirkt Angst und resultiert in *Risikoaversion* In Verhandlung: *Akzeptiert* **nachteiligen Verhandlungsausgang**

Abb. 12 – Das vierfache Muster

---

399 KAHNEMAN, Thinking, Fast and Slowly, S. 282 f.; Kapitel IV.B.1 und 3.
400 In Anlehnung an KAHNEMAN, Thinking, Fast and Slowly, S. 282 f. und 317.

Kahneman und Tversky leiteten daraus folgende Erkenntnisse ab:[401]

- Das Muster oben links zeigt, dass Menschen *risikoavers* sind, wenn sie die Chancen auf einen grösseren Gewinn als erheblich erachten. Sie ziehen einen tieferen Gewinn einem höheren meist selbst dann vor, wenn das Risiko eines Totalverlustes tief ist. Oder wie der Volksmund sagt: «*Lieber den Spatzen in der Hand als die Taube auf dem Dach.*»

- Das Muster unten links erklärt, weshalb Lotterien so beliebt sind: Menschen sind bereit, einen *kleinen Einsatz zu riskieren*, um sich die Chance auf einen hohen Gewinn zu erkaufen, selbst wenn die Chancen dafür sehr klein sind. Die Gewinnhoffnung dominiert, wir gehen das Risiko gerne ein (Risikoorientierung).

- Das Muster unten rechts kennen wir vom Versicherungsgedanken her: Um sich gegen einen *unwahrscheinlichen, aber erheblichen Verlust* abzusichern, sind die Menschen bereit, einen im Verhältnis zum Verlustrisiko erheblichen Betrag zu zahlen. So erzielen Versicherungsgesellschaften ihre Gewinne.

- Das Ergebnis im Muster oben rechts dagegen ist kontraintuitiv und überraschte selbst Kahneman und Tversky: Weshalb sollte jemand ein vorteilhaftes Angebot – also eines, welches klar besser als der sich negativ abzeichnende Ausgang der Angelegenheit – ausschlagen, selbst wenn er nur eine *geringe Chance hat, den Verlust zu vermeiden?* Der Grund liegt in der **Verlustaversion**: **Um dem unangenehmen Verlust möglichst zu entgehen, gehen Menschen irrational übermässige Risiken ein.** Dies ist ein typischer Spielereffekt, zum Beispiel, wenn es darum geht, im Poker oder im Roulette die in vorangehenden Spielen erlittenen Verluste aufzuholen und wettzumachen: Aus der verzweifelten Hoffnung heraus, das Schicksal dennoch zu bezwingen, gehen wir Risiken ein, die in keinem Verhältnis zu unseren Gewinnchancen stehen («*all in*» beziehungsweise «*alles auf die 5!*»).

Die Gewinnhoffnung und die Verlustaversion bewirken auch, dass eine Partei, welche substantielle Chancen auf einen Gewinn des (potentiellen oder bereits stattfindenden) Gerichtsprozesses hat und die einem verzweifelten Gegner gegenübersteht, der bereit ist, zur Vermeidung seines sich abzeichnenden Verlustes energisch und unter Einsatz all seiner Mittel zu kämpfen, verhandlungstaktisch *a priori* **im Nachteil** ist: Die gegen Gewinn tendierende Partei wird in der Hoffnung auf einen möglichst leichten Sieg und angesichts der verbleibenden Verlustangst eher einen für sie enttäuschenden Vergleich annehmen, als aufs Ganze zu gehen. Die Gegenpartei dagegen ist mit zwei unerfreulichen möglichen Ausgängen konfrontiert: Das ihr unterbreitete, den Chancen eines Prozessaus-

---

[401] KAHNEMAN, Thinking, Fast and Slowly, S. 317f.

gangs Rechnung tragende Vergleichsangebot wird sie regelmässig ausschlagen, selbst wenn es erheblich besser als der «*worst case*» im Prozessausgang ist (zum Beispiel Angebot von CHF 80'000 statt der geforderten CHF 95'000), da sie die kleine Chance packen will, den Verlust gänzlich zu vermeiden.[402] Der Entscheid der chancenmässig besser stehenden Partei wird dabei zusätzlich durch ein aggressives Auftreten der Gegenpartei gefördert, da dieses ihre Verlustaversion steigert und die Wahrnehmung ihrer Gewinnchancen reduziert. Dies erklärt auch, weshalb wir in der Praxis oft aggressiv auftretende Parteien erleben und **aggressive Verhandlungsstrategien (zumindest vordergründig[403]) oft erfolgreich** sind.

Kahneman macht dabei auf einen wichtigen Punkt aufmerksam: Die Verlustaversion und die daraus resultierende Tendenz, aggressiv auftretenden Forderungsstellenden entgegenzukommen, kann zwar im Einzelfall sinnvoll sein, um weitere Kosten und Risiken zu vermeiden, wirkt sich jedoch als **wiederkehrendes Muster** auf längere Zeit **sehr negativ** aus, selbst wenn das jeweilige Entgegenkommen (zum Beispiel Prozessauskauf mit einem geringen Betrag, auch «*Nuisance Value*» genannt) klein ist.[404] Dasselbe gilt bei nachsichtigen Einkäufern, übermässig kundenfreundlichen Unternehmern etc.:[405] Nicht nur kumulieren sich über die Zeit systematisch zum Risikoauskauf aufgewendete Kosten; der Ruf als Risikovermeider provoziert geradezu aggressive Forderungen, was die Risikovermeidungskosten weiter in die Höhe treibt. Zudem werden damit die Mitarbeitenden frustriert, welche die Interessen der Unternehmung zu wahren versucht haben. Deren Lehre ist: «Einsatz für die Unternehmung lohnt sich nicht, sie gibt am Schlusse ja ohnehin nach»!

Gewinnhoffnung und Verlustaversion lassen sich in der Verhandlungspraxis auch so einsetzen, dass wir vor allem *diese Emotionen ansprechen* (zum Beispiel mit offenen, zielgerichteten Fragen) und weniger das mögliche Ergebnis wie beispielsweise ein höheres oder tieferes Vermögen. Zudem bestätigt die Erkenntnis aus dem vierfachen Muster oben rechts, dass es sich selten empfiehlt, sein Gegenüber auswegslos in die Enge zu treiben, und dass selbst bei einer Druckstrategie das Bauen einer «goldenen Brücke» emfehlenswert ist.[406] Denn wer mit dem Rücken zur Wand steht, ist am Schluss bereit, alles zu tun, um sich aus seiner misslichen Lage zu befreien. Auch wenn dies zum eigenen Untergang führt.

---

402 Kahneman, Thinking, Fast and Slowly, S. 318 f.
403 Zu den Chancen und Risiken von Druckstrategien siehe auch Kapitel III.C.2.
404 Kahneman, Thinking, Fast and Slowly, S. 321.
405 Diese rein wirtschaftliche Betrachtungsweise muss allerdings insofern relativiert werden, als Kundenfreundlichkeit auch ein Marketingmittel und damit eine Möglichkeit zur Kundenbindung, mithin längerfristig positiven wirtschaftlichen Effekten sein kann.
406 Vgl. dazu auch Kapitel VI.A.5.6.

Wenn wir das vierfache Muster verstehen, können wir Verhandlungssituationen und -dynamiken besser einordnen und einschätzen. Lassen Sie mich dies anhand eines Beispiels aus der Praxis veranschaulichen:

> Zwei Unternehmen streiten vor Gericht um eine Forderung von EUR 5 Mio., die beklagte Partei bietet EUR 500'000 an. Anlässlich der Vergleichsverhandlungen vor Gericht teilt dieses den Parteien mit, es erachte die Forderung der Klägerin im Rahmen einer ersten Einschätzung als weitgehend gerechtfertigt. Es empfiehlt den Parteien, die Angelegenheit mit einer Zahlung von EUR 4 Mio. zu erledigen. Die Beklagte jedoch hält an ihrer von der Klägerin als völlig unzureichend empfundenen Vergleichsofferte fest: Sie sieht erhebliche Beweisrisiken und ist zudem bereit, für die doch vorhandene Möglichkeit eines Prozesserfolges das Risiko des kompletten Scheiterns auf sich zu nehmen, da der Unterschied zwischen dem vom Gericht vorgeschlagenen Vergleich und dem Totalverlust nicht sehr hoch ist (Risikoorientierung im Sinne des Quadranten oben rechts). Die Beklagte ist deshalb zur Vermeidung jeglicher Zahlung bereit, das Risiko eines Totalverlusts (voller Schadenersatz von EUR 5 Mio.) auf sich zu nehmen. Bei dieser Ausgangslage war ein erfolgreicher Vergleich von Anfang an praktisch ausgeschlossen.

Die praktische Anwendung des vierfachen Musters ist in der Verhandlungspraxis jedoch nicht immer so einfach:

> Ein Unternehmer macht gegenüber einer von uns vertretenen Generalunternehmung in Zusammenhang mit einem Bauprojekt Mehrforderungen von rund CHF 1.6 Mio. geltend. Die Generalunternehmung anerkennt grundsätzlich Forderungen im Umfang von rund CHF 600'000, erachtet jedoch weitere Forderungen als entweder überhöht, zu wenig ausgewiesen oder überhaupt nicht geschuldet. Weiter macht die Generalunternehmung Gegenforderungen von rund CHF 700'000 geltend. Die Parteien treten in Vergleichsverhandlungen, um die Situation aussergerichtlich einvernehmlich zu regeln. Der Unternehmer fährt eine harte Verhandlungsstrategie und macht keine Zugeständnisse, sondern versucht nur, den Generalunternehmer mit Argumenten zum Entgegenkommen zu bewegen. Dessen Vergleichsangebote schlägt er samt und sonders aus und unterbreitet selber auch kein Gegenangebot. Wir bieten an, auch bei umstrittenen Forderungen Hand zu einer Lösung zu bieten, und zwar auf der Basis von gemeinsam festzulegenden Wahrscheinlichkeiten (zum Beispiel die Forderung von CHF 75'000 für angeblich vom Generalunternehmer verursachten Mehraufwand ist dem Grundsatz und der Höhe nach mit 30%iger Wahrscheinlichkeit berechtigt). Damit könnte eine Totalblockade vermieden und eine Regelung auch in Bezug von Forderungen, welche sehr umstritten sind, getroffen werden. Ein solches Vorgehen trägt der *Risikoaversion gemäss dem Quadranten oben links* Rechnung. Der Unternehmer lässt sich mehrere entsprechende Vorschläge präsentieren, weist sie jedoch alle zurück. Er schätzt entweder seine Chancen, einen wesentlich höheren als den ihm angebotenen Preis zu erzielen, als sehr erheblich ein, oder dann weiss er, dass seine Forderung überhöht ist und versucht knallhart zu pokern. Um zu einer Verhandlungslösung zu kommen, müssten wir deshalb im ersten Fall seine *Prozess-*

chanceneinschätzung beeinflussen, was angesichts der bisherigen fruchtlosen Versuche nur in einem Prozess erfolgen kann. Dasselbe gilt für den zweiten Fall: Das Risiko eines «Bluffs» trägt im Prozess der Bluffende, also muss er gezwungen werden, sein «Blatt» offenzulegen (um ein Bild aus dem Poker zu verwenden). Der Generalunternehmer bricht deshalb die Verhandlungen ab, es kommt zum Prozess. Nach dem ersten Schriftenwechsel sind die Positionen der Parteien im Detail bekannt. In der Klageantwort hatten wir versucht, dem Unternehmer seine rechtlichen und beweisbezogenen Risiken aufzuzeigen, um ihn zu einer Neueinschätzung der Prozesschancen zu bewegen und damit einen langwierigen und aufwändigen Prozess zu vermeiden – umsonst. Um seine Wahrnehmung der Situation zu beeinflussen und ihn damit vielleicht doch noch zu einem Vergleich zu zwingen, *erhöhen wir den Einsatz:* Die Parteien arbeiten seit Jahren erfolgreich zusammen (umso weniger ist die Haltung des Unternehmers verständlich!), und gerade in der Westschweiz sind zwei Projekte ausgeschrieben, in denen der Unternehmer Offerten abgegeben hat. Der Generalunternehmer lehnt nun beide Offerten des Unternehmers mit der Begründung ab: *«Wir arbeiten nicht mit Unternehmern, die uns eingeklagt haben.»* Das wirkt. Es vergeht keine Woche, und der CEO der Unternehmung meldet sich. Er möchte Vergleichsverhandlungen führen, und zwar ohne seine Anwälte (was klar macht, dass diese eher ein Teil des Problems als der Lösung gewesen waren). Die Parteien treffen sich eine Woche später und schliessen einen Vergleich ab, der wesentlich unter der zuletzt offerierten Vergleichslösung des Generalunternehmers liegt. Der CEO des Unternehmers seufzt beim Handschlag, nun müsse er diese Lösung noch den Anwälten mitteilen, diese wüssten noch von nichts …

Versuchen wir nun, das vierfache Muster auf diesen Fall anzuwenden. Zentral ist dabei die *Einschätzung der Verhandlungssituation* durch den Unternehmer: Dieser wusste, dass ein nicht unwesentlicher Teil seiner Forderungen gerichtlich durchsetzbar war, was er richtigerweise in Bezug auf einen erheblichen Teil der Gegenforderungen des Generalunternehmers als eher unwahrscheinlich erachtete (diese waren teilweise aufgebracht worden, um ungerechtfertigte Forderungen des Unternehmers zu kompensieren – eine häufig angewendete Taktik in solchen Situationen). Allerdings war auch ein erheblicher Teil seiner Forderungen stark risikobelastet, was gemäss Kahneman und Tversky eher einem risikoaversen Verhalten (Quadrant oben links) entsprochen hätte. Von einer solchen gegnerischen Strategie gingen wir denn auch zunächst aus. Doch der Unternehmer verhielt sich völlig anders als erwartet und wählte eine kompromisslose Druckstrategie, was wir angesichts der Zusammenarbeit der Parteien und der Prozessrisiken als nicht logisch erachteten. Wir änderten unsere Strategie, als wir erkannten, dass der Unternehmer den betrittenen Teil seiner Forderung auf keinen Fall preisgeben wollte (Verlustaversion, Quadrant oben rechts) und deshalb eine risikobehaftete Druckstrategie echten Vergleichsverhandlungen vorzog. Unsere Einschätzung wurde dadurch bestätigt, dass die Gegenpartei in den Verhandlungen nur forderte und in nichts nachgab, sich nicht festlegte und kein Gegenangebot unterbreitete: Der Unternehmer glaubte wohl, dadurch wesentlich mehr zu gewinnen als zu verlieren (Quadrant unten links). Da die Zusammenarbeit zunächst nicht durch die Auseinandersetzung tangiert worden war, wähnte er sich in einer starken Verhandlungsposition. Die Erhöhung des Einsatzes und die dadurch verursachte Verlustaversion führten ihn jedoch zu einer neuen Wahrnehmung und Einschätzung der Situation: Er veranschlagte nun den möglichen Gewinn aus einem Prozess im Lichte der Gesamtsituation (Verlust von Aufträgen) als erheblich höher ein als die Gewinnchance seiner Druckstrategie (solche Einschätzungen und Bewertungen lassen sich in Excel-Tabellen einfach darstellen). Die nun verstärkte Risikoaversion ermöglichte daraufhin eine für beide Parteien annehmbare Verhandlungslösung. Wie sehr das Aussenvorlassen der klägerischen Anwälte zur Lösungsfindung beigetragen hat, sei hier offengelassen …

In der Verhandlungspraxis spielen sich viele Situationen im Spannungsfeld zwischen den Extrempolen der vier Muster ab, weshalb diese lediglich eine Richtung der Verhandlungsdynamik anzeigen und für die **Szenarioentwicklung** hilfreich sind, jedoch keine wirkliche Prognose erlauben.

Die Gewinnhoffnung und die Verlustaversion werden durch verschiedene **Faktoren** beeinflusst, welche in den Kapiteln IV.H und V.A näher behandelt werden. Dabei ist jedoch zu berücksichtigen, dass sich Parteien nicht immer – aus unserer Sicht! – «logisch» verhalten. Insbesondere ist es wichtig, dass wir der (i) ***Grunddisposition*** der Partei beziehungsweise ihrer Exponenten Rechnung tragen. So wird jemand, der von Natur aus eher *aggressiv verhandelt,* bei einer Situation, die wir im Quadrant oben links ansiedeln würden (Aussicht auf mehr Gewinn bei mässigem Risiko auf Verlust) und die gemäss Kahneman und Tversky eine verlustvermeidende, also tendenziell einen Vergleich begünstigende Haltung zur Folge hätte, die relativ kleine Chance auf einen Zusatzgewinn höher werten als das Verlustrisiko und deshalb zu einer für uns irrationalen Risikostrategie führen. Entsprechend gilt es, die Persönlichkeit der anderen Partei richtig einzuschätzen.[407] (ii) Ebenso können andere ***Motive*** wie sich beweisen wollen, empfundene Zurücksetzung, verletzte Gefühle, sich ungerecht behandelt fühlen usw. die Wahrnehmung sowie Entscheidfindung in einer irrationalen Art und Weise beeinflussen.[408]

> Dies bestätigte sich etwa in einem strafrechtlichen Betrugsfall, in dem wir den Versicherungsbetrüger angezeigt hatten und in dem sein Anwalt im Strafverfahren im Rahmen eines angestrebten Vergleichs mit dem Gericht und der geschädigten Versicherung ein Angebot unterbreitet hatte. Wir versuchten, dieses zu erhöhen – und

---

407 Zu den verschiedenen **Verhandlungstypen,** vgl. Kapitel IV.B.4.
408 Dass persönliche Motive zu wirtschaftlich nicht logischen Ergebnissen führen können, haben wir in Kapitel III.B.4.5 gesehen.

die Gegenpartei sprang ab. Lieber riskierte sie eine weitergehende strafrechtliche Verurteilung (eine gewisse Verurteilung hätte sie auch im Rahmen des Vergleiches zu gewärtigen gehabt) und nahm dabei das Risiko einer höheren Rückzahlungspflicht in Kauf, um gleichzeitig ihre (kleine) Chance auf einen Freispruch ohne Verpflichtung der Rückzahlung der ertrogenen Versicherungsleistungen zu wahren. Dabei wurde ihr Entscheid auch davon beeinflusst, dass sie die Höhe der geforderten Rückzahlung als unfair empfand, da mir ihr Anwalt während der Vergleichsgespräche mitgeteilt hatte, ihres Erachtens sei ein kleinerer Teil davon sicherlich gerechtfertigt gewesen. Heute ist mir dieses Verhalten aufgrund des vierfachen Musters klar, damals hatte ich es nicht erwartet.

Die zutreffende Einschätzung der Situation und insbesondere der Motivation und BATNA der anderen Partei und damit der **feinen Linie,** welche zwischen der zu raschen Aufgabe der Hoffnung auf die «Taube in der Hand» (statt auf dem Dach!) und sich mit dem Spatzen in der Hand zu begnügen besteht, stellt eine der Hauptschwierigkeiten in der Verhandlungsführung dar.

3.3 Wahrnehmungsverzerrungen («Bias»)

Neben der Gewinnhoffnung und der Verlustaversion treffen wir in der Praxis vor allem folgende Wahrnehmungsverzerrungen beziehungsweise «Biases» an:

- *Ideologie, starre Prinzipien und Denkverbote:* Wer sein Handeln statt aufgrund einer genauen Analyse der Umstände nach ideologischen Gesichtspunkten und starren Prinzipien richtet, trifft meist schlechtere Entscheidungen als Pragmatiker,[409] da diese oft Denkverbote zur Folge haben und bewirken, dass die besten Lösungen *a priori* ausser Betracht fallen.[410] Berüchtigt ist etwa der Entscheid des *türkischen Präsidenten Recep Erdogan*, aus religiösen Gründen (dem Zinsverbot im Islam) und um angesichts der schwierigen wirtschaftlichen Lage das türkische Volk gegen einen äusseren kapitalitischen «Feind» einzuschwören, entgegen jeglicher finanzpolitischen Logik eine Tiefzinspolitik zu verordnen. Dies stürzte die türkische Wirtschaft in eine noch schwerere Krise. Die Türkische Lira verlor innert kurzer Zeit gegenüber dem US-Dollar rund 40% ihres Wertes. Auch die Null-Prozent-Politik des *chinesischen Präsidenten Xi Jinping* bei Corona-Fällen – von der er trotz erwiesener Erfolgslosigkeit erst sehr spät abrückte – zeigt, wie dogmatische und rein prinzipienorientierte Entscheide oft nachteilige Konsequenzen haben. *John D. Rockefeller Jr.*, der Sohn des legendären Standard Oil-Begründers John D. Rockefeller, unterstützte anfangs des 19. Jahrhunderts zunächst die verhängnisvolle Politik der Colorado Fuel & Iron Company (CFI), an welcher die Standard Oil Company

---

409 TETLOCK/GARDNER, Superforecasting, S. 68 ff.
410 Vgl. auch Kapitel V.A.5.1, wo die Prinzipien erfolgreicher Szenarioanalysen behandelt werden.

40% der Aktien hielt, gegenüber rund 10'000 Kohlenarbeitern, welche für bessere Bedingungen streikten *(«Colorado Coalfield War»)*. Die aggressiven Massnahmen zur Beendigung des Streiks führten am 20. April 1914 zum sogenannten «Ludloff Massaker», als bei Auseinandersetzungen zwischen rund 1200 streikenden Arbeitern und der Colorado Nationalgarde sowie Ordnungskräften der CFI zwei Dutzend Arbeiter von teilweise mit Maschinengewehren bewaffneten Aufsehern erschossen wurden. Rockefeller Jr. hatte zwar das Schiessen auf Mitarbeiter der Tochtergesellschaft CFI nicht angeordnet. Doch die rigide Anti-Gewerkschaftshaltung seines Vaters John D. Rockefeller und das mangelnde Verständnis für die berechtigten Anliegen der oft unter katastrophalen Bedingungen arbeitenden Streikenden führten direkt zur offenen Konfrontation und dabei zur Schiesserei. Dies sah John D. Rockefeller Jr. schliesslich unter dem Druck der Öffentlichkeit ein, und er stimmte weitgehenden Reformen der Arbeitsbedingungen im Konzern zu.[411]

- *«Confirmation Bias»:* Wir ordnen neue Informationen regelmässig so ein, dass sie mit unseren eigenen Erfahrungen und Auffassungen übereinstimmen und diese bestätigen.[412] Dies führt in Verhandlungen regelmässig dazu, dass wir Eigenschaften oder Werte beziehungsweise Bewertungsmassstäbe, die wir besitzen oder als «normal» betrachten, fälschlicherweise auch anderen Personen – insbesondere unserem Gegenpart – zuschreiben.

Eine der wohl berühmtesten und folgenschwersten Fehleinschätzungen der Geschichte unterlief dem ehemaligen britischen Premierminister Neville Chamberlain, als er nach der Einverleibung der Tschechoslowakei durch Nazi-Deutschland im September 1938 Hitler in München traf. Hitler versprach Chamberlain, dies sei die letzte Annexion gewesen, was dieser glaubte. Chamberlain meinte, *«trotz der Härte und Grausamkeit, die ich in seinem Gesicht zu sehen glaubte, gewann ich den Eindruck, dass er ein Mann war, auf dessen einmal gegebenes Wort man sich verlassen konnte.»*[413] Hier projizierte Chamberlain zweifellos seine Werte eines britischen Gentleman, verbunden mit seiner Hoffnung auf Frieden – und insbesondere nach dem desaströsen ersten Weltkrieg: die Vermeidung eines weiteren Krieges – auf Hitler, dies, obschon Hitler bislang stets genau das Gegenteil davon bewiesen hatte. Vielleicht bedurfte es jedoch dieses unbedingten Friedenswillens und -versuchs, damit Grossbritannien dann, als der Krieg begann, energisch und unerschütterlich hinter seiner Regierung stand – trotz des Blutes, des Schweisses und der Tränen, die ihm Churchill versprach.

---

411 CHERNOW, Titan, S. 571 ff.
412 MUNSINGER/PHILBIN, Why Can't They Settle?, S. 327; Hallinan schreibt dazu: *«By and large, we see what we expect to see»* (HALLINAN, Why We Make Mistakes, S. 21). Siehe auch DOBELLI, Klares Denken, S. 30.
413 CHURCHILL, Memoiren, S. 366.

- *«Framing»:* Je schneller wir etwas einordnen können und uns dazu ein *eigenes Beispiel* einfällt, desto wahrer erscheint uns dies.[414] Dann bilden sich «Legenden», das heisst fest vorgefasste Meinungen, die kaum von Fakten zu erschüttern sind. Es ist deshalb wichtig, dass wir unsere eigenen Auffassungen und Einschätzungen kritisch hinterfragen. Sun Tzu merkte dazu an: «*Ein weiser General muss in seinen Überlegungen sowohl günstige wie ungünstige Umstände berücksichtigen. Indem er die günstigen Umstände berücksichtigt, kann er seine Pläne umsetzen; indem er die ungünstigen berücksichtigt, kann er die Schwierigkeiten lösen.*»[415] Beim Strategie- und Taktikspiel *par excellence*, dem Schach, gehört es deshalb zu den wichtigsten Regeln, vor dem eigenen Zug nicht nur seine Möglichkeiten, sondern stets auch die möglichen Züge des Gegners zu analysieren.[416] Viele Schachpartien gehen verloren, weil sich eine Partei von ihren Ideen forttragen lässt und die taktischen Optionen der Gegenpartei vernachlässigt.

- *«Liking Bias»:* Was uns von der Sache, der Art oder dem Äusserem her persönlich sympathisch ist, beurteilen wir grundsätzlich positiv.[417] Zudem erscheint uns eine gute Geschichte oder eine gut präsentierte «Wahrheit» als wahrscheinlicher (*«Story Bias»* und *«Show Bias»*).[418] Gerade gute Geschichten erscheinen uns gerne als wahr, weil wir daran glauben wollen, und die Moral daraus erachten wir als verallgemeinerungsfähig. Denn wir suchen nach *Bedeutung* – was für uns sinnvoll ist und Bedeutung hat, erscheint uns wahrer.[419] Informationen und Aussagen sind deshalb einprägsamer, wenn sie in eine Geschichte eingepackt sind, eine Bedeutung haben und Sinn machen.[420] Wie Carmine Gallo in seinem Buch «The Storyteller's Secret» gezeigt hat, vermögen Geschichten zu begeistern, eine gemeinsame Vision zu schaffen und damit unsere Handlungen zu beeinflussen,[421] was insbesondere bei auf Dauer ausgerichteten Beziehungen wichtig ist. Es dürfte deshalb nicht Zufall sein, dass Schauspielerinnen und Sänger, die uns unterhalten, zu den Spitzenverdienern gehören – sie verschaffen uns «magische Momente», und die lieben

---

414 Dobelli, Klares Denken, S. 45.
415 Tzu/Griffith, Die Kunst des Krieges, Kapitel VIII, Sprüche 12–13.
416 Die Analyse des Verhandlungsumfelds wird in Kapitel V.A.2 behandelt.
417 Dobelli, Klares Denken, S. 89.
418 Dobelli, Klares Denken, S. 53 und 61 – «Rattenfänger-Bias».
419 Dies dürfte einer der Gründe dafür sein, dass **Verschwörungstheorien** so langlebig sind: Sie entsprechen der Wahrnehmung der «Gläubigen», und weil sie für sie Bedeutung haben, erachten sie sie als wahr. Dann spielt es auch keine Rolle mehr, ob die Wahrscheinlichkeit für das Zutreffen der Theorie minimal ist – Sachzusammenhänge werden «wahr», weil sie die Theorie (die ja schon «geglaubt» wird) bestätigen, was in einer Umkehrung von Kausalitäten resultiert. Siehe dazu auch den *Hindsight Bias*.
420 Hallinan, Why We Make Mistakes, S. 25 ff.
421 Gallo, The Storyteller's Secret, S. 2 ff.

wir. Gut erzählte Geschichten machen auch den Erfolg der TED Talks aus.[422] Leider ist es gerade die Vorliebe für gute Geschichten, welche oft unsere Fähigkeit untergräbt, die darin verpackte Botschaft und vor allem die daraus gezogenen Schlüsse kritisch zu hinterfragen.

Der Liking Bias bewirkt zudem, dass wir vorzugsweise so handeln, *dass wir geschätzt und geliebt werden*. Ob dies vernünftig und auch für uns von Vorteil ist, ist dann oft zweitrangig.[423]

- **«Sunk Cost Bias»:** Ein typischer Denkfehler besteht auch darin, «schlechtem Geld gutes nachzuwerfen», mithin weiter in ein Projekt zu investieren, das kaum gelingen kann, nur weil man bereits so viel Geld dafür ausgegeben hat.[424] Hier sind eine realistische Einschätzung des Projektes und eine Entscheidung gefragt, die einer zukunftsorientierten Analyse und nicht dem vergangenheitsbezogenen «Sunk Cost Bias» unterliegen. Eine Variante dieses Bias ist, dass wir vormalige oder vorläufige Einschätzungen nicht mehr wirklich kritisch hinterfragen – dadurch würden wir unter Umständen viel Denkaufwand «vernichten».[425]

- **«Selten heisst kostbar»:** Was rar ist, ist begehrter und erscheint «wertvoller» *(«It's not the wine, it's the bottle»)*.[426]

- **«Halo Effect»:** Wir schliessen oft von einem Aspekt auf das Ganze und überbewerten dieses damit (Firma, Person etc.). Der Halo-Effekt korreliert dabei mit dem Liking Bias, so wie der gegenteilige *Disliking Effect* Hand in Hand mit einem *negativen Halo-Effekt* geht.

- **«Hindsight Bias»** *(«Rückschaufehler»):* Wenn wir auf Ereignisse zurückschauen, erscheinen uns diese viel wahrscheinlicher, als sie uns vor ihrem Eintreffen erschienen sind.[427] Wir suchen zudem stets Kausalitäten und haben ein Bedürfnis, «Muster» zu sehen. Diese sind oft falsch, da wir über unvollständige Informationen verfügen und deshalb die Korrelationen und Kausalitäten unzutreffend einschätzen.[428]

- **«Foresight Bias»** *(«Vorausschaufehler»):* Ebenso wird von der Vergangenheit oft falsch auf die Zukunft geschlossen. Kaeser spricht vom «Truthahn-Effekt»:

---

422 Die TED Talks sind eine Reihe von rund 20-minütigen Vorträgen, die durch ihre eindrückliche, lebendige Art der Erzählung weltweit bekannt geworden sind (vgl. dazu auch GALLO, Talk like TED, S. 15 ff.).
423 DOBELLI, Klares Denken, S. 89.
424 MUNSINGER/PHILBIN, Why Can't They Settle?, S. 326.
425 Dies wird auch *«Widerspruch-Vermeidungs-Tendenz»* genannt; vgl. GREEN, Über die Kunst, reicher, weiser und glücklicher zu sein, S. 263.
426 HALLINAN, Why We Make Mistakes, S. 49 ff.
427 DOBELLI, Klares Denken, S. 57; HALLINAN, Why We Make Mistakes, S. 64 ff.
428 HALLINAN, Why We Make Mistakes, S. 25 ff.

Jeden Tag, an dem der Truthahn gefüttert wird, wird er in seiner Überzeugung bestärkt, dass er am Folgetag sicherlich auch wieder gefüttert wird. Er missachtet dabei das *ausserhalb seiner Wahrnehmung* (und «Denkfähigkeit») liegende Ereignis, welches seinem Leben zwangsläufig ein Ende setzen wird: Thanksgiving.[429] Diese wichtige Erkenntnis wird im Kapitel V.A.5.2 über Prognosetechniken vertieft.

- **«Anker werfen» beeinflusst!**[430] Einmal vorgebrachte Zahlenwerte, aber auch andere klar formulierte Aussagen wirken sich psychologisch auf unsere Bewertung und Urteilsfindung aus. Nicht zu Unrecht sagt man deshalb, «eine Zahl, die einmal im Raum steht, verlässt diesen nicht mehr».[431] Ebenso wirken sich sonstige in Verhandlungen gesetzte «Leitplanken» aus.[432] Henry Kissinger empfahl deshalb, die eigenen Interessen frühzeitig bekanntzugeben.[433] Damit besteht für die Gegenpartei rasch Klarheit, wo die ZOPA liegt, womit der Verhandlungsspielraum früh im Verhandlungsprozess abgesteckt wird.

Auch beim **Einschätzen von Situationen** unterliegen wir immer wieder Denkfehlern und -fallen:

- **Falsche Kausalitäten**: Wie bereits in Kapitel IV.B.1 gezeigt und beim Rückschaufehler aufgeführt, ziehen wir oft unzutreffende Schlüsse, weil wir kognitiven Verzerrungen und Prozessen der nachträglichen Rationalisierung unterliegen und über unvollständige Informationen verfügen, weshalb wir Korrelationen und Kausalitäten falsch beurteilen.[434] Aus vermeintlichen Zusammenhängen werden Kausalitäten konstruiert. So gehen gerade Gutachten oder Studien immer wieder von unzureichendem Datenmaterial aus, enthalten unwissenschaftliche Fragestellungen oder ziehen wissenschaftlich nicht fundierte Schlüsse. Wie schwierig Kausalitäten zu beurteilen sind, zeigt Dobelli in seinem Buch «Die Kunst des klaren Denkens» auf: Ist nun das Unternehmen erfolgreich, weil die Mitarbeiter motiviert sind, oder sind die Mitarbeiter motiviert, weil sie in einem erfolgreichen Unternehmen arbeiten dürfen? Wenn einige Unternehmen in einem bestimmten Bereich grossen Erfolg haben, werden die Erfolgschancen in diesem Bereich überschätzt *(«Survivorship Bias»)*.[435] Wird der Ausgang eines Unterfangens als Massstab genommen, um eine erfolg-

---

429 KAESER, Unwahrscheinliches geschieht ständig, NZZ vom 20. Juni 2020; vgl. auch DOBELLI, Klares Denken, S. 187, 203.
430 Vgl. auch Kapitel V.E.2.1 und DOBELLI, Klares Denken, S. 126.
431 Zur Taktik des «Anker-Werfens» vgl. Kapitel V.E.2.1.
432 Zum Leitplanken-Setzen, siehe Kapitel V.E.2.2.
433 LORD, Kissinger über Kissinger, S. 135. – Zur Frage, ob man sein erstes Angebot frühzeitig abgeben oder damit besser zuwarten soll, siehe Kapitel V.D.1.5.
434 DOBELLI, Klares Denken, S. 9f. und 153.
435 DOBELLI, Klares Denken, S. 5.

reiche Herangehensweise aufzuzeigen, können wir dem *Outcome Bias* unterliegen: Vielleicht war der Herangehens- und Ausführungsprozess nicht nachahmungswürdig und der Erfolg beruhte mehr auf Zufall und günstigen Umständen.[436] Oder wir wünschen uns ein gewisses Ergebnis herbei, weshalb wir dem erwähnten «*Liking Bias*» unterliegen.

- **Autoritäten** werden, wie Tetlock und Gardner zeigen, systematisch überschätzt.[437] Gerade bei *Voraussagen* ist die Trefferquote von Experten erschreckend gering, oftmals nicht höher als bei Nichtexperten. Dies zeigt sich regelmässig bei Politauguren, welche Wahl- und Abstimmungsresultate vorauszusagen versuchen und dabei regelmässig falsch liegen. Viele Experten werden zudem Opfer ihres Erfolges und ihrer vormals erfolgreichen Auffassungen, die dann den neutralen, ergebnisoffenen Blick auf die konkret zu untersuchende, unter Umständen völlig anders gelagerte Angelegenheit verstellen. Sie unterliegen dem «*Experience Bias*».[438] Hat beispielsweise ein Finanzexperte einmal einen «Crash» richtig vorausgesagt, denken wir, er werde dies auch das nächste Mal tun. Vielleicht hat er jedoch bei seinen anderen, *früheren Voraussagen* jeweils falsch gelegen, und die zutreffende Prognose war die Ausnahme. Zudem lassen sich Experten gerne von bestimmten *Paradigmen* leiten, was dazu führt, dass bei deren Anwendung auf eine konkrete Sachlage wichtige Faktoren nicht oder falsch eingeschätzt werden – das Prognosemodell hat einen «blinden Fleck». Die Schwierigkeit, zutreffende Prognosen vorzunehmen, wird in Kapitel IV.H näher erörtert.

- **Statistische Fehler:** Churchill wird der Ausspruch zugeschrieben: «Ich glaube keiner Statistik, die ich nicht selber gefälscht habe.» Mit Statistiken kann man alles zeigen, wenn sie entsprechend aufbereitet werden. Hinzu kommt, dass gerade komplexe statistische Modelle fehleranfällig sind, wie in Kapitel IV.H gezeigt wird. Zudem schätzen wir Wahrscheinlichkeiten aufgrund von *Vorurteilen* gerne falsch ein. Dies zeigt eindrücklich Hans Rosling in seinem Bestseller «Factfulness».[439] Schliesslich erscheinen uns Ereignisse oder Elemente, an die wir uns *gut erinnern,* wahrscheinlicher zu sein als solche, an die wir uns nur schwer erinnern können. Dies führt dazu, dass Prognosen oft ungenau oder schlicht falsch ausfallen.

- Weiter überschätzen wir oft unsere Fähigkeiten («das kriegen wir schon hin!») und unsere Kontrollmöglichkeiten: Wir – und andere – haben in der Regel viel weniger Kontrolle über etwas, als wir denken.[440] Was wir erfolgreich tun, schrei-

---

436 Dobelli, Klares Denken, S. 81.
437 Tetlock/Gardner, Superforecasting, S. 4 und 49 ff.
438 Dobelli, Klares Denken, S. 117.
439 Siehe dazu näher Rosling, Factfulness.
440 Dobelli, Klares Denken, S. 13 ff. und 65.

ben wir dann uns zu, was nicht erfolgreich war, anderen («*Self-serving Bias*»).[441] So wird oft auch Anfängerglück den eigenen Fähigkeiten zugeschrieben.[442] Es erstaunt deshalb wenig, dass übermässige Zuversicht («Overconfidence») eine der Hauptursachen für Fehler ist.[443]

Auch **steuern oft Anreize unser Verhalten** – nur leider oft nicht so, wie wir dies gedacht haben oder gerne hätten:

- «*Loss aversion Bias*» («Verlust-Bias» beziehungsweise Verlustaversion): Aufgrund der Verlustaversion argumentieren wir erfolgreicher mit dem möglichen Verlust von etwas als mit dem möglichen Gewinn.[444] Gleichzeitig überschätzen wir oft den Wert dessen, was wir bereits haben («*Endowment Effect*»). Damit verstellen wir uns den Blick auf Chancen in Bezug auf neue Wege oder schätzen diese zu pessimistisch ein[445]. In Verhandlungen kann dieser *Bias* benutzt werden, um die Gegenpartei zum Einlenken zu bewegen: Wenn wir Gegenforderungen stellen, welche deren Interessen fundamental betreffen, rücken in den Verhandlungen plötzlich diese in den Vordergrund, und nicht die Forderungen der anderen Partei. Diese wird unter Umständen lieber auf ihre (neuen) Forderungen verzichten, statt bestehende Interessen zu gefährden. Deshalb sind **«Gegenangriffe»** in Verhandlungen so wirksam.

- Bei **Angebots-Verfahren** wird in der Regel überzahlt – beziehungsweise geht man zu viele Kompromisse ein, da man sonst gar nicht zum Zuschlag kommt («*the Winner's Curse*»).[446] So wurden etwa im Kommunikationsbereich verschiedentlich Konzessionen für 4G-Bandbreiten ausgeschrieben, welche zu irrwitzigen Preisrennen zwischen den verschiedenen Kommunikationsunternehmen geführt haben.[447] Dies bedeutet gleichzeitig, dass aus Verkäufersicht Angebots-Verfahren beziehungsweise Ausschreibungen geeignet sind, den Verkaufspreis zu optimieren.[448]

Da solche Wahrnehmungsthemen unsere Perzeption und unser Handeln beeinflussen, ist es wichtig, in der Analyse, der Planung und in der Verhandlungsführung zu überlegen, ob wir – oder unser Gegenüber – Denkfallen unterliegen, und

> Oft steuern Anreize unser Verhalten – nur leider nicht immer so, wie wir dies denken oder gerne hätten.

---

441 DOBELLI, Klares Denken, S. 85.
442 DOBELLI, Klares Denken, S. 201.
443 HALLINAN, Why We Make Mistakes, S. 9.
444 MUNSINGER/PHILBIN, Why Can't They Settle?, S. 328; DOBELLI, Klares Denken, S. 133. Zur Gewinnhoffnung und Verlustaversion, vgl. Kapitel IV.B.3.2.
445 MUNSINGER/PHILBIN, Why Can't They Settle?, S. 329; DOBELLI, Klares Denken, S. 93.
446 DOBELLI, Klares Denken, S. 145; TEYTELBOYM, Discovering Auctions, S. 714 und 724.
447 Vgl. etwa Website SRF vom 6.7.2018, «Sunrise hatte sich beim letzten Mal eine blutige Nase geholt», ‹https://www.srf.ch/news/wirtschaft/bieterverfahren-fuer-5g-netze-sunrise-hatte-sich-beim-letzten-mal-eine-blutige-nase-geholt›; VARIAN, Grundzüge der Mikroökonomik, S. 366 und 381.
448 VGL. zu den Angebotsverfahren auch Kapitel V.E.5.

unsere Argumente und Einschätzungen vor diesem Hintergrund zu hinterfragen. Darauf gehen wir in Kapitel V.A und insbesondere Kapitel V.A.5 näher ein. Gleichzeitig bestätigt die Erkenntnis- und Verhaltenspsychologie die These, dass Verhandlungserfolg zuträglich ist, eine *positive Verhandlungsatmosphäre* zu schaffen.

3.4 Kognitives Störrauschen («Noise»)

Die Popularität der systematischen Wahrnehmungsverzerrungen («Noise») liess zeitweise die Relevanz der ebenso wichtigen zufälligen Abweichungen in den Hintergrund treten. Wie Kahneman et al. in neueren Arbeiten zeigen, tritt bei Entscheidungen in gleichgelagerten Fällen – interessanterweise auch bei Gerichtsurteilen, welche gemeinhin als Beispiel von rational begründeten Entscheidungen gelten –, aber auch im Rahmen von wirtschaftlichen Prognosen, regelmässig eine beträchtliche Zufallsstreuung (*«Noise»*) auf. Es zeigen sich mithin Unterschiede in den Ergebnissen, welche nicht sachlich zu begründen sind, sondern alleine in der Entscheidung der prognostizierenden Person oder des urteilenden Gerichts liegen.[449] Die Gründe dafür sind vielfältig:

- So ist erwiesen, dass die **Stimmung** der Entscheidträgerinnen und -träger einen messbaren Einfluss darauf hat, wie sie denken. Entsprechend beeinflusst in einer Verhandlungssituation eine *gute Stimmung den Verhandlungsprozess und das Verhandlungsergebnis positiv. Allerdings macht eine gute Stimmung auch unkritischer* – die Parteien sind leichtgläubiger und weniger gut in der Lage, Täuschungen zu durchschauen.[450] Diesem Effekt dürfen wir nicht selbst zum Opfer fallen, wenn wir die Verhandlungssituation einschätzen und unsere MAPP, ZOPA und BATNA sowie unsere Verhandlungsstrategie und -taktik festlegen.
- **Stress und Erschöpfung**, aber auch *schlechtes Wetter* führen dagegen zu weniger Nachgiebigkeit, kritischerem Denken und erschwerten Verhandlungen.[451]
- Weiter führen äussere Einflüsse, gruppendynamische Prozesse, oder **unterschiedliche Bewertungsmassstäbe** zu «Noise».[452]

---

449 KAHNEMAN et al., Noise, S. 12 ff. und 79 ff.
450 KAHNEMAN et al., Noise, S. 12 ff. und 98. Man spricht diesbezüglich auch von der *«Sympathiefalle»*. Vgl. dazu auch Kapitel IV.B.3.5.
451 KAHNEMAN et al., Noise, S. 101–103.
452 KAHNEMAN et al., Noise, S. 144, 148 und 152 ff. – Wenn wir etwa sagen, ein bestimmter Film habe uns gut gefallen, heisst dies nun, er war einfach «OK», oder war er überdurchschnittlich? Wenn die andere Partei einwendet, das sei ein Problem, ist dies ein «Show stopper» oder nur ein Hindernis, das einfach überwunden werden kann? Oder ist es eine Ausrede? Dies zu eruieren, erlauben **Skalen**, welche wir zur Anwendung bringen, indem wir etwa fragen, wie die andere Partei ihre Aussage denn auf einer Dringlichkeits- oder Hinderniskala *von 1–10 bewerten* würde. Zudem schlagen sie ein System der **Skalendefinition** vor, welches zur Objektivierung und Verbesserung der

- In der Praxis zeigt sich deshalb auch, dass die meisten *systematischen Bewertungsmodelle* die persönliche Einschätzung und Vorhersage eines Individuums übertreffen.[453] Eine systematische Bewertung setzt auch eine systematische Vorgehensweise voraus – einer der Hauptgründe, welche zu dem in Kapitel V aufgezeigten fünfstufigen Verhandlungsmodell geführt haben.

3.5 «Schau auf den Ball, nicht auf den Spieler!»

Auf «Bias»- und «Noise»-Effekte setzen distributive Verhandlungstaktiken, die vor allem auf die **Wahrnehmung der anderen Partei** abzielen:[454] Dieser soll durch die Anwendung bestimmter Verhandlungstaktiken glaubhaft gemacht werden, es bestehe eine bestimmte Situation, auf die sie in einer bestimmten Art und Weise reagieren müsse – egal, ob sie wirklich so besteht oder nicht.[455] Durch «Schachzüge» wird der eigene Vorteil maximiert, wobei der anderen Partei gleichzeitig der Eindruck vermittelt wird, sie habe einen erheblichen Verhandlungserfolg errungen. Es handelt sich dabei um das Gegenteil kooperativer Verhandlungen. Wichtig sind dabei *weniger die Argumente als vielmehr die **Art und Weise, wie sie – im Rahmen einer «Inszenierung» – vorgebracht werden***. Fritzsche nennt dies *«verhandeln ohne jedes Argument»*.[456]

Deshalb dürfen wir uns nicht von den (oftmals inszenierten) Umständen der Verhandlung ablenken lassen, sondern sollten uns immer wieder auf das Verhandlungsziel beziehungsweise -ergebnis konzentrieren. Fritzsche rät entsprechend: *«Schau auf den Ball, nicht auf den Spieler!»*[457] Und Voss warnt zu Recht *vor den netten und nicht vor den aggressiven Verhandlern,* denn diese lassen uns unsere Aufmerksamkeit und Abwehrbereitschaft gegen ihre Verhandlungstaktiken senken und wir lassen uns von ihren Schalmeienklängen einlullen. Der «Sympathiefalle» nicht zu verfallen, ist nicht einfach. Wenn wir uns allerdings vergegenwärtigen, dass die Verhandlungsstrategie der anderen Partei genau darauf setzt, uns durch Nettigkeit, kleine Geschenke und Gefälligkeiten, persönliche Gespräche etc. zu verstricken («Verstrickungsfalle») und dass sie dies bei allen ihren Verhandlungen tut, können wir uns einfacher abgrenzen und «Nein» sagen.[458]

Entscheidungen beiträgt (a.a.O., S. 316 ff.). Dabei helfen auch relative Beurteilungssysteme, indem die Beurteilungen nicht absolut, sondern im Verhältnis der einen Lösung zur anderen ausfällt (a.a.O., S. 323).
453 KAHNEMAN et al., Noise, S. 136; was eine «gute» Prognosen ausmacht, wird zudem in den Kapiteln IV.H. 1.2 und 1.3 untersucht.
454 Zum Grundsatz *«vision drives action»* siehe Kapitel IV.B.1.
455 FRITZSCHE, Souverän verhandeln, S. 90.
456 FRITZSCHE, Souverän verhandeln, S. 92.
457 FRITZSCHE, Souverän verhandeln, S. 88 und 141.
458 Zur «Verstrickungs-» und zur «Sympathiefalle», siehe Kapitel IV.B.3. Wie wir uns **gegen kognitive Verzerrungen schützen** können, wird in Kapitel IV.H. 1.3.4 behandelt.

Wer einmal einen Teppichladen in der Türkei, Marokko, Ägypten etc. betreten und ein Glas Tee akzeptiert hat, weiss, was «*hard selling*» bedeutet und die Sympathie- beziehungsweise die Verstrickungsfalle angewendet wird! Die Verkäufer sind in der psychologischen Verhandlungskunst bestens geschult und führen die Kaufinteressenten geschickt durch ein *einstudiertes Ritual:* Nach einer sehr freundlichen, möglichst persönlichen Erstansprache («Woher kommen Sie?» «Haben Sie Kinder?») wird ein Getränk angeboten, womit die potentiellen Kunden bereits länger im Geschäft verweilen und dieses weniger rasch verlassen können. Dadurch, dass sie etwas warten müssen, setzen sie sich auch näher mit dem Kaufobjekt und dem Kaufentscheid auseinander. Dann werden die Interessen und die finanziellen Vorstellungen exploriert, verschiedene Objekte vorgelegt oder Lösungen vorgeschlagen (je mehr, desto besser – wie die Verstrickungsfalle zeigt!), und am Schluss wird möglichst unter Zeitdruck und angeblicher Angebotsverknappung («sehr gefragt, das letzte Stück» etc.) der Kaufentscheid beeinflusst. Einige Verkäufer setzen zudem unverhohlen auf Mitleid («die Mutter ist krank, die Kinder studieren» etc.) oder auf Druck («Jetzt habe ich Ihnen so viel vorgelegt und Zeit investiert, da können Sie das Geschäft nicht ohne Kauf verlassen!»). Eine Autoverkäuferin setzte mir einmal während eines unverbindlichen Gesprächs gleich nebenbei eine Kaufofferte auf, die sie mir mit zusätzlichen Informationen aushändigte («Dann wissen sie auch gleich, was das Auto beinhaltet und kostet»). Eine typische Gegenstrategie besteht darin, bereits zu Beginn anzukündigen, man komme spontan vorbei und wolle nichts kaufen (der Verkäufer kontert: «Ja, nur schauen!», erachtet dies aber als Teil des taktischen Spiels), sich bezüglich der gewünschten Eigenschaften des Kaufobjekts nicht festzulegen, sondern vielmehr Unsicherheit zu signalisieren («Die Grösse **müssen wir noch abklären**»; «Wir müssten noch schauen, wie wir die Liquidität hinkriegen»), und versprechen, am nächsten Tag vorbeizukommen (womit der Verkäufer weiss, dass er verloren hat). Sobald wir uns jedoch auf Preisdiskussionen einlassen, sind wir bereits nahe am Kauf ...

4. Verhandeln, Beziehungsaufbau und Beziehungspflege

> «*Once you know a man, the King told himself contentedly, know his Achilles heel, you know how to play him, how to work him into your plans.*»
>
> James Clavell[459]

Wie wir in Kapitel IV.B.1 gesehen haben, kommt bei Verhandlungen der Beziehungsebene grosse Bedeutung zu. Wenn die «Chemie» zwischen den Verhandelnden nicht stimmt, entsteht kein Vertrauensverhältnis, und wir können weniger optimale und nachhaltige Verhandlungslösungen erzielen. Deshalb sollten wir in unseren Verhandlungen danach streben, eine *positive Beziehung* zur anderen Partei und deren Verhandlungsführerinnen und -führern aufzubauen und

---

[459] CLAVELL, King Rat, S. 87.

diese sorgfältig zu pflegen.[460] Dies gilt selbst für relativ kurze Verhandlungen. Erfahrene Verhandler versuchen deshalb, die Verhandlungsphase zu einem *gemeinsamen positiven Erlebnis* zu machen, welches dann die Verhandlungen auch inhaltlich positiv beeinflusst. Das setzt allerdings voraus, dass beide Parteien dieselben sozialen Normen und Grundsätze respektieren, was gerade bei interkulturellen Verhandlungen herausfordernd sein kann. Selbstverständlich sind auch die vereinbarten Verhandlungsgrundsätze, Termine für gemeinsame Treffen und Telefon- oder Videokonferenzen pünktlich einzuhalten und E-Mails möglichst rasch zu beantworten (zumindest mit einer Eingangsbestätigung). Damit zeigen wir, dass wir die andere Partei sowie deren Anliegen ernst nehmen.

Die Beziehungsebene zu berücksichtigen bedeutet, der **Persönlichkeit der Verhandelnden und der Verhandlungsparteien** Rechnung zu tragen. Während Erstere die Verhandlungen führen, entscheiden Letztere darüber, ob und zu welchen Konditionen der «Deal» abgeschlossen wird. Dies können, müssen aber nicht dieselben Personen sein. So setzen sich die Entscheidungsträger oft nicht – oder dann erst gegen Ende der Verhandlungen – an den Verhandlungstisch.[461] Wenn Sie sich und Ihr Gegenüber richtig einschätzen, können Sie Ihre Verhandlungsstrategie und -taktik darauf ausrichten. Diesbezüglich besteht eine Vielzahl von Typologien. Fritzsche unterscheidet etwa zwischen analytischen, pragmatischen, friedlichen und extrovertierten Personen,[462] Voss zwischen Analytikern, Konsenssuchern und dominanten Effizienzfanatikern.[463] In meiner Verhandlungspraxis hat sich die Unterscheidung von **sechs Grundtypen** von Verhandelnden beziehungsweise Verhandlungsparteien bewährt, wobei regelmässig Mischformen oder mehrere Typen von Verhandelnden im selben Team anzutreffen sind:[464]

- «*Dominante Taktiker*» sind aggressive und risikoorientierte Gegenspieler. Lassen Sie sich dabei vom äusseren Eindruck nicht täuschen: Auch zuvorkommend auftretende Gegenüber können dominante Taktiker sein – nur tragen sie ein Lächeln zur Schau und den Dolch hinter dem Rücken![465] Ihr «Kick» ist, Sie

<small>Auf der Beziehungsebene berücksichtigen wir die Persönlichkeit der anderen Verhandelnden und der Verhandlungsparteien.</small>

---

460 Vgl. dazu auch Naumann, Die Kunst der Diplomatie, S. 76 ff.; Heussen/Pischel, Handbuch Vertragsmanagement, S. 90 ff.
461 Vgl. dazu Kapitel V.D.1.2.
462 Fritzsche, Souverän verhandeln, S. 143 ff.; Troczynski/Löhr, Verhandlungen gewinnen, S. 74 ff.
463 Vgl. Voss/Raz, Kompromisslos verhandeln, S. 23 ff.
464 Dies hängt oft mit der Rolle der Teammitglieder und der gewählten Verhandlungsstrategie und -taktik zusammen. – Dem Beziehungsaufbau in Verhandlungen widmet sich auch das Neuro-Linguistische Programmieren (NLP; vgl. dazu etwa Fritzsche, Souverän verhandeln, S. 153 ff.). Zu den verschiedenen Dynamiken und Verhandlungsstrategien siehe zudem die Kapitel III.C–F.
465 Ein Geschäftskunde erzählte mir dazu folgende Begebenheit: Er war in den frühen 2000er Jahren mit einer Delegation seines Unternehmens nach Shanghai angereist, um Verhandlungen über den Verkauf einer Produktionsmaschine zu führen. Nach dem langen Interkontinentalflug landeten er und sein Team müde im Shanghai Pudong Airport, wo sie von einer Abordnung des chinesischen Partners in Empfang genommen wurden. Diese führte sie sofort unangekündigt in ein lokales

taktisch auszuspielen und zu gewinnen. Dazu bedienen sie sich gerne harter Verhandlungsstrategien, wobei der Griff in die «Trickkiste» einfach dazu gehört. Bei solchen Gegenspielern müssen Sie sich auf Überraschungen, Druckversuche, Überrumpelungsmanöver und Ultimaten, aber auch «Black Magic»[466] gefasst machen. Vermeiden Sie dabei den «Showdown», denn das ist genau die Situation, in der sich Ihr Gegenüber am wohlsten fühlt. Hier muss es einfach gewinnen! Viele *Einkaufsmanager* gehören zu diesem Verhandler-Typ. Wie Sie mit diesen Taktikfüchsen umgehen können, wird in Kapitel VI gezeigt. Besonders wichtig ist, *ruhig* zu bleiben, die *Person anzuerkennen* (das wollen sie!), aber auch die Selbstachtung zu bewahren und mit «wie soll ich das tun?»-Fragen und im Wissen um den *eigenen «Leverage»* Oberhand zu gewinnen. Zudem bewähren sich gezielte offene Fragen, Labeling-Techniken und Zusammenfassungen, wie sie in Kapitel IV.B.6 beschrieben werden. Allerdings zeigt die Erfahrung auch, dass die Wahrscheinlichkeit, gegen diesen Verhandlungstyp in einem Gerichtsverfahren zu landen, um die eigenen berechtigten Ansprüche durchzusetzen, besonders hoch ist. Dies bedeutet, dass der *Doku-*

---

chinesisches Restaurant, wo sie gemeinsam einen fröhlichen und langen, von viel Alkohol geprägten Abend verbrachten, der sich bis in die frühen Morgenstunden dahinzog. Todmüde und angesäuselt vom vielen Alkohol sanken die Mitglieder der Schweizer Delegation in einen kurzen Schlaf. Bereits nach wenigen Stunden wurden sie geweckt und nach einem hastigen Frühstück in den Verhandlungsraum geführt. Die Schweizer hatten die ganzen Festivitäten im Glauben mitgemacht, sie schuldeten dies ihren neu gefundenen chinesischen Freunden, das «mache man kulturell so». Umso erstaunter waren sie, als sie von einem neuen, ausgeruhten chinesischen Verhandlungsteam empfangen wurden. Die chinesischen Geschäftspartner hatten die *kulturelle Unsicherheit ihrer Schweizer Gegenüber ausgenutzt* und diese vor den Verhandlungen mit dem Empfang möglichst zu ermüden versucht ... Dies wird in China auch als *«Hinter dem Lächeln den Dolch verstecken»* bezeichnet (Strategem Nr. 10; siehe von SENGER, 36 Strategeme für Manager, S. 60 f.). Parteien, die für einen erfolgreichen Abschluss eine aufwändige Reise auf sich nehmen, sind gegenüber solchen Manövern stets etwas exponiert. Hinter dem Lächeln den Dolch versteckt hat auch die kommunistische Partei Chinas (KPCh), welche unter Deng Xiaoping nach der Ära Mao zunächst den Kapitalismus zur Überwindung der prekären finanziellen Situation zuliess, bis das Land wirtschaftlich stark geworden war, und dann die chinesischen Unternehmen wieder an die Kandare nahm. So verschwanden plötzlich Top-Unternehmer (wie der Alibaba-Gründer Jack Ma) und tauchten dann Monate später eingeschüchtert und ein «Schuldeingeständnis» äussernd wieder auf, jedoch ohne jegliche Ambitionen auf Einfluss im öffentlichen und politischen Leben. Auch die «Null-Covid-Strategie», welche die chinesische Regierung von 2020 bis anfangs 2023 verfolgt hatte, dürfte zunehmend auf eine komplette Kontrolle des Volkes ausgerichtet gewesen sein (vgl. auch AUST/GEIGES, Xi Jinping, S. 129; SHUM, Chinesisches Roulette, S. 203, 207–219). Man könnte hier auch die Anwendung des Strategems Nr. 25 *«die Tragbalken stehlen und die Stützpfosten austauschen»* sehen (vgl. dazu von SENGER, 36 Strategeme für Manager, S. 65 ff.), da die vorübergehend zugelassene Marktwirtschaft für das Ausland nicht in Frage gestellt, innerlich aber durch entsprechende Gesetze oder deren Handhabung *komplett ausgehöhlt* wurde.

466 Vgl. dazu Kapitel III.C.8. In Kapitel VI.B (*«Verhandeln mit dem Teufel»*) werden zudem besonders *schwierige Verhandlungen, insbesondere mit narzisstisch gestörten Personen, behandelt. Gerade dominante Taktiker zählen nicht selten zu dieser Gattung Menschen.*

mentenebene besondere Aufmerksamkeit zu schenken ist, um die Ansprüche bei Bedarf vor Gericht beweisen und durchsetzen zu können.[467]

- «*Händler*» dagegen feilschen um jeden Pfennig. Sie sind vorwiegend preis- und margenorientiert. Bis zuletzt jeden kleinsten Vorteil herauszuschinden, bereitet ihnen die ultimative Befriedigung. Fakten sind für sie nebensächlich, ausser sie betreffen ihre Marge. Dabei verhandeln sie gerne taktisch, dies jedoch eher im Sinne einer raschen Lösung («Quick Fix») als mit einer strategischen Zielsetzung. Verhandlungen mit Händlertypen können oftmals durch taktische Gegenforderungen, die dann unter Ächzen und Stöhnen («Sie sind wirklich ein harter Verhandler!») preisgegeben werden, begünstigt werden. Für sie ist normal, dass die Verhandlung aus einem harten Feilschen besteht und jedes kleinste Zugeständnis ein Pendant auf der anderen Seite nach sich ziehen muss. Da Händler oft auf Überraschung und Charme setzen, sind auch hier die erwähnten offene Fragen, Labeling-Techniken und Zusammenfassungen hilfreich. Zudem ist es wichtig, stets seine MAPP und die «Big Four» im Auge zu behalten.

- «*Zauderer*» sind gerade das Gegenteil der zwei vorerwähnten Typen: Sie sind oft verhandlungsunerfahren und deshalb angstgesteuert, zögerlich und risikoavers. Unter Druck geben sie nach – oder schalten auf Verweigerung. Sie bedienen sich weicher oder dann defensiver Verhandlungsstrategien, da sie regelmässig davon ausgehen, dass die andere Seite sie übervorteilen will und sich die Zukunft negativ entwickeln wird. Zentral sind hier der Aufbau eines Vertrauensverhältnisses, Aufklärungsarbeit und konstruktive Lösungsvorschläge. Da ihr Sicherheitsbedürfnis hoch ist, ist viel Geduld und Überzeugungsarbeit gefragt, um den Verhandlungsgegenstand und die Auswirkungen der einzelnen Vertragsklauseln detailliert aufzuzeigen und Optionen zu diskutieren. Ebenso wichtig ist ein strukturierter Verhandlungsprozess, in dem Zwischenziele gesetzt und auf Verbindlichkeit gepocht wird.[468]

- «*Emotionalos*» sind extrovertierte, emotionsgesteuerte Verhandler. Sie sind meist beziehungs- und konsensorientiert und vertrauen gerne auf ihre Intuition. Es widerstrebt ihnen, «Nein» zu sagen. Solche Personen werden vorzugsweise über Gefühle («toll», «super», «sensationell» etc.) und die Beziehung abgeholt, bei der sie durchaus Reziprozität erwarten. Da sie oft unstrukturiert verhandeln, kommt hier neben der Beziehungs- auch der verhandlungsprozessualen Ebene grosse Bedeutung zu.

- «*Analytiker*» dagegen sind analytische, detailversessene und faktenorientierte Verhandler, die meist aus den technischen Bereichen der Unternehmung oder

---

467 Zwei weitere eindrückliche Beispiele für Verhandlungen mit dominanten Taktikern finden sich bei Voss/Raz, Kompromisslos verhandeln, S. 60 ff. und 132.
468 Vgl. dazu näher Kapitel V.

deren Finanzabteilung stammen. Bei Verhandlungen mit solchen Personen sollte man detailfest und gut vorbereitet sein, präzise sprechen (und etwa Begriffe wie «gründlich», «detailliert» oder «genau» verwenden) und den Smalltalk eher kurzhalten, da Analytiker meist grossen Wert auf Effizienz legen. Dafür sind sie auch einem strukturierten Verhandlungsprozess gegenüber aufgeschlossen. Die Lösung muss für sie nach ihrem Massstab berechenbar und nachvollziehbar sein.

- «*Problemlöser*» schliesslich sind verhandlungserfahren, kreativ, pragmatisch und lösungsorientiert. Sie bedienen sich vorwiegend kooperativer Verhandlungsstrategien. Mit ihnen ist es am einfachsten, nachhaltige win-win-Lösungen zu erzielen. Oftmals sind dies die Unternehmenseigentümer (vor allem bei mittelständischen Unternehmen), da diese ausgesprochen ergebnisorientiert denken. Bei solchen Personen gilt es, sich auf das Wesentliche zu konzentrieren und lösungsorientiert zu informieren, nachzufragen und zu verhandeln. Wichtige Schlüsselwörter in der Kommunikation sind demnach «sofort beginnen» und «sich auf das Wesentliche konzentrieren», «gemeinsame Vision», und «Lösung». Sie favorisieren ebenfalls einen klar strukturierten, zugleich aber möglichst einfachen Verhandlungsprozess.

Diese Typisierung hat *indikativen Charakter* und hilft uns, in Verhandlungen das Gegenüber einzuschätzen und uns von der Verhandlungsstrategie und -taktik her darauf einzustellen. Die Einschätzung der anderen Partei ist deshalb **ein essentielles Element unserer Analyse**.[469] Gleichzeitig ist auch wichtig, wie wir uns und die anderen Key Players unserer Partei einschätzen. Dies erkannte bereits Sun Tzu, als er sagte: «*Kenne deinen Gegner und dich selbst, und du wirst in hunderten Kämpfen kein Risiko eingehen. Wenn du deinen Gegner nicht kennst, aber dich selbst kennst, so ist die Chance auf Sieg und Niederlage gleich. Falls du weder den Gegner noch dich kennst, dann schwebst du in jeglichem Kampf in Gefahr.*»[470] Beachten Sie dabei, dass Sun Tzu nicht nur sagte, «Kenne deinen Gegner», sondern «Kenne deinen Gegner *und dich selbst*»!

Dies ist umso wichtiger, da uns – wie wir in Kapitel IV.B.3 gesehen haben – bei unseren Bewertungen und Prognosen oft kognitive Verzerrungen in die Irre leiten. Gerade der «Confirmation Bias» führt regelmässig dazu, dass wir neue Informationen so einschätzen, dass sie mit unseren eigenen Erfahrungen und Auffassungen übereinstimmen und diese bestätigen, weshalb wir oft Eigenschaften oder Werte beziehungsweise Bewertungsmassstäbe, die wir besitzen oder als «normal»

---

469 Vgl. dazu Kapitel V.A.1.
470 Sun Tzu/Griffith, Die Kunst des Krieges, S. 125.

erachten, fälschlicherweise auch anderen Personen – insbesondere unserem Gegenpart – zuschreiben.[471]

Eine der wohl berühmtesten und folgenschwersten Fehleinschätzungen der Geschichte – Neville Chamberlains Einschätzung Hitlers anlässlich des Treffens in München im September 1938 – wird in Kapitel IV.B.3.3 geschildert. Dieselbe Enttäuschung wie Chamberlain erlebte der Westen im Frühjahr 2022, als Putin die Ukraine überfiel, trotz der Versicherung, es werde keine «Invasion» geben, und damit den Westen auf eine Verhandlungslösung hoffen liess. Währenddessen setzte er den Aufmarsch seiner Armee unvermindert fort. Die Hoffnung auf eine Verhandlungslösung hielt den Westen davon ab, sehr weitgehende, konkrete Sanktionen anzudrohen oder der Ukraine in den kritischen Monaten vor dem Krieg umfangreiche Waffenlieferungen zukommen zu lassen. Seinen Krieg bezeichnete Putin dann als «Spezialoperation». Einmal mehr hatte der Westen missachtet, dass ein Gewaltherrscher wie Putin *an Gewalt und Krieg glaubt* – wie er in der Vergangenheit bereits in Georgien, Syrien, Tschetschenien etc. mehrfach gezeigt hatte – und nicht so funktioniert wie westliche demokratisch gewählte Politiker. Dass ein langjähriger Geheimdienstmitarbeiter und ehemaliger Chef des russischen Inlandgeheimdienstes seine Absichten perfekt verschleiern kann, hätte allerdings niemanden überraschen dürfen. Die NZZ schrieb am Vorabend des russischen Überfalls auf die Ukraine:[472] «Aus sich selber ein Geheimnis zu machen, ist die subtilste der sonst wenig subtilen Machtstrategien Putins. Er teilt sich in eine öffentliche und in eine geheime Person. Beide Masken sind unnahbar – die öffentliche des Monarchen, die geheime des Mönchs. ‹Was will er denn?›, titelte ‹Die Zeit› in der vergangenen Woche schon fast verzweifelt. In der Tat würden alle gerne wissen, was im Kopf des russischen Präsidenten vorgeht. Dass es hier keine einfachen Antworten geben kann, ist Teil des Spiels. Wladimir Putin liebt es, sich als Sphinx zu präsentieren. Er geniesst das Orakeln westlicher Journalisten und Politiker, er schaut gerne zu, wenn andere die Nerven verlieren, er mag den grossen Auftritt vor den Medien. Wenn es eine Konstante in seinem Verhalten gibt, dann ist es die grandiose Inszenierung der eigenen Unberechenbarkeit.»

Ein weiterer Aspekt kann uns bei Verhandlungen helfen: Die **Beziehung der anderen Partei zum Verhandlungsgegenstand**: Je mehr sie *diesen begehrt* – aus sachlichen oder emotionalen Gründen – umso besser wird unsere Verhandlungssituation. So hilft es beispielsweise, eingangs eines Projektes unentgeltlich bereits gewisse Vorleistungen zu erbringen, um der anderen Partei dessen Nutzen umso plastischer vor Augen führen zu können (sogenanntes *«Anzuckern»*). Wenn sie dieses wirklich will, gestalten sich die Verhandlungen einfacher. Auf der anderen Seite sollten wir unsere «Beziehung» oder Abhängigkeit vom Vertragsgegenstand

---

471 MUNSINGER/PHILBIN, Why Can't They Settle?, S. 327; Hallinan schreibt dazu: «*By and large, we see what we expect to see*» (HALLINAN, Why We Make Mistakes, S. 21). Siehe auch DOBELLI, Klares Denken, S. 30.
472 SCHMID, Wladimir Putin gefällt sich als Rätsel, NZZ online vom 31. Januar 2022.

möglichst mindern, indem wir etwa **Alternativen** dazu aufbauen. Dadurch bauen wir Verhandlungsmacht *(«Leverage»)* auf.[473]

Während wir uns für die Kommunikation an den Verhandlungsführerinnen und -führern der anderen Partei ausrichten, ist für unsere Verhandlungsstrategie und -taktik schliesslich entscheidend, welche **Gesamtstrategie** die andere Partei gewählt hat. Wenn sie keine solche anwendet und unstrukturiert verhandelt, etwa weil sie verhandlungsunerfahren ist, müssen wir uns den einzelnen Stakeholdern der anderen Partei zuwenden – was zwar die Verhandlungen verkompliziert, jedoch auch taktische Möglichkeiten eröffnet.[474]

Die Psychologie spielt zudem bei der **Verhandlungstaktik** eine wichtige Rolle. Hier können die verschiedenen *Biases* zum eigenen Vorteil genutzt werden: Werden etwa konsensorientierte Personen negativ dargestellt, erzielt dies oft eine «Gegenreaktion» – sie möchten positiv wahrgenommen werden und gehen deshalb Kompromisse ein. Dasselbe gilt in Bezug auf «Geschenke», die eine Partei macht, etwa in Form von Vorleistungen (*Reziprozitätsfalle*): Nun ist es vermeintlich an der anderen Partei, nachzugeben.[475] Durch Herausschinden eines ersten kleinen Vorteils erhöht sich zudem die Neigung, auch weitere Male nachzugeben (*Konsistenzfalle*). Oder man möchte die bisherigen Aufwendungen nicht durch einen Abbruch der Verhandlungen gefährden (*Verstrickungsfalle*). Auch kann man oftmals durch Sympathie Verhandlungserfolge erzielen, welche ohne eine sympathische Grundstimmung auf der menschlichen Ebene nicht hätten erreicht werden können (*Sympathiefalle*): Gewisse Parteien setzen dabei eine angenehme Verhandlungsumgebung gepaart mit Bauchpinseleien äusserst erfolgreich ein, indem sie dem Ego der anderen Partei schmeicheln, was diese dazu verleitet, selber auch gefallen zu wollen.[476] Deshalb empfiehlt sich bei Verhandlungen, in Bezug auf Geschenke und durch die andere Partei finanzierte Geschäftsessen oder -anlässe Augenmass walten zu lassen und sich nicht unbewusst «kaufen» zu lassen: Die psychologische Wirkung von Gefälligkeiten, Gegenleistungen herbeizuführen, wird oft unterschätzt.

---

473 Vgl. dazu Kapitel IV.F.3.
474 Zum Verhandeln im Team siehe Kapitel V.D.1.2.
475 Vgl. zum Ganzen RÖHL, Verhandlungstechnik für Juristen, S. 36.
476 Vgl. auch Kapitel IV.B.3 zum «Liking Bias».

5. Die Bedeutung der Kommunikation für die Verhandlungsführung

«Kommunikation ist […] eine Conditio sine qua non menschlichen Lebens und gesellschaftlicher Ordnung.»
Paul Watzlawick[477]

5.1 Beziehungsaufbau und -pflege durch Kommunikation

Beziehungsaufbau und -pflege erfolgen über Kommunikation. Kommunikation kann schriftlich oder mündlich stattfinden. Im Rahmen von Verhandlungen ist meist beides der Fall. Wenn die Beziehung im Vordergrund steht oder Probleme auftreten, ist ein persönliches oder telefonisches Verhandeln der schriftlichen oder elektronischen Korrespondenz (insbesondere der «bösen Antwortmail») regelmässig vorzuziehen. So wie wir entgegen unserer Annahme oft intuitiv und nicht analytisch-logisch entscheiden,[478] findet auch Kommunikation nicht vorwiegend über den Inhalt statt. Wie gezeigt **hat jede Kommunikation einen Inhalts- und einen Beziehungsaspekt.**[479] Wissenschaftliche Studien zeigen, dass die Kommunikation im Allgemeinen zu rund 55% über die Körpersprache wie Haltung, Gang, Mimik, Gestik und Kleidung, mithin auf der nonverbalen Ebene erfolgt. Die Stimmebene spielt mit 38% auch eine wichtige, aber bereits eher untergeordnete Rolle. Am wenigsten wichtig ist überraschenderweise der Inhalt mit 7%.[480] Die Beziehung zwischen digitaler und analoger Kommunikation ist komplex und fehleranfällig, da wir Inhalte aufgrund von Störungen auf der Beziehungsebene falsch beurteilen.[481] Watzlawick formulierte daraus das Axiom, dass *«jede Kommunikation einen Inhalts- und Beziehungsaspekt dergestalt [hat], dass Letzterer den Ersten bestimmt und daher eine Metakommunikation ist.»*[482] Die Inhaltsübermittlung findet damit stets (auch) über die Beziehungsebene statt. Da wir, wie Watzlawick gezeigt hat, nicht «nicht» kommunizieren

> Jede Kommunikation hat einen Sach- und einen Beziehungsaspekt. So wie wir oft intuitiv und nicht analytisch-logisch entscheiden, findet diese jedoch nicht vorwiegend über den Inhalt, sondern über die Beziehung statt.

---

477 WATZLAWICK, Menschliche Kommunikation, S. 13.
478 Vgl. dazu Kapitel IV.B.1.
479 Vgl. WATZLAWICK, Man kann nicht nicht kommunizieren, S. 24 ff. und Kapitel IV.B.1. – Watzlawick bezeichnete dies als digitale und analoge Kommunikation. Dies wird in Verhandlungen so eingesetzt, dass über Symbolik Signale an die andere Partei gesendet werden und so die verbale Kommunikation verstärkt wird; vgl. dazu Kapitel V.A.8.
480 OPRESNIK, Erfolgreich kommunizieren, S. 21. – Weitere hilfreiche Hinweise zu einer erfolgreichen persönlichen Kommunikation finden sich bei OPRESNIK, a.a.O., S. 23 ff.
481 WATZLAWICK, Man kann nicht nicht kommunizieren, S. 27.
482 WATZLAWICK, Man kann nicht nicht kommunizieren, S. 19.

können,[483] ist jede Kommunikation grundsätzlich ein ununterbrochener Austausch von Mitteilungen.[484]

Wenn wir es in der Verhandlungsführung schaffen, eine Beziehung zur anderen Partei herzustellen, wirkt dies vertrauensfördernd, und wir haben eine wichtige Grundlage für eine gemeinsame Lösung gelegt.[485] Dabei sind persönliche Kontakte und Meetings für die Förderung von Verhandlungen trotz der heute bestehenden umfangreichen elektronischen Kommunikationsmöglichkeiten sehr hilfreich. Wenn's draufankommt, möchte ich der anderen Partei gegenübersitzen und in die Augen schauen können.

5.2 Die vier Ebenen der Kommunikation

Um besser zu verstehen, wie wir möglichst klar kommunizieren, aber auch, wo Kommunikationsstörungen entstehen können, müssen wir wissen, dass eine Nachricht auf mindestens **vier Arten** aufgefasst werden kann:

- Informationen können als Selbstaussage («mir ist kalt»),
- sachlich (neutral, auf die Fakten reduziert: «es ist 12 Grad kalt»),
- appellatorisch (Vorwurf, Aufforderung zum Handeln oder Unterlassen etc.), oder
- auf der Beziehungsebene (wie steht die andere Person zu mir? Herabsetzung? Trennung? etc.) verstanden werden.[486]

Dabei wird die Art der Aufnahme sowohl von der Übermittlung (Wortwahl, sprachlicher Ausdruck, Körpersprache etc.) wie auch von der *Aufnahme* (Vorverständnis, Ängste und Hoffnungen des Empfängers, Interpretation des Vermittlers etc.) beeinflusst.

Um die entsprechende Ebene der Kommunikation zu identifizieren, sind die Aussagen der anderen Verhandlungsteilnehmenden wie auch deren *Körpersprache* und die gegenseitige Interaktion zu analysieren. Weiter empfiehlt sich, *Unklar-*

---

[483] Auch die Abwesenheit von Kommunikation ist eine Mitteilung (vgl. WATZLAWICK, Man kann nicht nicht kommunizieren, S. 15).

[484] Watzlawick nennt dies eine «Interpunktion von Ereignisfolgen» (WATZLAWICK, Man kann nicht nicht kommunizieren, S. 20).

[485] Auch wenn der Kommunikation in Verhandlungen eine sehr wichtige Rolle zukommt, kann ich mich aufgrund des strukturellen Aspekts der Einschätzung von Chris Voss, dass verhandeln nichts als ergebnisorientierte Kommunikation sei (Voss/RAZ, Kompromisslos verhandeln, S. 29), nicht anschliessen.

[486] Vgl. dazu FRITZSCHE, Souverän verhandeln, S. 16 ff.; GIRSBERGER/PETER, Aussergerichtliche Konfliktlösung, S. 21 ff.; zu den vier Aspekten der Kommunikation nach dem Psychologen und Kommunikationswissenschaftler Friedemann Schultz von Thun, siehe OPRESNIK, Erfolgreich kommunizieren, S. 15.

heiten und mögliche Missverständnisse möglichst rasch zu klären und sich nicht im «Zeichendeuten» zu verlieren und zu verirren. Auch die Körpersprache kann dabei zwar wichtige Aufschlüsse über die Wahrhaftigkeit der Aussagen und Zusicherungen geben, ist jedoch nur ein Mittel, um den Aussagegehalt einer Mitteilung zu eruieren. So sind insbesondere **Inkonsistenzen** zwischen Körpersprache und verbaler Kommunikation ein Signal, besonders genau hinzuschauen: Entweder bestehen noch ungeklärte Fragen oder dann ist der Wahrheitsgehalt der Aussagen kritisch zu hinterfragen.[487]

Die vielfältigen Möglichkeiten zu kommunizieren sowie die komplexen Beziehungsaspekte in der menschlichen Interaktion führen dazu, dass Kommunikation **fehleranfällig** ist: Sprenger merkte deshalb an, dass (auf Anhieb) Verstehen unwahrscheinlich und das Missverständnis die Regel ist.[488]

5.3 Drei Grundregeln für eine erfolgreiche Kommunikation

Basierend auf den obigen Erkenntnissen haben sich in Praxis für eine erfolgreiche Kommunikation folgende drei Grundregeln bewährt:

5.3.1 Kommunizieren Sie positiv

Eine positive Beziehung setzt Vertrauen voraus. Vertrauen wird durch klare und transparente Kommunikation und eine gut strukturierte, konsistente Verhandlungsführung geschaffen. Unklare oder widersprüchliche Kommunikation dagegen kreiert Verwirrung, sät Misstrauen und torpediert im schlimmsten Falle die Verhandlung. Die interne und externe Kommunikation ist dabei ein wichtiges Mittel, um Verhandlungen zu unterstützen und zu einem erfolgreichen Abschluss zu bringen.

Positive Kommunikation basiert auf folgenden Grundsätzen:
- Treten Sie **freundlich, zugänglich und positiv** auf. Wie wir gesehen haben, kommt der nonverbalen Kommunikation eine mindestens ebenso grosse Bedeutung wie der verbalen Kommunikation zu. Deshalb ist es wichtig, für Verhandlungen eine möglichst angenehme Atmosphäre zu schaffen, was sich nicht nur in unserem Auftritt, unserer Stimme und Mimik, sondern auch in der Wahl des Verhandlungsortes und (wenn wir Gastgeber sind) der Betreuung der anderen Partei ausdrückt. Gerade mit unserer *Mimik und Stimme* können wir unsere Gefühlslage bestens übermitteln. Die beste Wirkung erzielen wir, wenn wir *interessiert, ruhig und freundlich*, und nur in seltenen Fällen, wenn wir Leit-

---
487 Voss/Raz, Kompromisslos verhandeln, S. 208 ff sowie 261 f.
488 Vgl. Sprenger, Die Macht des Konflikts, S. 40.

planken, «must-haves» oder «no-gos» kommunizieren, *bestimmt* (aber immer noch freundlich). Wie wir aus der Psychologie wissen, provoziert unsere Ausdrucksweise bei den Menschen, mit denen wir kommunizieren, regelmässig *dieselbe Haltung*, weshalb auch von der **Resonanz** der Kommunikation gesprochen wird.[489] Wenn wir dagegen schroff und einschüchternd auftreten, provozieren wir eine entsprechende Gegenreaktion und erfahren kaum die wahren Hoffnungen, Ängste, Interessen und Motive unseres Gegenübers, da sich dieses wie eine Auster verschliesst und unserem Druck mit Gegendruck oder Ausweichmanövern entgegentritt.

- Praktizieren Sie **aktives Zuhören**: Die Grundlage jeder konstruktiven Kommunikation ist das aktive Zuhören. Es bedeutet, sich für die Aussagen der anderen zu interessieren, nachzufragen, zu klären und dabei die anderen Verhandlungsteilnehmer ausreden zu lassen (dieses Recht dürfen wir dann auch selber in Anspruch nehmen). Wir verschaffen uns die *Informationen*, die wir benötigen. Wir stellen *offene Fragen*, um die Ideen und Bedürfnisse der anderen Partei zu verstehen. Danach *fassen* wir das, was wir gehört haben, kurz *zusammen*. Dabei geben wir auch die *Gefühlslagen* («verärgert, verunsichert») und die Art der Wahrnehmung beziehungsweise des Erinnerns («Sie erinnern sich», «Sie glauben, sich zu erinnern») wieder. So werden Missverständnisse vermieden und das gemeinsame Verständnis gefördert.[490]

- Aber auch die andere Partei soll uns und unsere Anliegen verstehen. Wenn dies nicht gelingt, versuchen wir, sie zu einem **Perspektivenwechsel** zu motivieren mit Fragen wie: «*Was würden Sie an meiner Stelle tun?*» oder «*Wie soll ich dies meiner Partei, meinen Stakeholdern verkaufen?*» Offene «Was»- und «Wie»-Fragen sind dabei besonders wirksam.[491] Dabei zeigen wir auch gleich die Hindernisse auf, die wir zu überwinden haben: «Sie wissen ja, dass unser Verwaltungsrat ohnehin das Gefühl hat, der ‹Deal› sei nur für Ihre Partei von Vorteil, da er ihr Zugang zu unserer Technologie verschafft, uns die Vereinbarung dagegen nur begrenzt eine Absatzerweiterung erlaubt. Ich glaube kaum, dass er bei Ihrem Vorschlag die Vereinbarung absegnet.» Weitere Fragetechniken werden in Kapitel IV.B.6 und in Kapitel V.D.2.1 im Rahmen der Darstellung der Verhandlungstechniken behandelt.

---

489 Vgl. etwa Fritzsche, Souverän verhandeln, S. 155.
490 Vgl. dazu ausführlich Kapitel IV.B.6 sowie etwa Fritzsche, Souverän verhandeln, S. 11 ff.; Röhl, Verhandlungstechnik für Juristen, S. 28 ff.; Girsberger/Peter, Aussergerichtliche Konfliktlösung, Rz. 240 ff.; Fruth, Konflikte, S. 149 ff.; eine hilfreiche Zusammenstellung über Kommunikationsgrundsätze bei der Verhandlungsführung findet sich zudem bei Opresnik, Erfolgreich kommunizieren, S. 79 ff.
491 Vgl. dazu Voss/Raz, Kompromisslos verhandeln, S. 172 ff.

- Verpacken sie Ihre Aussagen vor allem in **«Ich-Botschaften»**. So vermeiden Sie Vorwürfe und fördern das Verständnis der anderen Partei, was deren Mitteilung bei uns auslöst. Statt «Sie haben schon wieder die Frist nicht eingehalten, Ihre Unternehmung ist einfach nicht zuverlässig!» teilen wir der anderen Partei mit: «Zuverlässigkeit ist für uns und unsere Kunden sehr wichtig. Sie haben jedoch die vereinbarte Frist wieder nicht eingehalten. Das verunsichert uns und wir stellen uns die Frage, ob wir uns bei einer Vereinbarung auf Ihre Unternehmung verlassen können.» Oder statt «Mit diesem Preis verdienen Sie sich natürlich eine goldene Nase» können wir mitteilen, dass der Preis nicht unseren Vorstellungen entspricht.

- Setzen Sie die **Rhetorik** zielführend ein: So helfen einfache rhetorische Hinweise, um den Erfolg von Vorschlägen zu erhöhen. So weist Opresnik daraufhin, dass Entscheidungen in die gewünschte Richtung «begleitet» werden können, indem die avisierte Lösung im Rahmen einer «*Nur ... oder*»-Satzkonstruktion angeboten wird: Statt zu sagen «Wollen Sie denn nur einen günstigeren Preis?» sollte die Lösung gleich mitgeboten werden: **«Wollen sie denn *nur* einen günstigeren Preis, *oder* möchten Sie von der schnelleren Rechnergeschwindigkeit und der grösseren Robustheit des Notebooks profitieren?»**,[492] oder **«Wollen Sie nur die Ware selber abholen, oder sollen wir sie auch gleich mit unserem Schnellzustelldienst liefern?»** Auch sind *«Weil dann»*-Begründungen sehr hilfreich, da sie der anderen Partei ersparen, über unsere Motive zu spekulieren. Der psychologische Effekt dürfte derselbe wie bei Alternativofferten sein.[493]

- Verkaufsspezialisten empfehlen zudem, **Vorschläge mit «*und*» zu verbinden**, da das Gehirn zwei Informationen weniger gut als eine verarbeiten kann. Damit erhöhen wir die Chance, dass nicht nur der eine (innerlich bereits akzeptierte), sondern auch der andere Vorschlag angenommen wird («Wir rufen Sie morgen an und vereinbaren gleich einen Besprechungstermin»).[494] Weiter trägt eine positive und anschauliche, bildhafte Sprache zu einer erfolgreichen Kommunikation bei.

- **Vermeiden Sie «Killerphrasen»:** Konstruktive Kommunikation ist durch gegenseitigen Respekt geprägt. Nichts beeinträchtigt Verhandlungen so sehr wie negative Kommunikation! Wir vermeiden deshalb Vorwürfe, Anschuldi-

---

[492] Opresnik empfiehlt, dabei leicht den Kopf zu schütteln, um der anderen Partei bereits zu suggerieren, dies sei eigentlich keine Variante. Er erwähnt dabei das Beispiel einer Autogarage, welche mit dieser Verkäufertaktik den Verkauf von Scheibenwischern verdoppeln konnte («*Möchten Sie nur einen Service, oder sollen wir auch die abgenutzten Scheibenwischer ersetzen?*») (Opresnik, Erfolgreich kommunizieren, S. 79).
[493] Vgl. dazu Kapitel III.B.4.4 («Ich teile, du wählst»).
[494] Opresnik, Erfolgreich kommunizieren, S. 98 f.

gungen, Herabsetzungen und «Killerphrasen» wie «Das ist doch Unsinn, das glauben Sie doch selber nicht!», «Da liegen Sie völlig falsch!», oder «Das wird ganz sicher nichts!»[495] Auch verallgemeinernde Aussagen wie «Sie sind immer zu spät! Sie vergessen immer ...» sind «Killerphrasen».

Erheiternd, aber auch eindrücklich ist dazu der Dialog von Alice mit den beiden Schachköniginnen in Lewis Carrolls «Alice im Wunderland», etwa als Alice zu einer Frage ansetzt und die Schwarze Königin sie wie folgt unterbricht: *«Sprich wenn du gefragt wirst!»* Carroll fährt in der Geschichte weiter: *«Aber wenn sich alle nach dieser Regel richten würden»*, sprach Alice, *die immer für eine kleine Auseinandersetzung zu haben war, «und wenn Sie erst sprechen wollten, wenn Sie gefragt worden wären, und die andere Person immer darauf warten würde, dass Sie den Anfang machen, sehen Sie, dann würde ja niemals jemand irgend etwas sagen, so dass ...» «Lächerlich!», rief die Königin aus. «Siehst du denn nicht, Kind –»* da brach sie ab und runzelte die Stirn, und nachdem sie eine Minute lang nachgedacht hatte, wechselte sie das Gesprächsthema. *«Was meinst du mit ‹wenn du wirklich eine Königin bist›? Welches Recht hast du, dich so zu nennen? Du kannst keine Königin sein, bis du die dafür vorgesehene Prüfung bestanden hast. Und je eher wir damit anfangen, desto besser.» «Ich habe doch nur ‹wenn› gesagt!»*, verteidigte sich die arme Alice kläglich.» *«Ich hatte gewiss nicht im Sinn –»*, fing Alice an, aber die Schwarze Königin unterbrach sie ungeduldig. *«Das ist es ja gerade, worüber ich mich beklage! Du hättest Sinn haben sollen! Was meinst du denn, wozu ein Kind ohne den geringsten Sinn nütze ist? Sogar ein Witz sollte einen gewissen Sinn haben – und ein Kind bedeutet doch hoffentlich mehr als nur ein Witz. Das könntest du nicht abstreiten, und wenn du's mit beiden Händen versuchst.» «Ich streite nichts mit den Händen ab»*, wandte Alice ein. *«Das hat auch niemand behauptet»*, sprach die Schwarze Königin, *«Ich sagte, du könntest es nicht, wenn du's versuchen würdest.» «Sie ist in dieser Laune»*, sprach die Weisse Königin, *«dass sie irgend etwas abstreiten will – nur weiss sie nicht, was!» «Eine ungezogene, schlimme Laune»*, bemerkte die Schwarze Königin; *und dann herrschte ein, zwei Minuten lang eine unbehagliche Stille.*[496] Unterbrechungen, Unterstellungen, abrupte Themenwechsel, Sinnwidrigkeiten, Schweigen, Wortklaubereien, Herabsetzungen – die Schachköniginnen beherrschen das ganze Spektrum destruktiver Rhetorik!

- **«Schweigen ist Gold»:** Wir meinen oft, wir müssten auf jede Aussage eine Antwort geben. Dabei ist gerade Schweigen unter Umständen ein sehr wirksames Mittel, um einen Punkt zu verdeutlichen: Schweigen Sie etwa – bis die Stille und Ihr Schweigen unerträglich werden. So werden Sprechpausen unter einer Sekunde normal empfunden, über fünf Sekunden jedoch als unnatürlich, und die anderen Verhandlungsteilnehmenden oder Zuhörenden fragen sich, was jetzt los sei. Durch längere Sprechpausen kann sehr gut Missfallen kommuniziert werden, ohne dass dieses in Worte gefasst werden müsste. Oder ein

---

495 Vgl. FRITZSCHE, Souverän verhandeln, S. 25.
496 CARROLL/GARDNER, Alles über Alice, S. 277 f.

Punkt sehr betont werden. Schweigen kann damit nicht nur ein taktisches Element im Sinne des Ausweichens und Verzögerns (Kapitel III.C.3) oder des Beharrens und (passiven) Widerstand Leistens (Kapitel III.C.5) sein, sondern auch eine wirksame «Enthüllungstaktik» darstellen.

5.3.2 Kommunizieren Sie klar, transparent und zielgerichtet

Die Kommunikation dient während Verhandlungen vorab dazu, Informationen zu übermitteln, um den Kenntnisstand abzugleichen, Vertrauen aufzubauen und die Verhandlungen zu befördern. Dazu bewähren sich folgende Grundsätze:

- Klären Sie vorab und behalten Sie stets im Auge, was das **Ziel** der Kommunikation ist: Da Kommunikation ein Mittel zum Zweck ist, empfiehlt es sich, sich stets zu vergegenwärtigen, was wir mit der Kommunikation bezwecken: Informationen zu übermitteln, den Kenntnisstand abzugleichen, Vertrauen aufzubauen und die Verhandlungen zu befördern. Richten Sie Ihre Kommunikation entsprechend aus.[497]

- **Kommunizieren Sie klar:** Um Missverständnisse und falsche Erwartungshaltungen zu vermeiden, empfiehlt sich eine klare Kommunikation. «*Must haves*» bezeichnen wir als solche, «*No-Gos*» ebenfalls.[498] Wir verzichten auf «Weichspüler»-Phrasen wie «Es wäre schön, wenn Sie dies oder jenes tun könnten oder wir dies vereinbaren könnten», oder «ich würde mal sagen» beziehungsweise «Wir würden es begrüssen, wenn wir eine solche Regelung treffen könnten».[499] Legen Sie dabei auch Wert auf eine **klare Präsentation**: Auf der Inhaltsebene wird die Kommunikation zudem durch die Art und Weise der Präsentation[500] von Ausgangslagen, Analysen und Lösungen beeinflusst. Um zu überzeugen, sollten Aussagen möglichst *klar, einfach, gut strukturiert, kurz und anschaulich* sein.[501]

- **Klären Sie Unklarheiten** und von wem eine Aussage wirklich stammt, insbesondere ob die geäusserte Auffassung jene der anderen Verhandlungsführerin oder ihrer Partei ist: «Ich»-Aussagen wie «Diese Lösung finde ich gar nicht gut» können mit der Frage «Weshalb finden Sie dies nicht gut?» hinterfragt und dann auf der Sachebene gekontert werden, indem aufgezeigt wird, dass vielleicht *diese Person* die Lösung ablehnt, sie jedoch für die Parteien vorteilhaft ist.

---

[497] Vgl. dazu BOGHOSSIAN/LINDSEY, Schwierige Gespräche, S. 21 f.
[498] Während «Must haves» Verhandlungsinhalte sind, die für die Parteien Voraussetzung für eine Einigung sind, stellen «No-Gos» deren Gegenteil dar (vgl. dazu Kapitel V.A.4.2).
[499] Vgl. FRITZSCHE, Souverän verhandeln, S. 24.
[500] Die Elemente einer guten Präsentation werden etwa bei OPRESNIK, Erfolgreich kommunizieren, S. 112 ff. zusammengefasst.
[501] Vgl. dazu auch OPRESNIK, Erfolgreich kommunizieren, S. 95, mit zahlreichen Beispielen.

- Schaffen Sie durch **Spiegelung** und **Zusammenfassung** der Aussagen Klarheit: «Wenn ich Sie richtig verstanden habe, möchten Sie …», oder «Um nochmals klarzustellen: Für uns ist insbesondere wichtig, dass …». Auf diese zwei zentralen Techniken kommen wir weiter unten nochmals ausführlicher zu sprechen.

- Transparent zu kommunizieren heisst natürlich *nicht, naiv zu sein* und beispielsweise seine eigene BATNA zu verraten. Dazu folgendes Beispiel: Eine Gegenanwältin sagte mir einmal in einem frühen Zeitpunkt der Verhandlungen: «*Ich möchte diese Verhandlungen nicht wie auf dem Basar führen. Sagen Sie mir einfach, wo ihr maximaler Verhandlungsspielraum liegt. Ich übermittle dies dann meiner Klientin.*» Clever, oder? Ich antwortete darauf: «*Ich habe keine Kompetenz, Ihnen ein letztes Angebot zu unterbreiten, kann aber folgende Offerte machen:…*» Selbstverständlich wusste die Gegenanwältin damit auch, dass dies nicht unser Maximalangebot war. Aber das war der erfahrenen Verhandlerin ohnehin klar.

- Zudem ist zu beachten, dass unklare, insbesondere bewusst vage oder zweideutig gehaltene Kommunikation gewiss ein **taktisches Mittel** sein kann, insbesondere um sich Optionen offenzuhalten, die andere Partei zur Offenlegung ihrer Interessen zu verleiten oder andere Stakeholder nicht zu verprellen. Ein Paradebeispiel solcher Kommunikation ist die Gepflogenheit der USA, die Regierung in Peking als Alleinvertreterin Chinas anzuerkennen («One China Policy»), nicht aber Chinas Anspruch auf Taiwan.

5.3.3 Definieren Sie die Kommunikationskanäle und Adressaten der Kommunikation und informieren Sie phasengerecht die Stakeholder

Die Definition der Verhandlungskanäle und Adressaten der Kommunikation – intern und auch zusammen mit dem Verhandlungspartner extern – stellt sicher, dass die zuständigen Stakeholder zeit- und phasengerecht über die nötigen Informationen verfügen, um während der Verhandlungen die erforderlichen Entscheide zu treffen. Zudem wird damit widersprüchliche Kommunikation verhindert und sichergestellt, dass verschiedene Verhandlungsteams (zum Beispiel das Rechtsteam und das technische Team oder das kommerzielle Team) oder Teammitglieder nicht gegeneinander ausgespielt werden. So erlebe ich in Verhandlungen ab und zu, dass sobald wir ein vorteilhaftes Zwischen- oder Endergebnis erzielt haben, das Gegenüber versucht, dieses auf hoher Managementebene durch eine emotionale Intervention nachträglich rückgängig zu machen. Information ist damit ein wichtiger Aspekt der Verhandlungsführung.

Allerdings müssen nicht alle Stakeholder stets über jeden Verhandlungsschritt und -fortschritt informiert werden – das kann Unruhe schaffen und den Fokus von der tatsächlichen Verhandlungsführung ablenken. Vielmehr sind Verhandlungsetappen zu definieren, bei deren Realisierung stufengerecht informiert wird. Der Fokus der Kommunikation liegt dabei auf den Stakeholdern, die wir für den *Support* für das Projekt und für allfällige *Beschlüsse und Genehmigungen* benötigen, sowie auf jenen, die für den erfolgreichen *Abschluss* der Verhandlungen und die *Umsetzung* des Projektes von Bedeutung sind. Dies können beispielsweise neben technischen Abteilungen und externen Fachexperten auch Rechtsanwältinnen, Kommunikationsberater, Geschäftsleitungen, Verwaltungsrätinnen, politische Gremien und Behörden sein

> Die Definition der Verhandlungskanäle und Adressaten der Kommunikation ist ein wichtiges Mittel zur Sicherstellung der Unterstützung des Verhandlungsprojektes.

> Folgendes Beispiel zeigt, wie durch die Strukturierung der Kommunikation die Verhandlungen befördert werden: Ein Kunde ruft Sie an, es ist ein Schaden an einer Betonbodenplatte in einer Einstellhalle einer Wohnsiedlung aufgetreten. Der Kunde, eine mittelgrosse Generalunternehmung, startet sofort intensive E-Mail-Wechsel mit dem Ingenieur und dessen Versicherung, aber auch mit anderen Parteien, wobei es darum geht, anderen die Schuld zuzuschieben und von diesen Massnahmen zu fordern. Die Gegenreaktion lässt nicht lange auf sich warten, die Situation steuert direkt auf einen Gerichtsprozess zu. Ihre Sofortmassnahme könnte sein, die Sach- und Rechtslage zu analysieren und die Kommunikation sachlich und zielorientiert auszurichten. Dabei kommuniziert nicht jeder mit jedem (keine «Spontan-Mails» mehr!), sondern die Parteien tauschen sich über definierte Kommunikationskanäle (beispielsweise über ihre Anwälte, wenn solche involviert sind) mit den anderen Parteien aus. Das beruhigt die aufgewühlte Stimmungslage der Parteien und erhöht die Chance auf eine gemeinsame Vorgehensweise und eine einvernehmliche Lösung.

Kommunikation kann in **verschiedenen Formen**, die teilweise kombiniert werden, erfolgen, so in informellen und formellen, vertraulichen und nicht vertraulichen, öffentlichen oder privaten, einseitigen oder gemeinsamen, mündlichen oder schriftlichen Stellungnahmen, aber auch in Medienmitteilungen, Pressekonferenzen und sonstigen Erklärungen. Teilweise werden auch *Mittelspersonen* eingesetzt, um bestimmte wichtige Informationen oder Anliegen vertraulich (und damit gleichzeitig nicht bindend) zu übermitteln oder stockende Verhandlungen wieder zu beleben.

6. Was wir von den Verhandlungsprofis des FBI lernen können

Nachdem ich mich über all die Jahre immer wieder mit Literatur zu Verhaltenspsychologie, Verhandlungsführung und Konfliktmanagement auseinandergesetzt hatte, stiess ich im Jahr 2019 auf Chris Voss' Buch «Kompromisslos verhandeln».[502] Voss war über 25 Jahre Verhandlungsführer beim FBI gewesen, bevor er sich als Verhandlungsberater selbständig machte. Während seiner Zeit beim FBI hatte er mit Terroristen und Entführern quer über den Globus in schwierigsten Situationen verhandelt. Chris Voss beschreibt in seinem Buch, wie das FBI in zahllosen gefährlichen Missionen Verhandlungsmethoden erprobt, überarbeitet und verfeinert hat und *wie das FBI die Erkenntnisse aus der Psychologie und Kommunikation im Kernverhandlungsprozess*[503] *systematisch und erfolgreich einsetzt.*[504] Das Erstaunliche daran ist, dass das Negotiation Team des FBI in Geiselnahmen und Entführungsfällen, also in den denkbar schwierigsten Verhandlungssituationen, wo es um Menschenleben geht, nicht primär auf Gewalt setzt, sondern auf *Psychologie und Verhandlungstaktik*. Voss und das FBI betrachten Verhandeln als ergebnisorientierte Kommunikation[505] und wenden dabei ebenfalls die psychologischen Verhandlungstechniken an, die im vorangehenden Kapitel aufgeführt werden. An «*Kompromisslos verhandeln*» beeindruckt insbesondere die Beschreibung, wie zielgerichtet und mit welcher Konsequenz die Verhandlungsführer des FBI diese Techniken anwenden. Voss zeigt zudem auf, dass es dort ebenso wie in kommerziellen Verhandlungen darum geht, eine **Beziehung aufzubauen** und die andere Partei **aus deren eigener Perspektive zu überzeugen**.[506] Dafür müssen wir ihre Bedürfnisse genau kennen. Und das können wir nur mit Fragen, nicht mit Argumentieren und Behaupten (was nebenbei gesagt eine Stärke, aber gleichzeitig auch Schwäche von uns Anwälten ist). Es geht also nicht darum, *die andere Partei durch eindrucksvolle Rhetorik zu einer Lösung zu «überreden» oder sie zu überlisten*, sondern sie aus deren Perspektive einer Lösung zuführen.

---

[502] Voss/Raz, Kompromisslos verhandeln; besser bekannt ist das Buch unter dem englischen Titel «Never split the difference».
[503] Vgl. dazu Kapitel V.D.1.5.
[504] Voss übertitelt seine entsprechenden Ausführungen sinnigerweise mit «Das FBI wird emotional» (Voss/Raz, Kompromisslos verhandeln, S. 24). Er zeigt dabei auf, dass die vom FBI angewandten Grundsätze durchaus auf kommerzielle oder alltägliche Verhandlungssituationen angewendet werden können: Auch Entführer haben ein kommerzielles Ziel, wobei ihr Geschäftsmodell auf der Entführung von Personen beruht.
[505] Voss/Raz, Kompromisslos verhandeln, S. 29.
[506] Voss/Raz, Kompromisslos verhandeln, S. 106 – Ein kleines Caveat sei hier erlaubt: Die auf Psychologie fokussierende Vorgehensweise kennt gerade im Geschäftsbereich durchaus auch ihre Grenzen und die faszinierenden Beispiele können uns dazu verleiten, dem «Liking Bias» zu verfallen (siehe dazu Kapitel IV.B.3).

Lassen Sie mich das oben Gesagte anhand eines Beispiels verdeutlichen. Sie erinnern sich sicherlich an Situationen, in denen jemand auf Sie einredete und einfach nicht aufhören wollte. Irgendwann haben Sie «ja» gesagt, nur um den lästigen Redeschwall zu unterbrechen – oder dann abgeblockt und sind davongelaufen, weil sie sich manipuliert und belästigt gefühlt haben. Genau dieses Gefühl und diese Reaktionen provozieren wir mit diesem Verhalten auch in Verhandlungen. Sie führen zu halbherzigen «Ja's», die dann wieder zurückgenommen werden, oder dann unterläuft die andere Partei die Vereinbarung, die sie ja ohnehin nicht (so) wollte.[507] Dies lehrte mich seinerzeit meine älteste Tochter, mit der ich vor Jahren über den von ihr gewünschten Ausgang verhandelte (dass meine pubertäre Tochter und ich diesbezüglich nicht die gleichen Vorstellungen hatten, können Sie sich sicher vorstellen). Ich wandte dabei alle meine anwaltlichen rhetorischen Fähigkeiten und psychologischen Tricks an und war stolz, als meine Tochter nach zähen Verhandlungen «ja» zu der von mir vorgeschlagenen Lösung sagte. Als ich etwas später meine Freude darüber äusserte, dass wir es zusammen geschafft hätten, in einem für sie damals so wichtigen Thema eine Lösung zu erarbeiten, meinte sie nur: «Weisst du Papa, ich fand die Lösung nie besonders fair und befolgte sie deshalb so, wie ich es für richtig hielt: ‹Strict parents make sneaky kids.›» Ich war ernüchtert und hatte eine wichtige Lektion gelernt.

«Verhandeln ist nichts als ergebnisorientierte Kommunikation.»

Psychologische Verhandlungsführung basiert zudem auf der Erkenntnis, dass unser Verhalten durch unsere Wahrnehmung gesteuert wird: *«Vision drives action»:* Um das Verhalten der anderen Partei zu beeinflussen, müssen wir die **Wahrnehmung der Wirklichkeit** der anderen Partei kennen und auf diese Einfluss nehmen. Wenn wir wissen, wie unser Gegenüber «tickt», können wir unsere Verhandlungsstrategie danach ausrichten.

«Vision drives action.»

Die meines Erachtens **wichtigsten Grundsätze der psychologischen Verhandlungsführung des FBI**, wie sie Chris Voss in «Kompromisslos verhandeln» beschreibt und die in allen Arten von Verhandlungen zum *Beziehungsaufbau, zur Förderung des Verständnisses für die Verhandlungssituation und zum Erkunden von möglichen Lösungen* eingesetzt werden können, fasse ich wie folgt zusammen:

- In der Verhandlungsführung wird oft gelehrt, das Ziel bestehe darin, der anderen Partei ein «Ja» zu entlocken. Die Psychologieprofessorin Mariela Jaffé hat jedoch herausgefunden, dass Menschen inhaltlich identische Aussagen eher

Für gute Verhandlungsführer ist ein «Nein» reines Gold.

---

507 Voss unterscheidet deshalb **drei verschiedene Arten von «Ja»**: Das erste ein bestätigendes «Ja» im Sinne von «ich habe Sie gehört», das zweite ein verpflichtendes («Ja, das entspricht auch unserer Auffassung»), und das dritte ein falsches und ausweichendes «Ja», das eigentlich ein «Nein» darstellt, da die andere Partei den Konflikt mit Ihnen scheut. Solche falschen «Ja's» werden insbesondere erzielt, wenn die andere Partei «überredet» oder sonstwie unter Druck gesetzt wird. Vgl. dazu Voss/Raz, Kompromissloses verhandeln, S. 102 f.

als wahrscheinlich (also wahr) beurteilen, wenn diese eine **Verneinung** beinhalten und somit negativ formuliert sind. Konkret wird etwa der Satz «61 Prozent der Deutsch sprechenden Frauen sind mit ihrem Aussehen nicht zufrieden» eher als wahr erachtet als die Aussage «39 Prozent der Deutsch sprechenden Frauen sind mit ihrem Aussehen zufrieden». Damit die positive Aussage stimmt, muss nach der Wahrnehmung der Befragten vieles stimmen (wie Nase, Haare, Grösse etc.) – bei der negativen jedoch nur eines (wie etwa, dass diese Frauen mit ihrer Nase nicht zufrieden sind).[508] Dies können wir uns in der Verhandlungsführung zu Nutze machen. So zeigt Voss in «Kompromisslos verhandeln», dass die **Verhandlung oft erst richtig mit einem «Nein» beginnt**: Wenn wir mit Fragen auf ein «Ja» der anderen Partei zielen, fühlt sich diese oft manipuliert. Ihr «Ja …» hat dann oft die Bedeutung «Ich weiss nicht so recht» oder «vielleicht». Es ist eben ein falsches «Ja» und kein überzeugtes «das stimmt». Wenn wir der anderen Partei jedoch zunächst ein «Nein» entlocken, gibt ihr das ein *Gefühl der Sicherheit und Kontrolle* (zwei fundamentale menschliche Bedürfnisse!) und bringt oft einen konstruktiveren und kollaborativeren Verhandlungsprozess in Gang.[509] Voss nennt dies *«Getting to No»*.[510] Dieses «Nein» kann alles von «Ich bin noch nicht so weit», «Diese Lösung bereitet mir Unbehagen», «Ich möchte etwas anderes» zu «Ich muss dies zunächst näher prüfen» bedeuten und stellt deshalb auch nicht den Abbruch, sondern vielmehr den Start zu den wirklichen Verhandlungen dar.[511] Zudem können wir mit einem höflichen «Nein» die andere Partei dazu bringen, sich in unsere Situation zu versetzen und sie dazu bringen, **uns Lösungen vorzuschlagen, die für uns annehmbar sind**.[512] Ebenso kann unter Umständen eine Kaskade von «Nein» auf negativ formulierte mögliche Befürchtungen der anderen Partei wirksamer sein als eine Reihe von «Ja» zu provozieren. Die «Nein's» vermitteln Kontrolle, die entlockten «Ja's» können als manipulativ erzwungen empfunden werden und sich damit als falsche «Ja's» entpuppen.[513]

---

508 Heiniger, Mariela Jaffé erforscht, wie Menschen Wahrheit wahrnehmen, Bilanz 3/2022, S. 56 f.
509 Voss/Raz, Kompromisslos verhandeln, S. 100.
510 Vgl. Voss/Raz, Kompromisslos verhandeln, S. 96.
511 Voss/Raz, Kompromisslos verhandeln, S. 100 f. und 107.
512 Deren Saat können wir dabei in der ungezwungenen Einleitungsphase der Verhandlungen, mit den offenen, aber zielgenauen Fragen oder mittels «Ankerwerfens» bereits früh säen (vgl. dazu auch Kapitel V.E.2.1).
513 Voss schildert dazu ein Beispiel eines Wahlkampfhelfers auf Spendenjagd, der nach zahlreichen Absagen seine Taktik änderte und dazu überging, den potentiellen republikanischen Spenderinnen und Spendern «Nein's» zu entlocken. Er stellte diesen dabei Fragen wie «Glauben Sie, dass Amerika seine besten Zeiten noch vor sich hat, wenn alles so bleibt, wie es ist?», oder «Werden Sie tatenlos zusehen, wie Präsident Obama das Weisse Haus erneut erobert?» Wenn diese Fragen mit entschiedenen «Nein!'s» beantwortet wurden, doppelte er nach: «Wenn Sie heute etwas tun wollen, um sicherzustellen, dass dies nicht passiert, können Sie eine Spende an den XY Ausschuss

- Eine weitere zentrale Technik der Verhandlungsführer des FBI und eine meiner Lieblingstechniken ist die sogenannte **«Spiegeltechnik»**. Sie besteht einfach darin, die wichtigsten drei Worte des letzten Satzes unseres Gegenübers zu wiederholen. Sagt dieses etwa «Wir müssen auf einer sofortigen vollen Bezahlung bestehen!» antworten wir «Sofortige volle Bezahlung?». Sie beruht auf dem Phänomen, dass die Wiederholung des vorhin Gesagten bei der anderen Partei ein Gefühl der Resonanz entstehen lässt: Wir signalisieren durch die Wiederholung der Aussage, dass unser Gegenüber uns *vertrauen kann und wir etwas gemeinsam haben*.[514] Zudem spielen wir den Ball wieder diesem zu, welches sich in dem von ihm Gesagten bestärkt fühlt und regelmässig weitere Ausführungen zum Thema macht. Diese geben uns wertvolle Hinweise darüber, worum es ihm wirklich geht und wo wir für die weiteren Verhandlungen ansetzen müssen. Gleichzeitig können wir durch das Spiegeln anderer Meinung sein und die Zustimmung zu einem Punkt versagen, ohne in die Konfrontation zu gehen. Dies ist gerade bei *aggressiven und autoritären Personen* sehr hilfreich.[515] Allerdings ist beim Spiegeln Vorsicht geboten, da es bei wiederholtem Anwenden wie ein Nachäffen der anderen Person wirken kann. Um dies zu vermeiden, kann es mit weiteren Wörtern wie «*Wieso* sofort volle Bezahlung?» oder «*Wie meinen Sie mit* ‹sofort volle Bezahlung›?» kombiniert werden.

- Da die Beziehungs- und Sachebene nicht zu trennen sind und Emotionen in Verhandlungen oftmals einen der Hauptgründe für Verhandlungsschwierigkeiten darstellen, wäre es völlig verkehrt, Probleme von den Menschen trennen zu wollen.[516] Gute Verhandlungsführer versuchen vielmehr herauszufinden, welche Emotionen beteiligt sind, um diese anschliessend anzusprechen und im Sinne des Verhandlungsergebnisses zu beeinflussen.[517] Dabei erzielen wir mit *genauem Beobachten und präzisem Benennen der Emotionen* («**Labeling**»)[518] viel überzeugendere Ergebnisse als mit rationalen Argumenten, mit denen wir die andere Partei «überreden» wollen, lassen diese die Beziehungsebene doch aussen vor. Wenn wir versuchen, uns **in die Situation der anderen Partei zu versetzen**, ihr genau zuhören und dabei ruhig ihre Worte wiederholen («Spiegelung»), um dann durch Labeling ihre Ängste anzusprechen

---

richten, der sich intensiv für Ihre Interessen einsetzt.» Die Methode funktionierte, zumindest zum Spendensammeln (auch wenn Präsident Obama dennoch wiedergewählt wurde). Siehe Voss/Raz, Kompromisslos verhandeln, S. 113 f.
514 Man spricht diesbezüglich auch von neuronaler Resonanz; vgl. Voss/Raz, Kompromisslos verhandeln, S. 50 f. und 70.
515 Voss/Raz, Kompromisslos verhandeln, S. 60 ff.
516 Vgl. dazu auch Kapitel V.D.2.3.2. Dies ist auch einer der Hauptkritikpunkte am Harvard Konzept.
517 Voss/Raz, Kompromisslos verhandeln, S. 65 ff.
518 Voss spricht im Zusammenhang mit der Verhandlungsführung von «taktischer Empathie». Vgl. Voss/Raz, Kompromisslos verhandeln, S. 50 f. und 71.

beziehungsweise vorwegzunehmen, lösen wir Denkblockaden und machen den Weg für Lösungen frei. Das Geniale an der Labeling-Technik ist dabei, dass sie nicht nur in Konfliktsituationen,[519] sondern allgemein funktioniert: Die Auflösung einer Angst oder Befürchtung setzt voraus, dass diese identifiziert und benannt wird. Damit kann sie konkret adressiert und analysiert werden und verliert ihren Schrecken. Indem wir also **mögliche Befürchtungen proaktiv ansprechen**, können wir diese ausräumen und Hindernisse auf dem Weg zur Lösung beseitigen. Dabei formulieren wir neutrale Feststellungen wie *«Es sieht so aus, …»*, *«Es hat den Anschein …»* oder *«Es wirkt so, als …»*, *oder sprechen die Emotion direkt an.*[520] Statt dem noch immer zögernden Gegenpart mit einer Aussage wie «Das ist ein fairer Preis, das können Sie nicht ausschlagen» (vermeintlich) auf die Sprünge zu helfen oder die Argumente zu wiederholen, sagen wir «Es sieht so aus, als ob Sie sich über den Vertragsabschluss noch im Unklaren sind.»

- Ebenso verfahren wir, wenn wir die möglichen **Gegenargumente unseres Gegenübers direkt ansprechen** (wiederum: «Elefant im Raum»): *«Sie denken wohl, unser Produkt sei viel zu teuer und …»* und die Feststellung **mit einer** übertrieben **negativen Aussage verstärken** (ich möchte etwas kaufen, die andere Seite hat ihre Argumente präsentiert): *«Es sieht so aus, als ob ich diese Leistung viel zu günstig erhalte … Fänden Sie es total daneben / unverschämt, wenn ich Sie bitten würde, …»* Dadurch erzielen wir den Effekt, dass die andere Partei die Übertreibung selber relativiert und sich damit wieder in unsere Richtung bewegt.

Denselben Effekt können wir durch gezieltes *Expectation Management* erzielen, indem wir bereits zu Beginn die **Erwartungen unseres Gegenübers herabsetzen** und dabei **typische Vorwürfe** und Anschuldigungen, die wir in dieser Situation erwarten würden, **vorwegnehmen**.[521] Dazu bedienen wir uns etwa der einführenden Bemerkung: «**Ich habe leider eine schlechte Nachricht für Sie,** ich kann Ihnen nur eine wirklich schlechte Offerte unterbreiten, die Sie sicher nicht zufriedenstellen wird.» Dann erfolgt eine für die andere Partei überrraschend moderate Offerte, die sich plötzlich durchaus in einem annehmbaren Bereich bewegt.[522] Dasselbe tun wir, wenn wir einem geschätzten Gegenüber eine **harte Lösung verkaufen müssen**. Wir antizipieren seine Reaktion durch emotionales Ankern, indem wir eine entsprechende negative Antizipation aussprechen: *«Du weisst, dass ich dich, deine Arbeit, aber auch was wir alles schon zusammen erreicht haben, sehr schätze. Deshalb ist es für mich*

---

519 Vgl. dazu Kapitel VI.A.5.1.
520 Vgl. dazu Kapitel VI.A.5.1.
521 Voss/Raz, Kompromisslos verhandeln, S. 157 f.
522 Troczynski/Löhr, Verhandlungen gewinnen, S. 50 f. («**Relativitätsprinzip**»).

auch wirklich schwierig, diese Sache hart zu verhandeln. Ich hasse das, aber ich kann nicht anders, ich bin meiner Unternehmung/meiner Klientschaft gegenüber dazu verpflichtet.» Darauf folgt die positive Aussicht: «*Aber wenn wir dies hinkriegen – und wir werden dies hinkriegen – haben wir eine wirklich gute Sache auf die Reihe gebracht»* (und zeigen, was dies bedeutet, wo wir gemeinsam Wert kreieren können etc.).

Hilfreich kann auch sein, die Verhandlungen «negativ» zu starten, indem wir uns **entschuldigen und etwas übertreiben**, um so der anderen Partei Wind aus den Segeln zu nehmen: *«Sorry for eating up your time with legal stuff.» «I know this is the boring part for you, so let us straighten out legal things as quickly as possible.» «I guess you hate the contract negotiation part, many business people do.»* Damit provozieren wir oft auch ein «Nein, ist schon ok.»

Ebenso können wir mit **möglichen Vorwürfen** der anderen Partei wie «Sie verhalten sich wie das typische Grossunternehmen, welches seinen kleinen Geschäftspartner übervorteilen will» oder «Sie haben die Situation einfach nicht im Griff» verfahren. Diese können wir gezielt ansprechen, etwa im Sinne von: *«Danke, dass Sie sich Zeit für dieses Gespräch nehmen. Womöglich haben Sie den Eindruck, wir würden uns wie das typische Grossunternehmen, welches seinen kleinen Geschäftspartner übervorteilen will, verhalten. Wir erkennen auch an, dass bei Ihnen der Eindruck entstanden sein könnte, wir hätten die Situation nicht im Griff»* – dies im Sinne eines *«sorry for making your day miserable»*. *«Es tut mir leid, Ihre Zeit mit juristischen Fragen zu verplempern.» «Es ist sicher furchtbar für Sie als Geschäftsfrau, Ihre Zeit mit teuren Juristen zu verplempern und juristische Spitzfindigkeiten zu diskutieren.» «Wir sind weit auseinander, und das könnte eine lange und mühsame Verhandlung werden. Ich hoffe natürlich, dass wir dies rasch hinkriegen ...»* Bei Preis- oder Vorteilsdiskussionen (Kauf, Verhandlung mit Hotel um Upgrade etc.): *«Sie erleben dies wohl immer wieder und halten meine Frage eventuell für unverschämt und gierig ...»; «Sie werden das nicht mögen»* (*«You won't like this.»*). Oft erfolgt an dieser Stelle eine verbale oder nonverbale Zustimmungsäusserung der anderen Partei.

- Wie Voss in «Kompromisslos verhandeln» zeigt, entfalten diese beiden Techniken ihre beste Wirkung dann, wenn sie **mit «taktischer Empathie» kombiniert** eingesetzt werden:[523] Taktische Empathie besteht darin, die *Gefühle und Anliegen der anderen Partei anzuerkennen*. Dies bedeutet nicht, sie gutzuheissen (das wäre Sympathie), aber sie ernst zu nehmen und zu akzeptieren, dass die andere Partei diese hat.[524] Zuerst stellen wir durch Spiegeln eine Beziehung zu der anderen Partei her, dann adressieren wir deren Befürchtungen und

«Sorry for making your day miserable.»

---

523 Vgl. dazu unter anderem Voss/Raz, Kompromisslos verhandeln, S. 79–83.
524 Voss/Raz, Kompromisslos verhandeln, S. 91.

schaffen damit die Voraussetzungen, um diese zu beseitigen. Wenn etwa im vorigen Beispiel die andere Partei antwortet *«Der Preis ist schon hoch ...»* spiegeln wir *«Der Preis ist hoch?»* und benennen dann die mit dem Zögern verbundene Emotion (*«Sie machen sich Sorgen wegen der Finanzierung»*; Labeling). Anschliessend zeigen wir Verständnis für diese Besorgnis (*«Ich verstehe, dass das eine grosse Anschaffung ist»*). Je nachdem, was der Grund für das Zögern ist (Qualität, Preis etc.), können wir dann die Diskussion vertiefen und versuchen, die Bedenken auszuräumen.

- Danach erfolgt eine **Zusammenfassung** der Situation, Anliegen und Befürchtungen der anderen Partei. Damit werden die Beziehung und das gegenseitige Verständnis gefestigt, um möglichst ein *«Das stimmt»* zu erzielen. Die hohe Kunst der Verhandlungsführung besteht nämlich nicht darin, die andere Partei einfach zu überreden, sondern bei dieser zu einem bestimmten Problem, einer bestimmten Position oder einer bestimmten Lösung nicht nur ein «Jaaaa ...», sondern ein überzeugtes **«das stimmt»** zu erzielen. Diese zwei Worte (oder ähnliche Worte) zeigen, dass Ihr Gegenüber von dem Gesagten überzeugt und mit dem Vereinbarten wirklich einverstanden ist. Sie stellen die Krönung der Vorgehensweise dar, durch aktives Zuhören, Empathie, Beziehungsarbeit sowie offene, aber zielgenaue Fragen eine *Wahrnehmungs- und damit verbunden eine Verhaltensänderung zu bewirken*.[525] Indem wir die geschilderten Techniken geschickt, hartnäckig und zielorientiert einsetzen und mit Pausen und kleinen Ermunterungen («Ja», «Okay», «Aha», «Ich verstehe» etc.) verstärken, gelingt es uns oft, die andere Partei aus ihrer Perspektive von unseren Anliegen zu überzeugen und sogar die Lösung vorzuschlagen *(«Lassen Sie Ihren Gegner den Vorschlag machen!»)*.[526] Deshalb nehmen bei der hier vertretenen flexiblen Verhandlungsführung auch *die Analyse und die Fragetechnik* eine zentrale Rolle ein.

- Nachdem wir nun die *andere Partei verstehen* und eine *positive und vertrauensvolle Gesprächsbeziehung* entstanden ist, können wir **unsere eigenen Anliegen einbringen** und eine **gemeinsame Vision** entwerfen. Diese Vision kann darin bestehen, zu einem gemeinsamen Abschluss der Verhandlung zu kommen («Kauf des Autos», «Belieferung und Vertrieb von Produkten» etc.) oder ein gemeinsames Projekt zu verwirklichen. Die Vision gestalten wir unter

---

[525] Voss/Raz, Kompromisslos verhandeln, S. 121 ff. und 173 ff.
[526] Voss/Raz, Kompromisslos verhandeln, S. 127 *(«Let your opponent suggest your solution»)*. Voss zeigt dabei auf, dass uns dagegen die blosse Anerkennung unserer Position durch die andere Partei, welche sich in einem *«Sie haben recht»* ausdrückt, noch nicht weiterbringt (Voss/Raz, Kompromisslos verhandeln, S. 130). Diese Antwort erhalten wir allerdings oft, wenn wir die andere Partei mit unseren Argumenten zu überzeugen versuchen.

Berücksichtigung unserer MAPP so, dass sie eine **perfekte Lösung der Bedürfnisse der anderen Partei** ist.

- Um das Gegenüber zu überzeugen, setzt das FBI die Technik der **offenen, aber zielgenauen Fragen** ein.[527] Deren Zweck besteht darin, die andere Partei nicht zu überreden oder zu überwältigen und auch nicht ihr zu schmeicheln (was oft als manipulativ wahrgenommen wird und deshalb kontraproduktiv ist), sondern sie zu verstehen und dann dazu zu bewegen, **der von uns angestrebten Lösung (idealerweise unserer MAPP) aus freien Stücken zuzustimmen**.[528] Solche Fragen enthalten keine Vorwürfe und bieten auch keine Angriffsfläche. Sie beginnen mit «Was» oder «Wie», gelegentlich auch «Warum» beziehungsweise «Weshalb».[529] Worte wie «womöglich», «ich denke» und «es scheint» vermeiden dabei eine Konfrontation und Verärgerung der anderen Partei. Anhand unserer MAPP, unserer Analyse, des initialen Austauschs (Phase 2) und ersten Fragen können wir weitere Fragen stellen, die das Gespräch und die Lösung in die angestrebte Richtung lenken.[530] Offene Fragen beinhalten die Wörter «können», «ist», «sind», «haben» oder «werden». Sie vermeiden «Ja»- und «Nein»-Antworten, weil wir nicht eine (oft wertlose) Bestätigung erhalten, sondern den Informationsfluss fördern möchten. Zudem wird das **Gegenüber dazu bewegt, unser Problem zu lösen** oder zumindest lösen zu helfen. Typische offene, zielgenaue Fragen sind:
    - «Welches ist das Ziel dieser Verhandlungen?» (statt dieses sofort selber zu definieren).
    - «*Wie soll ich das machen?*» (anstelle des Vorwurfs «da ich nicht bezahlt werde, würde ich nicht mehr leisten» oder der Antwort «*Dies können wir nie*

---

527 Siehe Voss/Raz, Kompromisslos verhandeln, S. 173 ff., insbesondere S. 184 ff.; Troczynski/Löhr, Verhandlungen gewinnen, S. 202.
528 Gerade Friedensverhandlungen, aber auch schwierige Vertragsverhandlungen scheitern oft daran, dass die Parteien einander nur belehren wollen, was es zu tun gebe und jede andere Meinung und Lösung zurückweisen – was den Gegenimpuls der Zurückweisung auslöst. Wer stattdessen neugierig mit offenem Geist und (selbstbewusster) Demut der anderen Partei zuhört und sie zu verstehen versucht, schafft eine Basis für fruchtbare nachfolgende Verhandlungen. Dies war auch die Erkenntnis der ugandischen Parlamentsabgeordneten Betty Bigombe, welche es so schaffte, im jahrelangen Bürgerkrieg Friedensgespräche zu initiieren (Grant, Think Again, S. 191 ff.).
529 Voss weist darauf hin, dass «Warum»-Fragen je nach Kontext als offensiv empfunden werden, weshalb er die anderen «W»-Fragen bevorzugt (ausser man will eine Suggestivfrage stellen, wie etwa «Warum wollen Sie den Zulieferanten wechseln, wenn Ihnen dieser doch seit Jahren zuverlässig gute Produkte zu fairen Preisen liefert?» Vgl. Voss/Raz, Kompromisslos verhandeln, S. 187 und 244). Meines Erachtens kommt es vor allem darauf an, wie wir die «Warum»-Frage formulieren und wie wir diese mit unserer Stimme, Gestik und Mimik untermalen. Eine nett geäusserte Frage wie «Weshalb denken Sie, dass die Umsetzung der Vereinbarung gefährdet ist?» verfehlt meiner Erfahrung nach kaum ihren Zweck. Grundsätzlich trifft es jedoch zu, dass «Warum» eher aggressiv wirkt und «Wie» und «Was»-Fragen grundsätzlich zu bevorzugen sind.
530 Voss/Raz, Kompromisslos verhandeln, S. 186.

akzeptieren!»). Dies ist zudem eine bewährte Frage zum Nachverhandeln: Wenn die andere Partei ihr Angebot nachbessert, können wir beispielsweise antworten: «*Ihr Angebot ist **sehr grosszügig**. Es tut mir leid, aber es hilft mir dennoch nicht weiter.*» Damit müssen wir kein direktes Gegenangebot unterbreiten. Dann sagen wir: «*Es tut mir sehr leid, aber ich fürchte, dass mir das nicht möglich ist.*» Wenn wir uns dann nochmals zu einem (diesmal direkten) «Nein» durchringen, klingt dieses traurig und wird mit Bedauern geäussert. Allerdings müssen wir stets mit der Frage «Was wäre dann für Sie ein annehmbares Angebot?» beziehungsweise «Was würde denn helfen?» rechnen. Darauf können wir den Ball zurückspielen, indem wir sagen: «Ich denke, das ist einfach nicht ihr bestes Angebot.» Wenn die andere Partei insistiert und nachfragt, was denn helfen würde, können wir bei einem Punkt, den die andere Partei erwähnt hat, anknüpfen: «Sie haben vorhin eine Idee aufgebracht, die ich interessant finde und die vielleicht helfen könnte.» Dann setzen wir den Samen für einen neuen Vorschlag der anderen Partei.

- «Was können wir tun, um aus dieser misslichen Lage herauszukommen?» (statt Ultimaten zu stellen).
- «Wie gefällt Ihnen diese Lösung?» oder «Was gefällt Ihnen an dieser Lösung nicht?» (statt die andere Partei mit den immer gleichen Argumenten doch noch überzeugen zu versuchen).
- «Welche Gründe haben Sie zu dieser Entscheidung veranlasst?» (statt eines harschen «Warum haben Sie das gemacht?»).
- Eine wichtige offene, zielgerichtete Frage bei harten, stockenden Verhandlungen kann auch in die Richtung lauten: «*Es scheint, als hätten Sie das Gefühl, die Lösung (Zahlung), die wir vorschlagen, sei nicht gerechtfertigt. Welche Punkte berücksichtigen Ihres Erachtens nicht Ihre Interessen?*» Oder «*Inwiefern berücksichtigt diese Lösung nicht Ihre Interessen?*» «*Haben Sie konkrete Befürchtungen oder einmal erlebt, dass diese Lösung ihren Interessen nicht gerecht geworden wäre?*» Damit sprechen wir im oben erwähnten Sinne mögliche Hindernisse an und geben unserem Gegenüber die Möglichkeit, darauf einzugehen.[531]
- «Was meinen Sie mit dem Begriff Risikoverteilung?» (auf die Bemerkung der anderen Partei hin, die Risikoverteilung spiele eine wichtige Rolle für ihren Entscheid).
- «Was ist daran für Sie wichtig?» (wenn wir verstehen wollen, weshalb die andere Partei auf einem Standpunkt insistiert), oder «Welche Informatio-

---

[531] Weitere Beispiele finden sich bei Voss/Raz, Kompromisslos verhandeln, S. 191.

nen benötigen Sie für Ihre Entscheidfindung?» (statt den Kunden zu einer Lösung überreden zu wollen).

- «Was hat uns in diese Situation gebracht und wie kommen wir wieder daraus heraus?» oder «Was können wir tun beziehungsweise was können die Parteien dazu beitragen, diese Situation zu verbessern, damit wir beide wieder von der Zusammenarbeit profitieren?» (statt die andere Partei mit Vorwürfen einzudecken).
- «Wie können wir dieses Problem lösen?» (statt sofort eigene Vorschläge zu präsentieren).
- «Was ist der Grund oder das Ziel dieser Bestimmung?» oder «Welche Themen beziehungsweise Aspekte sind für Sie dabei besonders wichtig?» (statt sofort dagegen zu argumentieren).
- «Ich würde ja gerne helfen, aber wie soll ich das machen?» beziehungsweise «Woher soll ich so viel Geld nehmen?» (anstelle der sofortigen Ablehnung der Forderung der Gegenpartei).
- «Welche Elemente müsste eine Lösung für Sie zwingend enthalten, damit wir die Sache abschliessen können?» (statt nur zu überzeugen und zu überreden).
- «Können Sie überhaupt nichts dafür tun, sind Sie absolut machtlos in dieser Beziehung?» (die Machtfrage stellen hilft, um unser Gegenüber an seine Macht, etwas zu verändern, zu erinnern!).
- Weitere effiziente Fragetechniken finden sich zudem in Kapitel V.D.2.1.

■ Mit einem **höflichen «Nein»** können wir die andere Partei dazu bringen, sich in unsere Situation zu versetzen und uns Lösungen vorzuschlagen, die für uns annehmbar sind, oder einen bestimmten Weg, den sie eingeschlagen hat, aufzugeben. Deren Saat können wir dabei in der ungezwungenen Einleitungsphase der Verhandlungen mit den offenen, aber *zielgenauen Fragen oder mittels «Ankerwerfens» bereits früh säen*. Allerdings kommt das «Nein» nicht von uns, sondern muss beim Gegenüber evoziert werden. Ich wandte diese Technik an, als ein Kunde von mir in einer schwierigen Verhandlungssituation vor Gericht plötzlich die Geduld verlor und von unserer vereinbarten Strategie abweichen wollte. Er war so gestresst, dass ich ihn während der Verhandlungspause zunächst nicht wieder «auf Kurs» bringen und er unbedingt eine viel zu tiefe Verhandlungsofferte der Gegenpartei annehmen wollte. Also beschloss ich, ihn wachzurütteln und fragte in bestimmtem Ton: «Wollen Sie all die Mühen und Kosten der vergangenen Monate zunichtemachen?» «Nein …» «Wollen Sie jetzt zurück in den Gerichtssaal und vor der Gegenpartei, die Ihre Unternehmung schwer geschädigt hat, schwach dastehen?» «Nein!» «Sollen wir uns hier demütigen lassen?» «Nein!!» «Wollen Sie, dass wir scheitern?» Um die Lösung aus seinem Munde zu hören und die innere Zustimmung meines Klienten zu erhalten, fragte ich dann: «Was sollen wir also Ihrer Meinung nach tun?» Ohne zu zögern antwortete er: «Wir gehen jetzt hinein und bleiben hart!» Genau das taten wir, und schliesslich willigte die Gegenpartei in unseren Lösungsvorschlag ein.

Sehr wirksam sind auch **«Was wäre, wenn …»**-Fragen, welche es uns erlauben, Ideen durchzuspielen, konkrete Fragen, Hoffnungen und Befürchtungen zu addressieren und damit mit dem Gegenüber ein unpräjudizielles Brainstorming durchzuführen. So lernen wir dessen wahre Interessen und Motivation kennen.

- Insgesamt erweist sich dabei regelmässig das **Herstellen eines emotionalen Bezugs** zu unserem Verhandlungsgegenüber als entscheidend. So schildern Voss/Raz,[532] wie eine Vertreterin einen Arzt zu überzeugen wusste, nachdem dieser sie zunächst abgewiesen hatte. Bei der nächsten Besprechung knüpfte sie bei der **Leidenschaft** des Arztes an («Menschen helfen und eine massgeschneiderte Lösung erhalten»), womit sie das Eis brach und die Grundlage für erfolgreiche Verhandlungen legte. In einer Vertragssituation mit dem Gegenanwalt kann dies sein, dass nach Smalltalk über gemeinsame Bekannte, die Kanzlei oder den Kunden auf seine Rolle und *seine Leidenschaft (gemäss Linkedin, CV) eingegangen wird*. Dieses auch «Bonding» genannte Anknüpfen an gemeinsame Werte und Interessen kann allgemein oder fallbezogen erfolgen. So ist es etwa in internationalen Vertragsverhandlungen hilfreich, die berechtigten Anliegen der Gegenpartei und ihres Anwalts anzuerkennen, indem wir alle Themen, bei denen Differenzen bestehen, positiv ansprechen («Sie betreuen den Kunden wohl auch schon seit vielen Jahren/in Bezug auf diesen Vertrag.» «Sie sind sich natürlich grosse Transaktionen und einen US Approach gewöhnt, weshalb es für Sie sehr wichtig ist, den Kunden insbesondere in Bezug auf die Immaterialgüterrechte und die Haftung zu schützen und abzusichern.»). Indem wir durch *Spiegeln, Labeln, Paraphrasieren und Zusammenfassen* unserem Gegenüber die Gelegenheit geben, sich zu erklären, und dabei **sein Mindset** genau verstehen **(«get into your opponent's head»)**, arbeiten wir uns zu einem **«das stimmt»** und dem ZOPA vor. Dabei eruieren wir gleichzeitig das Verhandlungsumfeld bezüglich *möglicher Unterstützer, Hindernisse, Bedürfnisse, aber auch möglichem «Leverage»*. Ist einmal das Eis gebrochen, können wir **unsere Lösungen** unter Berücksichtigung der Sicht der anderen Partei zielgenau gestalten, begründen und verkaufen.

---

[532] Voss/Raz, Kompromisslos verhandeln, S. 132 ff.

Diese Techniken stellen die **Grundlage des Kernverhandlungsprozesses**[533] dar und werden, eingebettet in den in Kapitel V beschriebenen Verhandlungsprozess, gezielt zur Erarbeitung von Verhandlungslösungen eingesetzt.

So wichtig die Psychologie und Kommunikation bei der Verhandlungsführung auch sind, ist doch nicht zu verkennen, dass **Sachzwänge oder Interessen Grenzen setzen** können, die wir mit psychologischer Verhandlungsführung nicht überwinden können. Beispiel: Ein Gebietskonflikt zwischen zwei Regionalbanken, welche einer Bankengruppe angehören. Die beiden Kontrahenten sind wegen Gebietszuteilungen und die Auslegung der Gruppen-Statuen und -Reglemente im Clinch. Während des hängigen Schiedsverfahrens, welches die andere Partei eingeleitet hat, explorieren wir Verhandlungsspielräume, unter anderem zusammen mit der Gruppe der beiden Banken. Wenn sich die Parteien in der Sache einigen könnten und die Kosten des Rechtsstreits zumindest teilweise von der Gruppe, welche auch ein Interesse an einer Klärung der Rechtsfragen hat, getragen würden, wäre ein Vergleich denkbar. Doch die Gruppe macht nicht mit, da hilft alle psychologische Verhandlungsführung nichts. Sie kann es politisch nicht vertreten, den Streit von zwei der Gruppengesellschaften zu finanzieren, sonst kämen alle Gruppenmitglieder mit Sonderwünschen auf sie zu – beziehungsweise die Mitglieder würden das nicht tolerieren. Da die Kontrahenten die Kostenfrage nicht lösen konnten, wurde ein Schiedsurteil, welches auch die Kostenfrage regelte, unumgänglich.

7. Setzen Sie vertrauensbildende Massnahmen ein

Damit Verhandlungen auf Vertrauensbasis stattfinden können, müssen die Parteien die Gewissheit haben, dass alle nach den gleichen Spielregeln spielen und sich an die *Grundsätze des fairen Verhandelns* halten. Dies ist eine Grundvoraussetzung für interessenorientierte, kooperative Verhandlungen. Bei kompetitivem, unstrukturiertem und durch Taktieren geprägtem «Verhandlungsjudo» dagegen entsteht kaum Vertrauen, geht es doch gerade darum, sich mit listenreichen Vorgehensweisen einen Vorteil zu sichern. Dementsprechend können wir für Verhandlungen nicht in von Sengers «Ode an die List» einstimmen.[534]

---

533 Vgl. dazu Kapitel V.D.
534 Vgl. von SENGER, 36 Strategeme für Juristen, S. 36 ff. und 57, wo er auf das Bibelzitat «Seid klug wie die Schlangen und sanft wie die Tauben» zu Listigkeit rät. Offenkundig ist jedoch meines Erachtens, dass erfolgreiche Verhandlungsführerinnen und -führer mit auf List und Täuschung basierenden Vorgehensweisen vertraut sein müssen, um sich und die von ihr vertretene Partei *dagegen zu wappnen*. Nicht umsonst besagt eine texanische Redensart: «*Fool me once, shame on you; fool me twice, shame on me.*» Dies heisst frei übersetzt: Wenn du mich einmal hereinlegst, solltest *du* dich schämen. Wenn ich jedoch zweimal auf dich hereinfalle, bin ich *selber* schuld.

Vertrauensbildende Massnahmen bezwecken die Förderung des gegenseitigen Verständnisses sowie den Beziehungs- und Vertrauensaufbau.

Verhandeln wir in einem **konfliktträchtigen oder misstrauensgeprägten Umfeld**, was oft die Ausgangslage bei Verhandlungen zur Beilegung von Streitigkeiten ist, empfiehlt sich vielmehr, angesichts des herrschenden Vertrauensdefizits gezielt vertrauensbildende Massnahmen einzusetzen.

Diese bezwecken die *Förderung des gegenseitigen Verständnisses sowie den Beziehungs- und Vertrauensaufbau*. Sie können darin bestehen, in vorbereitenden oder die Verhandlungen begleitenden Gesprächen die eigene Vertrauenswürdigkeit durch Zuverlässigkeit, echtes Interesse, das Schaffen gemeinsamer positiver Erlebnisse mittels konstruktiver Vorgespräche in inspirierender Umgebung oder mit gemeinsamen produktiven Arbeitsessen und symbolischen Akten zu beweisen.[535] Oft werden vertrauensbildende Massnahmen durch eine *Charmeoffensive* und gute Erreichbarkeit sowie rasche Reaktionszeiten, ein offenes Ohr für die Anliegen der Gegenpartei, Höflichkeit, Komplimente und Bitten statt Forderungen sowie der Betonung von Gemeinsamkeiten und dem Schaffen einer gemeinsamen Vision unterstützt. Dies wird auch als **«Umarmungstaktik»** bezeichnet. Diese wird nicht nur, aber gerne auch dann eingesetzt, wenn harmoniebedürftige Verhandlungspartner vorhanden sind.[536] Der Vorteil von niederschwelligen Massnahmen besteht darin, dass sich mit der Zeit ein *Teambuilding-Effekt* einstellt. Diesen zu erzielen ist je nach Ausgangslage mitunter schwierig, kann jedoch die Voraussetzung echter Fortschritte sein. So schrieb die NZZ am 3. Mai 2019[537]:

> *«Die Beschwörung hehrer Absichten und grosser Ziele kann nicht darüber hinwegtäuschen, dass die Voraussetzungen, ein umfassendes Friedensabkommen auszuhandeln, seit einiger Zeit nicht gegeben sind. Laut einer Studie des Washington Institute for Near East Policy ist das Misstrauen zwischen Israel und den Palästinensern zu gross. Und je tiefer der Graben zwischen den beiden Lagern, desto eher erhielten radikale Kräfte die Oberhand. Die Radikalisierung verschärft wiederum das Misstrauen. Daher ist es laut dem Washington Institute notwendig, zuerst kleine, aber potenziell wichtige Schritte zu tun, die signalisieren, dass etwas Neues versucht werde, jenseits grosser Rhetorik, die man allzu oft gehört hat.»*

Opportunistische Beziehungen ohne gemeinsame Vision dagegen sind oft instabil. Oftmals konzentrieren sich deshalb in Konfliktsituationen die ersten Verhandlungsschritte auf die **Herstellung eines gewissen Grundvertrauens**, welches in der Folge immer wieder zu bestätigen ist, indem sich die Parteien an getroffene Abmachungen, insbesondere auch in Bezug auf den vereinbarten Ablauf der Verhandlungen oder vereinbarte Zwischenziele, halten. Wenn man in Verhandlungen **gemeinsam kleine Erfolge** erzielen kann, motiviert dies die Verhandlungs-

---

535 Siehe dazu auch NAUMANN, Die Kunst der Diplomatie, S. 230 ff.
536 SCHRANNER, Verhandeln im Grenzbereich, S. 82.
537 AMMANN, Trump als Friedensstifter in Nahost, NZZ online vom 3. Mai.2017.

parteien und erlaubt, weiteren Stakeholdern zu zeigen, dass die Verhandlungen Erfolg haben können. Damit werden auch die unterstützenden Kräfte im Lager der anderen Partei(en) gestärkt.

Dies war auch in den Verhandlungen um einen Bosnien-Frieden eine Strategie des US-Verhandlungsteams, welches in einer ersten Runde darauf abzielte, die Pro-Dayton-Kräfte zu stärken.[538]

Interessant waren auch die Verhandlungen zwischen dem US-Präsidenten Joe Biden und dem russischen Präsidenten Vladimir Putin am 17. Juni 2021 in Genf. Die Russen wollten sich auf Augenhöhe mit den USA präsentieren und zeigen, dass Russland nie als Bittsteller auftritt. Dabei sollte sowohl das Terrain gegenüber dem neuen US-Präsidenten abgesteckt wie auch die einheimische Wählerschaft beeindruckt werden. Weder suchte Russland das US-Wohlwollen (man ist ja ebenbürtig!), noch würde es einen Keil in die Beziehung mit China treiben lassen. Dies hiess für die US-Seite, dass vor allem klare und realistische Nachrichten überbracht werden mussten, wobei auch gewissen Möglichkeiten der Annäherung für ein *positives Ergebnis des Gipfeltreffens* (erneut für die eigene Wählerschaft, aber auch zur Absicherung gegenüber der Kritik der Republikaner als politische Gegenspieler) gesucht werden mussten. Das fand man schliesslich (zumindest vordergründig) im Thema Klimaschutz und Cybersecurity.[539] Daran hätten die Parteien bei zukünftigen Verhandlungen anknüpfen können, wenn Russland nicht den Ukraine-Krieg gestartet hätte.

Der oben beschriebene Teambuilding-Effekt hat jedoch auch seine Tücken: So sollte man diesfalls besonders darauf achten und durch eine regelmässige Analyse sicherstellen, dass bei den Verhandlungen die Interessensphären nicht verschwimmen und das **Verhandlungsziel** nicht aus den Augen verloren wird.[540]

Eine Spielart der «Umarmungstaktik» ist die **Macht des «Ja»-Sagens**: Viele Differenzen können durch *Verständnis* für die andere Partei überbrückt und beseitigt werden. Wenn wir in Konfliktsituationen Verständnis für die andere Position oder schon nur für die Tatsache, dass die andere Partei diese Position einnimmt, zeigen («Ich verstehe Sie»; «Ich sehe, was Sie meinen»; «Ich sehe, dass Ihnen das sehr wichtig ist»), erfahren wir oft nicht nur den wahren Ursprung des Konflikts,

---

538 Albright, Madam Secretary, S. 272.
539 Ackeret, Russland hegt keine Illusionen, NZZ vom 16. Juni 2021.
540 Hier ist erneut von der «Sympathiefalle» zu warnen: Gelegentlich kommt es vor, dass sich vor allem Projektmanager verschiedener Parteien so sehr «verbrüdern», dass deren gemeinsame persönlichen Interessen an der erfolgreichen Umsetzung des Projektes mit den Interessen ihrer Auftrag- oder Arbeitgeber in Konflikt treten. Wenn sich die eigenen mit dem Projekt oder mit der Verhandlung befassten Personen zu nachgiebig zeigen oder für fremde Interessen einzusetzen beginnen, sollten die Stakeholder sich die Frage stellen, ob dies wirklich auch den eigenen Interessen dient oder auf eine «Verbrüderungssituation» zurückzuführen ist. Eine solche wird nach einem bekannten Entführungsfall, in dem sich das Entführungsopfer mit der Zeit mit den Entführern zu solidarisieren begann, auch **«Stockholm-Syndrom»** genannt.

sondern entspannen auch die Situation. Das «Ja-Sagen» und – zur Öffnung der Perspektive – Lösungsansätze in einer anderen als der zuerst beabsichtigten Richtung suchen gehören zur Kunst der Politik und Diplomatie.[541] Systematisches «Nein-Sagen» dagegen hat eskalierende Wirkung und wirkt in Verhandlungen meist destruktiv.

> Vertrauensbildende Massnahmen sind nicht nur im Wirtschaftsbereich, sondern auch in der **Politik** wichtig, wie folgende Beispiele zeigen: Das Atomabkommen zwischen den USA und dem Iran kam 2016 unter anderem zustande, weil der damalige amerikanische Aussenminister John Kerry eine enge Beziehung zum iranischen Aussenminister Dschawad Sarif aufgebaut hatte.[542] Frankreichs Präsident Emmanuel Macron zeigte sich am G-7-Gipfel in Biarritz im August 2019 als geschickter Verhandler und Vermittler: Aufgrund vielfältiger Konflikte im Vorfeld des Gipfels war unklar, ob dieser ein Erfolg werden würde. Um dies zu bewerkstelligen, dämpfte Präsident Macron einerseits im Vorfeld des Gipfels die Erwartungen («keine gemeinsame Abschlusserklärung»), suchte dann aber persönlich ausgedehnten Kontakt zu dem als unberechenbar bekannten US-Präsidenten Donald Trump. Parallel dazu flog er den Aussenminister Irans als Überraschungsgast für Konsultationen mit der französischen Delegation ein. Sowohl der Iran wie auch die USA zeigten anschliessend Interesse an weiterführenden Gesprächen.[543]

Der Einsatz von Vermittlern kann in schwierigen Verhandlungssituationen helfen, Widerstände und Hindernisse zu überwinden.

Gerne werden zur Vertrauensbildung auch **von beiden Parteien akzeptierte Vermittler** eingesetzt. Deren (unter anderem) hinter den Kulissen Wirken und für Verständnis sowie bestimmte Interessen Werben nehmen in der Verhandlungsführung in Politik und Wirtschaft einen festen Platz ein.

> So startete die Obama-Administration 2013 mit vertrauensbildenden Massnahmen in die Verhandlungen mit Kuba, indem ein *vertrauliches Treffen* organisiert wurde, an welchem *nur unverfängliche Themen wie «Anti-Terrorismus» und «Verbesserung der bilateralen Beziehungen»* auf dem Programm standen. Damit konnte keine Partei enttäuscht werden oder das Gesicht verlieren, wenn keine Ergebnisse erzielt wurden. Wichtig war zu sehen, wen die andere Partei als Delegation schickte, da dies den Grad der Verhandlungsbereitschaft und des Verhandlungsinteresses signalisierte. Nach einleitenden formellen Gesprächen von einem halben Tag kamen sich die Verhand-

---

541 Vgl. FRITZSCHE, Souverän verhandeln, S. 85, sowie das Kapitel V.D.2.2 («kreative Lösungen»).
542 RHODES, Im Weissen Haus, S. 427 f. – Dieses für die Obama-Administration wichtige Abkommen wurde dann durch die nachfolgende Administration abgelehnt.
543 Damit konnten die Spannungen zwischen den USA und Iran (US-Sanktionen gegenüber Iran, Kündigung des Atomabkommens mit Iran durch die USA, Überfälle auf Tanker in der Strasse von Hormuz durch iranische Einheiten) wenigstens etwas gelindert werden (da der iranische Präsident allerdings durch seine Hardliner zurückgepfiffen wurde und keine Gespräche zustande kamen, erhöhten die USA in der Folge den Druck mit zusätzlichen Sanktionen). Dass der französische Präsident sich dabei als gewiefter Aussenpolitiker beweisen konnte, war natürlich ein angenehmer innenpolitischer Nebeneffekt (vgl. dazu KURMANN, Macrons Risiko am G-7-Gipfel zahlt sich aus, NZZ vom 28. August 2019).

lungsführer beim Lunch näher. In der Folge wurden gegenseitig kleine vertrauensbildende Massnahmen wie die Verbesserung der Haftbedingungen von gegenseitigen Gefangenen umgesetzt, um mit kleineren Schritten den Weg für grössere zu ebnen. Zudem unterliessen die Parteien es, durch provokative Akte – wie etwa die einen Augenblick in Betracht gezogene Aufnahme des Whistleblowers Edward Snowden in Kuba – die gegenseitige Annäherung zu sabotieren. Zudem wurden konkrete Streitpunkte wie die Freilassung gewisser Gefangener, die politisch sehr heikel war, im Interesse der Gesamtdiskussion zurückgestellt. Dies führte schliesslich zu einer Verbesserung der gegenseitigen Beziehungen.[544]

Im Bereich der nationalen Politik kommt zudem Lobbyisten und Kommunikationsberatern eine interessenfördernde Aufgabe zu.

Vertrauensbildende Massnahmen erfolgen **oft zunächst einseitig**. Dabei gilt es, die feine Balance zu finden zwischen Goodwill zu beweisen, ohne dabei Schwäche zu signalisieren. Deshalb sollten nach dem einseitigen Entgegenkommen zur Vertrauensbildung von der Gegenseite *relativ rasch klare Signale* erwartet und eingefordert werden, welche zeigen, dass die vertrauensbildenden Massnahmen honoriert werden und einen positiven Effekt auf die Verhandlungen haben. In dieser Situation sah sich etwa der ukrainische Präsident Wolodimir Selenski im Herbst 2019 nach seiner Wahl, als er im Donbass-Konflikt mit Russland eine Normalisierung der Beziehung anstrebte und deshalb verschiedene Zugeständnisse machte, in welchen vorher über Jahre hart erkämpfte Frontpositionen aufgegeben wurden – dies zunächst ohne wirkliches Entgegenkommen Russlands, und insbesondere ohne dem von ihm angestrebten Gipfeltreffen mit dem russischen Präsidenten Putin wirklich näher zu kommen. Dennoch zahlte sich die Strategie Selenskis aus, konnten doch die Parteien in der Folge einen Gefangenenaustausch vereinbaren, was ein wichtiges Wahlkampfversprechen Selenskis gewesen war.[545]

---

544 Vgl. RHODES, Im Weissen Haus, S. 293 ff. und 25 3 ff. Rhodes schildert die Diskussion, wie den Kubanern Verständnis an deren Forderung, vier (für sie: politische) Gefangene in den USA freizulassen, gezeigt wurde. Allerdings wurde gleichzeitig signalisiert, dass die US-Delegation zwar den Dialog darüber offenhalten wollte, jedoch nicht gerade alle wichtigen Fragen zu Beginn des Verhandlungsprozesses lösen konnte. Der Fokus wurde deshalb auf Themen wie Streichen Kubas von der Liste terrorismusfördernder Länder, die Aufhebung des US-Wirtschaftsembargos, die Wiederaufnahme diplomatischer Beziehungen, die Reform des wirtschaftlichen und politischen Systems Kubas sowie auf Arbeiterrechte, Internetzugang, politische Rechte und gewisse Freiheiten gelegt. Dabei wurde Kuba stets klar signalisiert, dass der Regimewechsel kein Ziel war (Klärung und vertrauensbildende Massnahme). Dass diese Bemühungen durch die Administration Trump wieder zunichte gemacht wurden, ändert nichts am Erfolg der Bemühungen der Administration Obama und an der Bewährtheit der geschilderten Vorgehensweise.
545 Vgl. etwa ACKERET, Selenski will Frieden im Donbass, NZZ vom 6. November 2019.

8. Schaffen Sie Vertrauen durch einen strukturierten Verhandlungsprozess

Vertrauen wird schliesslich durch einen strukturierten Verhandlungsprozess geschaffen. Dieser wird in Kapitel V detailliert dargestellt.

9. Die positive Verhandlungsspirale und die negative Verhandlungsschlaufe

Die kommunikationstheoretischen Erkenntnisse aus den vorangehenden Kapiteln drücken sich im Verhandlungskontext idealtypisch in zwei grundsätzlichen Dynamiken aus:[546]

---

[546] Es handelt sich dabei um eigene Darstellungen. Die negative Verhandlungsschlaufe ist nicht zu verwechseln mit Friedrich Glasls Stufenmodell der Eskalationen (vgl. dazu GLASL, Konfliktmanagement 2020, S. 243 ff.). Die vorliegenden Darstellungen zeigen vereinfacht auf, wie sich positive Kommunikation, aber auch Kommunikationsstörungen auf den Verhandlungsprozess auswirken.

IV. «Die Werkzeugkiste»: Elemente erfolgreicher Verhandlungsführung

- In der *positiven Verhandlungsspirale* setzen die Parteien auf interessenorientiertes Verhandeln, wo durch aktives Zuhören und Klärung Vertrauen aufgebaut, Verständnis geschaffen und eine «win-win»-Lösung angestrebt wird:

Gemeinsame Lösung, «win-win»

«Gemeinsame Vision, gemeinsame Interessen (ZOPA)»
⇨ Gute Entscheidungen
⇨ Gute Lösungen

⇨ **Verständnis**
⇨ **Vertrauen**

«Wir verstehen uns, wir vertrauen uns»

«Habe ich dich richtig verstanden?»

- Vertrauensbildende Massnahmen
⇨ Positive Bestätigung und positive Erwartungshaltung «wir kommen voran, das kommt gut»,
⇨ Positive Rückkoppelung

- Positive Kommunikation
- Psychologie

«Das sind meine Interessen und Anliegen»

«Ich will dich verstehen»

- Aktives Zuhören
- Fragen
⇨ **Klärung**

Ausgangspunkt:

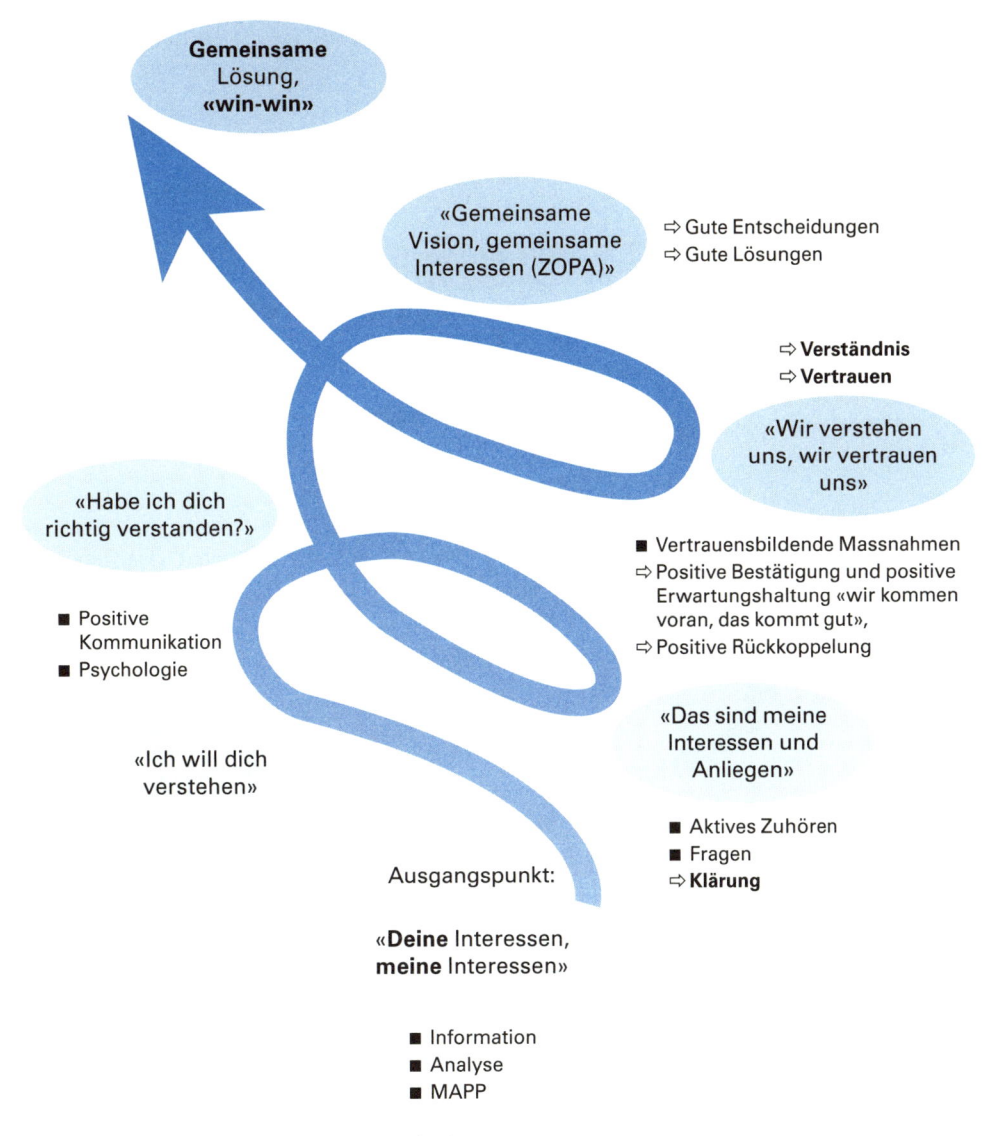

«Deine Interessen, meine Interessen»

- Information
- Analyse
- MAPP

Abb. 13 – Die positive Verhandlungsspirale

- Im Gegensatz dazu sind die Parteien in der *negativen Verhandlungsschlaufe* vor allem darauf fokussiert, ihre Interessen durchzusetzen. Dafür setzen Sie Druck und Taktik ein, es kommt zu Missverständnissen, Misstrauen und zusätzlichem Druck. Die Parteien drehen sich in einer Schlaufe des sich gegenseitigen Austricksens, Drängens und Überzeugenwollens:

⇨ Vorwürfe, Polemik und Frust
⇨ Mehr Druck
⇨ Härtere Taktik

⇨ Falsche Entscheidungen
⇨ Keine Lösungen
⇨ Die Situation fährt sich fest

«Sie will mich übervorteilen»
«Er hört mir nicht zu»

- Taktische Manöver
⇨ Falsches Verständnis, falsche Schlüsse
⇨ Zweifel, Frust, Gefühl «wir kommen nicht voran»
⇨ Negative Rückkoppelung

Keine Lösung, **«lose-lose»** (Exit)

⇨ *Missverständnisse*
⇨ *Misstrauen*
⇨ *Enttäuschung*

«Hast du mich verstanden»

«Du verstehst mich nicht, wir wollen nicht dasselbe»

«Das sind meine Positionen und Forderungen»

«Ich will mich durchsetzen»
- Druck
- Taktik

- Behaupten und argumentieren statt zuhören
- Deuten statt Fragen
⇨ **Druck**

Ausgangspunkt:

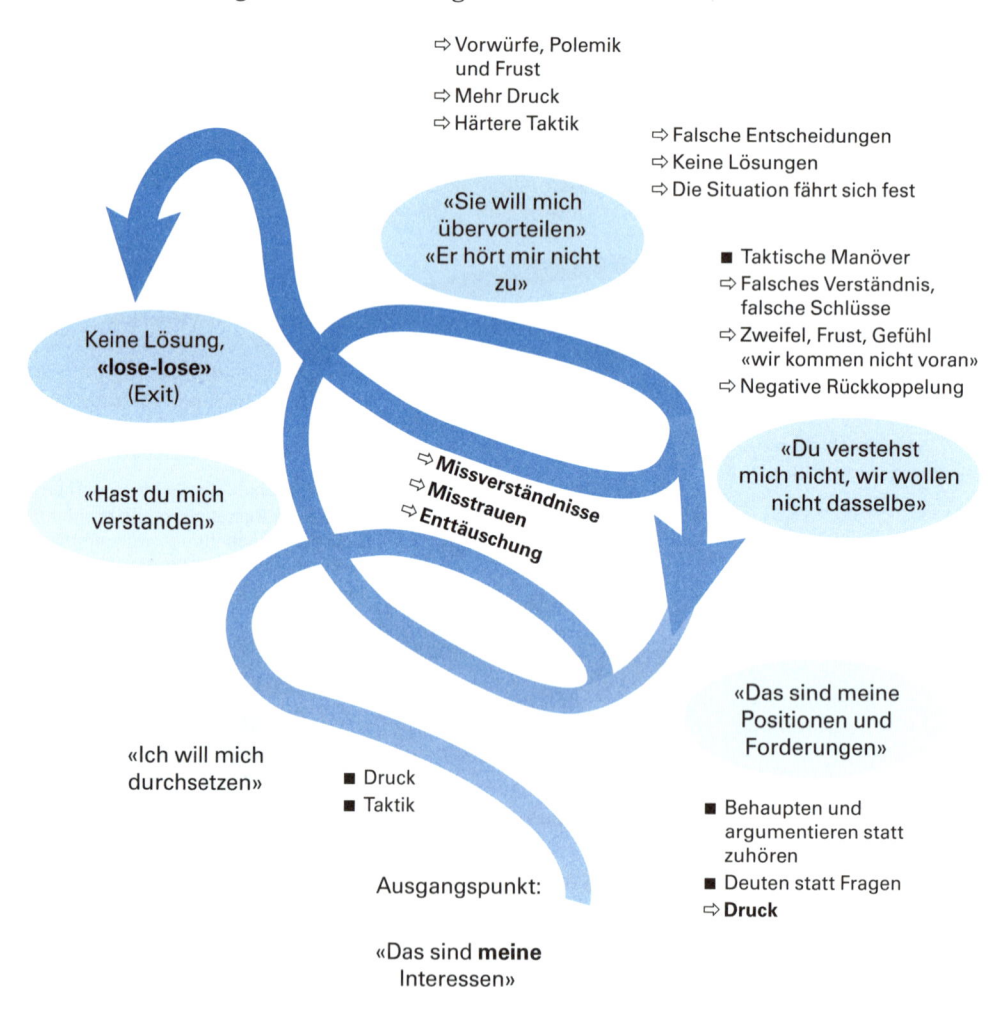

«Das sind **meine** Interessen»

Abb. 14 – Die negative Verhandlungsschlaufe

C. Verhandeln heisst Interessen definieren und gemeinsam Lösungen erarbeiten

*«Jede Verhandlung begannen wir mit der Frage:
Was wollen wir erreichen? Wozu unternehmen wir dies alles?»*
Henry Kissinger

Wie wir aufgezeigt haben, heisst verhandeln auf den Punkt gebracht, gemeinsam eine Lösung zu erarbeiten. Ausgangspunkt sind dabei die ureigenen Interessen jeder Partei (MAPP). Doch wie der Doyen der US-Aussenpolitik, Henry Kissinger, zu Recht festhielt, können wir selbst mit der grössten Erfahrung und der geschicktesten Verhandlungsführung keinen nachhaltigen Erfolg erzielen, wenn wir die Perspektive der anderen Partei missachten und deren Zielsetzungen, aber auch Vorurteile und Ängste nicht in die Verhandlungen mit einbeziehen.[547] Sind diese den Parteien gegenseitig bekannt, kann daraus eine **Zone of Possible Agreement (ZOPA)** erarbeitet werden. Die ZOPA verändert oder verschiebt sich im Lauf des Verhandlungsprozesses regelmässig. Dies kann eine Adjustierung des Verhandlungsziels zur Folge haben.

Da komplexe Verhandlungen oft an technischen oder anderen Details zu ersticken drohen, ist zudem hilfreich, eine **gemeinsame Vision zu haben**, welche die Grundzüge der ZOPA festlegt: Eine grossartige gemeinsame Geschäftsidee beflügelt die Verhandelnden und lässt sie kreative Lösungen finden. Dies ist in der Politik nicht anders: So beschreibt Michail Gorbatschow in seinem Buch «Was jetzt auf dem Spiel steht», wie seinerzeit die Vision und Überzeugung der absoluten Notwendigkeit, einen Nuklearkrieg zu vermeiden, die Regierungen der Sowjetunion und der USA beflügelt hatte, den Abrüstungsvertrag START-1 abzuschliessen – trotz aller Widerstände der Falken in beiden Lagern und der immensen technischen und vertraglichen Schwierigkeiten, welche ein solch komplexes Vertragswerk mit sich brachte.[548]

Bei den Atomverhandlungen mit dem Iran dagegen lag das Problem der USA gemäss gewissen Analysten nicht in der Wahl der Verhandlungstaktik, sondern darin, *dass schlicht keine ZOPA bestand*. Die Herausforderung bestand deshalb darin, eine solche beispielsweise durch die Verschlechterung der iranischen

---

[547] LORD, Kissinger über Kissinger, S. 17. Kissinger betonte dabei, dass auch die internationale Selbstdarstellung und die innenpolitischen Realitäten des Gegenübers stets zu berücksichtigen sind. LORD, a.a.O., S. 135 ff. – Deshalb sind auch die in Kapitel IV.B beschriebenen Grundsätze zur Kommunikation und Verhandlungspsychologie so wichtig.
[548] GORBATSCHOW, Was jetzt auf dem Spiel steht, S. 32 ff.

BATNA oder die Incentivierung für bestimmte Abkommen überhaupt erst zu schaffen.[549]

Die potentielle Verhandlungslösung hängt nicht nur von der Interessenlage und vom Verhandlungsumfeld, sondern auch vom **Grad der Verhandlungsbereitschaft der Parteien** und deren allfälligen **«Drohpunkten»** ab, an denen sie die Verhandlungen abbrechen würden. Da nie sicher ist, ob Verhandlungen erfolgreich sein werden, gehört es zu einer sorgfältigen Vorbereitung, **Alternativen** zu prüfen. Diese umfassen sowohl solche zum primären Verhandlungsziel als auch Exit-Szenarien. Im Harvard Konzept werden diese als «*Best Alternative to a Negotiated Agreement*» oder **BATNA** bezeichnet.[550]

Die Kunst der Verhandlungsführung besteht darin, während der Verhandlungen gemeinsame Interessen und eine ZOPA zu identifizieren und daraus eine gemeinsame Vereinbarung abzuleiten, welche die eigene MAPP möglichst optimal reflektiert und für jede Partei besser als deren BATNA ist. Dies setzt Kreativität, psychologisches und kommunikatives Geschick, Überzeugungskraft, Geduld, Durchsetzungsvermögen und einen respektvollen Umgang mit den anderen Parteien und deren Anliegen voraus. Darauf wird in Kapitel V.A.5.2.3 näher eingegangen.

---

549 O'Neill, International Negotiation, S. 517.
550 Vgl. Fisher/Ury/Patton, Das Harvard Konzept, S. 143 ff.; Schütz, Mediation und Schiedsgerichtsbarkeit, Rz. 95 ff.; Girsberger/Peter, Aussergerichtliche Konfliktlösung, Rz. 307 f. und 347 ff. – Die Anwendung der ZOPA und der BATNA wird in den Kapiteln V.A.5.2.3 und V.D.1.54 näher behandelt. Für das Exit-Szenario wird auf die Kapitel V.A.5.2.3 und V.E.5 verwiesen.

D. Die Bedeutung von Informationen für die Verhandlungsführung

Um die gewonnene Erkenntnis umzusetzen, müssen wir möglichst viel über die Parteien, den Verhandlungsgegenstand, die Bedeutung eines Verhandlungserfolgs für die Parteien, deren Verhandlungsziele sowie die Rahmenbedingungen der Verhandlungen wissen. Nur so gelingt es uns, unter Berücksichtigung der Interessenlage, der Sach- und Beziehungsebene sowie des Verhandlungsumfeldes eine für beide Parteien optimale Verhandlungslösung zu erarbeiten.

Oftmals nehmen Parteien an, die andere Seite sehe die Sache so wie sie, die beste Lösung liege ja auf der Hand – was sie jedoch meist nicht tut, der Wunsch ist hier oft der Vater des Gedankens: Wie wir in Kapitel IV.B.1–5 gesehen haben, liegen nicht nur die Interessenlagen oft völlig anders:[551] Jede Partei ist zudem von ihren eigenen Erfahrungen, Vorstellungen, Hoffnungen und Ängsten geprägt. Die Beziehungsebene überlagert und dominiert in vielen Fällen die Sachebene. Je mehr Informationen uns zur Verhandlungssituation vorliegen, desto höher sind, wie Henry Kissinger zu Recht bemerkte,[552] unsere Chancen auf einen nachhaltigen Verhandlungserfolg.

> Je mehr verhandlungsrelevante Informationen wir besitzen, desto höher ist die Wahrscheinlichkeit, dass wir zu einem erfolgreichen und nachhaltigen Verhandlungsabschluss kommen.

> Welch grosse Bedeutung der Information über die andere Partei in Verhandlungen zukommt, zeigt das Beispiel des ehemaligen KGB-Offiziers und Doppelagenten Oleg Gordiewsky, welcher in den 70er- und 80er-Jahren für den englischen Auslandgeheimdienst MI6 spionierte. Nachdem er 1985 vom MI6 in einer abenteuerlichen Flucht nach Grossbritannien exfiltriert worden war, beriet er unter anderen US-Präsident Ronald Reagan während dessen Verhandlungen mit Michail Gorbatschow über die Denkweise der Russen und den Verhandlungsstil des russischen Präsidenten. Er riet abrüstungsmässig zu einer harten Linie, um die Sowjetunion finanziell an den Rand des Ruins zu bringen – was auch gelang und das Ende der Sowjetunion mitverursachte.[553]

---

551 Es ist erstaunlich, wie oft Parteien leichthin annehmen, sie sässen «im selben Boot»: Die Käufer- und Verkäuferschaft bei einer Merger & Acquisition-Situation nehmen dies gerne an, da beide die Übertragung der Gesellschaft wünschen. Dasselbe gilt für andere wirtschaftliche Transaktionen wie Kauf- oder Werkverträge, Entwicklungsverträge, Lizenzvereinbarungen, Joint Ventures etc. Dabei sind die Interessen nur teilweise gleich, oder zumindest parallel gelagert. In wesentlichen Belangen dagegen stehen sie sich diametral entgegen: Die eine Partei möchte für den Verhandlungsgegenstand möglichst wenig bezahlen, die andere einen optimalen Preis erzielen. Die eine Partei will mit dem Vertrag ein möglichst weitgehendes Lizenzrecht übertragen erhalten, die andere dieses möglichst geringhalten etc. Diese Erkenntnis hilft, allfällige Probleme rechtzeitig zu erkennen, in den Verhandlungen zu adressieren und zu regeln. Sie hilft zudem, Streitigkeiten nach Vertragsabschluss über die Auslegung des Vertrages und damit über die Erwartungshaltung der Parteien vor dessen Unterzeichnung zu vermeiden.
552 Vgl. Kapitel IV.C.
553 Vgl. MACINTYRE, The Spy and the Traitor, S. 313 f.

Wie sich dagegen einseitige Wissensvorteile und mangelhafte Kenntnis der Gegenpartei auswirken, beschreibt zudem eindrücklich Garry Kasparov, der langjährige russische Schachweltmeister, in seinem Buch «Deep Thinking»: Nachdem er 1996 den damals revolutionären IBM-Grossschachcomputer «Deep Blue» 4:2 geschlagen hatte, stimmte Kasparov einer Revanche zu, die im folgenden Jahr stattfand. Für diese fütterten die IBM-Ingenieure, unterstützt durch zahlreiche Schachgrossmeister (GM), ihren Computer mit neuen Algorithmen und Kasparovs Eröffnungsbibliothek und Strategiemustern, verweigerten ihm jedoch das «Gegenrecht». Kasparov, der in den Verhandlungen eigentlich in der besseren Position als IBM war – er hatte ja den vorherigen Match gewonnen – insistierte nicht. Damit schauten die IBM-Ingenieure praktisch in Kasparovs Kopf, dieser dagegen spielte ohne diesen Vorteil: Er kannte weder die neue Eröffnungsbibliothek von «Deep Blue», noch deren einprogrammierte Strategie- und Taktikmuster, und verlor schliesslich in einem dramatischen Match 3½ : 2½.[554] Sun Tzu wäre nicht erstaunt gewesen, gründet sein Weg zum Erfolg doch unter anderem auf einer möglichst guten Kenntnis der Gegenpartei.

Den Gegner und dessen wahre Absichten kennen müssen auch Verhandler, welche mit Hackern nach erfolgreichen Ransomeware-Software-Angriffen über die Erpressungsgelder verhandeln. Dazu gibt es spezialisierte Unternehmen, wie etwa die US-amerikanische GroupSense. So ist es gemäss dessen CEO Kurtis Minder – der sich auf Chris Voss beruft – zentral zu wissen, dass die Hacker sich zuerst unbemerkt Zugang verschaffen, die Finanzunterlagen einsehen und sich nicht mit einem «wir können das nicht bezahlen» bluffen lassen, dies ist oft kontraproduktiv, und die Verhandlungen geraten in eine Abwärtsspirale. Wichtig kann Empathie sein, und man muss verstehen, wie die andere Organisation funktioniert. Das braucht Geduld und Dialog. Wenn es gelingt, die Verhandlungen in die Länge zu ziehen, rutscht der Preis für die Entschlüsselung nach unten. Solche Verhandlungen dauern durchschnittlich 3–4 Tage. Der Hebel des Opfers sind Zeit, Geld, Autorität – und die Angst des Gegners vor einer Blamage. Dessen Hebel sind Zeit, Geld und der Einfluss, den sie auf die IT-Systeme haben (wie tief sind sie eingedrungen?).[555]

Jede Verhandlungspartei sollte deshalb nicht nur möglichst viele verhandlungsrelevante Informationen beschaffen, sondern sich auch überlegen, welche sie mit der anderen Partei zu welchem **Zeitpunkt** teilen will: Informationen können nicht nur Wissensdefizite der anderen Partei decken, die Verhandlungen erleichtern und **Vertrauen** schaffen, sie können uns auch einen verhandlungstaktischen Vorteil verschaffen.[556]

---

554 Kasparov, Deep Thinking, S. 112 ff.
555 Langer, Man muss Empathie für die Hacker zeigen, NZZ vom 22. Juni 2021.
556 Wie wir in den Kapiteln V.D.1.5 und V.E.5 sehen, hat die Informationslage nicht nur einen entscheidenden Einfluss auf die **Preisbildung** (Gewinnmaximierung), sondern auch auf die **Effizienz**, mithin auf die Wahrscheinlichkeit und Nachhaltigkeit einer Verhandlungslösung.

Informationen sind allerdings meist unvollständig beziehungsweise asymmetrisch vorhanden, der Eintritt zukünftiger Ereignisse ist stets mit erheblichen Unsicherheiten behaftet. Die Einschätzung der mit einer Investition oder Akquisition in Zukunft erzielbaren Erträge beispielsweise ist naturgemäss nur schwer möglich. Wir wissen nicht, wieviel der «Deal» für uns wirklich wert ist oder wann unsere Preisvorstellungen den erfolgreichen Abschluss der Vereinbarung gefährden. Auch ist oft unbekannt, welche Ziele und Motive die andere Partei wirklich verfolgt, wie sehr sie den «Deal» benötigt und wieviel sie dafür zu zahlen bereit ist. Solche Unsicherheiten erschweren die Festlegung eines Verhandlungsziels und schaffen auch solche bezüglich der Verhandlungsstrategie und -taktik, die wir zu dessen Erreichung einschlagen wollen.[557] Informationen dagegen verschaffen den Parteien **Verhandlungsmacht**. Gleichzeitig erschweren mangelnde oder asymmetrische Informationen eine faire Lösung.[558] Deshalb spielen in kooperativen Verhandlungen der Austausch von Informationen und die Schaffung von Transparenz eine wichtige Rolle – in kompetitiven Verhandlungen dagegen werden Informationen gerne zurückgehalten und taktisch eingesetzt. Das Mass an Transparenz, das wir in Verhandlungen schaffen können, ist deshalb auch ein guter **Indikator** dafür, wie kooperativ die andere Partei zu verhandeln bereit ist.

Die Asymmetrie und die Unvollständigkeit von Informationen erschweren die Festlegung eines Verhandlungsziels sowie der Verhandlungsstrategie und -taktik.

Informationen sind teilweise öffentlich zugänglich, teilweise können sie nur durch individuelle Kommunikation vor oder während der Verhandlung gewonnen werden – wenn die Beziehung zwischen den verhandelnden Parteien stimmt.[559] Weiter erhalten wir Informationen über Dritte, wie beispielsweise Personen, welche mit der anderen Partei bereits verhandelt haben oder eine Geschäftsbeziehung unterhalten. Da Informationen das Verhalten der anderen Partei beeinflussen, werden in Verhandlungen teilweise auch **listenreiche bis täuschende Informations- und Desinformationstaktiken** angewandt, um das Verhandlungsglück zu beeinflussen. Informationen oder Verhaltensweisen der anderen Partei sollten deshalb stets kritisch und unter dem Aspekt, dass diese im besten Fall «hoch pokert» oder «blufft», uns im schlechtesten Fall jedoch schlicht täuscht, geprüft und wenn möglich verifiziert werden.[560]

Auch **Enthüllungsstrategeme** sind in diesem Zusammenhang beliebt, da sie helfen, Reaktionen zu erzeugen und Informationen zu beschaffen. Dazu eignen sich unter anderem das **Steigenlassen eines «Versuchsballons»**,[561] was – wie das folgende Beispiel zeigt – auch gleich einen Ankereffekt haben kann:

---

557 Zur Bewertung von Informationen und zur Entwicklung von Verhandlungsszenarien, siehe Kapitel V.A.5.
558 Vgl. auch BERZ, Spieltheorie, S. 13 und 21.
559 Vgl. auch BERZ, Spieltheorie, S. 27.
560 Vgl. zum Thema List und Täuschung sowie den damit verbundenen Problemen Kapitel III.C.8.
561 Vgl. dazu auch Kapitel V.D.2.2.2.

Während des Konsulats im Nachgang zur französischen Revolution veröffentlichte der Bruder Napoleons, Lucien Bonaparte, am 1. November 1800 anonym ein Pamphlet, in dem er unter anderem Parallelen zwischen Napoleon, Cäsar und Cromwell zog und ohne konkreten Vorschlag die Notwendigkeit suggerierte, Bonapartes Autorität dauerhafter zu machen und deren Fortsetzung sicherzustellen. Damit wollte er – möglicherweise auf Anregung Napoleon I. – die öffentliche Meinung prüfen («Ballon»). Zudem war damit eine Verbindung zwischen der Stabilität der Republik und der Person des ersten Konsuls geschaffen und wurden die öffentliche Debatte und Meinung in die von Napoleon gewünschte Richtung gelenkt («Anker werfen»).[562]

In China ist das Strategem Nr. 13 **«Auf den Boden schlagen, um Schlangen aufzuscheuchen»**[563] beliebt, um die Gegenpartei aus der Reserve zu locken und ihre Absichten zu erkennen. Darauf verstand sich Mao meisterhaft. So bat er im Rahmen der «Hundert-Blumen-Bewegung» um ehrliches Feedback und Kritik, identifizierte damit seine Widersacher und schlug dann mit voller Härte gegen diese zu. Auf diese Art und Weise wurden mehrere Säuberungen von politischen Gegnern durchgeführt.[564] Der Führer der chinesischen Nationalisten, Chiang Kai-schek, nutzte in den Zwanzigerjahren des letzten Jahrhunderts zuerst den einflussreichen, direkt Stalin unterstellten sowjetischen Berater Michail Markowitsch Borodin, um selber Macht und Einfluss im chinesischen politischen und militärischen Umfeld zu gewinnen. Geschickt versteckte er im Januar 1926, als die sowjetischen Berater massgeblich Einfluss gewonnen hatten, seine ausgesprochen anti-sowjetische Einstellung. Er bewarb sich sogar um einen Studienaufenthalt in Moskau, um angeblich zu studieren, «wie die Revolution gemacht wird». Er notierte seine angeblich pro-sowjetischen Gefühle in sein Tagebuch, das er gut zugänglich aufbewahrte und von dem er wusste, dass sowjetische Agenten es lasen, und bezeichnete sich dort als Kommunisten. Die sorglosen Sowjets enthüllten ihm deshalb nach und nach ihre Strukturen in China. Daraufhin liess Chiang Kai-schek am 20. März 1926 in einer Überraschungsaktion dutzende chinesische kommunistische Unterstützer und Wachsoldaten der sowjetischen Berater verhaften und entwaffnen. Die Sowjets liess er im Glauben, er habe nur «Extremisten» verhaften lassen und Borodin könne dies alles klären. Die Sowjets fielen auf sein Spiel herein und machten ihn zu seiner Besänftigung sogar zum Kommandanten der nationalistischen Armee. Chiang hatte sie mit seinem Strategem getäuscht und jagte dann die Sowjets aus dem Land.[565]

---

562 Die Zeit des französischen Konsulats dauerte vom November 1799 bis zum 1. Dezember 1804. Dabei regierte Napoleon Bonaparte als Erster Konsul. Es wurde beendet durch seine Krönung zum Kaiser am 2. Dezember 1804.
563 Von Senger, 36 Strategeme für Manager, S. 96.
564 Kissinger, On China, S. 206. – Die **Hundert-Blumen-Bewegung** war ein Ereignis im Vorfeld des grossen Sprungs nach vorn in der Volksrepublik China. Zwischen 1956 und 1957 forderte die Kommunistische Partei Chinas das Volk auf, sich kritisch zur Situation des Staates zu äussern. Als die Bewegung auszuufern drohte, wurde sie von der Kommunistischen Partei wieder unterdrückt.
565 Chang, Big Sister, Little Sister, Red Sister, S. 130–134.

Für die Informationsbeschaffung ist nebst Recherchen und eigenen Analysen auch der Einsatz von **Fragekatalogen** und **Interviews** mit involvierten eigenen Stakeholdern oder Dritten ein übliches und probates Mittel.

Die Informationsbeschaffung und -bewertung stellt zwar den ersten Schritt des Verhandlungsprozesses dar, spielt jedoch während der gesamten Verhandlungen eine zentrale Rolle. Sie wird in Kapitel V.A näher behandelt.

E. Systematische Verhandlungsplanung und -durchführung

Strukturierte Verhandlungen berücksichtigen bewährte Grundsätze des Managements beziehungsweise des Projektmanagements.

Gerade komplexere Verhandlungen erfordern eine zielgerichtete Arbeit und Vorgehensweise, um bestimmte Verhandlungsziele innerhalb eines bestimmten Budgets und Zeitplans zu erreichen. Dies ist umso mehr der Fall, als sie dabei oft Teil eines grösseren Projektes sind und in das übergeordnete Projektmanagement eingebettet werden. Komplexere Verhandlungen erfüllen deshalb selber auch die Definition eines Projektes,[566] weshalb auf sie die **Grundsätze des Managements beziehungsweise des Projektmanagements** angewendet werden können. Dies hat den Vorteil, dass Prozesse definiert (Planung, Organisation, Führung, Kontrolle), das Projekt (Verhandlungsziel) genau definiert und ein Projektumsetzungsplan entworfen wird, welcher sich über die finanziellen und humanen *Ressourcen* (Budget, Projektteam, Consultants, technische Experten, IT etc.) ausspricht sowie eine *Zeit- und Kommunikationsplanung* enthält. Zudem sieht die Projektplanung regelmässige *Projektreviews* vor, wo nicht nur der aktuelle Projektstand evaluiert wird, sondern auch die Erfahrungen aus den Verhandlungen reflektiert werden *(Lessons learned)*. Dies ist auch in Verhandlungen von Vorteil.[567] Schliesslich können auf Verhandlungen ebenfalls Planungsinstrumente des Projektmanagements wie Zeitplanungsmittel und die *Balanced Scorecard* für die Bewertung von verschiedenen Verhandlungslösungen oder Themenlisten *(«Issue Lists»)* eingesetzt werden.[568] Die *Prozessplanung* erlaubt nicht nur ein besseres Verständnis, sondern auch ein effizienteres Steuern der Gestaltung, Lenkung und Entwicklung von sozio-technischen Systemen, mithin eines effizienten Projekt- und Verhandlungsmanagements.[569]

---

566 LIENTZ/REA, International Project Management, S. 3 oder FRIGENTI/COMNINOS, Project Management, S. 9.
567 LIENTZ/REA, International Project Management, S. 32 ff. und bezüglich der *Lessons learned* S. 87 f.
568 Die Balanced Scorecard (BSC) ist ein Management-Instrument, welches qualitative und quantitative Kennzahlen kombiniert und die Erwartungen der verschiedenen Interessengruppen mit der gewählten Strategie und dem Unternehmenserfolg verbindet (JOHNSON ET AL., Strategisches Management, S. 584 und 681; siehe für detaillierte Ausführungen zur BSC sowie Beispiele LOMBRISER/ABPLANALP, Strategisches Management, S. 380 ff.). Balanced Scorecards werden individuell nach Bedarf erstellt. Im Projektmanagement- und Verhandlungsbereich können auch in einer Auflistung der verschiedenen und *in casu* einer Betrachtung unterworfenen Kriterien und Elemente bestehen (erste Spalte), die alsdann mit einer Bewertung (Score) versehen und daraufhin kommentiert und in das Gesamtsystem eingeordnet werden (Spalten zwei und drei; vgl. dazu etwa LIENTZ/REA, International Project Management, S. 19). Bei der *Bewertung von Strategien* können die jeweiligen Vor- und Nachteile in Spalten aufgeführt, bewertet und am Schluss der Score gebildet werden.
569 GISSLER, EINSÄTZE WIRKSAM FÜHREN, S. 20 F.

Rein intuitive Herangehensweisen dagegen sind oftmals einseitig personenzentriert,[570] und zwar sowohl auf der eigenen Seite wie auf jener des Verhandlungsgegenübers, womit sich der Fokus allzu rasch auf die Verhandlungsführenden richtet statt auf das Verhandlungsziel. Auch wird dabei gerne die weitere, oftmals ebenfalls wichtige Verhandlungsumgebung vernachlässigt. Weiter dominiert bei einem personenzentrierten Verhandlungsansatz regelmässig die Erfahrung der verhandlungsführenden Person(en), was sich limitierend auf die Lösungsfindung auswirkt. Schliesslich können personenzentrierte Verhandlungsansätze auch nur schwer weitervermittelt werden, womit die Lernfähigkeit einer Organisation beschränkt wird.

Effektives Projektmanagement zeichnet sich durch folgende Elemente aus:

- Die *Zusammenstellung und Führung des eigenen Verhandlungsteams* sind von grösster Bedeutung. Dabei sind in der Verhandlungsführung auch die Führungsprinzipien, welche im Management sowie im Projektmanagement zur Anwendung gelangen, anwendbar.[571]
- Der *Analyse* und der *Zielsetzung* kommt eine zentrale Rolle zu.[572]
- Durch das Antizipieren von möglichen Verhandlungsverläufen sowie -ergebnissen und das Erarbeiten von *Szenarien* wird Handlungsspielraum geschaffen. Insbesondere *Sofortmassnahmen* wie frühzeitige Informationsbeschaffung und rechtliche Vorabklärungen, rasches Einbinden von Stakeholdern, eine rollende Planung (zum Beispiel durch Eruieren beziehungsweise Sicherstellen der Verfügbarkeiten; Planen von Milestones und Rückwärtsplanung aus der Sicht der End- oder anderer Fixtermine) helfen, unnötigen Zeitdruck zu vermeiden und Handlungsfreiheit zu gewinnen.
- Planung und situativ bedingtes beziehungsweise intuitives Handeln gehen Hand in Hand, wobei durch *iterative Prozesse* (hier: den Verhandlungsführungsprozess) sichergestellt wird, dass das Handeln stets durch die Zielsetzung und das Verhandlungsumfeld bestimmt wird, bei Veränderung der Gegebenheiten adaptiert wird und damit zielwirksam erfolgt.[573] Der Gedanke der **Wirksamkeit** ist dabei von eminenter Bedeutung, da er eine Fokussierung der Planung und Tätigkeiten auf die gesetzten Ziele sicherstellt und verhindert, dass Verhandlungen in «*l'art pour l'art*» ausarten oder durch sonstige zweckfremde Motive

---

570 Gissler, Einsätze wirksam führen, S. 26 und 30.
571 Eine einfache und für die Verhandlungsführung umsetzbare Führungstheorie, vgl. etwa Gissler, Einsätze wirksam führen, S. 101 ff. und 116 ff. Zur Zusammenstellung des Verhandlungsteams vgl. Kapitel V.D.1.1.
572 Malik, Führen Leisten Leben, S. 172 ff.
573 Malik spricht diesbezüglich von «Resultatorientiertheit»; Malik, Führen Leisten Leben, S. 80 f.

- beeinflusst werden. Gleichzeitig wird damit sichergestellt, dass die Organisation der Verhandlungen situationsangemessen und effizient ausfällt.[574]
- Die Planung, die Organiation der Verhandlung und unser Handeln erfolgen *ziel- und prozessorientiert* und gestützt auf *wissenschaftlich basierte, bewährte Erkenntnisse*. Dabei sind koordinative und Führungsaufgaben sehr wichtig, sollten aber möglichst einfach, aber effektiv gehalten werden.[575]
- Es gibt *bewährte Entscheidungsprozesse.*[576]
- In Verhandlungen gibt es nicht «*die* richtige Entscheidung». Entscheidend sind vielmehr eine **sorgfältige Vorgehensweise,**[577] **deren situatives Adaptieren und das Vermeiden von schwerwiegenden Fehlern.** Der erfolgreiche US-amerikanische Rechtsanwalt, Investor, Manager, Milliardär und Mäzen Charlie Munger, Vice Chairman der vom US-amerikanischen Grossinvestor Warren Buffett geleiten Investmentgesellschaft Berkshire Hathaway, prägte dazu das Bonmot: «*Es ist bemerkenswert, welche grosse Vorteile Leute wie wir auf lange Sicht dadurch erzielen, dass wir konsequent nichts Dummes tun – anstatt zu versuchen, besonders intelligent zu handeln.*»[578] Munger empfahl dabei, sich vorzustellen, **welche Katastrophen eintreten könnten**, und dann konsequent das zu tun, um diese zu vermeiden; dies sei der *einfachste Weg, Chancen zu erkennen und Probleme zu vermeiden.*
- Im Projektmanagement wie auch in der Verhandlungsführung wird Wert auf situativ angepasste, auf die Zielerreichung ausgerichtete interne und externe *Kommunikation* gelegt.

Der in Kapitel V vorgestellte Phasenplan zur Verhandlungsführung berücksichtigt diese bewährten Projektmanagementgrundsätze. Zudem steht uns für die Verhandlungsführung die in diesem Kapitel beschriebene «Werkzeugkiste» zur Verrfügung und wenden wir die in den Kapiteln IV und V beschriebenen **Verhandlungstechniken** an, um im Sinne der Zielsetzung **Wirkung** zu erzielen und unsere Verhandlungsziele zu erreichen.

---

574 Verhandlungsspezifische organisatorische Fragen werden näher in Kapitel V.A.6 behandelt, der Entscheidungsprozess in den Kapiteln IV.H und V.A.5.
575 MALIK, Führen Leisten Leben, S. 188 ff.
576 Vgl. dazu Kapitel V.A.1.
577 Malik bezeichnet dies als «die Realisierung der Entscheidung», die er als oftmals wichtiger als die Entscheidung selber erachtet; MALIK, Führen Leisten Leben, S. 204.
578 GREEN, Über die Kunst, reicher, weiser und glücklicher zu sein, S. 245 und 249 ff.

F. Die Gunst der Stunde nutzen

Wie wir in Kapitel III.E.2 gesehen haben, gewinnen wir nur mit sorgfältigem Stellungsspiel keine Schachpartie – und schaffen auch in Verhandlungen nur die Ausgangslage, die wir benötigen, um unter Einsatz unserer verhandlungstaktischen «Werkzeugkiste» eine konkrete Verhandlungslösung herbeizuführen. Neben der sorgfältigen Vorbereitung und Durchführung unserer Verhandlungen unter Berücksichtigung wichtiger Erkenntnisse aus Psychologie und Kommunikation, dem Beziehungsaufbau und vertrauensbildenden Massnahmen, beeinflussen drei situative Faktoren massgebend den Ausgang von Verhandlungen: Initiative, Verhandlungsmacht («Leverage») und Momentum. Jegliche Handlung geht jedoch ins Leere oder hat sogar den gegenteiligen als den angestrebten Effekt, wenn sie zur falschen Zeit erfolgt. Deshalb kommt ein vierter Faktor dazu – das Timing.

1. Initiative

«Allgemein ist jener, der zuerst das Schlachtfeld erreicht, gelassen; jener, der später das Geschehen erreicht und in die Schlacht eilt, ermüdet. […]»

«Man schwächt seine Gegner, indem man sie ständig beschäftigt und sie scheinbaren Vorteilen hinterherjagen lässt.»

Sun Tzu[579]

Ein wichtiges Mittel, um Verhandlungen (mit-)zugestalten, ist die Initiative. Diese entspricht der Fähigkeit, massgeblichen **Einfluss auf die Verhandlungsführung und das Verhandlungsergebnis** ausüben zu können. Initiative kann dabei auf unterschiedliche Weise entfaltet werden:

So bewährt sich etwa, an den Verhandlungen aktiv bei der Ausarbeitung der Agenda, der Festlegung des Verhandlungsortes, der Ausarbeitung von Verhandlungslösungen und der Formulierung des Vertragstextes mitzuwirken.[580] Dies entspricht dem *aktiven dynamischen Prinzip*.[581]

Initiative können wir jedoch auch *aus der Defensive* ausüben, indem wir (vorübergehend) beharren, nachgeben oder Widerstand leisten und dabei mit Fragen, Anliegen oder Begleitmassnahmen Verhandlungsdruck aufbauen – oder die

---
[579] Sun Tzu/Griffith, Die Kunst des Krieges, Kapitel VI, Sprüche 1, 2 und 5 sowie Kapitel VIII, Spruch 15.
[580] Techniken zur erfolgreichen Verhandlungsführung werden in Kapitel V vorgestellt.
[581] Vgl. dazu Kapitel III.C.2.

Energie der Gegenpartei wie in den asiatischen Kampfsportarten Judo oder Aikido umleiten und in eine andere Richtung führen. Passivität in der Defensive führt dagegen meist zu nachteiligen Situationen.

Die Initiative kann dabei gut mit *kooperativen Strategien* erlangt werden, indem der Verhandlungsprozess und das Verhandlungsergebnis mit konstruktiven Vorschlägen und Massnahmen auf allen fünf Verhandlungsebenen gefördert und (mit-)gestaltet werden.

Zum Thema Initiative gehört auch die Kunst, seine *Schwächen* in den Verhandlungen in Stärken zu verwandeln, und vermeintliche *Stärken* der Gegenpartei zu ihren Schwächen werden zu lassen. Dieses Prinzip wird im Yin-Yang-Zeichen abgebildet: Das schwarze Zeichen hat den Kern des weissen, und das weisse den Kern des schwarzen Zeichens in sich:

Abb. 15 – Yin/Yang Zeichen

So kann einer sich zu sicher und stark fühlenden Gegenpartei genau dies zum Nachteil gereichen, indem sie sich auf die Verhandlungen nicht sorgfältig vorbereitet und damit plötzlich in die Defensive gerät. Oder die «Schwäche» kann Sympathie auslösen und erst eine faire Verhandlungslösung ermöglichen.

Initiative setzt in der Regel **Informationen** und **Vorbereitung** voraus.[582]

Zur Initiative gehört auch, **geistesgegenwärtig sich bietende Chancen zu packen**, selbst wenn das eigentliche Ziel ein anderes gewesen wäre oder der Verhandlungsverlauf nicht dem geplanten Vorgehen entspricht. Die Chinesen sprechen diesbezüglich davon, «*das unerwartet über den Weg laufende Schaf mit leichter Hand wegzuführen*».[583] Dies bedingt Geistesgegenwart, manchmal Mut, und vor allem ein gutes Einschätzungsvermögen, damit wir nicht unüberlegt Fehler begehen und in Fallen tappen. Auch hier gilt der Grundsatz «*préparer pour mieux improviser*»: Wer sich gut vorbereitet, kennt die Untiefen der Verhandlungsumgebung, die es zu vermeiden gilt, was erlaubt, bei sich bietenden Gelegenheiten eine gute Entscheidung zu treffen und «das Schaf mit leichter Hand wegzuführen». Oder wie Sun Tzu sagte: «Es ist eine Kriegsdoktrin, *nicht* anzunehmen, dass der

---

582 Vgl. dazu Kapitel V.
583 Vgl. von SENGER, 36 Strategeme für Juristen, S. 158 ff., Strategem Nr. 12.

Gegner nicht anrücken wird, sondern sich auf die eigene Bereitschaft zu verlassen, ihm entgegenzutreten. *Nicht anzunehmen, dass er nicht angreifen wird, sondern Vorkehrungen zur eigenen Unbezwingbarkeit zu treffen.*»[584]

2. Verhandlungsmacht («Leverage»)

«Daher ist es im Krieg von entscheidender Bedeutung, die Strategie des Gegners anzugreifen.»[585]

«Ermittle die Pläne deines Gegners und du weisst, welche Strategie zu Erfolg führt und welche nicht.»[586]

Sun Tzu

Erfolg in Verhandlungen bestimmt sich zudem oft auch danach, wer über «Leverage», also Verhandlungsmacht, verfügt:[587] Nicht nur wer in der «Ära Trump» Verhandlungen der USA mit anderen Ländern miterlebt hat, weiss, dass Verhandlungen oftmals nicht von geschicktem Verhandeln, sondern von kalter Machtpolitik geprägt sind. Auch in Verhandlungen mit Grosskonzernen gilt teilweise die Devise «Vogel-friss-oder-stirb».

Der Erfolg in Verhandlungen bestimmt sich oft auch nach dem «Leverage», also der Verhandlungsmacht der Parteien.

«Leverage» wird erstens durch *Notwendigkeiten und Zwangslagen* erzeugt: Wenn unser Verhandlungspartner etwa unbedingt unser Produkt oder unsere Dienstleistung benötigt und aufgrund von dessen Eigenschaften, dessen Verfügbarkeit oder anderen im Verhandlungsumfeld liegenden Gründen keine valablen Alterativen dazu hat[588] oder aus strategischen Gründen eine Kooperation mit uns eingehen muss, um Konkurrenten, «Corporate Raiders»[589] oder Aggressoren auf Distanz zu halten, verleiht uns dies Verhandlungsmacht. *Knappheit beziehungsweise mangelnde Alternativen (Wettbewerb), ein «Faustpfand»*[590] *oder Zeitdruck* sind die häufigsten Gründe für die Verhandlungsmacht einer Partei.

«Leverage» kann zweitens entstehen, wenn sich eine Partei – sei es in Verhandlungen oder sonstwie – *Rechtsverletzungen* zuschulden kommen liess, etwa durch

---

584 Sun Tzu/Griffith, Die Kunst des Krieges, Kapitel VIII, Spruch 16.
585 Sun Tzu/Griffith, *Die Kunst des Krieges*, S. 115.
586 Sun Tzu/Griffith, *Die Kunst des Krieges*, S. 152.
587 Vgl. dazu auch Heussen/Pischel, Handbuch Vertragsmanagement, Rz. 76. – **Druckstrategien** wie auch deren Vor- und Nachteile werden zudem ausführlich in Kapitel III.C.2 behandelt.
588 Dabei kann es sich beispielsweise um eine Technologie, um Informationen, um Marktzugang, den Zugang zu gewissen politischen Kreisen etc. handeln. Dieses «etwas» können wir bereits besitzen oder uns als «Faustpfand» für die Verhandlungen verschafft haben. Gerade Letzteres nimmt jedoch gelegentlich auch erpresserische Züge an, was die in Kapitel III.C.8.2 aufgezeigten Konsequenzen hat. Vgl. zum «Faustpfand» im Allgemeinen auch Kapitel III.B.2.
589 Dabei handelt es sich um auf unfreundliche Übernahmen spezialisierter Unternehmen.
590 Vgl. dazu Kapitel III.B.2.

Verleumdungen, falsche Anschuldigungen, Immaterialgüterrechtsverletzungen (Patent- oder Markenrechtsverletzungen etc.), Umweltschutzverletzungen, Verletzungen der Arbeitssicherheit oder des Datenschutzes. Diesfalls besteht das «Faustpfand» in rechtlichen Schritten, welche die andere Partei einleiten kann. Darin besteht auch eine Gefahr überaggressiver Verhandlungstaktiken: Man wird unter Umständen selbst vulnerabel und erreicht damit gerade das Gegenteil dessen, was man beabsichtigt hat. Im Boxen würde man sagen, man hat die Deckung entblösst und ist in einen «Konter» gelaufen.[591] Dasselbe gilt, wenn die Offenlegung gewisser für eine Partei negativer Informationen diese in Bedrängnis bringen würde – dann ist sie erpressbar.

Machtpolitik hat ihre Grenzen und ihren Preis: Sie erzeugt keine Loyalität und provoziert oft Verhaltensweisen, in denen sich die zu einer Verhandlungslösung gezwungene Partei verdeckt zu ihrem vermeintlichen Recht verhilft, wie mittels Diebstahls, Korruption, verdeckter Sabotage und Umgehung des Verhandlungsergebnisses. Wer sich bezüglich des eigenen «Leverage» verschätzt, kann zudem arg in die Defensive gelangen. Dies dürfte eines der Hauptprobleme der Strategie Grossbritanniens in den Brexit-Verhandlungen gewesen sein: Durch Scharfmacher wie Boris Johnson zu Maximalforderungen gedrängt, pokerte Grossbritanniens Parlament und teilweise auch die britische Regierung, die EU werde von zentralen Positionen abrücken. Dies war jedoch von Anbeginn her unrealistisch, da fundamentale Prinzipien der EU betroffen waren und Grossbritannien keinen wirklichen «Leverage» hatte.[592]

> In einer unvorteilhaften Situation befanden sich auch die USA gegenüber den Taliban in ihren Verhandlungen im Jahr 2019, da Präsident Trump schon lange verkündet hatte, die USA wollten sich rasch aus dem Irak zurückziehen, dies war eines seiner Wahlkampfversprechen gewesen. Da er diesen Erfolg im Wahljahr 2020 brauchte,

---

591 Voss unterscheidet **drei Arten von Hebeln**: (i) *positive Hebel,* wo eine Partei die Fähigkeit hat, der anderen Dinge zu gewähren oder zu verweigern, die sie will; (ii) *negative Hebel,* mit denen wir die andere Partei «leiden» lassen können, etwa indem eine Rechnung nicht bezahlt oder der Ruf in Frage gestellt wird; (iii) *normative Hebel,* wo beim Regelkatalog und dem moralischen Rahmenkonzept der anderen Partei angesetzt wird. Vgl. Voss/Raz, Kompromisslos Verhandeln, S. 266 ff.

592 Grossbritannien erhoffte sich dann einen raschen Erfolg bei einem Handelsabkommen mit den USA, waren doch die USA der zweitgrösste Importeur britischer Waren nach der EU. Allerdings war die Ausgangslage wenig erfolgsversprechend – trotz beschönigender Worte der Brexit-Befürworter: Nicht nur sind die USA wirtschaftlich viel potenter als Grossbritannien, dieses war im Herbst 2019 wegen des anstehenden Brexits unter Zeitdruck (normalerweise dauern solche Gespräche Jahre); und schliesslich hatte die Vorgängerregierung May versprochen, bei einem ungeregelten Brexit die Zölle um rund 80% zu senken – und damit ein Hauptverhandlungspfand aus der Hand gegeben. Dagegen war die Administration Trump bekannt dafür, für die USA sehr vorteilhafte «Deals» anzustreben. Grossbritannien startete damit aus einer sehr unvorteilhaften Situation in die Verhandlungen, die denn auch zu keinem Ergebnis führten (vgl. dazu auch Triebe, London darf keine Geschenke erwarten, NZZ vom 20. August 2019).

starteten die USA die Verhandlungen mit den Taliban aus der Defensive. Diese dagegen hatten keine Veranlassung, den USA Zugeständnisse zu machen. Deshalb gaben die USA nach und nach alle Vorbedingungen und Verhandlungsziele auf und verhandelten am Schluss nur noch über ihre eigene Niederlage.[593] Erreicht war damit trotz jahrelanger Verhandlungen nichts.

3. Momentum

«Momentum heisst, alle Stakeholder, Faktoren und Umstände harmonisch zu einem bestimmten Ziel wirken zu lassen.»

Thomas Cleary/Sun Tzu

Die Dynamik hinter Verhandlungen kann in Momentum münden. Dies entsteht dann, wenn die wirkenden Kräfte zu einer *Eigendynamik* führen, die den Verhandlungsprozess in eine bestimmte Richtung lenkt. Wenn es uns gelingt, die günstigen Kräfte im Verhandlungsumfeld zu nutzen, laufen die Verhandlungen glatt und ergeben sich Lösungen, um die wir vorher mühsam gerungen haben.

Momentum wird aber nicht gegen Widerstand, sondern – wie Sun Tzu für den Kampf erkannte – in **Kenntnis der Mechanik und Psychologie** der Verhandlungen erzeugt.[594] Momentum entsteht, wenn kein oder nur wenig Widerstand entgegenwirkt, mithin die Hindernisse weitgehend beseitigt sind. Es ergibt sich, wenn die Ideen und Ziele gleichgerichtet sind und Einigkeit über die Vorgehensweise herrscht, die Parteien gemeinsame Erfolgserlebnisse haben (etwa über das Einhalten von Teilvereinbarungen oder das Erreichen von Zwischenzielen) und damit die Verhandlungsteams belohnt und für die weiteren Verhandlungen motiviert werden. Der Management-Experte Jim Collins spricht dabei vom «Schwungradeffekt».[595] Durch konfrontative Verhandlungsstrategien dagegen wird genau das Gegenteil erreicht. Deshalb erachtete auch Sun Tzu vorwiegend auf Kampf beziehungsweise Druck ausgelegte Strategien als ineffizient.[596]

---

593 Weder willigten die Taliban während der Verhandlungen in einen Waffenstillstand ein (im Gegenteil, sie starteten neue Offensiven) noch stimmten sie zu, mit der irakischen Regierung in Friedensverhandlungen zu treten. Die USA waren schliesslich bereit, ohne Gegenzugeständnisse in eine Reduktion von 14'000 auf 5000 Soldaten einzuwilligen – was den Taliban zusätzlichen Handlungsspielraum eingeräumt hätte. Wie sie diesen zu nutzen beabsichtigten, zeigten die während der Verhandlungen stattfindenden Bombenanschläge. Dies führte am Schluss dazu, dass Trump anfangs September 2019 «den Stecker ziehen» und die Verhandlungen abbrechen musste.
594 Sun Tzu/Cleary, The Art of War, S. 21.
595 Collins, Der Weg zu den Besten, S. 199 ff.
596 Sun Tzu/Cleary, The Art of War, S. 14 und 19.

4. Das Zeitelement – Rhythmus und Timing

> *«Alles hat seine Stunde. Und für jedes Geschehen unter dem Himmel gibt es eine bestimmte Zeit. Müht man sich ab, [ohne dies zu bedenken], so hat man keinen Gewinn davon.»*
>
> Bibel, Prediger 3, 1 und 9

> *«Bei allem, was man tut, kommt es auf den Zeitpunkt und den Rhythmus an. Nirgends darf man bei der Ausübung der verschiedenen Fertigkeiten aus dem Rhythmus gelangen. Selbst das Nichtgreifbare besitzt Rhythmus.»*
>
> Myamoto Musahsi

Die Dynamik von Verhandlungen wird massgeblich durch ihren Rhythmus und das Timing der verschiedenen Verhandlungsführungsmassnahmen und -taktiken bestimmt. Schon unsere Lebenserfahrung lehrt uns: Überall im Leben kommt es auf das Timing an! Wer versucht, einen Konflikt noch kurz beim Frühstück oder unter Tür und Angel aufzunehmen, wird damit kaum Erfolg haben. Verhandlungen über die Länge des Ausgangs, wenn sich das halbwüchsige Kind bereits aufgebretzelt und mit den Freunden für eine Party verabredet hat, enden meist im Desaster. Doch Timing betrifft nicht nur den **Zeitpunkt** einer bestimmten Handlungsweise, sondern umfasst auch einen zweiten Aspekt, den **Rhythmus**. Dieser zeigt an, in welchen Intervallen Handlungen erfolgen. So kann ein zu häufiges Nachfragen bedrängend wirken und abstossen, aber auch Schwäche signalisieren *(«wir brauchen diesen Deal dringend, jetzt!»)*. Sun Tzu erklärte, dass der Erfolg einer Unternehmung auch im (zumindest vorübergehenden) Nichtstun und somit Abwarten liegen kann. Zu langes Abwarten dagegen kann Desinteresse suggerieren. Auch in der Verhandlungsführung hat alles seine Stunde – *Timing is everything*.

Wir tragen der Wichtigkeit des Timings dadurch Rechnung, dass wir *phasengerecht verhandeln*[597] und einen *Verhandlungszeitplan* festlegen. Timing ist aber auch in *Konfliktsituationen* essentiell. Dabei gilt der Grundsatz, je heisser der Konflikt, desto wichtiger sind der Zeitpunkt und der Rhythmus von bestimmten Massnahmen. Welche Massnahmen wir hier erfolgreich treffen, hängt mithin stark von der Konfliktphase ab, in der wir uns gerade befinden.[598]

---

597 Zum **fünfstufigen Verhandlungsmodell** siehe Kapitel V, und zum Timing insbesondere Kapitel V.E.1.
598 Vgl. dazu Kapitel VI, etwa bezüglich sogenannter **«Windows of Opportunity»**, oder bei GLASL, Konfliktmanagement, die Stufen der Eskalation (S. 244 ff.) und die Interventionsschwerpunkte je nach Eskalationsstufe (a.a.O., S. 464 ff.).

Der Zeitpunkt kann richtig oder falsch, der Rhythmus im Gleichklang, entgegengesetzt oder zu schnell beziehungsweise zu langsam sein. Während es in *kooperativen Verhandlungsstrategien* vor allem darum geht, den für beide Parteien richtigen Zeitpunkt und einen gemeinsam abgestimmten Verhandlungsrhythmus zu finden, bezwecken *distributive Verhandlungsstrategien*, die Gegenpartei zu durchschauen, aus dem Tritt zu bringen und zu überraschen. Musashi schrieb im Buch der fünf Ringe: «*In der Schlacht wählt man, nachdem man den Rhythmus des Gegners durchschaut hat, den eigenen Rhythmus, den dieser nicht erwartet, und indem man mit List den eigenen Rhythmus unsichtbar hält, erringt man den Sieg.*»[599]

Strategien und Taktiken sind somit selten *per se* richtig oder falsch, es kommt vielmehr auf den Zeitpunkt und die Umstände an, in denen sie eingesetzt werden.[600] Wer unbedacht vorprescht, die Aufwärmphase aus «Effizienzgründen» zu überspringen versucht oder kulturelle Besonderheiten, wie etwa ausführliche gemeinsame Essen zum Kennenlernen, ignoriert, missachtet Sun Tzus Rat *«Wäge zuerst die Lage ab und bewege dich erst dann»*[601] und schadet damit seiner Sache. So kann es in gewissen Situationen für bestimmte Verhandlungsschritte wie Angebote oder Konzessionen einfach zu früh sein. In einem sich gerade erst entfaltenden Konfliktfall kann ein Verhandlungsangebot verfrüht ausfallen, weil die Gegenpartei auf aggressive Vorgehensweise setzt, mithin an Gewalt glaubt und ein zu rasches Vergleichsangebot ohne zunächst energische Gegenwehr Schwäche signalisieren würde. Dieser Gefahr könnte allenfalls dadurch Rechnung getragen werden, dass Gegenreaktion und Gesprächsangebot kombiniert werden.

> Dazu ein Beispiel: Nachdem Russland im Februar 2022 die Ukraine überfallen hatte, stellte sich die Frage, ab welchem Zeitpunkt auch der Westen in Verhandlungen mit Moskau treten sollte. Experten gingen davon, dass solche erst dann Chancen auf Erfolg haben dürften, wenn die Ukraine den Krieg genügend in die Länge ziehen könnte, so dass ein rascher Erfolg der russischen Armee (ein offenkundig zentrales Ziel Putins) vereitelt würde, und die Sanktionen gleichzeitig die russische Wirtschaft genügend stark getroffen hätten, so dass innenpolitischer Druck auf Putin für eine Vergleichslösung entstanden wäre.[602]

Genauso gilt es aber, **günstige Gelegenheiten zu ergreifen** und den Abschluss der Vereinbarung rechtzeitig herbeizuführen – oder dann den Exit zu wählen. Ein strukturierter Verhandlungsansatz wie der hier vertretene hat den grossen Vorteil, eine klare Richtschnur für Verhandlungen zu bieten. Er darf jedoch, wie ich bereits

---

599 MUSASHI, Das Buch der fünf Ringe, S. 72.
600 Vgl. dazu die Vorbehalte bezüglich bestimmter Strategien und Taktiken in Kapitel III.C.8.
601 GRIFFITH/SUN TZU, S. 161, Kapitel VII Spruch 15.
602 BÜCHENBACHER, China möchte im Krieg vermitteln, NZZ vom 4. März 2022. Für weitere Beispiele siehe Kapitel III.C.8.3.

in Kapitel III.E gezeigt habe, nicht zu Dogmatismus, Inflexibilität oder Kompliziertheit der Vorgehensweise führen. Ein offener Geist in Zusammenhang mit dem rekurrierenden (iterativen) Verhandlungsführungsprozess und der damit wiederkehrenden Analyse der aktuellen Situation, dies gepaart mit gesundem Menschenverstand, Erfahrung und einem guten Gespür für Gelegenheiten helfen uns, die einzelnen Aktionen unserer Verhandlungsführung optimal zu timen.

Auch drängt sich oft auf, **gegen Ende der Verhandlungen** den *Verhandlungsrhythmus zu erhöhen*, um einen Abschluss der Verhandlungen herbeizuführen. Demgegenüber werden *Verzögerungstaktiken* eingesetzt, um weitere Zugeständnisse zu erzielen.[603]

Zum Timing gehört auch, bei Bedarf **Sofortmassnahmen** zu ergreifen, um sich Manöverier- und Verhandlungsspielraum zu verschaffen.

---

603 Vgl. dazu insbesondere Kapitel V.D.1.7 und V.E.

G. Der Einsatz von bewährten Verhandlungs-Tools

Für effiziente und effektive Verhandlungen ist unerlässlich, dass die Parteien bewährte Verhandlungs-Tools einsetzen und sich frühzeitig über die Art und Weise der Kommunikation, der Traktandierung, der Protokollierung, der Kontrolle des Verhandlungsfortschritts beziehungsweise der Umsetzung der beschlossenen Massnahmen sowie des Dokumentenmanagements austauschen und einigen.

Die **verfahrensprozessuale «Werkzeugkiste»** für Vertragsverhandlungen besteht dabei im Wesentlichen aus folgenden Mitteln:[604]

1. Die Kommunikationsmittel

Heute besteht eine Vielzahl geeigneter Kommunikationsmittel, die in Verhandlungen effizient eingesetzt werden können:

- (Gesicherte) E-Mail-Kommunikation, «normale» Schreiben, Fax-Schreiben, kommerzielle digitale Kommunikationslösungen wie Microsoft Team, Zoom, Skype, kommerzielle Document Share Points wie Dropbox oder unternehmenseigene digitale Konferenzlösungen und Share Points zum sicheren Datenaustausch;
- oftmals werden für komplexere Projekte, gerade im Baubereich und im Anlagenbau, spezifische Dokumentenablage- und Projektmanagement-Plattformen verwendet, wo die Dokumente hochgeladen und mit allen Parteien geteilt werden.
- Life Document Sharing-Tools wie Microsoft SharePoint 2016, Microsoft Teams etc.

2. Die Sitzung (Meeting)[605]

Meetings sind ein zentrales Mittel zur Verhandlungsführung. Gut vorbereitete und geleitete Sitzungen schaffen einen persönlichen Bezug zwischen den Verhandlungsteams, helfen Vertrauen aufzubauen und erlauben, schwierige Themen in einem Personenkreis zu behandeln, in dem die erforderliche Fach- und Entscheidkompetenz vorhanden ist. (Zu) viele Sitzungen, vor allem solche mit einem weit gefassten Teilnehmerkreis, sind jedoch wenig effizient. Die Verhandlungen werden damit zunehmend «verwaltet» und schwerfällig. Die Teilnehmenden

---

604 Vgl. dazu ausführlich FRIGENTI/COMNINOS, Practice of Project Management, S. 211 ff.; MALIK, Führen Leisten Leben, S. 267 ff.
605 Der Begriff «Meeting» scheint mir heute angemessener, da Sitzungen zunehmend mithilfe digitaler Kommunikationslösungen und weniger persönlich stattfinden.

gehen davon aus, der Arbeitsprozess finde anlässlich der Sitzungen statt, weshalb sie schlecht vorbereitet sind, es folgen endlos ausufernde und wenig zielgerichtete Diskussionen. Auch die Unsitte, als passive Zuhörerin oder Zuhörer in Sitzungen die eigenen Mails oder SMS zu beantworten, trägt wenig zur Sitzungseffizienz bei.[606] Sitzungen im grossen Kreis scheitern zudem oft an der Diversität der Themen und Interessen. Deshalb gilt der Grundsatz: Sitzungen werden nur so oft als nötig und zudem möglichst nur mit denjenigen Teilnehmenden durchgeführt, die zur Erreichung des definierten Sitzungszwecks erforderlich sind.

Wir können dabei folgende Sitzungstypen unterscheiden:

- Einerseits *interne* Team- oder Projektmeetings zur Vorbereitung und Nachbesprechung der Sitzungen, die wir mit anderen Verhandlungsparteien abgehalten haben. Dabei werden nicht nur die nächsten Schritte, sondern auch die *Lessons learned*[607] besprochen. Anderseits halten wir *externe* Meetings mit den anderen Verhandlungsparteien ab. Diese können entsprechend den Verhandlungsphasen in *Kick-off Meetings* zu Beginn der Verhandlungen, in die eigentlichen Verhandlungsmeetings und das *Closing* zum Abschluss der Verhandlungen und Unterzeichnung der Vereinbarung unterteilt werden.[608]

- Je nach Zweck und Zusammensetzung werden grosse *formelle Sitzungen* (Plenarsitzungen, Verwaltungsratssitzungen, Geschäftsleitungssitzungen, Sitzungen politischer Organe), regelmässige *Routinesitzungen* zum sachübergreifenden Abgleich des Projekt- und Verhandlungsstandes sowie kleinere und häufigere *Ad hoc-Sitzungen* als eigentliche Arbeitssitzungen (beispielsweise zum Erarbeiten technischer Fragen oder zum Abgleich des Verhandlungsstandes und -prozesses) durchgeführt.[609] Während Erstere erforderlich sind, um den Rahmen der Verhandlungen festzulegen, gesetzlichen Erfordernissen Genüge zu tun, Grundsatzentscheidungen zu treffen oder über die Schlussvereinbarung zu beschliessen beziehungsweise diese in formellem Rahmen zu unterzeichnen, dienen Letztere bei klarer Definition des Sitzungsthemas, klug gewähltem Teilnehmerkreis und guter Vorbereitung vor allem als effiziente Arbeitssitzungen. Regelmässige Routinesitzungen der Verhandlungsteams oder des Steuerungsausschusses sind zwar zum thematischen Abgleich und Informationsaustausch hilfreich, kranken jedoch wie gezeigt oft an knapper Vorbereitung und thematischer Überfrachtung.

---

606 So auch MALIK, Führen Leisten Leben, S. 271 f.
607 Diese beschreiben die konkreten Erfahrungen, die wir in den entsprechenden Verhandlungen, aber auch früher gemacht haben, und welche Schlüsse wir daraus ziehen. Das in Kapitel VII vorgeschlagene Verhandlungstagebuch kann auch als Sammlung solcher *Lessons learned* betrachtet werden.
608 Vgl. zu den verschiedenen Phasen der Verhandlungen Kapitel V.
609 MALIK, Führen Leisten Leben, S. 277 ff.

- Daneben sind Ad hoc- oder regelmässige Sitzungen von Ausschüssen oder Vertretern des Top Managements der Parteien zur Fortschrittskontrolle, Klärung wichtiger Fragen oder Differenzen und zur Festlegung der Leitplanken für die weiteren Verhandlungen üblich.
- Teilweise werden auch sogenannte *«Pre-Meetings»* abgehalten: Die Teilnehmenden treffen sich rund 10–30 Minuten vor dem eigentlichen Meeting zum informellen Austausch und sozialen Beisammensein. Man trinkt einen Kaffee, plaudert und «wärmt» sich für die Sitzung auf, was zu einem einfacheren und positiveren Einstieg in die eigentlichen Verhandlungen verhilft.[610]

Zu den Sitzungen gehören die **Sitzungsunterlagen**[611] und bei Bedarf **technische und andere Hilfsmittel** wie Flip Charts oder zunehmend Bildschirme, auf welche die Traktandenliste oder eine Präsentation aufgeschaltet werden können.[612]

Wichtig ist, bei Meetings die diesen innewohnende Gruppendynamik zu beachten. So hat etwa der österreichische Sozialpsychologe Raoul Schindler herausgefunden, dass Meetings gewissen Spielregeln folgen und es eine Topographie der Gruppe gibt, die unabhängig vom Organigramm ist. So *wird Vorschlägen von sogenannten «Alphas»*[613] *– den Wortführern oder «Klassensprechern» – gerne zugestimmt,* während dieselben Anträge oder Vorschläge, welche von den «Omegas», die eine kritische und zeitweise auch Oppositionsrolle einnehmen, oftmals abgelehnt werden. Eine Reihe von «Gammas» stimmt dem «Alpha» meist zu und opponiert, wenn nötig, gegen das «Omega». Das Fach- und Expertenwissen wird dagegen regelmässig von «Betas» eingebracht. Diese Rollen können sich je nach Thema und Konstellation verändern. Fest steht jedoch, dass Vorschläge, die von beliebten Personen kommen, überdurchschnittlich oft angenommen werden. Ebenso verlaufen *gut geführte und geordnete Meetings*, die in positiver Atmosphäre geführt werden, durchschnittlich viel erfolgreicher als ungeordnete, schlecht vorbereitete und in negativer Stimmung geführte.[614]

---

610 Meyer, So werden Meetings nicht zur Qual, Handelszeitung online vom 10. Oktober 2018 – Dies entspricht auch der in Kapitel V.B beschriebenen Phase 2 («Warm-up») der Verhandlungen.
611 Jack Bezos (Amazon) etwa schwört auf den **«6-Pager»**, ein sechsseitiges Memorandum, in dem das Thema fundiert aufgearbeitet wird und das das Fundament für eine qualitativ hochstehende Diskussion legen soll. Dieses wird jeweils von einem Mitarbeiter mit erheblichem Aufwand verfasst, mit Kollegen geteilt und dann wieder überarbeitet. Power-Point-Präsentationen dagegen sind bei Bezos verboten. Die Teilnehmenden studieren das Memorandum zu Beginn der Sitzung, wofür gerne einmal eine halbe Stunde investiert wird. Siehe Meyer, So werden Meetings nicht zur Qual, Handelszeitung online vom 10. Oktober 2018.
612 Weitere organisatorische Hinweise für Sitzungen finden sich in Kapitel V.A.6.
613 Diese Bezeichnung ist unabhängig von jener, welche für die Position der Verhandlungsdelegationsmitglieder gebräuchlich ist und in Kapitel V.D.1.1 beschrieben wird.
614 Klingbacher, Nicht schon wieder eine Sitzung!, S. 28. Ungeordnete, schlecht vorbereitete und in negativer Stimmung geführte Meetings zeichnen sich oft dadurch aus, dass die Teilnehmenden zu

Daraus ergeben sich zwei Empfehlungen:

- Bereiten Sie Sitzungen sorgfältig vor, führen Sie sie umsichtig und sorgen Sie für eine positive Stimmung.
- Sichern Sie sich bereits im Vorfeld die Unterstützung der «Alphas». Statt gewisse Positionen selber vorzubringen oder zu erkämpfen, ist es oft vorteilhaft, dies durch andere Sitzungsteilnehmende tun zu lassen, welche über die nötige Zustimmung und allenfalls auch Autorität verfügen.

Wie Verhandlungen im Team geplant und **durchgeführt** werden, wird in Kapitel V.D.1.1 besprochen.

3. Die Traktandenliste (Tagesordnungsliste)

Die Traktandenliste ist das inhaltliche Gerüst der Sitzung. Sie soll sicherstellen, dass die Sitzung zielorientiert und effizient durchgeführt wird und verhindern, dass diese in eine ineffiziente Austauschrunde über «was wir euch sonst noch mitteilen und von euch wissen wollten» ausarten.

Dabei gelten folgende bewährten Grundsätze:

- Kein Meeting sollte ohne Traktandenliste oder zumindest eine einfache Festlegung des *Besprechungsthemas* durchgeführt werden. Wichtig ist insbesondere, vor jedem Gespräch und jeder Verhandlung das *Ziel* festzulegen. Stellen Sie sich dabei insbesondere die folgenden Fragen: «Warum führen wir dieses Meeting durch? Was wollen wir damit erreichen?» So können wir mit dem Meeting etwa folgende Ziele verfolgen:[615]

    (i) gegenseitiges Kennenlernen der Parteien und deren *Interessen, Motive und Ziele*;

    (ii) die beteiligten Parteien wollen die Position der jeweils anderen *besser verstehen*;

    (iii) herausfinden, was der *Hintergrund der Auffassung* der anderen Partei ist und wie sie zu dieser gelangt ist;

    (iv) *Klärung der Ernsthaftigkeit, Verhandlungs- und Kompromissbereitschaft* der anderen Partei;

    (v) *Klärung von Differenzen*;

    (vi) *überzeugen* der anderen Partei, ihre Ansicht oder Position zu ändern;

---

spät kommen, in Gruppen schwatzen, ihre elektronischen Geräte bedienen, statt an der Sitzung teilzunehmen, oder von negativen, zynischen oder sonst deplatzierten Bemerkungen torpediert werden (a.a.O.).

615 Vgl. dazu auch BOGHOSSIAN/LINDSAY, Schwierige Gespräche, S. 21.

(vii) *beeindrucken* der anderen Partei oder einer dritten Partei, welche die Gespräche mitverfolgt;

(viii) *verhandeln* und

(ix) eine *Einigung* erzielen.

Für einen reinen Informationsaustausch ohne Debatte dagegen ist oftmals keine Sitzung erforderlich, dieser kann auch per E-Mail erfolgen.

- *Die Traktanden sollten möglichst aussagekräftig formuliert werden*, reine «copy-paste»-Traktanden sind zu vermeiden. Ziele können dabei auch mit **Fragen** umschrieben werden. So wird ein Traktandum «Kostensenkungsmassnahmen» besser als Frage formuliert: «*Wie können wir die Kosten um 10% senken?*» Dies aktiviert die Teilnehmenden, zeigt deutlich, worum es geht, und lässt am Schluss eine Erfolgskontrolle zu.
- Die Aufmerksamkeit und Effizenz lässt während eines Meetings oft rasch nach. Deshalb sollten die **wichtigsten Themen im oberen Bereich** der Traktandenliste angesiedelt werden.
- Die Sitzungsteilnehmenden *bereiten sich auf die Meetings vor*.
- Die für die Sitzung benötigten *Materialien* werden so rechtzeitig abgegeben oder online zugänglich gemacht, dass sich die Sitzungsteilnehmenden genügend vorbereiten können.[616] Sie sollten nur das für die Meinungsbildung Erforderliche enthalten und so kurz, informativ und übersichtlich wie möglich sein.
- Es wird *nur über traktandierte Punkte entschieden*, ausser es seien alle Teilnehmenden damit einverstanden, ausnahmsweise von dieser Regel abzuweichen. So wird den Teilnehmenden die Vorbereitung auf die Sitzung ermöglicht und Überrumplungsmanövern entgegengewirkt.
- Meetings werden zeitlich so bemessen, dass genügend Zeit für die sorgfältige Behandlung der traktandierten Themen zur Verfügung steht, sollten in der Regel aber nicht länger als eine *bis eineinhalb Stunden* dauern.[617] Da Meetings die Tendenz haben, mindestens so lange zu dauern, wie Zeit dafür geplant wurde, ist es besser, sie eher kürzer als länger zu veranschlagen.
- Um einen strukturierten Verhandlungsprozess zu gewährleisten, wird vorab intern bestimmt, wer pro Team im *Lead* ist und die Verhandlungen für diese Partei moderiert.
- Am Schluss wird ein *Protokoll* erstellt, um Klarheit und Verbindlichkeit zu schaffen (siehe dazu Ziff. 4 nachstehend).

---

616 Vgl. dazu auch BOGHOSSIAN/LINDSAY, Schwierige Gespräche, S. 21.
617 Wie Meetings effizient und effektiv zu gestalten sind, ist ein eigenes, buchfüllendes Thema (vgl. dazu etwa MALIK, Führen Leisten Leben, S. 271ff.).

Der Traktandenliste kommt für Sitzungen oft grosse Gestaltungskraft zu.

Wie das folgende Beispiel zeigt, kommt der Traktandenliste grosse Gestaltungskraft zu: Eine Generalunternehmerin hatte sich mittels Kaufrechtsvertrag ein Grundstück gesichert, die entsprechende Option aber aufgrund von gemeindeplanerischen Verzögerungen nicht verlängert. Die Eigentümerin verlangte in den anschliessenden Verhandlungen Sicherheit dafür, dass die Generalunternehmerin das Grundstück nun endlich kaufen würde und forderte eine erhebliche Anzahlung. Die Generalunternehmerin dagegen wollte sichergehen, dass die Überbauungsordnung verabschiedet würde und sie das Projekt realisieren kann. Sie verlangte deshalb die erneute Verlängerung der Option. Die Verhandlungen liefen von Anfang an unglücklich: Der Vertreter der Eigentümerin warf der Generalunternehmerin nach einer knappen Begrüssung vor, sie hätte das Projekt vernachlässigt und nicht vorangetrieben. Er forderte anschliessend, dass sie nun umgehend den definitiven Kaufvertrag abschliessen müsse, ansonsten würde die Eigentümerin eine neue Partnerin für die Überbauung suchen (Ultimatum). Die Vertreter der Generalunternehmung, welche sich über Jahre für das Projekt eingesetzt hatten und erhebliche Kosten eingegangen waren, fühlten sich brüskiert und wollten die Verhandlungen abbrechen (Rückkoppelung auf der Beziehungsebene). Deren Rechtsvertreter schlug zur Rettung der Situation vor, aufzuzeigen, wie sich das Projekt in der letzten Zeit entwickelt hatte und wie der weitere Zeitplan für dessen Realisierung war (vertrauensbildende Massnahme). Damit konnte der Vorwurf des Eigentümervertreters entkräftet und ein konstruktives Gespräch aufgenommen werden. *Idealerweise hätte jedoch bereits von Anfang an eine Traktandenliste bestanden, welche nach der Begrüssung die Vorstellung des aktuellen Projektstandes vorgesehen hätte.* Dann hätte diese konfrontative Ouvertüre vermieden und die Verhandlungen ohne Risiko des Scheiterns von Anfang an in kooperative Bahnen gelenkt werden können. Da dies nicht der Fall war und der Gastgeber sofort die Verhandlungen dominierte, um die «Muskeln» spielen zu lassen, eskalierte die Situation zuerst, was beinahe zum Scheitern der Verhandlungen führte.[618]

Planen Sie deshalb Ihre Sitzungen sorgfältig und setzen Sie die Traktanden so auf, dass *ein kooperativer Einstieg sichergestellt und die Systematik der Verhandlungsphasen eingehalten wird.* Auch bei einfacheren Verhandlungen wird so eine wichtige Grundlage für kooperatives Verhandeln durch beide Parteien geschaffen.

---

618 An diesem Beispiel zeigt sich auch besonders gut der Unterschied des kompetitiven zum kooperativen Verhandeln: Während die Eigentümerschaft Druck machen will, um die Generalunternehmerin zu einer Entscheidung zu zwingen, fragt die zweite nach, was das Interesse der Eigentümerschaft ist, erklärt die eigene Position und sucht dann eine Lösung, welche den Interessen beider Parteien Rechnung trägt.

4. Das Protokoll

Das Protokoll gliedert sich nach der Traktandenliste. Es schafft *Klarheit* über das Besprochene sowie die getroffenen Beschlüsse und Vereinbarungen und Verbindlichkeit in Bezug auf das weitere Vorgehen:

- Es sind umfassende Sitzungsprotokolle, inklusive Protokollierung der Voten der Teilnehmenden, sowie der Beschlüsse,
- Entscheidprotokolle, wo nur die Entscheide festgehalten werden, oder
- Mischformen mit einer Zusammenfassung der jeweiligen Voten und sowie der Beschlüsse und Massnahmen üblich.
- Vorgängig zur Sitzung ist abzusprechen, welche Art von Protokoll erstellt wird, wer die Protokollierung übernimmt, und wann das Protokoll den Parteien zugestellt wird. Das Protokoll wird den Teilnehmenden nach der Sitzung zugestellt, bereinigt und idealerweise zeitnah (beispielsweise anlässlich der nächsten Sitzung) definitiv verabschiedet sowie unterzeichnet.
- Das Protokoll ist zudem ein Kontrollinstrument, um festzustellen, ob die beschlossenen Massnahmen umgesetzt wurden oder nicht.

5. Der Zeitplan

Der Zeitplan stellt das zeitliche Gerüst der Verhandlungen dar.

Er bezeichnet die einzelnen Aktivitäten und ordnet sie sowohl vom Zeitpunkt als auch vom zeitlichen Ablauf her ein. Zudem kommt ihm koordinative Wirkung zu. Wichtig sind dabei insbesondere die verhandlungsspezifischen Meilensteine und der zwingende späteste Zeitpunkt der Zustimmung der zuständigen Gremien der Parteien oder der politischen Behörden zum Projekt, der Zeitpunkt der Vertragsunterzeichnung, der Zeitpunkt für die ersten Umsetzungsmassnahmen wie die Lancierung des Produktes, des Spatenstichs zur Grundsteinlegung bei Bauten, die Markteinführung des Produktes oder die Eröffnung des geplanten Werkes.

6. Die Massnahmenliste (To do-Liste)

To do-Listen sind in Verhandlungssituationen wichtige Planungs- und Kontrollinstrumente:

- To do-Listen halten die anlässlich der Sitzung beschlossenen Massnahmen fest. Sie bezeichnen die Aufgaben, die an den Meetings beschlossen wurden und haben damit eine klärende wie auch eine arbeitsorganisatorische und koordinative Wirkung. Sie können beispielsweise Teil des Protokolls sein, in separaten nachgeführten Listen bestehen oder in Form von Bestätigungs-E-Mails im Anschluss an die Sitzungen ausgetauscht werden.

- Für effiziente und effektive Sitzungen gilt der Grundsatz: Keine Sitzung ohne Beschluss von Massnahmen beziehungsweise ohne To do-Liste!
- To do-Listen sind zudem ein hilfreiches Kontrollmittel, da sie nicht nur festhalten, wer was bis wann zu erledigen hat («Workflow»), sondern auch, welches der Status der entsprechenden Massnahmen ist («offen»/«erledigt»). Die letzte Spalte auf der To do-Liste ist regelmässig Kommentaren gewidmet, um wichtige zusätzliche Informationen festzuhalten und die Abstimmung zwischen den Parteien zu erleichtern, etwa indem Abhängigkeiten von bestimmten Arbeitsschritten oder Hinweise, wie diese vorzunehmen sind, festgehalten werden.
- Diese Aufgabe wird in grösseren Projekten oft über Projektmanagement-Software-Lösungen und Aufgabenverwaltungsprogramme, Newsfeeds etc. sichergestellt.

7. Dokumentenmanagement

Verhandlungen haben den Abschluss einer Vereinbarung zum Ziel. Diese wird in aller Regel (insbesondere ab einer bestimmten Bedeutung und Komplexität des Verhandlungsgegenstandes) zu Klärungs- und Beweissicherungszwecken in Schriftform gefasst.

Entsprechend wichtig ist, dass sich die Parteien rechtzeitig über die **Art und Weise des Dokumentenmanagement** unterhalten und einigen: Arbeiten die Parteien in den Verhandlungen direkt mit dem Vertragsentwurf, der im *Änderungsverfolgungsmodus* nachgeführt wird? Diesfalls gilt üblicherweise die Regel, dass ohne anderweitige ausdrückliche Absprache oder Mitteilung an die andere Partei sämtliche Änderungen zu markieren sind (in der Regel vereinbaren die Parteien dann regelmässig, aus Übersichtlichkeitsgründen die unbestrittenen Änderungen nicht mehr zu markieren). Die Parteien können jedoch auch mit *Differenzabgleichungslisten* arbeiten. Dies ist vor allem dann hilfreich, wenn vorab – oder während der Verhandlungen – einige ausgewählte zentrale Punkte bereinigt werden sollen, oder wenn die Differenzen so gross sind, dass zuerst die Hauptpunkte besprochen werden müssen, bevor überhaupt eine Vertragsvorlage erstellt werden kann. Auch können die offenen Punkte (insbesondere vorgängig zum Meeting) per E-Mail gegenseitig kommuniziert, mündlich besprochen und danach wieder per E-Mail bestätigt werden, bevor sie anschliessend im Vertragsdokument umgesetzt werden. Dies schafft zwischen den Parteien Sicherheit und Klarheit in Bezug auf den vereinbarten Regelungsinhalt und wirkt dem nachträglichen Zurückkommen auf vereinbarte Punkte entgegen.

8. Projektcontrolling

Erfahrene Parteien treffen in den Verhandlungen zudem Massnahmen, um

- Budgetsicherheit,
- Verhandlungs- und Projektmanagement-Effizienz (etwa über Projektmanagement Software),
- Risikomanagement und
- Echtzeit-Controlling sicherzustellen.

Das Projektcontrolling ist ein Schritt im Verhandlungsführungsprozess, der in Kapitel III.A.3 beschrieben wird.

Weitere Instrumente und Kontrollsysteme sind weniger verhandlungsspezifisch, sondern ergeben sich aus dem Projektmanagement. Sie umfassen etwa Pläne, Gutachten, Budgets, Kostenkontrollen, Themenliste («Issue Lists») und Scorecards, Change-Management-Instrumente, Fortschrittanalysen und Milestone Reportings, Performance- und Ressourcenanalysen oder Risikomanagement-Instrumente.[619]

---

[619] Vgl. etwa FRIGENTI/COMNINOS, Practice of Project Management, S. 227 ff.; LIENTZ/REA, International Project Management, S. 176 ff.

H. «Perfekte Prognosen» und Strategiebewertung

1. «Perfekte» Prognosen – ein kleiner Ausflug in die Statistik

> *«Die durchschnittliche Trefferquote eines Experten ist ungefähr so genau wie jene eines Dartpfeil-werfenden Schimpansen.»*
>
> PHILIP E. TETLOCK/DAN GARDNER[620]

In der Verhandlungsführung sind oft Aussagen über wirtschaftliche und soziale Entwicklungen gefordert.

Prognosen bilden einen wichtigen Bestandteil von Verhandlungsprozessen. So entscheiden Bewertungen etwa darüber, ob wir eine Verhandlungslösung einer gerichtlichen Auseinandersetzung vorziehen oder nicht, wobei die Unsicherheit über den Prozessausgang sowie die relativen Nichteinigungskosten massgeblich das Verhandlungsergebnis beeinflussen.[621] Im Wirtschaftsbereich sind bei der Entwicklung von Projekten etwa Einschätzungen in Bezug auf Märkte, Kosten, Preisentwicklungen, Konsumentenverhalten sowie die Rentabilität gefragt. Zudem fragen wir uns im Rahmen der Verhandlungsvorbereitung, wie die MAPP (*«Maximum Plausible Position»*, beispielsweise die maximale Angebots- beziehungsweise Verkaufspreisofferte) der anderen Partei aussehen und wo die ZOPA liegen könnte, wie Stakeholder reagieren und mit welcher Verhandlungsstrategie und -taktik unser Gegenüber sein Verhandlungsziel zu erreichen versuchen wird. Gefordert sind mithin Aussagen über wirtschaftliche und soziale Entwicklungen. Dabei müssen wir die wesentlichen Auswirkungen des Verhandlungsumfelds miteinbeziehen und entsprechende Rückkoppelungen berücksichtigen. Kurzum, wir müssen Einschätzungen zu Entwicklungen in einem *komplexen sozio-ökonomischen Umfeld* vornehmen. Zutreffende Prognosen zu erstellen, erweist sich dabei als durchaus anspruchsvoll: Nicht nur unsere Wahrnehmungen sind subjektiv und fehleranfällig – dasselbe gilt für Prognosen. Die gute Nachricht dabei ist, dass sich **Erfahrungssätze und Regeln** herausgebildet haben, wie wir trotz der erwähnten Schwierigkeiten aussagekräftige Prognosen erstellen und damit zukünftige Entwicklungen zutreffend einschätzen können.

Was macht nun eine gute Prognose aus, und wie erstellen wir eine solche im Verhandlungskontext? Während wir die erste Frage in diesem Kapitel behandeln und uns dabei mit einigen grundsätzlichen Betrachtungen über Prognosen beschäftigen, untersuchen wir die zweite im Rahmen des Verhandlungsprozesses in Kapitel V.A.5. Zugegeben, die nachfolgenden Ausführungen sind oft etwas technisch. Allerdings unterliegen wir selten so vielen Irrtümern wie bei der Prognosestellung, weshalb es wichtig ist, über ein *gewisses Grundverständnis* von Statis-

---

[620] TETLOCK/GARDNER, Superforecasting, S. 4.
[621] JULMI, Arbitration in der Spieltheorie, S. 109.

tik und Prognosestellung zu verfügen. Hinzu kommt, dass gerade in komplexeren Projekten Statistiken und Prognosen eine nicht zu unterschätzende Rolle spielen; diese müssen wir zumindest kritisch hinterfragen können. Während in Kapitel IV.H. 1 die Grundlagen dazu dargestellt werden, folgt in Kapitel IV.H. 2 eine leicht verständliche Zusammenfassung.

1.1 Prognosen und statistische Grundlagen

Möglichst genaue Prognosen für zukünftige Ereignisse bilden die Grundlage wirtschaftlicher Prozesse und strategischer Entscheidungen. Sie sind deshalb wichtig, weil sie erlauben, sich auf zukünftige Ereignisse einzustellen und die Chancen erhöhen, die anvisierten Ziele zu erreichen.[622] Dabei bestehen verschiedene Ansätze zur Prognostizierung:[623]

- **Punktanalysen** bezwecken eine punktgenaue Vorhersage, eine bestimmte Zahl wie eine Absatzmenge von Waren in einem definierten Zeitpunkt zum Zwecke der Lagerbewirtschaftung oder eine bestimmte Preisentwicklung. Wenn verschiedene Punktanalysen über einen bestimmten Zeitraum aneinandergefügt werden, etwa um die Preis- oder Absatzmengenentwicklung über ein Jahr wiederzugeben, entsteht eine *Linie,* welche die punktgenauen Prognosen im Verlauf der Zeit anzeigt.

- Bei **Bereichsanalysen** umfasst die Vorhersage einen grösseren *Bereich,* der gewisse Wahrscheinlichkeiten abbildet. Statt Liniendiagrammen entstehen diesfalls sogenannte *«Fächerdiagramme»,* die **Wahrscheinlichkeitsbereiche** abbilden. Solche Analysen enthalten wie die Punktanalysen vor allem *quantitative* Aussagen, sind aber weniger genau als erstere.

- **Trend- beziehungsweise Trendwendeanalysen** fokussieren auf Trends und Wendepunkte in einer bestimmten zukünftig erwarteten Entwicklung. Auch hier sind die Unschärfen der Vorhersage eher hoch.

- Noch unsicherer ist meist die Einschätzung der Wahrscheinlichkeit von **Zukunftsszenarien,** welche in sich immer weiter gabelnden Analysediagrammen dargestellt werden können.

---

622 FEINDT/KERZEL, Prognosen bewerten, S. 1.
623 JOHNSON et al., Strategisches Management, S. 80 f.

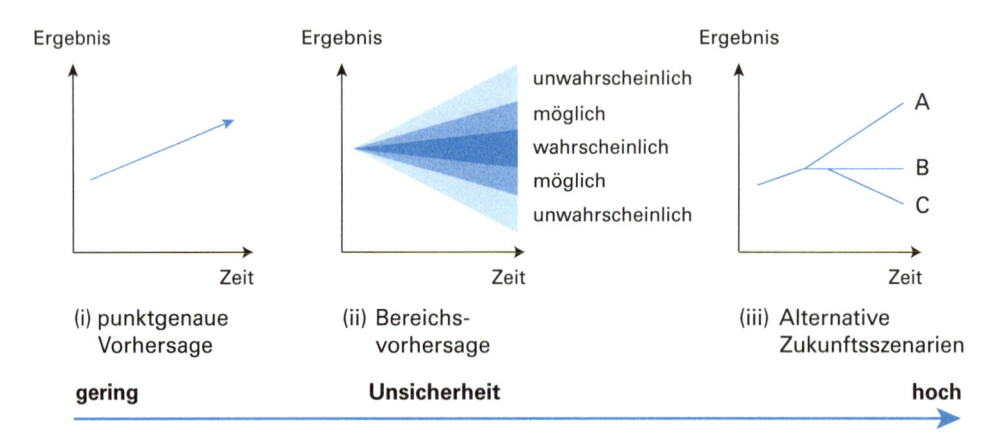

Abb. 16 – Verschiedene Prognosearten nach JOHNSON et al.[624]

Prognosen erlauben, sich auf zukünftige Ereignisse einzustellen und optimieren die Chancen, die anvisierten Ziele zu erreichen.

- Von den Prognosen sind **Szenario-Analysen** zu unterscheiden, welche bei noch grösserer Unsicherheit eingesetzt werden. Sie enthalten in Bezug auf die Verhandlungsführung eine plausible Sichtweise darüber, wie sich die Verhandelnden in Zukunft verhalten und die Verhandlungen entwickeln könnten. Damit unterscheiden sie sich von den alternativen Zukunftsszenarien, da sie im Gegensatz zu diesen keine detailgenauen, genau berechneten Möglichkeiten aufzeigen. Szenario-Analysen werden genutzt, um zu ermitteln, wie verschiedene Umfeldfaktoren miteinander in Beziehung stehen und haben dabei vor allem einen *Lern- und Planungseffekt*. Sie konzentrieren sich regelmässig auf die Haupttriebkräfte und -faktoren.[625] Die Prognose dagegen steht eher im Hintergrund.

- Szenario-Analysen basieren auf der *Untersuchung des Szenarioumfelds*, der *Bestimmung des Szenarioumfangs* (mit entsprechenden sachlichen oder wahrscheinlichkeitsbezogenen Abgrenzungen), der Entwicklung von sogenannten «*Szenario-Geschichten*» («Wie könnten sich die Verhandlungen entwickeln?»), sowie der Analyse der *Auswirkungen* der verschiedenen Szenarien.[626] Da Szenarien mit vielfältigen Unsicherheiten verbunden sind, raten gewisse Autoren von der Unterscheidung in «optimistische», «mittlere» und «pessimistische» Szenarien ab, da dies in der Regel in der Planung eine Konzentration auf das «mittlere» Szenario zur Folge habe, was sich negativ auf die Prüfung von Alter-

---

624 JOHNSON et al., Strategisches Management, S. 81.
625 JOHNSON et al., Strategisches Management, S. 83.
626 Vgl. dazu auch JOHNSON et al., Strategisches Management, S. 8 4 f., mit Anpassungen an das Verhandlungsumfeld durch den Autor.

nativszenarien und die Planungsarbeit auswirken könne.⁶²⁷ Wenn man sich dieser Problematik bewusst ist, kann sich diese Einteilung meines Erachtens dennoch für die Verhandlungsplanung aufdrängen, da das **wahrscheinlichste Szenario** die Grundlage für die Festlegung der MAPP und des Verhandlungsziels sowie der Verhandlungsstrategie und -taktik bildet.

Prognosen sind mit **Wahrscheinlichkeitsberechnungen** verbunden. Selbst wenn wir die Parameter, welche die statistische Natur der entsprechenden Prozesse beschreiben, genau kennen, können die Prognosen nur bestimmte Wahrscheinlichkeiten angeben.⁶²⁸ Diese äussert sich nicht in einer Zahl, sondern in einer **Wahrscheinlichkeitsverteilung**.⁶²⁹ Die interessierenden Grössen können aufgrund statistischer Prozesse verschiedene Werte annehmen. Sie werden deshalb *Zufallsvariablen* genannt und lassen sich mit **Wahrscheinlichkeitsdichten** beschreiben.⁶³⁰ Zentrale Elemente der Wahrscheinlichkeitsrechnung sind dabei unter anderem der Mittelwert (der allerdings durch statistische Ausreisser verfälscht werden kann), der *Median*, der die Wahrscheinlichkeitsdichte in zwei gleich grosse Teile unterteilt (bei Normalverteilungen ist dies die «Mittellinie» der Gaussschen Glockenkurve) sowie die *Standardabweichung*, welche die Breite einer Wahrscheinlichkeitsdichte angibt.⁶³¹ Die Gausssche Glockenkurve zeigt unter anderem, dass extreme Ereignisse selten sind – aber dennoch statistisch auftreten können. Aussagen einer solchen Prognose können etwa lauten «der Artikel Nr. XY wird mit einer 95%igen Wahrscheinlichkeit an Samstagen zwischen 95 und 103 Mal verkauft.»

1.2 Fehlerquellen von Prognosen

> «*Wirklichkeit ist die Unwahrscheinlichkeit, die eingetreten ist.*»
> Friedrich Dürrenmatt

Prognosen sind nicht nur aufgrund der Wahrnehmungsverzerrungen («*Bias*» und «*Noise*»)⁶³² sowie den Wahrscheinlichkeitsdichten immanenten Unschärfen ungenau, sie werden auch durch *Störursachen* und durch *Fortpflanzungsfehler* beeinträchtigt. Sind die Annahmen oder Berechnungen fehlerbehaftet, wird auch

---

627 JOHNSON et al., Strategisches Management, S. 85.
628 FEINDT/KERZEL, Prognosen bewerten, S. 4 f.
629 FEINDT/KERZEL, Prognosen bewerten, S. 4 f. Dies geht interessanterweise einher mit den Erkenntnissen aus der Chaostheorie; siehe dazu Kapitel IV.H. 1.2.
630 FEINDT/KERZEL, Prognosen bewerten, S. 8. Eine wichtige Wahrscheinlichkeitsdichte ist die bekannte Gauss-Verteilung, welche sich in der Gaussschen Glockenkurve ausdrückt (siehe a.a.O., S. 13).
631 FEINDT/KERZEL, Prognosen bewerten, S. 8 ff.
632 Vgl. dazu Kapitel IV.B.3.1.

die Prognose unzuverlässig oder gar falsch. Zudem pflanzen sich Fehler, die sich einmal in die Berechnungen eingeschlichen haben, fort und vergrössern sich.[633]

Die Chaostheorie geht davon aus, dass auch scheinbar chaotischen Mustern eine Struktur zugrunde liegt.

Bei *sozialwissenschaftlichen Prognosen* kommt es zu einer zusätzlichen Erschwernis: Die «Objekte» der Voraussage sind selbst auch Akteure («Subjekte») und könnten aufgrund der Prognose ihr Verhalten ändern. Weitere Rückkoppelungen entstehen dadurch, dass sich bereits die *Betrachtung des Systems* – wie der bekannte deutsche Physiker Werner Karl Heisenberg gezeigt hat – auf das System auswirkt. Zudem können in der Bewertung der statistischen Ergebnisse Denkfehler auftreten, wie der **«Hindsight Bias»** oder der ***«Experience Bias»***,[634] was sich wiederum auf unsere Wahrnehmung und Bewertung auswirkt. Durch diese Faktoren und die Verquickung der Sach- mit der Beziehungsebene wird das sozioökonomische System[635] bei Verhandlungen **hochdynamisch und komplex**.

Dies ist für die Prognosestellung in Verhandlungen hochrelevant: So zeigt die *Chaostheorie*, dass bei Berechnungen und Prognosen in komplexen dynamischen Systemen auch **kleine Fehler grosse Auswirkungen** haben können.[636] Die Chaostheorie basiert nicht auf absoluten, sondern analogen Zahlen, bei welchen

---

633 FEINDT/KERZEL, Prognosen bewerten, S. 24 f.
634 Siehe dazu Kapitel IV.B.3 sowie FEINDT/KERZEL, Prognosen bewerten, S. 76 ff.
635 Der Systemansatz hat auch im Bereich der Wirtschaftssoziologie einen wichtigen Platz. Er wurde zusammen mit dem Netzwerkgedanken von Wissenschaftlern wie Talcott Parson, Harrisson C. White oder Wayne E. Baker – und insbesondere von Niklas Luhmann im Rahmen der systemtheoretischen Wirtschaftssoziologie – entwickelt beziehungsweise weiterentwickelt, um das Verhalten von Menschen in wirtschaftlichen Systemen besser zu verstehen. Zentrale Bereiche der Ökonomie wie der Markt werden dabei als sozial konstruierte Institutionen verstanden, die in soziale Beziehungsnetze eingebettet sind und die abhängig von kulturellen Alltagsinterpretationen zu begreifen sind (vgl. etwa LAMLA, Wirtschaftssoziologie, S. 664).
636 Die auf Benoît Mandelbrot zurückgehende Chaostheorie beschäftigt sich im Wesentlichen mit *Ordnungen in speziellen dynamischen Systemen, deren zeitliche Entwicklung unvorhersagbar erscheint,* obschon die zugrundeliegenden Gleichungen deterministisch sind und wie gezeigt alle Prozesse statistisch erfasst werden können. Dieses Verhalten wird als deterministisches Chaos bezeichnet. Es entsteht, wenn Systeme empfindlich von den Anfangsbedingungen abhängen: Selbst leicht verschiedene Wiederholungen eines Experimentes können im Langzeitverhalten zu höchst unterschiedlichen Ergebnissen führen. Dennoch geht die Chaostheorie davon aus, dass auch scheinbar chaotischen Mustern eine Struktur zugrunde liegt. Diese basiert nicht auf linearen («actio = reactio»), sondern auf analinearen – also auf kombiniert analogen und linearen Vorgängen (WALTER, Chaosforschung, S. 22). Dabei determiniert das *zeitliche Verhalten von Energie innerhalb des Raums der Materie die Ereignisse.* Deterministisches Chaos bestimmt dabei nicht nur die Zeitdimension einer Sache, sondern auch die Raumdimension. Es **ordnet Zeit und Raum zu Ereignismustern an**, sogenannte *Fraktale.* Ein Fraktal ist ein Muster, das sich selbst ähnlich ist und sich unendlich im Raum und/oder in der Zeit wiederholt (WALTER, Chaosforschung, S. 63). Chaotischen Ereignismustern liegen fraktale Muster zugrunde, weshalb wir vom deterministischen Chaos sprechen (WALTER, Chaosforschung, S. 20 f.) «Deterministisch» ist es deshalb, weil ein Gesamtmuster vorhergesagt werden kann, aber es ist auch chaotisch, weil kein einziger Punkt des künftigen Verlaufs bestimmbar ist. Man kann wohl die allgemeine Form bestimmen, nicht aber den Inhalt (WALTER, Chaosforschung, S. 29). – Das Geniale an Mandelbrots Beschäftigung mit der

Bezüge wichtig sind. Bezüge erzeugen *Resonanzen*, stellen *Beziehungen* her und bilden Verhältnisse. Sie sind qualitäts- und nicht quantitätsorientiert.[637] Die Verhaltensmuster zeichnen sich dabei durch sich fortsetzende Verzweigungen aus, wie bei Entscheidbäumen. Jede Strecke zu einer weiteren Verzweigung wird dabei als «Periode» bezeichnet. Diese «gebrochenen Dimensionen» treten auf, weil bei Fraktalen[638] nur die *effektiven Dimensionen*, also jene, welche sich an den Rändern der fraktalen Geometrien bilden, zählen, und nicht die potentiellen drei Dimensionen Höhe, Länge und Breite. Zudem führen sie nicht auf dem direktesten Weg von einem Punkt zum anderen.[639] Mathematisch führt dies zu *fraktalen Mustern*, die Knicke an ihren Randlinien aufweisen und nach einem regelmässigen Muster verlaufen. Interessant ist dabei, dass *nach drei Perioden chaotische Zustände auftreten*.[640] Dies erklärt auch, weshalb Prognosen schnell sehr unsicher werden. Die Chaostheorie kommt heute vor allem in komplexen Computersimulationen in Bezug auf Wirtschaftskreisläufe, in der Chemie, Physik oder der Wettervorhersage zum Einsatz und sorgt für höhere Trefferquoten.

Ich erachte die Chaostheorie im Zusammenhang mit der Verhandlungsführung deshalb als interessant, weil sie sich mit Unsicherheiten beschäftigt, die wir aus unseren Verhandlungen kennen und die sich aus stets weiter verzweigenden Verhaltensmustern und -möglichkeiten sowie der zwischen diesen herrschenden Resonanzen ergeben. Sie zeigt uns, dass wir in solchen Systemen keine Sicherheit erwarten können, sondern uns bei Prognosen **an Mustern orientieren müssen**: Das *Gesamtmuster* ist oft voraussehbar, nicht jedoch der genaue zukünftige Ort eines Punktes. Auch erzeugen Muster *Beziehungen*, und damit Resonanz – oder wie die Systemtheorie sagt, Rückkoppelungen, die wir in unsere Verhandlungsplanung miteinbeziehen müssen.

Die Fähigkeit, eine Vorhersage zu machen, basiert darauf, Handlungsverläufe einzuschätzen und Kausalitäten zu identifizieren. Allerdings verwechseln wir oft **Korrelation** – also das gleichzeitige Auftreten von Ereignissen – mit **Kausalität**. Wo immer Kausalität auftritt, findet sich auch Korrelation. Das Gegenteil ist jedoch nicht der Fall, was aussagekräftige Prognosen zusätzlich erschwert.[641] Kahneman et al. präzisieren: «*Die Fähigkeit, eine Vorhersage zu tätigen, ist ein Mass dafür, ob tatsächlich eine Kausalkette identifiziert wurde. Und Korrelation, das Mass der Vorhersagegenauigkeit, ist ein Mass dafür, wie viel Kausalität wir*

Nur weil wir gewisse Zusammenhänge verstehen, können wir noch lange keine validen Voraussagen tätigen. Korrelation ist nicht gleich Kausalität!

Chaostheorie ist insbesondere, dass er deren Strukturen in den bekannten bizarren Mustern sichtbar und damit fassbar machte.
637 Siehe dazu WALTER, Chaosforschung, S. 35 und 53.
638 Vgl. dazu Fn. 645.
639 Siehe dazu WALT ER, Chaosforschung, S. 68.
640 WALTER, Chaosforschung, S. 60.
641 KAHNEMAN et al., Noise, S. 169.

erklären können.»⁶⁴² Das Verwechseln von Korrelation mit Kausalität zählt zu den häufigsten Denkfehlern. Korrelation prüft, ob eine **Beziehung** zwischen zwei Variablen besteht. Wenn beobachtet wird, dass sich zwei Variablen gemeinsam verändern, bedeutet dies jedoch nicht unbedingt, dass eine Variable das Auftreten der anderen **verursacht**. Eine starke Korrelation kann möglicherweise auf eine Kausalität hindeuten, aber es könnte ebenso gut andere Erklärungen geben: Sie kann auf reinem *Zufall* beruhen, wobei die Variablen in Zusammenhang zu stehen *scheinen*, jedoch keine wahre Beziehung zugrunde liegt. Es könnte eine *dritte, verborgene Variable* geben, die die Beziehung stärker (oder schwächer) erscheinen lässt, als sie tatsächlich ist. Dies bedeutet gleichzeitig, dass, sofern wir einen Konflikt verstehen (Korrelation), wir noch keine validen Prognosen tätigen können (Kausalität).⁶⁴³

Betrachten wir dies anhand eines Beispiels. Stellen Sie sich vor, Sie untersuchen Gesundheitsdaten. Sie beobachten eine statistisch signifikante positive Korrelation zwischen Sport und Fällen von Hautkrebs – das heisst, die Menschen, die mehr Sport treiben, neigen dazu, an Hautkrebs zu erkranken. Diese Korrelation erscheint stark und zuverlässig und zeigt sich in mehreren Patientenpopulationen. Ohne weitere Nachforschungen könnten Sie schlussfolgern, dass Sport auf die eine oder andere Art und Weise Krebs verursacht und die Hypothese entwickeln, dass die Belastung durch den Sport dazu führt, dass die Sonnenschutzfähigkeit des Körpers geschwächt wird. Diese Korrelation kann jedoch im Datensatz auftreten, weil Menschen, die an Orten leben, an denen das ganze Jahr viel die Sonne scheint, im Alltag bedeutend aktiver sind als Menschen an anderen Orten. Dies zeigt sich in den Daten als erhöhte sportliche Betätigung. Gleichzeitig bedeutet eine erhöhte Einwirkung von Sonnenstrahlen, dass mehr Fälle von Hautkrebs auftreten. Beide Variablen – die Raten für Sport und Hautkrebs – werden durch eine dritte, kausale Variable beeinflusst – Sonneneinstrahlung – sind jedoch nicht kausal miteinander verknüpft. Dasselbe gilt für die Mathematikfähigkeiten eines Kindes und dessen Schuhgrösse: Hier ist statistisch erstellt, dass Kinder mit grösseren Füssen bessere Mathekenntnisse haben.⁶⁴⁴ Natürlich besteht zwischen diesen beiden Grössen jedoch keine Kausalität – trotz aller Korrelation! Nur haben ältere Schülerinnen und Schüler einfach ein besseres Matheverständnis.

---

642 KAHNEMAN et al., Noise, S. 169.
643 KAHNEMAN et al., Noise, S. 169.
644 Das Beispiel findet sich bei KAHNEMAN et al., Noise, S. 169.

1.3 «Gute Prognosen»

Prognosen sind nur dann hilfreich, wenn sie *relevante Aussagen* über ein zukünftiges Ereignis machen. Tun sie dies nicht, stellen sie lediglich Vermutungen dar und sind im schlechtesten Fall schädlich, da sie zu falschen Schlüssen und Handlungen verführen können. Eine aussagekräftige Prognose bei lückenhafter oder fehlerbehafteter Datenlage in hochkomplexen Systemen vorzunehmen, ist deshalb sehr riskant.

Wenn wir valide Prognosen über zukünftige Ereignisse und Entwicklungen machen wollen, müssen wir verstehen, welche Grundsätze diesen zugrundeliegen. Das werden wir nachfolgend untersuchen.

1.3.1 Das Bayes'sche Theorem oder die Wichtigkeit starker Prädikatoren

Wenn sich zukünftige potentielle Szenarien anhand von Wahrscheinlichkeitsdichten beschreiben lassen, fragt sich, wie wir die ihnen zugrundeliegendne Kausalitäten und Muster eruieren und bewerten. Darauf gibt uns das Bays'sche Theorem eine Antwort. Der berühmte englische Mathematiker, Statistiker und Philosoph Thomas Bayes (1701–1961), Mitglied der Royal Society, erkannte, dass Prognosen durch **Approximation** oftmals genauer ausfallen als durch komplexe einmalige Berechnungen. Gerade bei komplexen, mit erheblichen Unsicherheiten behafteten Situationen (und um solche handelt es sich regelmässig bei Verhandlungsszenarien) bewährt sich in der Praxis, *vorläufige Prognosen* zu erstellen, die dann im Verlaufe der Zeit anhand zusätzlicher Informationen immer präziser gefasst werden.

Bayes zeigte dabei auf, dass sich zuverlässige Prognosen oftmals bereits anhand einiger weniger sich bedingender, gewichteter Faktoren – auch **Prädikatoren** *(Priors)* genannt – erstellen lassen.[645] Das Bayes'sche Theorem bedient sich deshalb *bedingter Wahrscheinlichkeiten* und zieht in Betracht, welche vorgängige Wahrscheinlichkeit wir einem möglichen Ereignis zuerkennen würden, wenn wir ein bestimmtes Element nicht gekannt hätten.[646] Es erlaubt mithin Aussagen über

---

645 Auch wenn sie grössere Sicherheit suggerieren, bringen grosse Differenziertheit und Subtilität in der Bewertung und Urteilsbildung meist kaum einen relevanten Zusatzgewinn. Sie verbessern die Genauigkeit einfacher Prognosemodelle nicht, sondern erhöhen lediglich die Fehleranfälligkeit. Die Aussagegenauigkeit kann insbesondere auch kaum dadurch verbessert werden, dass mehr als ein bis zwei gewichtete Prädikatoren eingesetzt werden. Kahneman et al. zeigten, dass sich die Wahrscheinlichkeit, wonach ein Angeklagter die Kaution verfallen lässt, bereits aufgrund dessen Alters und früherer Verurteilungen sehr genau errechnen lässt. Zahlreiche weitere Beispiele bestätigen dies (Kahneman et al., Noise, S. 141 ff.).
646 Eine weitergehende, laienverständliche Beschreibung des Bayes'sche Theorem findet sich bei Silver, The Signal and the Noise, S. 242 ff.

den wahren Wert einer fehlerbehafteten Grösse und damit über die Qualität von Prognosen.[647] Auf diese Weise können in der Praxis oftmals überraschend genaue Aussagen erzielt werden.

Der amerikanische Statistiker Nate Silver beschreibt die Anwendung des Theorems anhand des folgenden Beispiels[648]: Wir kommen nach einer Geschäftsreise nach Hause und finden im Schrank ein uns unbekanntes Stück Unterwäsche. Nun stellt sich die Frage, ob uns unser Partner oder unsere Partnerin untreu war. Die Bedingung ist, dass wir das Stück Unterwäsche gefunden haben, und die Hypothese, die wir untersuchen, jene der Wahrscheinlichkeit der Untreue:

- Zunächst analysieren wir die Wahrscheinlichkeit, dass die Hypothese aufgrund der Bedingung (gefundene Unterwäsche) *wahr* ist. Wir finden keine Erklärung für dieses Stück Unterwäsche, erwarten aber gleichzeitig, dass unser Partner oder unsere Partnerin bei Untreue vorsichtiger wäre. Wir finden damit keine wirklich überzeugende Erklärung für das Wäschestück im Schrank und veranschlagen die Wahrscheinlichkeit des Fremdgehens in diesem Sinne auf 50% (y).
- Dann prüfen wir die Wahrscheinlichkeit, dass die Hypothese der Untreue trotz dieses ominösen Wäschestückes *falsch* ist. Vielleicht hat er oder sie die Wäsche für einmal im Wäschesalon erledigen lassen und dieses Stück geriet unabsichtlich in die Unterwäsche im Schrank? Vielleicht ist eine platonische Kollegin über Nacht geblieben und hat ein Wäschestück vergessen? Diese Erklärungen überzeugen jedoch nicht, und wir veranschlagen die entsprechende Wahrscheinlichkeit bei 5% (z).
- Drittens, und am wichtigsten, ist jedoch die *vorbestehende Wahrscheinlichkeit (sogenannter Prior)*: **Wenn wir den Vorfall nicht gekannt hätten**, wie hoch hätten wir dann die Wahrscheinlichkeit veranschlagt, dass uns unser Partner betrügt? Nehmen wir an, wir hätten dies ausgeschlossen, aber setzen eine statistische Wahrscheinlichkeit des Fremdgehens von 25% ein (x).
- Diese Wahrscheinlichkeiten setzen wir dann in die Bayes'sche Formel ein:

$$P = \frac{xy}{xy + z(1-x)}$$

---

647 Der Satz von Bayes besagt, dass sich die *a posteriori*-Wahrscheinlichkeit für eine Hypothese (P(H|D)) aus der der *Likelihood*-Funktion (welche sich aus dem Zahlenmaterial ergibt; es ist die bedingte Wahrscheinlichkeit, bei der gegebenen Hypothese die Daten effektiv zu beobachten. Sie wird P[D|H] genannt) x die Prior-Verteilung in Bezug auf das *a priori*-Wissen vor Analyse der Daten (P[H]); sogenannter Prior)/Evidenz oder Wahrscheinlichkeitsdichte der Zahlen (P[D]): P(H|D) = P(D|H) x P(H)/P(D) (vgl. FEINDT/KERZEL, Prognosen bewerten, S. 19 ff.).
648 SILVER, The Signal and the Noise, S. 243 ff.

Wenden wir nun das Bayes'schen Theorem auf das oben erwähnte Beispiel an, so führt dies zu folgenden Ergebnissen (in der ersten Zahlenspalte finden wir die Wahrscheinlichkeiten gemäss Beispiel, in den weiteren Spalten sind weitere Varianten aufgeführt):

Bayes'sches Theorem:			
– Wahrscheinlichkeit, dass die Hypothese eintritt, bevor wir das Indiz kannten *(Prior)* (x):	25%	4%	4%
– Wahrscheinlichkeit, dass die Hypothese **richtig** ist, *nachdem* wir das Indiz kennen (y):	50%	50%	75%
– Wahrscheinlichkeit, dass die Hypothese **falsch** ist, *nachdem* wir das Indiz kennen (z):	5%	5%	5%
– Wahrscheinlichkeit nach dem Bayes'sche Theorem:	76.9%	29.4%	38.4%

Abb. 17 – Anwendung des Bayes'schen Theorems

Die erste Spalte im Vergleich zu der zweiten und dritten Spalte zeigt, dass sich der Prior (x), also *die von uns geschätzte vorbestehende Wahrscheinlichkeit bei Unkenntnis des Vorfalls,* bei gleichbleibenden anderen Faktoren *entscheidend* auf die Wahrscheinlichkeit und damit die Antwort auf unsere Frage auswirkt: Wird er bei 25% angesetzt, besteht eine rund 77%ige Wahrscheinlichkeit des Fremdgehens; wird er dagegen bei 4% angesetzt, liegt diese nur noch bei rund 30%. Und selbst wenn wir mangels überzeugender Erklärung für das Wäschestück im Schrank die Wahrscheinlichkeit des Fremdgehens (y) eigentlich auf 75% schätzen würden, kommt diese schliesslich aufgrund des starken Priors (x) von 4% lediglich auf 38%, also weit unter 50% und nur unwesentlich höher als in der zweiten Spalte zu stehen.

Dies führt uns zur Schlussfolgerung, dass uns **starke Prädikatoren** helfen, aussagekräftige Prognosen zu erstellen. Diese zu identifzieren und einzuschätzen, stellt deshalb eine der Hauptherausforderungen bei der Erstellung von Prognosen dar.

1.3.2 Nichttrivialität, Objektivität und Validität

Wie wir soeben gesehen haben, ergibt sich aus dem Bayes'sche Theorem, dass die **Wahrscheinlichkeit für eine Hypothese** umso besser vorausgesagt werden kann, je grösser die effektive Wahrscheinlichkeit ist, dass die Hypothese sich *aus dem Zahlenmaterial bestätigen lässt,* und je grösser das *kumulierte Wissen vor*

Analyse der Daten ist.[649] Damit eine Prognose relevante Erkenntnisse liefern kann, müssen damit insbesondere folgende Anforderungen erfüllt sein:[650]

- *Nichttrivialität:* Triviale Aussagen haben keinen Prognosewert. Ein schönes Beispiel einer trivialen Prognose ist die scherzhafte Wetterprognose: «Kräht der Hahn auf dem Mist, so ändert sich das Wetter oder bleibt, wie es ist.»
- *Objektivität:* Die Methode muss überprüfbar sein. So müssen etwa die Spezifikationen der Bedingungen beziehungsweise die Rahmenbedingungen, von denen das Eintreffen des prognostizierten Ergebnisses abhängig gemacht wird, genau definiert und transparent sein.
- *Validität:* Damit eine Prognose valide ist, muss sie sich tatsächlich auf das beziehen, was prognostiziert werden soll. Um valide Aussagen zu machen, müssen Prognosen genau **auf das zu optimierende Ziel abgestimmt** sein und auf einer hinreichend grossen Zahl von Daten basieren.[651] Munsinger und Philbin zeigten, dass sofern ausreichend Informationen zum Verhandlungsverhalten einer Partei vorhanden sind, klar bessere Prognosen und damit Verhandlungsergebnisse erzielt werden können, als wenn wir rein aufgrund von Verhandlungstaktik, insbesondere mit Angeboten und Gegenangeboten, verhandeln.[652] Da in soziowissenschaftlichen Kontexten und sozialen Systemen die Aussagekraft des Datenmaterials komplexitätsbedingt beschränkt ist, können hier nur erschwert quantitative Aussagen gemacht werden.

Deshalb kommt **qualitativen, auf Fachwissen und Erfahrung basierenden Aussagen und Wertungen** hohe Bedeutung zu. Je nach Ausgangslage müssen wir zudem bestimmen, welche Art von Prognose überhaupt geeignet ist, eine valable Vorhersage zu treffen. Wenig erstaunlich empfehlen Kahneman et al. deshalb, zur Vermeidung von Fehlurteilen *Experten* mit einem hohen Grad an Erfahrung im bestimmten Gebiet und hoher kognitiver Leistung beizuziehen und das Entscheidsystem sowie die angedachte Lösung kritisch auf «Bias»- und «Noise»-Anfälligkeit zu prüfen (auch **Advokatus Diaboli**-Ansatz genannt).[653] Dies kann auch über sogenannte *Sounding Boards* erfolgen.

---

649 Wenn die Evidenz dabei gleichbleibt, kann sie auch weggelassen werden (vgl. FEINDT/KERZEL, Prognosen bewerten, S. 20). Vgl. dazu ausführlich SILVER, The Signal and the Noise, Kapitel 8 ff.
650 Siehe auch FEINDT/KERZEL, Prognosen bewerten, S. 4.
651 FEINDT/KERZEL, Prognosen bewerten, S. 29 und 47. Dies wird auch das Gesetz der grossen Zahl genannt und kommt insbesondere bei Zahlenreihen bei der Berechnung von Warenverfügbarkeiten, versicherungsmathematischen Betrachtungen, der Untersuchung von Materialbelastbarkeiten sowie von -lebensdauern etc. zur Anwendung. Siehe auch FEINDT/KERZEL, a.a.O., S. 36 f.
652 MUNSINGER/PHILBIN, Why Can't They Settle?, S. 321 ff.
653 KAHNEMAN et al., Noise, S. 245 ff. und 261 ff. – Anhang B zum Buch «Noise» enthält zudem eine «Noise»-Checkliste, welche erlaubt, die Qualität der Entscheidfindung und mögliche «Noise»-Quellen zu identifizieren.

Diese Grundsätze kommen sowohl auf Prognosen, die sich in bestimmten Zahlenwerten ausdrücken, wie auch auf jene, die Verhaltensweisen zum Gegenstand haben, zur Anwendung. Beide sind in der Verhandlungsführung wichtig.

1.3.3 Einfachheit und regelmässige Überprüfung der Prädikatoren

Für die Verhandlungsführung füge ich das folgende weitere Kriterum für gute Prognosemodelle und -instrumente dazu: Einfachheit! Wie wir im vorangehenden Kapitel gesehen haben, neigen komplexe Entscheidfindungs- und Prognosemodelle zu Fehlerhaftigkeit. Viel effizienter sind regelmässig *branchenübliche, einfache und bewährte Regeln, insbesondere «Faustregeln»*,[654] die oft gar keinen oder nur einen geringen Rechnungsaufwand erfordern, weil sie sich auf **einen einzelnen oder zwei aussagekräftige Prädikatoren** (Kernfragen und -faktoren, *beziehungsweise* **Priors**) stützen.

> Selbst kleine Fehlannahmen wirken sich in komplexen und insbesondere mit Rückkopplungen belasteten Systemen oftmals überproportional aus.

Die Kunst besteht nun darin, die kritischen Prädikatoren und Regeln zu identifizieren und anzuwenden. Bringen wir dagegen reflexartig irgendeine Regel oder Faustregel zur Anwendung, führt uns diese in die Irre. Deshalb ist stets **kritisch zu hinterfragen**, wieso die entsprechende Regel oder Faustregel vorliegend einschlägig sein soll. Um dies zu beurteilen, ist wiederum die Erfahrung im entsprechenden Gebiet wichtig.[655]

Zwar gilt, dass wo wir *viel Wissen* haben, unsere Intuition oft richtig liegt – ebenso wahr ist jedoch, dass, wo wir wenig Wissen haben, wir mit unserer Intuition regelmässig falsch liegen. Lediglich eigene Erfahrungen führen allerdings in ähnlichen Situationen zu einer schlechten Voraussagegenauigkeit, da sogenannter *Pattern- und Occasion-Noise*, insbesondere **Selbstüberschätzung** und **objektive Unwissenheit**, solche Vorhersagen regelmässig erheblich beeinträchtigen.[656] So haben Kahneman et al. nachgewiesen, dass selbst *einfache Bewertungsmodelle, welche die Wirklichkeit nur rudimentär – «als ob» – abbilden,* indem sie die grundlegenden Eigenschaften oder Dynamiken aufnehmen oder «Modelle von Urteilenden» darstellen, menschliche Prognosen bei weitem schlagen.[657] Die eigene Erfahrung ist damit dann hilfreich, wenn sie im entsprechenden Bereich gewonnen wurde und zur Anwendung bewährter Regeln verwendet wird. Dennoch sind einfache, bewährte Bewertungsmodelle regelmässig zuverlässiger.

---

654 Kahneman et al., Noise, S. 135.
655 Kahneman et al., Noise, S. 135.
656 Kahneman et al., Noise, S. 179 ff.
657 Kahneman et al., Noise, S. 127–132.

Die eigene Erfahrung ist vor allem dann hilfreich, wenn sie im entsprechenden Bereich gewonnen wurde und zur Anwendung bewährter Regeln verwendet wird.

1.3.4 Berücksichtigung von Wahrnehmungsverzerrungen

So oder anders bleibt unsere Wahrnehmung – die auch die von uns verwendeten Priors (mit-)bestimmt – stets subjektiv und ungenau, wie sehr wir uns auch um Objektivität bemühen. Was wir deshalb tun können, ist **unsere Kernannahmen über die Zeit immer von Neuem zu prüfen und anzupassen**, damit diese sich der Wahrheit annähern.[658]

Aussagekräftige Prognosen und gute Entscheidungen setzen deshalb eine *sorgfältige und kritische Analyse, einen bewährten Entscheidfindungsprozess* sowie das *Bewusstsein* voraus, dass «Bias» und «Noise» unsere Prognose- und Entscheidfindungsfähigkeiten entscheidend beeinträchtigen können. Zudem sollten wir uns bei Kernfragen beziehungsweise dem Prior um möglichst weitgehende Objektivität bemühen und insbesondere Denkfallen vermeiden.

Der amerikanische Psychologe Gary Klein entwickelte dazu die **«Premortem»-Methode**: Bevor man eine wichtige Entscheidung trifft, geht man davon aus, *dass sich diese in der Zukunft als falsch erwiesen hat*. Wenn wir uns die Frage stellen, *weshalb* sich die Entscheidung als falsch erwiesen und so katastrophale Konsequenzen gehabt hat, können wir mögliche Probleme im Voraus identifizieren, das Risiko von übertriebenem Optimismus verringern und potentielle Hindernisse vermeiden oder zumindest in unserer Entscheidung berücksichtigen. Dabei werden unsere Hypothesen falsifiziert, mithin kritisch hinterfragt.[659]

Den störenden Einfluss von «Noise» können wir zudem bewusst reduzieren, indem wir die vom amerikanischen Neurochirurgen Shubin Stein entwickelte HALT-PS-Methode anwenden: Diese basiert auf der Erkenntnis, dass Hunger, Angst, Einsamkeit, Müdigkeit, Schmerz und Stress Bedingungen sind, unter welchen schlechte Entscheidungen getroffen werden. Das Akronym HALT-PS bedeutet «Halt: Pause» und steht für *hunger, anger, loneliness, tiredness, pain, stress* (da die ersten fünf allesamt potentielle Stressfaktoren sind, steht bei mir das «S» für *«weitere* Stressfaktoren»). Es erinnert uns daran, dass bei wichtigen Entscheidungen unter diesen Einflüssen eine Pause eingelegt und – am besten in erweitertem Kreis – deren Wirkung auf unsere Entscheidung reflektiert werden sollte.[660] Ich ergänze diese Analyse um den Punkt *«Persönlichkeit»*: Je nach unserer

---

[658] SILVER, The Signal and the Noise, S. 258 ff.
[659] GREEN, Über die Kunst, reicher, weiser und glücklicher zu sein, S. 268 f. – Dies wird auch **«Rückwärtsdenken»** genannt: Wenn wir die möglichen negativen Entwicklungen und Risiken betrachten und dann ihre Ursachen («Drivers») evaluieren, wissen wir, was wir vermeiden müssen. Dies ist oft einfacher, als die Erfolgsfaktoren zu finden (GREEN, Über die Kunst, reicher, weiser und glücklicher zu sein, S. 249 ff.).
[660] GREEN, Über die Kunst, reicher, weiser und glücklicher zu sein, S. 272 f.

Persönlichkeit haben wir gerade in Stresssituationen wie den oben erwähnten eine gewisse Tendenz, zu handeln: Sind wir eher ängstlich und harmoniebedürftig oder aggressiv-dominant? Unsere intuitive Reaktion verleitet uns zur entsprechenden Reaktion! Wenn wir dies im Auge behalten, können wir den entprechenden «Noise» mit einer **HALT-PSP**-Analyse neutralisieren.

1.3.5 Langzeitprognosen sind hochgradig unsicher und oft falsch

Mit zunehmendem Zeitablauf nimmt die Komplexität der Szenarien rapide zu und die Genauigkeit von Prognosen ebenso ab – erinnern wir uns daran, was die Chaos-Theorie besagt: Bereits nach drei Verästelungen treten chaotische Zustände auf! Was für komplexe Prognosen zutrifft, gilt ebenso für Langzeitprognosen. So zeigten Kahneman et al. in ihren Arbeiten – etwa bezüglich der beruflichen Chancen von Kindern oder der Entwicklung von Mitarbeitenden – dass selbst ausgeklügelte, auf grossen Datenmengen und künstlicher Intelligenz basierende Prognosemodelle gegenüber einfachen linearen Modellen kaum eine relevante Verbesserung der Treffergenauigkeit bewirken.[661] Eines der zentralen Probleme bei Entscheiden und Prognosen ist, dass das *Verstehen des Problems noch lange keine gute Prognose erlaubt.* Dennoch verleitet die grosse Menge an Daten, die heute verfügbar ist, oftmals zu Vorhersagen, denen dann aufgrund von «Big Data» der *Mythos der Richtigkeit* anhaftet. Gerade die grosse Menge an Daten und Variablen erschwert es uns jedoch, wirklich bedeutungsvolle Beziehungen herzustellen und zwischen Korrelationen von Kausalitäten zu unterscheiden. Zudem sind oft bereits die *Auswahl der statistischen Proben* und die *Übungsanlage* fehlerhaft, was sich dann auf die Auswertung der Daten überträgt. Deshalb haben Studien gezeigt, dass die **Grosszahl von Langzeitprognosen schlicht falsch** ist.[662]

Aus denselben Gründen liegen auch aufwändig gestaltete, komplexe Verhandlungsszenarien oft falsch. Selbst erfahrene Verhandlungsführer planen deshalb **kaum je mehr als 2–3 Schritte im Voraus**, und zwar lediglich für 2–3 Hauptszenarien. Umso erschreckender ist es, mitzuerleben, welche Nonchalance und welches Selbstbewusstsein Spitzenpolitiker und Wirtschaftsführerinnen bei ihren medial inzenierten Prognosen regelmässig an den Tag legen.

> Die Schwierigkeit, Ereignisse zuverlässig vorherzusagen und Massnahmen zu treffen, um diese in einer bestimmten Richtung zu beeinflussen, zeigte sich überdeutlich anlässlich der Corona-Krise im Frühjahr 2020. Kaum je hat ein Ereignis in den letzten 50 Jahren die Welt derart in Schach gehalten, und entsprechend fieberhaft wurde geforscht und analysiert, um das neuartige Covid-19-Virus möglichst rasch und wirk-

---

661 Kahneman et al., Noise, S. 165 ff.
662 Vgl. Silver, The Signal and the Noise, S. 249 ff., mit Verweis auf eine Studie von P.A. Ioannidis aus dem Jahre 2005.

sam zu bekämpfen. Trotz weltweitem Austausch von Daten und Erfahrungen zogen die verschiedenen Länder jedoch ihre eigenen Schlüsse und versuchten teilweise sehr unterschiedliche Ansätze zur Krisenbekämpfung: Während sich viele auf Social Distancing, Hygiene-Massnahmen, die Schliessung der Grenzen, Reiseverbote, die Untersagung von Massenveranstaltungen und einen partiellen oder totalen Lockdown verliessen, verzichteten andere Länder wie Schweden auf die einschränkenderen dieser Massnahmen. Die Regierungen der USA, Grossbritanniens und Brasiliens taten die Corona-Krise zunächst sogar als pure Hysterie ab (und wurden rasch eines Besseren belehrt). Manche der Regierungen sprachen ihre Massnahmen mit ihren Pandemieexperten ab. *Dabei zeigte sich, dass viele der komplexen Berechnungs- und Simulationsmodelle die mutmassliche Entwicklung der Pandemie erstaunlich ungenau voraussagten.* Der an der Universität in Freiburg i.Ü. lehrende Professor Frank Scheffold bemerkte dazu, dies führe uns vor Augen, dass sich entsprechend der Chaos-Theorie kleine Fehlannahmen in komplexen und insbesondere mit Rückkoppelungen belasteten Systemen oftmals überproportional auswirken.[663] Dazu kam, dass das Zahlenmaterial selber lückenhaft und nur mit einer gewissen Verzögerung zur Verfügung stand, was dessen Auswertung erschwerte. Die Zeitungen schrieben plötzlich von Medianwerten, Unsicherheitsbereichen oder den absoluten Zahlen an Neuinfektionen und präsentierten statistische Einschätzungen wie «*Das Ergebnis ist eine Schätzung in einem 95-prozentigen Konfidenzintervall. Das heisst, mit 95 Prozent Wahrscheinlichkeit lag der R-Wert am 3. Mai zwischen x und y*» (der R-Wert ist dabei der Reproduktionswert, welcher zeigt, wie schnell sich die Pandemie ausbreitete).[664] Zudem beeinflussten die getroffenen Massnahmen und das Verhalten der Menschen die Auswirkungen der Pandemie und damit die prognostizierten Ergebnisse. Die Corona-Krise bewies damit eindrücklich, dass selbst aufgrund modernster Wissenschaft getätigte Vorhersagen gerne falsch liegen, wobei die Unschärfe der Vorhersagen zunimmt, je komplexer die zugrundeliegenden Sachverhalte und unsicherer die damit verbundenen Parameter sind. Was uns in solchen Situationen weiterbringt, ist deshalb weder raten noch blinde Wissenschaftsgläubigkeit, sondern ein *bewährtes und verantwortungsvolles Vorgehen*, wie es Tetlock und Gardner beschrieben haben.[665] Und nicht zuletzt eine gute Prise gesunden Menschenverstands. Dies war glücklicherweise auch das Rezept der meisten Regierungen. Dass man im Nachhinein immer gescheiter ist als vorher, ändert nichts daran.

---

[663] Das heisst, die verfügten Massnahmen wirken sich auf die Weiterentwicklung der Pandemie aus, und *vice versa*. – Die Chaos-Theorie führt dazu das Beispiel auf, dass ein Flügelschlag eines Schmetterlings über dem Atlantik einen Tornado in den USA auslösen könnte. – Siehe dazu SCHEFFOLD, Primat der Wissenschaft, NZZ vom 18. Mai 2020.
[664] SPEICHER/KOHLER/MANZ, Warum die Interpretation der Reproduktionszahl nicht immer so einfach ist, NZZ online vom 18. Mai 2020.
[665] Vgl. dazu Kapitel V.A.5.1.

2. Schlussfolgerungen für die Verhandlungsplanung

Diese Erkenntnisse führen uns zu folgenden Schlussfolgerungen für die Verhandlungsplanung und -führung:

- Die Tatsache, dass in komplexen Systemen bereits nach drei Perioden chaotische Zustände auftreten,[666] belegt, dass **taktische Verhandlungen in hohem Masse unberechenbar** sind. *Kooperative Verhandlungen* dagegen schaffen mehr Berechenbarkeit. In Verhandlungen bringt uns deshalb vor allem interessenorientiertes Verhandeln weiter, in dem eine ZOPA identifiziert wird und MAPP-Optionen erarbeitet werden, um dann gemeinsam zu einer Einigung zu gelangen. Damit steigt die Wahrscheinlichkeit einer Einigung. Taktisch geprägte Verhandlungen, die auf die Realisierung bestimmter Positionen fixiert sind, sind dagegen schwer voraussehbar, störungsanfällig und haben oft einen erratischen Verlauf.

- Von Prognosen können wir nur dann relevante Aussagen erwarten, wenn sie in Befolgung der Grundsätze der *Nichttrivialität, Objektivität und Validität* erstellt werden. Letzteres fordert, dass die ihnen zugrundeliegenden Parameter **genau auf die Verhandlungssituation zugeschnitten** sind[667] und das Datenmaterial relevant sowie das Wissen, welches zur Hypothese führte, einen kritischen Mindestumfang erreicht. Zudem sind *Erfahrung* und *Fachwissen* erforderlich, um die Parameter richtig festzulegen und das Datenmaterial (gerade auch im qualitativen Bereich) einzuschätzen.

- Das Datenmaterial besteht in Verhandlungen aus **Informationen und Erfahrungen**. Diese gewinnen wir aus der *Analyse* historischer (etwa aus vorangehenden Verhandlungen) oder technischer beziehungsweise anderer wissenschaftlicher Daten, aber auch aus dem *Austausch während den konkreten Verhandlungen mit der anderen Partei*. Doch auch dann sind bestenfalls **realistische Prognosen innerhalb einer bestimmten Wahrscheinlichkeitsdichte möglich, die fehleranfällig bleiben**. Die Chaostheorie lehrt uns dabei, dass sich komplexe dynamische Systeme – und das sind Verhandlungen mit verschiedenen Parteien oder einem sonstigen komplexen Verhandlungsumfeld – nicht linear verhalten, sondern analinear, fraktal. Sie neigen zu unvorhergesehenen Entwicklungen, Chaos und kippen leicht. Im Inneren werden sie jedoch durch **Beziehungen** zwischen den einzelnen Faktoren zusammengehalten, welche das zum Chaos neigende System stabilisieren und sich in selbstähnli-

---

666 Vgl. dazu Kapitel IV.H. 1.2.
667 FEINDT/KERZEL, Prognosen bewerten, S. 30.

chen **Mustern** ausdrücken (im Kontext von sozialen Systemen könnte man auch von Redundanz sprechen).[668]

- Auch wenn alle Prozesse in unserem Universum durch statistische Prozesse beschrieben werden können,[669] findet die Aussagekraft von Prognosen in der Praxis ihre **Grenzen**, die sich nicht nur durch die Wahl der Parameter beziehungsweise unbekannte Parameter, sondern auch durch *kleine Datenmengen*, die Statistiken inhärenten Ungenauigkeiten und die Komplexität von Modellrechnungen ergeben:[670] Da in der Realität Wahrscheinlichkeitsverteilungen oft *asymmetrisch* und spezifisch für die konkrete Fragestellung sind und sich Verhandlungen regelmässig in komplexen und dynamischen sozio-ökonomischen Systemen abspielen, sind Prognosen im Verhandlungsumfeld *a priori* fehleranfällig. Wir können zwar einen **Prozess mit einer bestimmten Wahrscheinlichkeitsdichte prognostizieren**, statistisch gesehen jedoch keine zutreffende konkrete Prognose abgeben.[671] Zudem lassen sich Wahrscheinlichkeiten von verketteten Ereignissen *nicht aufaddieren* – sie sind stets im Gesamtsystem zu berücksichtigen.[672] Komplexe und von vielen bedingten Annahmen ausgehende Prognosen sind deshalb fehleranfällig: *Je komplexer eine Situation ist, desto weniger bringt die Analyse zutreffende Ergebnisse*. Dann ist die **Vorgehensweise** entscheidend. In Prognosen ist zudem **Einfachheit** anzustreben. Dabei gilt die Faustregel, dass von mehreren Erklärungen und Prognosen tendenziell eher die *einfachere* zu bevorzugen ist. **Komplexitätstreiber** sollten zur Beförderung von Lösungen reduziert und beherrscht werden.[673]

- Tetlock und Gardner haben diesen Schwierigkeiten in ihrem **Prognoseprozess** dadurch Rechnung getragen, dass sie allgemeine statistische Vorhersagen, welche vor allem quantitative Aussagen zulassen, mit auf den konkreten Fall zugeschnittenen Einschätzungen und qualitativen Aussagen kombinieren und die (vorläufigen) Prognosen dann **auf Denkfehler testen**.[674] Dazu überprüfen wir unsere Szenarien und Bewertungen auf «Bias»[675] und setzen wir **Advokatus Diaboli-Sitzungen**, **Prämortem-Diskussionen** sowie die **HALT-PSP-Methode** ein, um diese zu verifizieren beziehungsweise zu falsifizieren. Dabei wird dem dynamischen Aspekt und den inhärenten Unsicherheiten dadurch Rechnung getragen, dass die Prognosen regelmässig überprüft und aufdatiert

---

668 Vgl. dazu Kapitel IV.B.1.
669 Feindt/Kerzel, Prognosen bewerten, S. 27.
670 Vgl. auch Feindt/Kerzel, Prognosen bewerten, S. 27.
671 Feindt/Kerzel, Prognosen bewerten, S. 33.
672 Feindt/Kerzel, Prognosen bewerten, S. 54f. und 58.
673 Basieux, Die Welt als Spiel, S. 48. – Verzögerungs- und Verhinderungstaktiken dagegen zielen auf die Erhöhung der Komplexität.
674 Tetlock/Gardner, Superforecasting, S. 231 ff.
675 Vgl. dazu Kapitel IV.B.3.

werden. Wie Eduard Kaeser, Physiker und Philosoph, zutreffend bemerkt, wird durch **Risikoanalysen und Szenariendenken** die **Ungewissheit auf das Erwartbare reduziert**.[676]

- Bei der Bewertung von Wahrscheinlichkeiten und damit auch der Erstellung von Prognosen kommt den *Priors* (also den vorbestehenden Wahrscheinlichkeiten in Bezug auf zentrale Aussagen) grosse Bedeutung zu. Deshalb ist im Rahmen der Analyse der Identifikation des «Pudels Kern» beziehungsweise «schwarzen Schwänen», mithin den entscheidenden Kernthemen der Verhandlung, Priorität einzuräumen.[677]

- In dynamisch-komplexen Systemen, und solche liegen bei Verhandlungen regelmässig vor, kommt nicht nur **Beziehungen eine stabilisierende Bedeutung** zu. Auch der **Verhandlungsprozess** ist zentral: Je intensiver wir uns mit dem Vertragspartner austauschen und je besser die Beziehung ist, desto genauer können wir den weiteren Verhandlungsverlauf und die ZOPA voraussehen, und umso weniger störungsanfällig sind die Verhandlungen (insbesondere in Bezug auf Missverständnisse; gleichzeitig wird daraus auch die destabilisierende Wirkung negativer persönlicher Beziehungen auf den Verhandlungsprozess umso verständlicher). Damit können wir auch unsere MAPP genauer festlegen, was die Chance auf den erhofften positiven Verhandlungsausgang erhöht. Darauf ist der in Kapitel V beschriebene fünfphasige Verhandlungsablauf ausgelegt: Dessen erste drei Phasen bezwecken die Informationsbeschaffung und die Erleichterung der Einschätzung möglicher Verhandlungsverläufe und -ergebnisse. In Phase 4 entwickeln wir Verhandlungsszenarien, konkretisieren das Verhandlungsziel und legen die Verhandlungsstrategie und -taktik zur Erreichung des Verhandlungsziels fest.

- Sind keine Prognosen möglich, können wir *allgemeine Erfahrungssätze* heranziehen (sofern die erwähnten Voraussetzungen jedoch gegeben sind, führen fachgerecht erstellte Prognosen regelmässig zu besseren Voraussagen als allgemeine Erfahrungssätze).

Sind wir uns dieser Grundsätze bewusst, begegnen wir einerseits unseren Prognosen in Verhandlungen mit der *nötigen kritischen Vorsicht*: Oft handelt es sich dabei bloss um unsubstanziierte Vermutungen. Andererseits können wir durch eine *sorgfältige Erstellung* unserer Prognosen diese erheblich verbessern.

---

676 Kaeser, Unwahrscheinliches geschieht ständig, NZZ vom 20. Juni 2020; vgl. dazu auch Kapitel V.A.5.1.
677 Dabei geht es darum, zu ergründen, was die zentralen Interessen der Parteien und die Grunddynamik der Verhandlung, ausmacht. Vgl. näher dazu Kapitel V.A.2.

Teil 3:
Der Verhandlungsprozess

V. Der Ablauf von Verhandlungen: Das fünfstufige dynamisch-flexible Verhandlungsmodell

Verhandlungen verlaufen typischerweise in bestimmten Phasen. Obschon diese je nach Autor unterschiedlich umschrieben werden, ist der grundsätzliche Ablauf derselbe.[678] Die Aufteilung in Phasen hat den Vorteil, dass wir die Verhandlung strukturieren und Verhandlungsthemen phasengerecht aufnehmen können, womit wir den im vorangehenden Kapitel beschriebenen Erkenntnissen aus Psychologie, Kommunikation und Prognosestellung Rechnung tragen. So besteht beispielsweise ein typischer Fehler von unerfahrenen Verhandlungsführern darin, sofort Position zu beziehen und Druck aufzubauen, um die eigenen Interessen durchzusetzen. Erfolgt dies zu einem Zeitpunkt, in dem die gegenseitigen Interessen kaum geklärt sind und die Vertrauensbasis zwischen den Parteien noch dünn ist, ist ein unbefriedigender Verlauf der Verhandlungen absehbar.

Für die Gestaltung des Verhandlungsprozesses hat sich in der Praxis ein **fünfphasiges Modell** bewährt, in dessen Zentrum die Analyse und das interessenorientierte Verhandeln stehen. Dabei können je nach Komplexität und Zeitpunkt während der Verhandlungen auch mehrere der Phasen während desselben Verhandlungsmeetings durchlaufen werden.

Für den Verhandlungsprozess hat sich ein fünfstufiges Modell bewährt, in dessen Zentrum die Analyse und das interessenorientierte Verhandeln stehen.

---

678 Die Mediation als strukturierter alternativer Streitbeilegungsmechanismus kennt ähnliche Phasen und Themen, weshalb es sich auch für die allgemeine Verhandlungsführung lohnt, diese näher zu prüfen und den dortigen Ablauf, aber auch die in der Mediation eingesetzten Tools näher kennen zu lernen. Zum Ablauf einer Mediation, vgl. etwa Schütz, Mediation und Schiedsgerichtsbarkeit, S. 115 ff.

A. Phase 1 – Vorbereitung und Planung der Verhandlungen

*«Ermittle die Pläne deines Gegners und du weisst,
welche Strategie zum Erfolg führt und welche nicht. […]
Daher sage ich: Kenne den Gegner und dich selbst,
dann ist dein Sieg nie in Gefahr.»*

Sun Tzu[679]

1. Einordnung der Verhandlung

Watzlawick zeigte auf, dass viele Phänomene unerklärlich bleiben, wenn sie nicht in genügend weitem Kontext gesehen werden.[680] Das gilt auch in der Verhandlungsführung. Es gilt deshalb vorab, die Verhandlungen in einen **Gesamtkontext** einzuordnen. Analysieren Sie dabei, was für eine *Art Verhandlung* vorliegt – handelt es sich um eine reine Preisdiskussion oder ist sie auf die Zukunft ausgelegt? Liegt eine einmalige Verhandlung vor, oder sprechen wir von wiederkehrenden Verhandlungen? Wie soll das Verhältnis zwischen den Parteien nach der Verhandlung aussehen? Sind die Verhandlungen strukturiert oder unstrukturiert?[681] Zudem sollten wir die *Bedeutung* ergründen, welche die Parteien dem Verhandlungsgegenstand zumessen, und die damit verbundenen *Interessen und Ziele* kennen. Bei Verhandlungen über wenig komplexe alltägliche Geschäftsvorgänge liegt der Fokus auf der Zielerreichung und allenfalls auf der Geschäftsbeziehung. Verhandlungen von strategischer Bedeutung für ein Unternehmen fügen sich dagegen in deren Unternehmensstrategie ein und sind ein Teil des strategischen Managements.[682, 683]

Die Einordnung in einen Gesamtkontext ist eng verbunden mit den **Abhängigkeiten, Verflechtungen und Rückkoppelungen,**[684] die in diesem Zusammenhang bereits bestehen oder entstehen können. Diese sollten soweit strategischer Natur bereits bei der Analyse des Gesamtkontextes berücksichtigt werden. Sofern sie operative Aspekte betreffen, werden sie dagegen vorwiegend bei der Analyse der Beziehungsebene (siehe Kapitel V.A.3.2) sowie der Sachebene (siehe Kapitel V.A.4.4) aufgenommen.

---

679 Sun Tzu/Griffith, Die Kunst des Krieges, Kapitel VI, Spruch 20 sowie Kapitel III, Sprüche 31–33.
680 Watzlawick, Menschliche Kommunikation, S. 23.
681 Vgl. dazu Kapitel III.F.6 und 7.
682 Lombriser/Aplanalp definieren Strategisches Management als einen systematischen Führungsprozess zur Sicherung des langfristigen Unternehmenserfolgs, in dessen Zentrum die Initiierung, Planung und Umsetzung von Tätigkeiten stehen, die dazu dienen, langfristig die Wettbewerbsfähigkeit zu erhalten oder auszubauen (vgl. Lombriser/Aplanalp, Strategisches Management, S. 23).
683 Entsprechend ist die strategische Verhandlungsplanung regelmässig mit der Strategieentwicklung und -umsetzung verquickt.
684 Vgl. dazu Kapitel IV.B.3.

Die **Planung der Verhandlung und Vorbereitung der Entscheidfindung** umfasst im Wesentlichen folgende Schritte:[685]

- Die *Aufgabenstellung* präzise analysieren, näher definieren und strukturieren[686]
- *Informationen* beschaffen und diese sowie das Verhandlungsumfeld *analysieren*[687]
- Beurteilung der Lage und Verhandlungsplanung
- Konkrete Lösungen, Optionen und Alternativen erarbeiten
- Die *Verhandlungsziele* (MAPP) definieren und Verhandlungsoptionen, Alternativen im Bereich der ZOPA entwickeln, Prioritäten setzen und BATNA festlegen[688]
- *Verhandlungsszenarien* entwickeln und bewerten[689]
- Die *Verhandlungsstrategie und -taktik* festlegen[690] und damit Wege und Mittel finden, um die Verhandlungsziele zu realisieren
- Die *Verantwortlichkeiten* und Rollen für die Verhandlungsführung festlegen
- Den *Zeitrahmen* festlegen beziehungsweise anpassen[691]
- Die konkreten Verhandlungen *organisatorisch* planen[692]
- *Vertraulichkeitsfragen* prüfen und *Kommunikation* sicherstellen[693]
- *Kriterien und Kontrollmechanismen* festlegen, um den Verhandlungsfortschritt und -erfolg zu bewerten (Projektcontrolling)

Abb. 18 – Elemente der Verhandlungsplanung

Auf diese Planungsschritte folgen anschliessend

- der Austausch mit der anderen Partei sowie der Kernverhandlungsprozess[694]
- die Umsetzung der Verhandlungslösung
- die Kontrolle der Umsetzung der Verhandlungslösung sowie
- das Etablieren von Feedback (Follow-up, Follow-through, Lessons learned)[695]

Schauen wir uns nun diese Elemente näher an.

---

685 Vgl. HEUSSEN/PISCHEL, Handbuch Vertragsmanagement, Teil 2, Rz. 172 sowie LOMBRISER/ABPLANALP, Strategisches Management, S. 147. – Dies entspricht den in diesem Kapitel V dargestellten Verhandlungsschritten.
686 Vgl. dazu Kapitel V.A.1–4.1.
687 Vgl. dazu Kapitel V.A.1–4.8.
688 Vgl. dazu die Kapitel III.B.3, IV.C, V.A.5.2 und V.A.5.2.
689 Vgl. dazu Kapitel V.A.5.
690 Vgl. dazu Kapitel V.A.5.2.
691 Zur Verhandlungsplanung und zum Timing siehe Kapitel IV.F.4 und V.A.6; wie wir gegen Ende der Verhandlungen Verhandlungsdruck aufbauen, wird in Kapitel V.E.1 behandelt.
692 Vgl. dazu Kapitel V.A.6.
693 Vgl. dazu Kapitel V.A.7–8.
694 Vgl. dazu Kapitel V.B–D.
695 Einfache und praxisbezogene Darstellungen dazu finden sich etwa bei MALIK, Führen Leisten Leben, S. 208 ff., oder bei den langjährigen McKinsey-Beratern Charles Conn und Robert McLean in

2. Informationsbeschaffung und Analyse als Grundlage von Verhandlungen

«Zum Verhandeln braucht es Flexibilität in der Taktik, aber einen konstanten Blick auf die Vision.»
Richard Holbrooke[696]

«Wäge zuerst die Lage ab, und bewege dich erst dann.»
Sun Tzu

«Das also war des Pudels Kern.»
Johann Wolfgang von Goethe

<aside>Je besser wir die Interessen der Parteien und das Verhandlungsumfeld kennen, desto besser können wir den mutmasslichen Verhandlungsverlauf antizipieren und uns darauf einstellen.</aside>

Strukturierte Verhandlungen bedürfen der Vorbereitung. Je besser wir die Interessen, Motive und Ressourcen, aber auch die Befürchtungen und Hindernisse der Verhandlungsparteien – kurzum das **Verhandlungsumfeld** – kennen, desto besser können wir den mutmasslichen Verhandlungsverlauf **antizipieren** und uns darauf einstellen.[697] Die entscheidende Bedeutung der Informationsbeschaffung und Analyse für eine zielorientierte und sorgfältige Vorgehensweise habe ich in Kapitel IV.C aufgezeigt. Sie wird von allen grossen Strategen postuliert. Sun Tzu bemerkte dazu, ein Feldherr könne nur dann seine Truppen wirkungsvoll einsetzen, wenn er in seinen Überlegungen sowohl günstige als auch ungünstige Umstände berücksichtige: Indem er seine günstigen Umstände berücksichtige, könne er seine Pläne umsetzen; indem er die ungünstigen in Betracht ziehe, könne er die Schwierigkeiten lösen.[698] Auch der chinesische Stratege Zhuge Liang (auch Meister Kongming genannt), der im 2. Jahrhundert n.Chr. während der stürmischen «Zeit der drei Reiche», als verschiedene Staaten um die Vorherrschaft im heutigen Gebiet Ostchinas kämpften, lebte, betonte die Bedeutung der Information und Analyse für Strategie und Taktik.

---

deren Buch «Bulletproof Problem Solving». Auch die Grundsätze zur Führung in Krisensituationen (Krisenmanagement), wie sie von Dominic Gissler in seinem praxisnahen Buch «Einsätze wirksam führen» beschrieben werden, sind gerade in schwierigen Verhandlungssituationen sehr hilfreich. Wichtige Erkenntnisse aus diesen Werken werden in Kapitel V beschrieben und umgesetzt.
696 Richard Holbrooke war US Chefunterhändler im Bosnien-Konflikt; POWELL, Talking to Terrorists, S. 241.
697 Sun Tsu bezeichnet das Verhandlungsumfeld insgesamt als das «Gelände», das es zu kennen gelte. Siehe SUN TZU/GRIFFITH, Die Kunst des Krieges, Kapitel III, Sprüche 6ff.; Kilchenmann/Bérard sprechen von «Umwelt» (vgl. KILCHENMANN/BÉRARD, Militärische Techniken, S. 271f.).
698 SUN TZU/GRIFFITH, Die Kunst des Krieges, Kapitel VIII, Sprüche 11–13.

Zhuge Liang galt bereits in jungen Jahren als ein herausragender Stratege und wurde vom Warlord Liu Bei umworben. Kongming wies ihn zunächst mehrmals ab, bis er sich dann als Berater in seine Dienste begab. T.P.M. Thorne, der die historische Begebenheit in seinem Werk «Crouching Dragon – The Journey of Zhuge Liang» nacherzählt, lässt Meister Kongming vor dem ersten Treffen mit Liu Bei sinnieren: «Was, wenn Lord Liu nicht besser als die anderen ist? Ich muss mit ihm sprechen, seine innersten Gedanken und Motive ergründen. Nur wenn ich zuerst meine Gedanken und mein Wissen zurückhalte, erfahre ich, wer er wirklich ist. Wenn er ungeduldig wird und mich mit Fragen bedrängt, deren Antwort er von mir zu erfahren sucht, wenn er mich verlässt und nicht zurückkehrt – dann ist er nicht der Mann, den er vorgibt, zu sein. Wenn er jedoch der ist, den ich in ihm sehe, dann werde ich ihm zur Seite stehen.»[699] In Bezug auf seinen grossen Gegenspieler, den Ministerpräsidenten der Han, Cao Cao, sagte er: «Man muss seine Gegner kennen und sie respektieren, auch wenn man sie nicht mag. Um Cao Cao zu schlagen, müssen wir ihn kennen und respektieren. Unterschätze oder missachte ihn niemals.»[700]

Dies gibt sehr zutreffend die chinesische Denkart wieder. Von Clausewitz bezeichnete die «ganze Kenntnis, welche man von dem [Gegner] und seinem Lande hat» als die Grundlage aller eigenen Ideen und Handlungen.[701] Auch Talleyrand propagierte eine sorgfältige Sammlung und Analyse der relevanten Informationen, bevor Verhandlungen aufgenommen und geführt würden,[702] und Henry Kissinger stellte fest, dass selbst mit der grössten Erfahrung und der geschicktesten Verhandlungsführung kein nachhaltiger Erfolg erzielt werden könne, wenn man die Perspektive der anderen Partei missachte und deren Vorurteile, Ängste und Zielsetzungen nicht einkalkuliere.[703] Deshalb bestehen die ersten Schritte der Vorbereitung der Verhandlungen in der Informationsbeschaffung[704] und der Analyse.

Das Wort «**Analyse**» stammt vom griechischen Begriff análysis («Auflösung») und bedeutet eine systematische Untersuchung, bei der etwas zergliedert und ein Ganzes in seine Bestandteile zerlegt wird.[705] Diese Einzelteile werden im Rahmen der Informationsbeschaffung gesammelt, auf der Grundlage von Kriterien erfasst und geordnet sowie anschliessend untersucht und ausgewertet. Das Zusammensetzen der Elemente zu einem System stellt die **Synthese** dar. Sie erlaubt, die wesentlichen Faktoren, Bedeutungszusammenhänge und Dynamiken zu deuten

---

699 Thorne, Crouching Dragon, S. 50 f.
700 Thorne, Crouching Dragon, S. 131.
701 Von Clausewitz, Vom Kriege, S. 61.
702 Willms, Talleyrand, S. 48.
703 Vgl. Lord, Kissinger über Kissinger, S. 17.
704 Zur Bedeutung von Informationen für die Verhandlungen siehe Kapitel IV.D.
705 Vgl. Duden online ‹https://www.duden.de/rechtschreibung/Analyse#Bedeutung1›.

und in einen Gesamtzusammenhang einzuordnen.[706] In der Vorbereitungsphase werden dabei im Rahmend der **Verhandlungsplanung** die Parteiinteressen und potentielle Verhandlungsziele, die Hindernisse und Lösungsmöglichkeiten eruiert und darauf basierend eine Verhandlungsstrategie sowie Verhandlungsszenarien entwickelt. Während der Verhandlungen ermöglicht sie, die Veränderungen im Verhandlungsumfeld und -prozess zu erkennen, dynamisch-flexibel darauf zu reagieren und die neu gewonnenen Erkenntnisse in die Verhandlungen einfliessen zu lassen.[707] Informationsbeschaffung und Analyse stehen dabei in einer Wechselbeziehung: Jede ausgewertete Information lässt gewisse Erkenntnisse zu, führt aber oft auch zu weiteren Fragen.

Auch wenn die systematische Informationsbeschaffung und Analyse ein komplexer und vielschichtiger Prozess sein kann, dürfen wir die **zentralen vier Fragen («the Big Four»)** nicht aus den Augen lassen, die je nach der Natur des Verhandlungskontexts eher auf die eigenen oder die gemeinsamen Interessen und Verhandlungsziele der Parteien ausgerichtet sind.[708]

Wenn wir die Dreh- und Angelpunkte der Verhandlungssituation identifiziert haben, haben wir einen grossen Schritt Richtung Verhandlungserfolg getan.

Diese Fragen drehen sich am Schluss meist um einen oder mehrere **Dreh- und Angelpunkte** (Schlüsselfaktoren): Also um das, worum es den Parteien wirklich geht – **«des Pudels Kern»**. Selbst bei komplexen Verhandlungen besteht dieser oftmals in einigen wenigen zentralen Fragen. Wenn wir die Dreh- und Angelpunkte der Verhandlungssituation identifiziert haben und wissen, **was beziehungsweise welche Dynamik diese bewegt** (Triebkräfte), haben wir einen grossen Schritt Richtung Verhandlungserfolg getan. Oftmals treten diese jedoch nicht zu Beginn, sondern erst im Verlauf der Verhandlungen zu Tage, wenn wir uns mit dem Verhandlungsumfeld näher vertraut gemacht und mit der anderen Partei intensiver ausgetauscht haben. Komplex wird die Verhandlungssituation insbesondere dann, wenn *verschiedene divergierende Dreh- und Angelpunkte* bestehen. Dies ist etwa dann der Fall, wenn die andere Partei widersprüchliche Interessen verfolgt oder verschiedene Stakeholder derselben Partei unterschiedliche Interessen haben. Diesfalls bedarf es einer *Klärung*. Dies ist umso mehr der Fall, wenn sich die andere Partei ihrer tatsächlichen, oft auf der Beziehungsebene angesiedelten Motive wie Angst, Geltungsbedürfnis oder verletztem Stolz nicht bewusst ist.

---

706 Dies entspricht der aus der militärischen Führungsschule bekannten **Problemdeckung, Problemerklärung und Problembeurteilung** (vgl. Kilchenmann/Bérard, Militärische Techniken, S. 268 ff.).
707 Zur Bedeutung der flexiblen Anpassung der Verhandlungsstrategie während des Verhandlungsprozesses siehe Kapitel III.E.
708 Vgl. dazu näher Kapitel III.A.5 und IV.C.

Dazu einige Beispiele: Die Anfechtung von Patenten bezweckt entgegen des offensiv ausgetragenen Rechtsstreits oft die Freihaltung von Rechten für eine neue Erfindung und hat diesfalls nicht offensiven, sondern grundsätzlich defensiven Charakter. Ein Disput um Qualitätsmängel dreht sich allenfalls nicht primär um die finanzielle Abgeltung des Schadens, sondern vielmehr um Reputationsfragen, soweit die Mangelhaftigkeit eines Produktes zugestanden werden müsste. Der Gebietsanspruch eines anderen Landes beruht im Grunde nicht auf Expansionsgelüsten, sondern hat eine «Pufferfunktion» und erfüllt damit einen Schutzzweck, auch wenn dieser anders erzielt werden könnte. Das aggressive Auftreten eines Verhandlungsführers dient nicht primär der Einschüchterung des Verhandlungsgegners, sondern soll die «Falken» im eigenen Lager im Schach halten.

Der Dreiklang **Analyse – Planung – Ausführung** bestimmt die Verhandlung auf allen fünf Ebenen vom Anfang bis zu deren Ende.

Während der Vorbereitung und Durchführung von Verhandlungen stellen sich regelmässig eine Reihe typischer Fragen, und zwar in Bezug auf die eigene wie auch auf die andere Verhandlungspartei. Diese werden nachfolgend behandelt. Da die Fragestellungen vielfältig sind und oft situationsbezogen ausfallen, müssen die entsprechenden Ausführungen zwangsläufig bruchstückhaft bleiben. Es ist ein Merkmal erfahrener Verhandlungsführerinnen und -führer, die **relevanten Fragestellungen** zu identifizieren und dazu Lösungen zu finden. Dazu dient die Analyse.

Noch eine weitere Vorbemerkung zur Analyse sei angebracht: Wie wir gesehen haben, heisst verhandeln kommunizieren. Da die Kommunikation einerseits einen Beziehungs- wie auch einen Inhaltsaspekt hat und wir anderseits Beziehungen in Bezug auf unser eigenes Referenzsystem beurteilen, bedeutet dies, dass auch unsere Wahrnehmung und Einschätzung auf der Sachebene subjektiv geprägt ist.[709] Deshalb fragt sich, wie **die Analyse zu gestalten ist**, um möglichst zuverlässige Prognosen zu erzielen.[710] Watzlawick postuliert dazu zutreffend, dass zwischenmenschliche Systeme nur schwer zu durchschauen sind: Wir können anderen Menschen nicht in den Kopf schauen. Allerdings können wir ihre *Verhaltensmuster* studieren und erkennen und *daraus Regeln ableiten*.[711] Watzlawick illustriert dies am Beispiel einer Person, die zwei Schachspielern zusieht, und zwar nicht weiss, was sich diese überlegen, jedoch mit der Zeit Muster und Regeln ableiten und damit das Spiel verstehen kann. Dazu muss sie nicht die Biographie der Spieler studieren; damit würde sie nur über deren Spielweise spekulieren.

Der Dreiklang *Analyse – Planung – Ausführung* bestimmt die Verhandlung auf allen fünf Ebenen vom Anfang bis zu deren Ende.

---

709 Dies ist auch einer der Hauptgründe für die Denkfallen, welche die Einschätzung und Prognose von Ereignissen so erschweren (siehe dazu Kapitel IV.B.2).
710 Wie in Kapitel IV.H gezeigt wurde, führen unzutreffende Annahmen bezüglich der Ausgangslage unweigerlich zu fehlerhaften Prognosen.
711 Dies deckt sich mit den Erkenntnissen aus der Statistik; vgl. dazu Kapitel IV.H. 2.

Mittels direkter Beobachtung dagegen kann sie durch Fakten belegte Erkenntnisse ableiten. Watzlawick bezeichnete die geschilderte Ausgangslage als «Blackbox»[712] und leitete daraus ab, dass die Frage des **«wie»**-ein-System-funktioniert wichtiger ist als das **«warum»**,[713] welches uns oft zu *unbegründeten Spekulationen und Denkfehlern* verleitet. Interessanterweise wurde genau auf diesem Prinzip der stärkste Schachcomputer der Welt konstruiert: Die in London ansässige Firma DeepMind, die im Bereich der künstlichen Intelligenz (KI) tätig ist, veröffentlichte am 5. Dezember 2017 ein Papier, in dem sie beschrieb, wie ihr Schachprogramm AlphaZero innert 24 Stunden ausschliesslich durch Selbstlernen und ohne jegliche Kenntnis der Spielideen oder Schacheröffnungen und -taktiken ein so überragendes Niveau erreicht hatte, dass es selbst die damals stärksten Schachprogramme überzeugend schlug. Dazu hatte es vorgängig unzählige Partien gleichzeitig gegen sich gespielt und daraus Muster und Taktiken entwickelt, welche allen anderen Programmen und auch den stärksten Schachspielerinnen und -spielern überlegen waren.[714] Die Stärke dieses Ansatzes zeigt jedoch gleichzeitig dessen Krux in der Verhandlungsführung: Wir können vor allem dann gestützt auf die Handlungen der anderen Partei Verhaltensmuster erkennen, wenn wir diese lange und gut kennen. Dies ist in Verhandlungen jedoch meist gerade nicht der Fall.[715] Zudem ist die *Information in Verhandlungen – anders als beim Schach – nicht symmetrisch und vollständig*.[716] Deshalb sind wir bei Verhandlungen vorderhand weiterhin auf heuristische und systematische Ansätze angewiesen, welche sowohl die Frage des **«wie»** beziehungsweise **«was»** wie auch jene des **«warum»** umfassen.[717] Dies unterstreicht auch die Wichtigkeit der ersten, auf Austausch und Kennenlernen der Parteien ausgerichteten Phasen sowie der oben beschriebenen Kommunikationstechniken.[718]

> Dazu ein Beispiel aus der Praxis: Ein Schweizer Kunde möchte mit seinem US-Agenten, mit dem er bisher auf der Basis eines Handschlags gearbeitet hat, einen schriftlichen Agenturvertrag zum Vertrieb von Maschinen in den USA ausarbeiten. Der Agent besteht auf einer vollen Entschädigungs- und Freistellungsverpflichtung sei-

---

712 WATZLAWICK, Menschliche Kommunikation, S. 44 und 51.
713 Vgl. WATZLAWICK, Menschliche Kommunikation, S. 149. Die Systemtheorie, welche dieser Erkenntnis zugrunde liegt, wird ausführlicher in Kapitel IV.B.1 erläutert.
714 SADLER/REGAN, AlphaZero, S. 20 ff.
715 Munsinger/Philbin zeigten bereits vor Jahren, dass, falls ausreichend Informationen zum Verhandlungsverhalten einer Partei vorhanden sind, klar bessere Prognosen und damit Verhandlungsergebnisse erzielt werden können, als wenn wir rein aufgrund von Verhandlungstaktik, insbesondere mit Angeboten und Gegenangeboten, verhandeln (MUNSINGER/PHILBIN, Why Can't They Settle?, S. 321 ff.).
716 Zu Letzterem siehe auch WATZLAWICK, Menschliche Kommunikation, S. 31.
717 Dies ist umso mehr der Fall, als gerade Probleme auf der Beziehungsebene nur gelöst werden können, wenn die Ursachen erkannt werden (vgl. dazu Kapitel IV.B).
718 Vgl. dazu Kapitel V.A–C und IV.B.6.

tens des Maschinenherstellers. Dieser legt mir den entsprechenden Passus vor und fragt, wie er diesen gestalten müsse, damit er den Vertrag unterzeichnen könne. Die Analyse setzt nun nicht einfach beim Vertragstext, sondern beim Agenten, dessen bisheriger Tätigkeit für den Kunden und andere Kunden, dessen Verständnis von internationalen Agenturverträgen, seinen Risiken und Bedürfnissen aufgrund des US-amerikanischen Rechtssystems, den Abhängigkeiten der Parteien und ihrem «*Leverage*», der zeitlichen Dringlichkeit des Vertragsabschlusses, den Absicherungsmöglichkeiten der Vertragsrisiken – mithin einer vollen *Analyse*, wie sie in diesem Kapitel dargestellt wird – an. Aufgrund der Analyse gestalten wir dann das erste Gespräch mit dem Agenten, in welchem wir dessen *Anliegen, Motive, Bedenken und Verhandlungsspielraum* in Erfahrung bringen. Gestützt auf diese Erkenntnisse verhandeln wir dann in zwei weiteren Verhandlungsrunden, in denen wir immer konkreter auf eine Lösung zusteuern, den Agenturvertrag, der auf unsere Bedürfnisse, insbesondere die konkrete Risikolage sowie Absicherungsmöglichkeiten, zugeschnitten ist und auch die Anliegen des Agenten berücksichtigt.

Wie Informationen aus erster Hand gesammelt und eine effektive Bewertung von Informationen erfolgt, wird in den Kapiteln IV.B.5–6 sowie V.A.5.1 näher untersucht. Zudem findet sich in Kapitel VI.A.5.2 eine konfliktlösungsorientierte Analyse (**Konfliktanalyse**), welche je nach Komplexität der Verhandlungen auch im nicht-konfliktorientierten Umfeld wertvolle Anhaltspunkte für die Verhandlungsführung geben kann.

Aus dem systemischen Ansatz[719] folgt zudem, dass im Rahmen der Analyse stets die **Rückkoppelungen** auf derselben Verhandlungsebene, aber auch unter den verschiedenen Ebenen zu berücksichtigen sind.

Mit Watzlawick ist schliesslich zu postulieren, dass Analyse und Lösungsansätze möglichst **einfach und pragmatisch** zu halten sind,[720] nimmt doch mit steigender Komplexität auch die Fehlerquote der Einschätzungen und Voraussagen zu.[721] Zudem vermeiden wir damit, dass – wie das Bonmot sagt – die «Analyse zur Paralyse» führt.

---

719 Zur Systemtheorie, siehe Kapitel IV.B.1.
720 Vgl. Watzlawick, Menschliche Kommunikation, S. 13. – Dies ergibt sich auch aus der heuristischen Erkenntnis, dass je komplexer eine Situation ist, desto weniger eine tiefschürfende Analyse richtige Resultate bringt. Dann ist vielmehr das *Vorgehensmodell* entscheidend. Zudem ist von mehreren Erklärungen eher die einfachere zu bevorzugen (vgl. Kapitel IV.B.2).
721 Vgl. dazu Kapitel V.A.5.1.

3. Die Beziehungsebene

3.1 Analyse der Stakeholder (Key Player)

Verhandlungsanalysen beginnen in der Regel mit der Evaluation der Stakeholder. Sofern nicht bereits feststehend, werden darauf gestützt ein oder mehrere Verhandlungspartner ausgewählt. Für die weitere Analyse der Beziehungsebene fragt sich insbesondere:[722]

- Wer ist die **andere Verhandlungspartei**, das heisst die Partei, die am Ende des Tages den Vertrag abschliesst? In diesem Zusammenhang gilt es in wirtschaftlichen Transaktionen etwa, die genaue Firmenbezeichnung, die Rechtsform, den rechtlichen Sitz, die Kapitalausstattung und Bonität, die Organisationsstruktur, die genauen Tätigkeitsbereiche, ihre Kompetenzen, Referenzobjekte und die Vertragstreue inklusive Zahlungsmoral in Erfahrung zu bringen. Bei politischen Verhandlungen geht es dagegen um die zuständige Behörde, den zuständigen Minister etc.
- Wer sind die massgebenden **Stakeholder (Key Player)**, und welche Rolle nehmen sie bei den Verhandlungen ein?[723]
- **Wer** sind die **Verhandlungsführer** beziehungsweise wie setzt sich das **Verhandlungsteam** zusammen? Welche Stellung haben die einzelnen Mitglieder im Verhandlungsteam?[724] Welchen Typ von **Verhandlungsführer** repräsentieren sie?[725]
- Wichtig ist auch, die **Erfahrung** des eigenen Verhandlungsteams sowie des Verhandlungspartners mit ähnlichen Projekten zu kennen. Dabei interessieren uns insbesondere die involvierten Personen sowie Medienmitteilungen über Projekte und über deren Ergebnisse. Fehlt es an Erfahrung, stellt dies für die Verhandlungen und das Projekt oft ein erhebliches Risiko dar. Entscheidend ist am Schluss, ob die *involvierten Personen* konkret über die nötige Erfahrung verfügen. Auch wenn diese in der Unternehmung und Organisation grundsätzlich vorhanden ist: Wenn das Verhandlungs- oder Projektumsetzungsteam unerfahren ist, sollten die Alarmglocken schrillen.

---

722 Vgl. auch die weiterführende Checkliste bei SCHRANNER, Der Verhandlungsführer, S. 44 ff.
723 Vgl. zu Fragen der psychologischen Typologie sowie Beziehungs- und Kommunikationsfragen Kapitel IV.B.3–8, V.A.3 und 4.6. Vgl. zu Fragen der Teamzusammensetzung und der Stellung der einzelnen Mitglieder im Team Kapitel V.D.1.1. Das Verhandeln im Team wird näher in Kapitel V.D.1.1 beleuchtet.
724 Vgl. zu Fragen in Zusammenhang mit der Teamzusammensetzung und der Stellung der einzelnen Mitglieder im Team Kapitel V.D.1.1.
725 Siehe dazu Kapitel IV.B.4 sowie TROCZYNSKI/LÖHR, Verhandlungen gewinnen, S. 88. – Zum *Stärken-Schwächen-Profil* beziehungsweise Profiling vgl. a.a.O., S. 115.

- Wer kann die **Verhandlungen unterstützen**, wer **hemmt** sie allenfalls? Wen brauchen wir für eine Lösung? Wie können wir ihre Kooperation und Zustimmung gewinnen?[726] Die Unterstützung der Key Player kann für den Verhandlungserfolg und die Umsetzung des Projektes entscheidend sein.[727] Solche Stakeholder sind frühzeitig in die Verhandlungen einzubeziehen. Viele Verhandlungen scheitern hingegen daran, dass sie bei den Entscheidungsträgern und massgeblichen Interessengruppen nicht über den erforderlichen Rückhalt verfügen. Zur Analyse der Stakeholder eignet sich das Stakeholder Mapping, eine Bewertung der Interessengruppen nach dem Grad der *Macht* in Bezug auf die Verhandlungen («kann die Verhandlungen beeinflussen») und der *Aufmerksamkeit*, welche diese bei der entsprechenden Interessengruppe besitzt («misst den Verhandlungen Bedeutung zu, möchte informiert werden und interessiert sich allenfalls auch inhaltlich dafür»):

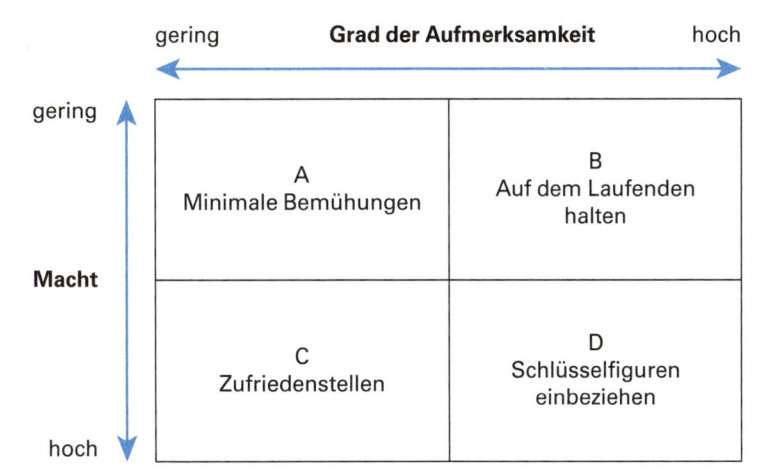

	Grad der Aufmerksamkeit	
	gering ←———————————→ hoch	
Macht gering	A Minimale Bemühungen	B Auf dem Laufenden halten
Macht hoch	C Zufriedenstellen	D Schlüsselfiguren einbeziehen

Abb. 19 – Stakeholder Mapping[728]

Stakeholder können auch mittels **Lobbying-, Public-Relation-Arbeit, Campaigning** oder strategischen Allianzen ins eigene Boot geholt und zur Unterstützung der Verhandlungen eingesetzt werden. Dies wird Stakeholder-Management genannt.[729]

> Der Internet-Gigant Google verfolgt offenbar seit einigen Jahren die Strategie, Medienschaffende und selbst Medienhäuser in sein Geschäftsmodell einzubinden

---

726 Vgl. dazu auch Opresnik, Erfolgreich kommunizieren, S. 63.
727 Frigenti/Comninos, Project Management, S. 22.
728 Siehe Johnson et al., Strategisches Management, S. 185.
729 Zum Thema Stakeholder Management, vgl. etwa Frei, Change Management, S. 61 ff.

und so **als Verbündete zu gewinnen**, um damit dem geballten Druck der Regulatoren entgegenzuwirken und Kritik verstummen zu lassen: «Wes Brot ich ess, des Lied ich sing», sagt ja bereits der Volksmund.[730] Dieselbe Strategie verfolgt China mit seinem Seidenstrassenprojekt, bei dem auch EU-Länder wie Griechenland, Portugal oder Ungarn finanziell stark unterstützt werden. Dafür stellen sich diese Länder dann bei Verurteilungen der EU von Menschenrechtsverletzungen in China quer …

Graf von Metternich war berühmt für seine geschickte Allianzenpolitik. Er kannte Napoleon seit seinem Botschafteraufenthalt in Paris persönlich und konnte ihn aufgrund seines einzigartigen Insiderwissens besser als alle anderen europäischen Politiker einschätzen. Als Napoleon am 2. Dezember 1805 in der Schlacht von Austerlitz die Allianz aus österreichischen und russischen Truppen unter Kaiser Franz I. und Zar Alexander I. besiegte, erkannte Metternich, dass eine aggressive Macht wie das napoleonische Frankreich nur durch eine *starke und konsequent geeinte Koalition der anderen Grossmächte* besiegt werden konnte.[731] Nach der preussischen Niederlage bei Jena und Auerstedt, wo die zögerliche preussische Armee von Napoleon ausmanövriert und besiegt worden war, wurde Preussen am 9. Juli 1807 der Unterwerfungsvertrag von Tilsit aufgezwungen. Dieser einseitig diktierte Friedensvertrag trieb Preussen fest auf die Seite der Alliierten. Als dann Napoleon eine Palastintrige am spanischen Königshof zum Anlass nahm, die Bourbonen vom dortigen Thron zu stossen, hatte er die restlichen europäischen Königshäuser definitiv gegen sich aufgebracht, was der zukünftig siegreichen Allianz zwischen Österreich, Preussen und Russland nur zuträglich war. Dabei erhielten die Alliierten Unterstützung von unerwarteter Seite: Der langjährige Aussenminister Frankreichs und Vertraute Napoleons, Talleyrand, bediente Metternich aufgrund einer tiefgreifenden persönlichen Kränkung durch den französischen Kaiser in *coram publico*[732] zunehmend mit geheimen Informationen über die Aufmarschpläne inklusive Aufstellung, Stärke, Bewaffnung und Logistik der französischen Armee.[733] In der Völkerschlacht bei Leipzig am 16. bis 19. Oktober 1813 und später, nach der Rückkehr Napoleons von Elba, am 18. Juni 1815 bei Waterloo besiegten die Alliierten schliesslich die französische Armee entscheidend, und Napoleon musste abdanken. Er verbrachte seine letzten Jahre umgeben von seinen engsten Vertrauten in Verbannung auf der britischen Südatlantikinsel St. Helena, wo er am 5. Mai 1821 starb.

---

730 Fulterer, Google versucht, die Sympathien der Verlage zu erkaufen, NZZ vom 19. Februar 2021.
731 Siemann, Metternich, S. 263.
732 Napoleon stiess mit seinen Plänen, seiner Familie in Frankreich zu einer Erbmonarchie zu verhelfen, bei Talleyrand auf wenig Gegenliebe. Als Napoleon erfuhr, dass Talleyrand mit seinem Geheimdienstchef Fouché Pläne für den Fall schmiedete, dass er versterben würde, bekam er einen seiner *berüchtigten kalkulierten Wutanfälle* und beschimpfte Talleyrand, den er zunächst hatte erschiessen lassen wollen, aber aufgrund dessen bester Vernetzung in europäischen Politkreisen weiterhin brauchte, gemäss verschiedenen Quellen aufs Übelste: «*Sie sind ein Dieb, ein Feigling, ein Mensch, dem nichts heilig ist. […] Sie sind nichts anderes als Scheisse in einem Seidenstrumpf!*» Dies vergass ihm Talleyrand nie. Vielmehr begann er, heimlich mit den anderen europäischen Mächten gegen Napoleon zu wirken (Siemann, Metternich, S. 279).
733 Siemann, Metternich, S. 267–286.

Damit *Allianzen* jedoch Wirkung entwickeln können, müssen sie zumindest *auf eine gewisse Dauer hin verlässlich sein und eine einheitliche Politik verfolgen.* Wenig erstaunlich besteht eine Gegenstrategie dazu darin, zu versuchen, Allianzen aufzubrechen oder wenigstens zu neutralisieren. So liess auch Napoleon nach der Niederlage in Russland nichts unversucht, um Österreich auf seine Seite zu ziehen und dessen weitere Allianz mit Preussen und Russland zu verhindern – was ihm allerdings nicht gelang.[734] Chinas «Belt Road»-Checkbuchpolitik vermochte es dagegen, in Europa bereits Geldbezüger wie Griechenland oder Italien von chinakritischen Voten abzuhalten und damit eine einheitliche Front der EU gegen China zu verhindern.[735]

3.2 Stärken und Schwächen der Parteien und ihrer Vertreter

Weiter ist hilfreich zu wissen, welches die *persönlichen Stärken und Schwächen* der Parteien und ihrer Verhandlungsführerinnen und -führer sind.[736] Kennen wir diese, aber auch jene in Bezug auf ihre *Sachkenntnis, Organisation und Kommunikation,* so können wir dies im Rahmen der Verhandlungsführung berücksichtigen: Ist etwa bekannt, dass die andere Partei vor allem auf der *Beziehungsebene* funktioniert, werden sich die Verhandlungen wohl schwergewichtig auf dieser Ebene abspielen und sollten wir genügend Zeit für persönliche Gespräche, gemeinsame Essen und den Aufbau einer gemeinsamen Vision einplanen. Wenn die andere Partei dagegen vor allem auf der *Sachebene* angesiedelt ist, bedeutet dies, dass das Augenmerk vor allem auf der detaillierten Aufarbeitung der Zahlen und Fakten liegen sollte. *Organisatorische Schwächen* einer Partei können dadurch kompensiert werden, dass weitgehend die andere Partei die Verhandlungsorganisation übernimmt und sicherstellt. Kurzum, es hilft nicht, sich über die angebliche Unfähigkeit des anderen Verhandlungsteams zu beklagten. Vielmehr gilt es, eine solche gegebenenfalls zu erkennen und Remedur zu schaffen. Dasselbe gilt natürlich auch für das eigene Lager.

In diesem Zusammenhang interessieren uns insbesondere folgende Fragen:
- Wie *«ticken»* die Parteien, die Verhandlungsteilnehmenden, insbesondere deren *Decision Makers*?[737] Wie verhandeln sie: *offen und transparent oder taktieren* sie vor allem?[738] **Ist die andere Partei an kooperativen Verhandlungen interessiert und sind solche überhaupt möglich?** Gerade Letzteres ist nicht immer

---
734 SIEMANN, Metternich, S. 417.
735 SRF-Beitrag vom 22. März 2019, Chinas Avancen spalten die EU.
736 Dies gehört zwar thematisch zur Analyse gemäss Ziff. 2.1, wird hier jedoch aufgrund der Wichtigkeit dieses Punktes separat behandelt.
737 Vgl. zu Fragen der psychologischen Typologie sowie Beziehungs- und Kommunikationsfragen Kapitel IV.B.3–8, V.A.3 und 4.6.
738 Zu den verschiedenen Verhandlungsmodellen, vgl. Kapitel III.B.

der Fall, selbst wenn die Verhandlungen ernsthaft (also nicht zu vorgeschobenen Zwecken) geführt werden. Kooperative Lösungen sind in gewissen Fällen einfach nicht möglich. Dies kann daran liegen, dass bei einzelnen Parteien *Partikularinteressen* wie *Machterhalt* oder *Vorurteile* dominieren, die wir nicht überwinden können. Auch bei Verhandlungen, in denen Themen wie Marktzugang und -anteile (zum Beispiel Lizenzverhandlungen im Technologiebereich) oder rein finanzielle Interessen ohne gemeinsame zukünftige Opportunitäten im Vordergrund stehen, erfolgt regelmässig eine vorwiegend distributive Verhandlungsführung. Dies muss bei der Festlegung der Verhandlungsziele wie auch der Verhandlungsstrategie und -taktik berücksichtigt werden. Und doch können auch in solchen Situationen oftmals überraschend gemeinsame Interessen herausgearbeitet werden, wie die aussergerichtliche Streitbeilegung, die Vertraulichkeit des Disputs und der Vergleichslösung, die Vermeidung hoher Rechtskosten, die Beilegung der Rechtsunsicherheit oder eine Beibehaltung des Dialogs. Auch dies können gemeinsame Interessen sein, die Anlass zu einer kooperativeren Verhandlungsführung und -lösung geben. Einen Versuch, kooperativ zu verhandeln, ist es also alleweil wert.

- **Wer ist unseren Anliegen gegenüber positiv, wer negativ eingestellt?** Wie können wir die Pro-Kräfte stärken und die Contra-Kräfte schwächen oder sogar neutralisieren? Dies kann gerade in komplexeren Verhandlungen zentral sein.[739]

- Da wir den anderen Parteien nicht «in den Kopf schauen» können, liegt gemäss der Systemtheorie der Fokus auf dem Verhalten der Parteien und ihrer Exponenten im entsprechenden Verhandlungsumfeld. Wenn uns dieses nicht durch eigene Erfahrung bekannt ist, können wir dieses allenfalls über Dritte, welche sie kennen, in Erfahrung bringen. Zudem gewinnen wir in jeder Verhandlungsrunde zusätzliche Erkenntnisse in dieser Beziehung.

- Geht es der anderen Partei um *Grundsatzargumente* (zum Beispiel fundamentalistischer Arbeitnehmervertreter, Geschädigtenanwältin etc.) oder ist sie lösungsorientiert? *Wie fundiert sind die Argumente der Gegenpartei, wodurch lässt sich diese überzeugen, beeindrucken?* Gibt es *Gemeinsamkeiten, insbesondere gemeinsame Interessen, oder dominieren die Gegensätze?*[740]

- Sind gegebenenfalls *kulturelle Eigenheiten* zu berücksichtigen?

---

739 Die ehemalige US-Aussenministerin Madeleine Albright schildert in ihren Memoiren, wie zur Umsetzung des Friedensprozesses in Bosnien nach dem Balkankrieg eine der Hauptstrategien der USA darin bestanden hatte, die dem Dayton Friedensabkommen gegenüber *positiv eingestellten Kräften zu stärken und gleichzeitig extremistische Kräfte und Kriegsverbrecher wie Milosevic zu neutralisieren* (ALBRIGHT, Madame Secretary, S. 272 f.).

740 Vgl. SCHRANNER, Verhandeln im Grenzbereich, S. 21 ff.

- Bestehen *Probleme*, welche die Verhandlungen beeinträchtigen oder gar gefährden können? Diesfalls gilt es, diese frühzeitig aufzunehmen, in unserer Verhandlungsstrategie zu berücksichtigen und möglichst frühzeitig zu bereinigen.[741]
- Die Beantwortung dieser Fragen wirkt sich entscheidend darauf aus, wie wir unsere Kommunikation sowie dann unsere Verhandlungsstrategie und -taktik gestalten.

3.3 Abhängigkeiten, Verflechtungen und Rückkoppelungen

Mit der Analyse der direkt involvierten Stakeholder ist es allerdings nicht getan. Vielmehr interessiert auch, welche weiteren verhandlungsrelevanten Abhängigkeiten, Verflechtungen und Rückkoppelungen auf der Beziehungsebene bestehen.[742] Wie wirken sich diese im Verhandlungsumfeld aus? Welches sind die verdeckten Mitspieler im Verhandlungspoker? Welchen Hintergrund und welche Interessen haben sie?

4. Die Sachebene

4.1 Interessen, Motive und Positionen

«Auch der geübteste Diplomat kann kein dauerhaftes Abkommen erreichen, wenn nicht beide Seiten Interesse an dessen Erfolg haben.»

Henry Kissinger

Auf der Sachebene geht es um den Verhandlungsgegenstand selber. Doch interessieren hier nicht nur die bekannten Verhandlungspositionen und -ziele der Parteien, sondern vor allem auch *die tatsächlichen, allenfalls verdeckten Interessen und Motive*. In der angelsächsischen Verhandlungslehre wird etwa von «follow the money» oder *«follow the power interest of the Stakeholders»* gesprochen.[743]

Die Hauptfrage, die wir uns dabei stellen, lautet: «**Warum – aus welchem Motiv, mit welchem Interesse, zu welchem Zweck?**» Die Antwort auf diese Frage hat entscheidenden Einfluss auf unser Verhandlungsziel (die MAPP), aber auch für unsere Verhandlungsstrategie und die Festlegung der BATNA.

Wie finden wir nun die **wahren Interessen und die BATNA unseres Gegenübers heraus?** Einen ersten Anhaltspunkt bilden die *logischen natürlichen Bedürf-*

---

741 Vgl. dazu ausführlich Kapitel VI.
742 Zum sogenannten «Abhängigkeitsdilemma» vgl. auch GLASL, Konfliktmanagement, S. 422 f.
743 So bereits BRETT, Negotiating Globally.

nisse des Gegenübers. Die meisten Menschen verfolgen ihre Interessen entsprechend der Maslowschen Bedürfnispyramide und stellen primäre Bedürfnisse sekundären voran.[744] Nebst den menschlichen Grundbedürfnissen sind dies *Sicherheit und Kontrolle:* Wer sich überhaupt eine Anstellung wünscht oder in einem neuen Markt Fuss zu fassen versucht und dies nicht aus einer Position der Stärke tut, hat meistens andere Wünsche und Interessen als jemand, der zur Optimierung seiner Position verhandelt. Während hier bescheidenere Anstellungsverhältnisse und geringere Verkaufszahlen durchaus als Verhandlungsziel taugen, werden dort Weiterbildungen, ein Bonusprogramm oder Marktführerschaft angestrebt. *Sicherheit kommt eben vor Selbstverwirklichung.* Die BATNA und die wahren Interessen der anderen Partei können monetärer, aber auch persönlicher oder sonstwie nichtmonetärer Natur sein, was sowohl durch ihre Interessenlage wie auch durch ihre persönliche Disposition beeinflusst wird. Die Beziehungsebene und die Sachebene sind auch hier engstens miteinander verquickt. Umso wichtiger ist es, den *Verhandlungstyp* der anderen Partei richtig einzuschätzen.

Nachdem wir die verfügbaren Informationen analysiert und erste Hinweise in Bezug auf die wahren Interessen und die BATNA der anderen Partei erhalten haben, gilt es diese genauer zu eruieren. Dazu gibt es verschiedene Möglichkeiten: Die einfachste ist, sie direkt zu *erfragen*. Dies ist vor allem dann möglich, wenn zwischen den Parteien ein gewisses Vertrauensverhältnis herrscht und sie kooperativ verhandeln. Sind die gegenseitigen Interessen bekannt, können diese gewichtet und ausgleichend verhandelt werden (sogenanntes *«Logrolling»*, wo die Liste [der «Log»] der Interessen der Parteien durchgegangen [«rolling»] wird).[745] Eine weitere Möglichkeit besteht darin, einen *«Versuchsballon»* steigen zu lassen. Aber Achtung: Wenn die andere Partei ihre Interessen in Verhandlungen benennt, müssen wir damit rechnen, dass ihre Aussagen taktischen Zwecken dienen und deshalb «gefärbt» daherkommen: Wie wir gesehen haben, werden insbesondere Desinteresse, angebliche Alternativen oder Zeitdruck gerne eingesetzt, um Verhandlungen zu den eigenen Gunsten zu beeinflussen. Hinweise, ob die andere Partei die Wahrheit sagt oder uns zu **täuschen** versucht, erhalten wir regelmässig aus deren Verhalten: Verhaltensänderungen wie den Blick abwenden, plötzliches intensives auf uns Einreden oder Verstummen, Erinnerungslücken, ausweichende Antworten, hölzernes Sprechen oder nervöse Reaktionen lassen auf täuschendes Verhalten schliessen und mahnen zu erhöhter Vor-

---

744 NASHER, Deal!, S. 158f.
745 NASHER, Deal!, S. 166; O'Neill beschreibt Logrolling wie folgt: «Nehmen wir an, ich mag den Pudding mehr als die Schlagsahne oben drauf, und Ihre Vorlieben ist das Gegenteil. Wenn wir über einen Pudding verhandeln würden, könnten wir ihn gleichmässig aufteilen, aber wir könnten beide besser abschneiden, wenn wir uns darauf einigten, dass jeder von uns alles nimmt, was er mag» (O'NEILL, International Negotiation, S. 528).

sicht und Überprüfung der Aussagen unseres Gegenübers,[746] wobei unter anderem die in Kapitel IV.B.6 beschriebenen Fragetechniken hilfreich sind. Erhalten wir Hinweise auf Lügen, können wir auch den Druck erhöhen und durch wiederholtes Stellen derselben Frage in anderem Gewand die Wahrhaftigkeit der anderen Partei prüfen.

Wir können die *wahren Interessen und Prioritäten* unseres Gegenübers auch testen, indem wir **Anker werfen** oder verschiedene monetäre und nichtmonetäre Verhandlungselemente in **Paketen** (alternative Angebote) offerieren,[747] den Verhandlungsdruck in zeitlicher Hinsicht erhöhen oder Alternativen evaluieren (und der anderen Partei andeuten). Mit zunehmender Verhandlungsdauer erfahren wir so immer genauer, was die wahren Anliegen der anderen Partei sind.[748] Kennen wir diese, können wir unsere Verhandlungsstrategie danach ausrichten und bei Bedarf unsere MAPP anpassen.

Ich habe dabei von Verhandlungsparteien schon erstaunliche Antworten auf die Fragen «*Was ist ihr Interesse an einer Vereinbarung? Was erhoffen Sie sich davon? Was ist der wahre Wert, den Ihnen die Vereinbarung bringen soll?*» erhalten. So hatte einmal eine meiner Klientinnen, eine mittelständische international tätige Unternehmung, seit Wochen mit einem möglichen Kooperationspartner verhandelt, doch die Verhandlungen kamen einfach nicht vom Fleck, und der Vereinbarungsentwurf, den sie der anderen Partei gestützt auf die ersten Gespräche zugestellt hatte, kam völlig «entstellt» zurück. Nachdem wir die Ausgangslage analysiert hatten, beschlossen wir, ein weiteres Treffen anzubieten, diesmal im Dabeisein der Anwälte, und nochmals von vorne zu beginnen. Dieses fand bald darauf statt. Nach dem «Warm-up» stellte ich die Frage nach ihren wahren Interessen an der Vereinbarung. Nach einigem Nachhaken stellten wir fest, dass die andere Partei *eigentlich keine Kooperation anstrebte, sondern vor allem an einem Produktionsvertrag* interessiert war (was ihr jedoch bislang offenbar selbst zu wenig klar gewesen war). Dies veränderte die Ausgangslage, ermöglichte aber den Abschluss einer für beide Parteien interessanten Vereinbarung und erlaubte eine klare Regelung in Bezug auf die wissenschaftliche Zusammenarbeit, die Immaterialgüterrechte und den Knowhow-Schutz sowie hinsichtlich der Exklusivität der Zusammenarbeit.

---

746 Vgl. Kapitel III.C.8.4 und Nasher, Deal!, S. 56 ff.; Voss/Raz, Kompromisslos verhandeln, S. 208 ff. und 214 f.
747 Diese Techniken werden in den nachfolgenden Kapiteln, insbesondere in Kapitel V.D.1.5, näher beschrieben. – Alternative Angebote werden etwa mittels der Verhandlungsstrategie «Ich teile – du wählst» offeriert. Vgl. dazu Kapitel III.B.4.4.
748 Dies ist ein Grund mehr, die eigenen Interessen nicht sofort fest- beziehungsweise offenzulegen, sondern entsprechend der Transparenz, welche die andere Partei in Bezug auf ihre Interessen walten lässt.

Eine zentrale Frage ist, ob die Verhandlungen offen oder vor allem taktisch geführt werden, oder gar verdeckten Zwecken dienen.

Eine zentrale Frage ist dabei auch, ob die **Verhandlungen einem verdeckten Zweck dienen.**[749]

So werden Verhandlungen gelegentlich dazu benutzt, Druck auf den Verhandlungspartner auszuüben: Indem mit Drittlieferanten verhandelt wird, soll der Einkaufspreis gegenüber dem bestehenden Lieferanten gedrückt werden. Oder Verhandlungen werden geführt, um an gewisse Informationen zu gelangen, beispielsweise um Vergleichspreise zu erfahren, Informationen über den Konkurrenten (dem man Interesse an einem Zusammengehen signalisiert) oder Wirtschaftsspionage in Bezug auf bestimmte Technologien zu betreiben. Zum Beispiel verhandelte ein Kunde von mir intensiv mit einem französischen Konzern, schloss einen Zusammenarbeits- und Produktionsvertrag mit Geheimhaltungsklausel ab – und erwischte dann einen von dessen Mitarbeitern, wie dieser mit dem Mobiltelefon seine Produktionsanlagen, die Bedienungspanels etc. filmte; der Mitarbeiter wurde der Fabrik verwiesen, worauf die Zusammenarbeit mit dem französischen Konzern unvermittelt stoppte. Der Verdacht, dass die andere Partei vor allem an Informationen und wenig an einer echten Zusammenarbeit interessiert war, lag auf der Hand.

Ein weiterer (verdeckter) Grund für Verhandlungen kann darin bestehen, Zeit für Alternativen zu gewinnen, etwa wenn man erheblichem Druck ausgesetzt ist. Es ist also wichtig, frühzeitig zu erkennen, ob die andere Partei taktiert und allenfalls «trickst», oder ob ihre Verhandlungsführung und ihre Informationen, Auskünfte, Vorschläge und Vorgehensweisen im Rahmen des kommunizierten Zweckes erfolgen.

Bei kooperativen Verhandlungen bilden **gemeinsame Motive und Interessen** eine gute Grundlage für eine kooperative Lösung.[750] Bei distributiven Verhandlungen dagegen kann uns die Kenntnis der wahren Motive und Interessen der anderen Stakeholder vor Überraschungen und Übervorteilung schützen. Zudem erlaubt sie uns, Verhandlungsoptionen zu erarbeiten. Bei konfliktbezogenen Verhandlungen dagegen spielt oft eine wichtige Rolle, **welche Interessen einer Lösung entgegenstehen** oder sogar wer welchen Gewinn aus einem Weiterbestehen beziehungsweise einer Verschärfung der Krise hat **(«Konfliktgewinn»)**. Siehe dazu auch Kapitel VI.

Ebenfalls können **geschichtliche oder kulturelle Aspekte** in Verhandlungen eine wichtige Rolle spielen.[751] So sind kulturelle Gegebenheiten, Traditionen und Schranken, aber auch geschichtliche Sensibilitäten (zum Beispiel ein kolonialer

---

749 Vgl. dazu auch die Beispiele in Kapitel III.C.1 (am Schluss). – Während diese Frage auf der Beziehungsebene die grundsätzliche Art und Weise betrifft, wie die andere Partei verhandelt, geht es hier darum, welchen Zweck die andere Partei mit den Verhandlungen verfolgt.
750 Deshalb ist auch etwa die Mediation als aussergerichtlicher Streitbeilegungsmechanismus interessenorientiert (vgl. etwa Schütz, Mediation und Schiedsgerichtsbarkeit, S. 90).
751 Vgl. dazu etwa Johnson et al., Strategisches Management, S. 220 ff. Gerade kulturelle Differenzen sind eine klassische Ursache für Konflikte (siehe dazu auch Kapitel VI.A.5.2.2).

Hintergrund etc.) oder Erfahrungen der anderen Partei beziehungsweise ihrer Exponenten mit bestimmten Vorgehensweisen in die Verhandlungsplanung einzubeziehen.

Interessant ist allerdings nicht nur, welche Informationen die andere Partei uns übermittelt, sondern auch, welche nicht. Wenn die andere Partei taktisch **Informationen zurückbehält**, sollte dies im Zuge der Verhandlungen thematisiert werden, um alsdann eine Art und Weise zu vereinbaren, um gegenseitige Informationsbedürfnisse transparent abzudecken.

4.2 Das Verhandlungsziel: Best case, Must haves und Tradeables

Auf der Sachebene interessieren uns natürlich vorab die **Verhandlungsziele**. Wir unterscheiden dabei zwischen[752]

- dem realistischerweise bestmöglichen Verhandlungsergebnis *(«Best case» oder MAPP)*;
- dem zweitbesten, also immer noch sehr guten Verhandlungsergebnis *(«Second best case»)*;
- den unverzichtbaren Elementen einer Vereinbarung *(«Must haves»)*; und
- der Verhandlungsmasse *(«Tradeables»)*, die wir im Laufe der Verhandlungen preisgeben können.

Daraus können wir verschiedene **Verhandlungsoptionen** ableiten.

Da im Zeitpunkt der Verhandlungsplanung bereits erste Kontakt zwischen den Parteien stattgefunden haben, sind meist die grundsätzlichen Motive und Interessen der Parteien bekannt. Daraus kann eine vorläufige **Zone of Possible Agreement (ZOPA)** herausgearbeitet werden, mithin der Bereich, der die *möglichen gemeinsamen Interessen* der Parteien absteckt und in dem eine gemeinsame Lösung möglich sein sollte.[753] Eine ZOPA kann für das gesamte Verhandlungsergebnis oder zumindest für einzelne für die Parteien essentielle Teilergebnisse festgelegt werden. Je besser wir das Verhandlungsziel unseres Gegenübers kennen, desto präziser können wir die ZOPA einschätzen und unsere Verhandlungsstrategie und -taktik darauf ausrichten.

Bei einer *ergebnisoffenen Herangehensweise* wird die ZOPA zu Beginn der Verhandlungen eher allgemein und in den grossen Linien definiert. Die Verhandlungslösung ergibt sich dann durch die nähere Auseinandersetzung mit den

---

[752] Vgl. BERZ, Spieltheorie, S. 19 f.
[753] Das Akronym wurde, soweit ersichtlich, das erste Mal von Walton/McKercie verwendet und gehört heute zu den Standardbegriffen der Verhandlungslehre (vgl. WALTON/MCKERSIE, Labor Negotiation, zitiert und beschrieben bei SCHÜTZ, Mediation und Schiedsgerichtsbarkeit, Rz. 63 ff.).

Interessen und Vorschlägen der anderen Partei im Rahmen des Verhandlungsprozesses. Wenn das *Ergebnis* dagegen mehr oder weniger vorgegeben ist, fällt die ZOPA entsprechend enger aus. Die ZOPA wird zudem durch den *Grad der Verhandlungsbereitschaft* der Parteien bestimmt. Deshalb sollten wir möglichst den «Drohpunkt», an welchem die Verhandlungen scheitern würden, in Erfahrung bringen. Dieser steckt den maximalen Verhandlungsspielraum ab.

Welches ist nun das **Verhältnis von MAPP und ZOPA**? Die **MAPP** gibt die von uns angestrebte maximale, realistischerweise zu verwirklichende Position – eben unsere «Maximum Plausible Position» – wieder. Sie ist geprägt von unseren Interessen und Zielen und bildet den Ausgangspunkt wie auch den «Leitstern» unserer Verhandlungen. Die **ZOPA** hingegen dient dazu, den Verhandlungsgegenstand in einer sinnvollen Weise abzustecken und sicherzustellen, dass die MAPP plausibel ausfällt. So macht es schlicht keinen Sinn, der anderen Partei Vorschlag um Vorschlag zu unterbreiten, der für sie *a priori* nicht in Frage kommt. *Unsere Strategie und Taktik richten wir jedoch auf die MAPP aus.* Beide – die MAPP und die ZOPA – verändern sich zwangsläufig im Laufe der Verhandlungen. Die MAPP bleibt dabei stets (höchstens) eine Teilmenge der ZOPA, da sie sich prioritär nach unseren plausiblen maximalen Forderungen und nicht nach den «tieferhängenden Früchten» der ZOPA richtet. Kurzum: Bei der MAPP gilt, «das wollen wir möglichst erreichen», bei der ZOPA «… und hier dürfte eine Einigung möglich sein – aber versuchen wir dennoch, unsere MAPP zu realisieren!»

Aktuelle ZOPA: Einzelfallweise Zusammenarbeit, lockere Kooperation

Unsere MAPP: Zusammenarbeit, idealerweise *strategische Kooperation*

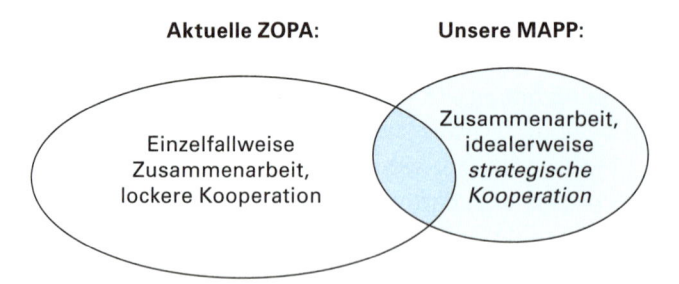

Abb. 20 – Verhältnis zwischen ZOPA und MAPP

Lassen Sie mich das Verhältnis von MAPP und ZOPA anhand des folgenden Beispiels verdeutlichen: Wir berieten einen Schweizer Lebensmittelproduzenten, der seine Produktpalette vermehrt vegetarisch ausrichten wollte. Er suchte die Kooperation mit einem deutschen Hersteller von pflanzlichen Ausgangsstoffen und Teilprodukten. Unser Kunde strebte eine *strategische Kooperation* an, in der beide Parteien in Bezug auf bestimmte Produktebereiche exklusiv zusammenarbeiten würden. Ersten unverbindlichen Gesprächen mit dem deutschen Hersteller entnahm er, dass dies auch dessen Interessen entsprach. Dies bildete unsere MAPP, die sich nach unserer

Auffassung weitgehend mit der ZOPA deckte. In den darauffolgenden, noch immer relativ allgemein geführten Gesprächen auf strategischer und technischer Ebene wurde diese Vision vertieft. Um mehr Verbindlichkeit in die Verhandlungen zu bringen, insbesondere in Bezug auf die strategische Kooperation, stellten wir dem deutschen Verhandlungspartner einen Letter of Intent (LoI) zu, der verschiedene Bereiche und Stufen der Zusammenarbeit, insbesondere aber auch eine strategische Zusammenarbeit, vorsah. Als jedoch in der von diesem stark überarbeiteten Version des LoI nur eine *lockere Kooperation* vorgesehen war und der deutsche Hersteller diese Intention in Folgegesprächen bekräftigte, mussten wir die ZOPA (zumindest vorübergehend) anpassen. Die langfristige MAPP änderte sich für uns jedoch nicht. Unsere MAPP-Strategie zielte nämlich darauf hin, über erfolgreiche Einzelprojekte und einen regelmässigen wissenschaftlichen Austausch in einem späteren Zeitpunkt zu einer strategischen Kooperation zu gelangen. Die ersten Projektaufträge erfolgten jedoch auf der Basis von Produktbestellungen und -lieferungen.

Komplexe Verhandlungen werden gerne überladen, da man in zu kurzer Zeit zu viel erreichen will. Dies schafft unnötigen Zeit- und Erfolgsdruck und führt am Ende zu unbefriedigenden Lösungen oder gar zum Scheitern der Verhandlungen.

Sofern trotz intensiver Verhandlungen immer noch grössere Differenzen bestehen, die Parteien jedoch die Verhandlungen erfolgreich abschliessen möchten, muss gegebenenfalls das **Verhandlungsziel revidiert** werden:[754]

- Dies kann beispielsweise durch eine **Staffelung der Verhandlungen** erfolgen: Gerade komplexe und konfliktbeladene Situationen werden oft so angegangen, wobei zunächst der *Verhandlungsprozess und mögliche Etappenziele* festgelegt und anschliessend die *Themen* in verschiedenen Verhandlungsrunden nach und nach aufgearbeitet werden. Die entsprechenden *Verhandlungsbereiche* werden so gewählt, dass ein Durchbruch in den Verhandlungen wahrscheinlich erscheint. Dabei werden die konkreten Verhandlungspositionen der Parteien erläutert und diskutiert, um das gegenseitige Verständnis zu erhöhen und Raum für neue Verhandlungslösungen zu schaffen. Anschliessend werden diese verhandelt und die Resultate schriftlich festgehalten. Diese Schritte können anlässlich derselben Verhandlung oder in aufeinanderfolgenden Verhandlungen erfolgen.[755] Dann folgt die Verhandlung des nächsten Verhandlungsbereichs.

- Indem die *Lösung stufenweise erarbeitet* wird, wird auch die Gefahr des Scheiterns reduziert. Dabei legen die Parteien unter anderem fest, welche Bedingungen für die nächste Verhandlungsstufe erfüllt sein müssen. Dies sichert ein «Geben und Nehmen» und verhindert, dass rasch einseitig Zugeständnisse

> Komplexe Verhandlungen werden oft überladen: Man will in zu kurzer Zeit zu viel erreichen.

---

754 Dass Projekte gerne an zu grossen Erwartungen oder zu grosser Komplexität scheitern, wird auch in Kapitel V.D.1.2 gezeigt.
755 Vgl. auch Kapitel V.A.4.2.

gemacht werden müssen. Oftmals macht es zudem von der Sache her, aber auch verhandlungstaktisch, wenig Sinn, eine bestimmte Frage bereits in einem frühen Zeitpunkt der Verhandlungen zu klären, bevor nicht andere Fragen bereinigt wurden.[756]

- Ebenso können gewisse Bereiche, in denen momentan keine Lösung gefunden werden kann, zunächst von einer Vereinbarung völlig ausgeklammert werden (**«Carve out»** von Knackpunkten). Diese können bei Bedarf später verhandelt werden, wenn die Parteien andere Punkte bereinigen und Vertrauen aufbauen konnten; anders als bei der Staffelung ist die Verhandlung dieser Punkte jedoch nicht unbedingt geplant.

- Eine Revision des Verhandlungsziels kann auch darin bestehen, statt einer ausformulierten Vereinbarung zunächst ein **Memorandum of Understanding** abzuschliessen (Revision des formellen Verhandlungsziels), wo das grundlegende Verständnis der Parteien festgehalten wird. Anschliessend können sich die Parteien an eine Verhandlung des konkreten Vereinbarungsinhalts machen, wozu wiederum die aufgeführten Optionen bestehen, um die unterschiedlichen Parteivorstellungen und -interessen in Einklang zu bringen.

- Je nach Interessenlage und Vertrauensverhältnis ist jedoch der Abschluss einer Vereinbarung zwischen den Parteien kein realistisches Verhandlungsziel. Dann müssen **andere Verhandlungsziele** gesucht werden wie etwa, einen regelmässigen Dialog zustande zu bringen, in dem sich die Partien austauschen und im Gespräch bleiben können. Das Ziel kann auch die Förderung des gegenseitigen Verständnisses sein, um zu verstehen, welches die Interessen der Parteien sind, und dass diese berechtigt sind. Damit werden wie bereits in Ziff. 3.1 gezeigt weitere, auch sachbezogene Verhandlungen, und später Lösungen überhaupt erst möglich gemacht.

Diese Verhandlungsmethoden werden häufig bei heiklen politischen Verhandlungen eingesetzt, eignen sich aber auch bei wirtschaftlichen Verhandlungssituationen:

> So verhandelten die Alliierten auf der Konferenz in Jalta am 3. Februar 1945 die grossen Grundsatzfragen wie die Verhinderung weiterer Kriege mit Deutschland, den Kriegseintritt der Sowjetunion gegen Japan, sowie die Grundsätze der Nachkriegsordnung. Viele Fragen wurden jedoch auf später verschoben oder zur Lösung an Kommissionen oder Task Forces delegiert.[757] Auch in Schadenverhandlungen werden

---

[756] Der anderen Partei kann beispielsweise mitgeteilt werden, es mache wenig Sinn, diese Frage bereits jetzt zu beantworten. Zuerst müssten noch andere Fragen geklärt sein, die dann einzeln aufgeführt werden.

[757] DÜLFER, Im Februar 1945 trafen sich Churchill, Roosevelt und Stalin auf der Krim, NZZ online vom 4. Februar 2020.

oft zunächst die grundsätzlichen Positionen erläutert und mit Fragen geklärt, ohne dass jeweils gleich punktweise eine Einigung erzielt wird. Erst wenn das Gesamtbild klarer geworden und allenfalls auch in Erfahrung gebracht wurde, wo jede Partei Verhandlungsspielraum hat, machen sich die Parteien daran, die konkrete Verhandlungslösung zu erarbeiten.

Mittels Staffelung der Verhandlungen gingen auch die USA und China 2019 die Beilegung ihres Handelsstreits an.[758] Dabei einigten sich die USA und China auf ein mehrstufiges Vorgehen. Nach einem Treffen mit dem chinesischen Vizeministerpräsidenten Liu He sagte Präsident Donald Trump gegenüber Reportern, man sei zu einem sehr substanziellen Phase-eins-Deal gekommen: Das Abkommen solle erste Zugeständnisse Chinas für einen besseren Schutz amerikanischer Eigentumsrechte und beim Marktzugang für US-Finanzdienstleister bringen, sowie vor allem mehr chinesische Käufe von US-Landwirtschaftsprodukten. Fortschritte seien auch in Währungsfragen gemacht worden, wo die USA China seit langem Wechselkurspflege zur Begünstigung der eigenen Exportwirtschaft vorwarfen. Zudem sei man auch beim Thema erzwungener Technologietransfer vorangekommen. Noch nicht entschieden sei dagegen, ob die ebenfalls seit einiger Zeit für den 15. Dezember geplante Einführung eines US-Zolls von 15% auf chinesischen Waren von zusätzlichen rund USD 200 Mrd. ebenfalls ausgesetzt werde. Trump begründete das mehrstufige Vorgehen damit, dass die Verhandlungsmasse so umfassend sei, dass es Sinn mache, sich in mehreren Phasen darum zu kümmern. Sobald die erste Phase abgeschlossen und unterzeichnet sei, werde man die nächste Verhandlungsrunde beginnen. Nicht Gegenstand dieser ersten Phase war der chinesische Technologiekonzern Huawei. Die USA verboten US-Firmen anfangs 2019 aus Sicherheitsgründen faktisch, mit Huawei Handel zu betreiben. Trump tönte allerdings immer wieder an, dass er zur Schonung von Huawei bereit sei, wenn ihm China anderweitig entgegenkomme. Trumps Handelsbeauftragter Lighthizer betonte jedoch, die Sache werde separat und nicht im Rahmen der Handelsgespräche geregelt. Damit behielten die USA offensichtlich ein Faustpfand für die anstehenden Verhandlungsrunden in der Hand.

Mehrstufige Verhandlungen können im Wirtschaftsbereich darin bestehen, zuerst die grundsätzlichen Verhandlungsinteressen und insbesondere die technischen Aspekte eines potentiellen «Deals» abzugleichen, bevor die Verhandlungen von Rechts- und Detailfragen folgen. In komplexen Schadenfällen wird oft zunächst die Verantwortung der verschiedenen Parteien am Schadenfall gutachterlich geklärt (Haftung), bevor dann das Schadenausmass (Quantum) diskutiert wird.

Der Verhandlungserfolg wird begünstigt, wenn die Parteien frühzeitig **kompatible Vorstellungen** in Bezug auf das Verhandlungsziel entwickeln. Diese herauszufinden, ist beispielsweise der Gegenstand von **Vorgesprächen**, der **Analyse**

---

[758] Vgl. Lanz, Die USA und China erzielen im Handelsstreit einen «Mini-Deal», NZZ online vom 12. Oktober 2019.

vor Beginn von Verhandlungen oder dann der Gespräche während der Eröffnungsphase der Verhandlungen.[759] Gerade bei komplexeren Verhandlungen sind Sondierungsgespräche, allenfalls unter Einbezug von Vermittlern, üblich. Dabei werden vor Beginn der formellen Verhandlungen die Hauptpunkte wie der Anwendungsbereich des Abkommens, mögliche wesentliche Vereinbarungselemente *(essentiali negotii)*, allfällige Vorbedingungen und Leitplanken sowie verhandlungstechnische Fragen und der mögliche Verhandlungsablauf informell angesprochen, um die wesentlichen Vorstellungen und Erwartungen der Parteien in Erfahrung zu bringen und potentielle Lösungen anzudenken. Ansonsten sind Enttäuschungen vorprogrammiert.

> Dabei ist folgendes Beispiel illustrativ: Im Rahmen der Verhandlungen der Schweiz mit der EU über ein Rahmenabkommen zu den bilateralen Beziehungen fand am 12. Juni 2019 ein Arbeitsessen zwischen den Spitzen der EU-Verhandlungsdelegation, Christian Leffler sowie Richard Szostak und dem Chefunterhändler der Schweiz, Roberto Balzaretti, statt. Die EU-Beamten erwarteten, dass die Schweiz *ausformulierte Vorschläge* für den letzten Feinschliff am Rahmenabkommen vorlegen würde, über die man rasch befinden könnte. Der Schweizer Bundesrat hatte jedoch seinem Chefunterhändler für das Treffen mit seinen Gegenüber der EU kein Verhandlungsmandat erteilt, sondern ihm aufgetragen, die Position der Schweiz zu *erläutern*. Dies vor dem Hintergrund, dass zunächst ein Konsens mit den Parteien und Gewerkschaften über mögliche Lösungen erzielt werden sollte. Die Schweiz hatte mit einem «Top down»-Ansatz – den die EU-Unterhändler erwarteten – im Vorjahr schlechte Erfahrungen gemacht. Die Gewerkschaften hatten sich übergangen gefühlt und daraufhin im Bereich Arbeitsmarktzulassungen die Verhandlungen blockiert. Dies wollte der schweizerische Bundesrat vermeiden. Die EU fühlte sich jedoch brüskiert und befand, man verhandle zunächst die Lösung und bringe dann die innenpolitischen «Stakeholder» auf Kurs. Sie verlängerte in der Folge die Börsenäquivalenz (Anerkennung der Schweizer Börse für EU-Börsentransaktionen) nicht, um der Schweiz, wie sie ausdrücklich mitteilte, einen «Schuss vor den Bug» abzufeuern und Druck zu erzeugen. Im Vorjahr hatte die EU die Börsenäquivalenz nur provisorisch verlängert, um sich bei den Verhandlungen ein Druckmittel in die Hand zu geben.[760]

4.3 Vorbedingungen

Bei der Verhandlungsvorbereitung ist weiter zu fragen, ob allenfalls Vorbedingungen für die Aufnahme von Verhandlungen bestehen und formuliert werden sollten. Vorbedingungen sind allerdings ein zweischneidiges Schwert: Einerseits setzen sie ein Zeichen der Stärke und demonstrieren Verhandlungsmacht.[761] Sie

---

759 Vgl. dazu Kapitel V.A.
760 Vgl. Häfliger/Stephan, Das grosse Missverständnis, Der Bund vom 22. Juni 2019.
761 Vgl. dazu auch Kapitel IV.F.2.

stellen ein Ultimatum dar, werden die Verhandlungen doch gar nicht erst aufgenommen, wenn die andere Partei nicht vorgängig bestimmten Bedingungen zustimmt. Andererseits beschränken sie damit erheblich den Verhandlungsspielraum und bergen die **Risiken**, welche allen Ultimaten innewohnen.[762]

Vorbedingungen sind deshalb vor allem dann **sinnvoll**, wenn sie gewisse Leitplanken schaffen, ohne welche die Verhandlungen völlig ausufern oder mangels einer gemeinsamen Grundlage scheitern würden. Sie helfen diesfalls, die ZOPA zu definieren. Vorbedingungen können beispielsweise darin bestehen, dass die Entscheidträger am Tisch sitzen müssen. Oder dass als Zeichen des guten Willens zumindest eine erste Anzahlung an die Restschuld geleistet wird, nach einer Arbeitsniederlegung die Arbeit wieder aufgenommen wird, gewisse ausstehende Dokumente geliefert werden, Gefangene freigelassen werden – den Möglichkeiten sind keine Grenzen gesetzt.

Vorbedingungen können Leitplanken schaffen, ohne welche die Verhandlungen völlig ausufern oder mangels einer gemeinsamen Grundlage scheitern.

> So stellte der russische Präsident Vladimir Putin vor der Neuaufnahme von Verhandlungen mit dem ukrainischen Präsidenten Wolodimir Selenski in Paris im Dezember 2019 Vorbedingungen, damit das Treffen überhaupt stattfinden konnte. Diese bestanden darin, dass die Ukraine in den abtrünnigen Regionen Donezk und Luhansk Wahlen und eine Abstimmung über den Sonderstatus dieser Regionen durchführen müsse, der definitiv werde, wenn die Wahlen internationalen Standards genügten. Die Ukraine dagegen hatte sich selber «rote Linien» auferlegt, welche bei den Verhandlungen mit den Russen nicht überschritten werden durften, und diese im Vorfeld der Verhandlungen öffentlich kommuniziert. Dazu gehörten etwa der Status der Halbinsel Krim, die Aufrechterhaltung der internationalen Verfahren gegen Russland, unter anderem wegen der Krim, und die Bedingung, dass keine Wahlen vor dem Rückzug der russischen Truppen hinter die Ländergrenzen stattfinden würden.[763] Solche Vorbedingungen werden von den Entscheidungsträgern auch öffentlich gerne verkündet, um von den eigenen Stakeholdern die nötige Rückendeckung zu erhalten und dem eigenen Verhandlungsteam straffe Zügel anzulegen.

Auch in kommerziellen Verhandlungen treffen wir immer wieder die Situation an, dass eine Partei einleitend bemerkt, die Verhandlung würde nur Sinn machen und könnte nur dann überhaupt aufgenommen werden, wenn vorab gewisse Zugeständnisse gemacht (beispielsweise in Schadenverhandlungen: Vorlage einer Haftungsanerkennung) oder gewisse Forderungen *a priori* aufgegeben würden. Meist kann die Partei davon überzeugt werden, dass solche Vorbedingungen einer **konstruktiven Verhandlung entgegenstehen** und die entsprechenden Anliegen Teil einer Gesamtlösung sein sollten. Demgegenüber kann durch die **Vorabbereinigung** gewisser Positionen die Situation so geklärt wer-

---

762 Vgl. dazu Kapitel III.C.2.3, VI.A.6 und V.D.2.6.
763 Vgl. Ackeret, Selenski will Frieden im Donbass, NZZ vom 6. November 2019.

den, dass Vertrauen entsteht und die Verhandlungen unbelastet weitergehen. Steht beispielsweise der Vorwurf im Raum, die eine Partei habe die andere «betrogen», so sollte dieser zuerst ausgeräumt werden, bevor die Verhandlungen weitergeführt werden, da sonst das Verhandlungsklima so vergiftet ist, dass kaum eine Einigung erwartet werden kann.

> Dass Vorbedingungen Verhandlungen wie Ultimaten blockieren können, erlebte ich bei Schadenersatzverhandlungen in Zusammenhang mit einem Grossprojekt in Zürich: Die Bauherrschaft wollte in den Verhandlungen mit dem von mir vertretenen Generalunternehmer unbedingt eine Mängelpendenz zwischen den Parteien, die sich auf ein weiteres (kleineres) Projekt in Bern bezog, mitbehandelt und -erledigt haben und sah dies als Vorbedingung für eine einvernehmliche Regelung im Zusammenhang mit dem Projekt in Zürich. Wir stellten gerade die gegenteilige Vorbedingung auf. In der Folge einigten sich die Parteien darauf, an der nächsten Sitzung zwar auch das Projekt in Bern anzusprechen, die Einigung über den Schadenersatz im Zusammenhang mit dem Grossprojekt in Zürich jedoch nicht von einer solchen hinsichtlich des Projekts in Bern abhängig zu machen. Allerdings sollte als Teil der Vereinbarung das weitere Vorgehen in Bezug auf Letzteres (etwa in Form eines gemeinsamen Gutachtens) verbindlich geregelt werden. Damit waren nach einigem Hin und Her beide Parteien einverstanden. So konnte die Blockade überwunden und schliesslich in beiden Fällen eine einvernehmliche Regelung erzielt werden.[764]

Nicht von eigentlichen Vorbedingungen sprechen wir, wenn bereits zu Beginn der Verhandlung gewisse für eine Partei **zentrale Punkte** («Must haves») aufgebracht werden. Anders als Vorbedingungen müssen diese von der anderen Partei nicht vorab anerkannt werden, damit die Verhandlungen aufgenommen werden können. Wie in Kapitel 3.2 gezeigt, werden damit einerseits Leitplanken für die Verhandlung gesetzt, und anderseits falsche Erwartungen vermieden und die Verhandlungen effizienter gestaltet. So können wir beispielsweise der anderen Partei zu Beginn von Verhandlungen über den Abschluss einer technischen Kooperation signalisieren, dass wir zwingend eine Lizenz zu dieser Technologie

---

764 Zu diesem Vorgehen war ich von Henry Kissinger inspiriert worden. Er schildert in seinem Werk «On China», wie im Zuge der politischen Annäherung der USA und China im Jahr 1971 beide Parteien Vorbedingungen gestellt hatten: China wollte vorgängig unbedingt eine Zusicherung der USA zum Prinzip, dass Taiwan zu China gehöre («Ein China-Prinzip»), was die USA nicht akzeptieren konnten. Die USA dagegen wollten von China die Zusicherung, dass es die Taiwan-Frage gewaltfrei regeln würde, was China ablehnte. Schliesslich einigten sich die Parteien, *dass jede Partei frei war, das eine oder andere dieser Themen anzusprechen, dass dies jedoch (wenn überhaupt) nicht zu Beginn der Verhandlungen erfolgen müsse.* So konnte der gordische Knoten durchtrennt und konnten die Gespräche von den entsprechenden vormaligen Vorbedingungen befreit werden, was diese überhaupt erst möglich machte (vgl. KISSINGER, On China, S. 248 ff.; die Parteien einigten sich dann sogar darüber, dass im Sinne einer «Umkehrverbindung» [«linkage in reverse»] das Ein China-Prinzip nur angesprochen würde, wenn auch eine Diskussion der Art der Regelung der Taiwan-Frage erfolgen würde [Kissinger, a.a.O., S. 249]).

benötigen, die vertragliche Haftung der Parteien begrenzt sein muss und die Vertragspolicy unserer Unternehmung für die Regelung des Gerichtsstands wie auch des anwendbaren Rechts gewisse Grundsätze vorsieht. In Schadenersatzverhandlungen können wir darauf bestehen, dass eine umfassende Streitbeilegung getroffen werden muss. Auch können Vorbedingungen vorsehen, dass eine bestimmte Forderung oder ein bestimmtes Thema gerade nicht Teil der Verhandlungen sein werden («Carve out»), oder dass der Verhandlungsgegenstand stufenweise verhandelt werden soll. Auch wenn solche Einschränkungen des Verhandlungsthemas bei kooperativen Verhandlungen stets mit Zurückhaltung vorzunehmen sind, können sie aus den erwähnten Gründen sowie zur Vermeidung der Überfrachtung des Verhandlungsgegenstandes und -prozesses durchaus Sinn machen.

Vorbedingungen, die nicht absolut formuliert werden, kommt schliesslich oft die Funktion des **«Ankerwerfens»** zu. Diesbezüglich wird auf Kapitel V.D.1.5 verwiesen.

4.4 Abhängigkeiten, Verflechtungen und Rückkoppelungen

Auch auf der Sachebene stellt sich die Frage nach den bestehenden und möglichen Abhängigkeiten, Verflechtungen und Rückkoppelungen.[765] Sie ist meist eng mit jener in Bezug auf die Beziehungsebene verbunden.[766]

Abhängigkeiten, Verflechtungen und Rückkoppelungen komplizieren die Verhandlungen und können sie einerseits gar gänzlich unattraktiv machen. Anderseits kann eine Partei aufgrund von Abhängigkeiten in einen schlechten «Deal» gezwungen werden – mit den besprochenen Auswirkungen von Vereinbarungen, die unter übermässigem Druck zustande gekommen sind.[767]

Verflechtungen, Abhängigkeiten und Rückkoppelungen sind jedoch nicht nur vorbestehend, sie werden auch durch die Verhandlungen und insbesondere bei Abschluss einer Vereinbarung **neu geschaffen**. Dies gilt es in der Vorbereitung, aber auch im Rahmen der Verhandlungsführung zu beachten. So können etwa Exklusivitätsvereinbarungen mit Kunden oder Zulieferern die Geschäftsmöglichkeiten beschränken und neue Abhängigkeiten schaffen. Oder unsere Arbeit für eine bestimmte Unternehmung oder Organisation polarisiert die Öffentlichkeit, was gewisse andere Unternehmen davon abhalten kann, mit uns zu arbeiten.

Abhängigkeiten, Verflechtungen und Rückkoppelungen komplizieren die Verhandlungen und können sie unattraktiv machen.

---

765 Zum sogenannten «Abhängigkeitsdilemma», siehe auch GLASL, Konfliktmanagement, S. 422 f.
766 Vgl. dazu ausführlicher Kapitel IV.B.1 und V.A.3.2.
767 Vgl. dazu die Kapitel III.B.2 und 3.

4.5 Rechtliche Rahmenbedingungen

Wichtig ist zudem, frühzeitig in den Verhandlungen die rechtlichen Leitplanken der Vertragsverhandlungen und -gestaltung zu eruieren. Gerade für Vertrags- oder Vergleichsverhandlungen ist die Sachverhalts- und Rechtsanalyse von zentraler Bedeutung. Sie wird durch die interne Rechtsabteilung oder externe Anwältinnen und Anwälte vorgenommen. Im internationalen Umfeld ist zudem vielfach eine lokale Rechtsberatung oder ein Rechtsgutachten zu kritischen Punkten der angedachten Vereinbarungsstruktur sowie dem Vertragsinhalt unabdingbar.

4.6 Sachliche Stärken und Schwächen sowie die Argumente der Parteien

Auch auf der Sachebene ist zu fragen, welches die Stärken und Schwächen der eigenen Position wie auch jener der anderen Partei sind.

Bei der Analyse der Interessen der Parteien gilt es insbesondere herauszufinden, was die Stärke unserer Position beziehungsweise jener der anderen Partei ausmacht: Bestehen Umstände (wie Knappheit eines Gutes, Zeitverhältnisse etc.) oder verfügt eine Partei über etwas, das die andere unbedingt will und das ihr **Verhandlungsmacht** («Leverage») verschafft? «Leverage» kann sich auch aus sachlichen und persönlichen Abhängigkeiten der anderen Partei oder aufgrund der *finanziellen und personellen* Mittel (beziehungsweise des Mangels an solchen) ergeben.[768] Solche Faktoren üben einen *massgeblichen, wenn nicht gar entscheidenden Einfluss auf den Verlauf und das Ergebnis der Verhandlungen* aus und sind deshalb vorgängig sorgfältig zu eruieren und in den Verhandlungen gezielt – unter Umständen auch im Sinne einer *strategischen Reserve* (vgl. dazu Kapitel V.D.2.4) – einzusetzen.

Für die Verhandlungen ist dabei nicht der effektive, sondern der von der anderen Partei *wahrgenommene* «Leverage» entscheidend. Gerne wird deshalb Verhandlungsmacht, etwa in Form von *angeblichen Alternativen und künstlichem Zeitdruck*, vorgetäuscht. So nahm mich in aufwändigen Verhandlungen um eine Industrieüberbauung einmal der Verkäufer auf die Seite und sagte mir: «Wissen Sie, Herr Dr. Wyss, ich benötige diesen Deal wirklich nicht. Entweder bewegt sich nun ihre Seite rasch oder dann schliesse ich mit einem anderen Partner ab.» Aufgrund des bereits beidseitig getätigten Aufwands sowie des Verlaufs der Verhandlungen waren wir uns jedoch sicher, dass dies ein Bluff war. Wir verhandelten genau gleich weiter wie vor dieser «Warnung» – und schlossen das Geschäft bald darauf zu den von uns gewünschten Konditionen ab.

---

768 Vgl. dazu ausführlich Kapitel IV.F.2.

Zudem gilt es in der Vorbereitung der Verhandlung die mutmasslichen Argumente der Gegenpartei in Erfahrung zu bringen oder zumindest zu antizipieren, damit diese in die Verhandlungsvorbereitung einfliessen können.

4.7 Welches ist das übrige Verhandlungsumfeld?

Die Analyse darf sich nicht nur auf die bekannten genannten Faktoren beziehen, sondern muss auch *unbekannte Faktoren* benennen, welche einen *erheblichen Einfluss* auf den Verhandlungsprozess und das Verhandlungsergebnis selber haben könnten. Dies kann Besonderheiten anderer Länder, parallellaufende Verhandlungen, Rechtsverfahren usw. umfassen.

4.8 Wer profitiert vor allem von der Vereinbarung, und wer würde von einem Vertragsbruch profitieren?

Eine weitere wichtige Frage bei der Vorbereitung der Verhandlungen ist jene des Gleichgewichts. Dabei gilt es, die *Belastbarkeit und Nachhaltigkeit* einer möglichen Vereinbarung zu prüfen. Wer würde primär von der Vereinbarung profitieren? Ist die Vereinbarung ausgewogen? Steht sie von Anfang an unter Spannung und ist die Gefahr, dass sie nicht eingehalten wird, erhöht? Dabei müssen wir uns fragen, wer von einem *Vertragsbruch* profitieren und was dieser für die Parteien bedeuten würde. Wollen wir diesen verhindern, müssen wir ihn möglichst unattraktiv machen und die Verhandlungsergebnisse **absichern**. Dazu dient insbesondere das **juristische Risikomanagement**. Dieses beschäftigt sich mit den Risiken, die mit dem Vereinbarungsgegenstand verbunden sind, und beantwortet die Frage, wie diese rechtlich effizient und effektiv abgesichert werden können.[769]

5. Beurteilung der Lage und Verhandlungsplanung

Nachdem wir im Rahmen der Analyse ein Bild der kommenden Verhandlungssituation erhalten haben, gilt es, die gewonnenen Informationen im Rahmen der Beurteilung der Lage auszuwerten und die Verhandlung konkret zu planen. Dies erfolgt im Rahmen von *Verhandlungsszenarien*, welche prognosebasiert plausible Verhandlungsabläufe aufzeigen und die Grundlage der *Planung von Handlungs- und Lösungsvarianten sowie unserer Verhandlungsstrategie und -taktik* bilden. Wie wir in Kapitel IV.H gesehen haben, sollten die Prognosen auf einer definierten Ausgangslage, bestimmten (gewichteten) Faktoren, welche diese beeinflussen, beziehungsweise Ereignissen, die nicht eintreten dürfen (Chancen und Risiken), und darauf gestützten sowie mit Wahrscheinlichkeiten versehenen Szenarien

---

[769] Vgl. dazu etwa Wyss, Juristisches Risk Management; Heussen/Pischel, Handbuch Vertragsmanagement, Teil 2, Rz. 127 ff.; Troczynski/Löhr, Verhandlungen gewinnen, S. 148 f.

basieren. Mit einer analysebasierten, bewährten Vorgehensweise und Verhandlungstechniken sowie deren regelmässiger Anpassung an neue Fakten, Erkenntnisse und Einschätzungen erhöhen wir die Chancen auf einen Verhandlungserfolg signifikant.

5.1 Bewertung der Informationen und Entwicklung von Verhandlungsszenarien

«Wäge zuerst die Lage ab, und erst dann bewege dich.»
Sun Tzu[770]

«Füchse schlagen Igel»[771]
Tetlock und Gardner[772]

Für die Entwicklung von Verhandlungsszenarien wie auch für die Verhandlungsführung kommt nicht nur dem Eruieren, sondern auch dem Bewerten und Antizipieren der effektiven Interessen, Positionen, Möglichkeiten sowie der Verhandlungsstrategie und -taktik der involvierten Parteien und Stakeholdern grosse Bedeutung zu. Die Kunst der Verhandlungsplanung besteht darin, **plausible Szenarien zu erkennen, korrekt einzuschätzen und daraus eine Verhandlungsstrategie und -taktik abzuleiten**.[773] Die Bewertung sollte dabei realistisch und *belastbar*, aber auch so *kritisch* ausfallen, dass wir nicht nur für die wahrscheinlichen, sondern ebenfalls für die uns weniger realistisch erscheinenden, aber dennoch möglichen Szenarien gewappnet sind.[774] Da sich bei Verhandlungen – anders als im Schach – auch ohne unser Zutun die Umstände meist kontinuierlich verändern, macht es wenig Sinn, mehr als zwei bis drei Züge vorauszudenken und mehr als ein paar wahrscheinliche Szenarien zu evaluieren.

Mit der Bewertung von Informationen im Hinblick auf mögliche Szenarien haben sich intensiv die Professoren Tetlock und Gardner von der renommierten Wharton University auseinandergesetzt. Die Ergebnisse ihrer jahrelangen Feldforschung haben sie in ihrem Bestseller «Superforecasting» vorgestellt.[775] Ausgangspunkt dazu war das Versagen der US-Geheimdienste im Zusammenhang mit dem zweiten Irakkrieg: Die US-Regierung war schockiert über die Tatsache, dass trotz der Versicherung all ihrer Geheimdienste, es gebe im Irak Massenvernichtungswaffen, keine solchen gefunden wurden. Sie veranstaltete deshalb

---

770 Sun Tzu/Griffith, Die Kunst des Krieges, Kapitel VII, Spruch 15.
771 *Vgl. dazu die Erklärung im nachfolgenden Text.*
772 Tetlock/Gardner, Superforecasting, S. 69.
773 Wie wir in Kapitel IV.H.2 gesehen haben, wird durch Risikoanalysen und Szenariendenken die Ungewissheit auf das *Erwartbare* reduziert.
774 Vgl. dazu näher Kapitel V.A.5.1.
775 Vgl. dazu Kapitel IV.B.1.

einen Wettbewerb, bei dem es darum ging, die verschiedensten Ereignisse kurz- oder mittelfristig korrekt vorauszusagen. Tetlock und Gardner setzten dabei auf «Forecasting»-Teams, die sich selbst organisierten, austauschten und zudem von den beiden Professoren in der Kunst der Analyse und in Bezug auf effiziente Zusammenarbeit in Teams geschult wurden. Wer dabei in seinen Prognosen besonders gut abschnitt, wurde zum «Superforecaster». Mit der Zeit setzten Tetlock und Gardner auch Teams von «Superforecastern» ein. Dabei machten sie eine interessante Entdeckung: *Die «Superforecaster»-Teams schlugen mit dem von Tetlock und Gardner entwickelten, systematischen und auf Informationsaustausch basierten Ansatz die Konkurrenten um Längen.* Viele von deren Entscheidungen, selbst jener der Geheimdienste, wurden dagegen weitgehend aufgrund von **persönlichen Ansichten und Erfahrungen** oder **Policy-Überlegungen** und nicht basierend auf der systematischen Analyse und Bewertung von Informationen getroffen. Die konkreten Verhältnisse wurden dabei ungenügend oder überhaupt nicht berücksichtigt. Dies deckt sich auch mit meiner Erfahrung im Bereich der Verhandlungsführung: So erlebe ich in Verhandlungen immer wieder, wie Parteien rein Policy-bezogen oder aus der Haltung «das wird mir nicht nochmal passieren» beziehungsweise «das hat das letzte Mal auch geklappt» entscheiden. Tetlock und Gardner nannten dies die «Igelmethode»: Der Igel kennt einen Weg durch die Hecke, und diesen verfolgt er sehr energisch, aber eben stets entlang der ihm bekannten «Routen». Dagegen sind Füchse viel vielseitiger und flexibler, was ihre Erkundung der Hecke betrifft. Die Forscher konnten nun belegen, dass «Fuchsentscheidungen», also solche, die auf einer **flexiblen und praktischen Analyse der Fakten** beruhen, wesentlich erfolgreicher als Policy-basierte Entscheidungen sind.[776]

Tetlock und Gardner entwickelten aufgrund ihrer Forschung und der Erfahrungen im Wettbewerb Grundsätze für das erfolgreiche Sammeln und Bewerten von Informationen und das Tätigen von **Vorhersagen** und zur Entwicklung von **Szenarien**. Diese können wir auch in der Planung unserer Verhandlungen einsetzen. Sie können dabei wie folgt zusammengefasst werden:

- Identifizieren Sie die genaue **Fragestellung** und brechen Sie die Problemstellung auf *einzelne Elemente* herab.
- Identifizieren Sie die *objektiven* **Fakten** («outside view first») wie allgemeine Wirtschaftsdaten, wissenschaftliche Erkenntnisse usw., und bewerten Sie sie mit einer Wahrscheinlichkeit. Diese sollte, damit die Fakten die Grundlage der Analyse bilden, möglichst klar über 66% liegen (Konfidenzintervall > 66%).

---

776 TETLOCK/GARDNER, Superforecasting, S. 68 ff.

Dabei wenden Sie die in Kapitel IV.H aufgezeigten Grundsätze der Prognosestellung an.

- Analysieren Sie die *konkreten Fakten*, welche zur Fragestellung geführt haben («inside view next»). Entscheiden Sie dabei, welche Details vorliegend relevant sind und welche nicht.

- Identifizieren Sie **Komplexitätstreiber** sowie Möglichkeiten, die Komplexität der Verhandlungen allenfalls zu reduzieren, zumindest aber zu kontrollieren. Komplexitätstreiber stellen oft *Hindernisse auf dem Weg zur Verhandlungslösung* dar. Wenn wir sie jedoch erfolgreich identifiziert haben, sind wir auch der Lösung bereits einen Schritt näher.

   In dem in Kapitel V.A.2 geschilderten Beispiel zum Abschluss eines Agenturvertrages mit einer US-Unternehmung zeigte bereits das erste Gespräch mit dem US-Agenten und dessen US-Rechtsvertreter, wo die Komplexitätstreiber und Hindernisse liegen: Einerseits waren dies das US-amerikanische Rechtssystem, welches erhebliche Rechtsunsicherheit und Risiken bei Haftungsfällen birgt. Dabei drohen potentiell sehr hohe Schadenersatzzahlungen für den Schweizer Hersteller. Anderseits kannten der US-Agent und sein Anwalt die vertragliche Gesamtsituation und insbesondere den Vertrag der Schweizer Unternehmung mit den US-Endkunden nicht. Das erste Hindernis konnte unter anderem durch die Ausgestaltung der Versicherungsdeckung, das zweite durch jene des Mustervertrages mit dem Endkunden sowie durch die Aufklärungsarbeit gegenüber dem US-Agenten und dessen Rechtsvertreter bereinigt werden. Schliesslich konnte die Schweizer Unternehmung mit ihrem US-Agenten auch eine Haftungsfreistellung in vertretbarem Umfang eingehen und den Agenturvertrag abschliessen. Dazu war das Verständnis der Komplexitätstreiber entscheidend.

- Entwickeln Sie *Thesen, Antithesen und Synthese*. Denken Sie dabei in **Szenarios.**[777] Besprechen Sie diese kritisch intern im *Team*, testen Sie sie mit Kollegen und externen Personen. Legen Sie dabei Wert auf Präzision und *vermeiden Sie Denkfehler*. Ein besonders häufiger Fehler ist dabei, von der Vergangenheit oder aus persönlichen Erfahrungen undifferenziert auf die Zukunft zu schliessen. Berühmt sind die Einschätzungen des begeisterten Reiters Kaiser Wilhelm II., der voraussagte, Autos würden sich nie durchsetzen, oder des Grossrechnerherstellers IBM in den Sechzigerjahren, niemand wolle einen eigenen Computer bei sich zu Hause. Deshalb sind die Bewertungen im Lichte der häufigsten **Denkfallen** gegenzuprüfen.[778] Zudem müssen mögliche **Störfaktoren** antizipiert und mit einbezogen werden. Die dabei verwendeten Prognosen sollten nichttrivial, objektiv und valide sein.[779] Die Szenarios sollten *möglichst einfach*,

---

[777] Vgl. dazu Kapitel V.A.5.1.
[778] Vgl. dazu Kapitel IV.B.2.
[779] Vgl. dazu Kapitel IV.H.

logisch, konsistent und ohne relevante Widersprüche sein und die *Verhandlungsumgebung* auf allen fünf Verhandlungsebenen sowie relevante *Rückkoppelungen und Unsicherheiten* berücksichtigen.

- Überprüfen und **bewerten** Sie die Szenarien.[780]
- Tetlock und Gardner empfahlen zudem, die Fakten, die Analyse und auch die darauf entwickelten Szenarios *regelmässig aufzudatieren («update regularly»)*[781]. Wir können diesbezüglich von einer **rollenden Prognose und Planung** sprechen. Dies ist ein zentrales Element der dynamisch-flexiblen Verhandlungsführung.

Bei der Prognosestellung sind zudem zwei weitere Aspekte zu berücksichtigen:

- Wie wir in Kapitel III.C.1 gesehen haben, spielt die **Dynamik** hinter den Verhandlungen eine wichtige Rolle. Bei der Untersuchung der Dynamik sind dabei stets *sämtliche Verhandlungsebenen* miteinzubeziehen.
- Schliesslich können wir auch mit der besten Analytik nicht ausschliessen, dass sich die Ereignisse völlig anders entwickeln, als wir trotz grösster Sorgfalt prognostiziert haben. Dies ist nicht nur eine Erkenntnis aus der Chaostheorie;[782] unsere Wahrnehmung schliesst gewisse Ereignisse aufgrund unseres beschränkten Erfahrungshorizontes schlicht aus – wie einen schwarzen Schwan («Black Swan»). Das **Black Swan-Konzept** wurde vom Risikoanalysten Nassim Nicholas Taleb in seinen Bestsellern *Narren des Zufalls* und *Der schwarze Schwan* (2007) präsentiert. Gemäss Voss geht der Begriff jedoch bereits auf das 17. Jahrhundert zurück, als sich Menschen nur weisse Schwäne vorstellen konnten – bis im Jahr 1697 in Westaustralien ein schwarzer Schwan entdeckt wurde.[783] Laut Taleb symbolisiert der schwarze Schwan die Problematik von Vorhersagen aufgrund bisheriger Erfahrungen. Ebenso können Informationen, die wir uns nie vorgestellt hätten, die gesamte Verhandlungssituation auf den Kopf stellen. Wenn wir beispielsweise wüssten, dass die andere Partei aus gewissen, vorderhand noch verborgenen Gründen wie handfesten Beweisschwierigkeiten diesen Fall nie vor Gericht bringen würde, beeinflusst dies offenkundig unsere Risikoeinschätzung und unseren Drohpunkt. Diese unbekannten Fakten sind schwarze Schwäne. Wenn wir schwarze Schwäne ausfindig machen können, verändert sich die Verhandlungsdynamik nachhaltig zu unseren Gunsten.[784]

---

780 Vgl. Kapitel IV.H und nachstehend.
781 TETLOCK/GARDNER, Superforecasting, S. 185 f.
782 Vgl. dazu Kapitel IV.H.
783 Vgl. Voss, Kompromisslos Verhandeln, S. 258.
784 Vgl. dazu ausführlich Voss, Kompromisslos Verhandeln, S. 258 ff.; TETLOCK/GARDNER, Superforecasting, S. 237 ff. – Voss bemerkt dazu zu Recht, dass schwarze Schwäne grosse Hebelwirkung haben; vgl. Voss, a.a.O., S. 264. Zur Hebelwirkung im Allgemeinen, siehe Kapitel IV.F.2.

Das Durchspielen von Verhandlungsszenarien («Sandkastenspiele») hilft uns, die eigene Verhandlungsplanung zu überprüfen und unser Verhandlungsteam fit für die anstehenden Verhandlungen zu machen.

Wie die Analyse von Informationen im Verhandlungsbereich in Zukunft erfolgt, wenn die Transparenz aufgrund öffentlich zugänglicher persönlicher und beruflicher Informationen noch weiter zunimmt[785] und diese mittels künstlicher Intelligenz ausgewertet werden, ist kaum abzuschätzen. Es bedarf jedoch wenig Phantasie vorauszusagen, dass die künstliche Intelligenz auch in diesem Bereich revolutionäre Fortschritte bringen und die Treffsicherheit von Prognosen markant verbessern wird. Im Bereich Business Intelligence bestehen zudem bereits heute ausgereifte Analysetools, welche auf künstlicher Intelligenz beruhen und unvorstellbare Datenmengen zu durchsuchen und strukturieren vermögen.

5.2 Festlegung der Verhandlungsstrategie und -taktik (Entschlussfassung)

> «Die eigenen Massnahmen müssen sich notwendigerweise
> an die Pläne des Gegners anpassen.»
>
> Sun Tzu[786]

5.2.1 Strategieentwicklung

Nach der Analyse der erwähnten Faktoren und der Erarbeitung von Verhandlungsszenarien werden die näheren Verhandlungsziele sowie die Verhandlungsstrategie – unser «Game Plan»[787] – festgelegt. Es geht dabei darum, zu definieren, mit welchen *Verhandlungstechniken* und *Mitteln* wir unser Verhandlungsziel erreichen (Verhandlungstaktik), und wie wir diese *planmässig koordiniert und zielorientiert* zum Einsatz bringen. Gleichzeitig gilt es, die möglichen Auswirkungen unseres Handelns zu berücksichtigen und die Verhandlungsstrategie und -taktik der anderen Partei zu antizipieren.[788]

Das Ziel der Verhandlungsplanung ist, eine **«Maximum Plausible Position»-Strategie (MAPP-Strategie)** zu entwickeln, das heisst eine Strategie, mit welcher mit grösstmöglicher Wahrscheinlichkeit die maximale eigene Position verwirklicht werden kann.[789] Die MAPP sollte stets optimistisch, aber realistisch sein und nur dann angepasst werden, wenn uns neue Informationen dazu zwingen,

---

785 Etwa aufgrund von Firmeninformationen, Publikationen, geschäftlichen Netzwerken wie LinkedIn oder Xing, oder von Facebook-, Instagram-, WhatsApp-Einträgen etc.
786 SUN TZU/GRIFFITH, Kapitel XI, Spruch 56; Griffith übersetzt den Spruch mit «Der Haken an militärischen Massnahmen ist die Notwendigkeit, sich an die Pläne des Gegners anzupassen.» Für das vorliegende Buch scheint mir die eigene Wiedergabe des Spruchs, die dessen Kerngehalt übermitteln soll, hilfreicher.
787 Vgl. dazu Kapitel III.E.1. und III.F.
788 Vgl. dazu näher Kapitel V.A.2.
789 Vgl. zur Planung beziehungsweise zum Planungsziel auch HEUSSEN/PISCHEL, Handbuch Vertragsmanagement, S. 105, beziehungsweise Planungs- und Verhandlungsphasen, S. 186 ff. und nachstehend; RÖHL, Verhandlungstechnik für Juristen, Skript 2002, S. 68 ff.

etwa weil wir im Verlauf der Verhandlungen die Interessen und Position der anderen Partei anders einschätzen müssen. Das dabei festgelegte **Verhandlungsziel** sollte gemäss Schranner **SMART** sein: spezifisch, messbar, akzeptierbar, realistisch und zeitlich begrenzt.[790]

Um möglichst interessenorientiert verhandeln zu können, sollten wir uns trotz der nunmehr detaillierteren Vorbereitung und Planung bei den Verhandlungszielen *genügend Spielraum* lassen und die *Interessen der anderen Partei* mitberücksichtigen. Nur wer offen ist für konstruktive Lösungsvorschläge der anderen Partei, macht den Weg frei für echte und langfristige kooperative Lösungen. Deshalb sollten wir im Vorbereitungsstadium nicht nur die **eigenen, sondern auch die gemeinsamen Interessenfelder** der Parteien identifizieren. Je mehr «Must haves» wir dagegen festlegen, desto schwieriger wird die Einigung auf eine gemeinsame Verhandlungslösung.

Die Wahl unserer Verhandlungsstrategie hängt von den *Ergebnissen unserer Analyse* und dabei regelmässig von folgenden Faktoren ab, wobei diese je nach Ausgangslage unterschiedliche Priorität geniessen:[791]

- *Verhandlungskontext und -interesse:* Was ist unser Verhandlungsziel (MAPP)? Welche Vorgaben und Erwartungshaltungen der Stakeholder bestehen? In welchem Verhandlungskontext bewegen wir uns? Befinden wir uns in Vertragsverhandlungen über ein Projekt oder in einer gerichtlichen beziehungsweise aussergerichtlichen Vergleichssituation? Wie wichtig ist uns und dem Partner die Vereinbarung? Handelt es sich um einmalige oder wiederkehrende Verhandlungen?
- Was ist der Verhandlungskontext, was ist das Verhandlungsinteresse aus Sicht der *anderen Partei*?
- Welche *persönliche Beziehung* haben wir zur anderen Partei? Welche Erfahrung haben wir mit ihr in der Vergangenheit gemacht?
- Wie ist die *Verhandlungsmacht* («Leverage») verteilt? Welche *Mittel* zur Zielerreichung stehen den Parteien zur Verfügung?[792]
- Wie soll die Beziehung zur anderen Partei und weiteren Key Player *nach der Verhandlung* aussehen?

---

790 SCHRANNER, Verhandlungsführung, S. 26 ff.; DERS., Verhandeln im Grenzbereich, S. 69 ff.
791 Die nachfolgende Aufzählung setzt deshalb keine Prioritäten und soll die Reihenfolge der Prüfung suggerieren. – Vgl. dazu auch die Analysekriterien in Kapitel V.A.1–4 sowie SCHRANNER, Verhandeln im Grenzbereich, S. 76 ff.
792 Siehe dazu insbesondere Kapitel III.C, V.A.4.6 sowie V.E und F. Zu den verschiedenen Arten von Verhandlungsstrategien siehe zudem Kapitel III.F.

- Welche Verhandlungsstrategie und -taktik wählt die andere Partei? Spielt sie fair? Wie ist sie *disponiert* (Motive, persönliche Disposition der Verhandlungspartner etc.)? Gerade Druckstrategien setzen darauf, **die Strategie des Gegners anzugreifen**.[793] So lehrte Sun Tzu: «*Ermittle die Pläne deines Gegners und du weisst, welche Strategie zu Erfolg führt und welche nicht.*»[794] Wenn die Gegenpartei auf Zeitdruck und Angebotsknappheit setzt, müssen wir Zeit gewinnen und Alternativen entwickeln. Wenn sie auf starke Allianzen setzt, müssen wir dasselbe tun und gleichzeitig versuchen, jene der anderen Partei zu «lockern» oder zu sprengen. Wenn die andere Partei auf Täuschung setzt, sollte sie diese offenlegen oder die Täuschung gegen die andere Partei verwenden. Auf Informationsermittlung und Aushorchung setzende Strategien sind anfällig auf Desinformation.
- *Wie hoch ist die Komplexität* der Verhandlungen beziehungsweise der Materie sowie der *Verhandlungswert*? Haben diese Verhandlungen Einfluss auf andere Interessen oder Verhandlungen?
- Welche *gemeinsamen Interessen* bestehen? Was ist der *Erfahrungshorizont* der anderen Partei sowie der massgeblichen Stakeholder? Welche möglichen Verhandlungslösungen könnten bei der anderen Partei auf *Akzeptanz* stossen?[795] Welches ist die ZOPA?
- Sind vertrauensbildende Massnahmen möglich oder gar erforderlich?
- Wie sind die *Zeitverhältnisse*?
- Was ist unsere BATNA/was ist die BATNA der anderen Partei?[796]
- Welche *Chancen und Risiken* sind mit der entsprechenden Strategie verbunden (Risikoanalyse) und wie können wir den «Deal» absichern?
- Welche *Akzeptanz* findet das mit der entsprechenden Strategie festgelegte Vorgehen voraussichtlich bei den relevanten Stakeholdern (Key Playern)? Ziehen diese mit, oder stossen wir bei diesem Vorgehen auf relevanten Widerstand?
- Wie gross ist die Wahrscheinlichkeit, dass wir eine Vereinbarung abschliessen können («verhältnismässiger Einsatz der Mittel»)?
- Wie dominant können wir die Strategie festlegen?[797] Können wir unsere Strategie selber bestimmen (intendierte Strategie) oder wird sie uns vor allem durch

---

[793] Sun Tzu/Griffith, Die Kunst des Krieges, S. 115.
[794] Sun Tzu/Griffith, Die Kunst des Krieges, S. 152.
[795] Vgl. zum Verhältnis der MAPP zur ZOPA Kapitel V.A.5.2.1 sowie zur strategischen Verhandlungsreserve Kapitel V.D.2.4.
[796] Vgl. zur Prüfung der BATNA und einer Exit-Strategie zusätzlich die detaillierten Ausführungen in Kapitel V.A.5.2.3.
[797] Als dominant wird eine Strategie bezeichnet, welche sich unabhängig von anderen Stakeholdern realisieren lässt (vgl. dazu Johnson et al., Strategisches Management, S. 83 und 299).

externe Faktoren aufgedrängt (emergente Strategie)?[798] Wie ist dabei die *Verhandlungsmacht* verteilt («Leverage»)? Wer hat die Initiative, in welche Richtung läuft das Momentum? Welche Verhandlungsbereitschaft der Parteien besteht?
- Welches sind die rechtlichen Rahmenbedingungen?

5.2.2 Strategieüberprüfung und -umsetzung

Die so entwickelte Strategie überprüfen wir daraufhin im Rahmen einer Strategie-Analyse.[799] Nebst den aufgeführten, inhaltsbezogenen Elementen sollte die Strategie die vier folgenden grundlegenden **Kriterien** erfüllen:

- **Einfachheit:** Wie wir in Kapitel IV.H gesehen haben, können in komplexen und dynamischen Verhältnissen kaum valable Prognosen erstellt werden. Strategien, die auf komplexen Szenarien beruhen, sind fehleranfällig und neigen dazu, an unvorhergesehenen Ereignissen zu scheitern. Deshalb sollten Strategien möglichst einfach ausfallen.

- **Plausibilität und Konsistenz:** Die Strategie sollte zudem *plausibel und konsistent* sein, also auf valablen Prognosen basieren und widerspruchsfrei ausfallen. Wie wir in Kapitel IV.H gesehen haben, sollte der Strategie ein Gesamtmuster zugrunde liegen, welches in sich stimmig ist, auch wenn die Details mehr oder weniger grosse Unschärfen aufweisen. Wichtig ist allerdings, dass dieses Gesamtmuster anhand der beschriebenen detaillieren Analyse zustande kommt und nicht auf allgemeinen Vermutungen basiert, wie dies in der Praxis leider regelmässig der Fall ist. Wenden Sie dabei die Grundsätze an, die wir in Kapitel IV.H für *aussagekräftige Prognosen* entwickelt haben.

- **Machbarkeit:** Der Lackmus-Test für eine Verhandlungsstrategie ist, ob sie mit *vertretbaren Kosten und im geplanten Zeitraum mit den verfügbaren Ressourcen praktisch umgesetzt* werden kann. Dem sind die *Opportunitätskosten* (auch als Alternativkosten oder Verzichtskosten bezeichnet) gegenüberzustellen, also die Kosten, die anfallen, wenn die Verhandlungen scheitern. Diese umfassen insbesondere den Nutzen, der uns entgeht, weil wir vorhandene Möglichkeiten, mithin Opportunitäten, nicht wahrnehmen (können).[800]

Zudem ist zu fragen, ob die Verhandlungslösung auch *rechtlich durchsetzbar* wäre und ob allenfalls *Absicherungsmassnahmen* möglich beziehungsweise erforderlich sind.

---

798 JOHNSON et al., Strategisches Management, S. 529.
799 Vgl. dazu auch SCHRANNER, Verhandeln im Grenzbereich, S. 76 ff.; zur Strategie-Analyse und -Bewertung siehe auch JOHNSON et al., Strategisches Management, S. 500.
800 Vgl. MUNSINGER/PHILBIN, Why Can't They Settle?, S. 326.

Denken Sie zudem möglichst früh darüber nach, *wie das Projekt konkret umgesetzt* werden soll, und beteiligen Sie die Mitarbeitenden, welche diese Rolle übernehmen werden, frühzeitig an den Verhandlungen. Je nach Position kann dies im Rahmen der eigentlichen Verhandlungen erfolgen (Projektleiter) oder aber bei der Ausarbeitung des konkreten Projektes und der technischen oder anderweitigen Anhänge zur Vereinbarung (Techniker, Finanzexperten etc.). Die Einbindung der Mitarbeitenden ist ein zentraler Erfolgsfaktor für die Umsetzung von Projekten, insbesondere, wenn diese mit Veränderungen in der eigenen Organisation verbunden sind.[801]

- **Variabilität:** Dieses Kriterium ist bei wiederkehrenden Verhandlungen wichtig. Erfahrene Verhandlungsführerinnen und -führer vermeiden es, stets auf dieselbe Verhandlungsstrategie und -taktik zu setzen. Vielmehr variieren sie diese, um so ihre Berechenbarkeit zu reduzieren. So schrieb Sun Tzu: «*Wenn ich einen Sieg [hier: einen Verhandlungserfolg] errungen habe, wiederhole ich meine Taktiken nicht einfach, sondern reagiere auf die Umstände in einer endlosen Vielfalt von Möglichkeiten.*» Er betonte dabei, dass der (gemischte) Einsatz direkter und indirekter Vorgehensweisen zum Erfolg führt, was die Bedeutung des Variierens der Verhandlungstaktik unterstreicht.[802]

Dabei interessieren uns insbesondere die Fragen:[803]

- **«was, wenn ...»**: Was passiert, wenn ...; wie verhalten wir uns, wenn ...; sowie
- **«weshalb»**: Weshalb sollten die von uns erwarteten Verhandlungsszenarien eintreffen beziehungsweise sollte die ins Auge gefasste Verhandlungsstrategie *funktionieren*? Was könnte dem *entgegenstehen* – und was tun wir dann?
- Können wir unsere **Verhandlungsziele** innerhalb der zeitlichen, finanziellen und ressourcenmässigen Vorgaben mit dieser Strategie wahrscheinlich/sehr wahrscheinlich erreichen? Wie in Kapitel IV.A gezeigt, hat der *Verhandlungserfolg* dabei stets einen qualitativen und quantitativen Aspekt.
- Wie wir **Szenarien** überprüfen und **bewerten**, wird in Kapitel IV.H beschrieben.

Die aufgrund dieser Analyse herausgearbeiteten Kriterien können wir zum Zwecke der Strategieentwicklung **gewichten**.[804]

---

801 Frei, Change Management, S. 9; für verschiedene Ansätze von Change Management-Strategien, siehe Lombriser/Abplanalp, Strategisches Management, S. 415.
802 Vgl. Sun Tzu/Griffith, Die Kunst des Krieges, Kapitel VII, Sprüche 3 und 13.
803 Es handelt sich dabei um die typischen, in Kapitel IV.G.8 aufgeführten **Projekt-Controlling-Themen**.
804 Dies kann etwa im Rahmen einer *Balanced Scorecard erfolgen*, so dass sich die zu bevorzugende Strategie aus dem höchsten Score ergibt. Ebenfalls verbreitet sind **Entscheidungsbäume**, um

Steht die grundsätzliche Strategie fest, gilt es, deren **verhandlungstaktische Umsetzung** zu planen. Plan- und Umsetzungsentwicklung gehen typischerweise Hand in Hand, da die beste Strategie nur so gut wie deren Umsetzung ist.

Bevor wir jedoch die entworfene Strategie und Taktik umsetzen, sollten wir sie realitätsbezogen «belasten». Dazu dient das Durchspielen von **Verhandlungsszenarien** (auch **«Sandkastenspiele» genannt**). Diese helfen uns, unsere Verhandlungsplanung zu überprüfen und unser Verhandlungsteam für die anstehenden Verhandlungen fit zu machen. Im juristischen Bereich sind solche Trainingsläufe für Prozesse oder Verhandlungen insbesondere im angelsächsischen Bereich, zunehmend aber auch in Europa und Asien, üblich. Sie werden als «Mooting» bezeichnet. Vor komplexen Verhandlungen kann das Verhandlungsteam zudem Trainingsläufe gegen ein «Team Red» durchführen, um seine Verhandlungsstrategie und -taktik möglichst realitätsnah zu testen. Doch auch ohne «Mooting» sollten Verhandlungsszenarien im Team zumindest durchdacht und kritisch besprochen werden.

5.2.3 Zudem: BATNA und Exit-Strategie prüfen

Da wir im Voraus meist nicht wissen, ob die Verhandlungen erfolgreich sein werden, sollten wir stets einen «Plan B» oder eine Exit-Strategie zur Hand haben. Im Harvard Konzept wird dies als *«Best Alternative to a Negotiated Agreement»* oder **BATNA** bezeichnet.[805] Nur wenn wir wissen, welche Folgen der Abbruch der Verhandlungen hat, insbesondere zu welchen wirtschaftlichen, rechtlichen und politischen Kosten dieser führt, wissen wir auch, was die Vereinbarung wert ist und wie «hart» wir verhandeln können und wollen. Kommt hinzu, dass nur Parteien, die bereit sind, die Verhandlungen scheitern zu lassen, ihre Verhandlungsfreiheit behalten: *«No deal is better than a bad deal»*. Diese Bereitschaft muss die Gegenpartei spüren, ansonsten sind wir für Ultimaten anfällig: Wer (fast) um jeden Preis eine Vereinbarung will, hat in den Verhandlungen nichts in die Waagschale zu werfen.[806] Die Prüfung der BATNA ist deshalb ein fester Bestandteil jeder Strategieentwicklung und -prüfung.

Die Freiheit, die Verhandlungen abzubrechen, ist gerade dann besonders wichtig, wenn das Verhandlungsergebnis offen ist, die Verhandlungen von der Gegenseite offensiv (unnachgiebig, sehr fordernd etc.) geführt werden oder die Verhand-

Nur wer bereit ist, die Verhandlungen scheitern zu lassen, behält seine Verhandlungsfreiheit. Der Hinweis auf Alternativen sollte jedoch mit genügender Subtilität erfolgen.

Strategien zu entwickeln und zu bewerten Vgl. dazu auch Kapitel V.A.5.2.4 und JOHNSON et al., Strategisches Management, S. 494–497.
805 Vgl. URY/FISHER/PATTON, Das Harvard Konzept, S. 143 ff.; SCHÜTZ, Mediation und Schiedsgerichtsbarkeit, Rz. 95 ff.; GIRSBERGER/PETER, Aussergerichtliche Konfliktlösung, Rz. 307 f. und 347 ff.
806 Siehe auch Kapitel III.C.2.1 und TRIBELHORN/GAFAFER, Überheblichkeit ist eine Form von Dummheit, Interview mit Jakob Kellenberger, NZZ vom 3. Oktober 2019.

lungsmacht («Leverage») vor allem bei dieser liegt. Alternativen – und dazu gehört das Scheiternlassen der Verhandlung – können die Situation verhandlungstechnisch ausgleichen, indem beispielsweise ein Gegenultimatum gesetzt wird, um das Eingehenmüssen einer unvorteilhaften Lösung zu vermeiden (**Schutzfunktion**). Der Hinweis auf Alternativen sollte dabei mit genügender *Subtilität* erfolgen. Das penetrante Betonen, man brauche den «Deal» eigentlich gar nicht und sei jederzeit bereit, die Verhandlungen abzubrechen, hat dagegen oft gerade den gegenteiligen Effekt: Nicht nur fehlt dann die gemeinsame Vision; auch das Vertrauen in eine gemeinsame Lösung schwindet, und die Verhandlungsdynamik nimmt merklich ab.

> Dies erlebte ich beispielsweise in einem Fall, in dem es darum ging, ein Vertragswerk zur Überbauung einer ehemaligen Industriezone mit Wohnungen und Kleinbetrieben zur gemischten Nutzung auszuhandeln. Die Verkäuferschaft betonte immer dann, wenn die Verhandlungen schwieriger wurden, sie könne das Projekt auch abbrechen, so wichtig sei es für sie gar nicht. Diese wiederholten Druckversuche standen den sonst kooperativen Verhandlungen diametral entgegen, und das Verhandlungsklima kühlte sich merklich ab. Erst als wir dies mit der Verkäuferschaft offen besprachen und uns auf einen anderen Umgang mit Differenzen einigen konnten, nahmen die Verhandlungen wieder Schwung auf und konnten schliesslich erfolgreich abgeschlossen werden. Die andere Partei hätte (wenn schon) besser kommuniziert, sie würde die Vereinbarung gerne mit uns abschliessen, komme aber beim einen oder anderen Punkten an eine Grenze, wo sie sonst Alternativen prüfen müsse, und diesen Hinweis auf Fälle beschränkt, wo ihre Kerninteressen betroffen waren («Must haves») und sich keine Verhandlungslösung abzeichnete.

Die BATNA beider Parteien möglichst genau zu kennen, ist wichtig, weil Verhandlungen nur dann Sinn machen, wenn der realistischerweise bestmögliche Verhandlungserfolg (MAPP) für jede der Parteien attraktiver als deren BATNA ist. Je näher MAPP und BATNA einer Partei zusammenliegen, desto geringer ist deren Verhandlungs- und Kompromissbereitschaft, da sie durch eine Verhandlungslösung nur wenig gewinnen kann. Dies wirkt sich auf die Verhandlungsziele und die Verhandlungsstrategie der Parteien aus.

Die Frage nach der BATNA hat damit eine **Eignungsprüfungsfunktion**, indem sie als «Lackmus-Test» aufzeigt, ob das anvisierte Ziel besser über Verhandlungen oder anderswie erreicht werden kann *(«brauche ich den Deal?»)*.[807] Der BATNA-Ansatz ist dabei wesentlich flexibler als Drohpunkte mit entsprechenden Limiten oder sogar Ultimaten zu definieren. Die BATNA muss allerdings rea-

---

807 Siehe dazu auch FISHER/URY/PATTON, Das Harvard Konzept, S. 149 ff.; SCHÜTZ, Mediation und Schiedsgerichtsbarkeit, Rz. 102 ff.

listisch festgelegt werden, ansonsten die eigene Verhandlungsmacht über- oder unterschätzt und das Erreichen der MAPP verhindert wird.

Der BATNA kommt gleichzeitig eine **Bewertungsfunktion** zu, indem diese mit der realistischerweise bestmöglichen Verhandlungslösung (MAPP) verglichen wird *(«ist es ein guter Deal?»)*. Aber Achtung: *Unser Verhandlungsziel leitet sich nicht von der BATNA ab, sondern von der MAPP.* Wenn wir uns stets fragen, was geschieht, wenn wir keine Verhandlungslösung erzielen und unsere Verhandlungsstrategie an der BATNA orientieren, geben wir viel zu leicht unsere Verhandlungspositionen preis. Wir fokussieren deshalb in Verhandlungen auf unser konkretes Verhandlungsziel und lassen uns nicht von möglichen schlechten Alternativen demotivieren. Dennoch ist es wichtig, die eigene BATNA und möglichst jene der anderen Partei zu kennen. Ich habe schon einige Male aussichtsreiche Verhandlungen scheitern sehen, nur weil sich eine Partei allzu sicher fühlte, deshalb zu hart verhandelte und dabei nicht beachtete, dass die andere Partei durchaus über Alternativen (inklusive eines Exit-Szenarios) verfügte – oder schlicht missachtete, dass die eigene BATNA weit weniger attraktiv war als die von der anderen Partei angebotene Lösung.

> In dem in Kapitel V.A.4.2 aufgeführten Beispiel prüfte unser Kunde auch eine Zusammenarbeit mit einem französischen Hersteller, die jedoch aus verschiedenen Gründen weniger optimal war als jene mit dessen deutschem Konkurrenten. Dies tat er, um eine Alternative zur Verfügung zu haben, weitere Erkenntnisse für die Verhandlungen mit dem Wunschkandidaten zu gewinnen und diesem gegenüber Verhandlungsmacht aufbauen zu können. Entscheidend half uns bei den Verhandlungen mit dem deutschen Hersteller schliesslich, dass unser Kunde ein neues Fertigungsverfahren entwickelt hatte, welches für seinen zukünftigen Partner sehr attraktiv war.[808]

Die BATNA sollte wenn möglich **bewertet** werden. Darauf wird im folgenden Kapitel eingegangen.

Die BATNA kann in Verhandlungen zudem so eingesetzt werden, dass der anderen Partei die **Vorteile der Weiterführung beziehungsweise die Nachteile der Aufgabe der gemeinsamen Verhandlungen aufgezeigt** werden und sie motiviert wird, die gemeinsamen Verhandlungen weiterzuverfolgen. Der damit verbundene Druck zusammen mit einer **Vision** einer möglichen gemeinsamen Lösung entfaltet in Verhandlungen konstruktive Kräfte, um die Verhandlungen trotz Hindernissen voranzutreiben. Man könnte dies auch das **«Stossmich – Ziehdich»**[809] der Verhandlungsführung bezeichnen.

---

808 Weitere Beispiele zu Verhandlungsstrategien finden sich in den Kapiteln III.E und F.
809 Das «Stossmich – Ziehdich» ist eine Fantasiefigur aus dem Kinderbuch «Doktor Dolittle und seine Tiere», das der englische Schriftsteller Hugh Lofting 1920 erstmals unter dem Titel *The Story of*

So erwähnten wir beispielsweise in Verhandlungen wegen Vertragsbruchs durch die andere Partei (Nichtbezahlung des Restkaufpreises eines Industriegrundstücks zum Bau eines Wasserkraftwerkes) zu Beginn der Sitzung, dass wir eigentlich die Zusammenarbeit bevorzugen würden und skizzierten dabei, wie diese idealerweise aussehen könnte (gemeinsame Vision). Zudem beklagten wir die von keiner Partei verantworteten Begleitumstände, welche die von der Gegenpartei angestrebte Rendite gegenwärtig verunmöglichte, und wie sich diese zukünftig positiv entwickeln könnte. Auch wenn die Verhandlungen eher hart geführt wurden und eine weitere Zusammenarbeit kurzfristig nicht möglich war, gaben diese Elemente im Verlauf der Sitzung immer wieder Gelegenheit, an etwas Positives anzuknüpfen, was schliesslich zu einer einvernehmlichen Lösung führte.

Auch wenn bei der Verhandlungsplanung naturgemäss die eigene BATNA im Vordergrund steht, kann diese auch in **gemeinsamen Alternativen** wie in der Aufarbeitung der Streitigkeit im Rahmen eines alternativen Streitbeilegungsverfahrens bestehen.[810]

Die Frage nach der BATNA stellt sich dabei nicht nur vor, sondern auch während der Verhandlungen, insbesondere wenn diese festgefahren sind und ein Ergebnis unwahrscheinlich erscheint. Diesfalls kann sich die Planung eines **Exit-Szenarios** für den Ausstieg aus den Verhandlungen aufdrängen. Dabei fragt sich stets, welche **Alternativen** wir zum Verhandeln beziehungsweise zu einem Verhandlungserfolg haben. Was passiert etwa, wenn wir nichts tun?[811]

Doch auch **nach Abschluss der Vereinbarung** müssen wir uns die Möglichkeit offenhalten, unter gewissen Umständen die Vereinbarung ganz oder teilweise zu beenden, beispielsweise wenn die andere Partei den Vertrag nicht einhält oder wenn sich das gemeinsame Projekt als zu teuer oder nicht erfolgreich herausstellt. Dies ist bereits bei der Planung der Verhandlungen und der Ausarbeitung der Vereinbarung zu berücksichtigen.

5.2.4 Verhandlungsoptionen und BATNA berechnen beziehungsweise approximieren

Verhandlungslösungen enthalten neben *nicht-finanziellen Aspekten* wie subjektiven Präferenzen, Reputations- und Umsetzungsfragen, der Möglichkeit, zukünftig weitere interessante gemeinsame Projekte zu realisieren etc. meist auch *finanzielle Aspekte*, sei dies für die Zukunft (bspw. bei Infrastrukturprojekten, dem Kauf eines Hauses oder einer Unternehmung, Herstellungs-, Vertriebs- und Leasingverträgen, Joint Ventures etc.) oder in Bezug auf die Vergangenheit (bspw.

Doctor Dolittle veröffentlicht hat. Es bildete den Auftakt zu einer Buchreihe und wurde mehrfach verfilmt.
810 Zur Streitbeilegung, insbesondere der alternativen Streitbeilegung, siehe Kapitel VI.C–E.
811 Die grundsätzlichen Handlungsoptionen haben wir in Kapitel III.C untersucht.

zur Liquidation eines Schadenfalls). Selbst wenn dies nicht der Fall ist, können je nach Ausgestaltung finanzielle Folgen wie Betriebs- und Unterhaltskosten entstehen. Deshalb kommen in der Verhandlungsführung der Berechnung und Bewertung von Verhandlungslösungen zentrale Bedeutung zu. Diese schaffen nicht nur die Grundlage für unsere Entscheidungen, sondern helfen auch, Verhandlungsspielraum zu schaffen und die Grenzen unserer Verhandlungsbereitschaft, mithin unsere BATNA – wie auch jene unseres Gegenübers – auszuloten.

Wenn es darum geht, verschiedene Optionen gegeneinander abzuwägen oder die BATNA zu berechnen, gilt es vorab, die relevanten **Kriterien** festzulegen. Diese sind teilweise *objektivierbar* und damit kalkulier- oder zumindest approximierbar, wie etwa bei Marktchancen, Produktionsstückkosten, Lieferdauer oder Transportkosten beziehungsweise Fähigkeiten und Mittel der Parteien, teilweise jedoch auch *subjektiv,* so etwa bei rein subjektiven Präferenzen.

Stehen die relevanten Kriterien fest, ordnen wir ihnen im Rahmen einer *Szenario-Analyse*[812] einen Wert zu.

> Schauen wir uns dies am Beispiel einen Fahrzeugkaufs an: Unser Nachbar bietet uns seinen gebrauchten Audi A4 für EUR 15'000 an. Wir könnten jedoch auch ein vergleichbares Auto beim Garagisten für EUR 13'500 erstehen. Nun ordnen wir zunächst anhand von im Internet verfügbaren Informationen dem Alter des Fahrzeugs, dem Kilometerstand etc. je einen Wert zu. Das Total dieser Werte ergibt *unsere Bewertung*. Damit diese möglichst aussagekräftig und optimal auf unsere Bedürfnisse ausgerichtet ausfällt, prüfen wir sie hinsichtlich allfälliger Denkfallen und besprechen sie mit *fachkundigen Personen*. Unsere so erstellte (hier: vereinfachte) Analyse ergibt, dass *der Wert des Nachbarautos* nach Bereinigung in Bezug auf den Kilometerstand, sein Alter und die Ausrüstung *im Vergleich zum Garagenauto* auf EUR 12'000 zu liegen kommt: Das Garagenauto ist zwei Jahre weniger alt als das vergleichbare Fahrzeug des Nachbarn. Das heisst, der Wert des Nachbarautos ist im Vergleich zum Garagenauto um EUR 2'500 nach unten zu korrigieren. Das Garagenauto hat allerdings 3'000 km mehr auf dem Zähler, was bedeutet, dass der Vergleichswert des Nachbarautos wieder um EUR 1'000 steigt; allerdings verfügt dieses über eine weniger hochwertige Ausstattung, was wir mit minus EUR 1'500 berücksichtigen. Damit muss uns der Nachbar mindestens auf EUR 12'000 entgegenkommen, sonst ist das Auto des Garagiers der bessere Kauf. Dies ist umso mehr der Fall, als uns dessen Farbe eigentlich etwas besser gefällt. Um unsere Risiken zu vermindern, sollten wir zudem auf einer vorgängigen Fahrzeugprüfung des Fahrzeuges des Nachbarn bestehen.

Oftmals wird der Wert der BATNA dadurch bestimmt, dass ein bestimmter Preis **sachlich gerechtfertigt** sein muss: Der Einkaufspreis eines Zwischenproduktes

---

812 Vgl. dazu die Kapitel IV.H. 1.1 und V.A.5; siehe auch BÜRING-UHLE et al., Verhandlungsmanagement, S. 108.

darf nicht in relevanter Art und Weise höher als jener eines vergleichbaren *Konkurrenzproduktes* sein, der Verkaufspreis des Produktes muss die Produktions- und Lieferkosten decken sowei eine *gewisse Marge* erreichen etc. Die BATNA entspricht hier dem Indifferenzpreis.[813]

Sofern die eruierten Szenarien risikobehaftet sind, etwa weil sie in der Zukunft liegen oder andere Unwägbarkeiten enthalten, schätzen wir zur **Berechnung des Erwartungswerts** entsprechende *Wahrscheinlichkeiten* ab.[814] Dies ist auch bei *Prozessrisikoanalysen*[815] ein typisches Vorgehen: Anhand einer ökonomischen Prozessrisikoanalyse («*Claim Value Prognoses*»), die oft mithilfe von **Entscheidungsbäumen sowie einer Bewertung der jeweiligen Prozesschancen und Kosten-/Nutzenrechnungen** pro «Ast» durchgeführt wird, werden Aussagen und Einschätzungen zur Verfahrenswahl und zu Vergleichsangeboten getroffen. Indem wir den einzufordernden Betrag prozessschancenbereinigen (zum Beispiel Forderungssumme EUR 156'000, Prozesschancen 70%,[816] voraussichtliche ungedeckte Prozesskosten für Aufarbeiten des Dossiers, Präsenz vor Handelsgericht etc. EUR 25'000; bereinigter Wert der Forderung EUR 156'000 x 0.7 – EUR 25'000 = EUR 84'200), können wir besser einschätzen, was uns ein aussergerichtlicher Vergleich wert ist.

Falls unser Endergebnis von verschiedenen Faktoren abhängt, ergibt sich dessen Eintrittswahrscheinlichkeit aus der **Multiplikation der Einzelwahrscheinlichkeiten** entlang des Szenarios (sogenanntes *Prinzip der kumulierten Wahrscheinlichkeit*).[817]

Bedingte Wahrscheinlichkeiten dagegen lassen sich nach dem Bayes'schen Theorem berechnen.[818]

Während sich in **Excel-Tabellen** gut objektive Faktoren berechnen und *Lösungsoptionen* übersichtlich darstellen lassen, können schwer bezifferbare, insbesondere subjektive Faktoren wie **Wertungskriterien** durch eine entsprechende *Gewichtung* berücksichtigt werden. Der Abschluss der Vereinbarung mit der Firma X kann uns deshalb lieber als jener mit der Firma Y sein, weil wir mit die-

---

813 Zu Letzterem vgl. Kapitel III.B.2.
814 Vgl. Büring-Uhle et al., Verhandlungsmanagement, S. 108.
815 Vgl. dazu etwa Schütz, Mediation und Schiedsgerichtsbarkeit, Rz. 161 ff.; Haberbeck, Prozesschancenanalysen, S. 3 ff.; Schmid, Was ist Prozessrisikoanalyse?, S. 140 ff. – Zur Frage des Prozessierens oder Nichtprozessierens, siehe Kapitel VI.B–D.
816 Auch wenn dies von verschiedenen Autoren in Bezug auf die Prozesschancenanalyse beziehungsweise die Szenario-Analyse vertreten wird (siehe etwa Nasher, Deal!, S. 56 ff.; Büring-Uhle et al., Verhandlungsmanagement, S. 108), ist es wie in Kapitel IV.H gezeigt ratsam, **Wahrscheinlichkeitsbereiche** und nicht Wahrscheinlichkeiten zu definieren.
817 Vgl. Büring-Uhle et al., Verhandlungsmanagement, S. 108.
818 Vgl. dazu Kapitel IV.H. 1.3.1.

ser bereits erfolgreich gearbeitet haben oder weil diese über ein erfahreneres und kompetenteres Projektteam verfügt. Ebenso können wir beim Autokauf eine Farbe oder das Design eines bestimmten Produktes bevorzugen und dies zusammen mit anderen Eigenschaften im Rahmen einer **Gesamtevaluation** bewerten. Finanzielle wie auch nicht-finanzielle Bewertungskriterien lassen sich anschliessend in Score Cards abbilden.

Für ein Anlagebauprojekt kann etwa folgende (hier stark vereinfachte) **Score Card** angelegt werden:

Offerten der Anlagebauer:	Erfüllung der Anforderungs-kriterien [ev. je einzeln aufführen; *Begründung mit Score 1–5*]:	Preis [Score 1–5]:	Schwierigkeiten bei der Einführung und Zeit bis zur vollen Produktionskapazität [je einzeln aufführen; *Begründung mit Score 1–5*]:	Totaler Score [1–5]:
A: X AG				
B: Z AG				
C: A GmbH				
C: B & Söhne				

Abb. 21 – Beispiel für eine Score Card

Szenario-Analysen erlauben, *plausible Vorgehensweisen* zu definieren, die dann unter Berücksichtigung objektiver wie auch subjektiver Fakten eine Entscheidgrundlage für das weitere Vorgehen bilden. Besonderes Augenmerk ist dabei auf Faktoren zu legen, welche *in Bezug auf den ganzen Prozess oder substantielle Teilforderungen zu einem «digitalen» Ergebnis führen* («ja/nein»). Solche Entscheidungen sind besonders sorgfältig und idealerweise im vorgängigen Austausch mit der Gegenseite zu prüfen, damit deren Einwendungen und Argumente verifiziert werden und in die Beurteilung einfliessen können.

An dieser Stelle gilt es nochmals auf unser **Caveat** in Bezug auf Prognosen hinzuweisen:[819]

Sämtliche Analysen enthalten Wertungen und Einschätzungen, die ganz, teilweise oder überhaupt nicht zutreffen können. Sie zeigen uns deshalb nur (aber immerhin), *wie viel uns eine Verhandlungslösung unter Berücksichtigung unserer Einschätzungen wert* sein könnte, nicht jedoch das mutmassliche Ergebnis des Ver-

---

[819] Vgl. dazu Kapitel IV.H.

handlungs- oder Prozessausgangs. Dies ist umso mehr der Fall, wenn unsere Bewertung und Einschätzung «*digitale*» *Entscheidungen* enthalten, welche über «alles oder nichts» (in der Prozessrisikoanalyse etwa in Bezug auf den grundsätzlichen Anspruch, bevor überhaupt das Quantitative zur Frage steht) entscheiden. Urteilt beispielsweise das Gericht im oben aufgeführten Beispiel anders als von uns prognostiziert, wird die Forderung unter Umständen nicht zu 60 oder 50% gutgeheissen, sondern vollständig abgewiesen. Genauso geht es uns bei allen Prognosen: Sie enthalten gewisse **Kernfragen** oder **Priors**, welche über «haben oder nicht haben» entscheiden.[820] Diese gilt es deshalb zu **identifizieren** und möglichst genau abzuklären. Dabei ist es ratsam, möglichst früh in Erfahrung zu bringen, wie das *Gegenüber* diese Kernfragen beurteilt, um die eigene kritische Auseinandersetzung damit zu ermöglichen und dies dann in der Verhandlungsstrategie zu berücksichtigen. Zudem taugen Prognosen und Bewertungen je nach Ausgangslage nicht zur Bestimmung eines absoluten, sondern lediglich eines *relativen Wertes* – mithin eine Einschätzung des Wertes einer Lösung im Verhältnis zu anderen Lösungsvarianten.

Eine weitere Fehlerquelle besteht darin, dass in wahrscheinlichkeitsbasierten Szenario-Analysen **geringe Wahrscheinlichkeiten** unter Umständen *zu starken Einfluss* gewinnen: Wenn wir beispielsweise die Wahrscheinlichkeit, dass die Haftung bejaht wird, auf 70–80% schätzen, die zu erwartende Schadenssumme auf CHF 70'000–100'000 und die die Wahrscheinlichkeit, dass die Forderungen von einem Gericht als verjährt beurteilt werden, mit 25% (was bedeutet, die Wahrscheinlichkeit von deren Verneinung wird mit 75% veranschlagt), dann dürfte die Verjährung bei der Risikoanalyse vernachlässigbar sein und höchstens in den Verhandlungen eine Rolle spielen, indem deren «Risiko» verhandlungstaktisch ausgekauft wird. Welchen Einfluss dagegen *Priors* auf Szenariobewertungen haben können, haben wir zudem in Kapitel IV.H gesehen.

Schliesslich nehmen bei komplexen Szenario-Analysen nicht nur die *Unsicherheiten stark zu*, sondern pflanzen sich wie in Kapitel IV.H. 1.2 gezeigt auch Fehler entsprechend fort (sogenannte *Fortpflanzungsfehler*). Damit werden nicht nur Teilaspekte der Analyse verfälscht, sondern auch deren Gesamtaussage.

Deshalb empfiehlt es sich, **Szenario-Analysen** *möglichst einfach* zu halten, die **Kernfragen** und damit die Hauptfaktoren sorgfältig zu wählen, die Analyse soweit möglich auf diese *zu beschränken, die Priors zu identifizieren* und zudem die Kernfragen auf mögliche **Denkfallen** («Bias and Noise») hin zu untersuchen.

---

820 Zu den *Priors* vgl. Kapitel IV.H.

Komplexe Risikoanalysen wie die Montecarlo-Simulation[821] vermitteln zwar den Anschein grösserer Genauigkeit. In der Praxis zeigt sich jedoch oft, dass sie diese Erwartung nicht zu erfüllen vermögen, sondern dass die komplexen Berechnungen wesentlich fehleranfälliger sind als einfache und fokussierte Analysen.[822] Zudem setzen sie regelmässig eine Vielzahl von Daten voraus, welche für die uns in Verhandlungen interessierenden Entscheidungen kaum je vorliegen.

Der **Wert von Szenario-Analysen** liegt für Verhandlungen vor allem darin, dass sie uns zwingen, die *Kernfragen und die massgeblichen Entscheidfaktoren zu bestimmen und einzuschätzen*, um realistische und sachgerechte Entscheidungen zu treffen. Sie fördern zudem die *eingehende Beschäftigung mit dem Verhandlungsziel, der Verhandlungsumgebung und potentiellen zukünftigen Entwicklungen*. Weiter helfen sie uns, unseren Risikoappetit beziehungsweise unsere Risikoaversion zu hinterfragen und *nicht-monetäre Vor- und Nachteile* besser einzuschätzen. Sie sind damit eine Voraussetzung für die Bestimmung unserer MAPP und unserer Verhandlungsoptionen.

Zur **Vorbereitung einer Verhandlung** definiere ich meist unsere *MAPP, die BATNA* und rechne *zwei weitere realistische Varianten,* die zwischen diesen beiden Werten liegen. Weitere Berechnungen können anhand des vorbereiteten Excel Sheet direkt während der Verhandlungen vorgenommen werden.

Oftmals liegen die risikobereinigten Einschätzungen der Parteien weniger weit auseinander als sie denken. Wenn wir dies realisieren, erhöht sich die Einigungswahrscheinlichkeit. Dies kann den Parteien mithilfe einer Szenario-Analyse – allenfalls erstellt durch eine neutrale **dritte Person** wie eine Expertin, einen Schlichter oder durch lösungsorientierte Parteianwältinnen und -anwälte – bewusst gemacht werden. Auch kann es sich während den Verhandlungen empfehlen, *gemeinsam* **den Wert einer Verhandlungslösung zu berechnen**, etwa gestützt auf eine Excel-basierte Szenario-Analyse, die wir mit mit der anderen Partei direkt auf dem Bildschirm besprechen und bearbeiten (die Vorlage wird üblicherweise von einer Partei erstellt). In meiner Praxis erlebe ich dies bei grösseren Bauprojekten oft als *Schlüssel zur Bereinigung von Schlussabrechnungen.* Dasselbe gilt bei Verhandlungen um Joint Ventures, Schadensbereinigungen etc. Wenn sich die Parteien bei einzelnen umstrittenen Positionen nicht einigen können, können diese mit Wahrscheinlichkeiten bewertet werden, um einer «digitalen» Ja-Nein-Beurteilung aus dem Weg zu gehen. Dabei gleichen sich die ver-

---

821 Siehe etwa ‹https://de.wikipedia.org/wiki/Monte-Carlo-Simulation› oder ‹https://mathepedia.de/Monte-Carlo-Methode.html›.
822 Vgl. dazu ausführlich Kapitel IV.B.3.4 zu «Noise».

schiedenen Positionen der Parteien trotz je unterschiedlicher Bewertungen oftmals weitgehend aus.

6. Verhandlungsorganisation, Verhandlungsablauf und Regie (Umsetzung)

Zur Unterstützung der Verhandlungen stehen uns einerseits die in Kapitel IV.G dargestellten Verhandlungs-Tools zur Verfügung. Anderseits stellt sich eine Reihe von Fragen zur konkreten Durchführung der Verhandlungen:

- *Sofortmassnahmen:* Um den Zeitplan einhalten zu können, können sich in Bezug auf die Vorbereitungshandlungen **Sofortmassnahmen** auf einigen oder allen fünf Verhandlungsebenen aufdrängen. Diese können beispielsweise darin bestehen, unverzüglich nach Beauftragung mit dem Projekt oder dem Verhandlungsmandat gewisse Personen (wie Experten, Anwälte etc.) beizuziehen und Personalressourcen zu reservieren, technische oder rechtliche Abklärungen zu treffen, Kommunikationsflüsse sicherzustellen oder organisatorische Massnahmen zu treffen.[823]
- *Teilnehmerkreis:* Wer sollte wann an den Verhandlungen teilnehmen?[824]
- *Zeitpunkt der Verhandlungen:* Wann finden die Verhandlungen statt? Verhandlungsrhythmus? Tagesablauf (inklusive Pausen, Mittagessen, allenfalls gemeinsames Nachtessen etc. als vertrauensbildende Massnahme)?
- *Ausgestaltung der Verhandlungen:* Wie wollen wir die Verhandlungen konkret gestalten? Führen wir einzelne Verhandlungen oder eine Reihe von Verhandlungen durch? Erfolgen die Verhandlungen im Plenum, in Arbeitsgruppen, setzen wir Pre-Meetings ein? Rolle der einzelnen Teilnehmenden?[825]
- *Teams und Assistenz:* Ist der Einsatz von Projektteams sinnvoll?[826] Organisation von Sekretariats- und anderen Assistenzdiensten, insbesondere zur Ausfertigung von Dokumenten und zur Protokollierung?
- *Berater:* Benötigen wir technische, rechtliche, politische Kommunikationsberater?[827]
- *Verhandlungsart und allenfalls Verhandlungsort:* Soweit die Verhandlungen nicht mittels elektronischer Medien, sondern in Anwesenheit der Parteien stattfinden sollen,[828] sind insbesondere folgende Punkte zu klären: Wahl des *Verhandlungs-*

---

823 Vgl. zu den Sofortmassnahmen auch Kapitel IV.E.
824 Vgl. dazu näher Kapitel IV.G sowie zur Zusammenstellung des Verhandlungsteams Kapitel V.D.1.1.
825 Vgl. dazu ausführlich in Kapitel IV.G.1 und 2.
826 HEUSSEN/PISCHEL, Handbuch Vertragsmanagement, Teil 2, Rz. 50 ff.
827 Siehe dazu auch ausführlich HEUSSEN/PISCHEL, Handbuch Vertragsmanagement, Teil 2, Rz. 53 ff.
828 Siehe zu den verschiedenen Verhandlungsmitteln auch Kapitel IV.G.

orts und Organisation der Verhandlungsräumlichkeiten (Hauptverhandlungsraum, Rückzugsräume [«Break-out rooms»]); Festlegung der Sitzordnung;[829] Organisation von Bildschirmen oder Beamern oder Bildschirmen für Präsentationen, allenfalls Flipcharts, Notizblöcke, WIFI-Anschluss, Namensschildern für die Teilnehmenden der Verhandlungsdelegationen; Erfrischungen und Verpflegung; Transportfragen.

- Nota: Der Wahl des **Verhandlungsorts** kommt regelmässig eine nicht zu unterschätzende Bedeutung zu. Wer Gastgeber ist, hat zuerst das Wort und bestimmt oft die Agenda. Gerade (aber nicht nur) in internationalen Verhandlungen wird zudem der Verhandlungsort gerne so festgelegt, dass die andere Partei einen verhandlungstaktischen Nachteil hat: So hat sie lange Anflugzeiten oder -fahrten zu gewärtigen, sich durch Verkehrsstaus zu kämpfen, wird vor der Verhandlung unter einem Vorwand warten gelassen und ist bei der Verpflegung und in Bezug auf Übernachtungen Benachteiligungen ausgesetzt. Diese Taktiken zielen allesamt auf die Ermüdung und Zermürbung der Gegenpartei.[830] Deshalb wird gerade in schwierigen Verhandlungen oft ein *neutraler Verhandlungsort* bevorzugt. Oder man organisiert zumindest den Transfer und das Hotel selber – und demonstriert damit seine Unabhängigkeit und Kontrolle über die Situation.

- *Verhandlungsablauf:* Wie wollen wir den Verhandlungsablauf gestalten, was ist die provisorische Agenda,[831] wer führt Verhandlungsregie?[832] Vermeiden Sie dabei wenn möglich Sitzungen mit mehr als 7–8 Teilnehmenden. Bestehen Sie darauf, dass nur rechtzeitig vorgängig abgegebene Punkte auf die Agenda gesetzt werden und über nicht traktandierte Punkte grundsätzlich nicht entschieden wird. Beschränken Sie die Sitzung möglichst auf maximal eineinhalb bis zwei Stunden und organisieren Sie zumindest ein Ergebnisprotokoll, das die nächsten Schritte der Parteien festhält. Dieses liegt den Parteien idealerweise innert 24 Stunden vor.[833]

- *Wer koordiniert den Verhandlungsprozess intern und extern, und wie erfolgt die Koordination (Mail-Korrespondenz, regelmässige Updates per Videokonferenz,*

---

829 Am runden Tisch oder gegenüber am eckigen Tisch, je nach der Position, die wir einnehmen wollen (antagonistisch oder kooperativ). Um Stärke zu demonstrieren, sollte man eine gleichberechtigte, zentrale Position einnehmen.
830 Einen Einblick in «schwarze Verhandlungstricks» geben unter anderen FRITZSCHE, Souverän verhandeln, S. 90 ff. sowie ABDEL-LATIF, Quick & Dirty, S. 4 1 ff. und 133 ff. Verschiedene der dort empfohlenen Verhandlungstricks würde ich allerdings schon nur unter rechtlichen Gesichtspunkten als problematisch einstufen und *a priori* nicht zur Anwendung empfehlen, und andere dürften unter dem Titel «Legenden» oder «Wie ich meinen Ruf nachhaltig zerstören kann» laufen.
831 HEUSSEN/PISCHEL, Handbuch Vertragsmanagement, S. 280 ff.
832 HEUSSEN/PISCHEL, Handbuch Vertragsmanagement, S. 267 ff., 313 f.
833 Vgl. auch FÜTING, Troubleshooting im Projektmanagement, S. 79 und Kapitel IV.G.

ad-hoc-Sitzungen beziehungsweise Videokonferenzen zur Besprechung des Status und weiteren Vorgehens etc.)?
- Wie wollen wir den Verhandlungsprozess auf der *dokumentarischen Ebene* gestalten?[834]
- Ist die für die entsprechende Verhandlungsphase erforderliche Entscheid- und Abschlusskompetenz sichergestellt?
- *Verhandlungssprache:* Festlegung der Verhandlungssprache, allenfalls Organisation von Übersetzungsdiensten.

Dazu kommen allenfalls vorbereitende Unterlagen und Anschauungsmaterial (technische Berichte, Fotos, Videos über den Verhandlungsgegenstand, Power Point-Präsentationen, sachverhaltliche Zusammenstellungen, Rechtsanalysen etc.). Aber auch kleine Aufmerksamkeiten, ein gemeinsames Essen und andere vertrauensbildende Massnahmen, die auf der Beziehungsebene angesiedelt sind und die Verhandlungsatmosphäre betreffen, sind hilfreich.[835]

Diese Themen sind pro Partei, aber je nach Bedarf auch gemeinsam, vorgängig zu besprechen und zu regeln.

Über die Modalitäten und den Ablauf der Verhandlungen wird oftmals auch *nonverbale Kommunikation* betrieben: Mit einer Abholdelegation und der Organisation des Transfers vom Flughafen, der Wahl des Hotels, in dem der Verhandlungspartner einquartiert wird, der Wahl des Verhandlungsortes, der Zusammenstellung der Verhandlungsdelegation, der Sitzordnung, der Dauer der Sitzung, dem Ablauf der Verhandlungen, gemeinsamen Essen (oder nicht), Abendanlässen oder kleinen *Give-aways,* aber auch der Kleidung kann **Symbolik** verbunden werden und können Signale der Wertschätzung, Nähe, Distanz, Macht oder Ablehnung ausgedrückt werden. Auch hier gilt, dass man «nicht nicht kommunizieren» kann: Wenn die andere Partei eine bestimmte Erwartungshaltung an das Verhandlungssetting hat oder diesbezüglich geschäftsbezogen, politisch oder kulturell gewisse Usanzen bestehen, drückt deren Missachtung fehlende Wertschätzung aus und kann die Verhandlungen beeinträchtigen.[836]

---

[834] Siehe dazu Kapitel V.E.2.6 und 3.
[835] HEUSSEN/PISCHEL, Handbuch Vertragsmanagement, S. 238–266 und 313.
[836] Der Einsatz der verbalen und nonverbalen Kommunikation in Verhandlungen wird ausführlich in Kapitel IV.B.5 und 6 behandelt.

7. Vertraulichkeit, Kostentragung und Exklusivität

Weiter gilt es in dieser Phase die Frage der Vertraulichkeit zu prüfen, und zwar je nach Vertraulichkeitsgrad nicht nur zwischen den Parteien, sondern auch pro Teilnehmerin und Teilnehmer der Verhandlungen. Andernfalls ist dies der Moment, um diesbezüglich eine Regelung zu treffen.

Zudem kann sich die Frage stellen, wer die Kosten für die Verhandlungen trägt, insbesondere bezüglich der Lokalität, der Übernachtungen, der Essen und allfälligen teilnehmenden Experten.

Verhandlungen werden teilweise mit mehreren Offerenten geführt, teilweise exklusiv. Im letzteren Fall werden oft Pönalen vereinbart für den Fall, dass die andere Partei die Verhandlungen abbricht (sogenannte «*Break-up fee*»).

8. Kommunikation

Wie wir in Kapitel IV.B gesehen haben, stellt eine klare, transparente und zielgerichtete Kommunikation ein zentrales Element jeder erfolgreichen Verhandlungsführung dar. Bei der Verhandlungsplanung und -führung ist stets zu fragen, **wer wann was wissen muss** und **auf welche Art die Kommunikation erfolgen soll**. Dies kann über gemeinsame Pressemitteilungen per E-Mail an die Medien, per SMS oder Twitter, mündlich oder sonstwie erfolgen. Kommunikationsfragen werden in Verhandlungen regelmässig mit den anderen Verhandlungsparteien soweit als möglich abgesprochen.

Die Ziele der Kommunikation während Verhandlungen sind dabei insbesondere,

- *Informationen zu übermitteln*, um den Kenntnisstand abzugleichen, Vertrauen aufzubauen und die Verhandlungen zu fördern;
- *weitere Stakeholder* neben den Verhandlungspartnern zu informieren, um sich den Support zu sichern und die allenfalls erforderlichen internen wie externen Beschlüsse und Genehmigungen rechtzeitig einholen zu können.
- Zudem kann über die Kommunikation die *Stimmungslage vermittelt* oder können Reaktionen und damit wichtige Hinweise zur Befindlichkeit der anderen Partei provoziert werden.
- Durch die *Definition der Verhandlungskanäle* – intern und gemeinsam mit dem Verhandlungspartner auch extern – wird widersprüchliche Kommunikation vermieden.[837] So erlebte ich mehrere Male nach erfolgreichen Verhandlungen, dass die Gegenpartei unmittelbar danach auf Top-Management-Ebene versuchte, die soeben getroffenen Abmachungen hinter dem Rücken unseres Verhandlungsteams «nachzubessern» – einmal sogar, während dieses noch auf

---

837 Vgl. auch LIENTZ/REA, International Project Management, S. 156.

dem Rückflug war! Ein anderes Mal übte die andere Partei während eines Telefonats derart emotionalen Druck auf den CEO meines Kunden aus, dass dieser ohne weitere Rückfrage bei unserem Verhandlungsteam weitgehende Zugeständnisse machte und damit viele der sorgfältig austarierten Gewährleistungs-, Haftungs- und Zahlungsbestimmungen zum eigenen Nachteil abänderte. Dies veranlasste mich, der internen Kommunikation und Absicherung der eigenen Position im Nachgang zu Verhandlungen oder wichtigen Verhandlungsrunden noch mehr Beachtung zuzumessen.

Interne und externe Kommunikation ist ein **Dialog**. Gute Kommunikation besteht deshalb nicht nur im Vermitteln von Informationen, sondern auch im Zuhören. Sie ist zielgerichtet, enthält zielgruppengerechte Schlüsselbotschaften, erzählt eine einfache Story und spricht auch die Gefühle an (Beziehungsebene!). Sie ist konsistent, ehrlich und wird durch einen glaubwürdigen Kommunikator vermittelt. Gute Kommunikation sollte deshalb stets sorgfältig vorbereitet werden.[838]

Ein weiterer, bei börsenkotierten Gesellschaften wichtiger Punkt ist die sogenannte «**ad-hoc-Publizität**»: So bestehen gesetzliche Regeln, wann und wie *kursrelevante Informationen* bekannt gegeben werden dürfen beziehungsweise müssen. Die ad-hoc-Publizität soll sicherstellen, dass die börsenkotierten Unternehmen die Öffentlichkeit in wahrer, klarer und vollständiger Weise über massgebliche Ereignisse aus ihrem Tätigkeitsbereich informieren, welche einen Einfluss auf ihren Aktienkurs haben können.[839] Oder wie die Schweizer Börse auf ihrer Website festhält: «Ereignisse, die den Kurs einer Aktie über die handelsüblichen Schwankungen hinaus verändern könnten, sind von kotierten Unternehmen sofort und klar zu kommunizieren. Das bringt alle interessierten Marktteilnehmer auf denselben Informationsstand.»[840] Verletzungen der ad-hoc-Publizitätsvorschriften können erhebliche Bussen nach sich ziehen. So strafte die Schweizer Börse SIX Clariant, einen schweizerischen, international tätigen Chemiespezialitätenhersteller, im Jahr 2019 wegen Verletzung der Börsenvorschriften mit einer Busse von CHF 750'000. Clariant hatte in einem TV-Bericht vor einer Akquisition kursrelevante Informationen verraten. Entsprechend haben börsenkotierte Gesellschaften bei kursrelevanten Informationen, wie beispielsweise grossen Transaktionen, die Geheimhaltung bis zum Zeitpunkt der Kommunikation genau zu planen und sicherzustellen.

---
838 Frei, Change Management, S. 68f.; Kostka, Praxishandbuch Change Management, S. 174ff.
839 Dazu bestehen zur Bekämpfung von Insidergeschäften und Marktmanipulationen auf den Finanzmärkten nicht nur gesetzliche Vorschriften, wie im EU-Raum die «Marktmissbrauchsverordnung» (Verordnung [EU] Nr. 596/2014 des Europäischen Parlaments und des Rates vom 16. April 2014 über Marktmissbrauch [MMVO]), sondern auch Richtlinien der Börsen, an welchen die Unternehmen kotiert sind (vgl. etwa die SIX Swiss Exchange Richtlinie zur ad hoc-Publizität).
840 Siehe ‹https://www.ser-ag.com/de/topics/ad-hoc-publicity.html›.

B. Phase 2 – Einstieg in die Verhandlungen: Beziehungs- und Vertrauensaufbau («Warm-up») sowie Organisation der Verhandlungen

Vor der Aufnahme von konkreten Verhandlungen finden oft zunächst erste Explorationskontakte statt, bei denen die Parteien in Erfahrung bringen, ob die andere Partei an Verhandlungen interessiert ist und bestimmte Grundvoraussetzungen gegeben sind. Ist das der Fall, erfolgt ein informeller Austausch, um die Verhandlungen aufzugleisen und zu strukturieren.[841] Letzteres ist Aufgabe der Phase 2.

Wer sich kennt und einen positiven ersten Eindruck von der anderen Partei erhält, beurteilt zukünftig deren Handlungen und Vorschläge mit mehr Verständnis und Wohlwollen.[842] Entsprechend ist ein **guter Start** in die Verhandlungen wichtig. Zu Beginn der Verhandlungen sollten wir uns deshalb mit der anderen Partei und deren Vertretern persönlich oder über eine Telefon- beziehungsweise Videokonferenz vertraut machen. Ein lockerer Austausch von Nettigkeiten («Smalltalk»), ein Anknüpfen an frühere gemeinsame Erfolge oder gemeinsame Bekannte sowie eine *gemeinsame Vision* schaffen eine **positive Grundstimmung**, auf der für die weiteren Verhandlungen aufgebaut werden kann. Dazu können wir (sofern der Kontakt persönlich und nicht per Videokonferenz erfolgt) einen Ort wählen, an dem sich die Gegenseite wohl fühlt. Auch ein gemeinsames Essen oder ein symbolisches kleines Präsent können helfen, das Eis zu brechen. In schwierigen Phasen der Verhandlungen hilft es zudem, an positive frühere gemeinsame Erlebnisse anzuknüpfen. Da hilft es, wenn der Start in die Verhandlungen positiv verlief.

Weiter ist zu Beginn der Verhandlungen wichtig zu definieren, **welche Themen zur Eröffnung der Verhandlungen gewählt** werden sollen. Beginnen wir mit *einfachen Themen* und regeln diese rasch, so können wir eine positive Verhandlungsdynamik erzielen. Anders mit *schwierigen Themen*, welche die Verhandlungen von Anfang an unter Umständen unnötig belasten. Doch werden diese (zu) spät angesprochen, können «Deal Killers» aufwendige Verhandlungen obsolet machen. Deshalb empfiehlt es sich regelmässig, mögliche «Deal Killers» frühzeitig zumindest zu thematisieren, damit wir einschätzen können, ob diese voraussichtlich überwindbar sind.[843] Anders stellt sich die Lage dar, wenn gerade grosse Konflikte der Lösung harren und die Nichteinigung keine oder die schlechtere

---

841 Zu den organisatorischen Aspekten von Verhandlungen siehe Kapitel IV.G.
842 Dies entspricht dem in Kapitel IV.B behandelten psychologischen Prinzip der Resonanz.
843 POWELL, Talking to Terrorists, S. 235.

Option gegenüber Verhandlungen ist: Hier sollten oder müssen wir gar verhandeln, mögliche «Deal Killers» hin oder her.[844]

Um eine Beziehung herzustellen, stellt man sich kurz vor, versucht, über Smalltalk Gemeinsamkeiten wie gemeinsame Bekannte, Interessen und Tätigkeiten herauszufinden. Nehmen Sie sich dann Zeit, das Gespräch, wie es sich ergibt, zu vertiefen.[845] Hören Sie dabei aufmerksam und aktiv zu und stellen sie (ohne in einen penetranten Interviewstil zu verfallen!) interessiert Fragen, um weitere Gemeinsamkeiten herauszufinden und die Beziehung zu vertiefen. Im «Warm-up» werden oft auch erste Informationen ausgetauscht und Signale gesendet, welche für das Verständnis der anderen Partei und ihrer Interessen von Bedeutung sein können. Dazu können aktuelle Fakten des anderen Unternehmens, die Marktsituation, erfolgreiche Projekte der anderen Partei etc. in positiver Art und Weise thematisiert werden.[846]

Die zweite Phase dient damit vorab dem **Beziehungs- und Vertrauensaufbau**. Dazu werden allenfalls auch vertrauensbildende Massnahmen eingesetzt.[847] Entsprechend umreissen die Parteien in dieser Phase oft lediglich das *Thema*, tauschen *Ideen* aus und thematisieren *Fragestellungen*, statt bereits Positionen zu beziehen. Zudem können der anderen Partei bereits Hinweise zu den Absichten und Zielen übermittelt werden. Ich nenne dies *«Message Dropping»*.[848] Für den Beziehungs- und Vertrauensaufbau eignen sich besonders Anlässe in unge-

---

844 Zum Thema «Verhandeln mit dem Teufel» vgl. Kapitel VI.B.
845 BOGHOSSIAN/LINDSAY, Schwierige Gespräche, S. 29–30.
846 Es können in der Kommunikation grundsätzlich **drei Ebenen** unterschieden werden: Die erste Ebene ist das «sichere Kommunikationsumfeld»: Sport, Wetter, Popkultur, lokale Berühmtheiten, gemeinsame Bekannte, oder gemeinsame private Interessen («Kochen»). Darauf beschränkt sich in der Regel Smalltalk, auf jeden Fall, wenn man sich nicht näher kennt. Sonst kann dieser unter Umständen die Familie, gemeinsame Erlebnisse o.Ä. mitumfassen. Die zweite Ebene ist potentiell kontrovers und damit heikler: Politik, Religion, Privatleben (ausser man kennt sich näher). Auf dieser Ebene kann, wenn man sich etwas besser kennt oder sich das Thema anbietet, eine unverfängliche Konversation versucht werden. Wenn die andere Partei davor zurückweicht, sollte man die Finger davon lassen. Die dritte Ebene beeinflusst die persönlichsten Themen, vor allem wenn sie spezifisch angesprochen werden (und nicht nur: «Wie geht es der Familie?»): Familie, Liebesleben, Finanzen, Gesundheit, Arbeitsleben (vgl. HERRERA, 3 Tips to Have Better Conversations, New York Times online vom 16. September 2018; SCHRANNER, Der Verhandlungsführer, S. 62).
847 Siehe dazu auch Kapitel IV.B.7.
848 Illustrativ dazu ist die Schilderung von Henry Kissinger, dem Nationalen Sicherheitsberaters von US-Präsidenten Richard Nixon, zum historischen Treffen mit dem damaligen Vorsitzenden der Volksrepublik China, Mao Zedong, 1972 in Peking: Der Vorsitzende Mao übermittelte Präsident Nixon eingangs der Gespräche eher beiläufig und verklausuliert, dass China ein ernsthaftes und langfristiges Interesse an einer Normalisierung der Beziehung zwischen den beiden Staaten habe, in Vietnam nicht durch eigene Truppen intervenieren und ein zuverlässiger strategischer Partner gegenüber den hegemonialen Bestrebungen der Sowjetunion sein wolle. Aber auch die Amerikaner signalisierten den Chinesen ihre Absicht zur Entspannung und weitgehenden Normalisierung der gegenseitigen Beziehungen (siehe KISSINGER, On China, S. 258 ff.). – Das «Message Dropping»

zwungenem Rahmen, wie beispielsweise ein gemeinsames Essen, oder Verhandlungspausen.[849]

Wenn sich die Verhandelnden schon kennen, ist der «Warm-up» umso einfacher, aber nicht weniger wichtig.[850]

Weiter werden in dieser Phase **organisatorische Fragen** und der weitere **Ablauf der Verhandlungen**, aber auch **Fragen der Vertraulichkeit, Exklusivität** und der **Kommunikation** besprochen.[851]

Schliesslich werden in der initialen Phase der Verhandlungen auch die **Spielregeln** – allenfalls zusammen mit «roten Linien» für die Verhandlungen – vereinbart.[852]

Bei **komplexen Projekten** von erheblicher Tragweite für die Parteien ist die Anbahnung von und der Einstieg in die Verhandlungen besonders wichtig. So habe ich verschiedentlich erlebt, dass bei der Planung von gemeinsamen Unternehmungen im Rahmen von Joint Ventures oder Unternehmenszusammenschlüssen beziehungsweise -übernahmen der ersten Kennenlernphase viel Zeit gewidmet wird, um in Erfahrung zu bringen, ob die Parteien die gleichen Vorstellungen und Werte teilen und ein langfristiges gemeinsames Vorgehen möglich ist. Aber auch in **Konfliktsituationen** – im wirtschaftlichen wie im politischen Bereich – kann die erste Phase darüber entscheiden, ob sich die Parteien näherkommen und eine Einigung möglich wird. Diese Phase ist oft auch durch Lavieren, gepaart mit vertrauensbildenden Massnahmen, geprägt.

Illustrativ ist dabei das Beispiel der politischen *Annäherung zwischen den beiden Grossmächten USA und China Ende der 60er- und anfangs der 70er-Jahre,* wo beide Parteien sämtliche Register der direkten und indirekten Kommunikation sowie des Stakeholder Managements (insbesondere auch der eigenen Stakeholder) zogen und Möglichkeiten einer Annäherung explorierten. Dass diese schliesslich gelang, war allerdings auch äusserem Zwang und Opportunitäten zu verdanken: Nach der Machtübernahme durch die Kommunisten unter der Führung von Mao Zedong im Jahre 1949 und dem Koreakrieg 1951 war das politische Establishment in den USA fest davon überzeugt, dass China neben der Sowjetunion deren Erzfeind sei und alles täte, um die USA aus Asien zu werfen. Eine politische Annährung an China schien

---

kann beispielsweise über die Schilderung von eigenen Erlebnissen, kleine Geschichten oder anderweitige Hinweise erfolgen.
849 Zu den vertrauensbildenden Massnahmen, vgl. auch Kapitel IV.B.7.
850 Die «Warm-up»-Phase entspricht auch der Idee des «Pre-meeting», welches in Kapitel IV.G.2 beschrieben wird.
851 Vgl. dazu Kapitel V.A.6–7.
852 Vgl. dazu auch SCHRANNER, Der Verhandlungsführer, S. 62 ff., HEUSSEN/PISCHEL, Handbuch Vertragsmanagement, Teil 2, Rz. 524 ff.

damals völlig ausgeschlossen. Dies änderte sich erst, als Richard Nixon 1969 amerikanischer Präsident wurde. Nixon strebte im Sinne des Begründers des Völkerbundes, des früheren amerikanischen Präsidenten Woodrow Wilson, eine Rückkehr Chinas in den Kreis der Nationen an. Dies hatte er bereits 1967 in einem Artikel in der Zeitschrift *Foreign Affairs* gefordert. Auch Mao war angesichts des zunehmenden Drucks der Sowjetunion und der immer konkreter drohenden schweren militärischen Auseinandersetzung mit dieser zur Überzeugung gelangt, dass China nur eine Annäherung an die USA vor einer Invasion der Sowjetunion schützen würde. Über zwanzig Jahre ideologischer Krieg und das aktuelle politische Umfeld des Kalten Krieges machten jedoch für beide Lager eine solche äusserst schwierig. Die Sache musste behutsam und langsam angegangen werden, um nicht bereits zu Beginn am Widerstand im eigenen Lager zu scheitern. Mao änderte deshalb ab 1965 leicht die Tonalität gegenüber den USA. In einem Interview mit dem US-Reporter Edgar Snow liess er zudem durchblicken, er glaube trotz der grossen Differenzen zwischen den beiden Nationen nicht daran, dass die Auseinandersetzung in einem Krieg enden müsse. Zudem machte er klar, dass China nicht aktiv im Vietnamkonflikt mitwirken würde (in der Tat beschränkte sich die Mitwirkung auf Waffenlieferungen, logistische Unterstützung, Training und Militärberater). In den USA herrschte dennoch weiterhin die Auffassung, von China ginge die noch grössere Gefahr aus als von der Sowjetunion. Mao zitierte deshalb 1969 die Aussagen Nixons in der Zeitschrift *Foreign Affairs* aus dem Jahre 1967 und signalisierte damit erneut, dass China eine Entspannung der politischen Situation mit den USA anstrebte. Um die Falken im eigenen Lager zu beruhigen, beorderte er eine Analyse von vier Feldmarschällen der chinesischen Armee, welche ihrerseits zur Absicherung ihrer brisanten Analyse und Empfehlungen auf die klassische Zeit der drei Königreiche Wei, Shu und Wu im frühen 4. Jahrhundert n.Chr. zurückgriffen, als sich auf Rat des berühmten chinesischen Strategen Zhuge Liang die Staaten Shu mit Wu zusammenschlossen, um das nördliche Wei in Schach zu halten. Nachdem sich die Spannungen zwischen der Sowjetunion und Chinas infolge heftiger Gefechte im Gebiet des Flusses Ussuri ab März 1969 intensivierten, suchten sowohl China als auch die USA dringend nach Möglichkeiten, eine Verständigung in die Wege zu leiten. Bei Mao ging es um das politische Überleben und Nixon wollte unbedingt eine grössere internationale Krise verhindern. Damit keine der Parteien zugeben musste, sie habe die Annäherung initiiert, und beide sich die Möglichkeit offenhalten konnten, sich jederzeit von den Gesprächen zurückziehen zu können, starteten die chinesische und die US-Regierung ein «Menuett» von niederrangigen diplomatischen Treffen, welche dann auf Botschafterebene weitergeführt und durch gemeinsame sportliche Anlässe, insbesondere Tischtennis-Tourniere (sogenannte «Pingpong-Diplomatie»), sowie vertrauensbildende Massnahmen wie die Freilassung von gegenseitigen Gefangenen und gewissen Handelserleichterungen abgerundet wurden. Nachdem die Parteien ihre Erwartungshaltung für weitere Gespräche (etwa: keine Vorbedingungen, wie zum Beispiel die Anerkennung des chinesischen Anspruchs auf Taiwan) geklärt hatten, setzten sie diverse Drittparteien wie die Regierungen Pakistans, Rumäniens und Frankreichs ein, um sich zusätzliche Botschaften und Signale der Entspannung zu überbringen und eine weitere Annäherung zu bewerkstelligen.[853] Um das eigene Lager auf die neue politische Linie zu bringen, bedurfte es weiterer interner Verlautbarungen, Interviews und Artikel in politischen Zeitschriften. Schliesslich war der Weg für ein Treffen auf Ministerebene, und im Jahr 1972 für das historische Treffen zwischen Nixon und Mao, geebnet – und der Besuch von Präsident Nixon vom 21. bis 28. Februar 1972 in Peking ging in die Geschichte ein.[854]

Aus diesen welthistorischen Ereignissen können wir für Verhandlungen folgende Grundsätze ableiten: Je komplexer und heikler Verhandlungssituationen sind, desto sorgfältiger und vorsichtiger sollten die Verhandlungen angebahnt werden. Dabei ist gerade in der Anfangsphase besonders darauf zu achten, dass die *Annäherungsschritte keine Schwäche signalisieren, nicht einseitig bleiben und die Annäherung jederzeit ohne Gesichtsverlust beendet werden kann*. Die zweite Phase gibt uns die Gelegenheit, die **andere Partei besser kennen zu lernen** und auch deren **Fach- und Verhandlungskompetenz** in Erfahrung zu bringen.

Zhuge Liang riet dazu:

- «Befrage dein Gegenüber zu **richtig und falsch** und schaue darauf, wie es *urteilt*.
- Verwickle es in eine **heftige Diskussion** und beobachte, wie es sich *verhält*.
- Sprich mit ihm über **Strategie** und beurteile, wie *schlau* es ist.
- Verkünde ihm **Schwierigkeiten** und Gefahr und schau, wie *mutig* es ist. Man mache sein Gegenüber betrunken und beobachte sein *Wesen*.
- Man stelle ihm **Gewinn** in Aussicht und beobachte seine *Charakterstärke*.
- Betraue es mit einer **Aufgabe** und schau, ob du ihm *vertrauen* kannst.»[855]

Wichtig ist zudem nicht nur, welche Themen die andere Partei anspricht («Message dropping» beziehungsweise «*Versuchsballon steigen lassen*»[856]) – sondern auch, *welche nicht*: In dem soeben aufgeführten Beispiel forderte Mao *nicht* den Abzug der amerikanischen Truppen aus Vietnam, womit die US-Regierungsvertreter wussten, dass die Verhandlungen ohne diese Vorbedingung stattfinden

---

853 Wie Mayer aufzeigt, ist es gerade bei länger andauernden, komplexen Konflikten sehr hilfreich, vielfältige Kommunikationsmöglichkeiten zu verfolgen und damit auf Dritte zurückzugreifen (MAYER, Staying with Conflict, S. 119f.).
854 Vgl. dazu die detaillierten, mit zahlreichen Anekdoten gespickten Ausführungen von Kissinger, welcher die Geschehnisse ab 1969 als Nationaler Sicherheitsberater aus nächster Nähe erlebte und mitgestaltete. Kissinger war entscheidend mitverantwortlich für die sino-amerikanische Entspannung (KISSINGER, On China, S. 203–235; wie *überraschend offen* die Gespräche trotz grundlegenden politischen Differenzen und Interessen geführt wurden, zeichnet KISSINGER, a.a.O., S. 255ff. nach).
855 ZHUGE LIANG, Das Dao des Generals, S. 12: Das Wesen des Menschen kennen lernen.
856 Vgl. dazu auch Kapitel V.D.2.2.2.

konnten. Wenn Ihre Verhandlungspartnerin bestimmte Bedingungen und Verbindungen, die sie bekanntlich hat, nicht anspricht und die für Ihre Zusammenarbeit von Relevanz sein könnten, dürfte für Sie umso interessanter zu wissen sein, wie sich diese auf ihr gemeinsames Projekt auswirken können und welchen «Plan B» die andere Partei hat – etwa ob sie diese Elemente im Sinne einer Überrumpelungsstrategie erst später ins Spiel bringen will. Zudem werden in heiklen Verhandlungssituationen oftmals Dritte als neutrale Vermittler eingesetzt. Die Kommunikationskanäle müssen besonders sorgfältig gewählt werden, indem nicht nur externe, sondern auch interne Hindernisse berücksichtigt werden. Dabei kommt der Wahl des Verhandlungsteams, vertrauensbildenden Massnahmen sowie dem Stakeholder Management besondere Bedeutung zu.

Da wir in der Phase 2 oftmals zum ersten Mal einen näheren, persönlichen Eindruck von der anderen Partei erhalten und wichtige Zusatzinformationen über das Verhandlungsumfeld gewinnen, macht es gerade in komplexeren Verhandlungen regelmässig Sinn, sie erst **nach einer Pause mit der Phase 3 fortzuführen**. Diese kann je nach Komplexität der Verhandlungen und der Art der Zusatzinformationen einige Stunden, Tage oder sogar mehrere Wochen dauern. Haben wir beispielsweise erhebliche Hindernisse im Verhandlungsumfeld eruiert (wie zum Beispiel fehlende Bewilligungen, widerspenstige Stakeholder etc.) oder wird unsere Preiskalkulation in Frage gestellt, so müssen wir neu über die Bücher. Auf diese Weise können wir die neuen Erkenntnisse sorgfältig auswerten, unsere Verhandlungsstrategie und -taktik anpassen und uns für die nächste Phase im Team absprechen.

C. Phase 3 – Informationsaustausch und Klärung der Interessenlagen

In der nächsten Verhandlungsphase tritt der Verhandlungsgegenstand in den Vordergrund. Dabei orientieren sich die Parteien gegenseitig detailliert über ihre grundlegenden Interessen und Ziele, ihr Verhandlungsumfeld, Verflechtungen und Verknüpfungen etc.[857] Dabei gilt es, das **gegenseitige Verständnis** im Hinblick auf die eigentlichen Verhandlungen zu fördern.[858]

Darüber hinaus erhalten wir nun einen näheren Eindruck über die **Kompetenz des uns gegenübersitzenden Verhandlungsteams und dessen Art und Weise zu verhandeln**. Dazu beobachten wir die Kommunikationsart und -ebene, die Körpersprache der Teilnehmenden sowie die Hierarchie im anderen Verhandlungsteam. Weiter versuchen wir, mögliche Spannungen, Verbündete und «Störenfriede» zu identifizieren. Mittels subtiler Einwürfe können wir Reaktionen testen – wer reagiert wie? Achtung – das tut auch die andere Seite! Auf erste Informationen der anderen Partei steigen wir deshalb nicht gleich ein, sondern nehmen diese zur Kenntnis, verifizieren sie und versuchen, mögliche «Minen» für die anstehenden Verhandlungen auszumachen.

Zudem werden die in der Vorbereitung gesammelten Informationen **ergänzt und verifiziert**. Durch die eingehende Erörterung der «Big Four»-Fragen lernen wir die Wahrnehmung der anderen Partei bezüglich des Verhandlungsgegenstandes und -prozesses, deren wahre Motive und Interessen, aber auch mögliche **Widerstände und Hindernisse** besser kennen.[859] Dies erlaubt uns, die Verhandlungsstrategie und -taktik bei Bedarf anzupassen und Probleme auf allen fünf Verhandlungsebenen proaktiv anzugehen, Sackgassen und «Fettnäpfchen» zu vermeiden sowie **kooperative kreative Lösungen** zu erarbeiten. In dieser wie auch in der nächsten Phase kommt den Kommunikations- und kooperativen Verhandlungstechniken, wie sie in den Kapiteln IV.B und V.D beschrieben werden,

---

857 **Art und Umfang des Informationsaustauschs** sind dabei im Rahmen der Verhandlungsstrategie und -taktik festzulegen. Bedenken Sie zudem, dass auch die andere Partei ihre Aussagen zweckorientiert, nämlich zur Erreichung des eigenen Verhandlungsziels, tätigen dürfte. Sie sind deshalb stets *kritisch zu hinterfragen* und wenn möglich unabhängig zu *überprüfen*. Vgl. auch Kapitel V.A und D.1.8 sowie HEUSSEN/PISCHEL, Handbuch Vertragsmanagement, Teil 2, Rz. 529.
858 In der Unternehmensführung wird von **«Auftragsklärung»** gesprochen. Diese beinhaltet nach der Herstellung eines vertrauensvollen Kontakts (Beziehungsebene) einen gemeinsamen Informations- und Wissensstand herzustellen, was die Einordnung der Verhandlungen mitumfasst; eine gemeinsame Vision und Sprache zu finden; und anschliessend die ZOPA sowie den gemeinsamen Weg ins Ziel zu definieren (vgl. dazu auch KOSTKA, Praxishandbuch Change Management, S. 202).
859 Dazu analysieren wir wiederum das *Verhandlungsumfeld* sowie die *Verhandlungsdynamik* (was treibt den Konflikt an, was verhindert eine Lösung?) auf allen fünf Verhandlungsebenen (siehe dazu weiterführend LOMBRISER/ABPLANALP, Strategisches Management, S. 428 ff.).

dem Aufbau von Vertrauen sowie dem Abbau von diffusen Ängsten, etwa durch das Durchspielen von konkreten Beispielen (vgl. Kapitel V.D.1.4) sowie weiteren vertrauensbildenden Massnahmen (Kapitel IV.B.7) besondere Bedeutung zu. Dazu lassen wir auch einmal einen «Versuchsballon» steigen.[860] Allfällige **persönliche Animositäten und Wahrnehmungen** sollten bereits auf dieser Stufe angegangen und möglichst bereinigt werden, damit diese die eigentlichen Verhandlungen nicht beeinträchtigen.[861]

> Dazu ein Beispiel: Beim Umbau einer Siedlung verfügte der Bauingenieur des Generalunternehmers einen Baustopp, da er aufgrund unklarer Baufundationen und möglicher Unterspülungen ein grundlegendes Statikproblem befürchtete und einen Einsturz der Bauten als möglich erachtete. Die Bauherrschaft und der Generalunternehmer evaluierten gemeinsam das weitere Vorgehen. Es wurden zusätzliche statische Abklärungen getroffen. Diese zogen sich hin, der vereinbarte Bauabnahmetermin verstrich. Schliesslich stellte sich heraus, dass entgegen den initialen Befürchtungen keine Fundationssanierung nötig war. In den darauffolgenden Verhandlungen stritten die Parteien darüber, wer den Zusatzaufwand und den Verzögerungsschaden (entgangene Mietzinse etc.) zu tragen hatte. Nach Positionsbezug der Anwälte sassen die Parteien zusammen und diskutieren nicht nur die sachlichen und rechtlichen Aspekte, sondern auch ihre Wahrnehmung der Angelegenheit. Dabei stellte sich heraus, dass der Bauherr der Auffassung war, man wolle ihm nachträglich das Baugrundrisiko zuschieben, das der Generalunternehmer für sein Werk vertraglich übernommen hatte, mithin die ursprüngliche Abmachung ändern. Zudem habe der Unternehmer die Untersuchungen verzögert. Anstatt die Bauherrschaft erneut mit Positionsbezügen und der eigenen Rechtsauffassung einzudecken, versuchte der Unternehmer, ihr aufzuzeigen, dass deren Wahrnehmung zwar verständlich, aber nicht zutreffend war, und er alles getan hatte, was er konnte, um die Situation bestmöglich zu lösen. Dies ebnete schliesslich einer einvernehmlichen Lösung den Weg.[862]

Oftmals legen wir uns in dieser Phase der Verhandlungen nur so weit als erforderlich fest. Allerdings kann es auch sinnvoll sein, der anderen Partei frühzeitig **inhaltliche «Leitplanken»** bekanntzugeben.[863] Ein typischer «Anfängerfehler» ist dagegen, sofort in die Verhandlungen zu steigen und dann unter Druckanwendung salamitaktikmässig ein Thema nach dem anderen bewältigen zu wollen.[864]

---

860 Vgl. dazu Kapitel V.D.2.1 sowie V.D.2.2.2.
861 SCHRANNER rät deshalb, emotionale Verhandlungen auch emotional anzugehen (SCHRANNER, Der Verhandlungsführer, S. 73 ff.).
862 Das Thema Konfliktmanagement wird in Kapitel VI vertieft behandelt.
863 Vgl. Kapitel V.A.4.2 sowie V.E.2.2.
864 HEUSSEN/PISCHEL, Handbuch Vertragsmanagement, Teil 2, Rz. 539.

D. Phase 4 – Die eigentliche Verhandlung beziehungsweise der Kernverhandlungsprozess

Als nächstes folgt die eigentliche Verhandlung, also der Kernverhandlungsprozess, in dem wir versuchen, *unter möglichst optimaler Wahrung unserer Interessen die Differenzen zu bereinigen*. Zu diesem Zweck arbeiten wir gestützt auf die uns vorliegenden Informationen und unsere Analyse im Rahmen der Verhandlungsstrategie auf allen fünf Verhandlungsebenen auf die Erreichung unseres Verhandlungsziels hin. Dabei wenden wir zum Beziehungsaufbau, zur Förderung des Verständnisses für die Verhandlungssituation, zum Erkunden sowie zum Erarbeiten von Lösungen

- die in Kapitel IV.B beschriebenen Frage- und Gesprächstechniken;
- die in Kapitel V.D.1 beziehungsweise 2 und in der Schlussphase der Verhandlungen[865] die in Kapitel V.E aufgeführten Verhandlungstechniken an.
- Dabei helfen uns der Verhandlungsführungsprozess sowie die regelmässige Prüfung der «Big Four»-Fragen,[866] die Verhandlungen zielorientiert zu führen und «auf Kurs» zu bleiben.

Während in Ziffer 1 *allgemeine Empfehlungen* für die Verhandlungsführung folgen, werden in Ziffer 2 bewährte *Verhandlungstechniken* behandelt, die wir einsetzen können, um erfolgreich unsere Verhandlungsziele zu erreichen.[867]

> Während den Verhandlungen streben wir gestützt auf die uns vorliegenden Informationen und unsere Analyse im Rahmen der Verhandlungsstrategie und unter Einsatz bewährter Verhandlungstechniken die Erreichung unseres Verhandlungsziels an.

---

865 Wie bereits erwähnt, gehen die verschiedenen Phasen der Verhandlungen oft fliessend ineinander über, oder dann bewegen sie sich in Loops vorwärts und rückwärts, indem für bestimmte Themen wiederum frühere Verhandlungsphasen aufgenommen und durchlaufen werden müssen. Tritt beispielsweise während der Kernverhandlungsphase ein Hindernis auf, das wir nicht überwinden können, bedarf es einer genauen Analyse der wahren Interessen der Parteien (welche wir womöglich erst jetzt richtig erkennen). Dies kann zu völlig neuen Lösungen führen. Von der Phase 4 müssen wir diesfalls zur Phase 1 zurückkehren, um die Verhandlungen zu deblockieren (vgl. dazu auch Kapitel VI.A.5.2).
866 Vgl. Kapitel III.A.3 und 5.
867 Siehe dazu auch FRITZSCHE, Souverän verhandeln, S. 80 ff., sowie die zwölf Grundregeln des Verhandelns bei HEUSSEN/PISCHEL, Handbuch Vertragsmanagement, S. 279.

1. Acht allgemeine Empfehlungen für die Verhandlungsführung

1.1 Stellen Sie ein geeignetes Verhandlungsteam zusammen und definieren Sie eine Teamstrategie

«Meine Herren, ich habe Sie nicht zusammengerufen, damit Sie meiner Meinung zustimmen, sondern um Ihre zu hören.»

Napoleon Bonaparte[868]

Komplexere Vereinbarungen werden in der Regel nicht durch Einzelpersonen, sondern durch Teams ausgehandelt. Dies ergibt sich im politischen und im wirtschaftlichen Bereich schon nur daraus, dass verschiedene Bereiche abgedeckt werden müssen: Neben den Verhandlungsführerinnen und -führern wirken etwa Führungspersönlichkeiten der Parteien, Projektleiter und Mitarbeitende aus den technischen Abteilungen oder aus der Finanzabteilung mit. Das Verhandlungsteam wird gegebenenfalls durch externe technische, politische und rechtliche Berater sowie Finanz- und Kommunikationsexperten ergänzt. Dies erlaubt, die auftretenden Fragen und Themen kompetent zu besprechen und rasch Lösungen zu finden. Wie wir in Kapitel IV.G.2 gesehen haben, tendieren allerdings Verhandlungen mit grossen Delegationen dazu, träge und übermässig komplex zu werden und bergen zudem die Gefahr, dass sie durch persönliche Animositäten oder Partikularinteressen selbst innerhalb der Verhandlungsteams torpediert werden. Auch ist die Abstimmung in grösseren Teams erschwert. Vielfältige Standpunkte können zudem dazu führen, dass der rote Faden verloren geht und sich die Parteien in einer Vielzahl von Themen und Details verlieren. Wenn eine grössere Anzahl von Parteien am Verhandlungstisch sitzt, wird eine Einigung überdies dadurch erschwert, dass sich kaum eine Partei im Plenum mit einer verbindlichen Stellungnahme exponieren will, bevor sie weiss, wie sich die anderen Parteien zu dieser Frage stellen – ausser sie wolle gleich Leitplanken für die Verhandlung setzen. Kleine Verhandlungsteams sind dagegen flexibler, einfacher abzustimmen und können zielorientierter verhandeln. Allerdings fehlt ihnen unter Umständen die Expertise, um bestimmte Fragen zu klären, was weitere Verhandlungsrunden erfordert. Während sich gemäss Studien bei *Strategiediskussionen* oder dem Austausch von Ideen die Effizienz bei bis zu vierzehn Teilnehmenden nicht merklich vermindert, sollten gemäss *Studien* an Meetings, in

---

[868] ZAMOYSKI, Napoleon – Ein Leben, S. 212. Allerdings liess Napoleons Aufgeschlossenheit anderen Meinungen gegenüber je länger je mehr nach. Die Macht scheint auch hier ein korrumpierender Faktor gewesen zu sein. Bezeichnend dafür ist, dass er sich mit seinem für seine kritische und unabhängige Denkweise bekannten, langjährigen Aussenminister und Vertrauten Talleyrand, der gegenüber Napoleons fortgesetzten Expansions- und Kriegsgelüsten kritisch eingestellt war, zunehmend überwarf.

denen Entscheidungen gefällt werden, möglichst nicht mehr als sieben Personen teilnehmen. Dabei können Teilnehmende sehr wohl später dazustossen und aus dem Meeting ausscheiden, je nachdem, welches Thema betroffen ist.[869] Wenn grössere Verhandlungsteams unerlässlich sind, bietet sich zudem oft an, ein **Kernteam** zu bilden, welches innerhalb des Verhandlungsteams eine Führungsfunktion wahrnimmt.

Es versteht sich dabei von selbst, dass Verhandlungen im Team und mit mehr als zwei Parteien besonders sorgfältig geplant und geführt werden müssen, um effizient und effektiv zu sein.[870]

Hier die wichtigsten Punkte für die Verhandlungsplanung im Team:

- Vorab fragt sich, **wie wir das Verhandlungsteam zusammensetzen und welche Rolle den einzelnen Teammitgliedern im Rahmen unserer Verhandlungsstrategie zukommt:**
    - *Grösse:* Wollen beziehungsweise benötigen wir ein *kleineres, flexibles Team oder eine grössere Delegation*? Während komplexe Verhandlungen oft mit grösseren Delegationen beginnen, um die Auslegeordnung vorzunehmen und alle Teammitglieder auf den gleichen Informationsstand zu bringen, werden sie dann regelmässig in Expertenteams oder Ausschüssen weitergeführt, die sich mit einzelnen Themenbereichen oder Themen beschäftigen. Die grössere Abstimmung erfolgt dann wieder im Plenum.[871]
    - *Zusammensetzung:* Die Zusammensetzung des Verhandlungsteams ist ein wichtiger Erfolgsfaktor: Der Verhandlungsführer oder die Verhandlungsführerin sollten dabei über die nötigen *Führungsqualitäten* verfügen. Dies setzt neben der erforderlichen fachlichen und sozialen Kompetenz Problemlösungs- und Projektmanagement-Fähigkeiten,[872] die Fähigkeit zuzuhören und Menschen für Lösungen zu begeistern, sowie Hartnäckigkeit und Zielorientiertheit voraus. Bei internationalen Verhandlungen wird zudem aufgrund ihrer erhöhten Komplexität ausgeprägtes Troubleshooting und ein interkulturelles Verständnis verlangt.[873] Auch ist auf eine ausgewogene Zusammensetzung des Teams im Hinblick auf die zu besprechenden Themen zu achten, wobei – wie der eingangs zitierte Ausspruch Napoleons zeigt – durchaus auch kritische Stimmen eingebunden werden können

---

869 KLINGBACHER, Nicht schon wieder eine Sitzung!, S. 26.
870 Vgl. dazu SCHRANNER, Verhandeln im Grenzbereich, S. 158 ff.
871 Dieses Thema wird in Kapitel IV.G.2 näher ausgeführt.
872 Dies beinhaltet eine positive «Yes we can»-Mentalität, Offenheit, Kreativität, eine risikobasierte Vorgehensweise, Fairness und Commitment (vgl. FRIGENTI/COMNINOS, Project Management, S. 19 f.).
873 Vgl. etwa LIENTZ/REA, International Project Management, S. 46 ff.; FRIGENTI/COMNINOS, Project Management, S. 19; WELCH, Winning, S. 73 («Regeln für Führungskräfte»).

beziehungsweise sollten. Nachteilig wirken sich dagegen Charaktereigenschaften wie Rechthaberei und Dominanz, Nichtzuhören sowie eine Tendenz, sich in administrativen Belangen und Wortklaubereien zu verlieren, aus. Die Mitglieder des Verhandlungsteams sollten neben der fachlichen und sozialen Kompetenz eine möglichst breite Erfahrung in ähnlichen Projekten haben, verfügbar sein, effizient und lösungsorientiert arbeiten sowie ausgeprägte Problemerkennungs- und Problemlösungsfähigkeiten haben. Zudem sind *kommunikative Fähigkeiten* wie auch die Freude und der Wille, das Projekt zum Erfolg zu führen, gefordert.[874] Durch die Diversität des Teams werden die verschiedenen fachlichen und anderweitigen Erfordernisse des Projektes abgedeckt. Schliesslich wird durch die Zusammensetzung des Teams sichergestellt, dass dieses über die erforderliche Akzeptanz innerhalb der Organisation und bei der anderen Partei verfügt.[875] Durch die Zusammensetzung des Teams können wir auch das *Thema oder den Verlauf der Verhandlung beeinflussen*, etwa indem wir Experten mitnehmen und dann diesen das Wort erteilen. Damit wird den technischen Aspekten der Verhandlungssache Raum und Gewicht gegeben. Oder dann referiert der Projektleiter über den aktuellen Stand und die weiteren Perspektiven des Projekts, womit die gemeinsamen Interessen und ursprüngliche Vision wieder in den Mittelpunkt gerückt werden.[876]

- Bei Verhandlungsteams nehmen die einzelnen Mitglieder üblicherweise gewisse **Rollen** an: Meistens führt ein *Negotiator* die Verhandlungen, entscheidet aber nicht über das Ergebnis. Der *Commander* hört mit Distanz zu, beobachtet die Verhandlung und ist in Verhandlungspausen ein kompetenter Sparringpartner. Man spricht auch vom «heimlichen Herrscher». Der *Decision Maker* (Entscheidungsträger) sagt am Schluss, ob und zu welchen Bedingungen eine Vereinbarung abgeschlossen wird.[877] Das Team wird wie erwähnt durch weitere unterstützende Personen wie rechtliche und technische Berater, Projektleiterinnen, Übersetzer oder weitere Hilfspersonen ergänzt.

- Das bedeutet auch, dass **Decision Makers in der Regel nicht selber verhandeln**, sondern entscheiden: Verhandlungen müssen stufengerecht geführt werden, so dass im Fall der Blockade eine *Eskalationsmöglichkeit* besteht. Oftmals werden deshalb Verhandlungen in den ersten Phasen, oder bei mehrtägigen

---

874 Vgl. etwa LIENTZ/REA, International Project Management, S. 67 ff.
875 FREI, Change Management, S. 38 ff.; Diversität ist insbesondere deshalb wichtig, weil ein einseitiger Blick auf den Verhandlungsgegenstand und den Verhandlungsprozess die Verhandlungen behindert. – Wie das Verhandlungsteam optimal strukturiert und geführt werden kann, beschreibt FREI, Change Management, S. 40 ff.
876 Weitere Beispiele finden sich bei KISSINGER, On China, S. 257 f.
877 Vgl. SCHRANNER, Der Verhandlungsführer, S. 35 ff.; DERS., Verhandeln im Grenzbereich, S. 21 ff.

Verhandlungen zu deren Beginn, ohne Entscheidungsträger geführt, um den Verhandlungsgegenstand einzugrenzen und die Verhandlungen möglichst weit voranzubringen. Die entscheidenden Fragen werden dann im Dabeisein beziehungsweise unter den *Entscheidungsträgern* selber vereinbart, welche an der Sitzung teilnehmen, sobald sich abzeichnet, dass eine gemeinsame Lösung gefunden werden kann. Gewisse Themen, welche im Dabeisein anderer Sitzungsteilnehmer nicht explizit angesprochen werden können, wie beispielsweise gewisse interne Hindernisse, erforderliche Rücksichtnahmen etc., können im *vertraulichen Rahmen* erklärt werden. Auch bereits das gemeinsame Verständnis unter Entscheidungsträgern (*Top Executives*), es müsse eine Lösung gefunden werden können, ungeachtet aller Hindernisse, welche die «Technokraten» oder Juristen anhäuften, kann sich auf die Verhandlungsdynamik positiv auswirken. Auch machen *Top Executives* der Parteien die *Schlussausmarchung* – beispielsweise, wenn es um die finale Einigung in finanzieller Hinsicht geht – oftmals unter sich aus. Dieses Vorgehen kann allerdings auch Risiken beinhalten, da *Top Executives* Bedenken ihres Beraterteams «überfahren» oder von der anderen Seite durch geschickte und präzise vorbereitete Manöver (einen sogenannten «Hinterhalt») überrumpelt und ausmanövriert werden können.

So schildert die ehemalige Aussenministerin der USA unter Präsident Bill Clinton, Madeleine Albright, dass im Rahmen der Verhandlungen um die Osterweiterung der NATO der damalige russische Präsident Boris Jelzin immer wieder versucht habe, die hartnäckig verhandelnde Delegation der USA zu umgehen, indem er direkt mit «seinem Freund ‹Beeel›» (US-Präsident Bill Clinton) verhandeln und offene Punkte klären wollte, was dieser jedoch ablehnte.[878]

Zumindest empfiehlt es sich in solchen Situationen, eine weitere Person des eigenen Teams beizuziehen, schon nur damit gegebenenfalls Zeugen über die Einigung näheren Aufschluss geben und bei anschliessend auftretenden Differenzen zur Klärung beitragen können.

- Vor Verhandlungen mit der anderen Partei **bereitet sich das Team vor** und spricht die Verhandlungsziele, die Verhandlungsstrategie und -taktik, Verhandlungsszenarien sowie die Rollen der einzelnen Teammitglieder ab. Wenn sich die Teammitglieder für ihre Rolle an ihren Fachbereich halten, ist in der Regel eine *planmässige und zielorientierte Verhandlungsführung* gewährleistet und die Verhandlungsposition weniger angreifbar. Die einzelnen Teammitglieder können weniger gegeneinander ausgespielt werden. Äussern sich jedoch alle zu allem, besteht die Gefahr, dass Inkonsistenzen und Missverständnisse auftre-

---

878 Vgl. ALBRIGHT, Madam Secretary, S. 256.

ten und die Verhandlungsposition auseinanderfällt. Sind schliesslich die Verhandlungsposition und die Verhandlungsstrategie nicht allen Mitgliedern des Verhandlungsteams bekannt oder bestehen diesbezüglich unterschiedliche Ansichten, kann ein geübter Verhandlungsgegenpart die Mitglieder des anderen Verhandlungsteams *gegeneinander ausspielen*. Diese Taktik wird gerade in distributiven Verhandlungen gerne angewandt.[879]

- Überdies werden allfällige **weitere Aufgaben** bezüglich der Verhandlungen abgesprochen und verteilt.

- Schliesslich sind die **Verhandlungsvollmacht** sowie die **Abschlusskompetenz** der Verhandlungspartner sicherzustellen, ansonsten die Verbindlichkeit der Vereinbarung in Frage gestellt ist. Diese ist in komplexen Projekten oder internationalen Transaktionen nicht immer klar ersichtlich und muss vorab festgestellt werden. Fragen Sie bei Bedarf «Wen vertreten Sie?», «Ist X legitimiert, Y zu vertreten?» und überprüfen Sie dies.[880]

- Bei der Zusammensetzung des Verhandlungsteams ist stets darauf zu achten, *wer welche Funktion innehaben und wer an den Verhandlungen teilnehmen* beziehungsweise wer sich im Hintergrund halten soll. So macht es bei Vergleichsgesprächen in technischen Schadenfällen allenfalls in der ersten Phase der Verhandlungen Sinn, die internen und externen Experten sowie die Projektleiter der Parteien zu involvieren, um den Sachverhalt näher zu klären. Ab einem bestimmten Zeitpunkt möchte man sich jedoch auf die kommerzielle Lösung konzentrieren, und die Zusammensetzung des Teams ändert sich entsprechend.

- Ein gut informierter Verhandlungsführer kann die perfekte Person für die **Kommunikation** der Verhandlungsfortschritte und -ergebnisse sein. Unter Umständen macht es jedoch mehr Sinn, diese einer Kommunikationsverantwortlichen zu überlassen, damit sie bei gewissen vertraulichen Detailfragen glaubwürdig ausführen kann, sie kenne diese nicht. Sie läuft dann auch nicht Gefahr, unbeabsichtigt vertrauliche Details der Verhandlungen oder der Verhandlungslösung preiszugeben. Die *Hoheit über den Inhalt der zu kommunizierenden Informationen* sollte dagegen je nach Verhandlungsphase und Tragweite beim Verhandlungsführer, der Projektleiterin oder bei den Entscheidträgern wie vorgesetzten Behördenstellen, Geschäftsführerinnen oder dem Verwaltungsrat liegen.

---

879 Vgl. von Senger, 36 Strategeme für Juristen, S. 176, Strategem Nr. 33. Schon die alten Römer kannten den Grundsatz «*divide et impera*» («teile und herrsche»).
880 Auch Talleyrand merkte an, dass nur eine *handlungsfähige Regierung* dauerhafte Verträge abschliessen kann. Unklare Kompetenzen beziehungsweise eine «Polyarchie» verhindern eine klare Entscheidfindung und lähmen einen Staat oder eine Unternehmung, weil sich die Machtzentren stets ändern (vgl. Willms, Talleyrand, S. 129).

Dass die Verquickung von Verantwortung und Kommunikation nachteilig sein kann, zeigt das Beispiel von Mick Mulvaney, Stabschef des Weissen Hauses unter der Administration Trump, der zudem für die Freigabe der militärischen Finanzhilfe der USA an die Ukraine mitverantwortlich gewesen war. Als Trump im Jahr 2019 unter Druck geriet, weil er die Hilfe an den strategischen Partner zurückgehalten hatte, um diesen zu einer Strafuntersuchung gegen Hunter Biden, den Sohn seines Gegners Joe Biden im US-Wahlkampf um die Präsidentschaft 2020, zu veranlassen, meinte Mulvaney, natürlich habe man damit Druck auf die Ukraine ausüben wollen, das habe er mit Trump abgesprochen. Das sei doch normal. Diese Aussage widersprach diametral dem, was das Weisse Haus bisher behauptet hatte. Mulvaney kannte jedoch die Vorgänge aus erster Hand, da er für die Auszahlung der Militärhilfe verantwortlich gewesen war. Der Pressesprecher des Weissen Hauses hätte sich dagegen kaum zu dieser Aussage hinreissen lassen, oder dann hätte er sich später wegen einem «Missverständnis» halbwegs glaubwürdig davon distanzieren können.[881]

Bei meiner Anwaltstätigkeit erlebe ich zudem in Verhandlungen immer wieder, dass sich verschiedene Mitglieder eines Teams ungewollt in den Rücken fallen, weil die Rollen der Verhandlungsteilnehmenden und die Strategie und Kommunikation nicht klar vorbesprochen worden sind. Ein Grund mehr, das Verhandlungsteam *gründlich auf die Verhandlung vorzubereiten* und sich gut zu überlegen, wer wann dabei sein sollte.

Komplexe Verhandlungsgegenstände werden zudem typischerweise aufgeteilt und **parallel in Projektteams** verhandelt. Dies drängt sich nicht nur aus sachlicher Sicht auf, sondern erlaubt auch ein rascheres Vorantreiben der Verhandlungen und das Knüpfen von bedingten Angeboten und **Paketen** über die einzelnen Themata hinaus.[882] So haben oft technische oder terminliche Aspekte, aber auch die Ausgestaltung der Gewährleistung und Haftung, Einfluss auf den Preis etc. Erzielte Teillösungen verstehen sich dabei unter dem Vorbehalt einer Gesamtlösung. Wenn eine Partei das bisher geschnürte Paket wieder aufbindet, tut dies die andere auch.

---

881 Vgl. ‹https://www.nytimes.com/2019/10/21/opinion/mick-mulvaney-trump.html›.
882 Manchmal liegt es in der Natur der Sache, dass in Verhandlungen gewisse Fragen gemeinsam gelöst werden müssen. Oft kommt es jedoch auch vor, dass Fragen gemeinsam geregelt werden, obwohl sie getrennt werden könnten. Ein Vorteil einer solchen Verknüpfung ist, dass sie *«Logrolling»* ermöglichen (siehe dazu Kapitel V.A.4).

1.2 Definieren Sie Ihr Verhandlungsziel und behalten Sie dieses im Auge

Verhandlungen können bisweilen hitzig und emotional werden. Definieren Sie deshalb vorgängig zu jeder Sitzung das entsprechende Verhandlungsziel und behalten Sie dieses stets im Auge. Es umfasst einerseits das *finale Verhandlungsziel (MAPP) und allfällige Optionen*, andererseits aber auch mögliche *Etappenziele* und die *BATNA*.[883] Wie wir oben gesehen haben, sollten wir nur dann in eine Verhandlungslösung einwilligen, wenn sie besser als unsere BATNA ist. Gerade Verwirrungstaktiken und Druckerzeugung sind oft darauf ausgerichtet, uns unser Verhandlungsziel vergessen zu lassen und uns zu einem nachteiligen Verhandlungsabschluss zu verleiten. Diesfalls und sofern die Gegenpartei sich in einer stärkeren Verhandlungsposition befindet als wir[884] oder ausgeprägt taktisch verhandelt, sollten wir mit «Leitplanken» in die Verhandlungen steigen[885] und das Verhandlungsziel scharf im Auge behalten.

Das **Verhandlungsziel** kann je nach Phase beispielsweise bestehen in

- einem ersten persönlichen Kennenlernen und der Definition der nächsten Phasen sowie des Ablaufs des Verhandlungsprozesses;[886]
- dem Erzielen eines besseren Verständnisses der gegenseitigen Interessen;[887]
- der Evaluation oder Beilegung von Differenzen zwischen den Parteien;[888]
- der Regelung von Nebenpunkten sowie der Besprechung, wie die Hauptdifferenzen angegangen werden sollen; oder
- in der umfassenden Beilegung der Differenzen beziehungsweise Regelung des Verhandlungsgegenstandes.[889]

In **formeller** Hinsicht können die Parteien

- sich rein informell austauschen (etwa im Sinne eines Pre-Meetings, ohne Protokoll, ausser allenfalls bezüglich des weiteren Vorgehens);
- formelle Verhandlungen führen und ein Beschlussprotokoll aufsetzen,
- ein sinngemässes Protokoll der Wortmeldungen nebst Festhalten des weiteren Vorgehens vereinbaren;

---

883 Siehe zum Verhandlungsziel und zur BATNA auch Kapitel IV.C, V.A.4.2 und V.A.5.2.1.
884 Fisher/Ury/Patton, Das Harvard Konzept, S. 149 ff.
885 Ob diese nur innerhalb des Verhandlungsteams kommuniziert oder auch gegen aussen offengelegt werden, ist eine taktische Entscheidung, die situativ gefällt werden muss.
886 Dies entspricht dem Ziel in der Phase 2 der Verhandlungen. Siehe dazu Kapitel V.B.
887 Dies entspricht dem Ziel in der Phase 3 der Verhandlungen. Siehe dazu Kapitel V.C.
888 Siehe dazu Kapitel VI.
889 Dies entspricht dem Ziel in der Phase 4 der Verhandlungen. Siehe dazu Kapitel V.D.

- ein «Memorandum of Understanding» (MoU) aufsetzen, in welchem sie ein gemeinsames grundsätzliches Verständnis der anvisierten Zusammenarbeit, die Hauptpunkte und Leitplanken des Regelungsinhalts oder eine gemeinsame Vorgehensweise zur Streitbeilegung festhalten;
- eine detailliertere Absichtserklärung («Letter of Intent») oder ein sogenanntes «Term Sheet» aufsetzen, welche die wesentlichen Vertragspunkte regeln, die anschliessend in einen voll ausformulierten Vertrag gegossen werden sollen, oder
- den Vertragsentwurf besprechen und gleichzeitig (oder nachträglich) gemäss den verhandelten Lösungen nachführen.

Es empfiehlt sich, mit den anderen Parteien vorgängig oder zumindest zu Beginn der Verhandlungssitzung zu besprechen, welches formelle und materielle **Ergebnis** die Parteien vom Meeting erwarten. Während wir in der Anfangsphase der Verhandlungen noch eher flexibel und je nach Verlauf der Verhandlungen das Verhandlungs- und Etappenziel anzupassen bereit sind,[890] sollte dieses mit der Zeit immer klarer definiert sein.[891] Je einfacher zudem unsere Verhandlungs- und Etappenziele ausfallen, desto besser: Übergrosse Komplexität ist einer der häufigsten Gründe, weshalb Verhandlungen scheitern.[892]

Zudem überlegen wir uns, mit welchen **Argumenten** wir unsere Interessen und Positionen begründen und fördern, und mit welchen **Verhandlungstechniken** wir diese erreichen.[893]

1.3 Verhandeln Sie phasenkonform

In Kapitel V.A–C wurde die Wichtigkeit des phasenkonformen Verhandelns aufgezeigt. Stellen Sie deshalb sicher, dass Sie phasenkonform verhandeln. Wenn sich eine Partei gleich nach der Begrüssung auf die kritischen Punkte stürzt («Kommen wir doch gleich zur Sache!»), nehmen Sie das Anliegen auf und gehen Sie dann zurück zu den typischen Themen der entsprechenden Phase, wie zunächst den Ablauf und die Rahmenbedingungen der Verhandlung zu besprechen oder die grundlegenden Interessen der Parteien aufzunehmen. Dazu können Sie anmerken, dass der von der anderen Partei vorgebrachte Punkt sehr wichtig sei, Sie jedoch vor dessen Behandlung noch organisatorische oder Verständnisfragen hätten.

Das Verhandlungsziel umfasst einerseits das finale Verhandlungsziel (MAPP) und allfällige Optionen, andererseits aber auch mögliche Etappenziele und die BATNA.

---

890 Vgl. auch HEUSSEN/PISCHEL, Handbuch Vertragsmanagement, Rz. 432–445a.
891 FÜTING, Troubleshooting im Projektmanagement, S. 47.
892 FÜTING, Troubleshooting im Projektmanagement, S. 28 f.
893 Vgl. dazu näher Kapitel V.D.1.5 und 2 sowie V.E.

So begann beispielsweise die Gegenanwältin die erste gemeinsame Sitzung zur Verhandlung eines Entwicklungsvertrages mit der Bemerkung, sie wüsste eigentlich gar nicht, weshalb sie sich überhaupt mit uns an den Tisch setze, ihr Vertragsentwurf sei nicht verhandelbar, und zudem hätte sie keine Zeit für Verhandlungen – ein wahrer «Bilderbuchstart»! Wir versuchten einen «Reset» und fokussierten das Gespräch zunächst auf die Interessen der Parteien an einer Kooperation. Nachdem die Vertreter der Fachabteilungen ein gutes Gesprächsklima geschaffen und ihre Vision der zukünftigen Zusammenarbeit und möglicher gemeinsamer Projekte dargelegt hatten, ergaben sich ganz natürlich Verhandlungen über den Vertragsinhalt. Indem wir von der Phase 4 zu den Phasen 2 und 3 zurückgingen, konnten wir die konfrontative Ouvertüre der anderen Partei elegant umschiffen und die Verhandlungen schliesslich erfolgreich abschliessen.

1.4 Erfolgreich zu verhandeln setzt voraus, dass Sie Ihren Verhandlungspartner oder Ihre Verhandlungspartnerin verstehen – und *vice versa*

Verhandeln heisst zuhören, verstehen und erst dann argumentieren.

Wie wir in Kapitel IV.B gesehen haben, stehen selbst bei Verhandlungen im Wirtschafts- und im politischen Bereich oftmals nicht die Fakten im Vordergrund, sondern deren *subjektive Wahrnehmung*. Um die Vorstellungen und Interessen der Parteien zu klären, gilt es deshalb vorab, die unterschiedlichen Wahrnehmungen zu verstehen und zu akzeptieren. Das erste Ziel in Verhandlungen muss deshalb die *Förderung des gegenseitigen Verständnisses* sein, das nicht nur zeigt, welches die Interessen der anderen Partei sind und dass diese Anliegen berechtigt sind, sondern damit auch Vertrauen schafft und oftmals sachbezogene Verhandlungen und später Lösungen überhaupt erst möglich macht.

Nachdem wir im Rahmen der *Analyse* möglichst viele Informationen zusammengetragen und dann erste Annahmen getroffen haben,[894] können wir diese durch den *Austausch* mit der anderen Partei und durch unsere *Wahrnehmungen* während den Verhandlungen *ergänzen und validieren*. Dazu stellen wir offene, zielorientierte Fragen und beobachten in Meetings die Körpersprache und die Dynamik im Verhandlungsteam der anderen Partei, um herauszufinden, welches ihre wahren Interessen und Motive sind, wie sie zu ihren Vorschlägen steht, welches die Position ihrer Teammitglieder ist, für wen wir argumentieren und wen wir ins Boot holen müssen[895] und wie sie im Allgemeinen «tickt».[896] Auch geben *Diskrepanzen* zwischen den verbalen Äusserungen und der Körpersprache beziehungsweise dem sonstigen Verhalten der Parteien Hinweise auf versteckte Probleme oder Agenden. Da wir solche Erkenntnisse nur durch den persönlichen Aus-

---

894 Vgl. dazu Kapitel V.A.2.
895 Vgl. auch Kapitel V.D.1.1 («Team») und VI.A.5.5 («Verbündete»).
896 Vgl. zur Typisierung von Verhandlungsführenden Kapitel IV.B.4; siehe auch SCHRANNER, Verhandeln im Grenzbereich, S. 37 und 60 ff.

tausch mit der anderen Partei gewinnen können, ist dieser gerade in komplexen oder heiklen Verhandlungen besonders wichtig.

Treten während der Verhandlungen Widerstände und Hindernisse auf, gilt es herauszufinden, auf welcher Ebene sie anzusiedeln sind und was ihre Ursache ist.[897] Bei Blockaden spielen oft Probleme im Verhandlungsumfeld oder aber persönliche negative Erfahrungen oder Ängste eine Rolle. Diese müssen wir verstehen und klären. Am besten gelingt dies, indem wir über *konkrete Erfahrungen oder fallbezogene Beispiele* sprechen und ergründen, worin genau die Befürchtung der anderen Partei besteht. Statt zu versuchen, die Kritik am eigenen Vorschlag sofort zu widerlegen, erhalten wir so mehr Informationen über den Konflikt und mögliche Lösungen, wenn wir fragen: «Was genau stört Sie an unserem Vorschlag?» oder «Welche Nacheile befürchten Sie konkret für den Fall, dass Sie unseren Vorschlag annehmen würden?»

1.5 Arbeiten Sie sich von der MAPP über die Zone of Possible Agreement (ZOPA) zum Agreement

Wir verhandeln, um gemeinsam Lösungen zu finden. Während der eigentlichen Verhandlungen mit der anderen Partei geht es deshalb darum, von unserer Maximum Plausible Position (MAPP) über die Zone of Possible Agreement (ZOPA) zum Agreement zu gelangen.[898] In nichtkooperativen, distributiven Verhandlungen dagegen wird versucht, den Drohpunkt zu den eigenen Gunsten zu verschieben.[899] Im Folgenden gehen wir näher auf kooperative Verhandlungen ein.

> Während der eigentlichen Verhandlungen geht es darum, von der MAPP über die ZOPA zum *Agreement* zu gelangen.

Nachdem wir mit der anderen Partei die Interessen, Wahrnehmungen und erste Lösungsmöglichkeiten erörtert haben, setzt der **Kernverhandlungsprozess** ein. Dabei werden

- die Themen noch detaillierter identifiziert,
- die Interessen der Parteien sowie gemeinsame Interessen detailliert herausgearbeitet,
- darauf gestützt Lösungsoptionen generiert und bewertet,
- die konkreten Lösungen ausgehandelt und schliesslich
- in verbindliche Form gebracht.[900]

---

[897] Vgl. zum Konfliktmanagement zudem ausführlich Kapitel VI.
[898] Zur ZOPA, siehe auch Kapitel III.B.2, IV.A.5.4 und V.1.4.
[899] Vgl. Kapitel III.B.2.
[900] Vgl. dazu auch HEUSSEN/PISCHEL, Handbuch Vertragsmanagement, Rz. 538 und GIRSBERGER/PETER, Aussergerichtliche Konfliktlösung, Rz. 397 ff.

Während distributive Verhandlungen vor allem durch Verhandlungstaktik geprägt sind, wenden wir während des Kernverhandlungsprozesses in kooperativen Verhandlungen die in den Kapiteln IV.B und V.D.2 sowie in der Schlussphase der Verhandlungen[901] die in Kapitel V.E näher beschriebenen **Verhandlungstechniken** an.[902]

Im Rahmen der Lösungsfindung bieten sich **drei Grundoptionen**:

- «Ja, und …»: Auch wenn die Parteien unterschiedliche Auffassungen und Vorstellungen haben, können die Ideen allenfalls zusammengeführt und der eigene Lösungsvorschlag mit den Ideen der anderen Partei *erweitert und kombiniert* werden.

- «Ja, deshalb …»: Oftmals können wir Bedenken der anderen Partei mit *zusätzlichen Klärungen* (auch Beispielen in Fussnoten, welche das Verständnis der Parteien darstellen, oder Sideletters) ausräumen. Vermeiden Sie in diesem Zusammenhang das übliche «Ja, aber …», da dieses konfrontativ und nicht kooperativ klingt. Mit «Ja, deshalb …» stellen Sie sich dagegen an die Seite der anderen Partei und suchen gemeinsam mit ihr eine Lösung.

- «Nein»: Wenn dagegen die von der anderen Partei vorgeschlagene Lösung nicht annehmbar ist, müssen wir die *Interessen- und Zieldiskussion vertiefen*, und dann anhand der neu gefundenen gemeinsamen Ziele die Vor- und Nachteile der vorgeschlagenen Lösungen evaluieren und diese gegebenenfalls anpassen. Dabei ist sorgfältig zu prüfen, ob mit einem klaren «Nein» eine rote Linie gezogen werden soll oder ob weichere Formulierungen wie «Das wird unsere Geschäftsleitung nie akzeptieren» oder «Das können wir nicht eingehen» genügen.[903]

- Wir können dem (inhaltlichen) «Nein» aber auch ein (mündliches) «Ja» voranstellen: Um eine positive Atmosphäre zu schaffen, können wir zuerst «Ja» sagen, wenn wir ein «Nein» ausdrücken wollen. Zum Beispiel: «*Ja*, ich sehe, wir

---

[901] Wie bereits erwähnt gehen die verschiedenen Phasen der Verhandlungen oft fliessend ineinander über oder dann bewegen sie sich in Loops vorwärts und rückwärts, indem für bestimmte Themen wiederum frühere Verhandlungsphasen aufgenommen und durchlaufen werden müssen. Tritt beispielsweise während der Kernverhandlungsphase ein Hindernis auf, das wir nicht überwinden können, bedarf es unter Umständen noch einmal einer genauen Analyse der wahren Interessen der Parteien (welche diese unter Umständen auch erst jetzt richtig erkennen), die dann neu verhandelt werden müssen. Von der Phase 4 müssen wir diesfalls zur Phase 1 zurückkehren, um die Verhandlungen zu deblockieren (vgl. dazu auch Kapitel VI.A.5.2).

[902] Ich behandle diese Verhandlungstechniken bewusst *im Rahmen der Darstellung des Verhandlungsprozesses*, da sie meiner Erfahrung nach viel effektiver und effizienter wirken, wenn sie in diesen eingebettet werden, als wenn sie rein taktisch («try and error») eingesetzt werden. Wie genau wir diese Techniken zum Einsatz bringen, ist eine Frage der Verhandlungsstrategie und -taktik und wird in den folgenden Kapiteln beschrieben.

[903] Zum Thema Ultimaten und Leitplanken setzen, siehe Kapitel III.C.2.3, V.D.2.6, V.E.2.2 und VI.A.6.

haben zusammen noch einige *Herausforderungen* zu meistern. So ist uns noch nicht klar, weshalb …» Wie wir zudem ein «Nein» psychologisch geschickt in Fragen verpacken können, wurde bei den FBI-Verhandlungstechniken in Kapitel IV.B.6 aufgezeigt.

Sie können dabei Argumente auch in **Frageform** kleiden und die Fragetechniken aus dem Kapitel IV.B.6 anwenden, um erst dann die eigenen Argumente direkt vorzubringen. Diese Technik aus dem Bereich des Konfliktmanagements bezweckt, beim Gegenüber einen *Perspektivenwechsel* zu bewirken. Anhand von offenen, gezielten Fragen wird dieses durch gewisse Themen geführt, wobei es diese aus seiner eigenen Warte betrachtet, was das Verständnis für Ihr Anliegen fördert.[904]

Im Rahmen des Kernverhandlungsprozesses tragen wir in der Regel **unser stärkstes Argument zuerst** vor.[905] Argumente sollten Statements und keine Wertung oder argumentative Angriffe enthalten. Wenn die andere Partei etwa eine raschere Vertragsumsetzung verlangt, können Sie antworten: «*Ich befürchte, wir können die Projektumsetzung nicht noch mehr beschleunigen, wir werden rund ein Jahr benötigen.*» Dann begründen Sie. Einwände nehmen Sie mit der erwähnten «*Ja, deshalb …*»-*Formulierung* auf.[906] Dabei ist stets zu prüfen, ob und inwieweit überhaupt auf den Positionsbezug der anderen Partei eingegangen werden muss.

Gleichzeitig konzentrieren wir uns auf das **schwächste Argument der Gegenpartei**. Heben Sie dabei die Wichtigkeit des entsprechenden Punktes und nicht die Richtigkeit Ihrer eigenen Argumente hervor («Ich finde es wichtig …»).[907]

Positionen werden zudem mit Vorteil nicht einzeln, sondern in einem **logischen Zusammenhang** oder «paketweise» verhandelt, wo *monetäre mit nichtmonetären Punkten kombiniert* werden. So können wir versuchen, einer reinen Preisdiskussion zu entgehen. Auch wenn im Laufe der Verhandlungen gewisse Modifikationen am **«Verhandlungspaket»** eintreten können, sind damit doch wesentliche thematische Abhängigkeiten und Leitplanken geschaffen worden, denen eine erhebliche Gestaltungskraft zukommt. Das Angebot von Verhandlungspaketen ist deshalb eine wirksame, aber weit flexiblere Verhandlungstaktik als der Einsatz von Ultimaten.

---

904 Weitere Techniken, um einen Perspektivenwechsel herbeizuführen, werden im Rahmen der Konfliktbewältigungsstrategien in Kapitel VI.A.5.4–6 behandelt.
905 So auch SCHRANNER, Verhandeln im Grenzbereich, S. 101 ff.
906 Wenn dies nicht möglich ist, explorieren Sie zunächst wieder die Interessenlage, bis Sie «gemeinsames Terrain» gefunden haben. Auf dieser Basis können sie dann mit dem «Ja, deshalb»-Ansatz weiterfahren.
907 NAUMANN, Die Kunst der Diplomatie, S. 39 f.

Weiter fragt sich, wer das **erste Angebot** unterbreitet. Das Erstangebotsdilemma bei Verhandlungen ist eine unter Wissenschaftlern und Praktikern vieldiskutierte Frage: Soll man das erste Angebot machen oder warten, bis der Gegner es tut? Interessanterweise sind sich Praktiker und Wissenschaftler in dieser Frage uneinig, weshalb es auch **Praktiker-Forscher Paradoxon** genannt wird.[908] Sind die Interessen, Motive und Hindernisse der Parteien bekannt, ist gemäss Harvard Konzept nicht entscheidend, wer dies tut.[909] Dasselbe gilt für die Höhe des Erstangebots.[910] Die Informationslage hat somit in Verhandlungen wie auch in Auktionen einen entscheidenden Einfluss auf deren Ausgang.[911] Da jedoch nicht immer offen und kooperativ verhandelt wird und die Interessenlage oftmals lückenhaft ist, kann dem ersten Angebot aufgrund seiner *Ankerfunktion* sehr wohl grosse Bedeutung zukommen.[912] Andererseits besteht dabei auch das Risiko, dass die Gegenpartei uns ein vorteilhafteres Angebot gemacht hätte als jenes, das wir als Erste offerierten.[913] Deshalb besteht bei **unvollständiger Information** eine Tak-

---

908 Osório, On the first-offer dilemma in bargaining and negotiations, S. 179; Maaravi/Heller, Buyers, Maybe Moving Second Is Not That Bad After All, S. 1.
909 Vgl. auch Fisher/Ury/Patton, Das Harvard Konzept, S. 240.
910 Fisher/Ury/Patton, Das Harvard Konzept, S. 241 f.
911 Vgl. dazu auch Kapitel V.E.5.
912 Naumann, Die Kunst der Diplomatie, S. 39 f.
913 Voss/Raz, Kompromisslos Verhandeln, S. 158. – Wissenschaftliche Untersuchungen zeigen, dass Erstanbieter («First Mover») aufgrund des Ankereffekts ihres Angebots tendenziell von einem *strategischen Vorteil* und Zweitanbieter («Second Mover») von einem *Informationsvorteil* profitieren: Der **strategische Vorteil des First Mover** beruht auf der Tatsache, dass dieser früh die Möglichkeit hat, seine Interessen gegenüber dem Second Mover durchzusetzen. Folglich befindet sich der Second Mover in einer schwächeren Position, da eine Ablehnung einen unerwünschten Wertverlust bedeutet («loss aversion»), der sich über die Zeit beziehungsweise mit der Diskontierung verschärft. Der First Mover macht sich diese Tatsache zunutze. Der **Informationsvorteil des Second Mover** ist dagegen der Tatsache geschuldet, dass dieser von *Angeboten des ersten Anbieters profitieren kann, die höher sind als für die Annahme erforderlich* (sogenannte «weiche Angebote»), was sich in Informationsgewinnen für den Second Mover und Informationskosten für den First Mover niederschlägt, ohne dass Ersterer die Chance verlieren würde, ungünstige Angebote abzulehnen, was sich in *Kosten der Verzögerung für den First Mover* auswirkt. Die **Stärke dieser beiden Effekte** bestimmt, wer bei den Verhandlungen im Vorteil ist. In diesem Zusammenhang unterscheiden wir zwischen dem Verhalten der low- und high-type First Mover (geduldig-kooperativ beziehungsweise aggressiv-distributiv), da sie zu unterschiedlichen Gleichgewichtsangeboten führen können (Osório, On the first-offer dilemma in bargaining and negotiations, S. 184; hierzu sei als Caveat erneut angemerkt, dass aggressive Verhandlungstaktiken zu Abwehrreflexen führen können, welche die Verhandlungen unterminieren). Allerdings können auch Zweitofferten einen Ankereffekt erzielen (Lipp/Smolinksi/Kesting, Beyond the First Offer: Decoding Negotiation Openings, S. 24), da Zweitofferten regelmässig durch die Erstofferten beeinflusst werden (a.a.O., S. 24 ff. und 45). Bei **erhöhter Ungewissheit und Asymmetrien im Verhandlungskontext** wird aufgrund des Ankereffekts des ersten Angebots und des für den Second Mover bei Ablehnung erlittenen unerwünschten Wertverlusts («loss aversion») ein *systematischer First Mover-Vorteil* beobachtet, zumindest sofern das Risiko von «weichen Angeboten» eliminiert wurde. Second Mover-Vorteile treten jedoch in vernünftigen und realistischen Verhandlungssituationen auch auf. Sie erfordern Geduld und Unterschiede in den Präferenzen der Parteien, damit Second Mover von

tik darin, eine *bedingte Preisspanne* (wo wir von der unteren Grenze abrücken können, wenn gewisse Grundannahmen nicht erfüllt sind oder sich die Verhältnisse verändern) oder ein *Angebotspaket* zu unterbreiten. Die dort aufgeführten Konditionen, und insbesondere die obere Preisgrenze, wirken dabei wie ein «Anker». Allerdings müssen wir dann auch bereit sein, zu diesen Konditionen abzuschliessen. Solche Angebote neutralisieren allerdings den First Mover-Vorteil, da sie dem Second Mover wertvolle Informationen über die Einschätzungen und Präferenzen des First Mover geben.[914] Anderseits können solche Angebote auch eine «leitende» Funktion haben, indem sie das Gegenüber zur beidseitig annehmbaren Lösung führen. Wenn wir den Vertragsgegenstand und die dazu gehörigen Konditionen sorgfältig geprüft und mit der anderen Partei besprochen haben, ist zumindest das Risiko klein, dass wir eine für uns unvorteilhafte Vereinbarung abschliessen.

Eine der auffälligsten Eigenschaften von Ankern ist ihre bemerkenswerte **Robustheit**. Sind wir uns jedoch dessen bewusst, können wir korrigierende Strategien entwickeln, um den Ankereffekt zu neutralisieren (sogenanntes «Debiasing»): Indem wir die Aufmerksamkeit auf Informationen lenken, die nicht mit den Implikationen des Erstangebots übereinstimmen, etwa durch die aktive Berücksichtigung von alternativen Möglichkeiten und abweichenden Informationen (**Perspektivenwechsel,** auch «das Gegenteil in Betracht ziehen» genannt), wird der Verteilungsvorteil des ersten Angebots entschärft. Der Perspektivenwechsel kann zudem dazu benutzt werden, die Gegenpartei von ihrem Fokus und ihrer Überzeugung abzubringen, ihre Auffassung sei die allein richtige. Andernfalls hat der Ankereffekt tendenziell einen grossen Einfluss auf das Verhandlungsergebnis.[915,916]

---

ihrem aufgrund des Erstangebots der Gegenpartei erzielten Informationsvorteil profitieren können (OSÓRIO, On the first-offer dilemma in bargaining and negotiations, S. 179 und 184). Wie nachfolgend aufgezeigt wird, kann dem First Mover-Vorteil auch mit *Debiasing*-Strategien entgegengetreten werden.

914 OSÓRIO, On the first-offer dilemma in bargaining and negotiations, S. 195. – **Ängstliche Parteien** bevorzugen eher den Informationsvorteil, agieren entsprechend als Second Mover.
915 GALINSKY/MUSSWEILER, First Offers as Anchors, S. 658 f. und 667.
916 So wurde in experimentellen Studien nachgewiesen, dass Zweitanbieter nachteiligere Offerten unterbreiteten, wenn sie mit einer Erstofferte konfrontiert waren (diese funktionierte also als Anker), und dass sie vorteilhaftere Zweitofferten tätigten, wenn sie die (mutmassliche) BATNA der anderen Partei berücksichtigten, was wohl dem Perspektivenwechsel geschuldet war. Der Perspektivenwechsel verschaffte damit den zweitofferierenden Verhandlungsführenden einen Verhandlungsvorteil, indem er eine Angleichung der endgültigen Vereinbarungen an die ursprünglichen Angebote ihrer Gegner verhinderte (GALINSKY/ MUSSWEILER, First Offers as Anchors, S. 658 f. und 666).

Neben dem Ankereffekt können durch eine **frühe Klärung** der Lösungsvorstellungen auch Klarheit und Vertrauen geschaffen werden.[917] Deshalb empfahl Henry Kissinger, die eigenen grundlegenden Interessen frühzeitig in den Verhandlungen bekannt zu geben.[918] Dies vereinfacht es den Parteien in kooperativen Verhandlungen, eine gemeinsame ZOPA zu erarbeiten.

Beachten Sie zudem beim Unterbreiten von Angeboten, dass **möglichst präzise und gut begründete Zahlen** grösseres Gewicht als gerundete Zahlen haben.[919]

Die regelmässige Prüfung der **«Big Four»-Fragen**[920] hilft uns zudem, die Verhandlungen zielorientiert zu führen.

Am Schluss vergewissern wir uns durch eine **Zusammenfassung** des Vereinbarten, dass die Differenz geklärt wurde – und halten dies schriftlich fest. So wird die Hürde erhöht, dass die andere Partei später wieder auf diesen Punkt zurückkommt.[921]

Bei der Festlegung des Vertragsgegenstandes ist allerdings ein restloses Klären aller möglichen Varianten und Auslegungsmöglichkeiten der Vereinbarung weder möglich noch zielführend. Deshalb verbleibt in allen Verhandlungen ein gewisses **Restmass an Unsicherheit**. Damit kann unterschiedlich umgegangen werden:

- Solange in **grundlegenden Fragen** Unklarheiten bestehen, sollten diese geklärt werden, auch wenn dies den Abschluss der Vereinbarung verzögern oder gar in Frage stellen kann. Gerade bei wiederholten Verhandlungen oder auf Dauer ausgelegten Vereinbarungen steht nämlich nicht die (kurzfristige) Gewinnmaximierung, sondern die Effizienz der Lösung, mithin deren Nachhaltigkeit im Vordergrund.[922] Klärende Fragen stossen deshalb meist durchaus auf Verständnis: Es ist üblich, dass Parteien zunächst auch in grundlegenden Punkten unterschiedliche Auffassungen haben. Beispielsweise möchte eine Partei die andere als Generalunternehmerin und für sämtliche Phasen der Entwicklung und Ausführung verpflichten, die andere sieht sich jedoch als Produktentwicklerin und möchte keine Verpflichtung in Bezug auf die Produktion oder die Produktionsbegleitung übernehmen. Oder dann strebt die eine Partei eine auf Einzelbestellungen basierende Lieferbeziehung an, die andere hat eine exklusive Vertriebsbeziehung im Auge. Solche Fragen müssen regel-

---

917 Dass in kooperativen Verhandlungen jedoch zu Beginn der Verhandlungen möglichst wenig «rote Linien» und Leitplanken gesetzt werden sollen, steht dem nicht entgegen, geht es hier doch vor allem darum, die eigenen Interessen aufzudecken und Erwartungshaltungen zu klären.
918 Lord, Kissinger über Kissinger, S. 135.
919 Voss/Raz, Kompromisslos Verhandeln, S. 163.
920 Vgl. Kapitel III.A.5.
921 Vgl. zum Ganzen auch Opresnik, Erfolgreich kommunizieren, S. 105 ff., sowie Kapitel V.E.2.6.
922 Vgl. dazu auch Kapitel V.E.5.

mässig vor Abschluss der Vereinbarung *ausdiskutiert und geklärt* werden, auch wenn ein rascher Beginn der Zusammenarbeit und ein Herausschieben der Klärung solch «lästiger» Fragen verlockend erscheinen vermag. Der Prozess der Klärung dient dabei gleichzeitig als *Lackmustest*: Wir erfahren, wie die andere Partei in schwierigen, kontroversen Situationen reagiert, was uns viel über ihre Grundhaltung und ihr voraussichtliches Verhalten während der nachfolgenden Vertragsverhandlungsphasen und der Vertragsdurchführung (die auch Höhen und Tiefen beinhalten kann) verrät.

- Wenn die vorgesehene Regelung für uns vom Wortlaut her klar ist, wir jedoch feststellen, dass die **andere Partei ein abweichendes Verständnis** hat, sollten wir unser Verständnis in einer gemeinsamen Sitzung sowie dem dazu erstellten Protokoll, im Kommentarmodus im Dokument selber oder dann in der Begleitkorrespondenz klarstellen. Weiter können wir im Vertragsdokument in Fussnoten mit Berechnungs- oder Auslegungsbeispielen Klarheit schaffen. Damit wird der entsprechende Punkt geklärt und die gemeinsame Auslegung dokumentiert. Ein solches Vorgehen ist jedoch nur dann empfehlenswert, wenn die vertragliche Regelung so klar ist, dass sie nicht der textlichen Anpassung bedarf. Sonst ist diese vorzuziehen.

1.6 Haben Sie Geduld und antizipieren Sie

«Zu wenig Geduld ist wahrscheinlich der häufigste Grund für ein verlorenes Spiel.»

Emanuel Lasker[923]

Einer der häufigsten Fehler im Schach wie auch in der Verhandlungsführung ist überstürztes und unbedachtes Handeln. Es führt dazu, dass wir die Situation und die eigenen Möglichkeiten sowie die wahren Interessen, Absichten und Alternativen der anderen Parteien falsch einschätzen. Zudem öffnet ein solches Vorgehen Tür und Tor für Überrumplungsversuche. Schon Sun Tzu erkannte: *«Siegen wird der, der vorsichtig ist und den Moment abwartet, um einen unvorbereiteten Gegner anzugreifen.»*[924] Und Friedrich Hölderlin meinte, dass die Ungeduld, mit der man seinem Ziel zueile, die Klippe sei, an der oft gerade die besten Menschen scheiterten. Erfolgreiches Verhandeln erfordert deshalb Geduld.

Erfolgreiches Verhandeln erfordert Geduld.

> Dies wird in der Praxis immer wieder vernachlässigt: So stimmte etwa der CEO einer börsenkotierten Unternehmung im Rahmen von Vertragsverhandlungen zur Beilegung einer Patentlizenzstreitigkeit auf eine überraschende Anfrage der Gegenpartei hin spontan einer teils unentgeltlichen Lizenzerteilung zu, die wesentlich über das

---

923 Emanuel Lasker war deutscher Schachgrossmeister. Er lebte von 1868 bis 1941.
924 SUN TZU/GRIFFITH, Die Kunst des Krieges, Kapitel III, Spruch 28.

hinausging, was eigentlich geplant gewesen war. Der CEO meinte, dies stelle kein Problem für seine Unternehmung dar und unterstreiche das neu hergestellte Vertrauensverhältnis. Später stellte sich heraus, dass dieser spontane Entscheid falsch war – was eine nähere Analyse des gegnerischen Ansinnens bereits während der Verhandlungen gezeigt hätte. Die Unternehmung hatte damit der Gegenpartei die Möglichkeit eröffnet, sie in einem wichtigen Bereich direkt und weitgehend kostenlos zu konkurrenzieren. Der spontane Entscheid ihres CEO kam sie damit teuer zu stehen. Die Art und Weise sowie der Zeitpunkt, in dem der Vorschlag vorgebracht worden war (knapp vor Verabschiedung des Vertragsdokuments), liess nachträglich stark vermuten, dass der CEO in eine durch Zeit- und Abschlussdruck sowie das Bemühen, (unbedeutende) Entgegenkommen der anderen Partei zu honorieren, sorgfältig vorbereitete Falle getappt war.

Wenn wir geduldig sind, sind wir auch in der Lage zu antizipieren: Wir erkennen besser, was die Verhandlungsoptionen und Alternativen der Parteien sind, welche Lösungsmöglichkeiten sich anbieten und wohin sich die Verhandlungen entwickeln. Wir können die Verhandlungsdynamik klarer einschätzen[925] und unsere Verhandlungsinteressen erfolgreicher wahren. Dazu gilt es, nicht nur die eigenen **Verhandlungsinteressen sowie -führung und -taktik** zu verfolgen, sondern ebenfalls jene **der anderen Partei** im Auge zu behalten.

1.7 Planen Sie den Verhandlungsablauf

Für den Verhandlungsablauf sind folgende Themen wichtig:

- **Struktur der Verhandlungen**: Strukturieren Sie die Verhandlungen zeitlich unter Angabe der Themen, eines Zeitplans, der Pausen, allenfalls wer wann welche Themen vorstellt, und suchen Sie diesbezüglich vor und während der Verhandlung die *Initiative*. Letzteres ist dann einfacher, wenn man der anderen Partei Gastrecht gewährt, also *Gastgeber* ist, da man so in der Regel die Sitzungsleitung innehat.[926]

- **Verhandlungsrhythmus**: Vermeiden Sie aus den erwähnten Gründen soweit als möglich grösseren *Zeitdruck* – oder versuchen Sie im Gegenteil, wenn dies für Sie günstig ist, solchen zu schaffen. Damit kann Entscheidungsdruck herbeigeführt und der Abschluss begünstigt werden.[927]

- Wenn Zeitdruck zu Überrumplungszwecken erzeugt wird, wirken Sie diesem durch die *Entschleunigung der Verhandlungen* entgegen. Entschleunigung kann auch dann sinnvoll sein, wenn wir mehr Informationen benötigen, um unsere

---

[925] Zur Verhandlungsdynamik, vgl. Kapitel III.C.
[926] SCHRANNER, Verhandeln im Grenzbereich, S. 94 ff.
[927] Vgl. dazu weiter auch Kapitel V sowie zur Verhandlungsdynamik und den grundsätzlichen sechs Handlungsweisen Kapitel III.C.

Analyse zu vertiefen, oder den Entscheid über die Verhandlungslösung breiter abstützen beziehungsweise Alternativen prüfen möchten.[928]

- Um dem geplanten Verhandlungsfahrplan mehr Verbindlichkeit zu verleihen, können die Parteien zusammen **Meilensteine** vereinbaren, die festlegen, wann welche Verhandlungszwischenziele erreicht werden sollen. Dabei setzen sie, wenn möglich, auch den mutmasslichen Zeitpunkt fest, in dem die Verhandlungen abgeschlossen werden sollen. Termine für den Austausch von Informationen und Dokumenten sowie zur Bearbeitung von Vertragsunterlagen können wir dadurch absichern, dass wir zeitnah eine Telefonkonferenz oder eine Sitzung ansetzen, um uns dazu auszutauschen oder den neuen Vereinbarungsentwurf zu besprechen. Ebenso sollten wir laufend die Sitzungen der Entscheidgremien, an welchen die Entwürfe und schliesslich das Schlussdokument abgesegnet werden, festsetzen. Wenn der Vertragsabschluss absehbar ist, trägt schliesslich die geeignete interne und externe Kommunikation zur Verbindlichkeit und zur Einhaltung des Zeitplans bei.

1.8 Setzen Sie die interne und externe Kommunikation zielführend ein

Denken Sie in den Verhandlungen an die Kraft der Kommunikation: Wie wir in den Kapiteln IV.B.5 und V.A.8 gesehen haben, ist eine klare, transparente und zielgerichtete interne und externe Kommunikation ein wichtiges Element der Verhandlungsführung. Fragen Sie sich deshalb stets, *wer was wann wissen sollte, und auf welche Art dies vermittelt werden soll*.

Fragen Sie stets, wer was wann wissen sollte, und auf welche Art dies vermittelt werden soll.

Übermitteln Sie *Informationen*, um den Kenntnisstand abzugleichen, Vertrauen aufzubauen und die *eigentlichen Verhandlungen mit der anderen Partei* zu fördern. Zudem sollten *weitere Stakeholder neben den Verhandlungspartnern so informiert werden*, dass sie die Verhandlungen unterstützen oder zumindest nicht behindern. Dies hilft den Parteien zudem, die erforderlichen *internen wie externen Beschlüsse und Genehmigungen* rechtzeitig einzuholen.

Über die Kommunikation können wir auch die *Stimmungslage* vermitteln oder Reaktionen der anderen Partei provozieren, um Hinweise zu deren Interessenlage und Befindlichkeit zu erhalten.[929]

Durch die *Definition der Kommunikationskanäle* wird widersprüchliche Kommunikation vermieden. Die externe Kommunikation wird in der Regel mit dem Verhandlungspartner abgesprochen, sie hat einen teambildenden und vertrauens-

---

928 Zum Einsatz von Verzögerungstaktiken, siehe Kapitel III.C.3 und 5.
929 Siehe zum Thema «Versuchsballons», Kapitel V.D.2.2.2.

fördernden Effekt. Die Grundsätze einer verhandlungsfördernden Kommunikation werden in Kapitel V.A.8 näher beschrieben.

Allerdings kann es sich in Verhandlungen auch aufdrängen, **(noch) nicht zu kommunizieren** und Geheimhaltung vorzuziehen.

Der US-Vizesicherheitsberater Jake Sullivan und der chinesische Chefdiplomat Yang Jiechi trafen sich im März 2021 in Alaska zu Gesprächen. Diese fanden vor laufenden Kameras statt, was beide dazu nutzten, um wütende Attacken gegen die andere Seite zu reiten. Diese waren offenkundig für das eigene Heimpublikum gedacht, jedoch dem Zweck der Verhandlungen, nämlich dem Eruieren von Massnahmen zur Minderung der gegenseitigen politischen Spannungen, nicht förderlich. Als sich die beiden dann im darauffolgenden Oktober zur Wiederaufnahme der Gespräche in Zürich trafen, erfolgte das Arbeitstreffen diskret und ohne öffentliche Vorankündigung. Anders als das erste Mal enthielten sich die Parteien vor- oder nachgängiger Kommentare gegenüber der Presse.[930] Der britische Chefunterhändler bei den Nordirland Friedensgesprächen, Jonathan Powell, prägte in Zusammenhang mit heiklen Verhandlungen das Bonmot: *«Verhandeln ist wie das Herstellen von Würsten: Es ist nicht ein attraktiver Prozess und wird besser abseits der Öffentlichkeit gemacht.»*[931]

«Verhandeln in Konfliktsituationen ist wie das Herstellen von Würsten: Es ist nicht ein attraktiver Prozess und wird besser abseits der Öffentlichkeit gemacht.»

2. … und acht Verhandlungstechniken für erfolgreiche Verhandlungen

«Man kann eine Schachpartie nur gewinnen, wenn das Gleichgewicht gestört ist. In einer Stellung mit ungestörtem Gleichgewicht ist auch das grösste Genie hilflos – in der Stellung steckt dann eben kein genialer Einfall.»

Wilhelm Steinitz[932]

Verhandeln bedeutet, ein Gleichgewicht der Interessen zu erzielen und diese schliesslich in Einklang zu bringen. Daher muss während der Verhandlungen jede Partei immer wieder von ihrer initialen Verhandlungsposition abrücken und sich auf die andere Partei zubewegen. Die Verhandlungsdynamik und die Verhandlungspositionen verändern sich somit während der Verhandlungen fortlaufend. Um dabei unser Verhandlungsziel zu erreichen, setzen wir bewährte Verhandlungstechniken und -taktiken ein.[933] Werden kooperative Verhandlungen

---

930 Rüesch, Wer ist Jake Sullivan?, NZZ vom 8. Oktober 2021.
931 *«Negotiation is like making sausages; it is not an attractive process and is better done in private»* (Powell, Talking to Terrorists, S. 219).
932 Wilhelm Steinitz war ein deutscher Schachweltmeister. Er lebte von 1836 bis 1900.
933 Vgl. auch Heussen/Pischel, Handbuch Vertragsmanagement, welche in Teil 2, Rz. 16 ausführlich verschiedene Verhaltensweisen aufführen, die zur Beeinflussung des Verhaltens der Gegenpartei geeignet sind.

wie gezeigt unter Berücksichtigung der Interessen beider Parteien geführt, dominieren in kompetitiven Verhandlungen Taktik, Inszenierungen, Druckausübung und Bluff, um das Gleichgewicht möglichst zum eigenen Vorteil zu verändern, den «Kuchen» in der Wahrnehmung der Gegenpartei zu verkleinern oder den Drohpunkt zu verschieben und damit das Maximum für die eigene Seite herauszuholen.[934]

In den folgenden Ziffern werden acht bewährte Verhandlungstechniken dargestellt und Empfehlungen abgegeben. Diese scheinen sich *prima vista* teilweise zu widersprechen. Dies ist nicht verwunderlich, da sie in den unterschiedlichsten Verhandlungssituationen zum Einsatz gelangen und oft kombiniert eingesetzt werden. Dabei gilt auch hier, dass flexibles Agieren erfolgreicher ist als stereotypes Verhandeln.

2.1 Wer fragt, führt – wer argumentiert, verliert

Aus der zentralen Bedeutung von Informationen sowie eines gemeinsamen Verständnisses für Verhandlungen[935] ergibt sich eines der Kernprinzipien von Verhandlungen: Wer fragt, führt – wer argumentiert, verliert. Denken Sie daran, dass *gute Kommunikation nicht auf das Überbringen von Botschaften fokussiert*, sondern darauf, sich gegenseitig zu verstehen. Deshalb sollten wir gerade zu Beginn von Verhandlungen möglichst nicht Positionen vertreten und schon gar nicht auf die Reizthemen und Forderungen der anderen Partei eingehen,[936] sondern deren *Position und Meinung* durch Spiegeln, Labeln, Zusammenfassen und Ausleuchten (anhand von Beispielen) **klären**. Um effektiv verhandeln zu können, müssen wir die Interessen der involvierten Parteien kennen. Fragen und Beispiele helfen uns, die Absichten und Motive, die Hindernisse, Zwänge und Ängste der anderen Partei – mithin diese selber – besser zu verstehen. Dies ist gerade für den Kernverhandlungsprozess besonders wichtig.[937] Denn wenn wir diese kennen, können wir dort ansetzen und Veränderungsprozesse bewirken, wird doch das Verhalten wesentlich durch unser Selbstverständnis und unsere Identität geprägt.[938] Wenn wir etwa unser Gegenüber als verantwortungsvollen CEO oder Abteilungsleiter

Fragen helfen uns, die Absichten und Motive, die Hindernisse, Zwänge und Ängste der anderen Partei zu verstehen.

---

934 Siehe FRITZSCHE, Souverän verhandeln, S. 79 und Kapitel V.A.5.2.1. – Der grösste Unterschied zwischen den beiden Verhandlungsansätzen liegt meines Erachtens nicht so sehr darin, wieweit die eigene MAPP verwirklicht werden soll (verhandeln dient stets der eigenen Interessenwahrung), sondern vielmehr, wie der Verhandlungsprozess gestaltet wird und ob beziehungsweise in welchem Umfang dabei die berechtigten Anliegen der anderen Partei mitberücksichtigt werden.
935 Siehe Kapitel V.A.
936 Vgl. BOGHOSSIAN/LINDSAY, Schwierige Gespräche, S. 123 ff., welche raten, in solchen Situationen «Fakten zu vermeiden».
937 Siehe dazu Kapitel V.D.1.4.
938 CLEAR, Die 1% Methode, S. 47 ff.

verstehen und dies in den ersten Phasen der Verhandlung auch zum Ausdruck bringen, dürfen wir eher davon ausgehen, dass sich dieses in den Verhandlungen auch so verhält. Dies ist umso mehr der Fall, als ein solches Verhalten von *Respekt* zeugt, was eine Grundlage jeder positiven Beziehung ist. Auch *Begriffe* können wir so klären («was verstehen Sie unter …?»). Wer dagegen nur argumentiert und die andere Partei zu überreden versucht, dem entgehen nicht nur wichtige verhandlungsrelevante Informationen, sondern er oder sie vernachlässigt auch den Beziehungsaspekt von Verhandlungen. Deshalb sind die in Kapitel IV.B.6 beschriebenen Techniken in Verhandlungen besonders wirkungsvoll.

Unsere Fragen können verschiedene Zielrichtungen haben. Wir können damit etwa

- **die Interessenlage und Motive der Parteien und massgeblichen Stakeholder (Key Player) klären und verstehen:**

Um die Interessenlage und Motive zu klären und zu verstehen, lassen Sie Ihren Verhandlungspartner zuerst über seine Interessen und Verhandlungsziele sprechen, und hören Sie aufmerksam zu.[939] Viele Verhandlungshindernisse sind durch Unklarheiten, Missverständnisse oder ein anderes Verständnis der Situation, eines Vertragsbegriffs oder -mechanismus sowie der involvierten Risiken bedingt. Wenn wir diese klären, bringen wir die Verhandlungen regelmässig entscheidend voran. Gleichzeitig ist erstaunlich, wie oft uns Verhandlungspartner auf unser interessiertes Nachfragen hin die Lösung des Problems präsentieren – wenn wir nur dafür offen sind und genau hinhören. Dies ist ihnen meist nicht bewusst, leuchtet jedoch ohne Weiteres ein, da sie oft die Verhandlungsmaterie bestens kennen und seit längerem mit der Problemstellung konfrontiert sind.

Die Interessen der anderen Partei finden wir insbesondere heraus, indem wir *«Warum?»* und *«Warum nicht?»* fragen. Auch die Frage *«Wie stellen Sie sich das konkret vor?» hilft, Klarheit über die Anliegen des Gegenübers zu verschaffen*. Dabei hilft ein einfaches dreistufiges Vorgehen. Nehmen wir an, Sie bereiten Verhandlungen mit möglichen Joint Venture-Partnern für den Vertrieb Ihrer Produkte in Südostasien vor:

– fragen Sie zunächst nach dem *angestrebten Ziel beziehungsweise der angestrebten Aktivität* (beispielsweise: Erweiterung des Vertriebsnetzes in Südostasien);

<small>Indem wir die Interessen und Motive der Parteien in Bezug auf das Projekt hartnäckig hinterfragen, erfahren wir, welche Interessen wirklich dahinter stecken. So können wir diese in der Zielfestlegung und im Verhandlungsprozess berücksichtigen.</small>

---

939 Dies entspricht zwar auch Sun Tzus Empfehlung, welcher einen Vorteil darin sah, die Strategie der anderen Partei zu erkennen, ohne dass die eigene bereits offengelegt werden musste (Sun Tzu/Cleary, The Art of War, S. 18, 22). Allerdings muss das Ziel dabei sein, die andere Partei besser zu verstehen und nicht, sie zu täuschen. Gerade zur Vertrauensbildung kann es wichtig sein, zentrale Anliegen und Bedingungen einer für sich annehmbaren Lösung frühzeitig auf den Tisch zu legen.

- fragen Sie dann, *weshalb* dieses Ziel angestrebt wird (beispielsweise: Erhöhung der Präsenz auf dem südostasiatischen Markt) und wie dieses realisiert werden kann (Vertriebsnetz mit Vertragspartnern, lokale Niederlassungen oder Tochtergesellschaften in Südostasien etc.);
- dann fragen Sie, *welche Vorteile die dem Ziel zugrundeliegende Begründung bringt* (beispielsweise: Marktnähe, besserer Zugang zum Retailer oder Endkunden und bessere Auslastung und höhere Profitabilität der Produktionsanlagen, und damit mehr Gewinn).

Indem wir so die Interessen und Motive der Parteien in Bezug auf das Projekt hartnäckig hinterfragen, können wir diese in der Zielfestlegung und im Verhandlungsprozess berücksichtigen. So ist beispielsweise eine bessere Auslastung der eigenen Produktionsanlagen eine völlig andere Grundlage für die Verhandlungen als die Erhöhung der Marktpräsenz in einem Wachstumsmarkt oder die Rentabilisierung einer Produktionsstrasse, welcher auf dem Heimmarkt der Umsatz weggebrochen ist.

- **Ängste und Vorwürfe klären:**

Gute Verhandlungslösungen werden oft durch diffuse Ängste blockiert. Diese können Sie aufnehmen, indem Sie sie mit der anderen Partei anhand von **praktischen Beispielen** konkret besprechen und damit die Diskussion von allgemeinen abstrakten Befürchtungen auf die vorliegend relevante Situation lenken sowie deren **Quellen und eigenen Erfahrungen** erfragen, ohne gleich Gegenargumente vorzutragen. Dabei können Sie Risiken evaluieren und Grenzen ausloten, aber auch Ihre Position verdeutlichen. Typische Fragen sind dabei: «*Was sind konkret Ihre Befürchtungen?*», «*Würde das bedeuten, dass ...?*», «*Fänden Sie es sachlich richtig, wenn .... Das wäre meines Erachtens nämlich die Konsequenz – oder sehe ich das falsch?*»; «*Für uns würde dies bedeuten, dass ... Würden Sie dies in unserer Situation akzeptieren?*», oder «*Wie soll ich dies meiner Vorgesetzten, meiner Geschäftsleitung, meiner Behörde erklären?*». Um eine Situation gemeinsam einzuschätzen, können Sie auch eine Skala einführen und fragen, «*Wie sicher sind Sie auf einer Skala von 1 bis 10, dass dies eintreffen wird?*», um dann die Einschätzung mit der «*Warum?*»-Frage zu vertiefen. Dies hilft der anderen Partei, ihre Meinung und Ängste besser einzuschätzen und zu versachlichen.[940] Damit lösen sich viele Widerstände von selbst auf, und Sie finden interessenorientierte Lösungen.

Eine weitere Methode besteht, durch eine hypothetische Fragestellung sozusagen eine gute Idee bei unserem Gegenüber «einzupflanzen». Indem wir die

---

[940] BOGHOSSIAN/LINDSAY, Schwierige Gespräche, S. 108. Dass Fragen, die auf die Ursache zielen, vorzugsweise in der Form eines «Wie» oder «Was» gestellt werden, wird in den Kapiteln IV.B.5.3.1 und IV.B.6 aufgezeigt.

Frage «**was wäre, wenn …?**» stellen, provozieren wir die andere Partei, damit sich diese – selbst bei vorgängiger Ablehnung des Angebots oder der Idee – mit der Angelegenheit auseinandersetzt. Wenn wir zudem deren **Hoffnungen und Ängste** kennen, können wir diese in die offene und zielgerichtete Frage einfliessen lassen.[941]

Lassen sich Differenzen nicht auf diese einfache Weise bereinigen, liegt meist ein tiefergreifender Konflikt vor. Wie wir mit solchen Konflikten umgehen, untersuchen wir in Kapitel VI.

Auch Vorwürfe lassen sich gut mit Fragen entgegnen. Dabei bewähren sich Formulierungen wie «Woraus entnehmen Sie dies?», «Wie kommen Sie darauf?», oder Sie widerspiegeln den Vorwurf im Sinne eines Echos. Einen Ausruf «Das ist unter meiner Würde!» können Sie etwa mit «(weshalb) Würde?»; «Das ist unfair!» mit «(weshalb) unfair?» kontern.[942]

- **den Verhandlungsgegenstand bereinigen:**

Um den Verhandlungsgegenstand zu bereinigen, sind neben den oben aufgeführten Fragen vor allem die kreative Frage, die Alternativfrage, die Fairnessfrage und die Einladung zum Perspektivenwechsel hilfreich:

Die *kreative Frage lautet:* «Wie können wir die beidseitigen Interessen in Einklang bringen?», oder «Was sollten wir Ihrer Meinung nach tun?» Dies ist in interessenorientierten Verhandlungen stets zielführend.

Häufig werden auch *Alternativfragen* gestellt, um Entscheidungen zu erzwingen. Die «Ich teile, du wählst»-Methode kann in der Gestalt der Alternativfrage auch helfen, ein «Nein» zu verhindern. Statt zu fragen, «Sind Sie an dieser Variante interessiert?» fragen wir beispielsweise: *«Welche Variante überzeugt Sie mehr/ist Ihnen lieber, jene mit dem besonders leistungsstarken Antrieb oder die günstigere mit weniger Leistung?»*[943]

Die *Fairnessfrage* hilft, Verhandlungsungleichgewichte anzusprechen. Sie kann beispielsweise lauten: «Was wäre Ihres Erachtens eine angemessene, faire Lösung? Was können Sie uns anbieten?». So effektiv die Fairnessfrage auch sein kann, sie ist stets mit Vorsicht anzuwenden:[944] Gerade in emotional besetzten Situationen haben die Parteien oft ein anderes Verständnis von Fairness oder lesen aus der Frage einen versteckten Vorwurf, sie würden sich unfair verhalten, was eher zur Eskalation als zur Lösungsfindung beiträgt. In sachlich geführten Verhandlungen dagegen spricht die Fairnessfrage die Leistungs-

---

[941] Vgl. dazu ausführlicher im Kapitel V.E.4 zu «reinen Preisdiskussionen».
[942] Die Spiegelungstechnik wird in Kapitel IV.B.6 näher besprochen.
[943] Troczynski/Löhr, Verhandlungen gewinnen, S. 203 f.
[944] So auch Voss/Raz, Kompromisslos verhandeln, S. 150 ff.

äquivalenz an und kann helfen, entsprechende Disbalancen erkennbar zu machen. Die oben aufgeführte Frage ist deshalb dem «Finden Sie das fair!?» eindeutig vorzuziehen. Oder dann pochen wir auf Opfersymmetrie und postulieren: «Alle müssen Konzessionen machen.» Auch der Verweis auf rechtliche Vorgaben oder Branchen- beziehungsweise internationale Standards stellt eine Art von Fairness-Argument dar.[945]

Damit die andere Partei auch Sie und Ihre Anliegen versteht, können Sie versuchen, sie zu einem *Perspektivenwechsel* zu motivieren mit Fragen wie «Was würden Sie an meiner Stelle tun?» oder «Wie soll ich dies meiner Partei, meinen Stakeholdern verkaufen?» Zeigen Sie dabei auch gleich die Hindernisse auf, die Sie beim entsprechenden Lösungsvorschlag zu überwinden hätten, wie etwa: «Sie wissen ja, dass unser Verwaltungsrat ohnehin das Gefühl hat, der ‹Deal› sei nur für Ihre Partei von Vorteil, da er ihr Zugang zu unserer Technologie verschafft, uns die Vereinbarung dagegen nur begrenzt eine Absatzerweiterung erlaubt. Ich glaube kaum, dass er bei Ihrem Vorschlag die Vereinbarung absegnen würde.»

Eine weitere von geübten Verkäufern angewandte Methode ist es, durch eine hypothetische Fragestellung sozusagen eine Idee «ins Gehirn des Gegenübers» zu verpflanzen und Letzteres zu einem **Perspektivenwechsel** anzuregen. Indem wir die Frage «**Was wäre, wenn …?**» stellen, provozieren wir bei der anderen Partei, dass sich diese – selbst bei vorgängiger Ablehnung des Angebots oder der Idee – mit der Angelegenheit auseinandersetzt. Wenn wir zudem deren **Hoffnungen und Ängste** kennen, können wir diese in die offene und zielgerichtete Frage einfliessen lassen. Wenn wir beispielsweise wissen, dass der Anbieter den Auftrag braucht und der Verkäufer auf Provisionsbasis arbeitet, können wir den Effekt der «Was wäre, wenn»-Frage durch eine rhetorische Wiederholung, gefolgt von einer offenen Frage verstärken. Die Frage lautet dann so: «*Mal angenommen, Herr Verkäufer – nur ein Gedanke – wir erteilten Ihnen den Auftrag, was würde dies für Ihre Unternehmung und Sie bedeuten?*»[946] Oder: «***Mal angenommen***, *Frau Stürchler, wir würden diesen Preisvorschlag der Geschäftsleitung unterbreiten, die uns gerade angewiesen hat, höchstens einen Preis X zu akzeptieren. Wie würde diese wohl reagieren?*» «*Was denken Sie, wie wird der Markt auf die von Ihnen vorgeschlagene Preiserhöhung reagieren?*» Damit aktivieren wir die Gewinnhoffnung – auch beim Verkäufer selber, wenn er provisionsbasiert arbeitet! – sowie die Verlustaversion und setzen damit einen emotionalen Anker.

---

945 Siehe dazu auch das Insistieren auf der Anwendung von objektiven Standards in Kapitel V.D.2.3.4 zum Erzielen von Zugeständnissen, indem wir auf gewissen Werten gewisser Prinzipien bestehen.
946 Siehe ausführlich Troczynski/Löhr, Verhandlungen gewinnen, S. 207 ff.

- **Argumente einbringen:**[947]

Der für seine Top spin-Bälle und sein druckvolles Spiel berühmte spanische Tennisstar Rafael Nadal wurde einmal gefragt, ob er es als gerechtfertigt erachte, dass Männer im Tennis so viel mehr verdienten als Frauen. Nadal antwortete mit einem souveränen Stoppball, *er könne dazu keine Antwort geben. Aber es sei wichtig, über Lohndifferenzen zu sprechen, etwa weshalb Männer im Tennis viel mehr als Frauen verdienen würden, Frauen aber etwa im Beauty-Bereich viel mehr als Männer etc.* Dabei stellte er die Frage in einen grösseren Zusammenhang und relativierte sie gleichzeitig – ohne sich zu exponieren oder belehrend zu wirken. Er hätte ergänzen können, dass es sich frage, welche Kriterien den Verdienst von Tennisspielern bestimmen sollten, ob zum Beispiel die TV-Einschaltquoten und die damit generierten Werbeeinnahmen ein taugliches Kriterium seien und ob der Staat hier korrigierend eingreifen sollte beziehungsweise welche Erfahrungen man mit solchen Eingriffen in die Vertragsfreiheit gemacht habe. Er wisse das nicht, das sei ein komplexes Thema und sicher wert, näher untersucht und öffentlich diskutiert zu werden. Man könnte dies den «*argumentativen Nadal-Stoppball*» nennen. In der Tat haben Wissenschaftler herausgefunden, dass wir über *Fragen, kombiniert mit ein paar wenigen Argumenten (teilweise in Fragen gekleidet) andere Menschen viel besser überzeugen können als wenn wir nur argumentieren und Positionen vertreten*. Der bekannte Professor für Organisationspsychologie Adam Grant wies nach, dass in Debatten diejenigen das **Publikum am besten erreichen und umzustimmen** vermögen, welche vor **allem *Fragen stellen*** und dem Publikum damit erlauben, seine ***Meinung selber zu hinterfragen und zu ändern***, und nicht jene, welche die Debatte als «Krieg» verstehen und Argument um Argument vertreten. So ist die Frage «Macht ihr auch mit?» oder «Kommt ihr auch?» oftmals erfolgreicher, um Menschen zu einem Tun zu motivieren, als dies wortreich zu begründen. Wenn wir dazu die Meinung der anderen Partei, und sogar einzelne ihrer *Argumente anerkenn*en, animieren wir unser Gegenüber, es uns gleich zu tun.[948] Dabei erscheint unsere Position glaubwürdiger, wenn wir diese mit einer bestimmten (selbstbewussten) Demut vertreten, wozu das Fragestellen und das «Sich-für-die-andere-Position-Interessieren» beitragen – allzu selbstsicheres Auftreten dagegen wird oftmals als aggressiv wahrgenommen und löst Abwehrreflexe aus.[949] Dies setzt allerdings voraus, dass das *Gegenüber*

---

947 Zu den offenen zielgerichteten Fragen der FBI-Verhandler siehe Kapitel IV.B.6.
948 GRANT, Think Again, S. 121 ff. – Das Gleiche tun wir auch aufgrund der Reziprozitätsfalle; siehe dazu Kapitel IV.B.3 und 4.
949 GRANT, Think Again, S. 144. Grant schreibt, dass viele Kommunikatoren versuchen, sich als intelligent zu präsentieren, grosse Kommunikatoren und Motivatoren jedoch eher daran interessiert sind, ihren Zuhörern das Gefühl zu geben, intelligent zu sein. Durch die eigene Offenheit, Neugier und Demut helfen sie anderen Menschen, ihre eigenen Sichtweisen mit mehr Demut, Zweifeln

grundsätzlich gegenüber unseren Anliegen aufgeschlossen ist und nicht bereits eine klare Meinung pointiert vertritt – sonst kann ein **argumentativer Stil** unter Umständen erfolgreicher sein. Je wichtiger das Thema für uns persönlich ist, desto mehr spielt zudem die Qualität der Gründe, die wir für unsere Position anführen, eine Rolle.[950] Grant schloss aufgrund seiner Studien, dass **Zuhören oft die effektivste Art ist, anderen zu Aufgeschlossenheit zu verhelfen** und damit deren Meinung zu ändern.[951] Grant schreibt, dass durch intensives Zuhören das Gegenüber dazu verführt wird, sein ehrlichstes, scharfsinnigstes und bestes Ich zu zeigen, und nannte dies *«inverses Charisma»*.[952]

Auch erweisen sich die in Kapitel IV.B.5.3.1 beschriebenen rhetorischen *«Nur … oder»*-Fragen beziehungsweise *«Weil … dann»*-Begründungen als hilfreich: Statt zu fragen, «Wollen Sie denn nur einen günstigeren Preis?», wird die Lösung gleich mitgeboten: «Wollen sie denn *nur* einen günstigeren Preis, *oder* möchten Sie von der schnelleren Rechnergeschwindigkeit und der grösseren Robustheit des Notebooks profitieren?», beziehungsweise «Wollen Sie die Ware selber abholen, oder sollen wir sie auch gleich mit unserem Schnellzustelldienst liefern?». Bei der *«Weil … dann»*-Begründung liefern wir die Erklärung gleich mit und lassen die Gegenseite nicht über unsere Motive spekulieren. Dies schafft Transparenz, was unsere Glaubwürdigkeit erhöht: *«Wenn wir den Preis so tief senken sollen, ist das Service-Paket nicht inbegriffen, da wir sonst unter unseren Herstellungskosten verkaufen müssten.»*

- **die Kontrollfrage stellen:**

Wenn wir die Hauptmotive und -argumente der Gegenseite kennen, können wir alle valablen Hindernisse adressieren und dazu Lösungen finden. Deshalb empfiehlt es sich, wenn die Verhandlungen weit fortgeschritten sind, die Kontrollfrage zu stellen. Diese kann wie folgt lauten: *«Sind das alle Ihre Einwände? Haben Sie weitere Befürchtungen? Wenn wir diese Punkte lösen können, können wir dann den Fall/Vertrag abschliessen?»*[953] Damit beugen wir auch der beliebten Überraschungstaktik vor, kurz vor Verhandlungsabschluss noch Zusatzforderungen nachzuschieben.

Fragen provozieren nicht nur Antworten, sondern regelmässig auch **Gegenfragen**.[954] Dies können wir als Mittel einsetzen, um Fragen zu kontern oder auch nur um Zeit zu gewinnen, um uns eine Antwort zu überlegen. Gleichzeitig müssen wir

---

und Neugier zu betrachten (a.a.O., S. 194; auch hier wirkt wieder der *Reziprozitätsgedanke*; siehe dazu auch Kapitel IV.B.3 und 4).
950 GRANT, Think Again, S. 136 f.
951 GRANT, Think Again, S. 186.
952 GRANT, Think Again, S. 194.
953 BIRKENBIHL, Psycho-logisch richtig verhandeln, S. 123–129.
954 TROCZYNSKI/LÖHR, Verhandlungen gewinnen, S. 204.

Gegenfragen auf unsere Fragen erwarten und möglichst antizipieren. Diese zu beantworten, kann herausfordernd sein: Auf die Frage eines Verkäufers im Rahmen einer Preisdiskussion: «Geht es Ihnen hier ausschliesslich um einen günstigen Preis?» erlebte ich auch schon Gegenfragen wie: *«Können Sie uns denn keinen konkurrenzfähigen Preis offerieren?»*

Das über geschickte Fragen gewonnene Verständnis wird über **Spiegelungen** und **Zusammenfassungen** konsolidiert und dann schriftlich fixiert. Dies kann beispielsweise erfolgen, indem wir Zwischenergebnisse in Schreiben oder E-Mails festhalten, Protokolle erstellen und verabschieden oder ein Memorandum of Understanding beziehungsweise eine schriftliche Absichtserklärung («Letter of Intent») aufsetzen.

2.2 Erarbeiten Sie kreative Lösungen

Das Erarbeiten kreativer Lösungen ist das A und O der kooperativen Verhandlungsführung.

Das A und O der kooperativen Verhandlungsführung ist, kreative Lösungen zu erarbeiten. Diese ergeben sich oft daraus, dass wir *Ambivalenz* zulassen und uns vom klassischen binären «Ja-nein»-, «Schwarz-weiss»- oder «Gut-schlecht»-Schema lösen. Sprenger nennt dies **Ambiguitätstoleranz**:[955] Wir müssen zulassen, dass die Parteien unterschiedliche Ansichten haben, und diese nicht vermeiden oder nach dem binären Schema lösen, sondern zu etwas Neuem zusammenfügen. Dazu dienen nicht nur die *Analyse* und das interessenorientierte Verhandeln, sondern auch, wenn wir uns zunächst von konkreten Inhalten lösen und anhand einer gemeinsamen Vision und mit einigen möglichst weit gesteckten «Leitplanken» die jeweiligen Interessen der Parteien besprechen, dann eine ZOPA definieren, und danach im so *frei und weit gewordenen Gedankenraum ein Brainstorming durchzuführen*. Beide Ansätze, allenfalls sogar abwechslungsweise eingesetzt, begünstigen kreative Lösungen. Ebenso üblich sind gemeinsame *Workshops*.

2.2.1 Think out of the box

Kreativität bedeutet gemäss Duden online «1. schöpferische Kraft, kreatives Vermögen; 2. mit der sprachlichen Kompetenz verbundene Fähigkeit, neue, nie gehörte Sätze zu bilden und zu verstehen.»[956] Kreative Lösungen zu erarbeiten setzt deshalb voraus, dass beide Parteien ihre üblichen Denk- und Handlungsmuster beiseitelegen und gemeinsam neue Wege gehen. Wir finden sie vor allem dann, wenn wir uns möglichst wenig Zwänge und Denkverbote auferlegen und uns immer wieder fragen, was die **eigentlichen Interessen** der Parteien sind.

---

955 Sprenger, Magie des Konflikts, S. 99.
956 ‹https://www.duden.de/rechtschreibung/Kreativitaet›.

Um neue Lösungsmöglichkeiten zu erarbeiten, können wir uns folgender grundsätzlicher Ansätze bedienen:
- der **Verhandlungsgegenstand** wird erweitert, eingeschränkt oder sonstwie abgeändert;
- die **Wahrnehmung des Verhandlungsgegenstandes** wird verändert (Einsatz der Fragetechniken von Kapitel IV.B.6 und V.D.2.1; Aufklärung; Aufzeigen von Optionen; Einholen von Berichten und Expertisen);
- die **Verhandlungsumgebung** wird verändert («Leverage», etwa durch das Schaffen eigener Optionen oder Elimination der Optionen des Gegenübers; Einsatz von «Black Swans»; Einbezug Dritter etc.); oder
- die **Wahrnehmung der Verhandlungsumgebung** wird verändert (siehe Punkt 2 oben).

Lassen Sie mich dies anhand einiger Beispiele illustrieren:

Die alteingesessene Familie Six, deren Vorfahre Jan Six ein Freund des grossen Barockmalers Rembrandt van Rijn (1606–1669) war, verklagte gegen Ende des 20. Jahrhunderts die niederländische Regierung aufgrund einer früheren Vereinbarung auf Instandhaltung ihres grossen Amsterdamer Stadthauses, in dem unter anderem eine eindrückliche Sammlung von Werken dieses Künstlers hängt. Die Regierung hatte diese alte Vereinbarung für einseitig und nicht im Interesse der Öffentlichkeit erklärt, die Familie Six beharrte jedoch auf der Abmachung. Nach jahrelangen Verhandlungen konnten die Parteien endlich eine Lösung erzielen: Das Haus Six wurde in eine Stiftung eingebracht, die Familie erhielt das Recht, auf ewig in diesem zu leben, und der Staat stellte die Mittel für den Unterhalt zur Verfügung. Im Gegenzug musste die Familie Six in einem bestimmten Rahmen ihre Gemäldesammlung alter holländischer Meister der Öffentlichkeit zugänglich machen – eine optimale «win-win»-Lösung, die für beide Parteien wesentlich vorteilhafter als die alte Vereinbarung war.[957]

Ein weiteres Beispiel aus der Kunstszene zeigt, wie Auseinandersetzungen mit kreativen und konstruktiven, interessen- und nicht positionsfokussierten Lösungen beigelegt werden können. 2012 entdeckte die bayerische Polizei bei Cornelius Gurlitt, dem Sohn des NS-Kunsthändlers Hildebrand Gurlitt, in dessen Schwabinger Wohnung eine in der Öffentlichkeit vergessen gegangene, über 1500 Stücke umfassende Sammlung moderner Kunst, darunter Meisterwerke von Picasso, Matisse, Chagall, Renoir und anderen. Der erst im November 2013 durch Presseberichte öffentlich gewordene Fund löste einen der grössten Kunstskandale der Bundesrepublik Deutschland aus. Cornelius Gurlitt hatte nämlich die Sammlung kurz vor seinem Tod dem Kunstmuseum Bern vermacht. Darauf entbrannte ein Streit zwischen der Bun-

---

[957] SHORTO, Rembrandt in the Blood: An Obsessive Aristocrat, Rediscovered Paintings and an Art-World Feud, New York Times online vom 27. Februar 2019.

desrepublik Deutschland, dem Staat Bayern und dem Kunstmuseum Bern um die Eigentumsrechte und den Transfer der Kunstsammlung in die Schweiz. Zudem stellten sich komplexe Fragen der Raubkunst, insbesondere ob jüdischen Eigentümern während der Nazi-Zeit Werke aus dem Fundus Gurlitt unrechtmässig abgenommen worden waren. Die 2019 erzielte Vereinbarung fand eine interessen- und sachgerechte Lösung: So vereinbarten die Parteien, dass Raubkunstwerke in der Obhut der von Bund und Bayern eingesetzten Taskforce verbleiben sollten. Diese würde sich weiter um die Provenienzforschung kümmern und mögliche Erben der Vorbesitzer dieser Gemälde suchen. Bund und Land Bayern erklärten sich zudem bereit, für die Restitution zu sorgen und für deren Kosten einzustehen. Die unbelasteten Werke dagegen gingen an das Kunstmuseum Bern, welches ebenfalls eine eigene Provenienzforschungsstelle einrichtete. Zudem würden die 1937 im Zuge der Aktion «entartete Kunst» beschlagnahmten Werke an die damals beraubten deutschen Museen bevorzugt entliehen werden.[958] Statt auf Fragen der erbbedingten Eigentümerstellung und der Verjährung von Restitutionsansprüchen fokussierte die Vereinbarung damit einerseits auf den Willen des Erblassers (das Kunstmuseum Bern wird Erbin), berücksichtigte aber andererseits ungeachtet allfälliger Verjährungseinreden auch die Provenienz der Werke und Restitutionsforderungen, wodurch frühere jüdische Eigentümer (beziehungsweise deren Erben) und deutsche Museen in die Lösung einbezogen und gleichzeitig aufwändige Prozesse um deren Ansprüche sowie Reputationsschäden wegen der Nazi-Vergangenheit des ursprünglichen Besitzers der Werke, Hildebrand Gurlitt, vermieden wurden.

Einer Medienmitteilung des Kunstmuseums Bern vom 3. Juli 2018 zufolge wurde eine ähnliche Einigung mit einem Erben des berühmten Malers Paul Cézanne gefunden: Das umstrittene Bild «La Montagne Sainte-Victoire» von 1897 aus dem Nachlass von Cornelius Gurlitt verblieb demnach im Eigentum des Kunstmuseums Bern, die Familie Cézanne anerkannte das Kunstmuseum Bern trotz Raubkunstverdachts als rechtmässige Eigentümerin. Im Gegenzug räumte das Kunstmuseum Bern der Familie Cézanne das Recht ein, im Rahmen eines langfristigen Leihvertrages das Gemälde regelmässig im Musée Granet in Aix-en-Provence, Cézannes Heimatstadt, zu zeigen.[959]

---

958 Kuhn, Vereinbarung über das Erbe von Cornelius Gurlitt: Bund, Bayern, Bern: die Testamentvollstrecker, Der Tagesspiegel online vom 24. Novemvber 2014.

959 ‹https://www.kunstmuseumbern.ch/de/service/medien/archiv-medienmitteilungen/medienmitteilungen-2018/03-07-18-einigung-um-cezannes-werk-1937.html›. – Kreative Lösungen werden auch im Bereich der Kolonialkunst, also für aus der Kolonialzeit in den Westen geschaffte Kunstobjekte wie den Bronzemasken aus Benin, gesucht. Das zürcherische Museum Rietberg spricht in Bezug auf seine ethnografische Kunst von geteiltem Kulturerbe («shared heritage») und strebt bilaterale Abkommen und Vereinbarungen mit den Ursprungsländern an. Damit wird ein rein westliches Narrativ ergänzt und sollen «win-win»-Lösungen geschaffen werden, um aufwändige Auseinandersetzungen mit unklarem Ausgang zu vermeiden (vgl. Meier, Radikale Lösungen bringen nichts, NZZ-online vom 31. März 2023).

Oder ein Beispiel aus dem Werkvertragsrecht: Im Rahmen einer Hotelsanierung, bei der diverse luxuriöse Eigentumswohnungen erstellt wurden, beklagte sich der Käufer der Wohnung direkt über der Küche über Lärmimmissionen. Es folgten wiederholt Sanierungsmassnahmen, und die gewährleistungsbelasteten Architekten waren der Auffassung, die Probleme seien nun behoben. Das sah der Käufer anders. Da die damit verbundenen Kosten teilweise auch dann angefallen wären, wenn der Umbau von Anfang an normkonform vorgenommen worden wäre (sogenannte «Ohnehin-Kosten»), sollte sich das Hotel als Verkäuferin der Wohnung an diesen Kosten beteiligen. Dieses wollte jedoch Sicherheit, dass die Sanierung definitiv abgeschlossen war und nicht weitere Kosten dazukommen würden. Eine solche Sicherheit konnten dagegen die Architekten nicht geben, da sie, um weitere Probleme mit dem anspruchsvollen Käufer zu vermeiden, zwar Messungen vorgenommen hatten, welche die Normkonformität der Sanierung bestätigten, jedoch mit dem Käufer keine Abnahme der ohnehin weitgehend ausserhalb der Wohnung erfolgten Massnahmen durchführen wollten. Gleichzeitig drängten die Unternehmer, welche die Sanierung vorgenommen hatten, auf Bezahlung. Die verzwickte Lage konnte dadurch bereinigt werden, dass die Architekten und das Hotel eine Vereinbarung abschlossen, in der zunächst die Sanierungskosten aufgeteilt wurden. Zudem vereinbarten die Parteien, dass die Architekten allfällige Kosten für weitere Sanierungsmassnahmen nur dann neu gegenüber dem Hotel aufbringen konnten, wenn diese dessen bisherigen Kostenanteil übersteigen würden. Damit wurde in die Vereinbarung eine «Erheblichkeitsschwelle» eingebaut, so dass das Hotel nicht bei weiteren kleinen Sanierungsmassnahmen behelligt würde. Dadurch hatte auch das Hotel ein Interesse an einer raschen Einigung. Die Angelegenheit konnte mit der Versicherung der Architekten abgewickelt, die Unternehmer bezahlt und der Fall ohne Gerichtsprozess abgeschlossen werden.

Im Jahre 1815 erzielten Russland und die übrigen europäischen Grossmächte im Rahmen des Wiener Kongresses nach hartem Ringen und längeren Perioden, während denen die Verhandlungen blockiert gewesen waren, einen Kompromiss über Gebietszuteilungen, indem nicht mehr ausschliesslich die Einwohnerzahl, sondern die Wirtschaftskraft der entsprechenden Gebiete in Anschlag gebracht wurde. Die Neudefinition der Basis für die Gebietsaufteilung war hier dafür entscheidend, dass die Parteien eine von allen als fair wahrgenommene Lösung finden konnten.[960]

Wenn sich zwei streiten, ob das Fenster im Raum offen («frische Luft!») oder geschlossen («Zugluft, ich bin erkältet!») sein soll, ist keine Lösung möglich. Möglich wäre, ein Fenster im Nebenzimmer zu öffnen, oder während der Pausen zu lüften, wenn die erkältete Person nicht im Raum ist.

Im Sechstagekrieg im Jahre 1967 wurde zwischen den kriegsführenden Parteien erst eine Lösung möglich, als es nicht mehr darum ging, wer sich gebietsmässig durchsetzt, sondern welche Interessen die Parteien hatten: Sicherheit (Israel) vs. Freiheit

---

960 Das Beispiel entstammt aus Zamoyskis spannendem Buch über den Wiener Kongress (ZAMOYSKI, «1815», S. 446).

von Eroberern (Ägypten). Dies führte zur Gebietshoheit von Ägypten über die zuvor von Israel eroberte Sinai-Halbinsel, wobei diese zur weitgehend entmilitarisierten Zone wurde.[961]

2.2.2 Testen Sie Ideen und lassen Sie «Versuchsballons» steigen

Das Testen von Ideen und das Steigenlassen von «Versuchsballons» ergänzt in der Verhandlungsführung die Fragetechnik.

In der Politik, aber auch in kommerziellen Verhandlungen, ist das Steigenlassen von «Versuchsballons», also das *unverbindliche Äussern von Ideen*, eine beliebte Methode, um ihre Akzeptanz zu prüfen. So liess etwa eine Stadtregierung verlauten, sie beabsichtige, eine bestimmte Strasse zu sperren, wobei sie betonte, dies sei noch keineswegs formell beschlossen. Entsprechend der Art und Intensität der Rückmeldungen wurden dann Anpassungen an der Verkehrsplanung vorgenommen.

Solche «Versuchsballons» stellen eine Art inoffizielle Vernehmlassung bei der Bevölkerung – oder eben bei der anderen Partei – dar. Sie können durchaus auch eine angemessene Provokation beinhalten, etwa indem sie eine Position der anderen Partei in Frage stellen. Die Chinesen sprechen dabei von *«den Kopf in des Tigers Rachen stecken»*.

> Im Jahr 1988 liessen Terroristen auf dem PanAm-Flug 103 nach dem schottischen Lockerbie – wie sich später herausstellte, im Auftrag der libyschen Regierung – eine Bombe hochgehen, wobei 270 Menschen ums Leben kamen, viele davon US-Bürger. Die USA verhängten daraufhin unter anderem Wirtschaftssanktionen gegenüber Libyen. Später traten die Regierungen der beiden Länder in Verhandlungen, um die Angelegenheit einer einvernehmlichen Lösung zuzuführen: Während die USA ihr ramponiertes Licht in der arabischen Welt aufpolieren wollten, versuchte das libysche Regime unter dem vormaligen Diktator Muammar al-Gadaffi, die von den USA und der UNO verhängten Sanktionen zu beenden. Dabei liess die US-Regierung unter anderem «Versuchsballons» zur Frage steigen, wie wichtige Stakeholder – insbesondere die Familien der Angehörigen der Opfer des Lockerbie-Anschlags – auf gewisse von der US-Regierung erwogene Punkte reagieren würden. Die Lösung sah schliesslich vor, dass zwei libysche Geheimagenten sich einem Prozess vor einem schottischen Gericht in den Niederlanden stellen würden. Die libysche Regierung willigte zudem ein, für die Hinterlassenen der beim Attentat Verstorbenen 2.7 Milliarden Dollar in einen Entschädigungsfonds in der Schweiz zu bezahlen.
>
> Dasselbe Vorgehen wählte die USA, als sie eine Tauwetterpolitik gegenüber Kuba erwog und die Meinung der führenden Exil-Kubaner zu eruieren suchte.[962]

«Versuchsballons» sollten *sorgfältig evaluiert* werden, damit nicht unnötig oder sogar unwiderbringlich Geschirr zerschlagen wird. Letzteres passierte dem vorma-

---

[961] Siehe FISHER/URY/PATTON, Das Harvard Konzept, S. 78.
[962] ALBRIGHT, Madam Secretary, S. 332 und 335.

ligen Zürcher Stadtrat Richard Wolff, als er eigenmächtig versuchsweise zur Verkehrsberuhigung eine Spur einer wichtigen Verkehrsachse sperren liess. Die Aufregung war gross und das politische Kapital von Stadtrat Wolff wurde ein weiteres Mal erschüttert.[963]

In der Verhandlungsführung ergänzt das Testen von Ideen die Fragetechnik. Es hilft, die MAPP genauer einzuschätzen, die ZOPA zu definieren und einzuengen sowie Lösungen zu erarbeiten.

2.3 Balancieren Sie geschickt «Leverage» und kooperatives Verhandeln

Wie wir in Kapitel III gesehen haben, wäre es angesichts der Vielzahl von verschiedenen Verhandlungssituationen sowie aufgrund der Tatsache, dass es beim Verhandeln stets (auch) um die Durchsetzung der eigenen Interessen geht, geradezu naiv, nur auf kooperatives Verhandeln zu setzen. Flexibles Verhandeln gründet deshalb auf der *Analyse* der Verhandlungssituation und setzt die Mittel zur Zielerreichung entsprechend ein. Ob und in welchem Umfang Druckstrategien und «Leverage» zur Anwendung gelangen, bestimmt sich aufgrund der Analyse des Verhandlungsziels, des Verhandlungsumfelds sowie unserer Persönlichkeit und Präferenzen.

Dabei haben sich meiner Erfahrung nach folgende Empfehlungen bewährt:

2.3.1 Setzen Sie «Leverage» und Verhandlungsdruck dosiert und zielorientiert ein

«Leverage», Verhandlungsdruck und kooperatives Verhandeln schliessen sich nicht aus. Vielmehr stellen erstere *dynamische Mittel dar, um unsere Interessen zu fördern und die Verhandlungen voranzutreiben*. Dabei gilt es, die eigene Verhandlungsmacht, den Verhandlungsdruck sowie kooperative Verhandlungsstrategien *geschickt zu kombinieren*, um die eigene MAPP zu erreichen, wobei je nach Situation auch die Interessen der anderen Partei angemessen berücksichtigt werden.[964] Verhandlungsmacht und Verhandlungsdruck werden je nach Situation auf einer oder mehreren der fünf Verhandlungsebenen ausgeübt, wobei sie stets zielorientiert und im Rahmen der analysebasierten Verhandlungsstrategie eingesetzt werden sollten.[965]

---

[963] Von Ledebur, Die Verkehrspolitik wird zum Schlachtfeld der Linken, NZZ online vom 23. März 2021.
[964] Dass sich die Situation bei Vergleichsverhandlungen nach Rechtsverletzungen durch die andere Partei völlig anders präsentiert als bei Verhandlungen um ein gemeinsames langfristiges Projekt, versteht sich von selbst. Entsprechend dominiert bei Ersteren ein kompetitiver, druckorientierter Verhandlungsansatz, während bei den Zweiten die Kooperation im Vordergrund steht.
[965] Wie wir in Kapitel IV.F gesehen haben, sollten wir natürlich sich spontan ergebende Chancen nicht unbenutzt vorbeiziehen lassen.

«Leverage» ist in manchen Fällen auch erforderlich, um die andere Partei *überhaupt an den Verhandlungstisch zu bringen* und den eigenen Interessen den erforderlichen Nachdruck zu verleihen.[966]

Wie «Leverage» ausgeübt werden kann, wird insbesondere in den Kapiteln III.B.2 und C.2 sowie IV.F beschrieben. Zudem werden in den Kapiteln V.E und VI.B-D Techniken und Mittel erläutert, welche eingesetzt werden können, um Verhandlungs- und Abschlussdruck zu erzeugen. Druck wird dabei meist *stufenweise* eingesetzt, so dass bei Bedarf noch «eine Schraube angezogen» werden kann.

Die Anwendung von Druck – insbesondere durch plumpe Ultimaten und offene Drohungen – kann allerdings auch *kontraproduktiv* wirken. Druckstrategien werden oft erfolgreicher eingesetzt, wenn der anderen Partei erlaubt wird, *das Gesicht zu wahren*. So erlebe ich immer wieder Situationen, in denen die eine Partei die andere in einem «Showdown» vor ein Ultimatum stellt. Das kommt selten gut an.

> In einem Beispiel hatte meine Klientschaft, ein Projektentwickler, für eine Überbauung bereits hunderttausende von Franken in die Raumplanung investiert. Als die Verkäuferin des Grundstücks in letzter Minute den vorbesprochenen Preis anheben wollte und dabei lapidar bemerkte, «Sonst verkauf ich die Liegenschaft halt Ihrem Konkurrenten!», verliess der CEO meiner Klientin erbost den Verhandlungsraum und rief: «Ich lasse mich nicht erpressen, nur weil ich bereits viel investiert habe! Vergessen Sie die Sache!» Nur mit viel Mühe konnten die beiden Parteien dann dennoch zu einem Deal geführt werden. Auch die Drohung «Dann klagen wir Sie ein!» führt nicht selten zur Antwort: «Dann tun Sie das doch. Ich beurteile unsere Prozesschancen als sehr positiv!» Gerade die Androhung des Prozesses sollte deshalb nur erfolgen, wenn sie in der Tat geplant ist. Wird sie nämlich nach ihrer Androhung nicht in Tat umgesetzt, ist Ihre Glaubwürdigkeit dahin.

2.3.2 Berücksichtigen Sie in den Verhandlungen stets auch die Beziehungsebene

Gute persönliche Beziehungen begünstigen regelmässig die Verhandlungen. Allerdings dürfen wir nicht einseitig auf die Beziehungsebene setzen.

Wie wir in Kapitel IV.B gesehen haben, sind die Parteien oft emotional oder sonstwie persönlich in Verhandlungen involviert: Sie haben eine gemeinsame familiäre oder geschäftliche Vergangenheit, oder die Verhandlungen sind mit bestimmten Hoffnungen und Ängsten verbunden: Man hat Angst, übervorteilt zu werden oder hofft, der «Deal» werde einem wirtschaftlich, beruflich oder sozial zum Durchbruch verhelfen. Erben haben alte Rechnungen zu begleichen, oder das Projekt droht zu entgleisen, was finanzielle Befürchtungen oder die Angst vor einem Karriereknick weckt. Eine Regierung steht vor der Wiederwahl und möchte zeigen, dass sie das Land dynamisch und erfolgreich lenkt; deshalb braucht sie innenpolitisch einen Verhandlungserfolg auf dem internationalen Parkett. In solchen Situationen gleiten die Verhandlungen rasch auf die Ebene

---

966 Siehe dazu auch Kapitel VI.C.

der *Machtkämpfe, der verletzten Gefühle oder der Showeffekte* ab, oder es treten *Kompensations- und Rachethemen* auf. Auch können *persönliche Auffassungen, Arbeitsüberlastung, Überforderung oder sachliche Inkompetenz* die Verhandlungen verkomplizieren und eine kooperative Lösung in weite Ferne rücken lassen. Und schliesslich verkomplizieren Missverständnisse sowie andere Auffassungen und Werte die Kommunikation.

Dem *systemischen Ansatz* zufolge wirkt sich dies auf allen Verhandlungsebenen aus. Insbesondere heisst dies für unsere Verhandlungsführung, dass wir nicht nur die Sach-, sondern stets auch die Beziehungsebene berücksichtigen müssen. Dabei sollten wir selbst möglichst sachlich und objektiv bleiben.[967] Dabei helfen uns folgende Überlegungen und Empfehlungen:

- **Positive persönliche Beziehungen** begünstigen regelmässig die Verhandlungen. Allerdings dürfen wir nicht einseitig auf die Beziehungsebene setzen, sondern müssen die Verhandlung auch auf der Sachebene sorgfältig vorbereiten, um eine vorteilhafte und nachhaltige Vereinbarung abzuschliessen. Diese Erfahrung musste beispielsweise US-Präsident Donald Trump mit dem nordkoreanischen Diktator Kim machen: Trump hatte 2018 und 2019 daraufgesetzt, nach Drohungen auf die Beziehung zu setzen, um dann praktisch zwischen den beiden Staatsoberhäuptern einen «Deal» zu vereinbaren. Dieser kam jedoch nicht zustande, da die Treffen zu kurzfristig anberaumt worden waren und damit nicht genügend vorbereitet werden konnten. Die jahrzehntelangen, fundamentalen Differenzen und gegensätzlichen Interessenlagen der beiden Länder konnten – erwartungsgemäss – nicht einfach durch ein Treffen auf höchster Ebene und eine «Charme-Offensive» von Trump beseitigt und mit einem «Quick fix» beigelegt werden.[968]

Gute persönliche Beziehungen können allerdings in die **«Sympathiefalle»** führen: Wer sich der anderen Partei persönlich verbunden fühlt, neigt vermehrt dazu, seine eigenen Interessen zurückzustellen. Die Beziehungsebene wird deshalb von gewissen Verhandlungsführenden durchaus auch manipula-

---

967 Siehe dazu ausführlich Kapitel IV.B. – Das Harvard Konzept nennt dies, «Menschen und Probleme getrennt voneinander zu behandeln» (vgl. FISHER/URY/PATTON, Das Harvard Konzept, S. 48 ff.; GIRSBERGER/PETER, Aussergerichtliche Konfliktlösung, Rz. 336 ff.). Da die Beziehungs- von der Inhaltsebene allerdings oft nur schwer zu trennen ist, bevorzuge ich, von der *Berücksichtigung der Beziehungsebene in den Verhandlungen* zu sprechen. Dies entspricht meines Erachtens auch besser dem systemischen Ansatz und dem Grundsatz, Konflikte nicht als etwas Negatives, sondern als ein natürliches Hindernis auf dem Weg zu einer Einigung zu betrachten (vgl. dazu auch Kapitel VI.A–D). Die Empfehlung des Harvard Konzepts kommt allerdings bei der *Analyse* ins Spiel, wo der Konflikt den entsprechenden Verhandlungsebenen zugeordnet und entsprechend aufgegliedert wird.
968 MÜLLER, Kim testet wieder Raketen, NZZ vom 6. Mai 2019.

tiv eingesetzt. Entsprechend empfiehlt es sich, in Verhandlungen durchaus eine gewisse Distanz zur anderen Partei zu wahren.

Allerdings gilt es auch nicht, Konflikte unbedingt zu vermeiden: Dass diese oftmals Chancen beinhalten, wird in Kapitel VI aufgezeigt.

Eine Zwischenlösung ist, gewisse Aspekte des Konflikts soweit möglich und sinnvoll[969] vorerst auszuklammern («*Carve-out*»), um diese dann in einem späteren Zeitpunkt mit gestärktem gegenseitigem Verständnis und Vertrauen anzugehen. Diese Taktik ist allerdings mit Zurückhaltung anzuwenden, da sie gerne dazu benutzt wird, die Probleme hinauszuschieben und auszusitzen – was unweigerlich dazu führt, dass diese später umso heftiger erneut an die Oberfläche treten.

- Berücksichtigen Sie, dass unterschiedliche Menschen **unterschiedliche Vorstellungen, Wahrnehmungen und Einstellungen** in Bezug auf den Verhandlungsgegenstand und die Verhandlungssituation haben und Kommunikation grundsätzlich störungsanfällig ist. Dies hat zwei Konsequenzen: Gehen Sie erstens davon aus, dass **Missverständnisse die Regel** sind und anfängliches gegenseitiges Verstehen die Ausnahme ist.[970] Da der Inhaltsaspekt bei Beziehungsstörungen weitgehend in den Hintergrund tritt,[971] müssen diese vorab behandelt und geklärt werden. Ansonsten ist eine erfolgreiche Verhandlung massgeblich erschwert und oftmals gar ausgeschlossen. Zweitens folgt daraus, dass vermeintlich sachliche Differenzen oft auf Störungen auf der Beziehungsebene zurückgehen, was in der Verhandlungsführung zu berücksichtigen ist.[972]

- Anerkennen Sie, dass die anderen Verhandlungspartner auch Menschen mit eigenen Bedürfnissen sind und dass diese **Bedürfnisse aus deren Sicht gerechtfertigt** sind. Wenn Ihnen eine Person unsympathisch ist, suchen Sie, diese *in ihrer Gedankenwelt zu verstehen* und suchen Sie Dinge an ihr, die sympathisch und vertrauensvoll sind.[973]

- Um die **Beziehungsperspektive** der anderen Partei zu verstehen, versetzen wir uns in ihre Lage, hören zu, fragen nach, interessieren uns für ihre Anliegen und Positionen. Indem die andere Partei an der Analyse der Probleme und der Lösungserarbeitung, mithin an der Lösungsfindung beteiligt wird, kommt leichter eine Einigung zustande. Kommunizieren Sie dabei einfach und möglichst auf der gleichen Ebene wie die andere Partei (sachlich, persönlich etc.). Anerkennen Sie, dass gewisse Vorgänge auch bei Ihnen Emotionen auslösen und spre-

---

969 Zum Umgang mit Konfliktsituationen, siehe Kapitel VI.
970 Vgl. dazu einlässlich Kapitel IV.B.
971 Watzlawick, Man kann nicht nicht kommunizieren, S. 18 f.
972 Diese Grunderkenntnis der Konfliktforschung wird in den Kapiteln VI.A–C näher ausgeführt.
973 Vgl. dazu auch Schranner, Verhandeln im Grenzbereich, S. 151 ff.

chen Sie die entsprechenden Emotionen an.[974] Um im zwischenmenschlichen Bereich wie auch sachlich Klarheit und gegenseitiges Verständnis zu schaffen, setzen Sie die in Kapitel IV.B und V.D.2.1 geschilderten **Kommunikationstechniken** ein. Bei **Kommunikationsstörungen** behelfen Sie sich mit den in Kapitel VI.A beschriebenen Instrumenten des Konfliktmanagements.

- Suchen Sie wenn möglich Lösungen, welche beiden Parteien erlauben, das **Gesicht zu wahren**. Dazu müssen Sie die Emotionen und Beweggründe der anderen Partei und Verhandlungspartner kennen und deren Grundbedürfnisse berücksichtigen.
- Setzen Sie **vertrauensbildende Massnahmen** ein.[975]

2.3.3 Stellen Sie Interessen und nicht Positionen in den Mittelpunkt

Oft verdecken Positionskämpfe, was wir wirklich wollen und welches die wirklichen Interessen der Parteien sind. Solange es nur um ein «Entweder – oder» geht, wird eine optimale Lösung verunmöglicht. Wie wir in Kapitel IV.C und den in Kapitel V.D.2.2.1 geschilderten Beispielen gesehen haben, stellt deshalb die kooperative Verhandlungsführung die Interessen der Parteien ins Zentrum – und erzielt oft selbst in komplexen und vermeintlich aussichtslosen Auseinandersetzungen verblüffend einfache Lösungen! Dies bedeutet natürlich nicht, dass wir unser Verhandlungsziel – insbesondere die definierten «Must haves» und Leitplanken – aus den Augen verlieren. Nur versuchen wir dem gegenseitigen Austausch und dem Feilschen um Positionen so lange aus dem Weg zu gehen, bis die Interessen geklärt sind, da Ersteres wie gezeigt oft suboptimale oder nicht nachhaltige Ergebnisse zeitigt. Wie zudem die erwähnten Beispiele zeigen, ergeben sich daraus oftmals Lösungen, welche besser als das von uns ursprünglich angestrebte Verhandlungsziel sind.

Selbst distributive Verhandlungen sollten deshalb möglichst interessenorientiert geführt werden. Dies ist entgegen dem ersten Anschein kein Widerspruch: Da diese meist sehr taktisch geführt werden, verlieren sich die Parteien oft rasch im Gestrüpp der Massnahmen und Gegenmassnahmen. Die Angelegenheit wird persönlich, eskaliert und läuft schliesslich aus dem Ruder. Dabei bleiben die eigenen Interessen auf der Strecke. Gerade in Verhandlungen, in denen der anderen Partei eine Vertragswidrigkeit oder eine andere Rechtsverletzung vorgeworfen wird, verlieren sich die Parteien gerne in gegenseitigen Schuldzuweisungen, Drohungen, Ultimaten und landen dann in einem langwierigen, zermürbenden Gerichtsprozess. Interessenorientiertes Verhandeln heisst deshalb nach der hier vertretenen Auffassung nicht «weich» zu verhandeln, sondern die eigentlichen

---

974 Vgl. auch FISHER/URY/PATTON, Das Harvard Konzept, S. 222 ff. und Kapitel VI.
975 Vgl. auch Kapitel IV.B.5.

Interessen der Parteien – beispielsweise die möglichst rasche Mängelbeseitigung für die Bauherrschaft und fortschrittsorientierte weitere Zahlungen für den Unternehmer – in den Vordergrund zu stellen und *das Problem nicht zu bewirtschaften, sondern zu lösen.*

Die Interessen werden einerseits im Rahmen der Analyse evaluiert, andererseits im Rahmen der Verhandlungen in Erfahrung gebracht.[976] Wenn die Parteien ihre Interessen offenlegen, können diese gegenseitig hinterfragt («Aus welchem Grund?» «Wozu?» «Was wäre dann – was wenn nicht?»), besprochen und in Lösungen gegossen werden. Die Verhandlungen drehen sich dann nicht schwergewichtig um Hindernisse und Konflikte, sondern um die **Vorstellungen und Erwartungen** der Parteien an eine Lösung, und damit schliesslich um eine gemeinsame **Vision**.

Wichtig ist dabei, frühzeitig zu prüfen, ob die Interessen von weiteren Stakeholdern in die Lösungsfindung mit einbezogen werden müssen.

2.3.4 Entwickeln Sie vor der Entscheidung verschiedene Wahlmöglichkeiten

Nur wer Verhandlungsoptionen und Alternativen hat, verhandelt mit der anderen Partei auf Augenhöhe. Wem diese fehlen, ist anfällig auf Druckversuche und Ultimaten.[977] Idealerweise werden deshalb Verhandlungsoptionen und Alternativen geprüft, bevor wir in die Verhandlungen steigen, zumindest jedoch während der Verhandlungen selber.

Wie wir gesehen haben, werden zur Erarbeitung von **Verhandlungsoptionen** die Hauptanliegen der Parteien identifiziert und soweit wie möglich in einer ZOPA zusammengeführt. Sie werden gerne im Rahmen eines **Brainstormings**[978] erarbeitet, das idealerweise zunächst ohne Wertung und zur Vermehrung der Optionen und Prüfung von Alternativen durchgeführt wird. Optionen sind auch Teil der «Big Four»-Fragen und ein Element des Verhandlungsführungsprozesses.[979] Dazu müssen wir uns während der Verhandlungen zeitweilig zurückziehen und **Verhandlungspausen** einlegen. Dies erlaubt uns auch, in Verhandlungen übermässigem psychischem und zeitlichem Druck zu entgehen und Denkfehler zu vermeiden.[980]

---

976 Zur Analyse, siehe Kapitel V.B.2. Fragetechniken zur Evaluierung der gegenseitigen Interessen werden in Kapitel V.D.2.1 aufgezeigt. Auch ist die in den Kapiteln V.B und V.C aufgezeigte Phasierung des Verhandlungsablaufs darauf ausgelegt, vorab die Interessen der Parteien in Erfahrung zu bringen und interessenorientierte Verhandlungen zu führen.
977 Fisher/Ury/Patton, Das Harvard Konzept, S. 97 ff.
978 Vgl. dazu Ansätze bei Fisher/Ury/Patton, Das Harvard Konzept, S. 103 ff.
979 Vgl. Kapitel III.A.5 und III.A.3.
980 Nach dem Brainstorming erfolgt im Rahmen des Verhandlungsprozesses die Analyse. Siehe dazu auch Kapitel III.A.3 und V.A.2 sowie das Kreisdiagramm bei Fisher/Ury/Patton, Das Harvard Konzept, S. 112.

Weiter ist es hilfreich, die **andere Partei bei ihrer Lösungssuche zu unterstützen**. Unsere Analyse der Verhandlungssituation und unsere kreative Lösungssuche können beiden Parteien helfen, Blockaden zu identifizieren und zu überwinden.

Um unsere Handlungsfreiheit zu vergrössern und «Leverage» zu kreieren, schaffen wir zudem wenn möglich **Alternativen** zu einer Vereinbarung mit dem Gegenüber. Die Alternative zu einer gemeinsamen Verhandlungslösung besteht dann darin, nicht weiter zu verhandeln und die **Verhandlungen abzubrechen** (BATNA beziehungsweise «Exit Szenario»).[981]

2.3.5 Definieren Sie vorgängig Ihre Kriterien zur Beurteilung möglicher Verhandlungslösungen[982]

Gerade in der Schlussphase von Verhandlungen verwenden die Parteien oftmals einen erheblichen Teil ihrer Bemühungen darauf, die andere Seite mit ihren Argumenten zu überzeugen, was diese Verhandlungsphase besonders anfällig für Druckversuche macht. Je mehr Verhandlungsmacht die Gegenpartei hat,[983] desto wichtiger ist deshalb, mit klaren Vorstellungen vom Verhandlungsziel in die Verhandlungen zu steigen. Aus diesem Grund sollten Sie für **Ihre Evaluation** von Verhandlungslösungen frühzeitig Beurteilungskriterien erarbeiten. Diese umfassen unter anderem allfällig definierte «Leitplanken» und «Drohpunkte». Diese sowie die in Kapitel V.A.5 aufgeführten Grundsätze zur Beurteilung von Informationen helfen uns, gute Entscheidungen zu treffen und Denkfallen zu vermeiden.[984] In eine Verhandlungslösung sollten wir schliesslich nur dann einwilligen, wenn diese besser ist als die BATNA (dass die BATNA nicht mit dem Verhandlungsziel zu verwechseln ist, wurde bereits oben in Kapitel V.A.5.2.3 gezeigt). Deshalb ist so wichtig, diese vor Beginn der Verhandlungen zu kennen.

In eine Verhandlungslösung sollten wir nur dann einwilligen, wenn diese besser ist als unsere BATNA.

Um die Akzeptanz einer Lösung und damit die Abschlussschancen zu erhöhen, müssen wir zudem die **Beurteilungskriterien unseres Gegenübers** kennen und verstehen. Wenn es uns gelingt, dieses anhand seiner eigenen Kriterien zu überzeugen und **Lösungen im Rahmen des Erfahrungshorizontes und der Erwartungshaltung unseres Gegenübers zu erarbeiten**, steigt die Wahrscheinlichkeit eines Verhandlungserfolgs erheblich.[985] Dazu haben sich *die in Kapitel IV.B aufgeführten Gesprächs- und Fragetechniken* als äusserst wertvoll erwiesen. Wenn

---

981 Vgl. dazu Kapitel IV.C, V.A.5.2.3 und V.E.5.
982 FISHER/URY/PATTON, Das Harvard Konzept, S. 128 ff.
983 FISHER/URY/PATTON, Das Harvard Konzept, S. 149 ff.
984 Siehe dazu Kapitel IV.B.3.
985 Siehe dazu auch Kapitel VI.A.5.6, wie der anderen Partei eine «goldene Brücke» gebaut werden kann.

beispielsweise die andere Partei auf einer bestimmten Berechnungsart des Schadens oder des Unternehmenswerts besteht, kommen wir kaum weiter, wenn wir dasselbe in Bezug auf unsere Berechnungsmethode tun. Vielmehr sollten wir dann nach Möglichkeiten suchen, *in diesem System eine für uns vorteilhafte Berechnung vorzunehmen* und die andere Partei sozusagen auf deren eigenem Terrain schlagen. Oder dann stellt die Festlegung der Beurteilungs- oder Berechnungskriterien selber Gegenstand der Verhandlung dar. Dabei sollten wir stets deren Einfluss auf die Verhandlungsdynamik und das Verhandlungsergebnis im Auge behalten, wozu wir Informationen einholen, diese analysieren und gestützt darauf Bewertungsmodelle, Verhandlungsszenarien und mögliche Verhandlungslösungen entwickeln.[986]

Im **Austausch mit der anderen Partei** können wir dennoch auch auf der **Anwendung von für uns akzeptablen und nachvollziehbaren Beurteilungskriterien** bestehen. Bereits das Argument, es müssten *bestimmte Rechtsgrundsätze oder Bewertungskriterien* wie der Markt- oder Verkehrswert, die Wiederbeschaffungskosten, internationale Einkaufspreise oder Preisindizes, Branchenstandards und technische Normen herangezogen oder Konkurrenzangebote eingeholt werden, kann helfen, intransparente und unvernünftige Lösungen zu eliminieren[987] und sachbezogenes Verhandeln zu ermöglichen. Dasselbe gilt für die Forderung einer *branchenüblichen, fairen Vorgehensweise in der Vertragsgestaltung und -umsetzung.*[988] Dabei sind Argumente wie «Unser Verwaltungsrat besteht auf der Einhaltung der XY-Standards» beziehungsweise «auf einer 100%igen Compliance», «Dies würde unsere Revisionsstelle nie akzeptieren», «Damit verletzen wir sicher Regeln der Börsenaufsicht, der Zulassungsbehörde» hilfreich. Auch die Frage, *wie beispielsweise bestimmte Fakten oder Zahlen zu validieren sind,* kann in Verhandlungen zu einem zentralen Thema werden: Können wir beispielsweise auf die von einer Partei erarbeiteten Projektunterlagen abstellen, oder sind dazu Expertisen neutraler Dritter, die Prüfung durch unsere internen Experten erforderlich? Wollen wir die Richtigkeit bestimmter Finanzzahlen selber überprüfen, oder genügt uns die Bestätigung der externen Revisionsstelle der anderen Partei? Solche Kriterien werden dabei mit Vorteil bereits *früh im Verhandlungsprozess eingebracht,* um damit eine «Ankerwirkung» zu erzielen.[989]

---

986 Eine Übersicht über typische Verhandlungsblockaden und Lösungsansätze findet sich in FISHER/URY/PATTON, Das Harvard Konzept, S. 42 f.
987 FISHER/URY/PATTON, Das Harvard Konzept, S. 133 f.
988 Vgl. auch FISHER/URY/PATTON, Das Harvard Konzept, S. 134 ff.
989 Vgl. dazu Kapitel V.E.2.1.

2.4 Behalten Sie eine strategische Reserve in der Hand

Verhandlungen können sich über längere Zeit hinziehen. Verschiessen Sie deshalb nicht bereits zu Beginn Ihr ganzes Pulver, sondern behalten Sie etwas in der Hand, das Sie im Verlauf der Verhandlungen noch preisgeben oder als Pfand einfordern können.[990] So werden selbst in kooperativen Verhandlungen regelmässig überschiessende Forderungen aufgestellt, um von der anderen Partei Zugeständnisse zu erwirken. Oder Verhandlungselemente werden als «strategische Reserve» eingesetzt, indem sie bis kurz vor Schluss der Verhandlungen einer einvernehmlichen Regelung entzogen werden. Dies ist insbesondere mit «Faustpfändern» der Fall.[991] Sie werden dann als **«letztes Pfand»** im Gegenzug für ein Zugeständnis der anderen Partei hergegeben, um so die Verhandlungen zum Abschluss zu bringen.

2.5 Sichern Sie sich Ihren Einfluss auf die Redaktion des Vereinbarungsdokuments

Jede erfolgreich verlaufende Verhandlung tritt einmal in die Phase der Formalisierung. Dabei stellt sich die Frage, wer den ersten Vereinbarungsentwurf redigiert und wie der Vertragstext anschliessend bereinigt werden soll. Oft liefert eine der Parteien einen ersten Vereinbarungsentwurf, der dann wechselweise überarbeitet und jeweils der anderen Partei wiederum zur Prüfung und Kommentierung zugestellt wird. Zentrale Bestimmungen redigieren die Parteien gerne auch direkt in gemeinsamen Sitzungen oder Telefon- beziehungsweise Videokonferenzen. Dies ist zwar relativ aufwändig, kann jedoch gerade bei der Schlussbereinigung unerlässlich sein, um zum verbindlichen Abschluss zu kommen, insbesondere wenn in dieser Phase die Entscheidungsträger zugegen sind und dem finalen Vertragstext vor der Unterzeichnung zustimmen müssen.

Redaktionsaufgaben werden dabei oft an die Rechtsdienste oder die externen Rechtsvertreter der Parteien, oder dann an Ausschüsse der Verhandlungsteams delegiert.

Verhandlungstechnisch bewährt sich, zu Beginn der Verhandlungen festzulegen, wer den ersten Vereinbarungstext entwerfen soll, um dann gleich den **Termin** zu bestimmen, bis wann die andere Partei diesen kommentieren oder überarbeiten wird.[992] Gleichzeitig sind der Verteiler und das Datum oder zumindest der Zeitraum der nächsten Verhandlungsrunde festzulegen. Manchmal stellt eine Partei der anderen, mit der Vertragsredaktion befassten Partei im Anschluss an die Verhandlung eine **kurze Zusammenfassung** der wichtigsten erzielten Überein-

---

990 Grundsätzliches bei von Clausewitz, Vom Kriege, 3. Buch, Kapitel 13 und insbesondere S. 145 f.
991 Vgl. dazu Kapitel III.B.2 und IV.F.2.
992 Zum Verhandlungsrhythmus siehe Kapitel V.D.1.6.

künfte zu. Damit werden Missverständnisse vermieden und wird dem nachträglichen Zurückkommen auf erzielte Übereinkünfte entgegengewirkt.

Da der erste Vereinbarungsentwurf als Basis für die nachfolgenden Verhandlungen dient und kaum je völlig umgeschrieben wird,[993] kann es vorteilhaft sein, diesen zu erstellen und sich damit die «**Redaktionshoheit**» zu sichern. Die Redaktionshoheit wird heutzutage jedoch insofern relativiert, als das Arbeiten in elektronischen Dokumenten für beide Parteien Gestaltungsmöglichkeiten eröffnet. Die Redaktionshoheit kann auch *punktuell* gesichert werden, indem Klauseln im elektronischen Vertragsentwurf neu formuliert werden und damit eine neue Basis für die Diskussion und Verhandlung gebildet wird.

2.6 Bleiben Sie glaubwürdig und vermeiden Sie Sackgassen

Glaubwürdigkeit ist in Verhandlungen ein wichtiges Kapital. Es bildet die Voraussetzung für Vertrauen und damit die Basis für langfristige und tragfähige Verhandlungslösungen. Wer regelmässig verhandelt, erwirbt sich zudem einen bestimmten *Ruf*, der die Dynamik der Verhandlungen mitprägt. Dabei ist es völlig in Ordnung, bekannt dafür zu sein, zwar hart, aber glaubwürdig und fair zu verhandeln. Verhandelnde, deren Wort mangels Glaubwürdigkeit nichts gilt, manövrieren sich dagegen rasch ins Abseits.

Glaubwürdiges Verhandeln bedeutet, dass unsere Informationen zutreffen, wir Versprechen honorieren sowie vereinbarte Verhandlungsabläufe und Zwischenergebnisse respektieren.

Glaubwürdigkeit in Verhandlungen zu bewahren heisst nicht, naiv und zum eigenen Nachteil zu handeln. Glaubwürdiges Handeln bedeutet, dass unsere Informationen zutreffen, wir Versprechen honorieren sowie vereinbarte Verhandlungsabläufe und Zwischenergebnisse respektieren. Um glaubwürdig zu verhandeln, sollten wir zudem verhandlungsmässige Sackgassen vermeiden und auf den Einsatz von List- und Täuschungstaktiken verzichten.

Verhandlungsmässige Sackgassen sind Situationen, aus denen wir nicht oder nur unter Beschädigung der eigenen Glaubwürdigkeit oder der Beziehung zur anderen Partei herauskommen. Vermeiden Sie diese, indem Sie sich gegenüber der anderen Partei nicht zu früh auf bestimmte *«Must haves»*[994] festlegen und *Ultimaten* nur sehr spärlich und gezielt einsetzen: Haben Sie einmal ein Ultimatum gesetzt und rücken Sie wieder davon ab, verlieren Sie an *Glaubwürdigkeit*. Deshalb sollte sich die andere Partei Zugeständnisse nach Ultimaten stets mit «Gegengeschäften» erkaufen müssen (und allenfalls auch können): Wenn etwa der Arbeitgeber vor Gericht vergleichsweise ultimativ CHF 4500 anbietet und der Arbeitnehmer ein Gegenultimatum bei CHF 5000 setzt, muss diese Differenz zum

---

993 Ein erster Vereinbarungsentwurf hat auch die Funktion des «Anker-Werfens» (vgl. Kapitel V.E.2.1).
994 Vorbedingungen stellen eine Art von Ultimaten für die Verhandlungen dar (vgl. dazu Kapitel V.A.4.3).

Abschluss eines Vergleichs bereinigt werden: Dies kann dadurch erfolgen, dass der Arbeitgeber betragsmässig insistiert, aber dafür (im Rahmen des Zulässigen) ein besonders gutes Arbeitszeugnis ausstellt und die Zahlungsfrist kürzer ausfällt. Oder dann gibt er nach, stellt dafür nur eine Arbeitsbestätigung aus («zur Kosteneinsparung») und erhält eine längere Zahlungsfrist. Auch die Gerichts- und Rechtskosten können «Verhandlungsmasse» sein, um in einem Rechtsstreit aus einer Ultimatums-Sackgasse herauszufinden.

> Anschauungsunterricht zur Frage der Glaubwürdigkeit in Verhandlungen boten auch die Brexit-Verhandlungen: Im Dezember 2018 wurde klar, dass das UK-Parlament den von ihrer damaligen Premierministerin Theresa May und den Vertretern der EU ausgehandelten Vertrag nicht akzeptieren würde. Obwohl die EU Neuverhandlungen kategorisch ausgeschlossen hatte, signalisierte sie, *dass man darüber sprechen könne, wie man Grossbritannien die Vertragsunterzeichnung erleichtern könnte.* Dies erlaubte den Parteien, trotz klaren «Leitplanken» oder sogar geäusserten Ultimaten die Verhandlungen weiterzuführen.[995] Premierministerin May manövrierte sich jedoch rasch in eine weitere Sackgasse, indem sie rote Linien definierte, welche mit Grundsätzen der EU inkompatibel waren. Als dies nur allzu klar wurde, versuchte sie, in einer vorgezogenen Wahl die Partei auf Biegen und Brechen auf ihre Linie zu bringen, verlor dabei jedoch die Mehrheit im Parlament. Daraufhin war ihre Position für die weiteren Verhandlungen mit der EU unhaltbar geworden.[996] Theresa May wurde abgewählt und durch den Brexit-Hardliner Boris Johnson ersetzt.

Glaubwürdigkeit verschaffen wir uns auch, wenn wir in Verhandlungen eine **BATNA** haben und im Konfliktfall der **Rechtsweg** eine Option ist, um beim Scheitern einer einvernehmlichen Vereinbarung unsere Rechte wahrzunehmen. So ist etwa die börsenkotierte Schweizer Firma Kudelski, eine auf digitale Sicherheitssysteme spezialisierte Unternehmung, für ihre Patentlizenzbewirtschaftung à l'américaine bekannt: Patentverletzungen werden konsequent verfolgt, und aus den mit Patentbenutzern (beziehungsweise ohne Lizenz: -verletzern) eingegangenen Lizenzverträgen werden Millionen erwirtschaftet.

Wie hürdenreich Verhandlungen im interkulturellen Bereich sein können und wie man sich durch die Missachtung der lokalen Gegebenheiten in eine **Sackgasse** manövrieren kann, zeigt folgende Episode aus der Zeit der Gründung Hong Kongs:

> Bevor sich das Britische Empire im Laufe der beiden Opiumkriege 1839–42 und 1856– 60 einen etwas freieren Zugang zum chinesischen Markt sichern konnte, bestand für jeglichen ausländischen Handel mit China ein kompliziertes System, in welchem der

---
995 Vgl. dazu auch SCHRANNER, Verhandeln im Grenzbereich, S. 148 ff.
996 BUMBACHER, Es bleiben nur Verlierer beim Brexit – das Resultat zahlreicher Fehler, NZZ online vom 29. März 2019.

chinesischen Bürokratie eine zentrale Rolle zukam. «The Eight Regulations», wie es genannt wurde, bezweckten vor allem, jeglichen ausländischen Einfluss vom chinesischen Hof fernzuhalten und über Zölle und Bestechungsgelder sowohl den kaiserlichen Etat wie auch die Spitzenbeamten (Mandarine) zu finanzieren. Vereinfacht gesagt durften die ausländischen Händler lediglich über den Hafen von Canton und über chinesische Intermediäre, die Hong-Händler («Co-hong») – welche gleichzeitig verantwortlich für die Einhaltung der Regeln durch die Ausländer waren und selbst massive Abgaben und Bestechungsgelder bezahlen mussten – Handel treiben. Ihre Schiffe durften ausschliesslich in wenigen bestimmten Häfen wie Macao anlegen, wo die Waren auf chinesische Dschunken umgeladen und dann nach Canton gebracht wurden. Der Handel beschränkte sich auf einige westliche Handelswaren, insbesondere Baumwolle. Die Chinesen dagegen exportieren vor allem Tee und Seide. Die chinesischen Gesetze sahen dabei vor, dass die ausländischen Händler stets in Silberwährung bezahlen mussten. Dies führte anfangs des 19. Jahrhunderts zu einem enormen Aussenhandelsdefizit Grossbritanniens. Die Bedeutung des Chinahandels war für die damalige Weltmacht Grossbritannien immens. So wurde zeitweise ein Sechstel des gesamten britischen Finanzhaushalts über Teesteuern finanziert. Als das Haushaltsdefizit zunehmend zu einem existenzbedrohenden Problem für das britische Empire wurde, begannen ab den 1820iger Jahren britische Händler in immer grösserem Stil, indisches Opium nach China zu schmuggeln, welches dort – nicht aber in Grossbritannien – illegal war.[997] Der Clou dabei war, dass die chinesischen Händler in Silber bezahlen mussten, welches die ausländischen Händler anschliessend zur Zahlung der chinesischen Waren verwenden konnten. Das gegenseitige kulturelle Verständnis der westlichen Händler und Politiker, aber auch ihrer chinesischen Gegenüber, war dabei in aller Regel äusserst bescheiden. Die chinesische Oberschicht und der chinesische Hof waren sehr konservativ, den jahrhunderte- wenn nicht jahrtausendealten Traditionen und Gebräuchen verpflichtet und ausländischen Einflüssen gegenüber abweisend eingestellt. Die westlichen Händler, vor allem Engländer, aber auch Amerikaner, Deutsche, Franzosen und Inder, wurden im «Reich der Mitte» als «Barbaren», Bittsteller und Tributäre betrachtet. Das chinesische Reich genügte sich selber und brauchte die «Barbaren» seiner Auffassung nach eigentlich nicht. Die Ausländer dagegen wollten im Sinne Adam Smiths möglichst ungestört den äusserst lukrativen Fernosthandel betreiben. Im Jahre 1832 erteilte der britische Aussenminister, Lord Palmerston, **Lord Napier of Merchiston** als Chief Superintendent of Trade den Auftrag, nach Canton zu segeln und dort dem Vizekönig Lu K'un ein Schreiben zu übergeben, in welchem die bürokratische Vereinfachung des Handels gefordert wurde. *Diese Vorgabe kollidierte allerdings mit dem*

---

[997] In Europa wurde etwa die Opiumtinktur «Laudaneum» für alle möglichen Leiden und sogar zum Stillstellen von Kindern angewendet. Dass das Opiumrauchen viel schädlicher war und in China massive gesundheitliche und gesellschaftlich schlimme Auswirkungen hatte, blieb den europäischen wie chinesischen Händlern spätestens nach dem rapiden Anstieg des Konsums ab den 1820iger Jahren nicht verborgen. Die europäischen Opiumhändler wurden nach 1870 zunehmend von chinesischen Händlern verdrängt. Die durch den damals weit verbreiteten Opiumkonsum hervorgerufenen Probleme blieben in China noch lange bestehen.

chinesischen Hofprotokoll, welches vorsah, dass Ausländer lediglich über die Cohong-Händler mit den chinesischen Behörden kommunizieren durften, und zwar nur in der Form von Petitionen, also als Bittsteller. Die Co-hong ihrerseits unterstanden dem Hoppo, der direkt dem Kaiser verantwortlich war. Lord Napier hätte nun nach chinesischem Protokoll zunächst nach Macao segeln, dort die Hong-Händler kontaktieren, ihnen eine Petition für den Vizekönig übergeben und dann warten müssen, bis er von diesem nach Canton eingeladen worden wäre. Dies entsprach natürlich nicht dem britischen Selbstverständnis, weshalb Lord Napier nach Canton segelte und versuchte, sein Schreiben direkt bei den dortigen lokalen chinesischen Behörden an den Vizekönig zu deponieren. Ein solches Vorgehen war jedoch für die Chinesen unerhört und konnte vom **chinesischen Vizekönig Lu K'un** unmöglich akzeptiert werden, da dies seine Autorität offen in Frage gestellt hätte. Lord Napier wurde deshalb zunächst zur Abreise gedrängt, dann von immer neuen Beamten hingehalten, die auch das Schreiben – da keine Petition und zudem über den falschen Weg eingereicht – nicht entgegennahmen, geschweige denn lasen. Denn damit hätten sie nicht nur die kaiserlichen Edikte verletzt, sondern auch das für sie so wichtige «Gesicht» (welches mit «gesellschaftlicher Achtung», «Würde» und «Selbstwertgefühl» übersetzt werden kann) verloren. Dasselbe galt jedoch auch für die Briten, die von ihrem Ansinnen nicht mehr ohne Gesichtsverlust abrücken konnten. Damit hatten sie sich durch ihre Unwissenheit und ihr forsches Vorgehen in eine *Sackgasse* manövriert … Beide Parteien deckten sich in der Folge mit Edikten und Drohungen ein – die chinesischen Edikte endeten stets mit *«Das ist ein Befehl! Zittert davor! Zittert heftig!»* – wobei Erstere gegenseitig nicht entgegengenommen und Letztere missachtet wurden. Die Chinesen versuchten daraufhin, die Situation über eine Abordnung von drei hohen Mandarinen zu deblockieren, die sich, nachdem die Briten sie ausgiebig hatten warten lassen, wie es auch der Usanz der Chinesen mit den «Barbaren» entsprach, mit Lord Napier über die Modalitäten einer gegenseitigen Entgegennahme austauschte und zu einigen versuchte. *Da beide Parteien lediglich auf ihren Positionen beharrten, scheiterte die Einigung.* Nun lancierte Lord Napier einen riskanten *Coup*: Er versuchte, die lokale chinesische Bevölkerung mit einer breit gestreuten schriftlichen Proklamation gegen die chinesische Obrigkeit aufzustacheln, was gründlich misslang, da die «Barbaren» bei der chinesischen Bevölkerung noch verhasster waren als die sie ausquetschenden chinesischen Beamten. Der erboste Vizekönig blockierte daraufhin den Zugang und Wegzug der britischen Schiffe und zwang damit Lord Napier zum schmachvollen Rückzug. Dieser verstarb einige Monate später an einer Krankheit, die er sich während seines unfreiwillig verlängerten Aufenthalts in Canton zugezogen hatte.[998] In der Folge kam es zu den Opiumkriegen, welche für China und Grossbritannien weitreichende politische Folgen hatten.[999]

---

998 Zur «Naper-Episode» siehe detailliert BLAKE, Jardine Matheson – Traders of the Far East, S. 59 ff. («The Napier Fizzle»).

999 Die bereits bestehenden sozialen Spannungen und die Schwächung der chinesischen Regierung wurden durch die beiden Niederlagen des chinesischen Kaiserreichs in den Opiumkriegen mit

Die «**Napier-Episode**» zeigt, wie wir uns mit Überwältigungsstrategien und Maximalforderungen in die Sackgasse manövrieren können, da sich dabei regelmässig die Fronten verhärten. Gerade in Konfliktsituationen mit hohem Interessenwert schaukeln sich Forderungen und Gegenforderungen sowie Massnahmen und Gegenmassnahmen gerne auf. Sun Tzu schrieb dazu: «*In hoffnungsloser Lage könnte ich klarstellen, dass es keine Aussicht auf Überleben gibt. Denn es liegt im Wesen der Soldaten, Widerstand zu leisten, wenn sie umzingelt sind; bis in den Tod zu kämpfen, wenn keine andere Wahl bleibt und Befehle zu befolgen, selbst wenn sie verzweifelt sind.*»[1000] Entsprechend graben sich die Parteien in ihren positionsbezogenen «Gräben» ein und verteidigen diese bis zum Äussersten, was den Abschluss eines Vergleichs sehr erschwert und die Beilegung der Differenzen langwierig und teuer werden lässt, wenn nicht oft sogar (zumindest vorübergehend) ausschliesst.

Eine Sackgassesituation kann auch vorliegen, wenn die Parteien **sehr unterschiedliche Positionen** einnehmen. Dann können diese zunächst umfassend besprochen werden, ohne zu versuchen, bereits in einzelnen Punkten eine Einigung zu erzielen – dies ist nämlich in diesem Zeitpunkt nicht möglich. Anschliessend können eine gestaffelte Lösung[1001] oder eine Gesamtlösung ausgearbeitet werden, ohne dass eine Partei das Gesicht verliert.

Allerdings kann eine «**umgekehrte Ultimatumssituation**» auch helfen, aus einer Sackgasse hinauszufinden. Situationen, in denen keine attraktive BATNA (mehr) besteht, begünstigen oft die Lösungsfindung. Dies können wir uns zunutze machen: Indem wir zunächst alle anderen Positionen verhandeln und uns erst dann der «Knacknuss» zuwenden, erhöhen wir die Kosten für einen Abbruch der Verhandlungen, was diesen unattraktiv macht und den Weg für eine einvernehmliche Einigung ebnen kann: So will oft keine Partei den bisherigen Verhandlungsaufwand und -erfolg sowie die erhöhten Erwartungen der Stakeholder oder der Öffentlichkeit auf einen erfolgreichen Verhandlungsabschluss (die auch mit gezielter Kommunikation geschürt werden können) durch eine allzu unnachgiebige Haltung bezüglich der wenigen verbliebenen Differenzen gefährden.[1002]

---

den Briten wie auch durch den dadurch wachsenden westlichen Einfluss auf das «Reich der Mitte» verstärkt, was die Taiping-Revolution und den Boxeraufstand begünstigte und schliesslich im Jahre 1912 zum Zusammenbruch der Qing-Dynastie führte.
1000 Vgl. Sun Tzu/Griffith, Die Kunst des Krieges, Kapitel XI, Spruch 23.
1001 Siehe zur Staffelung der Verhandlungen, Kapitel V.A.4.2.
1002 Dies wird auch *Sunk Cost Bias* genannt. Vgl. dazu Kapitel IV.B.3.

2.7 Fordern Sie beidseitige Zugeständnisse ein

Um zu einer Verhandlungslösung zu gelangen, sind meist von beiden Parteien Zugeständnisse erforderlich. Diese bestehen sowohl im Austausch von Informationen wie auch in der Preisgabe von Verhandlungspositionen. Sie können, müssen jedoch nicht symmetrisch erfolgen. Um symmetrische Gegenforderungen zu Zugeständnissen zu vermeiden (insbesondere, wenn diese nicht möglich sind), können asymmetrische Zugeständnisse wie ein anderes Gegengeschäft, das Zurverfügungstellen von weiteren Informationen, die Gewährung des Zugangs zu Schlüsselpersonen oder Märkten eingesetzt werden. Finanzielle Forderungen können mit *nichtmonetären Gegenofferten* abgefedert oder ausbalanciert werden. Gerade hier ist die Kreativität der Verhandelnden besonders gefragt. Zudem können wiederum **vertrauensbildende Massnahmen** hilfreich sein. In diesem Verfahrensstadium sollten sie jedoch weitgehend gemeinsam und weniger einseitig erfolgen als in den die eigentlichen Verhandlungen vorbereitenden Phasen.[1003]

In kooperativen Verhandlungen sollte sich der Verhandlungsfortschritt in einer ausgewogenen und zunehmenden Berücksichtigung der Interessen der Parteien ausdrücken.

Während in kooperativen Verhandlungen die Zugeständnisse oftmals mehr oder weniger symmetrisch erfolgen, sind in distributiven Verhandlungen öfters asymmetrische Zugeständnisse und Entgegenkommen zu beobachten. Dabei hängt die Fähigkeit, Zugeständnisse einzufordern, stark von der **Verhandlungsmacht** der Parteien und der Fähigkeit, den Drohpunkt zu verschieben, ab.[1004] Geübte Verhandlungsführerinnen und -führer explorieren zunächst gründlich die Differenzpunkte und die auf beiden Seiten möglichen Zugeständnisse, bevor sie selber solche in substantiellen Punkten machen.

Um nicht einseitig in wichtigen Punkten Zugeständnisse machen zu müssen, aber die Verhandlungen auch nicht durch das Beharren auf eigenen Positionen zu blockieren, werden regelmässig sogenannte «**Pledges**» oder **bedingte Verhandlungsversprechen** eingesetzt. Diese besagen, dass falls die andere Partei in diesem Punkt oder jenem nachgibt, wir dies in bestimmten Punkten ebenso tun werden. Das eigene Entgegenkommen wird damit von einem definierten, äquivalenten Entgegenkommen der anderen Partei abhängig gemacht. Dafür müssen wir uns jedoch früh in den Verhandlungen Verhandlungsmasse oder sogar ein *Faustpfand* sichern.[1005] Diese Verhandlungstaktik wird gerne in kommerziellen wie auch in politischen Verhandlungen eingesetzt: So wird etwa beim Gerichtsstand nachgegeben, falls die andere Partei dafür die vorgeschlagene Haftungslimite akzeptiert. Ein *quid pro quo* wurde ebenso während der Verhandlungen im Herbst 2019 zur Beilegung der US-chinesischen Handelsstreitigkeiten in Aussicht gestellt, als

---

1003 Zu den vertrauensbildenden Massnahmen, vgl. Kapitel III.B.5 und IV.B.6.
1004 Vgl. Kapitel III.B.2.
1005 Vgl. dazu Kapitel IV.F.2.

beide Parteien «*tariff pledges*» abgaben und vereinbarten, gewisse Strafzölle auszusetzen oder gar nicht erst in Kraft zu setzen, wenn gewisse Grundvoraussetzungen erfüllt und ein «*Phase one deal*» als erste Stufe zur Beilegung der komplexen Handelsstreitigkeiten abgeschlossen sei.[1006] Damit wurde nach einer intensiven Druckphase, in der beide Parteien ihre Muskeln spielen liessen, die Verhandlungssituation etwas entspannt und gegenseitiges Vertrauen geschaffen. Damit war die Grundlage für weitere Verhandlungen gelegt.

Eine weitere, mit den «Pledges» verwandte Verhandlungstaktik besteht darin, gewisse Konditionen «paketweise» anzubieten. Auch wenn im Laufe der Verhandlungen gewisse Modifikationen am **«Verhandlungspaket»** eintreten können, sind damit doch wesentliche thematische Abhängigkeiten und Leitplanken geschaffen worden, welche eine erhebliche Gestaltungskraft haben können.

Ebenso beliebt sind die in Kapitel V.D.2.2.2 beschriebenen **«Versuchsballons»**, um die Stimmungslage und Kompromissbereitschaft der anderen Partei auf nicht verpflichtende Art und Weise zu erkunden.

2.8 Setzen Sie Ihre Emotionen bewusst (und sparsam) sowie jene der Gegenpartei zu Ihrem Vorteil ein

«Bring seinen General in Wut und verwirre ihn.
Täusche Unterlegenheit vor und nähre seinen Hochmut.
Setze ihn unter Druck und zermürbe ihn.»

Sun Tzu[1007]

«Zorn ist nicht nur die Hauptsünde des Streits, sondern auch dessen grösster Stolperstein.»

Sir William Ewart Gladsone[1008]

«Verliere nie die Nerven, ausser du tust es absichtlich.»

Tony Blair[1009]

1006 Vgl. SWANSON/BRADSHER/RAPPEPORT, U.S. and China Agree to Roll Back Some Tariffs if Deal Is Struck, New York Times online vom 7. November 2019.
1007 SUN TZU/GRIFFITH, Die Kunst des Krieges, Kapitel I, Sprüche 22–24.
1008 Zitiert bei POWELL, Talking to Terrorists, S. 231. – Der Schotte Sir William Ewart Gladstone (29. Dezember 1809 – 19. Mai 1898) war ein britischer Staatsmann und liberaler Politiker, der in seiner über sechzig Jahre dauernden Karriere unter anderem zwölf Jahre lang Premierminister des Vereinigten Königreichs war.
1009 Powell beschreibt, wie er einmal während den Verhandlungen durch einen Vertreter der IRA derart provoziert wurde, dass er diesen am Jacket packte und schlagen wollte. Der damalige britische Premierminister Tony Blair fuhr ihm in den bereits zum Schlag erhobenen Arm und beruhigte ihn mit den oben zitierten Worten (POWELL, Talking to Terrorists, S. 230).

Wie wir in Kapitel IV.B gesehen haben, spielen Emotionen selbst in vermeintlich sachbezogenen Verhandlungen oft eine entscheidende Rolle. Wie das vorstehende Zitat zeigt, erkannte bereits Sun Tzu die Wichtigkeit von Emotionen bei der Entwicklung von Strategien. Emotionen können etwa als Appelle, persönliche Überzeugungen oder Erlebnisse in Verhandlungen eingebracht werden, um Nähe und Vertrauen zu schaffen und den Verhandlungen eine positive Richtung oder Wende zu geben. Dagegen sollten wir uns vor dem manipulativen Einsatz von Emotionen in Acht nehmen.[1010] So versuchen Parteien gelegentlich, die andere Partei zu provozieren, um deren Emotionen zu wecken und sie auf ihre Gegenwehr zu testen, aus dem «Busch zu klopfen» (Enthüllungsstrategem)[1011] oder aus dem Konzept zu bringen («Überrumplungstaktik»).[1012]

Allgemein gilt, dass Gefühle in Verhandlungen nur **zurückhaltend** eingesetzt werden und dabei *echt* sein sollten. Gerade **starke Emotionen** sollte man (wenn überhaupt) nicht zu früh und wenn schon gezielt einsetzen, da wiederholte Gefühlsausbrüche Verhandlungen belasten und uns unglaubwürdig erscheinen lassen. Gespielte Emotionen dagegen werden gerne durchschaut und führen zu Glaubwürdigkeitsverlust sowie bei der anderen Partei zu einem Gefühl, manipuliert zu werden. Dies wirkt sich kontraproduktiv aus und beschädigt den Verhandlungsprozess.

Gelegentlich können Gefühle jedoch auch helfen, eine Situation zu bereinigen:

> So bewährte es sich in verschiedenen Verhandlungssituationen, einen provozierenden «Störenfried» im Team der anderen Partei scharf anzugehen und dann nur noch mit den übrigen Mitgliedern des anderen Teams zu verhandeln – oder sogar zu verlangen, dass dieser den Saal zu verlassen habe, ansonsten würden die Verhandlungen abgebrochen. Damit war der «Störenfried» neutralisiert. In einer anderen Situation brachte der Rechtsvertreter der klagenden Partei vor dem Gericht lautstark und emotional seine Enttäuschung über den beklagten Grosskonzern zum Ausdruck, der nicht nur über Jahre jegliche konstruktive Lösung verunmöglicht, sondern damit auch die Rechtskosten massiv in die Höhe getrieben hatte. Adressatin der Philippika war dabei nicht die Gegenpartei, sondern die Gerichtspräsidentin, welche sich in der Folge für eine erheblich bessere Vergleichslösung einsetzte als für jene, welche der Grosskonzern zunächst praktisch ultimativ angeboten hatte. Auf dieser Basis erzielten die Parteien dann einen für beide Parteien annehmbaren Vergleich.

1010 Vgl. zur «Sympathiefalle», Kapitel IV.B.3.1.
1011 Die Chinesen nennen dies «Auf das Gras schlagen, um die Schlangen aufzuschrecken» (von Senger, 36 Strategeme für Juristen, Strategem Nr. 13);
1012 Vgl. dazu auch Kapitel III.C.2.2.

E. Phase 5 – Der Abschluss der Verhandlung: «Make it or break it»

Wenn wir die Verhandlungen bis dahin erfolgreich geführt haben, gilt es nun, «Nägel mit Köpfen» zu machen. In der Schlussphase der Verhandlungen **ringen** die Parteien basierend auf dem erarbeiteten Verständnis für die Verhandlungssituation, ihren Interessen, allenfalls getroffenen Teillösungen sowie ihrem *«Leverage»* **um die finale Verhandlungslösung**. *Nun ernten Sie die Früchte der sorgfältigen Vorbereitung und Verhandlung in den vorangehenden Phasen.*

Wie interessenorientiert dies erfolgt und wie sehr in dieser Phase ein orientalisches Feilschen Überhand nimmt, hängt von der Verhandlungssituation und dem Verhandlungsstil der Parteien ab. Eines ist jedoch klar: *Jetzt geht es um die Wurst! Wenig erstaunt deshalb, dass diese Phase oft etwas hektisch wird und taktisch geprägt ist. Darauf gilt es vorbereitet zu sein!*

Manchmal entscheiden sich wichtige Verhandlungsthemen erst in den letzten 15 Minuten – und zwar selbst bei langandauernden Verhandlungen.

Die folgenden Grundsätze helfen uns, einen erfolgreichen Abschluss herbeizuführen:

1. Bauen Sie gegen Ende der Verhandlungen Verhandlungs- und Abschlussdruck auf

Eine gute Verhandlung ist wie ein interessantes Musikstück: Sie hat einen ansprechenden Beginn, der zum Weitermachen anspornt, kennt *Crescendi* und *Decrescendi*, Beschleunigungen, ruhigere Phasen und Pausen, und führt schliesslich in einem spannenden Finale zu einem Erfolgserlebnis.

> Eine gute Verhandlung ist wie ein Musikstück: Sie hat einen ansprechenden Beginn, Beschleunigungen, ruhigere Phasen sowie Pausen und führt mit dem Finale zu einem Erfolgserlebnis.

Der Abschluss der Verhandlungen bedarf dabei einerseits des gemeinsamen Verständnisses der Parteien, dass die Sache «reif für den Abschluss» ist, und andererseits des Willens, eine verbindliche Vereinbarung abzuschliessen. Dabei müssen sich die Parteien auf bestimmte Lösungen einigen, mithin andere Lösungsvarianten aufgeben. Dazu ist oft ein gewisser Druck erforderlich, insbesondere wenn eine Partei taktiert, nicht beide Parteien dieselbe Dringlichkeit für den Abschluss der Verhandlungen verspüren oder die Vereinbarung nicht in gleichem Ausmass benötigen. Dabei kommt dem Timing grosse Bedeutung zu: Verhandlungsdruck muss phasengerecht erzeugt und darf nicht in Situationen aufgebaut werden, in denen aufgrund von noch bestehenden Differenzen Entspannung angesagt wäre oder die Parteien aus anderen Gründen nicht für einen Abschluss der Verhandlung bereit sind.

Verhandlungs- und Abschlussdruck können Sie wie folgt erzeugen:

- *Signalisieren* Sie der anderen Partei, dass Sie nun gerne zum Abschluss kommen würden, und grenzen Sie den Verhandlungsgegenstand zunehmend ein.
- Legen Sie mit der anderen Partei einen *intensiveren Verhandlungsrhythmus* fest. Gegen Ende der Verhandlungen sollte der Verhandlungsrhythmus (Austausch und Bereinigen von Dokumenten, Abhalten von gemeinsamen Sitzungen und Telefonkonferenzen etc.) eher beschleunigt und nicht verlangsamt werden.
- Legen Sie mit der anderen Partei einen *klaren Zeitplan für die Abschlussarbeiten* fest, insbesondere für die Erstellung der finalen Version der Vereinbarung und für die Bereinigung allfälliger Anhänge; für das definitive Einverständnis der Entscheidgremien zur finalen Version; für die Unterzeichnung der Vereinbarung sowie die Kommunikation des Abschlusses; und schliesslich für die Umsetzung der Vereinbarung. Dabei können auch Notwendigkeiten und Abhängigkeiten (wie das Vorliegen eines bereinigten Vereinbarungsdokuments bis zu einer bestimmten Sitzung zu dessen Genehmigung, Fristen zur Einreichung des Baugesuchs etc.) Verhandlungs- und Abschlussdruck erzeugen.
- Wenn sich die Verhandlungen bereits länger hingezogen haben, können Sie den Abschluss auch *als Zeichen der Ernsthaftigkeit* der Absichten der Parteien einfordern (zum Beispiel: «Wir müssen jetzt einfach mal abschliessen; sonst zweifelt mein VR daran, dass es Ihrer Unternehmung mit dem Vertragsschluss ernst ist»).
- Stellen Sie sicher, dass Sie mit den *zuständigen Personen* im dafür erforderlichen Prozess verhandeln und in der Schlussphase der Verhandlungen die Entscheidträger oder andere wichtige Stakeholder involviert sind. Nachdem Sie die Interessen und Bedenken der anderen Partei aufgenommen haben, können Sie auch versuchen, ihr einen Weg zur Lösung vorzuschlagen («Schreiben Sie dies auf und senden Sie mir ein entsprechendes Schreiben»; «Senden Sie eine entsprechende Anfrage an X mit Kopie an mich, ich kümmere mich darum» etc.), um die Verhandlungen weiter zu befördern.[1013]
- Machen Sie *schrumpfende Zugeständnisse und fordern Sie Verbindlichkeit:* Die andere Partei muss spüren, dass die Zeit der grossen Verhandlungen vorbei ist und es nun an die Finalisierung der Vereinbarung geht. Vermeiden Sie zudem soweit als möglich, auf bereits bereinigte Punkte zurückzukommen («Das haben wir so vereinbart, darauf kommen wir nicht zurück»).[1014]
- *Schaffen Sie Klarheit:* Stellen Sie sicher, dass der Parteiwille aus der Vereinbarung klar hervorgeht. Dies ist umso wichtiger, je grösser die Bedeutung einer

---

1013 Vgl. WEISS/DONIGIAN/HUGHES, Extreme Negotiations, S. 107 ff.
1014 Dies wird in der nachfolgenden Ziff. 2 näher ausgeführt.

Bestimmung ist und je kontroverser die Verhandlungen geführt werden. In solchen Fällen sind nämlich die verhandlungsbegleitenden Dokumente wie Entwürfe, Korrespondenz und Protokolle regelmässig widersprüchlich und nach Abschluss der Vereinbarung wenig dienlich, um den Vertragstext auszulegen. Klarheit kann auch dadurch geschaffen werden, indem der Vertragstext mit Beispielen in Fussnoten oder Anhängen erläutert wird oder in der Korrespondenz oder den Protokollen eine unzweideutige und unwidersprochene (idealerweise: beidseitig bestätigte) Auslegung bestimmter Vertragsklauseln erfolgt.[1015]

- Planen Sie zudem die konkrete Umsetzung des Vertrages. Jede Vereinbarung ist nur so gut wie ihre *Durchführ- und Durchsetzbarkeit*. Diese sollte deshalb einem realistischen «Belastungstest» im Rahmen einer **Risikoanalyse** unterworfen werden. Fragen Sie sich: Wie wollen wir den Vertrag konkret umsetzen, auf welche Hindernisse könnten wir dabei stossen? Ist die Vereinbarung rechtlich durchsetzbar? Was geschieht, wenn die andere Partei ihre Verpflichtungen nicht einhält? Welche Optionen stehen uns offen, um aus dem Vertrag auszusteigen, dessen Einhaltung durchzusetzen oder gegebenenfalls Schadenersatz zu verlangen? Wie können wir unsere vertraglichen Rechte absichern?[1016] Wenn mehrere Gefahren drohen, müssen **Prioritäten** gesetzt werden.[1017]

Gleichzeitig gilt es, allfälligen übermässigen **Druckversuchen** der anderen Partei entgegenzutreten. Gerade in der Schlussphase von Verhandlungen, wenn es ums «Eingemachte» geht, werden gerne überraschende Manöver und taktische Finten («Überraschungsangriffe») lanciert. In solchen Fällen empfiehlt es sich in der Regel, *die Situation kontraintuitiv zu entschleunigen:* Durch bewusst ruhige Gesten, die Wahl eines geeigneten Besprechungszeitpunktes und -ortes (evtl. mit Einleitung «Nicht jetzt; können wir dies bei einem Mittagessen besprechen/einen Termin vereinbaren?»; oder «Lass uns in ein Sitzungszimmer gehen» etc.) können Sie eine Beruhigung der Situation herbeiführen und Zeit zum Denken gewinnen. Durch **ruhige Fragen** gewinnen Sie zudem Übersicht über die Problematik und die Anliegen der anderen Partei. *Vermeiden Sie dabei rasche Zugeständnisse.* Fragen Sie vielmehr, wie die Anliegen der anderen Partei und die eigenen Interessen in Übereinstimmung gebracht werden können. Dies klärt die Interessenlage und schafft Vertrauen. Eigene Vorschläge können Sie mit der Frage begleiten wie «Würde das dienen?», oder «Was stünde Ihres Erachtens dieser Lösung entgegen?».

1015 Dies kann durch Formulierungen erfolgen wie «Wir verstehen die Bestimmung in Ziff. X.1.1 so, dass ….; bitte bestätigen Sie, dass dies auch Ihrem Verständnis entspricht», oder durch konkrete erklärende Beispiele.
1016 Vgl. Wyss, Juristisches Risk Management; Heussen/Pischel, Handbuch Vertragsmanagement, Teil 2, Rz. 635 ff.
1017 Vgl. etwa Kissinger, On China, S. 70.

Wenn die andere Partei versucht, Sie mit **emotionalen Anwürfen** aus dem Konzept zu bringen und unter Druck zu setzen, machen Sie eine *Pause*, sprechen Sie mit der Verhandlungsführerin oder dem Decision Maker der anderen Partei über die geäusserten Emotionen, hören Sie zu, schildern Sie ähnliche Erlebnisse und versuchen Sie, die Situation abzukühlen (man sagt nicht ohne Grund: *«time is a healer»)*. Versuchen Sie insbesondere zu ergründen, weshalb diese starken Emotionen aufgetreten sind – und auch, ob sie echt oder nur eine Taktik darstellen. Dazu eignen sich insbesondere die Gesprächs- und Fragetechniken, die in Kapitel IV.B.6 beschrieben wurden. Dann steigen Sie wieder in die Verhandlungen ein – oder brechen sie (zumindest vorübergehend) ab.[1018]

> Hier ein Beispiel aus früheren Tagen, wo ich diese Empfehlung leider vorübergehend ausser Acht gelassen hatte: Toni C., ein US-amerikanischer Investment Banker und damals Kunde von mir, rief mich an und teilte mir mit, er wolle die Honorarvereinbarung, die wir vor einigen Wochen ausgehandelt hatten, ändern. Diese sei identisch mit jener des Voranwalts, und das habe er gerade nicht gewollt. Dabei hatte er der Vereinbarung ausdrücklich zugestimmt. Völlig überrascht vom Ansinnen und der Heftigkeit, mit der er dieses vorbrachte, knickte ich am Telefon ein. Später, als ich Distanz zur Angelegenheit gewonnen hatte, konnte ich ihn überzeugen, dass er für die neue Lösung nicht die Leistung erwarten könne, die er sich wünschte, und wir machten die überstürzt getroffene Vertragsänderung wieder rückgängig. Mit der richtigen Gesprächs- und Fragetechnik hätte ich mir wohl diese «Schlaufe» erspart und gleichzeitig Tonis Respekt verdient.

2. Schaffen Sie bezüglich der Verhandlungszwischenergebnisse Verbindlichkeit

Um zu einer verbindlichen Vereinbarung zu gelangen, klären Sie mit der anderen Partei, wann, wie und in welchem Umfang Verbindlichkeit geschaffen werden kann und soll. Damit schaffen Sie einerseits **Ordnung und Vertrauen** in Bezug auf den Ablauf der Verhandlungen und das Verhandlungsergebnis («Legitimität durch Verfahren»).[1019] Anderseits erlaubt dies, aus der ZOPA das Agreement zu erarbeiten und die finale Vereinbarung zu erstellen.

Um Verbindlichkeit zu schaffen, ist es wichtig, die Verhandlungsteilnehmenden regelmässig auf **denselben Wissensstand** zu setzen. Nach einer Besprechung werden Protokolle erstellt, Erinnerungsmails für die Massnahmenpläne und neu vereinbarten Termine versandt, die nicht anwesenden Stakeholder informiert,

---

[1018] Vgl. Schranner, Der Verhandlungsführer, S. 98 ff., 104 ff. sowie auch ders., Verhandeln im Grenzbereich, S. 94, 121 ff. Der Umgang mit Konfliktsituationen wird zudem in Kapitel VI ausführlich besprochen.

[1019] Vgl. dazu auch Fn. 31 und 32.

der Vereinbarungsentwurf nachgeführt und dann die weiteren definierten Massnahmen umgesetzt.[1020]

Zudem sollten regelmässig interne und gemeinsame **Zwischenbeurteilungen** erfolgen, um die Verhandlungszwischenergebnisse zu konsolidieren, zu beurteilen und den weiteren Verhandlungsprozess zu bestimmen.

Um zudem den **Verhandlungsbereich einzugrenzen**, besteht eine Vielzahl von Techniken:

2.1 «Anker werfen»

Anker aktivieren als unbewusste Suggestion die Urteilsfindung. Zudem liefern sie einen Ausgangspunkt für einen bewussten Gedankengang oder eine Wertung.

Ein beliebtes taktisches Mittel, um Verhandlungen zu beeinflussen, ist das Werfen eines «Ankers». Der Ankereffekt ist ein Begriff aus der Kognitionspsychologie und beschreibt das Phänomen, dass sich Menschen bei bewusst getroffenen Wahlen von vorhandenen Umgebungsinformationen beeinflussen lassen, ohne dass ihnen dieser Einfluss bewusst ist. Die Umgebungsinformationen haben selbst dann einen Einfluss, wenn sie für die zu treffende Entscheidung eigentlich irrelevant sind. Der Anker besteht dabei in der Regel aus einer *bestimmten Zahl, Information, Aussage oder Position*. Diese wird von der anderen Partei für das Einschätzen einer Situation und beim Treffen der Entscheidung als ausschlaggebend wahrgenommen, wobei es keine Rolle spielt, ob diese Information für die zu treffende rationale Entscheidung tatsächlich relevant und nützlich ist. Es handelt sich damit um eine *Urteilsheuristik*, bei der sich das Urteil am geworfenen Anker orientiert, beziehungsweise um eine systematische Verzerrung in Richtung dieses Ankers. Anker können dabei auf zwei verschiedene Weisen wirken: Erstens aktiviert ein Anker als unbewusste Suggestion die zu ihm passenden Assoziationen, die daraufhin die Urteilsfindung beeinflussen. Der Anker kann zweitens einen Ausgangspunkt oder Startwert für einen bewussten Gedankengang oder eine Wertung liefern. Man spricht diesfalls von einer *Anpassungsheuristik*.[1021]

Die Forschung hat allerdings auch gezeigt, dass das Einnehmen von **Extrempositionen** oft zu einer Blockade der Verhandlungen führt oder dann ein grosses Entgegenkommen erfordert, um wieder «zurück im Spiel zu sein». Dieses fällt regelmässig so gross aus, dass die Lösung nachteiliger ausfällt, als wenn wir von Anfang an strategisch verhandelt und eine MAPP eingenommen hätten.[1022]

[1020] Vgl. KOSTKA, Praxishandbuch Change Management, S. 195.
[1021] MUNSINGER/PHILBIN, Why Can't They Settle?, S. 326 ff.; KAHNEMANN, Thinking, Fast and Slow, S. 119; STANGL, Ankereffekt.
[1022] MUNSINGER/PHILBIN, Why Can't They Settle?, S. 321 und 323.

In Verhandlungen wird der Ankereffekt so genutzt, dass wir *einen konkreten Lösungsvorschlag* (beispielsweise in Form einer Preisvorstellung) einbringen. Damit schaffen wir eine konkrete Diskussionsbasis.[1023] Das Einbringen von Lösungsvorschlägen beeinflusst also den Diskussions- und damit den Verhandlungsverlauf. Dies nennt man in der Verhandlungsführung «einen Anker werfen». Dieser Effekt kann auch durch die Vorlage eines *Vertragsentwurfs* erzielt werden.[1024] Je früher ein «Anker» geworfen wird, desto wirksamer ist er. Dem «Anker» der anderen Partei können Sie dadurch entgegenwirken, dass Sie einen eigenen «Anker» werfen.

> Dazu ein Beispiel: Der CEO eines Industriekonzerns sendet dem CEO eines grossen Unternehmenskunden fünf Tage vor den vereinbarten Vergleichsverhandlungen ein Schreiben, in dem er die Forderungen seiner Unternehmung in der Höhe von über EUR 2.5 Mio. nochmals begründet und ausführt, er erwarte für den Vergleichsfall einen Mindestbetrag von EUR 1.5 Mio. Damit wirft er einen «Anker» für die kommenden Verhandlungen. Der Kunde weist diese Forderung als unbegründet und unsubstanziiert zurück («Gegenanker»), ist jedoch bereit, sie zu diskutieren und die eigene Position nochmals zu überdenken (Signalisieren von Verhandlungsbereitschaft). Im Rahmen der Verhandlungen werden die EUR 1.5 Mio. zwar von den Vertretern des Industriekonzerns aufgebracht, vom Unternehmenskunden jedoch schlicht ignoriert. Dafür übernimmt dieser mit einer anderen Schadensberechnung, die er in die Verhandlungen einbringt, die Initiative und schlägt darauf gestützt eine kommerzielle Vergleichslösung vor. Auf dieser Basis treffen die Parteien schliesslich einen Vergleich.

2.2 Setzen Sie Leitplanken oder revidieren Sie das Verhandlungsziel

Spätestens in den Phasen 4 und 5 ist der Zeitpunkt gekommen, um **«Must haves»** und «rote Linien» zu definieren und *Policy*-Überlegungen einzubringen, um den Verhandlungsgegenstand einzuengen und Entscheidungen herbeizuführen. So können Sie etwa vorbringen: «Menschenrechte sind für uns nicht verhandelbar»; «Unser Code of Conduct ist nicht verhandelbar»; «Wir schliessen nie einen Vertrag mit Geschäftskunden ab, in welchem die Haftung nicht begrenzt ist»; «Wir benötigen von Ihnen die Zusicherung, dass die Entwicklung keine Patente Dritter verletzt»; «Unsere Qualitätsrichtlinien sind ein zwingender Vertragsbestandteil».

Um ihre Akzeptanz zu fördern, sollten solche Forderungen stets begründet werden. Dazu dienen Positivbegründungen wie: «Bei anderen Unternehmen haben wir diesen Rabatt auch»; «Wir machen dies immer so (ist unsere *Policy*)»; «Das ist durch unser SAP-System vorgegeben»; oder Negativbegründungen wie: «In

---

1023 Wie wir Preisdiskussionen gestalten können, wird in Kapitel V.D.1.4 näher ausgeführt.
1024 Siehe dazu auch Kapitel IV.B.3 und V.E.2.1.

anderen Fällen habe ich erlebt, dass ... Deshalb machen wir dies nun so». Je nachdem kann auch mit Verweis auf eine bestehende Policy der Unternehmung, einer Weisung des Verwaltungsrates oder dem Hinweis, dass dann der Fall noch eskaliert werden müsse, ein Entgegenkommen erwirkt werden.[1025] Dagegen können Sie die Vergleichbarkeit der Fälle in Zweifel ziehen oder konkret auf angebliche Zwänge und Befürchtungen eingehen und zeigen, dass der vorliegende Fall anders gelagert ist oder diese Lösung hier schlicht keinen Sinn macht.[1026] Werden Weisungen und die Policy ins Feld geführt, führt kaum ein Weg an einer Eskalation des entsprechenden Punktes an die höhere Management- oder politische Ebene vorbei.

Sofern trotz intensiver Verhandlungen immer noch grössere Differenzen bestehen, die Parteien jedoch die Verhandlungen erfolgreich abschliessen möchten, müssen gegebenenfalls das **Verhandlungsziel revidiert** oder das **Verhandlungsteam modifiziert** werden.[1027]

2.3   Bringen Sie die Verhandlungen durch Versprechen voran

Dem ehemaligen französischen Präsidenten Jacques Chirac wird der Ausspruch zugeschrieben, *«Versprechen binden nur den, der an sie glaubt.»* Das ist zwar ziemlich zynisch, leider aber auch ziemlich wahr. Versprechungen müssen deshalb stets kritisch hinterfragt werden. Zudem sollte diesbezüglich wennschon Verbindlichkeit geschaffen werden.

Dennoch können Versprechen Verhandlungen befördern. Dies erfolgt insbesondere über den Einsatz von **«Pledges»**, welche in Kapitel V.D.2.7 beschrieben werden.

Versprechen können auch gemacht werden, indem im Sinne einer **Absichtserklärung** versichert wird, «Dafür finden wir eine Lösung», oder «Wir werden dies nochmals separat aufnehmen *(Carve out),* das wird in der Schlussversion der Vereinbarung berücksichtigt» Wenn das nötige Vertrauen zwischen den Parteien besteht, können solche Versprechen die Verhandlungen befördern.[1028] Natürlich muss sich diese Aussicht dann auch materialisieren, sonst zerstört das gebrochene Versprechen das Vertrauen zwischen den Parteien.

1025 Vgl. SCHRANNER, Verhandeln im Grenzbereich, S. 91.
1026 Vgl. auch SCHRANNER, Verhandeln im Grenzbereich, S. 83.
1027 Siehe dazu ausführlich Kapitel V.A.4.2.
1028 Siehe dazu auch das Beispiel in Kapitel VI.A.4. – Um sicherzustellen, dass das Versprechen richtig verstanden wurde und sich alle Parteien auch später noch daran erinnern, sollten Sie sich solche Versprechen stets schriftlich bestätigen lassen oder der anderen Partei schriftlich rückbestätigen.

2.4 Überprüfen Sie regelmässig, ob sich die Verhandlungen auf «Zielkurs» befinden

Da wir verhandeln, um ein Verhandlungsziel zu erreichen, müssen wir regelmässig im Sinne einer *Fortschritts- und (Zwischen-)Ergebniskontrolle* überprüfen, ob wir bezüglich des Verhandlungsverlaufs und der bislang erzielten Zwischenergebnisse auf «Zielkurs» sind. Die Kontrolle sollte sowohl auf qualitativer wie auch auf quantitativer Ebene erfolgen.[1029] Dies ist ein zentraler Punkt des **fünfstufigen Verhandlungsführungsprozesses**[1030] und wird deshalb an dieser Stelle nochmals als separater Verhandlungsschritt aufgeführt.

Sofern Differenzen zum geplanten Verhandlungsablauf oder -erfolg aufgetreten oder absehbar sind, eruieren wir deren **Ursachen** und treffen die erforderlichen **Gegenmassnahmen**. Die Erkenntnisse können wir zudem in unseren *Lessons learned* festhalten.[1031] Gegebenenfalls sind das Verhandlungsziel sowie die Verhandlungsstrategie und -taktik anzupassen.

2.5 Fixieren Sie Zwischenergebnisse schriftlich

Um Verhandlungsschritte abzuschliessen und ein Zurückkommen auf bereits bereinigte Punkte zu verhindern, sollten Zwischenergebnisse regelmässig schriftlich festgehalten werden. Dies kann *während der Verhandlungen* auf einem Flip Chart oder elektronisch auf einem Bildschirm oder dann *im Nachgang dazu* im Rahmen von Besprechungsprotokollen, mittels Nachführung des Vereinbarungstextes oder in der Form von Zusammenfassungen der Besprechungsergebnisse auf dem Korrespondenzweg erfolgen. Dabei sollte das Verständnis der Parteien dahingehend lauten, dass sie auf bereits vereinbarte Zwischenergebnisse (grundsätzlich) nicht mehr zurückkommen,[1032] da dies sonst dazu führen kann, dass das bisher erzielte Bündel von Vereinbarungen wieder «aufgeschnürt» wird. Dies ist aufgrund der unterschiedlichen Verhandlungskulturen gerade in internationalen Vertragsverhandlungen nicht selbstverständlich und muss deshalb zwischen den Parteien bei Festlegung der «Verhandlungsspielregeln» vereinbart werden.[1033]

> Um Verhandlungsschritte abzuschliessen, sollten Zwischenergebnisse schriftlich festgehalten werden.

1029 Vgl. zur Definition des Erfolgs von Verhandlungen Kapitel IV.A.
1030 Vgl. dazu Kapitel III.A.3.
1031 Vgl. dazu Kapitel IV.E.
1032 Dies ist zumindest als Verständnis zwischen den Parteien und als Ziel wichtig, jedoch in der Praxis regelmässig nicht absolut durchzusetzen.
1033 Das Zurückkommen auf früher gemachte Zugeständnisse demotiviert die involvierten Personen und gefährdet die Verhandlungen ebenso wie ausbleibende Zwischenerfolge und die fehlende Aussicht auf einen Verhandlungserfolg. In der Regel fühlt sich dann auch die andere Partei nicht mehr an gewisse Zugeständnisse gebunden. Es gilt auch hier die Regel, dass Zugeständnisse beidseitig eingegangen werden sollen, aber eben umgekehrt: Beginnt eine Partei das verhandelte «Paket»

Weitere Möglichkeiten, Verbindlichkeit auf der Dokumentenebene zu erzielen, untersuchen wir im nächsten Kapitel.

3. Fixieren Sie die finale Verhandlungslösung in schriftlicher Form und sichern Sie sie ab

In der Schlussphase der Verhandlungen kommt der Dokumentenebene zentrale Bedeutung zu. Um die getroffene Vereinbarungslösung verbindlich zu fixieren, können sich die Parteien verschiedener Instrumente bedienen:[1034]

- Das gebräuchlichste Mittel, um Vereinbarungen verbindlich und nachvollziehbar zu fixieren, ist die Erstellung und Unterzeichnung eines **schriftlichen Vertragsdokuments**. Auch wenn viele Verträge verbindlich sind, sobald die Parteien sich über die wesentlichen Vertragspunkte *(essentialia negotii)* mündlich geeinigt haben, ist bei Vereinbarungen im kommerziellen oder politischen Bereich Schriftlichkeit die Regel. Nur so besteht Klarheit darüber – und zwar über die persönlich in die Verhandlungen involvierten Personen hinaus –, was vereinbart wurde. Eine schriftliche Vereinbarung ist aus *Beweisgründen* regelmässig auch Voraussetzung für die erfolgreiche Durchsetzung des vereinbarten Regelungsinhalts vor Gericht. Dem schriftlichen Vertragsdokument kommt somit neben der *Regelungs-* auch *Beweis- und Durchsetzungsfunktion* zu. So selbstverständlich dies auch klingt, treffen wir in der Praxis gerade in dieser Beziehung vielfältige Schwierigkeiten an: So werden Vereinbarungen über die Vertragsdauer nicht nachgeführt, wenn Änderungen vereinbart werden, oder finden gewisse Vereinbarungsinhalte keinen Eingang in das finale Vertragsdokument, da die Parteien der Ansicht sind, dies sei – da ohnehin «klar» – nicht erforderlich. Später treten dann Diskussionen über den Vertragsinhalt und die Auslegung der Vertragsdokumente auf, die aufwändig auf dem Gerichtsweg geklärt werden müssen.
- Statt einer umfassenden Schlussvereinbarung können auch **gestaffelte oder inhaltlich beschränkte Vereinbarungen** abgeschlossen werden (vgl. dazu Kapitel V.A.4.2).
- Wir können zudem **offizielle und inoffizielle Dokumente** unterscheiden: Eine Verhandlungslösung kann mit dem geschickten Einsatz von Dokumenten verschiedener Verbindlichkeit oder Vertraulichkeit beeinflusst werden: So ist nicht unüblich, ein offizielles – oder in kommerziellen Verhandlungen: nicht

---

wieder aufzuschnüren, wird dies die andere Partei ihrerseits auch tun. Dass die sogenannte «Irreversibilität» ein wichtiger Driver in Verhandlungen ist, wurde zudem in Kapitel III.B.4.4 gezeigt.

1034 Vgl. auch Heussen/Pischel, Handbuch Vertragsmanagement, S. 330, 629; Schranner, Verhandeln im Grenzbereich, S. 199 ff.; Fisher/Ury/Patton, Das Harvard Konzept, S. 243 ff.; Berz, Spieltheorie, S. 149 ff.

vertrauliches und zudem vor Gericht verwendbares – Dokument zu versenden, und dieses durch ein vertrauliches, nicht vor Gericht verwendbares weiteres Dokument («**Sideletter**») zu ergänzen.

So verhandelte die US- mit der nordvietnamesischen Regierung seit 1969 über eine Beendigung des Vietnamkrieges, wobei gewisse Punkte vertraulich behandelt und der Öffentlichkeit nicht zugängig gemacht wurden. Allerdings wirkte sich dies zum Nachteil der US-Regierung aus, welche dadurch stark unter Druck geriet, da die amerikanische Öffentlichkeit nicht verstand, weshalb angesichts der vernünftigen sieben publik gemachten Punkte keine Lösung erzielt werden konnte. Es kam die Meinung auf, die Nixon-Administration würde den Krieg unnötig verlängern.[1035]

Berühmt-berüchtigt ist zudem das Zusatzprotokoll zum deutsch-sowjetischen Nichtangriffspakt (nach den beiden Aussenministern auch *Molotow-Ribbentrop-Pakt* genannt). Dieser war ein auf zehn Jahre befristeter Vertrag zwischen dem Deutschen Reich und der Sowjetunion, der am 24. August 1939 (mit Datum vom 23. August 1939) in Moskau unterzeichnet und publiziert wurde. Der Pakt garantierte dem Deutschen Reich bei einer kriegerischen Auseinandersetzung mit Polen und den Westmächten die sowjetische Neutralität. In einem geheimen Zusatzprotokoll «für den Fall einer territorial-politischen Umgestaltung» teilten die beiden Diktaturen zudem ihre zukünftigen Einflusssphären in Bezug auf Polen und die baltischen Staaten auf.

Auch kürzlich wurde in der internationalen Politik auf das Mittel von verschieden verbindlichen Dokumenten zurückgegriffen: Während der *Brexit-Verhandlungen* mit der EU wurde Premierminister Boris Johnson vom englischen Parlament am 20. Oktober 2019 gezwungen, der EU einen Verlängerungsantrag für die Verhandlungen bis Ende Januar 2020 einzureichen, was Johnson bisher immer ausgeschlossen hatte. Seine Regierung schickte daraufhin einen Brief ohne Unterschrift an die Adresse der EU, und Johnson liess diesem einen zweiten Brief folgen, in dem er die EU dazu auffordert, den ersten nicht zu beachten. Damit war Johnson der Verpflichtung, welche sich aus dem Parlamentsbeschluss ergeben hatte, formell nachgekommen. Allerdings nahm er seinen Antrag gleichzeitig wieder zurück – was die Schmerzgrenze des Lauteren definitiv ritzte.

- Die Vereinbarungen können auch **Bedingungen** enthalten: Diese sind entweder als rechtliche Pflichten der Parteien ausformuliert, oder dann müssen gewisse sachverhaltliche und rechtliche Voraussetzungen erfüllt oder Rechts- oder Realakte (Handlungen der Parteien oder Dritter) vorgenommen werden, damit die Vereinbarung gültig wird *(Suspensivbedingung)* oder gültig bleibt *(Resolutivbedingung)*. Mit Bedingungen wird regelmässig das Inkrafttreten einer Vereinbarung von bestimmten Umständen abhängig gemacht (Vorliegen einer Baubewilligung oder der Genehmigung durch das entsprechende Entscheidgremium) oder werden verschiedene Vereinbarungen miteinander ver-

---

1035 Vgl. Lord, Kissinger über Kissinger, S. 101 f.

knüpft, so dass beispielsweise das Inkrafttreten einer Vergleichsvereinbarung über einen Schadenfall von der Einigung bezüglich eines neuen Liefervertrages abhängig gemacht wird.

- Kommerzielle Verhandlungen werden teilweise mit **finanziellen Sicherheiten** verknüpft: Um den Aufwand, den sie beim Ausarbeiten und Verhandeln der Vereinbarung haben, abzudecken, vereinbaren Parteien «Reuegeldzahlungen» oder *«Break-up Fees»:* Wenn eine Partei aus Gründen, welche nicht der anderen Partei zuzurechnen sind, von den Vertragsverhandlungen zurücktritt, wird eine bestimmte Zahlung fällig. Gerade in Verhandlungen mit mehreren Anbietern sichert sich die interessierte Partei mit solchen Vereinbarungen gerne die Exklusivität der weiteren Verhandlungen. Oder dann lassen sich die mitverhandelnden Konkurrenten eine bestimmte Zahlung zusichern für den Fall, dass sie mitgeboten haben und dann nicht berücksichtigt werden. Dies ist auch gerade bei eingeladenen Architekturwettbewerben, welche für alle Mitbewerber einen grossen Aufwand bedeuten, bei denen jedoch am Schluss nur der Gewinner zum Zuge kommt, der Fall.

- Auch die **Erfüllung der Vereinbarung** wird gerne mit Sicherheiten untermauert. Dies kann etwa mit Vorauszahlungen, Bürgschaften, Bankgarantien, Versicherungslösungen und ähnlichen Sicherungsinstrumenten erfolgen.[1036] In internationalen kommerziellen Vereinbarungen werden zudem regelmässig private Schiedsgerichte zur Streitbeilegung vorgesehen, da die Durchsetzung von nationalen Gerichtsurteilen im internationalen Verhältnis oft schwierig, wenn nicht unmöglich, ist.[1037] Internationale Schiedssprüche dagegen geniessen unter der New Yorker Übereinkunft 1958 eine erleichterte Durchsetzbarkeit.[1038]

[1036] Vgl. dazu ausführlich Wyss, Juristisches Risk Management.
[1037] Vgl. dazu Kapitel VI.E.
[1038] Das New Yorker Übereinkommen über die Anerkennung und Vollstreckung ausländischer Schiedssprüche vom 10. Juni 1958 (NYÜ) wurde im Jahr 2018 sechzigjährig. Die unterzeichnenden Staaten verpflichten sich darin, privatrechtliche Schiedsvereinbarungen unter Ausschluss des gerichtlichen Rechtswegs zu akzeptieren und Schiedssprüche von in anderen Staaten durchgeführten Schiedsverfahren anzuerkennen und zu vollstrecken. Die am 7. Juni 1959 in Kraft getretene Übereinkunft gewährt die internationale Durchsetzung von Schiedssprüchen auf einer einheitlichen Basis – und ist eine Erfolgsgeschichte: Über 170 Staaten sind ihr beigetreten, wobei keine einzige Industrienation fehlt und sämtliche Kontinente breit vertreten sind. Ohne das New Yorker Übereinkommen wäre der Aufstieg, den internationale Vereinbarungen, unter anderem auch bei grossen Infrastrukturprojekten, sowie die internationale Schiedsgerichtsbarkeit in den letzten Jahrzehnten erfahren haben, kaum denkbar.

Wie die dokumentarische Ebene lösungsorientiert eingesetzt werden kann, zeigen folgende Beispiele:

In Vergleichsverhandlungen, in denen es um die Renovation und um Schadenersatz bezüglich einer nicht normkonformen Einstellhalle ging, sandte der Unternehmer der Bauherrschaft ein offizielles (und bei Bedarf auch vor Gericht verwendbares) Schreiben, in dem die Nachbesserung angeboten wurde, was dem Unternehmer das Nachbesserungsrecht sicherte.[1039] Um die Angelegenheit gleichzeitig mit einer Saldolösung abzuschliessen, sandte der Unternehmer der Bauherrschaft zudem ein *vertrauliches, nicht vor Gericht verwendbares Dokument, in dem eine «freiwillige» (unpräjudizielle) Schadenszahlung* von einigen Hunderttausend Schweizerfranken angeboten wurde, wenn die angebotene Nachbesserung stattfinden könne und keine weiteren Forderungen seitens der Bauherrschaft gestellt würden. Gleichzeitig gab der Unternehmer der Bauherrschaft wichtige Details zur Sanierung vor. Diese Punkte hätten im ersten Schreiben nicht vorgebracht werden können, da Nachbesserungsofferten aus rechtlichen Gründen nicht an gewisse Vorbedingungen geknüpft werden dürfen. Das Vorgehen mit parallelen Schreiben wird im Rechtsbereich gelegentlich eingesetzt, wenn einerseits Rechte ausgeübt werden sollen, und anderseits eine Gesamtvergleichslösung angestrebt wird. Die Vergleichsbedingungen bleiben diesfalls auch im Prozessfall vertraulich und dürfen aus anwaltsrechtlichen Gründen dem Gericht nicht vorgelegt werden. Die Rechtsausübung dagegen muss im Prozessfall bei Bedarf belegt werden können und darf damit nicht vertraulich erfolgen. Diese erfolgt deshalb mittels des offiziellen Schreibens.

In Vergleichsverhandlungen können parallel offizielle Schreiben zur Rechtswahrung und inoffizielle Schreiben zur Förderung der Verhandlungen eingesetzt werden.

In konstruktiven, aber langwierigen und komplizierten Verhandlungen, in denen der israelische Vertragspartner einer Schweizer Unternehmung stets neue Forderungen einbrachte, erhielten wir unsere telefonisch abgesprochene Schlussversion mit verschiedenen weiteren *«Konkretisierungen»* und *«angepassten Referenzierungen»* innerhalb des Vertragstextes zurück. Diese waren zwar gut gemeint, jedoch teilweise unzutreffend und warfen weitere Fragen auf. Wir stellten den Vertragstext zurück auf unsere letzte, abgesprochene Version, erstellten vom Vertragsentwurf und den Anhängen pdf-Dateien und sandten diese dem israelischen Vertragspartner unseres Kunden mit Kommentaren zum bereits erzielten gemeinsamen Verständnis zurück. Zudem erklärten wir, weshalb wir die Referenzierungen und Kommentare nicht akzeptieren konnten. Wir machten beliebt, aufgrund des erzielten Verständnisses bei der letzten vereinbarten Version zu verbleiben, was die andere Partei dann nach einem klärenden Telefonat auch akzeptierte.

Anders lag der Fall in Vertragsverhandlungen, wo wir den deutschen Dienstleistungserbringer eines internationalen schweizerischen Grosskonzerns berieten.

1039 Dies bedeutet, dass der Unternehmer die Einstellhalle selber nachbessern durfte, statt dass der Bauherr diese durch einen Drittunternehmer auf Kosten des Unternehmers hätte sanieren lassen können. Letzteres kommt Unternehmer in der Regel erheblich teurer zu stehen, als wenn sie die Sanierung selbst und zu Eigenkosten vornehmen.

Unser Klient hatte sich dabei in einer öffentlichen Ausschreibung (Submission) mit einem Unterakkordanten, der die Submission begleitet hatte, zur Erbringung eines Gesamtleistungspakets verpflichtet. Diese Bedingungen musste er weitgehend an seinen Unterakkordanten weitergeben. Obschon dieser nur eine Vertragsbeziehung mit unserem Kunden hatte, kam ihm bei der Auftragserfüllung die Stellung eines gleichberechtigten «stillen Konsortialpartners» zu, der seine Leistungspakete weitgehend selbst und unabhängig von unserem Kunden erbringen musste. Nach einer ausführlichen Grundsatzdiskussion erhielten wir vom Unterakkordanten unseren neusten Vertragsentwurf zurück, in dem praktisch alle unsere Änderungen, die das besondere Vertragsverhältnis zum Ausdruck bringen sollten, wieder rückgängig gemacht worden waren. Der neue Entwurf enthielt zudem eine Reihe neuer Regelungen, die sehr einseitig zu Gunsten der anderen Partei ausformuliert waren und weder dem Vorbesprochenen entsprachen noch die zur Vertragsumsetzung erforderliche leistungsmässige Eigenverantwortlichkeit des Unterakkordanten widerspiegelten. Ich beschloss, statt den Vertragstext erneut zu überarbeiten, gleich den externen Rechtsvertreter der anderen Partei anzurufen. Seine betont freundlichen Begrüssungsworte konterte ich damit, dass wir über seinen Entwurf sehr erstaunt seien, da dieser keinesfalls das widerspiegle, was wir – und auch unsere Klienten – vorgängig besprochen hätten. Statt einzelne Vertragsbestimmungen zu besprechen, wie er dies wünschte, wiesen wir seinen gesamten Entwurf *in globo* zurück. Ich bestand auf einer Telefonkonferenz in Anwesenheit unserer Klienten, damit deren gemeinsames Verständnis in die Verhandlungen miteinfliessen konnte und der Gegenanwalt keine *«taktischen Spiele»* mehr treiben konnte. Wir bereinigten dann den Vertragsentwurf in einer weiteren, dreistündigen Telefonkonferenz in Anwesenheit und zur Zufriedenheit beider Parteien.

Eine schweizerische Engineering-Unternehmung lag mit ihrer Kundin, einem sinoschweizerischem Joint-Venture, wegen unbezahlter Honorare aus einer Entwicklungsvereinbarung im Streit. Die Vergleichsgespräche vor dem Handelsgericht des Kantons Bern stockten, da die klagende Unternehmung nur dann bereit war, ihren ausgewiesenen Honoraranspruch in relevanter Weise zu reduzieren, wenn dafür die Zahlung der Restforderung sichergestellt wäre. Kurz vor dem Scheitern der Gespräche schlug der Gerichtspräsident vor, die finale Gültigkeit der Vergleichsvereinbarung an die Erfüllung des Vergleichs durch die säumige Kundin zu knüpfen: Wenn diese schliesslich nicht zahle, könne der gesamte Anspruch weiterverfolgt werden. Bis zum Zahlungsdatum werde das Verfahren sistiert. Die Parteien waren damit einverstanden, vereinbarten aber zudem einen Rückzugsvorbehalt für fünf Tage, da der Eigentümer der Kundin, der an der Verhandlung nicht zugegen war, zur finalen Lösung angefragt werden musste. Als der Anwalt der Kundin nach Beendigung der Gerichtsverhandlung durchblicken liess, eigentlich würde man ja gerne weiter zusammenarbeiten, sandte die Unternehmerin am nächsten Tag ein Schreiben, in dem genau dies aufgenommen und durch eine gemeinsame Perspektive die *Einhaltung des Vergleichs incentiviert* wurde. Gleichzeitig wurde in Erinnerung gerufen, dass ohne Vergleich die Rechte an den Ergebnissen noch beim Unternehmer lagen. Die

Vergleichszahlung erfolgte nach einer höflichen Mahnung, und der Fall konnte einige Wochen nach dem Gerichtstermin erfolgreich *ad acta* gelegt werden.

In einem weiteren Fall stritten sich der ehemalige Geschäftsführer eines Personalverleihers und sein Arbeitgeber um eine Abgangsentschädigung. Der Arbeitgeber wollte dabei in der Vergleichsvereinbarung die weiterdauernde Geheimhaltungsverpflichtung des Arbeitnehmers festschreiben, dies auch wegen der Geheimhaltungspflichten gegenüber seinen Kunden. Der Gegenanwalt schrieb zurück, dies sei unnötig, da bereits gesetzlich so geregelt. Statt auf einer Vergleichsvertragsergänzung zu beharren (welche angesichts der heftigen Auseinandersetzung unwahrscheinlich war) und so den Vergleich zu gefährden, sicherte der Anwalt des Arbeitgebers diesen Punkt durch Rückbrief ab und schrieb zurück: «Sehr geehrter Herr Kollege: Namens und im Auftrag meiner Klientschaft teile ich Ihnen mit, dass diese den vorgeschlagenen Vergleich annimmt. Auf eine Präzisierung im Vergleichstext bezüglich Verschwiegenheitspflicht verzichten wir, da sich diese – wie Sie in Ihrem Schreiben vom 8. November 2021 zutreffend ausführen – bereits aus dem Gesetz, aber auch aus dem Arbeitsvertrag (Ziff. 5.4) ergibt. Damit sind die Geheimhaltungsinteressen meiner Klientschaft genügend geschützt.» So wurde das Anliegen abgesichert und die Streitigkeit konnte vergleichsweise abgeschlossen werden.

Im Rahmen der Finalisierung der Vereinbarung ist zudem zu beachten, dass in manchen Bereichen gesetzliche Formvorschriften bestehen, die zu deren Gültigkeit zwingend einzuhalten sind: So unterliegen grundstückbezogene Geschäfte (Grundstückkaufvertrag, Einräumen einer Dienstbarkeit etc.), Geschäfte mit gesellschaftsrechtlichen Auswirkungen, aber auch Bürgschaften oder andere Geschäfte, in denen besondere Anforderungen an die Verkehrssicherheit oder den Übereilungsschutz gestellt werden, regelmässig besonderen Formvorschriften. Dasselbe gilt in manchen Ländern wie beispielsweise China, Russland oder Brasilien in Bezug auf den Vertragsabschluss, wo die rechtswirksame Unterzeichnung des Vertrags das Beiwohnen von Zeugen oder die Verwendung von besonderen Unternehmensstempeln (sogenannte «Chops») erfordern kann, mithin ein Gültigkeitserfordernis darstellt. Zudem ist im Bereich des Technologietransfers in gewissen Ländern für bestimmte Bereiche eine Bewilligung der Regierung am Ort der technologie-ausführenden Partei erforderlich.

Für die Verbindlichkeit der Vereinbarung muss zudem die **Unterschriftsberechtigung der unterzeichnenden Personen** sichergestellt und überprüft werden. Bei wichtigen Verträgen werden die Unterschriften oft im Rahmen einer kleinen Zeremonie geleistet, an welche eine Festivität oder zumindest ein gemeinsames Essen anschliesst.

4. Insbesondere: Die «reine Preisdiskussion»

Verhandlungen sind vor allem dann schwierig, wenn sie (zumindest dem Anschein nach) *rein distributiv* ausfallen und sich nur um einen bestimmten Punkt drehen, wie beispielsweise den Preis. In der Tat sind «reine Preisdiskussionen» besonders schwierig zu führen und oftmals frustrierend: Der Einkäufer verfügt über «Leverage» (die *andere* Partei möchte ja etwas verkaufen), hört dem Verkäufer nicht zu, diskutiert nur über den Preis und bringt Konkurrenzangebote ins Spiel, um den Angebotspreis (weiter) zu drücken. Er scheint nicht an all den tollen Produkteigenschaften oder der vorteilhaften Dienstleistung, sondern nur am Preis interessiert zu sein. Gerade strategische Einkäufer sind berüchtigt für solche Verhandlungen! Und noch schlimmer: Um andere Faktoren auszuschliessen und insbesondere eine persönliche Beziehung zwischen Einkäufer und Lieferant zu unterbinden, rotieren die grossen Unternehmen regelmässig ihre Einkäufer. Teilweise sind die Angebotsverfahren so stark IT-basiert, dass ohnehin kein Gespräch mit dem Lieferanten stattfinden kann. In solchen Situationen stossen Verhandlungsstrategien an eine Grenze: Wenn der **Beschaffungsprozess rein auf Ultimaten gründet** («Preis X, sonst kriegt der Konkurrent den Auftrag»), ist verhandeln unmöglich.

Zum Glück laufen auch heute noch viele Einkaufsprozesse anders ab, was die Möglichkeit bietet, **den Verhandlungsprozess von einer reinen Preisdiskussion in eine differenziertere Verhandlung zu führen**. Auch wenn diese weitgehend preisfokussiert bleibt, schaffen wir uns damit Verhandlungsspielraum – und das ist das Ziel bei vermeintlich «reinen Preisdiskussionen».

Dabei helfen dem Anbieter insbesondere zwei Elemente: *Nicht-monetäre Verhandlungselemente* und eigener *«Leverage»*.

Wichtig ist dabei vorab, mit welcher **Einstellung** wir in die Verhandlung gehen. Wenn wir denken, «die machen uns ohnehin platt!» oder «es geht sowieso nur um den Preis, und da können wir nichts machen, wir brauchen den Deal» (was uns die Gegenseite vielleicht im Vorfeld der Verhandlungen bereits mehr oder weniger versteckt zu verstehen gegeben hat), dann strahlen wir dies auch aus und verhandeln entsprechend – dies im Sinne einer selbsterfüllenden Prophezeihung. Wichtig ist deshalb stets, **sich seiner Stärken bewusst zu sein und diese auszuspielen**: Was benötigt die Gegenpartei besonders? In welchen Bereichen haben wir allenfalls «Leverage»? Können wir uns durch rasche Lieferung, guten Service, günstige Updates etc. einen Vorteil gegenüber der Konkurrenz verschaffen? Dabei zählt auch hier der **Eindruck**, den wir vermitteln.[1040] Und dazu gehört in gewissem Umfang auch ein *Pokerface*.

Deshalb gilt es auch in preisfokussierten Verhandlungen zunächst, die **Interessen und Motive** des (potentiellen) Kunden in Erfahrung zu bringen, damit wir unser Angebot darauf ausrichten und über nicht-monetäre Verhandlungselemente den Kundennutzen vergrössern können. Wenn uns dies gelingt, können wir uns aus dem Klammergriff einer reinen Preisdiskussion lösen. Ich nenne dies **«Valorisieren» einer Offerte** («*to add value*»). Dies ist allerdings nur möglich, wenn **die Preisdiskussion** *nicht am Ende der Verhandlung* stattfindet *(«Jetzt müssen wir nur noch über den Preis reden!»)*, weil dann alle nicht-monetären Verhandlungselemente bereits eliminiert wurden und die Preisdiskussion zwangsläufig in einen rein monetären «Feilsch»-Prozess ausartet.[1041]

Wie wir in Kapitel V.D.2.2.1 gesehen haben, können wir Verhandlungen unter anderem über die Definition oder Veränderung des *Verhandlungsgegenstandes* (erweitern, einschränken, sonstwie abändern), *des Verhandlungsumfeldes* («Leverage», Einbezug Dritter etc.) und der *Wahrnehmung* derselben (etwa über zusätzliche, auf die Interessen und Motive des Kunden ausgelegte Informationen; Marktanalyse; technischer Bericht; Rechtsgutachten) beeinflussen. So werden vermeintliche «reine Preisdiskussionen» zu interessanten Verkaufsgesprächen. Am Ende des Tages zählt auch für den Kunden der **«Nettoertrag»**, und dieser wird durch viele verschiedene Elemente gebildet. **Kunden-Profilings** helfen uns dabei, die Verhandlungen vorzubereiten.[1042] Sie werden typischerweise in den Phasen 1 und 2 der Verhandlungen vorgenommen und in den Phasen 3 und 4 verifiziert sowie ergänzt oder korrigiert. Während der Verhandlung können wir dann im Rahmen des «Stossmich-Ziehdichs» Opportunitäten aufzeigen, aber auch Risiken und mögliche Verluste thematisieren.[1043]

Wie können wir nun konkret in einer kommerziellen «reinen Preisdiskussion» eine Offerte valorisieren?

- In Verhandlungen um einen Kauf- oder Dienstleistungsvertrag können wir versuchen, eine Diskussion über den **Umfang der Lieferung oder Dienstleistung** (Vertragsgegenstand) zu führen. Der Preis wird bei höheren fixen Abnahmemengen in aller Regel tiefer («Mengenrabatt»), bei Mindestabnahmemengen können wir das Preisgerüst je nach effektiver Abnahmemenge differenzieren.

1040 Troczynski/Löhr, Verhandlungen gewinnen, S. 94 ff.
1041 Siehe auch Nasher, Deal!, S. 168.
1042 Vgl. Troczynski/Löhr, Erfolgreich Verhandeln, S. 118 ff.
1043 Vgl. dazu auch Kapitel V.A.4.1 und 5.2.3 sowie V.E.5 zu den möglichen Motiven und Interessen des Kunden sowie Troczynski/Löhr, Verhandlungen gewinnen, S. 102 ff. (Motiv- und Interessendiskussion).

Das machen sich Einkäufer gerne taktisch zunutze, indem sie zunächst eine hohe Abnahmemenge ins Spiel bringen («den Kuchen vergrössern») und vom Verkäufer einen reduzierten Stückpreis verlangen. Hat er dem Verkäufer den Speck durch den Mund gezogen und freut sich dieser bereits auf seinen schönen Bonus, erfolgt eine Bestellung zwar «vorerst» in reduziertem Umfang, aber bereits zum reduzierten Preis … Verkäufer dagegen versuchen, die Menge zu pushen, um den Preis, der unter Druck ist, über ein grösseres Volumen zu retten. Um nicht in die erwähnte Käuferfalle zu stolpern, werden in der Praxis gerne je nach Bestellmenge *differenzierte* Preise, aber auch zukünftige Rabatte oder Rückvergütungen beim Erreichen gewisser Abnahmemengen vereinbart. Der Preis ist dabei für eine bestimmte Zeit garantiert und kann erst dann neu verhandelt werden. Oder der Verkäufer bietet in Bezug auf eigene Kunden oder den Marktpreis vergleichbarer Produkte «*best conditions*» an.[1044] Oder wir redimensionieren den Vertragsgegenstand und senken damit die Kosten, indem die *Punkte aus der Offerte eliminiert* oder lediglich *als Option angeboten* werden, die dem Kunden keinen Zusatznutzen bringen, für den er den entsprechenden Preis zu zahlen bereit ist.

- Auch über die rasche **Verfügbarkeit** gewisser Produkte oder wichtiger Rohmaterialien können Hersteller und Verkäufer ihre Offerten valorisieren. Dies kann etwa durch eigene *Lagerhaltung* oder «Pufferlager» beim Kunden, die der Verkäufer (Hersteller) selbständig bewirtschaftet, erfolgen. Dasselbe bezweckt ein besonders rascher *Lieferdienst* (zumindest für gewisse definierte Situationen; *nota:* Auch bei Dienstleistungen spielt neben der Qualität und dem Preis die Verfügbarkeit oft eine grosse Rolle). Weiter bieten Hersteller bei gewissen Volumina und fixer Bestellung mittels Forecasts vor Jahresende gewisse Vorzugsbedingungen wie *prioritäre Produktionsslots und Liefertermine* an.

- Kürzere oder längere **Zahlungstermine** sowie die **Absicherung der Leistung** (in beide Richtungen) können weitere Verhandlungselemente darstellen, um Bewegung in preisfokussierte Verhandlungen zu bringen. Letzteres kann etwa über das Stellen von Bankgarantien (*Performance Bonds*) erzielt werden. Oder die Vertragserfüllung erfolgt nicht anlässlich des Verlads beim Hersteller (*ex works*), sondern erst im Zeitpunkt der Anlieferung zum Kunden, zusätzlich abgesichert durch den Lieferanten mittels Transportversicherung. Oder wenn der Einkäufer auf tiefen Preisen besteht, kann der Verkäufer dafür das Transportrisiko zu verlagern versuchen, indem er nun *ex works* liefert. Der Verkäufer übernimmt für den Käufer teilweise auch den Versand und die Verzollung der Ware. Wieweit sich solche Arrangements auch auf den Preis auswirken, ist eine

---

1044 Vgl. weitere *Beispiele* bei Nasher, Deal!, S. 173 («den Kuchen vergrössern»).

Frage des Verhandlungsgeschicks der Parteien und der weiteren Verhandlungsumstände, wie etwa des «Leverage».

- Zudem kann ein guter **Kundenservice** (Hotline, Kundenberatung etc.) einen nicht-monetären Anreiz für den Kunden darstellen.
- Auch ein kontinuierlicher **Knowhow-Austausch** stellt oftmals einen wichtigen nicht-monetären Anreiz für eine Zusammenarbeit dar.
- Über **Marketing-** oder **Prestige-Überlegungen** («Wir arbeiten mit XY zusammen!») kann eine Kundenbeziehung zusätzlich valorisiert werden: Gemeinsame Werbeauftritte oder der Einsatz gemeinsamer Influencer können eine Vertragsbeziehung auf eine völlig neue Basis stellen, indem über gemeinsame Netzwerke weitere Geschäftsfelder oder Kunden erschlossen werden.
- Der Verkäufer argumentiert auch oft, dass andere Abnehmer denselben Preis zahlen – der Käufer dagegen, dass andere Lieferanten einen besseren Preis anbieten (**Wettbewerbsargument**).
- Unter Umständen kann **über Dritte** eine weitere Valorisierung des Vertragsgegenstandes erreicht werden, indem sich erweiterte Möglichkeiten einer Zusammenarbeit ergeben.[1045] Dies ist etwa der Fall, wenn Parteien *Einkaufsgemeinschaften* bilden und so bei ihren Zulieferanten bessere Einkaufskonditionen erzielen. Dasselbe habe ich erlebt, als ein mittelständisches Unternehmen eine vertiefte Zusammenarbeit mit einem grossen Schleifmaschinenhersteller einging und dieser ihm auf einer bekannten *Maschinenmesse* direkt neben sich einen Vorzugsstandort sicherte. Dies wirkte sich nicht nur auf die Zahl der Besucher an seinem Messestand positiv aus, sondern auch in den erzielten Bestellungen. Dabei dürfte auch eine Rolle gespielt haben, dass das mittelständische Unternehmen von den Interessenten nun anders wahrgenommen wurde – es war sozusagen über Nacht in den *«Klub der Grossen und Erfolgreichen»* vorgestossen!
- Bei einem Hauskauf oder einer Liegenschaftsmiete können Einzugstermin, Streichen von Wänden, Zahlungskonditionen etc. nicht-monetäre Verhandlungselemente sein.[1046]
- Als Verhandlungsgegenstand in Lohnverhandlungen können Arbeitnehmende mehr Freizeit oder Ferien fordern (bei gleichem Lohn), oder die Möglichkeit, selbständige Beratermandate wahrzunehmen, an Tagungen aufzutreten, eine Weiterbildung zu besuchen etc.

1045 Vgl. dazu Bühring-Uhle et al., S. 175.
1046 Nasher, Deal!, S. 168.

Wie Verhandlungen mit «**reinen** Preisdiskussionen» verlaufen können, schauen wir uns anhand von zwei **Beispielen**[1047] an:

> Folgende Besprechung findet zwischen einem Kunden, der eine Liegenschaft kaufen will, und seinem Bankkundenberater über die Gewährung einer Hypothek statt: Der Bankkundenberater begrüsst den Kunden und schlägt eingangs den folgenden Ablauf des Beratungsgesprächs vor – voraussichtliche Dauer des Gesprächs eine Stunde: Vorstellung seiner Person und der Bank, Vorstellung des Kunden, Diskussion der Bedürfnisse des Kunden, Besprechung des Objektes, Möglichkeiten der Bank zur Hypothekargewährung etc. Der Kunde unterbricht freundlich, aber bestimmt: *«Ich habe leider nur 15 Minuten Zeit. Kommen wir doch bitte gleich zur Sache: Ich habe verschiedene Konkurrenzofferten eingeholt, und Ihre Bank ist eindeutig zu teuer. Was können Sie mir anbieten?»* Der Bankkundenberater wird völlig auf dem linken Fuss erwischt ... Nachdem er die Offerte mehrmals nachgebessert hat (der Kunde hält sich immer noch bedeckt, beziehungsweise sagt «da sind Sie noch nicht bei den Leuten»), bringt der Kunde die zukünftige Kundenbeziehung ins Spiel (allenfalls teilweiser Transfer des Aktienportefeuille etc.), um die Konditionen nochmals nachzubessern. Am Schluss erwirkt der Kunde optimale Hypothekarkonditionen, ohne sich für weitere Geschäfte festzulegen.

> Oder: Beim *Autokauf* wird die Autoverkäuferin, welche vor allem die Vorzüge des Fahrzeugs aufzeigen und erleben lassen will («Setzen wir uns doch gleich ins Fahrzeug, so erhalten Sie einen ersten Eindruck!»), vom Kaufsinteressenten sofort mit tiefen Online-Konkurrenzpreisen konfrontiert (Anker werfen), der Preis purzelt ein erstes Mal. Dann erreichen die Parteien einen ersten Blockadepunkt. Da bringt der Käufer ein, dass er beim Preis ansteht, weshalb er weitere Elemente wie Dachträger, Fussmatten, Anhängerkupplung sowie Winterreifen und -felgen ins Spiel bringt («Wenn sie dies mitliefern, finden wir uns beim Preis!»). Daraus ergibt sich eine weitere Möglichkeit, «Wert» zu erhalten, ohne dass der von der Autoverkäuferin ultimativ festgelegte «absolut tiefstmögliche Verkaufspreis» neu diskutiert werden muss. Der Kunde verfolgt dabei systematisch eine «das reicht nicht – es darf noch etwas mehr sein»-Politik. Am Schluss pokert der Kunde hart und sagt, «das müssen Sie mir noch geben – daran wollen Sie es doch nicht scheitern lassen!» («emotionales

---

1047 Weitere Beispiele in Bezug auf **Kaufverhandlungen** mit Tricks zur Valorisierung (auf allen Ebenen) finden sich bei Troczynski/Löhr, Verhandlungen gewinnen, S. 83 ff., 91 ff. und 153 ff. Die Autoren zeigen zudem auf, wie hart taktierende Einkäufer gelegentlich vorgehen: Zuerst beschaffen sie sich vom Verkäufer Informationen, die es ihnen erlauben, diesem mit der angeblichen Aussicht auf einen grossen Deal den Mund wässrig zu machen und den *Deal bereits in dessen Kopf emotional zu verankern*. Dann erheben sie allfällige *Bedenken* in Bezug auf die Anforderungen, die Qualität, die Leistung etc. und benutzten Benchmarks oder Konkurrenzofferten, um den Preis zu drücken. Schliesslich erfolgt lediglich eine *Bestellung über eine reduzierte Anzahl Waren* – was der Einkäufer von Anfang an im Sinn gehabt hatte. Erfahrene Verkäufer kennen natürlich diese Tricks und können dem Einkäufer nicht nur zeigen, dass ihr Produkt seine Ansprüche am besten abdeckt, sowie Qualitätsbedenken ausräumen und Benchmarks relativieren. Sie offerieren ihre Preise stets auch volumengebunden.

Ankern» beziehungsweise «in den Kopf der Verkäuferin» gelangen: Sie freut sich bereis über einen Abschluss, da kommt plötzlich wieder die Angst hoch, der Deal könnte doch noch an einer Kleinigkeit schweitern!). Damit schlägt der Käufer noch vergünstigte Felgen und Winterpneus sowie einen Gepäckträger heraus. Der «Paketpreis» stimmt schliesslich für beide Parteien.

5. Preisfindung durch Auktion

Die Preisfindung erfolgt oft nicht durch klassische Verhandlungen, sondern über Auktionen. Eine Auktion ist eine Marktinstitution mit einem definierten System von Regeln, welche die Ressourcenallokation und die Preise auf der Grundlage von Geboten der Marktteilnehmer bestimmt.[1048] Gerade Verkaufsplattformen erreichen ein breites Publikum und maximieren damit den Verkaufspreis. Je grösser die Nachfrage (Bieterschaft), umso höher der Preis. Gerade Kunstauktionshäuser wie Christie's oder Sotheby's profitieren von einer internationalen Käuferschaft und bieten mittlerweile gewisse Auktionen ausschliesslich als Online-Veranstaltung an.

Es gibt viele Arten von Auktionen, weshalb hier nur auf die gebräuchlichsten eingegangen werden kann.[1049] Diese unterscheiden sich nach der Art der Preisbildung (*steigende oder sich reduzierende Preisangebote*), ob *parallel oder sequentiell*, oder ob *offen beziehungsweise verdeckt* verhandelt wird.[1050] Eine weitere wichtige Unterscheidung ist, ob jede Akteurin vom Gut eine potentiell unterschiedliche Vorstellung hat («*private value*»-Auktion), oder ob das Gut grundsätzlich für alle Bieter den gleichen Wert hat, auch wenn diese unterschiedliche Vorstellungen darüber haben können («*common value*»-Auktion).[1051]

Die «klassische» Auktion, auch «*englische dynamische Auktion*» genannt,[1052] setzt auf steigende Angebote und eine auslaufende Angebotszeit, die im sprichwörtichen Anzählen «zum Ersten – zum Zweiten – und zum Dritten» endet. Da der tatsächliche Käufer in der Auktion nur gerade den zweitletzten Bieter überbieten muss, wird dadurch nicht unbedingt der maximale Preis erzielt. Die Auktion wird durch den zweitbesten Preis getrieben, weshalb bei den englischen dynamischen Auktionen auch von «Zweitpreisauktionen» gesprochen wird.[1053] Staatliche oder private Ausschreibungen – wie Mobilfunkausschreibungen oder Ausschreibungen im privaten Werkvertragsbereich (etwa bei Überbauungen) – erfolgen deshalb

---

1048 TEYTELBOYM, Discovering Auctions, S. 710.
1049 Vgl. dazu ausführlich BERZ, Spieltheorie.
1050 BERZ, Spieltheorie, S. 45 ff.; VARIAN, Grundzüge der Mikroökonomik, S. 366 f.
1051 VARIAN, Grundzüge der Mikroökonomik, S. 366.
1052 BERZ, Spieltheorie, S. 33; VARIAN, Grundzüge der Mikroökonomik, S. 366.
1053 BERZ, Spieltheorie, S. 34.

meist als verdeckte Erstpreisauktionen.[1054] Gebrauchtwagenhändler dagegen, die ihre Fahrzeuge per Internet verkaufen, setzen in der Regel zunächst einen möglichst hohen Preis fest, den sie nur dann senken, wenn das Fahrzeug während eines bestimmten Zeitraums zu diesem Preis nicht verkauft werden konnte. Damit grasen sie sozusagen die obersten Preisangebote ab, was sich positiv auf die Preisbildung auswirkt. Dies wird auch als «*holländische Auktion*» bezeichnet.[1055]

> Berz schildert anhand des folgenden Beispiels, wie die «holländische Auktion» im Verhandlungskontext eingesetzt werden kann: Drei Schwestern erben eine Liegenschaft. Andrea erachtet es aufgrund der ausgezeichneten Lage als realistisch, dafür mindestens EUR 700'000 zu erzielen. Ihre beiden Schwestern könnten es sich vorstellen, das Haus für ihre zukünftigen Familien zu behalten, sind aber finanziell lediglich in der Lage, für ihr Drittel je EUR 140'000 zu bezahlen. Das entspricht einem Gesamtwert von EUR 420'000. Die Parteien einigen sich darauf, dass Andrea während einem Jahr versuchen solle, die Liegenschaft bestmöglich zu verkaufen. Gelänge dies, so hätten die beiden Schwestern die Möglichkeit, die Liegenschaft zum Maximalgebot zu übernehmen. Wenn es Andrea nicht gelänge, innerhalb dieser Zeit die Liegenschaft zu einem höheren Preis als EUR 420'000 zu verkaufen, würde sie ihren Drittel für EUR 140'000 an ihre beiden Schwestern veräussern. Um einerseits einen möglichst hohen Preis zu erzielen, anderseits aber zu verhindern, dass mögliche Käufer bis am Schluss mit zu hohen Preisvorstellungen verschreckt würden, vereinbaren die Schwestern, dass die Angebote einen bestimmten Schwellenwert erreichen mussten. Dieser lag zuerst bei 1 Mio. Euro und reduzierte sich kontinuierlich auf den genannten Mindestwert. Damit hatte Andrea die Chance, die Liegenschaft möglichst teuer zu verkaufen und die Schwestern die Chance, sie nach Ablauf der Jahresfrist zum Mindestpreis zu erstehen. Das Haus wurde offenbar bereits nach wenigen Wochen für EUR 835'000 verkauft, womit alle drei Schwestern sehr gut leben konnten.[1056]

Das vorstehende Beispiel zeigt auch, dass die «holländische Auktion» vor allem dann gute Ergebnisse zeitigt, wenn nicht gleichzeitig eine Mehrzahl von gleichen oder ähnlichen Objekten angeboten wird – sonst warten die potentiellen Käufer in der Hoffnung auf einen günstigeren Kauf zu, und der Kaufpreis reduziert sich von alleine. Bei begehrten Objekten erlaubt diese Angebotstruktur jedoch, den Preis nach oben zu treiben: Greifen die interessierten Käuferinnen und Käufer nicht schnell zu, so wird ihnen das Objekt möglicherweise vor der Nase weggeschnappt.

1054 BERZ, Spieltheorie, S. 37.
1055 BERZ, Spieltheorie, S. 40 ff.; die holländische Auktion wird in den Niederlanden etwa für die Versteigerung von Blumen und Käse eingesetzt. VARIAN, Grundzüge der Mikroökonomik, S. 366.
1056 BERZ, Spieltheorie, S. 42.

Der englische und der holländische Auktionsmodus können auch kombiniert werden, indem zunächst erste Angebote eingeholt werden und dann zwischen den 3–5 höchsten Angeboten weitere Angebotsrunden erfolgen. Dies ist etwa ein übliches Vorgehen bei Ausschreibungen im Rahmen von Bauprojekten (Generalunternehmer gegenüber Subunternehmer oder Subunternehmer gegenüber Subsubunternehmer), aber auch bei Liegenschaftsverkäufen. Die Bieter beziehungsweise Kaufinteressenten sind damit gezwungen, *a priori* einen für die andere Partei vorteilhaften Preis anzubieten, da sie es sonst gar nicht erst in die zweite Bieterrunde schaffen. Dies bestimmt entsprechend die *Bieterstrategien*.[1057] So wird in englischen «common value»-Auktionen als optimale Strategie für Bieter empfohlen, das erste Angebot umso tiefer anzusetzen, je mehr Bieter es gibt. Dies ist nicht nur preiseffizient, sondern gibt auch wertvolle Informationen darüber, wie viele Bieter mit welchem Preis noch mithalten, mithin wie der effektive Wert des Gutes vom Markt eingeschätzt wird.[1058] Überhaupt lehren uns Auktionen, dass die *entscheidenden Treiber für maximale Preise die verfügbaren Informationen sowie die Anreize für die Bietenden* sind.[1059] Wie dies geschickt ausgenutzt werden kann, zeigte die Da Vinci-Auktion von Christie's eindrücklich.[1060]

In Auktionen werden umso höhere Schlusspreise erzielt, als die Bieter Informationen zum versteigerten Gut erhalten.

Wichtig bei Auktionen ist zudem, ob sie vor allem effizientorientiert oder gewinnmaximiert sind: Während sie im ersten Fall vor allem ein Ergebnis zeitigen sollen, riskiert der Verkäufer im zweiten Fall, vor lauter Gewinnmaximierung (insbesondere zufolge des hohen ersten Angebots) leer auszugehen.[1061] Diese Erkenntnis trifft auch auf Verhandlungen zu.

1057 Die Suche nach der perfekten Versteigerung beschäftigt die Wissenschaft seit Jahrzehnten und hat eine wahre Flut von Forschungsarbeiten produziert. Im Jahr 2020 erhielten die beiden US-Professoren **Paul Milgrom** und **Robert Wilson** den Wirtschaftspreis der schwedischen Reichsbank im Gedenken an Alfred Nobel, da sie nicht nur die Theorie verbessert, sondern auch neue Formen von Auktionen geschaffen haben, die heute allgegenwärtig sind (ÅREBO, Nobelpreis für die Suche nach der perfekten Versteigerung, NZZ online vom 12. Oktober 2020). – Eine detaillierte Analyse von rationalen Bieterstrategien findet sich bei BERZ, Spieltheorie, S. 75 ff.
1058 VARIAN, Grundzüge der Mikroökonomik, S. 381.
1059 Der Nobelpreisträger Paul Milgrom konnte zeigen, dass höhere Schlusspreise erzielt werden, wenn die Bieter so viele Informationen wie möglich erhalten. Es liegt damit im Interesse des Verkäufers, den potenziellen Teilnehmern einer Auktion möglichst umfassende Informationen über den Wert eines Gutes zur Verfügung zu stellen. Dies kann bei einem Hausverkauf etwa eine unabhängige Liegenschaftsschätzung sein (TEYTELBOYM, Discovering Auctions, S. 710 und 739; ÅREBO, Nobelpreis für die Suche nach der perfekten Versteigerung, NZZ online vom 12. Oktober 2020).
1060 Siehe dazu Kapitel IV.B.1.
1061 VARIAN, Grundzüge der Mikroökonomik, S. 369 und 282.

6. Wenn die Verhandlungen stocken oder blockiert sind ...

«Halb zog sie ihn, halb sank er hin ...»
Johann Wolfgang von Goethe

Nicht selten kommen Verhandlungen trotz erheblicher Bemühungen nicht weiter: Sie stocken oder sind gar blockiert. Viele Parteien meinen dann, sie müssten umso energischer argumentieren und Druck aufbauen. Doch dieses Vorgehen ist oft nicht hilfreich, da Blockaden regelmässig durch Missverständnisse oder andere uns vorderhand verborgene Hindernisse bedingt sind, die durch Druck nicht beseitigt werden können. Deshalb gilt es vielmehr, der Ursache auf den Grund gehen. Dabei interessiert vorab, ob die Blockade *taktisch* bedingt ist und wer davon *profitiert,* und dann, welches deren *sonstige Ursachen* sind. Dazu bedienen wir uns der **Analyse**, die in Kapitel V.A.2 beschrieben wurde, sowie der Fragetechniken von Kapitel V.D.2.1. Da Verhandlungen regelmässig aus den gleichen Gründen stocken wie sie dann auch scheitern, hilft uns hier ebenfalls die Konfliktanalyse, die in Kapitel VI.A.5.2 beschrieben wird.

Eine Partei bewegt sich in Verhandlungen dann, wenn sie dies will oder muss.

Sofern wir ein Interesse an der Weiterführung der Verhandlungen haben, stellt sich die Frage, wie wir den Widerstand des Verhandlungspartners überwinden: Eine Partei bewegt sich nämlich nur dann, wenn sie dies **will oder muss**. Entsprechend der Ursache der Blockade können wir Wahrnehmungsdefizite beheben,[1062] unsere Verhandlungslösung besser «verkaufen» oder nachbessern, oder Verhandlungsdruck und -dynamik erzeugen, um der offerierten Lösung zum Durchbruch zu verhelfen. Blockaden können manchmal auch beseitigt werden, wenn die Parteien erkennen, dass die Opportunitätskosten zu gross wären und mithin die vorliegende Verhandlungslösung unter dieser Perspektive dennoch vorteilhaft für sie ist.[1063] Dazu bedienen wir uns der in Kapitel V.A–D aufgezeigten Mittel, die wir auf allen fünf Verhandlungsebenen einsetzen. So können wir beispielsweise auf der *Beziehungsebene* Einfluss nehmen, indem wir unsere Verhandlungspartner persönlich für eine Lösung motivieren oder aufgrund der geschürten Erwartungen in die Pflicht nehmen.

Neue Dynamik kann auch erzeugt werden, indem das Verhandlungsteam verändert wird oder die noch offen Themen in anderem Rahmen wie beispielsweise in Arbeitsgruppen oder Ausschüssen weiterbehandelt werden.[1064]

1062 Vgl. zu den Denkfallen, welche unsere Wahrnehmung verzerren und Lösungen behindern können, insbesondere Kapitel IV.B.3 und VI.A.
1063 MUNSINGER/PHILBIN, Why Can't They Settle?, S. 326.
1064 Zu diesen und weiteren auf die Parteien bezogenen Interventionen, siehe GLASL, Konfliktmanagement 2020, S. 392 ff.

Auf der *Sachebene* können wir den Einsatz erhöhen und die Motivation für einen Verhandlungsabschluss steigern, indem wir den «Deal» verbessern, die Vorzüge eines «Deals» aufzeigen und gleichzeitig die Nachteile eines Scheiterns verdeutlichen *(«Stossmich-Ziehdich»)*.[1065] Zudem können wir auf verhandlungsprozessualer Ebene Termine setzen und auch anderweitig Abschlussdruck schaffen. Auch auf der kommunikativen Ebene kann durch die Ankündigung, die Verhandlungen kämen voran und sollten bis zu einem bestimmten Termin abgeschlossen sein, Verhandlungsdynamik erzeugt werden (was allerdings nur getan werden sollte, wenn dies tatsächlich stimmt).

In der Mediation haben sich zudem folgende Techniken bewährt:

- Die «Sprungbrett-Technik»: Wir ermuntern die andere Partei – aber allenfalls auch zögerliche Stakeholder auf unserer Seite – zu schildern, wie ihr das Zustandekommen der Vereinbarung helfen würde und welches die positiven Effekte davon wären, um dann von diesem «Sprungbrett» aus weiterzufahren. Dieses dient dazu, eine *positive Vision* zu entwickeln, indem der Erfolg antizipiert und die Verhandlung dann aus dieser neuen Perspektive betrachtet wird.

- **Die negativen Konsequenzen des Scheiterns aufzeigen**: Man kann sich auch ausmalen, was passiert, wenn die Verhandlungen scheitern («negative Vision»). Sehr wirksam sind dabei *«Was wäre, wenn …»*-Fragen, da sie uns erlauben, Ideen durchzuspielen, konkrete Fragen, Hoffnungen und Befürchtungen zu adressieren und so mit dem Gegenüber ein unpräjudizielles Brainstorming durchzuführen. Dabei lernen wir dessen wahre Interessen und Motive kennen.

- **Perspektivenwechsel:** Eine Deblockade in Verhandlungen kann auch ein Perspektivenwechsel bringen, bei dem man sich *gegenseitig in die Position der anderen Partei versetzt*: «Damit wir sicher sind, dass wir einander richtig verstanden haben, schlage ich vor, dass jede Partei kurz wiedergibt, was sie als die Kernanliegen der anderen Partei verstanden hat.» Damit sehen wir, was die andere Partei als für uns bedeutsam erachtet. Einen Perspektivenwechsel bringen wir auch mit der Frage «Wie würden Sie in unserer Situation reagieren?» zustande. Dann suchen wir einen Umgang mit dem Konflikt.

- Weiter helfen auch hier **offene, zielgerichtete Fragen**, um mögliche Hindernisse anzusprechen.[1066] Beispiel: *«Es scheint, als hätten Sie das Gefühl, die Lösung (Zahlung), die wir vorschlagen, sei nicht gerechtfertigt. Welche Punkte berücksichtigen Ihres Erachtens Ihre Interessen nicht?»* Oder: *«Inwiefern berücksichtigt diese Lösung Ihre Interessen nicht?»* *«Haben Sie konkrete Befürchtungen*

1065 Vgl. dazu Kapitel V.A.5.2.3.
1066 Vgl. dazu im Detail Kapitel IV.B.1.

oder sogar erlebt, dass diese Lösung Ihren Interessen nicht gerecht geworden wäre?»[1067]

- Gerade **Forderungen** der Gegenpartei können gut mit offenen, zielgenauen Fragen gekontert werden. Beispiel: Die Aussage «Für uns ist unabdingbar, dass Ihre Unternehmung eine volle Rechtsgewährleistung übernimmt» kann mit der Frage «Aus welchem Grund ist das für Ihre Unternehmung *so wichtig*?» beantwortet werden.

- Um in schwierigen Situationen einen Abschluss zu erzwingen, kann das «Hot housing» eine Option darstellen: Dabei verlassen die Parteien das Gebäude, in dem die Verhandlungen stattfinden (oder sogar den Verhandlungsraum!) nicht mehr, bis sie eine Lösung gefunden haben. Diese Vorgehensweise ist nicht risikolos, kann aber in Momenten, in denen die Verhandlungen auf der Kippe stehen und die Parteien ohnehin nichts mehr zu verlieren haben, positive Ergebnisse zeitigen. Das «Hot housing» wurde etwa während den Friedensverhandlungen zwischen den serbischen und bosnischen Verhandlungsparteien zur Lösung des Bosnien-Konflikts eingesetzt. Der US-Sondergesandter für den Balkan in den 1990-Jahren, Richard Holbrooke, der als «Architekt» des Dayton-Abkommens gilt, mit dem der Bosnienkrieg beigelegt wurde, nannte dies den *«Dayton»-Effekt*.[1068]

- Auch wenn die **Verhandlungen schlecht angelaufen** sind, steht dies einem zukünftigen Verhandlungserfolg nicht im Wege: Wir wissen nämlich nun, *was die Erwartungshaltung und die Trigger-Punkte unseres Gegenübers* sind. Daran können wir bei nächster Gelegenheit anknüpfen. Gerade wenn sich die Parteien über das negative Vorerlebnis austauschen und analysieren, weshalb dieses so ausfiel, wird Raum für eine zukünftige konstruktive Interaktion geschaffen.[1069] Wenn beispielsweise das erste Verkaufsgespräch für die Lieferung einer Fertigungsmaschine enttäuschend verlief, können wir im folgenden Gespräch zeigen, dass wir unser Gegenüber nun besser verstehen: *«Herr Vorsitzender, bei unserem letzten Gespräch haben wir uns über Ihre Unternehmung und die Bedürfnisse nach einer höheren Fertigungszahl und der gleichzeitig beabsichtigten Kosteneinsparung unterhalten. Ich erinnere mich, mit welcher Begeisterung Sie über die Expansionsmöglichkeiten Ihrer Unternehmung nach Asien gesprochen haben.»* Damit thematisieren wir die **Vision** und die **Emotionen** unseres Gegenübers. Dieses fühlt sich so besser verstanden, als wenn wir erneut nur die Vorteile unseres Produktes betonen – die ja längstens bekannt sind. Darauf aufbauend können wir über die konkreten Herausforderungen, aber auch die sich daraus

---

1067 Vgl. auch Voss, Kompromisslos verhandeln, S. 191.
1068 POWELL, Talking to Terrorists, S. 217.
1069 MAYER, Staying with Conflict, S. 147.

ergebenden Chancen und Anforderungen an die neuen Maschinen sprechen und möglicherweise sogar aus einer reinen Preisdiskussion ausbrechen. Ist einmal eine Vertrauensbasis gelegt, können wir durchaus wieder die Vorteile unserer Maschine oder unseres Produktes hervorheben – diesmal jedoch klar im Hinblick auf die Bedürfnisse unseres Gegenübers.[1070]

Sofern solche Massnahmen aufgrund von tieferliegenden Konflikten nicht weiterführen, stehen uns die in Kapitel VI aufgezeigten Konfliktlösungsmöglichkeiten zur Verfügung – oder dann müssen wir die Verhandlungen suspendieren beziehungsweise abbrechen. Schon die implizite *Drohung, die Verhandlung abzubrechen,* kann dieser unter Umständen neue Dynamik verleihen. Allerdings sollte sie nur dann erhoben werden, wenn sie ernsthaft erwogen wird. Sonst wirkt sie unglaubwürdig und hat allenfalls sogar den gegenteiligen Effekt («leere Drohungen ...»). Oder noch schlimmer: Die andere Partei antwortet «Ja, brechen wir die Verhandlungen ab, es macht keinen Sinn, sie fortzuführen!» Die Drohung, die Verhandlungen abzubrechen, wird deshalb mit Vorteil zunächst nur durch entsprechende vorsichtige Hinweise, etwa durch die Körpersprache (resigniertes Kopfschütteln, ansatzweises Zusammenpacken der Unterlagen etc.) und dahingeworfene Aussagen wie «heute kommen wir einfach nicht weiter. Ich weiss nicht, woran es fehlt ...» in den Raum gestellt, oder dann schlagen wir im Sinne eines stufenweisen Vorgehens zunächst die *Suspension* der Verhandlungen vor.

7. Exit-Strategie: Abbruch der Verhandlungen

«Never beat a dead horse.»

Amerikanisches Sprichwort

Nicht alle Verhandlungen enden erfolgreich.[1071] Sie werden vor allem dann abgebrochen, wenn sich die Parteien über die Hauptpunkte nicht einigen können, die andere Seite unfair verhandelt und nicht auf eine faire Verhandlungsführung einlenkt, oder wenn für eine oder alle Parteien bessere Alternativen als der zur Diskussion stehende «Deal» bestehen (die BATNA ist attraktiver als der zuletzt verhandelte Vereinbarungsentwurf). Dabei müssen die Verhandlungen nicht unbedingt definitiv abgebrochen werden. Manchmal reicht es, wenn sie unterbrochen («wir überlegen uns das beide und schauen nach den Sommerferien weiter») oder vorläufig «auf Eis gelegt» («Lassen wir das Projekt vorderhand ruhen und schauen, ob wir dieses allenfalls in einem späteren Zeitpunkt

---

1070 Siehe dazu auch Voss/Raz, Kompromisslos verhandeln, S. 132 ff.
1071 Dies gilt es bereits bei der Planung der Verhandlungen, etwa bei der Evaluation der BATNA, zu berücksichtigen (vgl. dazu Kapitel IV.C, V.A.5.2.3 und V.E.5).

wieder aufnehmen wollen») und in einem späteren Zeitpunkt wieder aufgenommen werden.

Beim Abbruch der Verhandlungen sollten wir möglichst positiv bleiben und die Tür für zukünftige Entwicklungen offenhalten.

Ist jedoch der Abbruch der Verhandlungen unausweichlich, so sollten wir dennoch möglichst **positiv** bleiben («no bad feelings») und die Tür für zukünftige Entwicklungen offenhalten.[1072] Sofern die Verhandlungen im Rahmen eines Konfliktes erfolgt sind, empfiehlt es sich zudem, mit der anderen Partei eine Form der alternativen Streitbeilegung («Alternative Dispute Resolution», ADR) zu prüfen.[1073]

> Dies musste auch der Schweizer Bundesrat erfahren, der die Verhandlungen für ein Rahmenabkommen mit der EU im Sommer 2021 unwillkürlich abbrach. Als die Schweizer Vertreter dann im Herbst desselben Jahres Möglichkeiten prüften, um die Verhandlungen auf einer anderen Basis wieder aufzunehmen und zu beleben, mussten sie feststellen, *dass der einseitige, abrupte und nicht vorangekündigte Verhandlungsabbruch bei den Exponenten der EU auf sehr viel Unverständnis gestossen war.* Der Goodwill war dadurch kaum noch vorhanden, die Ausgangslage hatte sich verhärtet, die Weiterführung von Verhandlungen erwies sich als schwierig. Zudem wollte die EU die Verhandlungen um die Zahlung der Kohäsionsmilliarde – den Schweizer «Freiwilligenbeitrag» für den Zugang zum EU-Binnenmarkt – nur noch im Zusammenhang mit den Verhandlungen für ein neues Rahmenabkommen verstanden wissen, was die vormalige (zumindest formelle) Freiwilligkeit des Beitrags in Frage stellte. Die Erwartungshaltung der EU war nach diesem ungeschickten Schweizer Manöver klar: Nun akzeptiert ihr unsere Regeln für den Marktzugang – oder lasst es bleiben.[1074] Die Verhandlungssituation entspannte sich erst etwas, als sich die Ausgangssituation änderte und die EU und die Schweiz im Zuge des russischen Angriffskriegs gegen die Ukraine wieder enger zusammenrückten.

8. Debriefing

Um aus Verhandlungen zu lernen und die eigenen Verhandlungsskills, aber auch jene unseres Teams stets zu verbessern, sollten wir nach Abschluss unserer Verhandlungen deren Ergebnis und Verlauf kritisch hinterfragen. Dazu dient das Debriefing. Dieses gehört zum Verhandlungsprozess wie die Vorbereitung oder Durchführung der Verhandlung.[1075]

Auch wenn das Debriefing auf die individuelle Verhandlungspraxis zugeschnitten werden sollte, bieten sich insbesondere die folgenden Themen an:

1072 Siehe auch Schranner, Verhandlungsführung, S. 115 f.; Heussen/Pischel, Handbuch Vertragsmanagement, Teil 2, Rz. 622 ff., 567b.
1073 Die ADR wird in Kapitel VI.D behandelt.
1074 Steinvorth, Schweizer Parlamentarier enttäuscht von der EU, NZZ vom 11. November 2021.
1075 Bühring-Uhle et al., Verhandlungsmanagement, S. 207 ff.; Troczynski/Löhr, Verhandlungen gewinnen, S. 139 ff.

Thema	Vorbereitung der Verhandlung	Debriefing
Interessen und Verhandlungsziel der Parteien	Analyse Was ist das Verhandlungsziel der Parteien beziehungsweise deren MAPP?	■ Wie gut war unsere Analyse? Wo hatten wir Schwächen, Fehleinschätzungen? Weshalb? ■ Haben wir unsere Ziele erreicht? ■ Wie bewerten wir die Verhandlung insgesamt?
BATNA / Exitstrategien	Was ist die BATNA der Parteien?	Haben wir die BATNA der Parteien realistisch eingeschätzt? Wenn nein, warum nicht?
Verhandlungsumgebung	Analyse der Verhandlungsumgebung auf allen 5 Ebenen	Haben wir die wesentlichen Elemente der Verhandlungsumgebung in unserer Analyse erkannt?
Stärken und Schwächen der Parteipositionen, «Trigger Points»		Dito
«Leverage»	Wo besteht «Leverage» für die Parteien?	Dito
Worin könnten Lösungen bestehen?	MAPP, ZOPA	■ Haben wir erfolgreich Lösungen zum Abschluss bringen können? Worin hätten andere, ebenfalls vorteilhafte Lösungen bestanden? ■ Wären diese auch für andere Fälle einsetzbar?
Was hindert die andere Partei, die vorgeschlagenen Lösungen zu akzeptieren?	Fragetechniken	■ Haben wir die Hindernisse auf dem Verhandlungsweg rechtzeitig und korrekt identifiziert? ■ Konnten wir diese erfolgreich beseitigen oder überwinden?
Szenarien und Bewertung		War unsere Szenarioanalyse zutreffend?
Verhandlungsplanung/ Scripting		■ Was ist gut gelaufen? ■ Was war nicht so gut? ■ Was hat die Verhandlung erschwert? ■ Was müssen wir verbessern? ■ War unsere Strategie und -taktik richtig? ■ Haben wir «des Pudels Kern», «Trigger Points» richtig identifiziert? ■ Haben wir das Team gut vorbereitet, hat es konsistent und koordiniert verhandelt?

Thema	Vorbereitung der Verhandlung	Debriefing
Verhandlungsstrategie und -taktik	Planung	■ Waren unsere Strategie und Taktik in Bezug auf die konkrete Verhandlungssituation und -umgebung richtig gewählt? ■ Was hat sich bewährt? Mit welchen Strategien und Taktiken konnte das Ziel erreicht werden? ■ Beziehungsweise woran sind wir gescheitert? ■ Was könnten wir das nächste Mal besser machen?
	Gesprächseinstieg	■ Mit welchen Fragen wollten wir diese Phase aufrollen? ■ Welchen Weg haben wir gewählt, um unserem Gesprächspartner unser Angebot nahezubringen? ■ Wie haben wir unvorhergesehene Situationen gemeistert?
Verhandlungsprozess	Organisation und Ablaufplanung, Kommunikation, Dokumentation	■ Haben wir den Verhandlungsprozess erfolgreich gemeistert? ■ Was könnten wir das nächste Mal besser machen?

Dabei ergeben sich stets wertvolle Anregungen und Verbesserungsvorschläge für die nächste Besprechung oder die nächste Verhandlung!

Teil 4:
Konfliktlösung

VI. Konfliktsituationen: Verhandeln unter erschwerten Bedingungen

*«Nicht jene, die streiten sind zu fürchten,
sondern jene, die ausweichen.»*
Marie von Ebner-Eschenbach

*«Das Problem zu erkennen ist wichtiger als die Lösung
zu kennen, denn die genaue Betrachtung des Problems
führt zur Lösung.»*
Albert Einstein[1076]

A. Konfliktmanagement in Verhandlungen

1. Konflikte und Konfliktmanagement

Es ist, wie der deutsche Managementberater Reinhard K. Sprenger zu Recht bemerkte, ein gesellschaftliches Vorurteil, dass nur das harmonische Einverständnis der Menschen Zusammenhalt bietet und der Konflikt das Gegenteil dazu bildet.[1077] In der Tat sind Konflikte alltäglich und ein unvermeidlicher Bestandteil unseres Lebens. Es erstaunt deshalb wenig, dass wir auch während Verhandlungen immer wieder damit konfrontiert werden. Dies ist umso mehr der Fall, wenn wir mit dem Zweck verhandeln, Konflikte beizulegen. In diesem Fall ist bereits die Ausgangslage der Verhandlungen konfliktbeladen. Wie wir mit Konflikten umgehen (können), ist deshalb zentral für unsere Verhandlungspraxis.

Der Begriff *«Konflikt»* ist dabei von einer *«Meinungsverschiedenheit»* zu unterscheiden: Während eine Meinungsverschiedenheit bereits dann besteht, wenn zwei Parteien unterschiedliche Meinungen – oder wie Sprenger sagt, eine **Erwartungsdifferenz** – haben, entsteht daraus ein Konflikt, wenn die Differenz nicht beigelegt werden kann und beide Parteien auf ihren Positionen beharren.[1078] Der Übergang zwischen diesen ist allerdings oft fliessend. Treten deshalb Konflikte im Rahmen der Verhandlungsführung auf, so *bleibt der grundsätzliche Verhandlungsprozess derselbe. Nur verschieben sich die Akzente und das Verhandlungsinstrumentarium*, welches zum Einsatz gelangt, wird durch spezifische Konfliktma-

In Konfliktsituationen dominieren oft die Beziehungsaspekte die Inhaltsaspekte.

1076 Zitiert bei Kostka, Praxishandbuch Change Management, S. 131.
1077 Vgl. Sprenger, Magie des Konflikts, S. 17.
1078 Sprenger, Magie des Konflikts, S. 107 f.

nagementtechniken erweitert, die in diesem Kapitel behandelt werden.[1079] Zudem haben hintergrund- und erfahrungsbedingt nicht alle Parteien dieselbe Auffassung davon, wann ein Konflikt vorliegt: Was den einen noch als übliche Meinungsverschiedenheit gilt, wird von den anderen bereits als erheblicher Konflikt wahrgenommen.[1080] Noch weiter gehen die Meinungen auseinander, wenn es darum geht zu erklären, was dessen Ursache ist.

Es ist üblich, dass in Verhandlungen vermeintliche «Deal Killers» auftreten. Die Frage ist nur, wie wir damit umgehen.

Die einzige Konstante in all unseren Konflikten sind wir. Wie wir mit Konflikten umgehen, liegt deshalb in unserer Hand. Totschweigen und Unter-den-Teppich-Kehren ist dabei meist eine schlechte Wahl, da sich Konflikte damit verfestigen, ausbreiten und die Beziehung *langfristig vergiften* – der bekannte Konfliktforscher Professor Bernard Mayer spricht in diesem Zusammenhang von der **«Conflict Avoidance Trap»**.[1081] Wir kennen dies alle aus persönlichen und geschäftlichen Beziehungen, aber auch aus der Politik. So belastet etwa seit Jahrzehnten der Unwille der japanischen Regierung, das begangene koloniale Unrecht in Ostasien wie die Kriegsverbrechen in der Mandschurei, die Zwangsarbeit und -prostitution zu Gunsten der japanischen kaiserlichen Besatzungsarmee oder die Massaker von Nanjing in der ersten Hälfte des 20. Jahrhunderts einzugestehen und sich zu entschuldigen, die Beziehungen zu den Nachbarstaaten.[1082] Oder es entsteht eine *Pseudosolidarität*, die zusammenbricht, sobald die Spannung zu gross wird. Das Verdrängen des Konflikts führt zudem oft dazu, dass sich die Parteien *auf ihre eigenen Positionen versteifen*,[1083] was interessenorientierte Lösungen behindert.

1079 Hermann Rock etwa vertritt die Auffassung, jede professionelle Verhandlungsführung sei nichts anderes als Konfliktmanagement (siehe Rock, Erfolgreiche Verhandlungsführung, S. 429).
1080 Glasl definiert den Begriff des «sozialen Konflikts» allerdings weit als «Interaktion zwischen Aktoren (Individuen, Gruppen, Organisationen etc.), wobei wenigstens ein Aktor eine Differenz beziehungsweise Unvereinbarkeiten im Wahrnehmen und im Denken beziehungsweise Vorstellen und im Fühlen und im Wollen mit dem anderen Aktor (den anderen Aktoren) in der Art erlebt, dass beim Verwirklichen dessen, was der Aktor denkt, fühlt oder will eine Beeinträchtigung durch einen anderen Aktor (die anderen Aktoren) erfolge» (GLASL, Konfliktmanagement 2020, S. 17).
1081 MAYER, Staying with Conflict, S. 55. – Eine voreilige *Vereinbarung* zur Beilegung eines Konflikts beinhaltet das Risiko, den Konflikt zu unterdrücken und damit zu perpetuieren, die Parteien in ihren Möglichkeiten zu früh zu limitieren, die wichtigen Konfliktfragen zu verschleiern, die Beziehung nachhaltig zu schädigen und schliesslich die *Parteien zu destruktivem Verhalten zu verleiten* beziehungsweise sogar zu zwingen, weil sie dann nur durch dieses ihre vermeintlich berechtigten Interessen durchsetzen können (siehe dazu auch MAYER, Staying with Conflict, S. 187f.). Mayer empfiehlt zur Vermeidung einer voreiligen Konfliktlösung, sich die Fragen zu stellen: (i) Welches Problem soll die vorgeschlagene Lösung adressieren? (ii) Wird das vordringlichste Thema mit der vorgeschlagenen Lösung adressiert? (iii) Wie gut wird dieses durch die vorgeschlagene Lösung behoben? (MAYER, Staying with Conflict, S. 79).
1082 Vgl. dazu etwa COULMAS, Japan und seine Nachbarn, NZZ online vom 30. Mai 2020.
1083 SPRENGER, Magie des Konflikts, S. 115.

Allerdings können nicht alle Konflikte völlig aufgelöst und beseitigt werden. Viele Konflikte lassen sich nicht lösen, sondern nur *besser handhaben*.[1084] Diesfalls soll das Konfliktmanagement den Parteien erlauben, **Konflikte auf eine konstruktive Weise auszutragen** und so beizulegen, dass eine positive **Koexistenz im Rahmen gemeinsamer Interessen** möglich ist – selbst wenn dies in gewissem Mass ein «*staying with conflict*», wie Mayer dies nennt, bedingt.[1085] Dies ist gerade in den Bereichen der Wirtschaft und der Politik oft das Ziel: Selbst wenn zwei Parteien nach hitzigen Verhandlungen zusammen einen Vertriebsvertrag abschliessen, möchte die Herstellerin einen möglichst hohen Preis, was genau das Gegenteil der Vorstellung der Distributorin ist. Dennoch finden beide einen Weg, um ihre divergierenden Interessen über ein gemeinsames Ziel – das Produkt auf dem Zielmarkt möglichst gut zu verkaufen – in Einklang zu bringen. Oder zwei Länder finden eine Lösung zur Regelung des Meerzugangs, der ihren beiden Interessen Rechnung trägt. Und hier liegt auch die Stärke des interessenorientierten Verhandelns: Statt binäre «Schwarz-weiss»-, «Ja-nein»- oder «Alles oder nichts»-Lösungen akzeptieren interessenbasierte Lösungen die *der Verhandlungssituation inhärente Ambivalenz* und fokussieren auf eine ZOPA, die ihre gemeinsamen Interessen umfasst.

Daneben gibt es auch Konflikte, die nicht durch eine gemeinsame Verhandlungslösung beigelegt werden sollen oder können und wo die **Rechtsdurchsetzung** im Vordergrund steht. Davon handeln die Kapitel VI.B und VI.D. Im politischen Bereich setzen hier auch oft sogenannte *Containment-Strategien* ein, als Strategien, welche auf die Zurückbindung und Kontrolle des Gegners setzen.[1086]

[1084] Sprenger, Magie des Konflikts, S. 199 – dies ist aber auch nicht weiter schlimm, wenn wir Konflikte als Normalzustand sowie als Quelle neuer Ideen betrachten, die uns aus (drohender) Stagnation herausführen.
[1085] Mayer, Staying with Conflict, S. 52.
[1086] Dies ist etwa im Verhältnis des Westens zum militärisch und wirtschaftlich aggressiv expandierenden China der Fall; vgl. dazu beispielsweise Beckley, Enemies of My Enemy, S. 77 ff.

2. Konflikte als Chancen

*«Wer Streit vermeidet,
erntet noch lange nicht Frieden.»*

Reinhard K. Sprenger[1087]

Da Konflikte unvermeidlich sind, sollten wir sie als ein natürliches Hindernis betrachten, das es auf dem Weg zur Einigung zu überwinden gilt – wie den Steilhang als Zugang zum Berggipfel mit schöner Aussicht.

Da Konflikte unvermeidlich sind, ist es hilfreich, dies zu akzeptieren und sie nicht als Störfaktoren, sondern als ein *zwischenmenschliches Phänomen* zu betrachten, das zum Leben gehört und Verhandlungen inhärent ist. Konflikte setzen voraus, dass wir etwas anders sehen als andere, und sind damit oft eine Quelle der Inspiration und Innovation. Sie stellen zudem eine *Chance* dar, um die bestehende persönliche, geschäftliche oder gesellschaftliche Beziehung besser zu verstehen und gemeinsam eine nachhaltige Zukunft zu gestalten. Eine Beziehung, welche bereits erfolgreich Konflikte gemeistert hat (etwa im Rahmen der Verhandlungen), ist *stabiler* als jene, die noch keinen solchen Belastungstest zu bestehen hatte. Geklärte Differenzen befreien die Beziehung von Ballast. Versuchen Sie deshalb, den Konflikt als ein natürliches Hindernis zu betrachten, das es auf dem Weg zur Einigung zu überwinden gilt – wie den Steilhang als Zugang zum Berggipfel mit schöner Aussicht. Zudem helfen Konfliktsituationen zu testen, wie sehr die andere Partei an gewissen Positionen hängt, wieviel Verhandlungsspielraum besteht oder wie gross ihr Verhandlungswille ist beziehungsweise wer die Verhandlungen überhaupt unterstützt. Auch geben sie einen Vorgeschmack auf die Beziehung nach Abschluss der Vereinbarung, die oft auch nicht nur störungsfrei verläuft: Können wir während der Verhandlungen einvernehmlich Lösungen finden, bestehen gute Chancen, dass dies auch später der Fall sein wird. Konflikte haben damit eine wichtige *Indikatorfunktion für die Beziehung* zwischen den Parteien. Wenn wir Konflikte dergestalt als Chance und nicht als Störfaktoren betrachten, fällt es uns auch einfacher, tragfähige Lösungen zu finden. Ein konstruktiver Umgang mit Konflikten stellt deshalb eine Grundvoraussetzung für eine erfolgreiche Konfliktbewältigung dar.

3. Grundlagen des Konfliktmanagements

Konflikte stellen Kommunikationsstörungen dar. Sie können auf der Inhalts- wie auch auf der Beziehungsebene auftreten, oder auf beiden zusammen.

Konflikte werden in der Kommunikationslehre als Kommunikationsstörungen betrachtet. Sie können auf der *Inhalts- wie auch auf der Beziehungsebene* auftreten, oder auf beiden zusammen (Mischformen): So können die Parteien beziehungsmässig im Klaren sein und einen inhaltlichen Konflikt austragen.[1088] Dies ist die reifste Art der Konfliktbewältigung. Wenn inhaltlich Einigkeit besteht, jedoch die

---

[1087] SPRENGER, Magie des Konflikts, S. 114. Vgl. zu «Conflict Avoidance Trap» Kapitel VI.A.1.
[1088] WATZLAWICK, Menschliche Kommunikation, S. 94.

Beziehung gestört ist (zum Beispiel aufgrund anderer Auffassungen, Weltanschauungen, Werten), besteht meist eine labile Situation, und sobald die inhaltliche Einigung oder der gemeinsame Beziehungs- oder Geschäftszweck beeinträchtigt wird beziehungsweise wegfällt, ist auch die Beziehung ernsthaft gefährdet.[1089] Weiter können Probleme auf beiden Ebenen liegen oder kann Konfusion darüber bestehen, wo die Problematik anzusiedeln ist.[1090] Stellt beispielsweise eine Partei die Fähigkeit der anderen Partei in Frage, eine bestimmte (technische, organisatorische etc.) Lösung zu realisieren, kann dies die *Inhaltsebene* betreffen. Oftmals wirkt sich dies jedoch auch auf der *Beziehungsebene* aus, da sich die andere Partei in den persönlichen Fähigkeiten und ihrer gesellschaftlichen und beruflichen Geltung in Frage gestellt fühlt. Wenn etwa eine Fachpersonen ihrem Gegenüber von gleichem Kaliber eine Selbstverständlichkeit mitteilt, kann diese dies als Infragestellung ihrer Kompetenz auffassen: Sie versteht diese Mitteilung unter Umständen nicht als Klärung oder Ich-Botschaft («ich weiss das»), sondern vielmehr als «Ich sag dir das, weil du dies nicht weisst».[1091] Werden die **Ursachen des Konflikts** nicht erkannt und wird dieser auf der falschen Ebene ausgetragen, so entstehen unlösbare *«Pseudokonflikte»*.[1092] Diese treten im Verhandlungsalltag oft auf, gilt es doch als «unprofessionell», Emotionen mit Sachfragen zu vermischen – obschon dies, wie die Systemtheorie zeigt, gerade dem Normalfall entspricht. Und so reden wir weiterhin munter aneinander vorbei.

Um Konflikte zu verstehen, müssen wir deren Kontext verstehen[1093] und uns fragen, **weshalb** sie auftreten. Entsprechend ihrer Ursache und ihres Ziels können Strategien zur Konfliktbeilegung präventive, kurative wie auch deeskalierende und eskalierende Interventionen beinhalten.[1094]

Auch wenn sie sich zwischen Ländern, Unternehmen, Organisationen und Menschen abspielen, werden am Ende des Tages die meisten Konflikte letztlich auf der menschlichen Ebene ausgetragen[1095] und beinhalten deshalb **Wertungen, Wahrnehmungsthemen, Gedanken, Gefühle, Motive sowie Kommunikationsstörungen,** die das Verhalten der Konfliktparteien lenken. Der bekannte Konflikt-

Um Konflikte zu verstehen, müssen wir uns fragen, weshalb sie auftreten.

1089 WATZLAWICK, Menschliche Kommunikation, S. 94.
1090 WATZLAWICK, Menschliche Kommunikation, S. 95.
1091 WATZLAWICK, Menschliche Kommunikation, S. 97.
1092 WATZLAWICK, Man kann nicht nicht kommunizieren, S. 45.
1093 Siehe dazu etwa MAYER, Staying with Conflict, S. 40 ff.
1094 GLASL, Konfliktmanagement 2020, S. 337 ff.
1095 Vgl. auch Kapitel IV.B.1. – Watzlawick wies nach, dass gerade Konflikte auf der Beziehungsebene gerne auf die Sachebene verlagert werden, wo kein offensichtlicher Konflikt besteht (er spricht dabei von den Inhalts- und Beziehungsaspekten eines Konflikts). Dort wird dann ein Pseudokonflikt ausgetragen, der nicht gelöst werden kann, da er nicht an seiner Ursache angegangen wird (WATZLAWICK, Man kann nicht nicht kommunizieren, S. 45).

forscher Friedrich Glasl hat die Interaktion der verschiedenen Funktionen wie folgt dargestellt:[1096]

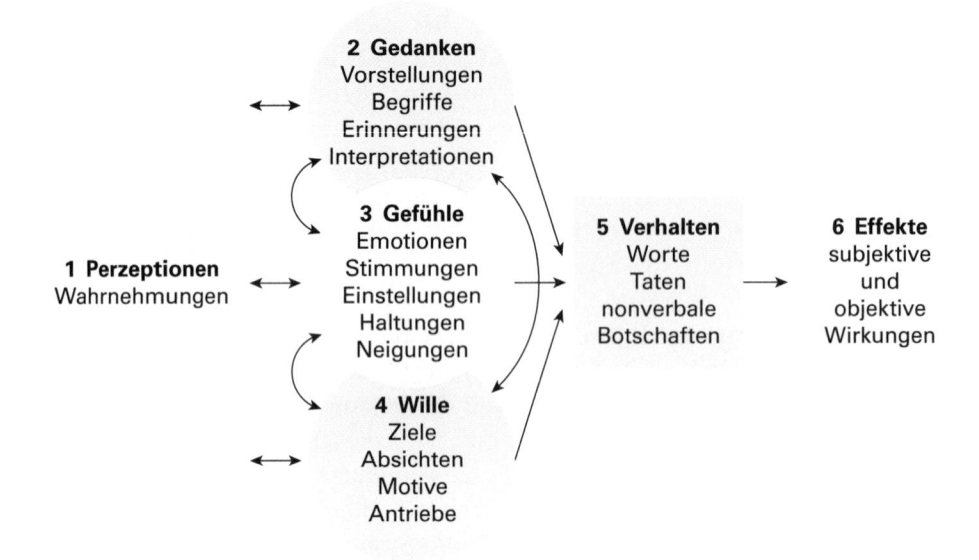

Abb. 22 – Übersicht über den Wahrnehmungsprozess

Indem wir unsere Wahrnehmung als «richtig» betrachten, ist unserem binären Verständnis entsprechend die andere Auffassung «falsch». Unser Bestreben ist deshalb, die andere Partei zu überzeugen, ihr «falsches» Verständnis aufgeben. Dies erfolgt oft durch Überzeugungskraft, Taktik und Druck und führt zur negativen Verhandlungsschlaufe, die wir in Kapitel IV.B.9 untersucht haben.

Glasl unterscheidet zwischen «heissen» und «kalten» Konflikten: Während sich **«heisse» Konflikte** expansiv äussern und durch eine heftige Stimmungslage (Glasl spricht von «Begeisterungsstimmung») und dem Wunsch, Ideale auf andere zu übertragen, auszeichnen, sind «kalte» Konflikte durch Rückzug, Desillusion, Enttäuschung und Frustration geprägt.[1097] In «heissen» Konflikten steht vorab die *direkte Klärung der Beziehung* im Vordergrund. Danach kann an organisatorischen Aspekten und Rahmenbedingungen gearbeitet werden. In **«kalten» Konflikten** dagegen muss zuerst die *Innensicht der Parteien* eine Änderung erfahren, bevor überhaupt an der Beziehung mit der Aussenwelt gearbeitet werden kann.[1098]

1096 Die Darstellung entstammt aus dem Werk GLASL, Konfliktmanagement, S. 40.
1097 GLASL, Konfliktmanagement, S. 77 ff.
1098 GLASL, Konfliktmanagement, S. 87 und DERS., Konfliktmanagement 2020, S. 325 mit Übersicht.

Dies ist für die Verhandlungsführung insofern relevant, als je nach Art des Konfliktes eine andere Bewältigungsstrategie erforderlich ist.

Glasl hat zudem aufgezeigt, dass Konflikten oft eine **eskalierende oder deeskalierende Dynamik** innewohnt,[1099] welche sich dann zunehmend auf allen Ebenen der Interaktion auswirkt.[1100] Wichtig für Verhandlungen ist neben der **obigen Erkenntnis, dass frühzeitig erkannte, potentiell erhebliche Konflikte präventiv angegangen** und insbesondere mit der anderen Partei angesprochen werden sollten. **Bestehende oder mögliche Konflikte sollten deshalb in die Analyse miteinbezogen** werden. Dies ist umso mehr der Fall, als Konflikte ab einem bestimmten Eskalationsniveau nur noch schwer beizulegen sind.[1101] Dabei ist die Analyse der Diskrepanzen wichtig in Bezug auf

- die Interessen der Parteien und
- deren Perzeption,
- den Auslöser für die Konflikte,
- die Frage, wer vom Konflikt profitiert und wer verliert,
- die Entflechtung der Einflüsse auf den Konflikt und den Konfliktverlauf,
- die Neugestaltung der Kommunikation und
- die Definition von Mechanismen zur zukünftigen Unterbindung von Konflikten.[1102]

Die natürliche Reaktion bei Konflikten ist zu *kämpfen, zu flüchten oder aufzugeben*.[1103] Die heutige Konfliktforschung geht jedoch davon aus, dass traditionelle Mittel wie **Zwang, Drohung, Moralisieren, Ablenken oder Manipulation** viel eher zu einer Verschärfung oder Verschleppung des Konfliktes als zu dessen Lösung führen.[1104] Sie rät deshalb, **bestehende Hindernisse** zwecks Entwicklung der gegenseitigen Aufgeschlossenheit und des gegenseitigen Interesses **konstruktiv anzusprechen**, damit Misstrauen zu überwinden, gegenseitiges Vertrauen

> Konflikten wohnt oft eine eskalierende oder deeskalierende Dynamik inne, welche sich dann zunehmend auf allen Ebenen der Interaktion auswirkt.

1099 GLASL, Konfliktmanagement, S. 199 ff.
1100 Vgl. GLASL, Konfliktmanagement, die Übersicht auf S. 305.
1101 Glasl hat gezeigt, dass sich Konflikte oftmals aufschaukeln, da sich die **konfliktorientierten Verhaltensweisen der Parteien gegenseitig verstärken**. Dabei durchlaufen Konflikte verschiedene Stufen, in welchen zuerst noch «win-win», dann «win-lose» und schliesslich nur noch «lose-lose»-Ergebnisse erzielt werden. Besonders nach **Gesichtsverlusten** rutscht die Eskalation oftmals definitiv in den totalen Konflikt ab (sogenanntes **«Stufenmodell der Eskalation»**; vgl. dazu GLASL, Konfliktmanagement 2020, S. 234 und 243 ff.).
1102 Vgl. dazu GLASL, Konfliktmanagement, S. 322.
1103 Vgl. auch GIRSBERGER/PETER, Aussergerichtliche Konfliktlösung, S. 44 ff.; HEUSSEN/PISCHEL, Handbuch Vertragsmanagement, Teil 2, Rz. 568 ff.
1104 Siehe dazu GLASL, Konfliktmanagement, S. 329 ff.

zu entwickeln und die gegenseitigen Erwartungen zu klären.[1105] Die Konfliktsituation sollte dabei analysiert werden, um anschliessend die Interessen der Parteien zu identifizieren oder zu klären.[1106] Hier gilt es, eine Balance zwischen taktvollem Ansprechen von Konflikten und falscher Rücksichtnahme zu wahren: Weder sollten wir wie ein Elefant im Porzellanladen unter dem Vorwand, «halt ehrlich» zu sein, die Beziehung zerstören, noch halbherzig und mutlos Konflikte «schönreden», wird doch der Konflikt dadurch einmal mehr «umgangen». Dies, gepaart mit vertrauensbildenden Massnahmen, erlaubt es den Parteien, Vertrauen aufzubauen[1107] sowie eine gemeinsame Interessensphäre und Verhandlungskultur zu definieren und zu etablieren.[1108] Damit legen sie die Grundlagen für eine erfolgreiche konsensuale Konfliktbeilegung.

Dieses Vorgehen zur Konfliktbeilegung folgt dem Lauf der in Kapitel IV.B.9 beschriebenen **positiven Verhandlungsspirale, wobei sich die im Rahmen des Kernverhandlungsprozesses dargelegten psychologischen Verhandlungstechniken besonders gut eignen, um den Konflikt aufzuarbeiten**. Selbst wenn schliesslich keine Lösung erzielt werden kann, lohnt es sich, den Konflikt soweit als möglich zu beheben, da dies Raum für eine zukünftige Konfliktbeilegung schafft. Weiterschwelende Konflikte dagegen treten erfahrungsgemäss immer wieder an die Oberfläche. Schon nur die Weiterführung des Dialogs hilft oft, einen erneuten offenen Ausbruch des Konflikts zu verhindern.

Die Thukydides-Falle

Eine typische Konfliktsituation entsteht, wenn eine aufstrebende Macht oder Partei das Gefühl hat, *ihre Interessen verdienten mehr Gewicht,* weil sie an Stärke gewinnt. Sie fühlt sich dann von den geltenden Regelungen, die vor ihrem Aufstieg festgelegt wurden, diskriminiert und eingeschränkt und möchte die Verhältnisse entsprechend ihren Bedürfnissen und Vorstellungen anpassen. Die dominierende Macht oder Partei dagegen tut alles, um die *vorherrschenden Verhältnisse* wie auch die *Regeln, wie diese angepasst werden,* beizubehalten, da sie diese mitgestaltet hat und daraus mannigfaltige Vorteile zieht.

Eine solche Situation führt zwangsläufig zu Konflikten. Um diese möglichst zu vermeiden, in einem erträglichen Mass zu halten oder zu überwinden, bedarf es einer

---

1105 GLASL, Konfliktmanagement, S. 333.
1106 Glasl spricht von «issue-bezogener Intervention» (GLASL, Konfliktmanagement, S. 351 ff.).
1107 Dazu gehören etwa gemeinsame Treffen, Telefonate, regelmässige und transparente Kommunikation, Einhalten von Abmachungen, pünktliches Erscheinen an Sitzungen beziehungsweise Einloggen in Telefonkonferenzen, schriftliches Festhalten von erzielten Zwischenergebnissen, Respektieren derselben (nicht hinter diese zurückgehen), angemessenes Feiern des gemeinsamen Erfolges etc. (vgl. auch GLASL, Konfliktmanagement, S. 367 ff., sowie Kapitel IV.B.7).
1108 Auch hier steht die Intervention bezüglich der Beziehung der Partei im Vordergrund (vgl. auch GLASL, Konfliktmanagement, S. 373 ff.).

schmerzhaften Anpassung der Vorstellungen, Ansprüche und Handlungen nicht nur des Herausforderers, sondern auch des Herausgeforderten. Wenn beide Parteien jedoch der Eskalationsdynamik dieses Konfliktes folgen, spricht man von der Thukydides-Falle.[1109]

Einen solchen Konflikt sehen viele Historiker in dem sich zuspitzenden Konflikt zwischen den USA und China: Während die USA insbesondere nach dem Zusammenbruch der Sowjetunion die Hauptarchitektin und Hüterin der internationalen Weltordnung des letzten Jahrhunderts waren, haben sich im 21. Jahrhundert die Verhältnisse geändert. Die Hegemonie der USA wird insbesondere von China in Frage gestellt. Noch im Jahr 2004 war Chinas Wirtschaft nur halb so gross wie jene der Vereinigten Staaten. Doch schon 2014 war das Bruttoinlandsprodukt gleich hoch wie in den USA, und es dürfte bis 2024 wieder um die Hälfte wachsen. Bereits im Jahr 2012 war China der führende Handelspartner für 124 Länder, während nur 76 diese Beziehung zu den USA hatten. Dies war eine grosse Veränderung seit 2006, als die USA der grösste Handelspartner von 127 Ländern waren.

Der Aufstieg des einen und die Reaktion des bisher dominanten Players erzeugen eine Eskalationsdynamik, die in Richtung Konflikt führt. Der aktuelle Handelskrieg zwischen den USA und China, aber auch die Konfliktsituation im südchinesischen Meer sind typische Beispiele dafür. Mit den berühmten Worten «*Das Wachstum der athenischen Macht und die Angst, die dies in Sparta verursachte, machten den Krieg unvermeidlich*» begründete Thukydides, warum seines Erachtens der Peloponnesische Krieg unausweichlich gewesen sei: Er war nicht zufällig oder von einzelnen Macht-Playern verursacht, sondern ein natürliches Ergebnis langfristiger Machtverschiebungen, als Sparta, der traditionelle Hegemon der griechischen Stadtstaaten, von der wachsenden Macht Athens bedroht wurde. Dasselbe Szenario könnte sich ergeben, wenn China angesichts seines schnellen militärischen und wirtschaftlichen Wachstums und seiner gigantischen Grösse die Dominanz der USA auf der Weltbühne politisch und wirtschaftlich noch schärfer herausfordert. Dann kann selbst ein normales Ereignis und nicht nur ein unerwartetes, aussergewöhnliches Ereignis einen grossen Konflikt auslösen– so wie der Schmetterlingsschlag in der Chaostheorie einen Sturm verursachen kann.

Die *Herausforderung* der USA und Chinas – und aller Parteien, die sich in einer Thukydides-fallenartigen Situatione befinden – besteht darin, ihre Rivalität in geordnete Bahnen zu lenken und ohne Blutvergiessen zu bewältigen.[1110]

Um der Thukydides-Falle zu entgehen, hilft einerseits, sich der Problematik und der Alternativen bewusst zu sein. Zudem müssen bei einer sich abzeichnenden Thukydides-Situation unbedingt die *Kommunikationskanäle* gestärkt und *ver-*

1109 Vgl. etwa von Senger, Moulüe, S. 68.
1110 Zum Ganzen siehe ausführlich Sommer, China First, S. 353; ‹https://de.wikipedia.org/wiki/Thukydides›; Ravi Kant, Die Thukydides-Falle des 21. Jahrhunderts, Asia Times online, 27. Februar 2020.

trauensbildende Massnahmen getroffen werden, um den Konkurrenten nicht nur möglichst – unter *Einbezug weiterer Verbündeter* – von einer Eskalation abzuschrecken, sondern auch so einzubinden, dass sich die Kooperation mehr als die Eskalation lohnt («goldene Brücke bauen»).

Die Konfliktbeilegung im Rahmen der Verhandlungsführung ist ein *Subprozess* derselben und folgt vereinfacht dargestellt folgendem Ablauf:

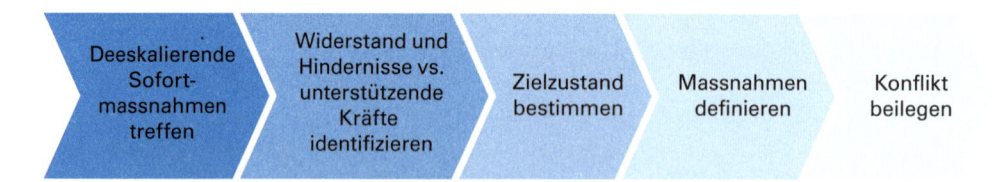

Deeskalierende Sofortmassnahmen treffen → Widerstand und Hindernisse vs. unterstützende Kräfte identifizieren → Zielzustand bestimmen → Massnahmen definieren → Konflikt beilegen

Abb. 23 – Prozess zur Konfliktbeilegung

4. Konflikte antizipieren, vermeiden und frühzeitig lösen

Die beste Art, mit Konflikten umzugehen, ist – wie gezeigt – sie zu *antizipieren und in einer frühen Phase zu lösen*. Konflikte zu *vermeiden* dagegen ist dann sinnvoll, wenn sie durch Unachtsamkeit (wie die Missachtung kultureller Gepflogenheiten) oder Missverständnisse zustande kämen.[1111] Dazu hilft uns eine sorgfältige **Beobachtung und Analyse** der Verhandlungssituation: Wer weiss, wie es um die Befindlichkeit der anderen Partei steht, kann sich darauf einstellen und damit verbundene Probleme vermeiden oder rechtzeitig lösen. Sobald jedoch eine Vielzahl von Personen oder Stellen in den Konflikt involviert sind, bereits ein hoher Erwartungsdruck herrscht oder die Positionen verhärtet und die Emotionen aufgekocht sind, wird die Streitbeilegung kompliziert.

In den meisten Konflikten ergibt sich bisweilen ein **«Window of Opportunity»**, also ein Zeitfenster, in dem die Streitbeilegung leichter möglich ist. Dies ist bei Rechtsstreitigkeiten regelmässig der Fall, bevor der Fall vor Gericht geht, oder dann nach dem ersten Schriftwechsel, wenn die Parteien *noch begrenzte Zeit und Mittel in den Konflikt investiert* haben und bei einer einvernehmlichen Streitbeilegung das Gesicht wahren können. Ebenso verhält es sich in der Politik: Als im arabisch-israelischen Krieg 1973 Israel durch die anfänglichen Rückschläge ernüchtert und Ägypten der Meinung war, sich Respekt verschafft zu haben, gelang es den USA, einen Waffenstillstand herbeizuführen. Dabei machten die

---

[1111] Die «Magie des Konfliktes», wie Sprenger sie nennt, wird in den Kapiteln VI.A.1–3 aufgezeigt.

USA den Konfliktparteien klar, dass sie zwar eine israelische Niederlage nicht zulassen, jedoch sofort nach Beendigung des Krieges eine diplomatische Lösung anstreben würden, was dann auch gelang.[1112] Solche Opportunitäten stellen sich regelmässig ein, wenn die *Konfliktparteien konfliktmüde sind, Veränderungen in ihren Führungsgremien oder im Kreis der Verbündeten aufgetreten sind oder wenn sich das Verhandlungsumfeld sonstwie soweit verändert hat, so dass das bisherige Konfliktgleichgewicht erheblich gestört ist.* Insbesondere unverbrauchte charismatische, führungsstarke Leader wie seinerzeit Nelson Mandela bei der Überwindung der Apartheit in Südafrika oder Tony Blair bei der Lösung des Nordirlandkonflikts, die an eine Konfliktlösung glauben, tragen massgeblich zu dieser bei.[1113] Dies gilt gelegentlich auch in langwierigen Rechtsstreitigkeiten bei Anwaltswechseln, neuen CEO oder Projektverantwortlichen, die in die Zukunft schauen und belastende Konflikte hinter sich lassen möchten. In Rechtsstreitigkeiten treten solche Opportunitäten zudem oft nach dem ersten Schriftenwechsel auf, wenn die Positionen der Parteien geklärt und weitere teure Verfahrensschritte anstehen. Auch kann sich *nach besonderen Tiefpunkten* in der Beziehung die Erkenntnis durchsetzen, dass es so einfach nicht weitergehen kann. Deshalb werden Verhandlungen teilweise auch durch bewusste Eskalationen wie dem Anheben eines Gerichtsverfahrens oder militärischen Drohgebärden beziehungsweise sogar Offensiven erzwungen.

«Windows of Opportunity» sollten allerdings nicht einfach abgewartet, sondern wenn möglich *aktiv geschaffen* werden.[1114]

Sind uns die Konfliktursachen bekannt, können wir diese angehen und die Verhandlungen durch vertrauensbildende Massnahmen wie die Klärung von Fragen, die Abgabe von Zusicherungen, das Einschalten von Vermittlern oder beidseitigen Vertrauenspersonen fördern. Dasselbe bezweckt das Gewinnen der Stake-

---

1112 LORD, Kissinger über Kissinger, S. 123 ff. – Wichtig war dabei, dass sich Ägypten unter Präsident Anwar Sadat aus dem sowjetunionorientierten arabischen Block löste und für Verhandlungen mit den Israeli eintrat, und dass die Sowjetunion angesichts der israelischen militärischen Erfolge unbedingt eine einseitige Machverschiebung zu ihren Ungunsten zu vermeiden suchte. Präsident Breschnew setzte sich deshalb auch für die Friedensverhandlungen ein (a.a.O., S. 124 f. und 127).
1113 Dies betonte auch der langjährige Chefunterhändler der britischen Regierung, Jonathan Powell, bezüglich der Gespräche mit der IRA: Der Wahlsieg von Tony Blair und das neue, unverbrauchte Verhandlungsteam, das von diesem eingesetzt wurde, halfen, die Friedensgespräche neu zu lancieren und den jahrzehntelangen Nordirlandkonflikt im Jahre 2007 endlich zu überwinden. Siehe POWELL, Great Hatred, Little Room, S. 8.
1114 POWELL, Talking to Terrorists, S. 167 und 177 f., der den Begriff der «Konfliktreife» kritisiert, da dieser suggeriert, ein Konflikt müsse zuerst «reif» für eine Lösung sein und man müsse praktisch darauf warten, bis diese eintrete.

holder oder der öffentlichen Meinung (sogenanntes **«Campaigning»**),[1115] was gerade in einem politischen oder komplexen wirtschaftlichen Umfeld üblich ist.

> So schaltete die Obama-Administration für ihre (zunächst geheimen) Verhandlungen mit der kubanischen Regierung den Vatikan zur Normalisierung der gegenseitigen Beziehungen ein. Der vermittelnde Bischof hatte südamerikanische Wurzeln, und die katholische Kirche wurde als Institution sowohl in Lateinamerika wie auch in den USA geschätzt. Damit wurde gleichzeitig eine wichtige Unterstützerin zur innenpolitischen Verteidigung dieser Tauwetterpolitik in den USA an Bord geholt. So konnte die Sackgasse, in der sich die Verhandlungen damals befunden hatten, (zumindest bis zur nächsten Administration) überwunden werden.[1116]

5. Acht Empfehlungen für den erfolgreichen Umgang mit Konflikten in Verhandlungssituationen

Aus diesen Erkenntnissen der Konfliktforschung leiten wir acht Empfehlungen ab, wobei die Konfliktbeilegung vorzugsweise dem in den folgenden Abschnitten skizzierten Ablauf folgt:[1117]

5.1 Bleiben Sie ruhig, gewinnen Sie Zeit und deeskalieren Sie wenn nötig

> *«Speak when you are angry and you will make the best speech you will ever regret.»*
>
> Ambrose Bierce[1118]

Bewahren Sie in Konfliktsituationen Ruhe, versuchen Sie, Zeit zu gewinnen, und analysieren Sie die Ursachen und Auswirkungen auf den fünf Verhandlungsebenen.

Konflikte wecken rasch Emotionen, die Angelegenheit wird persönlich, Animositäten, Wünsche und Ängste dominieren. Handlungsmotiv ist nicht mehr das Verhandlungsziel. Vielmehr nehmen Urinstinkte wie «Das lass ich mir nicht gefallen!», «Die sollen nur spüren, wie sich dies anfühlt – wir vergelten Gleiches mit Gleichem!», «Jetzt lassen wir sie mal in ihrem eigenen Saft schmoren!» überhand. Oder wie Watzlawick sagte, dominieren dann die Beziehungsaspekte die Inhaltsaspekte.[1119] Damit gerät die Verhandlung in schwierige Gewässer. Lassen Sie sich deshalb von Konflikten nicht aus der Fassung bringen. Oft werden Störmanöver nämlich bewusst eingesetzt, um genau das zu erreichen und Sie von Ihrem Verhandlungsziel abzubringen. **Bewahren Sie deshalb in Konfliktsituationen**

[1115] Vgl. dazu ausführlich Lax/Sebenius, Komplexe Verhandlungen, S. 2 ff.
[1116] Rhodes, Im Weissen Haus, S. 378 f.
[1117] Diese orientieren sich unter anderem an der von Ury propagierten Strategie und ziehen die von Glasl entwickelten Grundsätze mit ein, wurden jedoch stark erweitert und mit eigenen Erfahrungen angereichert.
[1118] Ambrose Bierce war ein amerikanischer Journalist, Poet und Buchautor. Er lebte von 1842 bis 1914.
[1119] Vgl. Watzlawick, Man kann nicht nicht kommunizieren, S. 27 und 45.

Ruhe, versuchen Sie, Zeit zu gewinnen,[1120] und **analysieren** Sie die Ursachen («warum») sowie die Wirkung («wie») des Konfliktes auf den fünf Verhandlungsebenen (sogenannte «**Konfliktdiagnose**»).[1121] Für Ihr weiteres Vorgehen ist zudem entscheidend, ob die Schwierigkeiten verhandlungstaktisch generiert oder echt sind. Treffen Sie wichtige Entscheide nicht aus einer emotionalen Stimmungslage heraus und spontan auf der Stelle, sondern verschaffen Sie sich Zeit und suchen Sie dann Lösungen[1122] und gegebenenfalls Verbündete.[1123]

Behalten Sie dabei das **Verhandlungsziel sowie die Verhandlungsstrategie und -taktik** im Auge – dies mit der nötigen Flexibilität, um Opportunitäten zu nutzen und kreativ zu verhandeln.

Allerdings ist die Situation nicht gelöst, wenn Sie ruhig sind, aber Ihr Verhandlungspartner tobt: Bevor Sie wieder einen lösungsorientierten Diskurs aufnehmen können, müssen Sie die Situation zuerst **deeskalieren**. Basierend auf den Erkenntnissen der Verhaltensforschung[1124] entwickelte der US-Anwalt Douglas E. Noll eine einfache und hochwirksame dreistufige Deeskalationsmethode, welche im Kern eine Zuspitzung der oben dargestellten Labeling-Technik darstellt:[1125]

Schritt 1: Ignorieren Sie die geäusserten Worte. Was in emotionalen Konflikten auf der Inhaltsebene abläuft, ist so gut wie irrelevant, gute Argumente zielen ins Leere. Wer wütend ist, äussert Dinge, die er oder sie nicht so meint und im Nachhinein oft bedauert. Deshalb macht es keinen Sinn, sich in diesem Moment mit den im emotionalen Sturm geäusserten Worten der anderen Person herumzuschlagen – ignorieren Sie sie!

Schritt 2: Versuchen Sie herauszufinden, welche Emotion dominiert. Starke Emotionen schlagen sich auf der Beziehungsebene nieder, und diese beherrscht dann die Inhaltsebene. Bevor wir uns also über Inhalte unterhalten können, müssen wir die andere Person auf der Beziehungsebene abholen. Von der zentralen Funktion der Emotionen für den Beziehungs- und Erkenntnisaspekt ausgehend identifizierte Noll *sechs fundamentale Affekte:*

- Ärger, Frust;
- Angst, Furcht;
- Besorgnis;

1120 Im Rahmen des Harvard Konzepts wird dies auch «Auf den Balkon gehen» genannt (vgl. Ury, Schwierige Verhandlungen, S. 32).
1121 Glasl, Konfliktmanagement, S. 123 ff.
1122 Vgl. dazu Kapitel VI.A.5.4 ff.
1123 Vgl. dazu Kapitel VI.A.5.5.
1124 Siehe Kapitel IV.B.
1125 Vgl. dazu Kapitel IV.B.6 sowie Noll, Deescalate, S. 16 ff.

- Abneigung, Abscheu;
- Trauer – Scham – Erniedrigung;
- Gefühl des Verlassenseins und Ungeliebtseins.

Einen weiteren Grund für unangemessenes emotionales Verhalten sehe ich darin, dass wir manchmal einfach schlicht «gestresst», also müde und überfordert sind.

Um eine Situation wirksam zu deeskalieren, müssen wir die vorherrschende Emotion ansprechen (siehe Schritt 3). Damit stellen wir einen Konnex zur anderen Person und deren Beziehungsebene her und helfen ihr, ihre Emotionen einzuordnen. Deshalb müssen wir in Schritt 2 *herausfinden, welche Emotion dominiert* (gelegentlich sind es auch zwei oder mehr Emotionen). Dies fällt uns umso einfacher, je besser wir die andere Person kennen. Oft gelingt uns dies auch, indem wir in Schritt 3 nach dem «Try and error»-Prinzip vorgehen und eine oder mehrere der aufgeführten Emotionen ansprechen, die für uns situationsbezogen wahrscheinlich sind.

Schritt 3: Reflektieren Sie die Emotion durch deklaratorische «Du-Aussagen».[1126] Sobald wir eine Vermutung haben, welche Emotion zum Gefühlsausbruch geführt hat, *adressieren* wir diese in neutralen «Du-Aussagen» wie «Du bist wütend.»; «Du bist frustriert.», «Du machst dir Sorgen, weil ….» etc. Noll nennt dies *«Affect Labelling»*. Wenn der «Label» zurückgewiesen wird, versuchen wir es von Neuem mit einer anderen Emotion. Dies führt meistens sehr rasch dazu, dass die andere Person in Form einer Äusserung (beispielsweise durch einen Laut, ein Wort, einen Satz) wieder einen Konnex mit uns herstellt, die Schultern fallen lässt und sich weitgehend entspannt. Dabei seufzt sie, atmet tief aus oder zeigt andere Zeichen der Entspannung, was zeigt, dass wir die vorherrschende Emotion richtig adressiert haben. Dann ist die Grundlage für die Kommunikation auf der Inhaltsebene gelegt.

In der Praxis sieht dies etwa wie folgt aus: Sie sind in einer schwierigen Verhandlung, die für die andere Partei sehr wichtig ist und wo sie unter grossem Druck steht, die Verhandlungen rasch und erfolgreich abzuschliessen. Plötzlich schreit Sie Ihr Verhandlungspartner an:

> Er: «Ich habe genug von diesem Müll, Sie sind einfach unfähig, zu verstehen, worum es uns geht!»
>
> Sie: «Sie sind wütend und regen sich über mich auf.»
>
> Er: «Natürlich bin ich wütend, ich habe allen Grund, mich über Ihre Inkompetenz aufzuregen! So werden wir nie fertig!»

1126 Noll nennt dies «declarative ‹You› Statements» (NOLL, Deescalate, S. 18).

Sie: «Sie sind wütend, weil Sie sich nicht ernst genommen fühlen und befürchten, wir bringen den Vertrag so nicht rechtzeitig zu Ende.»

Er: «Ja, Sie hören mir einfach nicht zu, so schaffen wir das nie rechtzeitig.»

Sie: «Sie haben das Gefühl, ich höre Ihnen nicht zu und wir schaffen das nicht rechtzeitig.»

Er: «Ja, genau.»

Während Sie Ihren Gesprächspartner so emotional abholen, beruhigt er sich, und Sie können auf seine Befürchtungen konkret eingehen und zusammen einen Weg finden, um die Verhandlungen rechtzeitig erfolgreich abzuschliessen.[1127] Dies tun Sie, indem Sie nach der *Zusammenfassung* der Gefühlslage der anderen Person *Empathie* zeigen («Ich verstehe, dass Sie das wütend macht.»), die in Kapitel IV.B.6 aufgeführten *Spiegelungs-, Labeling- und offenen Fragetechniken* anwenden, um dann die *gemeinsame Vision* in den Vordergrund zu stellen («Ich kann Ihnen aber versichern, dass wir genau dasselbe Ziel haben …») und damit den Boden für eine gemeinsame Lösung vorbereiten. Die Feststellungen können auch subjektiviert werden, indem Sie bemerken: «Sie *scheinen* sich darüber sehr aufzuregen.»

Ich habe die Methode im privaten wie im beruflichen Bereich in den letzten Jahren viele Male erfolgreich eingesetzt. Die Wirkung ist oft verblüffend, geradezu «magisch». Wenn mit der Zeit ein «Wiedererkennungseffekt» eintritt, reagiert die andere Partei gelegentlich mit «Hör auf damit, ich kenne diesen Trick!» oder ähnlich. Dann reagiere ich ruhig mit «Wollen wir uns beide anschreien, oder soll ich versuchen, dich zu verstehen?», um dann mit leicht abgewandelten Fragen die Situation weiter zu deeskalieren.

Wie Noll zeigte, kann diese Deeskalationstechnik auch bei tieferliegenden, andauernden Konflikten eingesetzt werden, indem zunächst das gegenseitige Verständnis, wie die andere Partei den Konflikt wahrnimmt und weshalb es ihrer Meinung nach überhaupt dazu kommt, eingesetzt werden.[1128]

Deeskalierend können auch **Sofortmassnahmen** wirken, wie die *Kommunikation* anzupassen oder auf gewissen Ebenen vorübergehend einzustellen (dies insbesondere, wenn sich die Stimmung zwischen den direkt ins Projekt involvierten

---

1127 Vgl. dazu Kapitel V.E. – Douglas E. Noll führt in seinem Buch (Deescalate – How to Calm an ANGRY person in 90 Seconds or Less) zahlreiche Beispiele für die verschiedensten persönlichen wie beruflichen Situationen auf, die sehr hilfreich sind, um die Methode effektiv einzuüben.
1128 Vgl. dazu auch das in Kapitel IV.B.7 geschilderte Beispiel, in dem eine Gruppe von Israeli und Palästinensern durch gegenseitiges Zuhören und Schildern, wie sie den Alltag erleben, Verständnis auf- und Vorurteile abbauen konnte.

Personen aufgeheizt hat und in unproduktive Vorwürfe ausgeartet ist) und *erste vertrauensbildende Massnahmen* wie Gesprächsangebote zu treffen.

Wie wichtig die **frühzeitige Deeskalation** gerade im Zeitalter elektronischer und sozialer Medien ist, hat Katharina Lotter in einem lesenswerten Artikel in der NZZ aufgezeigt: Die relative Anonymität, gepaart mit einer stets präsenten Öffentlichkeit, lässt Konflikte im «Netz» besonders schnell eskalieren. Der Rückzug wird dabei dadurch erschwert, dass dieser öffentlich und unter Umständen vor vielen «Followern» erfolgen müsste, was gerne als Gesichtsverlust wahrgenommen und deshalb vermieden wird. Umso mehr wird der Konflikt geschürt und wird versucht, Verbündete (die eigenen «Follower») in den Meinungskampf einzuspannen und die andere Partei mit einem «Shitstorm» fertigzumachen. Deshalb ist bei potentiell in elektronischen und sozialen Medien ausgetragenen Konflikten besonders wichtig, den Konflikt rasch zu deeskalieren, einen (zumindest von der anderen Partei so wahrgenommenen) Fehler zuzugeben, sich zu entschuldigen und nach vorne zu schauen.[1129]

Manchmal hilft auch eine **kontrollierte Eskalation**, die Situation mittelfristig zu beruhigen: Diese signalisiert, dass wir den Konflikt ernst nehmen und dieser auch uns selbst erheblich betrifft. Gleichzeitig zeigen wir dem eigenen Lager wie auch der eigenen Partei, dass wir uns im Recht wähnen und zu kämpfen bereit sind. Dabei begeben wir uns auf die gleiche emotionale Ebene wie die andere Partei und können sie dort abholen. In Konfliktsituationen kann zudem die Demonstration von Stärke wichtig sein, um unser Team, aber auch unsere Verbündeten, um uns zu scharen und Einheit und Führungsstärke zu zeigen. Weiter signalisieren wir damit der anderen Partei, dass der Konflikt auch für sie einen Preis hat. Eine kontrollierte Eskalation kann zudem helfen, die wahren Motive und Probleme aufzudecken, was die Chinesen mit «auf das Gras schlagen, um die Schlangen aufzuscheuchen» bezeichnen.[1130] Gleichzeitig erlaubt sie, wieder aufeinander zuzugehen – nicht nur eine Seite wurde emotional –, damit können beide Parteien das Gesicht wahren.

Die kontrollierte Eskalation kann aussergerichtlich wie auch auf dem Gerichtsweg erfolgen. Ersteres illustriert folgendes Beispiel:[1131]

> Ein Erblasser verfasst ein Testament, in dem er seine langjährige Partnerin als Erbin einsetzt und damit finanziell absichert. Dies akzeptiert einer seiner Söhne nicht, er ficht das Testament an. Gleichzeitig bietet er einen Auskauf des Konfliktes an, wobei

---

[1129] Vgl. LOTTER, Drei, zwei, eins ... Eskalation!, NZZ vom 29. Juni 2019.
[1130] Vgl. VON SENGER, 36 Strategeme für Juristen, S. 162: Strategem Nr. 13 (Informations- oder Enthüllungsstrategem). – Zur kontrollierten beziehungsweise konstruktiven Eskalation siehe auch MAYER, S. 172 ff.
[1131] Weitere Beispiele finden sich in Kapitel V.D.2.8.

die Auskaufsumme erheblich unter dem Erbanteil der Partnerin des Erblassers liegt. Die betagte Erbin möchte eigentlich nicht streiten, jedoch auch nicht die ihr unfair erscheinende Offerte des anderen Erben annehmen. Statt aus einer Position der Schwäche in Verhandlungen zu steigen, nimmt sie über ihren Anwalt den Kampf auf, macht eine MAPP geltend und blockiert jegliche Abschlagzahlung an die übrigen Erben. Als diese merken, dass sich die Auseinandersetzung noch lange hinziehen kann und auch sie angeht, üben sie Druck auf den streitlustigen Miterben aus, damit dieser einer fairen Verhandlungslösung, die den Erben zwischenzeitlich angeboten wurde, zustimmt. Die kontrollierte Eskalation des Konflikts zeigt ihm, dass dieser ihn viel Zeit und Nerven kosten wird und er am Ende finanziell wesentlich schlechter dastehen könnte, als wenn er zu einer angemessenen Lösung Hand bieten würde. Zudem kann die betagte Erbin durch dieses Vorgehen Verbündete (die anderen Erben, die eine Lösung wollen) auf ihre Seite ziehen. Der streitbare Erbe lenkt ein, und die Parteien regeln den Konflikt einvernehmlich.

Eine kontrollierte Eskalation kann auch auf dem Weg der **alternativen oder gerichtlichen Streitbeilegung** erfolgen. So werden in der Schweiz über 60% der Gerichtsverfahren mit einem Vergleich erledigt.[1132] Das zielorientierte Aufarbeiten des Konflikts und das Verfahren geben diesem Struktur und führen dazu, dass Zeit vergeht und andere Dinge in den Vordergrund rücken. Dabei wird auch das bei Konflikten bei den Parteien oftmals herrschende Gefühl, es müsse nun «etwas gehen», man müsse «etwas tun», befriedigt. Die Einleitung eines Prozesses bedeutet deshalb eine kontrollierte Eskalation und hat oft eine reinigende Wirkung (Katharsis). Dies zusammen mit der Erfahrung, dass nach einiger Zeit oftmals gewisse in den Konflikt involvierte Exponenten die Unternehmung verlassen haben, macht regelmässig den Weg für eine einvernehmliche Lösung frei.

> Eine kontrollierte Eskalation kann eine reinigende Wirkung (Katharsis) auf den Konflikt ausüben.

In dieselbe Richtung geht die **Polarisierung** zur Anregung einer Lösung: Die Differenz wird zugespitzt, damit beide merken, dass der Konflikt unnötig und eine Lösung für beide vorteilhafter ist. Dies kann auch auf rein rhetorischer Ebene erfolgen: So merkte ich in Diskussionen auch schon an: «Worum geht es eigentlich? Na ja, ist ja egal, schuld sind ja sowieso wir» und schwieg dann. In gewissen Situationen kann eine solche Zuspitzung dazu führen, dass die andere Partei ihre Übertreibung oder Schuldzuweisung überdenkt und relativiert.

Auch kann eine **paradoxe Intervention** helfen, die Situation zu entschärfen.[1133] Diese kann darin bestehen, die *unerwünschte Zukunft überzeichnet darzustellen* («Was passiert, wenn niemand sich bewegt oder etwas Konstruktives tut?»). Wirkungsvoll ist auch eine *humorvolle Provokation*.

1132 Vgl. dazu auch Kapitel VI.C.
1133 Eine Paradoxie ist gemäss Watzlawick ein Widerspruch, der sich durch folgerichtige Deduktion aus widerspruchsfreien Prämissen ergibt (WATZLAWICK, Man kann nicht nicht kommunizieren, S. 123).

So schrie beispielsweise in einer Geschäftsleitungssitzung ein Manager: «Das ist die Höhe, dieser Mann verdient das Doppelte meines Gehalts, und ich bin immerhin Chairman der Unternehmung!» Es herrscht betretene Stille, dann warf ein Kollege sanft ein: «Aber Pierre, Arthur hat aber auch ein viel besseres Golf-Handicap als Sie!» Nach einer kurzen Pause brachen alle in ein schallendes Gelächter aus, und die Situation entspannte sich. Anderes Beispiel: Der Manager der Gegenpartei griff mich in Verhandlungen, in denen es um die Frage ging, wer die vertraglich verpflichtete Partei war, vor meiner Klientschaft persönlich an und rief: «Herr Wyss, ich bin sehr enttäuscht von Ihnen. Offenbar haben Sie sich nicht auf diese Sitzung vorbereitet – haben Sie denn eigentlich unser Schreiben vom 15. Februar überhaupt gelesen? Dort haben wir genau gesagt, dass wir nicht für das Konsortium aufgetreten sind, sondern nur für unsere Unternehmung!» Ich lehnte mich zurück und antwortete: «Nein, Ihre Schreiben lese ich grundsätzlich nicht, dort steht ja auch nicht meine Meinung drin. Und ich interessiere mich nur für meine Meinung.» Erstaunen, Pause. Dann fuhr ich fort: «Wenn Sie Absatz zwei Ihres Schreibens lesen, sehen Sie, dass Ihre Unternehmung nicht nur für sich, sondern als federführende Gesellschaft auch für das Konsortium Stellung genommen hat. Und genau dies war auch die Prämisse dieses Treffens. Sonst finden wir nämlich keine umfassende Lösung.» Danach war die Aggression verflogen, und wir konnten diesen Punkt beilegen. Auch literarisch kommt die paradoxe Intervention zu Ehren: So beschrieb der Autor D.B. John in seinem historisch inspirierten Roman «Stern des Nordens» eine Verhandlung zwischen Vertretern der USA und Nordkoreas, in der der Vorsitzende der nordkoreanischen Verhandlungsdelegation zu einer vernichtenden Schmährede gegen die USA ansetzte. Als diese ihrem Höhepunkt zusteuerte, hob der gastgebende amerikanische Gouverneur seine Hand und sagte mit müder Stimme: «Sir! Ich bin ein alter Mann. Ich fürchte, mit fehlt die Zeit dafür. Vielleicht bin ich gestorben, ehe Sie mit Ihren Ausführungen zu einem Ende gekommen sind.» Nach kurzem Schweigen brachen alle Anwesenden in Lachen aus, die Situation war gerettet und die Gespräche konnten beginnen.[1134] Von Napoleon schliesslich wird folgende Anekdote erzählt: Nachdem er am 5. Oktober 1795 in Paris den «Vendémiaire»-Aufstand niedergeschlagen hatte, wurde er zum Generalmajor befördert. Als frischgekürter General entwickelte er einen von Selbstvertrauen strotzenden und zum Theatralischen neigenden Auftritt. Gerne liess er sich von einer Gruppe junger Offiziere mit bunten Uniformen begleiten, deren Sporen und Säbel beim Einherschreiten rasselten. Als er während einer Hungerrevolte mit seiner schillernden Kavalkade durch ein ärmeres Viertel in Paris schritt, wurde er von einer korpulenten Frau beschuldigt, er und seinesgleichen würden sich auf Kosten des armen Volkes mit ihren Gehältern den Bauch voll schlagen. Napoleon, der in diesem Zeitpunkt noch schlank und rank war, entgegnete zum Gelächter der umstehenden Menschenmenge: «Wer von uns beiden ist denn nun fetter – Sie oder ich?»[1135]

1134 John, Stern des Nordens, Hamburg 2018, S. 310.
1135 Zamoyski, Napoleon – Ein Leben, S. 126.

Ein Freund erzählte mir folgende Geschichte: Neben seinem Haus wurde gebaut, es herrschte ein Riesenlärm und Geschrei. Der Chef der Bauunternehmung tauchte regelmässig auf der Baustelle auf, stauchte seine Mitarbeiter zusammen und brauste dann unter einer grossen Staubwolke davon. Mein Freund stellte ihn einmal und verlangte, dass er entweder nicht mehr so viel Staub entwickle (also langsamer wegfahre), oder dann seine Veranda putze. Der Streit eskalierte. Am folgenden Abend läutete es bei meinem Freund, der Unternehmer und seine ebenfalls im Geschäft tätige Ehefrau standen vor der Türe. Kaum war diese geöffnet, schrie sie meinen Freund an, was er sich dabei denke, ihren Mann wie am Mittag so respektlos zu behandeln. Mein Freund erkannte, dass er nun wohl zu ihrem «gemeinsamen Feind» geworden war und entgegnete geistesgegenwärtig, um die beiden zu «spalten»: *«Ich verstehe nicht, weshalb Sie Ihren Mann so in den Schutz nehmen. Wenn er Sie zuhause ebenso zusammenstaucht wie jeweils seine Mitarbeiter auf der Baustelle, wäre ich an Ihrer Stelle längst davongelaufen!»* Beide starrten meinen Freund wie versteinert an und verliessen wortlos den Ort. Der Bauunternehmer mässigte sich in der Folge – sowohl gegenüber seinen Mitarbeitenden auf der Baustelle wie auch beim Wegfahren!

Auch der ehemalige Schweizer Bundesrat Ueli Maurer bediente sich der paradoxen Intervention, als er in einem Wortgefecht mit einer politischen Gegnerin um eine Initiative auf deren giftige verbale Angriffe meinte*: «Wir lieben uns schon fast ein bisschen. Manchmal funktionieren wir wie ein älteres Ehepaaar!»*

Paradoxe Interventionen können zwar nicht wirklich vorbereitet werden. Sie fallen uns jedoch leichter, wenn wir die Eigenheiten, Gemeinsamkeiten, Hobbies und die Geschichte der anderen Partei kennen. So oder anders müssen sie jedoch sehr sorgfältig und sparsam eingesetzt werden, um nicht das Verhandlungsklima zu vergiften und damit die gegenteilige als die angestrebte Wirkung zu erzielen. Zudem kann es gerade bei langjährigen Konflikten angesagt sein, *die andere Partei ihre Sicht schildern zu lassen,* um Raum für Verständnis und ein gemeinsames Terrain zu schaffen und ihr zu erlauben, Dampf abzulassen und die eigenen Stakeholder, welche die Unmutsbezeugung erwarten, zufriedenzustellen.

So setzte Raul Castro beim ersten Telefonat mit einem US-Präsidenten seit der kubanischen Revolution zu einem langen Exkurs über die jahrelangen Versuche der USA an, die kubanische Regierung zu sabotieren. Der Sicherheitsberater Präsident Obamas, Ben Rhodes, schob Obama einen Zettel zu, er könne dies abkürzen. Dieser schüttelte jedoch den Kopf und sagte leise, es sei lange her, seit die kubanische mit der US-amerikanischen Regierung geredet habe: «Er hat viel zu sagen.» Das Gespräch endete mit der Einladung von Präsident Obama nach Kuba und der Einleitung eines Tauwetters in der Beziehung der beiden Länder.[1136]

1136 RODES, Im Weissen Haus, S. 407. Die Bemühungen von Präsident Obama zur Normalisierung der Beziehungen zwischen den beiden Ländern wurden dann durch die Falken in der Administration Trump wieder zunichte gemacht.

Nicht zu Unrecht meinte auch Percy Craddock, britischer Unterhändler während der Verhandlungen Grossbritanniens mit China zur Rückgabe Hong Kongs: *«Die erste Regel der Diplomatie ist: Die Verhandlungen mit der eigenen Seite sind stets die härtesten.»*[1137]

Weitere Reaktionsmöglichkeiten für den Fall, dass die andere Partei **destruktive Taktiken** anwendet und unfair verhandelt, werden in den Kapiteln IV.B, V.D.2.1 und VI.A.6 beschrieben. Dazu gehört auch, dass der Verhandlungstaktik der anderen Partei manchmal schlicht eine **klare Grenze** geschoben werden muss. Dies wird in Kapitel VI.A.6.3 am Beispiel des Umgangs von Ultimaten näher behandelt.

5.2 Analysieren Sie den Konflikt und ordnen Sie ihn ein

*«Es gibt nur eine falsche Sicht der Dinge:
der Glaube, meine Sicht sei die einzig richtige.»*

Nagarjuna[1138]

Nach der Deeskalationsphase gilt es, die **Ursache und Natur** des Konfliktes zu eruieren («warum») und die Eskalationsdynamik («wie») zu verstehen.[1139] Dies stellt den Schlüssel zur Frage dar, wie der Konflikt gelöst werden kann.[1140] Versuchen Sie dabei anhand der in Kapitel IV.B.6 beschriebenen Gesprächs- und Fragetechniken zu verstehen, was die Quellen und Hauptursachen des Konflikts sind,[1141] weshalb sich die andere Partei so verhält und beispielsweise die für Sie (aber unter Umständen nicht für sich) unsinnigen Forderungen und Vorwürfe erhebt, wie sich dies im Verhandlungskontext auswirkt, und **schätzen Sie den Konflikt dann ein**: Entspringt er einer vorübergehenden Laune («schlechter Tag»), liegt ein Missverständnis vor, wendet die andere Partei eine destruktive Taktik an oder besteht ein tiefgreifender Konflikt? Ist Letzteres der Fall, bedarf es regelmässig einer **Konfliktanalyse** und weitergehender Konfliktbeilegungs-

---

1137 POWELL, Talking to Terrorists, S. 232.
1138 Nagarjuna war ein indischer buddhistischer Mönch, der im 2. Jh.n.Chr. lebte.
1139 Vgl. GLASL, Konfliktmanagement, S. 209 ff. sowie die Zusammenfassung a.a.O., S. 305 f.; GIRSBERGER/PETER, Aussergerichtliche Konfliktlösung, S. 42 ff.
1140 Vgl. dazu etwa URY, Schwierige Verhandlungen, S. 29 ff. und 188 ff.; HEUSSEN/PISCHEL, Handbuch Vertragsmanagement, S. 304–330, insbesondere Rz. 581 ff. und 592 ff., welche diverse destruktive, machtspielorientierte Verhaltensweisen aufzeigen; GLASL, Konfliktmanagement, S. 387 ff.
1141 Dazu analysieren wir wiederum das *Verhandlungsumfeld* sowie die *Verhandlungsdynamik* (was treibt den Konflikt an, was verhindert eine Lösung?) **auf allen fünf Verhandlungsebenen**. Für die Überwindung von Widerständen gegenüber einer Veränderung – und jede Verhandlung bedeutet Veränderung – können auch **Change Management-Instrumente** wie die Kräftefeld- und Netzwerkanalyse herangezogen werden (siehe dazu etwa LOMBRISER/ABPLANALP, Strategisches Management, S. 429 ff. sowie Kapitel V.D.2.1).

massnahmen. Wir können dabei zwei Aspekte unterscheiden: Einen kontext- und dynamikbezogenen sowie einen themenbezogenen Aspekt.

5.2.1 Analyse des Kontextes und der Dynamik des Konflikts

Die Konfliktanalyse als zweite Stufe der Konfliktbeilegung (siehe Abbildung 13) beginnt mit der **Ist-Analyse des Kontextes** des Konflikts. Dabei stellen sich in Anlehnung an Johnson et al.[1142] folgende Fragen:

- Wieviel *Zeit* steht zur Konfliktlösung zur Verfügung? Dies bestimmt im Wesentlichen, welche Möglichkeiten zur Konfliktbeilegung uns zur Verfügung stehen.
- Wie stark hat sich der Konflikt auf der *persönlichen und sachlichen Ebene ausgebreitet*? Je nachdem ist es unabdingbar, dritte Betroffene in die Konfliktbeilegung mit einzubeziehen. Zudem ist je nach Antwort der sachliche Konfliktbereich enger oder weiter ausgesteckt.
- Welche *Erfahrungen, Ansichten und Meinungen* sind konfliktfördernd, welche konfliktreduzierend? Daraus ergeben sich nicht nur Antworten in Bezug auf den Konfliktgrund, sondern auch hinsichtlich der Lösungsoptionen.
- *Welche Personen, Institutionen, Organisationen* haben die Fähigkeit, den Konflikt beizulegen beziehungsweise dessen Beilegung zu be- oder zu verhindern? Diese können allenfalls als Unterstützer, Vermittler oder Schlichter beigezogen werden.
- Zudem versuchen wir herauszufinden, *wer vom Konflikt profitiert* und wer dabei *verliert*. Dies gibt uns Aufschluss über die möglichen Motive und potentiellen Verhaltensweisen der Konfliktparteien und weiterer Stakeholder.

Wenn wir die *Konflikt- beziehungsweise Eskalationsdynamik* betrachten, finden wir zudem heraus, wer und was den Konflikt anheizt, und wie sich dieser auswirkt beziehungsweise auswirken könnte.[1143]

[1142] Vgl. JOHNSON et al., Strategisches Management, S. 603 f.
[1143] Der Konfliktforscher Bernard Mayer unterscheidet dabei **sechs Muster** (MAYER, Staying with Conflict, S. 160 ff.):
  1. Eskalation: Wenn eine Partei den Druck erhöht (Strategie der Druckausübung) und die andere Partei ebenso antwortet, führt dies unweigerlich zu einer *Eskalation* des Konflikts, bis ein gewisser Krisenpunkt erreicht ist und die destruktiven Konsequenzen die Parteien davon abhalten, den Konflikt weiter zu eskalieren. Wenn die Parteien ihre Strategie nicht ändern, folgt meist eine Phase der relativen Ruhe, wo sie ihre Wunden lecken und sich für die nächste Phase des Konfliktes vorbereiten, worauf dieser von Neuem entflammt. Dies ist der aufwändige und nicht-nachhaltige Ansatz zur Konfliktlösung.
  2. Dominanz und Unterwerfung: Falls eine Partei auf die Druckstrategie der anderen Partei mit Unterwerfung reagiert (Strategie des Nachgebens), kommt der Konflikt zwar zum Stillstand. Gleichzeitig wird dabei das Muster der Dominanz und Unterwerfung bestätigt und zementiert, und die aggressive Partei wird *auch in Zukunft* ihre Interessen auf diese Weise durchsetzen.

- Wie sind die *Fähigkeiten der Parteien* einzuschätzen, den Konflikt beizulegen? Schaffen sie dies voraussichtlich aus eigener Kraft, oder bedarf es dazu des Beizugs Dritter?[1144]
- Liegt ein «heisser» oder ein «kalter» Konflikt vor?[1145]
- Wie hoch ist die *Bereitschaft zur Konfliktbeilegung*?[1146]

Bei der Ist-Analyse geht es mithin darum, die **Aspekte** zu eruieren, welche in der aktuellen Situation

- eine *Konfliktbeilegung behindern*, und diesbezüglich zu prüfen, wie diese Kräfte überwunden werden können;
- eine *Konfliktbeilegung unterstützen* und wie sie aktiviert oder gestärkt werden kann; und schliesslich
- welche Faktoren noch neu entwickelt werden müssen, um die Konfliktbeilegung zu unterstützen.[1147]

Diese Fragen betreffen den Massnahmenteil in der Abbildung 13.

---

3. Blockade: Ein anderes, weit verbreitetes Konfliktmuster ist jenes der Blockade: Die Parteien eskalieren mehr oder weniger die Angelegenheit, bis sie genug vom Konflikt haben (Strategie der Druckausübung nebst Ausweichen und Verzögern). Doch statt diesen zu lösen, wird er *verdrängt*, man meidet sich oder arbeitet soweit wie nötig weiter zusammen. Dies ist der dysfunktionale Ansatz zur Streitlösung.

4. Spiegelung: Beide Parteien reagieren auf das Verhalten der anderen Partei, indem sie dieses eins zu eins spiegeln: Setzt die eine Partei auf Eskalation, wird eskaliert. Setzt sie auf Gespräche, zeigt man sich zu diesen bereit. Dieser reaktive Ansatz stellt keine wirkliche Strategie dar, da wir unser Verhalten durch jenes der Gegenpartei leiten lassen. Er kann in gewissen Fällen funktionieren, führt aber oftmals dazu, dass sich die Parteien über kurz oder lang gegenseitig blockieren oder in unkonstruktiven Mustern abnutzen. Dies ist der taktische Ansatz zur Streitlösung.

5. Sich wiederholende «Power Moves»: Die Parteien agieren in einem sich wiederholenden Muster von Druckversuchen (Mayer spricht von «power moves»). Dies führt regelmässig dazu, dass sich die Muster von Eskalation und (teilweiser) Versöhnung, oft in unvorhergesehener Art und Weise, wiederholen: Es wird Druck aufgesetzt, dann wird ein Ausweg präsentiert, die Gegenpartei kontert ihrerseits mit taktischen Manövern usw. Dies ist ebenfalls ein taktischer Ansatz zur Streitlösung.

6. Deeskalierende Gegenseitigkeit: Die Parteien reagieren auf Druckversuche der anderen Parteien zwar ebenfalls mit Gegendruck, dies jedoch nur soweit nötig und mit dem *Ziel, in einen konstruktiveren Konfliktlösungsmechanismus überzugehen*. Nach einer ersten Eskalation deeskalieren die Parteien den Streit sukzessive und gehen dann in lösungsorientierte Verhandlungen über. Dies ist der strategische, pragmatische Ansatz zur Streitlösung.

1144 Vgl. dazu Kapitel VI.D.
1145 Siehe dazu Kapitel VI.A.3.
1146 Diese Diagnose kommt in ähnlichem Rahmen beim Change Management zur Anwendung (vgl. dazu Johnson et al., Strategisches Management, S. 602 ff.).
1147 Johnson et al., Strategisches Management, S. 606.

Im Change Management werden diese Fragen im Rahmen einer **Kraftfeldanalyse** geprüft, welche die Kräfte analysiert, die einen Wandel unterstützen oder behindern. Diese kann auch für die Zwecke des Konfliktmanagements verwendet werden.[1148]

5.2.2 Analyse der Ursachen des Konflikts auf den fünf Verhandlungsebenen

Weiter gilt es, die **Ursachen** des Konflikts zu eruieren. Diese Analyse überschneidet sich oftmals zumindest teilweise mit der Kraftfeldanalyse. Sie stellt allerdings weniger eine dynamik- als eine *themenbezogene Betrachtungsweise* dar.

Nicht selten wird allerdings auf der vordergründig betroffenen Ebene nur ein *Stellvertreterkonflikt* ausgetragen. Der tatsächliche Konflikt liegt tiefer und hat seine Ursache an einem ganz anderen Ort, als die Auseinandersetzung zunächst vermuten lässt. Diese Situation wird in der Konfliktforschung mit einem Eisberg verglichen, bei dem über 80% seines Volumens unter der Wasseroberfläche liegt:

Nicht selten liegt ein Stellvertreterkonflikt vor: Der tatsächliche Konflikt liegt tiefer und hat seine Ursache an einem ganz anderen Ort, als wir vermuten.

Sichtbarer bzw. vermeintlicher Konflikt

Unsichtbarer bzw. tatsächlicher Konflikt

Abb. 24 – Dimensionen von Konflikten

So treten Konflikte regelmässig auf der Sachebene auf, selbst wenn ihre wahren Ursachen im persönlichen Bereich liegen und auf irrationalen Ängsten, Vorurteilen oder negativen Erlebnissen in der Vergangenheit beruhen:[1149] So wie wir ein Restaurant meiden, in dem wir einmal unfreundlich bedient wurden, selbst wenn

---

1148 Vgl. dazu JOHNSON et al., Strategisches Management, S. 606. Dies kann beispielsweise in Tabellenform erfolgen, wo auf der linken Seite die konfliktorientierten Kräfte aufgeführt werden und auf der rechten Seite jene, welche konfliktbemmend und -beilegend wirken.
1149 Vgl. Kapitel IV.B.1.

dieses Vorkommnis einmalig auftrat, lange zurück liegt und das ganze Serviceteam und auch die Pächter wohl längst gewechselt haben, führen emotionale Vorbelastungen und negative Emotionen in Verhandlungen zu hinderlichen Verhandlungsmustern und belasten die Verhandlungen durch Misstrauen, negative Kommunikation und dem Sich-Verschliessen gegenüber Lösungen, die für beide Parteien vorteilhaft wären.

Wichtig ist bei der Analyse auch die Frage, wer wie von einem Konflikt profitiert, und weshalb – mithin, wer welchen **«Konfliktgewinn»** gegenüber einer Konfliktlösung erzielt, und wer welche **Nichteinigungsoption** hat (BATNA).

Versuchen Sie deshalb, den Konflikt beziehungsweise die Konfliktfelder den betroffenen **Verhandlungsebenen** zuzuordnen und dabei die wahre Konfliktursache zu ergründen:[1150]

Ebene:	Konfliktgrund:
Beziehungsebene: Hier treten vor allem Missverständnisse, Beziehungskonflikte und Wertkonflikte auf:	■ *Missverständnisse und Fehlwahrnehmungen:* Oftmals sind Konflikte durch den unterschiedlichen Hintergrund der Parteien bedingt. Man versteht schlicht etwas anderes, als die andere Partei meint.[1151] *«Bias»* und *«Noise»* spielen bei Konflikten nicht nur bei unserer Wahrnehmung, sondern auch bei jener des Gegenübers oft eine oftmals entscheidende Rolle.[1152] ■ *Beziehungskonflikte:*[1153] Weiter drehen sich Konflikte oft um verletzte Gefühle, Angst, Stolz etc. Der Konflikt muss diesfalls auf der Beziehungsebene angegangen und soweit bereinigt werden, dass eine gemeinsame Lösung oder zumindest Koexistenz möglich wird.

1150 Die fünf Verhandlungsebenen werden in Kapitel V dargestellt. Die Systematik und Terminologie der Konflikte in der Tabelle orientiert sich an GIRSBERGER/PETER, Aussergerichtliche Konfliktlösung, S. 36 ff., Rz. 375 ff. und GLASL, Konfliktmanagement, S. 351 ff.; zu den allgemeinen *Prinzipien für Interventionen* in der Konfliktbehandlung, siehe a.a.O., S. 387 ff. Gemäss Glasl können Interventionen in Bezug auf den Streitpunkt, den Prozess, die Parteien, deren Beziehung oder die Grundeinstellung der Parteien erfolgen.
1151 Vgl. Kapitel IV.B.
1152 Vgl. dazu Kapitel IV.B.3 und IV.H.
1153 GIRSBERGER/PETER, Aussergerichtliche Konfliktlösung, S. 36.

Ebene:	Konfliktgrund:
	■ Beziehungskonflikte treten auch auf, wenn eine Partei in der Sache selbst überfordert ist oder sich ungenügend vorbereitet hat. Dann trägt sie die damit verbundenen Probleme auf der Beziehungsebene aus, um ihr Unvermögen in der Sache selber zu übertünchen.
	■ Weiter können Beziehungskonflikte in der **Person der Verhandelnden** liegen: Gerade bei dominanten Taktikern gehören Provokation und Machtspiele zum Verhandlungsrepertoire.[1154]
	■ **Wertkonflikte und kulturelle Differenzen:** Wenn Grundwerte, daraus fliessende Bewertungen oder Prinzipien der Parteien kollidieren, entsteht ein Wertkonflikt. Je nach dem kulturellen Umfeld der anderen Partei kann hier Deeskalation gerade das Gegenteil bewirken – nämlich *Schwäche* signalisieren, wie dies etwa die deeskalierende und auf Kooperation setzende Politik gegenüber kriminellen arabischen Banden in Deutschland zur Folge hatte. Dabei hatte die Politik der Toleranz und des Wegschauens das Problem erst richtig entstehen lassen.[1155]
	■ Konflikte können sich auch aus der unterschiedlichen Einstellung der Parteien zu Konflikten an sich ergeben.
	■ **Negative Einstellung, mangelnde Kompetenz oder in der Person begründete Befürchtungen** einer Partei in Bezug auf die Verhandlungen oder den Verhandlungsgegenstand: Oftmals liegen die Gründe für Verhandlungsblockaden in den involvierten Personen selbst, also auf der Beziehungsebene.
	So hatte ich für eine Partei einen Vertrag auszuhandeln. Die Auftraggeberin meiner Klientin, einer Engineering-Unternehmung, war eine grössere deutsche Unternehmung, welche für ein länger dauerndes Entwicklungsprojekt eigentlich ihre Allgemeinen Geschäftsbedingungen (AGB) zum Einsatz bringen wollte. Wir konnten sie vorderhand nicht dazu bewegen, einen Rahmenvertrag abzuschliessen, also schlugen wir vor, zu den AGB einen Sideletter zu erstellen. In diesem wollten wir festhalten, in welchen Punkten die Parteivereinbarung von den AGB abweichen sollte. Unser relativ detaillierter Vorschlag wurde abgelehnt. In der Telefonkonferenz realisierten wir, dass die interne Juristin der anderen Partei den Sideletter nicht gelesen hatte und den Aufwand scheute; der

---

1154 Vgl. dazu Kapitel IV.B.4.
1155 NEFF, «Der andere Blick»: Deutschland, das Disneyland für kriminelle Clans, NZZ online vom 16. August 2019.

Ebene:	Konfliktgrund:
	Projektverantwortliche verstand die juristischen Formulierungen nicht und wollte deshalb mangels rechtlicher Sachkompetenz keine *Neuverhandlung der AGB*. Also sprachen wir zunächst eine Stunde über das Projekt und die Wichtigkeit von präzisen Parteiabsprachen für dieses und holten dabei den Projektmanager mit seinen Themen ab (vertrauensbildende Massnahme, Schaffen einer gemeinsamen Vision und eines gemeinsamen Verständnisses). Dann brachten wir zum Ausdruck, dass wir – wie das Gespräch bisher gezeigt hatte – offensichtlich alles vernünftige Personen seien und den Sideletter deshalb wohl rasch bereinigen könnten. Man könne doch, wenn man schon am Telefon sei, dies zumindest versuchen und einige Klauseln besprechen. Dies gelang, schuf Vertrauen, und der so erzielte gemeinsame *Erfolg* dabei führte zur raschen Vereinbarung einer zweiten Telefonkonferenz, wo die in der Zwischenzeit nachgeführte Version des Sideletters bereinigt werden konnte. Die Fundamentalopposition gegen unseren initialen detaillierten Sideletter war damit überwunden, und wir hatten innert einer Woche eine vertragliche Regelung gefunden. ■ Konflikte auf der Beziehungsebene können auch durch **Foul Play einer Partei** – zum Beispiel Einsatz von Unwahrheiten («Fake News») – verursacht werden. Wie solchen unfairen Manövern begegnet werden kann, wird in Kapitel VI.A.6 aufgezeigt.
Sachebene: Hier treten vor allem Informationsdefizite, Sachkonflikte, Missverständnisse sowie Verteilungs- oder Distributionskonflikte auf. Konflikte können sich auch hier aus der Überforderung einer Partei ergeben.	■ *Sachkonflikte:* Bei Konflikten auf der Sachebene kann es beispielsweise um die Festlegung des *gemeinsamen Ziels gehen,* wobei es sich sowohl um den Verhandlungsgegenstand als um den Weg, diesen zu erreichen, drehen kann. Hier setzt die in Kapitel V aufgeführte Verhandlungsführung an. ■ *Missverständnisse:* Oftmals sind auch hier Konflikte durch den unterschiedlichen Hintergrund der Parteien bedingt. Man versteht schlicht etwas anderes, als die andere Partei meint (vgl. auch Kapitel IV.B.5.2, die vier Ebenen der Kommunikation). Missverständnisse können meist durch Zuhören, Nachfragen und Klären beseitigt werden. ■ *Informationsdefizite* sind ebenfalls ein häufiger Grund für Konflikte oder eine Blockade auf der Sachebene. ■ Aber auch *Fehleinschätzungen* der Sachlage, der eigenen Position oder der Position der anderen Partei können zu Verhandlungsblockaden führen: Wenn eine Partei sich als wirtschaftlich verletzlich, rechtlich im Nachteil etc. betrachtet und die andere Partei als übermächtig, können Abwehrreflexe und übertriebene Sicherheitsbedürfnisse

Ebene:	Konfliktgrund:
	entstehen, welche nur durch Aufklärung, Vertrauensgewinn und Sicherheitsangebote behoben werden können. ■ *Verteilungs- oder Distributionskonflikte:* Die Parteien haben kein gemeinsames Ziel, sondern gegenteilige Interessen, die Ressourcen sind knapp und begehrt. ■ *Auch interne Probleme* bei einer der Parteien können zu Sachkonflikten führen, indem zum Beispiel die internen Zielkonflikte keine konsistenten Positionen gegen aussen ermöglichen. ■ Weiter können verborgene, aber einflussreiche *Stakeholder* Verhandlungen verkomplizieren oder blockieren.
Verhandlungsprozessuale Ebene: Hier treten vor allem Missverständnisse auf, eine Partei ist organisatorisch überfordert, oder dann sind die Konflikte auf taktische beziehungsweise unfaire Taktiken einer Partei oder beider Parteien zurückzuführen.	■ *Aus taktischen Gründen geschürte Konflikte:* Manchmal werden Konflikte rein *verhandlungstaktisch* eingesetzt, um die eigene Verhandlungssituation zu verbessern, zum Beispiel indem man die Positionen immer wieder wechselt, die Partei in gewissen Punkten zum Nachgeben zwingt und dann versucht, trotz Wechseln der eigenen Position die andere Partei bei deren Zugeständnis zu behaften (man weiss dann, wie weit diese zu gehen bereit ist und hat damit zum Beispiel durch «unautorisierte» Kontakte oder vermeintliche Zugeständnisse den Verhandlungsspielraum der anderen Partei ausgelotet). Taktisch eingesetzte Konflikte vergiften die Verhandlungen und erschweren Lösungen. ■ *Probleme in der Organisation oder der internen Abstimmung* einer Partei (betreffend Strategie, Aufbau der Organisation, Kultur, mangelnde Abstimmung, innere Konflikte, Fraktionen, Uneinigkeit betreffend die Mittel, Widerstand einer Abteilung oder einzelner Personen gegen Veränderung, Konkurrenzkampf zwischen verschiedenen involvierten Abteilungen der anderen Partei, Kompetenzgerangel etc.). Dies kann zu verzögerten Positionsbezügen, Zickzackkurs in der Verhandlungsführung etc. führen. ■ Auch können verborgene, aber einflussreiche dritte Stakeholder Verhandlungen verkomplizieren oder blockieren. Oder die *Entscheidträger* sitzen nicht am Tisch, was echte Verhandlungen verhindert.
Ebene der internen und externen Kommunikation.	■ Wenn intern oder extern missverständlich, lückenhaft oder gar nicht kommuniziert wird, entstehen in den Verhandlungen Widerstände, die durch hinreichende Information zu beseitigen sind.[1156] Das Thema Kommunikation

---

[1156] Mayer empfiehlt, hier zu fragen: Weshalb ist die Kommunikation gestört, und wie könnten wir sie verbessern? Hat der Kommunikationsstil etwas mit dem Konflikt zu tun? Könnte beziehungsweise sollte die Kommunikation – beispielsweise in Bezug auf das Thema oder auf die kommuni-

Ebene:	Konfliktgrund:
	sollte dann zugleich auf der verhandlungsprozessualen Ebene aufgenommen werden, indem dieses etwa traktandiert und regelmässig behandelt wird.
Dokumentenebene: Probleme treten auf dieser Ebene dadurch auf, dass die Parteien unterschiedliche Vorstellungen über die Bereinigung des Vertragsdokuments haben, die Dokumente nicht sauber und transparent nachführen oder interne und externe Stakeholder nicht korrekt in die Verhandlungen einbinden.	■ *Unterschiedliche Vorstellungen bezüglich der Bereinigung des Vertragsdokuments:* In einem komplexen werkvertraglichen Fall, in dem die Parteien um Mängel einerseits sowie Mehrforderungen des Unternehmers andererseits stritten, waren die Verhandlungen blockiert, da die Parteien in gegenseitigen Schreiben stets dieselben Positionen wiederholten und im Vertragsdokument stets wieder ihre alten Forderungen einbrachten. In einem ersten Schritt wurde deshalb zwischen den Parteianwälten vereinbart, die beanstandeten Mängel einheitlich zu benennen und zu nummerieren und sich auf den Ebenen (i) Mangel – kein Mangel (ii) Mehrforderung, und (iii) Erfüllungsgrad und angebliche Schlechterfüllung auszutauschen, wobei dazu einheitliche Tabellen mit den entsprechenden Argumenten und dann den Erfüllungsgraden sowie den mängelbezogenen Abzügen von der Werkforderung erstellt wurden. Dies erlaubte den Parteien, das argumentative Drehen vor Ort zu überwinden, relativ rasch über diverse Punkte Einigung zu erzielen und schliesslich auch die übrigen Punkte einer Lösung zuzuführen. Die Einigung über die Struktur der Vergleichsverhandlungen und der zu verwendenden Dokumente war eine Voraussetzung, damit in der verfahrenen Diskussion überhaupt Fortschritte erzielt werden konnten. Klarheit auf der Dokumentenebene brachte auch Klarheit auf der sachlichen sowie auf der verhandlungsprozessualen Ebene – und *vice versa*. ■ *Nicht sauberes und transparentes Nachführen des Vertragsdokuments:* Wenn trotz Vereinbarung nicht alle Änderungen im Änderungsverfolgungsmodus angezeigt werden, plötzlich mit nicht aktuellen Vertragsversionen weitergearbeitet oder vereinbarte Bestimmungen nicht in den Vertragsentwurf übernommen werden, behindert dies die Verhandlungen nachhaltig, da so Unklarheit und Unsicherheit – auch in Bezug auf das Verhalten der anderen Partei (Unfähigkeit oder Unredlichkeit?) aufkommen können. Diesfalls sind Massnahmen zu treffen, damit

---

zierenden Parteien und Personen – zumindest vorübergehend eingeschränkt werden? Wie kann diesfalls die direkte und umfassende Kommunikation wiederhergestellt werden? (MAYER, Staying with Conflict, S. 137 ff.).

Ebene:	Konfliktgrund:
	sich solche Vorkommnisse nicht wiederholen, beispielsweise durch klares Strukturieren der Kommunikationskanäle, Datieren der Vertragsversionen und allenfalls Fortführen der Verhandlungen mittels Differenzbereinigungstabelle, so dass nicht immer der ganze Vertragsentwurf hin und her geschickt wird.
	▪ ***Nicht genügendes Einbinden von internen oder externen Stakeholdern:*** Dies kann dazu führen, dass eine Partei auf vereinbarte Positionen zurückkommen muss, was zu Problemen auf der Beziehungs- und Sachebene führen kann.

Die Gründe, **weshalb Verhandlungen scheitern**,[1157] können jeweils einer oder mehreren Verhandlungsebenen zugewiesen werden:

- Wurden die Verhandlungen schlecht vorbereitet und schlecht strukturiert, betrifft dies die Verhandlungsführungsebene.
- Graben sich die Parteien in ihren Positionen ein, statt interessenorientiert zu verhandeln, und treten Missverständnisse auf, so liegen die Probleme auf der Sach-, Beziehungs- und verhandlungsprozessualen Ebene.
- Befriedigt die vorgeschlagene Lösung die Interessen einer Partei nicht angemessen und liegen die angestrebten Lösungen zu weit auseinander, kann dies meist der Beziehungsebene (mangelndes Verständnis für die Position der anderen Partei), der Sachebene (Fundamentaldifferenz) oder der verhandlungsprozessualen Ebene (falsches Kommunikationsmuster und ungeschickte Vorgehensweise) zugeschrieben werden.
- Kommt die vorgeschlagene Idee nicht von der anderen Partei und hat diese deshalb Mühe, sie zu akzeptieren, oder finden die Verhandlungsführenden sonst keinen Zugang zueinander, liegen die Schwierigkeiten vor allem auf der Beziehungs- und auf der verhandlungsprozessualen Ebene.
- Hat eine Partei Angst, der Verhandlungspartnerin oder ihren Stakeholdern gegenüber ihr Gesicht zu verlieren, ist die Beziehungsebene betroffen.
- Wird schliesslich der Verhandlungsabschluss zu sehr forciert oder ist der Regelungsumfang zu umfassend *(«zu schnell, zu viel»)*, muss auf der verhandlungsprozessualen sowie der Sachebene, und bei mangelndem Vertrauen auf der Beziehungsebene angesetzt werden.

Nach dieser analytischen und vorbereitenden Phase nehmen wir den Dialog mit der anderen Partei auf.

1157 Vgl. dazu auch Kapitel IV.A.2.

5.3 Weichen Sie den Konflikt auf, indem Sie die Konfliktthemen aufarbeiten und auf die Gegenseite zugehen

«Zwinge den Gegner nicht, sich zu verteidigen.»
Sun Tzu[1158]

Sind die Probleme und Hindernisse identifiziert, gilt es, diese in den Dialog mit der anderen Partei einzubringen. Dabei erfolgt eine **Aufarbeitung** und **Konsolidierung** des Konflikts.[1159] Das Ziel ist dabei, die Ängste und Widerstände der Parteien zu überwinden und die Verhandlung (wieder) in einen Bereich von gemeinsamen Interessen (ZOPA) zu führen.

Wie wir in Kapitel VI.A.3 gesehen haben, beinhalten **Intervention** in Konfliktsituationen nach der Analyse des Konflikts die Definition und Klärung der Interessen,[1160] den Aufbau von Vertrauen durch vertrauensbildende Massnahmen[1161] und schliesslich die Definition und Etablierung einer gemeinsamen Interessensphäre und Verhandlungskultur.[1162] Auf dieser Basis kann dann eine Konfliktlösung erarbeitet werden.

In Bezug auf die Verhandlungsführung bedeutet dies Folgendes:

- **Treten Sie an die Seite der anderen Partei** und versuchen Sie, diese besser zu **verstehen.** Damit durchbrechen Sie die konfliktorientierte Dynamik und erkennen Lösungen zur Überwindung des Konflikts. Wie wir in den Kapiteln V.D.1.5 und V.E.5 gesehen haben, erhöht sich die Abschlusswahrscheinlichkeit regelmässig in Abhängigkeit zur Informationslage und Transparenz. Anerkennen Sie dabei, dass Differenzen bestehen,[1163] aber schaffen Sie ein positives Verhandlungsklima.

1158 Sun Tzu/Griffith, Die Kunst des Krieges, Kapitel VII, Spruch 32. Der Militärberater Du You (735–812 n.Chr.) kommentierte dies wie folgt: «Drängt man wilde Tiere in die Enge, so kämpfen sie hoffnungslos. Wieviel stärker trifft dies auf Menschen zu! Wenn sie wissen, dass es keinen Ausweg gibt, kämpfen sie bis in den Tod» (Sun Tzu/Griffith, Die Kunst des Krieges, S. 169).
1159 Glasl, Konfliktmanagement, S. 449 ff.
1160 Glasl spricht von «issue-bezogener Intervention» (Glasl, Konfliktmanagement, S. 351 ff.).
1161 Vgl. dazu auch Kapitel IV.B.7 sowie Fn. 553 und 1189. – Aufgrund der systemischen Natur von Konflikten sind vertrauensbildende Massnahmen *auf allen Ebenen* geeignet, die Konfliktbeilegung zu begünstigen: Auch wenn die Differenzen beispielsweise vorwiegend auf der persönlichen Ebene angesiedelt sind, können wir Massnahmen auf der verhandlungsprozessualen und dokumentarischen Ebene vornehmen, um Verlässlichkeit und Entgegenkommen zu signalisieren, damit das Vertrauen zwischen den Parteien stärken und eine Grundlage für die Konfliktbeilegung schaffen (vgl. zu den auf die Parteien bezogenen Interventionen auch Glasl, Konfliktmanagement, S. 367 ff.).
1162 Auch hier steht die Intervention bezüglich der Beziehung der Partei im Vordergrund (vgl. dazu auch Glasl, Konfliktmanagement, S. 373 ff.).
1163 Wenn wir Probleme einfach verleugnen, perpetuieren sich diese. Zudem erhält die andere Partei den Eindruck, man nähme ihre Anliegen nicht ernst. Die «Vogel-Strauss-Politik» ist angesichts

– *Hören Sie der anderen Partei zu,* interessieren Sie sich dafür, welche Schwierigkeiten sie sieht und eruieren Sie den Grund für ihre Bedenken und Ängste. *Resümieren* Sie dabei deren Aussagen – ohne zu werten und ohne selbst Position zu beziehen. Fokussieren Sie dabei auf die gemeinsamen Interessen und setzen Sie die in Kapitel IV.B.4.3–6 beschriebenen *Kommunikationstechniken* und die in Kapitel V.D.1.4 und V.D.2.1 beschriebenen *Frage- und Einwandbehandlungstechniken* («Ja, und …», «Ja, und deshalb …» etc.) ein. Dazu eignen sich besonders auch **persönliche Telefonate oder Besprechungen** mit Key Players, in denen der Einfluss der anderen Verhandlungsteilnehmenden ausgeschaltet und ein persönlicher, vertraulicher Austausch möglich ist.

– Lassen Sie die andere Partei ihre konfliktorientierten *Aussagen und Vorwürfe konkretisieren:* So wie beängstigende Schatten an der Wand verschwinden, wenn wir das Licht im Zimmer anzünden, lösen sich viele Befürchtungen und angstbasierte Vorwürfe auf, wenn wir sie mit Beispielen oder Szenarien **konkret ausleuchten**. So erlebe ich oft in Verhandlungen, dass sich eine Abwehrhaltung rasch auflöst, wenn wir zeigen, dass unserem Vorschlag ein berechtigtes Anliegen zugrunde liegt (das fördert das Vertrauen), und dass die von der anderen Partei befürchteten Nachteile aufgrund der konkreten Situation nicht – oder nicht in diesem Umfang – eintreten können. Gerade bei *unzutreffenden, abstrakten oder irrationalen Vorwürfen und Behauptungen* fragen Sie nach und lassen die andere Partei diese konkretisieren sowie die Begriffe, die sie verwendet, definieren, bis sie sich selbst widerlegt oder sich das Problem auflöst. Fragen Sie auch, woher sie die entsprechenden Informationen hat oder wer dies gesagt haben soll («Wenn du ‹alle› sagst, wen meinst du damit?»).[1164] Bei *arroganten Personen* dagegen steht deren Drang nach Anerkennung im Vordergrund. Dem kann man Rechnung tragen, indem man eine Leistung ehrlich anerkennt – allerdings dürfen Sie sich dabei nicht «unterwerfen»: Nur wenn Sie *auf Augenhöhe* diskutieren und verhandeln, werden Sie auch Ihre Interessen in die Verhandlungslösung einbringen können. Vermeiden Sie dabei möglichst Diskussionen mit Besserwissern und solchen, die ohne Sachwissen behaupten. Diese werden Sie nie überzeugen können; je mehr Sie sie widerlegen, umso mehr sind sie in der Defensive und greifen Sie an. Auf jeden Fall aber belehren Sie sie nicht, sondern sagen Sie etwa «Ja, ich

> Konflikte, die auf Ängsten beruhen, lösen sich manchmal bei näherer Ausleuchtung wie von selber auf.

---

von realen Konfliktsituationen meist wenig erfolgreich, ausser das Problem löse sich mit der Zeit von selber. Dies ist etwa der Fall, wenn der Entscheidungsträger der anderen Partei partout nicht Hand zu einer fairen Lösung bieten will und man für weitere Verhandlungen besser abwartet, bis dieser seinen sich sowieso abzeichnenden Abgang nimmt.

1164 Vgl. SCHRANNER, Verhandeln im Grenzbereich, S. 156.

denke, tatsächlich könnte wichtig sein, dass …», und gehen Sie dann das Thema lösungsorientiert an. Auch hier gilt, dass nicht jede Behauptung und jeder Vorwurf einer Antwort bedarf. Oder wie der Volksmund dazu sagt: «Reden ist Silber, Schweigen ist Gold».

– Weitere *bewährte Fragen und Aussagen,* um aggressive Gegenüber zum Kooperieren zu bewegen, sind etwa «Korrigieren Sie mich bitte, wenn ich hier falsch liege/wenn ich dies falsch wiedergebe»; «Wir erkennen durchaus an, was Sie für uns getan haben»; «Wir möchten einfach eine sachlich faire Lösung»; «Darf ich Ihnen eine Frage dazu stellen?»; «Wie/aufgrund welcher Kriterien kommen Sie zu diesem Schluss, zu diesem Vorschlag etc.?»; «Habe ich Sie richtig verstanden: …»; «Ich könnte mir vorstellen, dass eine faire Lösung darin liegen könnte, …».[1165]

– Anerkennen Sie dabei die *Gefühle der anderen Partei* und zeigen Sie ihr, dass Sie sie verstehen.[1166]

– Fragen Sie dabei um Rat («Was würden Sie an unserer Stelle tun?») und adressieren Sie die Vorwürfe («Weshalb soll das unfair sein?»).[1167] Dabei behalten Sie Ihr Verhandlungsziel in den Augen und prüfen die beste Alternative[1168] – und je nach Schwere des Konfliktes ein Exit-Szenario.

– Ergreifen Sie *vertrauensbildende Massnahmen.*[1169]

– *Bleiben Sie dabei positiv* und stellen Sie auch die andere Partei möglichst (glaubhaft) positiv dar.[1170]

– Indem wir dies tun, führen wir den Konflikt einer **Klärung** zu.

■ Anschliessend halten wir die gewonnen Erkenntnisse im Sinne einer **Zusammenfassung** fest.[1171] Damit zeigen wir, dass wir wissen, wo bei der anderen Partei der Schuh drückt. Mit einer klärenden «Verständigungsschleife» können wir bei Differenzen Verständnis schaffen – bei uns und bei unserem Gegenüber. *«Wenn ich dich richtig verstehe, geht es dir also um ….», «Du meinst also, ….»,* oder *«Es geht dir also um ….»* schafft emotionale Distanz, versachlicht und schafft

---

[1165] Fisher/Ury/Patton, Das Harvard Konzept, S. 175 ff.
[1166] Dazu gehört das Anerkennen von früherem Unrecht oder falschen Handlungen, der Differenzen zwischen den Parteien, und dann das Hinter-sich-Lassen der Geschichte und das Finden einer gemeinsamen Basis für die zukünftige Beziehung. Dies wird von Ben Rhodes bezüglich der Verhandlungen der USA mit Kuba zur Normalisierung der gemeinsamen wirtschaftlichen und politischen Beziehungen illustrativ dargelegt (Rhodes, Im Weissen Haus, S. 400 ff.).
[1167] Ury, Schwierige Verhandlungen, S. 92 ff.
[1168] Ury, Schwierige Verhandlungen, S. 46 ff.
[1169] Siehe dazu Kapitel IV.B.5.
[1170] Vgl. auch Heussen/Pischel, Handbuch Vertragsmanagement, Rz. 576 ff.
[1171] Siehe dazu Kapitel IV.B.5 über die Kommunikation in Verhandlungen.

eine Verständigungsbasis. Weitere wichtige klärende Fragen sind: «Was ist denn dein Ziel?» und «*Was braucht es, damit wir dieses Ziel erreichen können?*»[1172]

- Danach erläutern wir die **eigene Position** und wecken dafür bei der anderen Partei Verständnis. Fordern Sie dabei ein, dass nun diese auch Ihnen zuhört und Sie Ihre Interessen und Umstände schildern lässt («Wir haben nun Sie ausreden lassen und uns ehrlich für Ihre Anliegen interessiert. Nun hören auch Sie uns zu und lassen Sie uns ausreden»).

- Da sich Konflikte durch das *Beharren auf eigenen Positionen* auszeichnen, empfiehlt Glasl zu ihrer Aufweichung eine **Pendelbewegung** zwischen (i) dem Eingehen auf die konkrete Situation (*spezielle Orientierung*) und dem Inbeziehungsetzen zum Ganzen (*generelle Orientierung*) sowie (ii) dem *Konfrontieren* der Konfliktparteien mit ihren eigenen Ansichten, Einstellungen, Handlungen und Lösungen (jede Partei kann sich dabei selber artikulieren und einbringen) sowie dem *Integrieren*, wo nach dem Betonen des Trennenden nun die Gemeinsamkeiten gesucht werden. (iii) Weiter findet eine Pendelbewegung zwischen *Identifizieren* und *Distanzieren*, wo den Parteien aufgezeigt wird, dass sie für den Konflikt mitverantwortlich sind, und ihnen anderseits geholfen wird, Distanz dazu zu finden. Dies kann durch Einordnungen, paradoxe Interventionen, Humor oder ähnlich erfolgen.[1173] Wir können uns dies anhand des Beispiels vorstellen, in dem wir unser Auto in den Schlamm fahren und dieses feststeckt. Die Gemüter erhitzen sich, man gibt mehr Gas und gräbt sich noch tiefer in den Schlamm. Wir stellen fest, dass wir feststecken. Nun steigen wir aus, nehmen die Situation in Augenschein und versuchen dann mit vereinten Kräften, durch ein gezieltes Hin- und Herschaukeln und kontrolliertem Gasgeben das Auto aus dem Schlammloch zu bewegen. Sobald uns dies geglückt ist, geht die Reise weiter.

- Viele Konflikte werden auch durch *Unterlegenheitsgefühle* verursacht: Wer dem anderen zu verstehen gibt, «ich hier oben und du hier unten», macht mit Sicherheit alles schwerer als es sein muss. Solche Situationen können überall, etwa auf dem Amt, im Kollegenkreis, am Arbeitsplatz, aber auch beim Anstehen für ein Ticket, auftreten.

- Dagegen hilft es, der anderen Seite einen Triumph – sozusagen *einen «Torjubel»* – zuzustehen. Dies entkrampft die Stimmung und hilft, allfällige Unterlegenheitsgefühle auszubügeln. Wer spielt schon gerne gegen eine Mannschaft, die immer gewinnt?

[1172] Siehe Kapitel IV.B.6 zu den Kommuniktionstechniken des FBI sowie MOOSBRUGGER, Besser und erfolgreicher streiten – Sagen Sie «und» statt «aber», Das Magazin zur NZZ vom 12. Juni 2021, S. 20.
[1173] GLASL, Konfliktmanagement 2020, S. 411 ff.

5.4 Verändern Sie die Dynamik der Verhandlungen von Konflikt auf eine gemeinsame Lösungsfindung

«Stay positive – name the game – change the game.»

Als Nächstes gilt es, die Verhandlungen (wieder) in einen kooperativen Verhandlungsprozess überzuleiten. Ury spricht dabei von: «*Change the game. Don't reject, reframe.*»[1174] Dies können wir auf wie folgt tun, wobei wir die verschiedenen Ansätze kombinieren können. Sie basieren auf drei Grundelementen: positiv bleiben, Verhandlungsumfeld verändern und Kommunikationsstörungen ansprechen. Ich verwende dazu die Kurzformel: «*stay positive – name the game – change the game*». Die entsprechenden Interventionen sind dabei auf *Gefühle und Einstellungen* beziehungsweise das *Wollen* gerichtet oder erfolgen *verhaltensorientiert*.[1175] Das Ziel ist, im Prozess der Konfliktbearbeitung einen **Wendepunkt** in der Beziehung zu erzielen,[1176] um von der negativen Verhandlungsschlaufe in die positive Verhaltensspirale zu gelangen.[1177] Auf der Ebene der Kommunikation drückt sich dies wie folgt aus:[1178]

Konflikt:	Klärung:
Du-Aussage	Ich-Aussage
Personenfokussiert	Problemfokussiert
Allgemeine Aussage	Spezifische Aussage
Beschuldigen	Ändern
Vergangenheitsbezogen	Zukunftsbezogen
Eigener Vorteil	Gemeinsamer Vorteil
Trennung	Beziehung

Abb. 25 – Vom Konflikt zur Klärung

1174 Oder: «Ändern Sie das Spiel – lehnen Sie nicht ab, wechseln Sie den Rahmen». Ury, Schwierige Verhandlungen, S. 92 f.
1175 Glasl, Konfliktmanagement 2020, S. 350 ff. – Die auf Gefühle und Einstellungen gerichteten Interventionen zielen darauf ab, die Konfliktparteien ihre eigenen Gefühle und Einstellungen bewusst werden zu lassen, die Perzeption und Attitüden der anderen Partei zu korrigieren, die zwischen ihnen wirkenden Mechanismen erkennen zu lassen, in alten Konflikten wurzelnde Gefühle abzubauen und gegenseitiges Verständnis zu wecken (a.a.O., S. 350). Auf das Wollen gerichtete Interventionen sind solche, die Massnahmen zur Entspannung, wie Zeichen des guten Willens und andere vertrauensbildende Massnahmen umfassen (a.a.O., S. 362 f.). Verhaltensorientierte Interventionen schliesslich machen den Parteien die Funktionen ihres Verhaltens bewusst; die Parteien lernen, die Diskrepanzen ihres Wollens und die Wirkung ihres Verhaltens zu erkennen; das Verhalten wird geändert oder kanalisiert, um schädliche Auswirkungen zu eliminieren oder zumindest zu minimieren (a.a.O., S. 366).
1176 Glasl, Konfliktmanagement 2020, S. 372.
1177 Vgl. dazu Kapitel IV.B.9.
1178 Sprenger, Magie des Konflikts, S. 217 ff.

Da Konflikte oft vielschichtig sind, sollte unsere Intervention zur Konfliktbeilegung auf allen fünf Verhandlungsebenen ansetzen. Dabei haben sich folgende Empfehlungen bewährt:[1179]

- **Sprechen Sie Kommunikationsstörungen an** (persönliche und Kommunikationsebene): Bei gestörter Kommunikation können die diesen zugrundeliegenden *Circuli vitiosi* nur dann durchbrochen werden, wenn die Parteien ihre Kommunikation selbst zum Gegenstand der Kommunikation machen.[1180] *Vereinbaren* Sie dann mit der anderen Partei *Regeln* zu einer kooperationsorientierten Kommunikation. Bei erheblichen und andauernden Konflikten kann es erforderlich sein, die **Kommunikation** neu zu strukturieren, indem sie über *andere Kanäle* geführt und allenfalls (vorübergehend) auf gewisse Punkte limitiert wird.[1181]

- **Vereinbaren Sie Grundsätze, wie die Verhandlung geführt werden soll (verhandlungsprozessuale Ebene).** Im Rahmen einer verhaltensorientierten Krisenintervention können die Spielregeln, wie die Verhandlungen geführt werden sollen, eine Entspannung herbeiführen.[1182]

- Eine Veränderung der Verhandlungsdynamik können Sie auch herbeiführen, indem Sie bei der anderen Partei einen **Perspektivenwechsel** bewirken (persönliche und Sachebene). Nachdem wir Verständnis für die Position der anderen Partei gezeigt haben, fordern wir dies nun auch für uns ein. Wir verstärken dies, indem wir fragen: «*Verstehen Sie unsere Position?*», oder «*Was würden Sie uns vorschlagen?*»[1183] *Dies ebnet den Weg zu einer neuen Sicht auf den Konflikt.*

- **Verändern Sie das Verhandlungsziel** (Sachebene): So kann der Konflikt durch eine Verhandlungslösung eingedämmt oder fokussiert (und damit eingegrenzt) werden, es können neue Plattformen und Prozesse für die Konfliktarbeit geschaffen werden, die Beziehung und der Dialog können verbessert werden, ein neuer Rahmen für die Konfliktlösung kann vereinbart werden, gewisse Rechte der Parteien können gesichert werden, dringende Probleme können angegangen werden, oder der Konflikt kann reflektiert und der Fortschritt im Verhandlungsprozess festgehalten werden.[1184]

1179 Eine praktische Übersicht über die verschiedenen Interventionsansätze findet sich auch bei GLASL, Konfliktmanagement 2020, S. 406.
1180 WATZLAWICK, Menschliche Kommunikation, S. 108 f.
1181 Siehe dazu etwa MAYER, Staying with Conflict, S. 139 ff.; zur Veränderung des Teams, vgl. Kapitel V.A.3.1 und V.D.1.1.
1182 Zu den auf den Konfliktprozess bezogenen Interventionen siehe auch GLASL, Konfliktmanagement 2020, S. 384 ff.
1183 Vgl. auch Kapitel VI.A.5.3.
1184 Siehe dazu etwa MAYER, Staying with Conflict, S. 183 ff.

- **Verändern Sie das Narrativ, indem Sie «Umdeutungs-» beziehungsweise «Reframing-Techniken»** anwenden: Die Art und Weise, wie die Parteien den Konflikt angehen, wird oft durch die **Narrative** bestimmt, welche sie benutzen, um diesen zu beschreiben. Polarisierende Narrative führen zu einer polarisierenden Interaktion, rigide Narrative ebenso. Die Narrative reflektieren das Verständnis, die Annahmen, die Werte und Ängste der Parteien sowie das soziale und kulturelle Umfeld des Konflikts.[1185] Ein wesentlicher Teil der Konfliktarbeit besteht deshalb darin, die Parteien dazu zu führen, *ein Narrativ zu entwickeln, welches einerseits das eigene Verständnis reflektiert, anderseits aber auch die wesentlichen Elemente des Narrativs der anderen Partei nicht ausschliesst.*[1186] Streiten sich beispielsweise zwei Parteien über ein erfolgloses gemeinsames Projekt, in dem die eine Partei der anderen vorwirft, sie habe ihre vertraglich geschuldeten Leistungen nicht richtig erbracht, und die andere repliziert, das Projekt sei wegen des mangelhaften Managements des Partners gefährdet, muss eine Lösung diese beiden Themen aufnehmen und die Parteien zu einem neuen Verständnis des Konflikts und der Rollen der Parteien darin führen.[1187] Das Benennen des Konflikts («*Naming*») hilft den Parteien, den Konflikt besser einzuordnen und ein neues, gemeinsames Narrativ zu finden. Wenn dies nicht reicht, muss dieses *dekonstruiert und wieder rekonstruiert*, oder dann durch ein anderes, positiveres Narrativ *ersetzt* werden.[1188] Dabei erweist sich die Verwendung von Metaphern («gemeinsame zu *neuen Ufern* aufbrechen»; «wir geben nach, ihr gebt nach, und so finden wir zusammen eine *faire Lösung*» etc.) als hilfreich. Sofern das neue Narrativ jedoch die wesentlichen Konfliktpunkte der Parteien lediglich verdrängt und den Konflikt unterdrückt, wird die Lösung von Anfang an kompromittiert und deren Nachhaltigkeit in Frage gestellt.[1189]

- *Stellen Sie deshalb den Konflikt in einen anderen Kontext,* damit (auch) die andere Partei die Lösung als Erfolg erleben und «verkaufen» kann («Gesichtswahrung»). Watzlawick bezeichnete dies als *«die sanfte Kunst des Umdenkens»* oder der *«Umdeutung»*[1190] und illustrierte dies anhand der Episode in Mark Twains Klassiker «Die Abenteuer des Tom Sawyer», wo Tom den Zaun streichen soll. Den vorbeikommenden Jungen gaukelt er vor, diese Arbeit sei nicht alltäglich und mache sehr viel Spass, worauf diese anstelle von Tom den Zaun streichen: Das Zaunstreichen wurde von einer Strafarbeit in ein Vergnügen

---

1185 MAYER, Staying with Conflict, S. 87.
1186 MAYER, Staying with Conflict, S. 87. Siehe dazu auch das Beispiel in Kapitel V.B zum USA-China-Konflikt.
1187 MAYER, Staying with Conflict, S. 91.
1188 MAYER, Staying with Conflict, S. 105 ff.
1189 MAYER, Staying with Conflict, S. 144.
1190 WATZLAWICK, Man kann nicht nicht kommunizieren, S. 265 ff.

umgedeutet. Streiten sich zwei Parteien über ein erfolgloses gemeinsames Projekt (Joint Venture), in dem die eine Partei der anderen vorwirft, sie habe ihre vertraglich geschuldeten Engineering-Leistungen nicht richtig erbracht, und die andere repliziert, das Projekt sei wegen des mangelhaften Managements des Joint Venture-Partners gefährdet, muss eine Lösung diese beiden Themen aufnehmen und die Parteien zu einem neuen Verständnis des Konflikts und der Rollen der Parteien darin führen.[1191] Ein reines «Schönreden» der Probleme dagegen, ohne dass das Narrativ diese benennen würde, könnte dagegen die Konfliktsituation nicht entspannen.

Dazu zwei weitere Beispiele: Ein Arzt riet seinem Patienten, der sich über seine angeblich streitsüchtige Frau beklagte, er solle, wenn ihn seine Frau wieder einmal schelte, seinen Mund fünf Minuten mit Kamillentee spülen – das helfe, was es auch wirklich tat: Der Mann sah den Tee als *Schutz* gegen seine «böse» Frau an, dabei unterband dieser seine hitzigen Antworten und entschärfte damit den Konflikt. Den Rat, einfach einmal auf seinen Mund zu sitzen, hätte er dagegen kaum akzeptiert.

Ein Verhandlungspartner regte sich in Verhandlungen über unsere Position und die Situation an sich auf. Im Sinne einer positiven Umdeutung entgegneten wir: «Wir sehen, dass Sie sich für dieses Projekt sehr engagieren, und das schätzen wir auch. Seien Sie versichert, dass dies bei uns ebenso ist. Wir sind deshalb zuversichtlich, dass wir hier eine faire Lösung finden werden.» Dann ergründeten wir gemeinsam, was ihn so aufregte, worauf er sich beruhigte und wir die Verhandlungen auch in der Sache selber weiterführen konnten.

- Die Umdeutung besteht also darin, den begrifflichen und gefühlsmässigen Rahmen, in dem eine Sachlage erlebt und beurteilt wird, durch einen anderen zu ersetzen. Sie basiert darauf, dass wir immer nur die subjektive und nie eine objektive Wirklichkeit erleben können: *Für die Betroffenen ist stets nur die subjektive Wirklichkeitsdefinition «wahr»*.[1192] Deshalb müssen wir die andere Person zuerst auf ihrer Wahrnehmungsebene erreichen. So riet bereits König Salamon: «Antworte aber dem Narren nach seiner Narrheit.»[1193] Danach können wir daran arbeiten, eine Wahrnehmungsänderung herbeizuführen. Darauf beruht auch die Interventionstechnik von Noll:[1194] Das Benennen des Konflikts («Labeling») hilft den Parteien, diesen besser zu verstehen. Wenn dies nicht genügt, um ihn zu entschärfen, muss der Konflikt aufgearbeitet und im Rahmen eines **«Reframing»** ein neues, positives Narrativ gefunden werden.[1195]

1191 Siehe dazu etwa Mayer, Staying with Conflict, S. 91.
1192 Watzlawick, Man kann nicht nicht kommunizieren, S. 260 und 270.
1193 Zitiert bei Watzlawick, Man kann nicht nicht kommunizieren, S. 280.
1194 Vgl. Kapitel VI.A.5.1.
1195 Siehe dazu etwa Mayer, Staying with Conflict, S. 105 ff.; Boghossian/Lindsay, Schwierige Gespräche, S. 104 ff.

Dabei erweist sich oft die Verwendung von Metaphern («gemeinsam zu *neuen Ufern* aufbrechen»; «wir geben nach, ihr gebt nach, und so finden wir zusammen eine *faire Lösung*» etc.) als hilfreich. Das abwehrende *«Das haben wir noch nie so gemacht!»* können wir mit *«Sehr gut, dann bietet sich hier eine neue Möglichkeit für uns beide, eine konstruktive Lösung zu finden!»* beantworten. Solche Narrative finden sich oft in der Präambel von Vergleichsvereinbarungen, die zur Streitbeilegung abgeschlossen werden, oder in Sprachregelungen dazu. Sofern das neue Narrativ jedoch die wesentlichen Konfliktpunkte der Parteien verdrängt, wird der Konflikt unterdrückt und die Lösung von Anfang an kompromittiert, was deren Nachhaltigkeit in Frage stellt.[1196] Das gemeinsame Narrativ kann im Beispiel des Joint Venture etwa darin bestehen, dass die Probleme adressiert und Massnahmen vereinbart werden, die Schuldfrage jedoch beiseitegelassen wird. Da die Haltung der Parteien gegenüber dem Konflikt auf der Sach- wie auch auf der Beziehungsebene oft durch das eigene Verständnis begrenzt wird und die Lösungsmöglichkeiten damit limitiert werden, bedarf es oft eines **Dritten**, um einen gemeinsames neues Narrativ zu entwickeln.[1197]

- Das «Reframing» ist ein sehr wirksames Werkzeug, um Wahrnehmungsveränderungen herbeizuführen. Wir «mauern mit den Steinen, die vorhanden sind», knüpfen auf der *Beziehungsebene* an die erlebte Wirklichkeit der anderen Partei an und *verändern damit den Referenzpunkt*.[1198]

- Die folgende Anekdote zeigt die Kraft des Reframings: Ein Rabbiner geht zum Metzer, zeigt auf einen fetten Schinken in der Ablage und ruft: «Packen Sie mir diesen Fisch bitte ein!» Der Metzger tut wie gewünscht, der Rabbiner zahlt und verabschiedet sich. Da fragt eine Kundin den Metzger: «Weshalb verkauften Sie dem Rabbiner den Schinken, der isst doch kein Schweinefleisch?» Da antwortet der Metzger: «Mir ist egal, wie er den Fisch nennt, Hauptsache, er bezahlt!»

- Oftmals wird ein gemeinsames Narrativ auch dadurch gefunden, dass zwar die **Probleme adressiert und Massnahmen vereinbart werden**, die Schuldfrage jedoch beiseitegelassen wird.

Die Wirksamkeit des «Reframing» demonstrierten auch kalifornische Studenten 1989 in einem aufsehenerregenden Experiment: Sie warnten vor dem Dihydrogenmonoxid (DHMO), das in gas- und flüssiger Form zum Tod führen könne. Menschen unterzeichneten Petitionen für ein Verbot des DHMO. Nur: Dihydrogenmonoxid ist H_2O, also *Wasser*. Dies zeigt, wie die Verwendung eines unbekannten, «gefährlich»

[1196] Siehe dazu etwa MAYER, Staying with Conflict, S. 144.
[1197] Dies ist einer der Grundpfeiler der Alternative Dispute Resolution (ADR). Siehe dazu Kapitel VI.D. Sonst bleiben die Parteien gerne in Mustern wie «gut-böse», «Täter-Opfer», einer «Das-hat-doch-ohnehin-keinen-Sinn»-Haltung, Prinzipienfragen etc. gefangen. Siehe dazu auch Mayer, Staying with Conflict, S. 92 ff.
[1198] Vgl. Kapitel IV.B.4 und WATZLAWICK, Man kann nicht nicht kommunizieren, S. 278.

lautenden Begriffs (Anlehnung an Kohlenmonoxid) die öfentliche Meinung beeinflussen kann. «Reframing» stellte auch die Kommentierung Donald Trumps der Ergebnisse der Russlandkontakte seines Wahlkampfteams während seiner Wahlkampagne 2016 mit dem Slogan «*no collusion, no obstruction*» dar (keine unrechtmässige Zusammenarbeit, keine Justizbehinderung). All die festgestellten Verfehlungen wie das Belügen des amerikanischen Volkes während der Kampagne über die tatsächlich erfolgten Kontakte wurden damit rhetorisch ausgeblendet und verdrängt. Im Rahmen eines Reframings bezeichnete die Schweizerische Volkspartei (SVP) im Sommer 2018 ihre Volksinitiative zum Verbot von Verhüllungen im öffentlichen Raum, welche als «Burkaverbotsinitiative» international Schlagzeilen machte, neu als «Anti-Hooligan-Initiative» und versuchte die Aspekte, welche der Verhüllung von Randalierern einen Riegel schieben, in den Vordergrund zu rücken. Die Chinesen würden dies als «Dürre Bäume mit künstlichen Blüten schmücken» bezeichnen.[1199]

- Die oben gezeigten **Gesprächs-, Frage- und Deeskalationstechniken, das «Reframing»** sowie das **«Ausleuchten»** sind äusserst wirksame Instrumente, um Konflikte zu bewältigen:[1200] Während die Deeskalation überhaupt erst die Voraussetzungen für eine Konfliktlösung schafft, holt das «Reframing» die Parteien aus ihren mentalen und argumentativen «Schützengräben», was die zweite Voraussetzung für eine einvernehmliche Lösung darstellt. Mit den Fragetechniken und dem Ausleuchten können wir schliesslich diffuse Ängste abbauen und die Beziehungs- und Sachebene klären.

Das «Reframing», das Ausleuchten und die Deeskalationstechnik sind wirksame Instrumente, um Konflikte zu bewältigen.

Wie «Reframing» in Verhandlungen eingesetzt werden kann, zeigen folgende Beispiele:

Zwischen dem Lieferanten und dem Käufer tritt im Rahmen eines Dauerliefervertrages ein Disput um Mängel auf. Da vorderhand unklar ist, ob die Mängel bei der Lieferung bereits bestanden haben, kann die *Mängel- in eine Qualitätsthematik umgewandelt* werden, was beiden Parteien erlaubt, das Gesicht zu wahren: Der Hersteller trifft zusätzliche Qualitätssicherungsmassnahmen («Ich möchte einen glücklichen Kunden») und gibt dem Käufer einen vorübergehenden Preisnachlass, der Käufer verlängert den Vertrag oder nimmt mehr Ware ab. Oder der Käufer merkt, dass sein Vorwurf unberechtigt war, möchte dies aber zur Wahrung seines «Leverage» für die Zukunft nicht zugestehen. Auch hier kann das Reframing helfen, indem sich die Parteien darauf verständigen, *es sei eigentlich immer um die Sorge um die Qualität gegangen*, diese sei beiden wichtig. Man habe Massnahmen vereinbart, um diese auch zukünftig sicherzustellen.

Bei den Verhandlungen um das Rahmenabkommen der Schweiz mit der EU im Jahr 2019 blockierten die Gewerkschaften den Fortschritt, man gebe bei der Anmeldefrist

---

1199 Vgl. von Senger, 36 Strategeme für Juristen, S. 235: Strategem Nr. 29 (Vorspiegelungsstrategem).
1200 Die Gesprächs- und Fragetechniken werden in Kapitel IV.B.6 und die Deeskalationsmethode in Kapitel VI.A.5.1 beschrieben.

für ausländische Arbeitnehmende (8 Tage) nicht nach (geplant waren 4 Tage). Man gebe nur für Zugeständnisse zum Schutz der Schweizer Arbeitnehmenden nach. Statt dies den Gewerkschaften vorzuwerfen, galt es in den Verhandlungen mit ihnen anzuerkennen, dass das Anliegen des *Arbeitnehmerlohnschutzes berechtigt sei* und man diesen mit «gleichwertigen Massnahmen» sicherstelle. Dann sprachen beide statt über den Konflikt und die 8 Tage-Regel über Arbeitnehmerlohnschutz.

Während der Kubakrise hatte die Kennedy-Administration am 26. Oktober 1962 mit den Sowjets eine Lösung verhandelt, die vorsah, dass die Sowjetunion ihre Raketen abziehen würden, wenn die USA dafür öffentlich erklären würden, die Insel nicht anzugreifen. Die Sowjets änderten jedoch ihre Meinung und bestanden am Folgetag darauf, dass sie ihre Raketen nur dann von Kuba abziehen würden, wenn im Gegenzug die amerikanischen Raketen aus der Türkei entfernt würden. Die Amerikaner erlangten die Deutungshoheit über den Streit dadurch, dass sie *auf die sogenannte Samstagsdepesche nicht eingingen und nur die einvernehmliche Freitagslösung öffentlich machten*. Dadurch konnten die Sowjets trotz öffentlichem Druck ihr Gesicht wahren, die Konfusion musste nicht geklärt werden, und die Parteien einigten sich auf die verhandelte friedliche Lösung.[1201] Die nachträgliche Avance der Sowjets wurde in eine positive Mitteilung an die ob des Konflikts tief beunruhigte Öffentlichkeit, die Parteien hätten gemeinsam eine Lösung gefunden, umgegossen.

Die Kraft der Umdeutung von Begrifflichkeiten zeigt sich auch in folgendem Beispiel: In einem Wirtschaftsstrafprozess wurde der in den Einvernahmen vom Staatsanwalt verwendete Begriff «Vorteilsgewährung» als Vorverurteilung gebrandmarkt. Danach sprachen alle nur noch von «Darlehensgewährung», was der Verhandlung eine andere Richtung gab und schliesslich zur Entlastung und zum Freispruch des beschuldigten CEO führte. In der Verhandlungsführung kann die Berechnung eines Schadens entsprechend auf eine andere Grundlage gestellt werden, was den Parteien erlaubt, sich von ihren bisherigen fixen Vorstellungen und Parametern zu lösen, die zur Blockierung der Verhandlungen geführt haben. Das Ultimatum, einen bestimmten Betrag zu bezahlen, wird mit dem Angebot einer erweiterten beziehungsweise verlängerten Zusammenarbeit gekontert, was die Situation deblockiert, und beiden Parteien erlaubt, ihr Gesicht zu wahren.

- Auch **kleine persönliche Geschichten und positive Beispiele** können helfen, Konflikte zu überwinden, insbesondere wenn der Konflikt vorwiegend auf der Beziehungsebene angesiedelt ist:

So platzte im Jahr 1999 dem chinesischen Staatspräsidenten Jiang Zemin bei seinem Staatsbesuch in der Schweiz der Kragen: Von der Polizei zugelassene Demonstrationen zur Tibetfrage, Fragen nach den Menschenrechten und eine falsche Platzierung am Banketttisch gaben dem chinesischen Staatspräsidenten das Gefühl, er werde nicht geachtet. Der damalige Bundesrat Adolf Ogi, der aus dem Berner Oberland

---

[1201] WATZLAWICK, Man kann nicht nicht kommunizieren, S. 282.

stammte, besänftigte Jiang Zemin, indem er ihn auf die Seite nahm und ihm einen kleinen Kristall überreichte: Es war sein langjähriger Glückskristall, den er dem ausländischen Gast schenkte, was die Situation rettete und den aufgebrachten Gast besänftigte.

Ebenso können Verweise auf positive Beispiele, wie andere in ähnlichen Konfliktsituationen eine Lösung fanden, inspirieren und eine positive Verhandlungsdynamik schaffen.

- **Überdenken Sie den Verhandlungsprozess** (verhandlungsprozessuale Ebene):[1202] Suchen Sie gemeinsam mit der anderen Partei nach Möglichkeiten, um die Verhandlungen konstruktiv voranzubringen.

- Wenn Konfliktpunkte auftreten, in denen zurzeit keine Einigung möglich ist, können Sie zudem prüfen, ob das **Problem ausgeklammert** und später einer Lösung zugeführt werden kann (sogenanntes *«Carve-out»*).[1203] Oder Sie versuchen, Druck aus den Verhandlungen zu nehmen und erfolgreich ***Etappenergebnisse zu realisieren*** («Haben wir Einigkeit diesbezüglich? Wir haben uns ja bereits darüber unterhalten und darüber geeinigt, dass ...»).[1204] Dies führt nicht nur zu einem Verhandlungserfolg und zeigt, dass die Parteien zusammen Erfolg haben können,[1205] sondern baut auch Vertrauen auf. Ein Beispiel, wie Etappenziele definiert werden, um einen Grundkonsens zu erzielen, war die Beschaffung von Kampfjets für die Schweizer Armee im Jahr 2019:

Nachdem das Beschaffungsgeschäft bereits einmal aufgrund von politischem Widerstand gescheitert war, beschloss die neue Bundesrätin Viola Amherd, dem Volk zuerst den grundsätzlichen Entscheid der Kampfjetbeschaffung vorzulegen, um eine Verpolitisierung der Typenwahl zu vermeiden. Den Entscheid bezüglich Flugzeugtyp wollte der Bundesrat anschliessend selbst fällen.[1206]

- Setzen Sie zudem **vertrauensbildenden Massnahmen** ein und prüfen Sie, ob die Verhandlungsdynamik durch die Veränderung **des Verhandlungsteams** begünstigt werden könnte.

- **Entwickeln Sie (wieder) eine gemeinsame Vision** und schaffen Sie gemeinsame Erfolgserlebnisse sowie gemeinsame Werte *(«Bonding»)*. Ebenso hilft es, ein gemeinsames positives Verhandlungsnarrativ zu entwickeln *(«Storytel-*

1202 Vgl. dazu auch Kapitel V.A.4.2.
1203 Vgl. dazu etwa die detailliert geschilderten Verhandlungen zwischen den USA und der kubanischen Regierung zur Normalisierung der gegenseitigen politischen und wirtschaftlichen Beziehungen durch Ben Rhodes, der damals für die Verhandlungen zuständig war, Rhodes, Im Weissen Haus, S. 398 ff.
1204 Vgl. auch Schranner, Der Verhandlungsführer, S. 103 ff.
1205 Kostka bezeichnet dies als «das Glücksgefühl des Erfolges» (Kostka, Praxishandbuch Change Management, S. 78).
1206 Vgl. Rhyn/Forster, Die Kampfjets kommen vors Volk, NZZ vom 17. Mai 2019.

ling») und die Kommunikation danach auszurichten, beispielsweise, indem ein gemeinsamer Projektname gewählt wird.[1207]

Weitere Optionen für den Fall, dass die andere Partei destruktive Taktiken anwendet und unfair verhandelt, finden Sie im Kapitel VI.A.6.

5.5 Suchen Sie sich Verbündete

Ein zentrales Mittel zur Veränderung der Verhandlungsdynamik ist, sich Verbündete zu suchen: Gemeinsam sind wir stärker als alleine.

Gerade wenn wir alleine verhandlungsmässig zu schwach sind, um den Avancen der Gegenpartei erfolgreich entgegenzutreten, oder wenn die Beziehung so gestört ist, dass eine direkte Kommunikation kaum möglich ist, brauchen wir **Verbündete** oder **Vermittler**. Erstere finden wir etwa in einem mächtigen Partner oder «Retter» wie einem sogenannten «Weissen Ritter», der die Unternehmung vor einer unfreundlichen Übernahme rettet. Oder wir begeben uns in eine Allianz, in welcher die Parteien gemeinsame Ziele verfolgen und zusammen stark sind. Damit generieren wir «Leverage»[1208] und verändern die Verhandlungsdynamik und das Momentum zu unseren Gunsten.

> China hat durch die «Belt and Road»-Initiative ein eigenes Beziehungsnetz und Wirtschaftsförderungsinstrument geschaffen, um seine Interessensphäre weitgehend unabhängig vom Westen ausdehnen zu können.

Dies ist die Grundidee von politischen Allianzen wie der EU oder der NATO. Entsprechend hat China in den letzten Jahren durch die «Belt and Road»-Initiative sowie durch die Gründung der Chinese Development Bank ein eigenes Beziehungsnetz und eigene Wirtschaftsförderungsinstrumente geschaffen, um seine Interessensphäre weitgehend unabhängig vom Westen ausdehnen zu können. Im Wirtschaftsumfeld erfolgt Gleiches durch Wirtschaftsverbände, Einkaufsgenossenschaften, Vertriebsnetze etc. Angesichts des zunehmend expansiven und aggressiven Auftretens Chinas auf der Weltbühne schliessen sich westliche und betroffene Anrainerstaaten zu wirtschaftlichen, politischen und militärischen Allianzen zusammen.[1209]

> Gerade um Druckstrategien entgegenzutreten, sind Verbündete essentiell. Dagegen sind (einseitig) kooperativ geführte Verhandlungen kaum zielführend. Dies musste auch die schwedische Regierung erfahren, nachdem sie 2022 ihr **Nato-Mitgliedschaftsgesuch** gestellt hatte. Formell mussten dem Beitritt **Schwedens** (wie auch jenem Finnlands) sämtliche Nato-Mitglieder – inklusive die Türkei – zustimmen. Von der Türkei kam jedoch zur grossen Konsternation der Schweden ein klares «Nein». Insbesondere machte die türkische Seite klar, dass Schwedens Toleranz gegenüber

---

1207 Zu den auf die Grundeinstellungen der Parteien bezogenen Interventionen siehe auch GLASL, Konfliktmanagement 2020, S. 404 ff.
1208 Vgl. dazu Kapitel IV.F.2.
1209 Siehe dazu ausführlich BECKLEY, Enemies of My Enemy, S. 68 ff.

den im Land lebenden kurdischen Oppositionellen inakzeptabel sei. Die schwedische Regierung versuchte daraufhin, der türkischen Seite ihr Verständnis von Gewaltenteilung und Meinungsäusserungsfreiheit in einer westlichen Demokratie zu erklären und einen Kompromiss zu finden. Doch das brachte alles nichts: Es fehlte den türkischen Unterhändlern nicht am Wissen über das Funktionieren der schwedischen Demokratie, sondern den Schweden am Verständnis in Bezug auf die wahren türkischen Interessen und die Verhandlungsstrategie der Gegenpartei: In der türkischen Politik wird (wie auf dem Basar) *nichts verschenkt* – nicht einmal ein kleines formelles «Ja». *Alles hat seinen Preis.* Die Situation wurde für die schwedische Seite dadurch erschwert, dass Erdogan bereits im Wahlkampfmodus war und durch sein hartes Auftreten nicht nur innenpolitisch punkten, sondern gleichzeitig auch die Wertschätzung Putins gewinnen – und noch wichtiger – die USA unter Druck setzen konnte, neue F-16-Kampfjets zu liefern im Tausch unter anderem gegen jenes «Ja» zu Schweden, das auch die USA gerne gehabt hätten. Es wäre deshalb wohl erfolgversprechender gewesen, sofort die USA ins «Spiel» einzubinden, um die Türkei über den starken Verbündeten auf ihren Platz zu verweisen, statt gegenüber der Regierung Erdogans konziliant aufzutreten und Kompromisse einzugehen. Die Schweden konnten mit Verhandlungen über den Preis einer stets ändernden Verhandlungsmasse nichts gewinnen. Zudem hatten sie mit der Türkei, Schweden und Finnland ein Memorandum verabschiedet, das so vage formuliert war, dass die Türkei jederzeit darauf pochen konnte, es sei nicht eingehalten worden. Dies erlaubte es ihr, die Schweden zu immer weiteren Konzessionen zu zwingen. Ähnliche Situationen kennen wir alle aus dem Geschäftsalltag. Und auch hier bestätigt sich: Mit Schönwetterdiplomatie können wir gegen aggressive Taktiker keinen Blumentopf gewinnen![1210]

Verbündete kann in Verhandlungssituationen auch eine potente Anwaltskanzlei sein, welche nicht nur das benötigte Knowhow und Beziehungen, sondern bei Bedarf auch die erforderliche «Manpower» hat, um komplexe Verhandlungen – und bei deren Scheitern einen Prozess – zu führen.

Verbündete und Unterstützer finden wir aber auch im eigenen Lager oder bei der anderen Partei: Wenn wir etwa im Rahmen des Stakeholder-Mapping einen Stakeholder ausgemacht haben, der uns und unserem Anliegen wohlgesinnt ist, können wir versuchen, diesen in die Verhandlungen einzubeziehen. Zudem sind Unterstützer im eigenen Lager hilfreich, welche Kontakte zu Exponenten der anderen Partei, zur Politik, Wirtschaftsverbänden usw. haben. Kurzum, **mobilisieren Sie das Verhandlungsumfeld**, um in den Verhandlungen zusätzliche Unterstützung zu erhalten.

[1210] Vgl. dazu ausführlich SWARTZ, In Erdogans Schwitzkasten, NZZ online vom 13. Februar 2023.

5.6 Bauen Sie eine «goldene Brücke» und schaffen Sie die erforderliche Nachvollziehbarkeit und Akzeptanz aus der Sicht der anderen Partei

Sobald wir eine positive Verhandlungsumgebung geschaffen haben, ist die Zeit reif für (neue) konkrete **konstruktive Lösungsvorschläge**. Dabei bauen wir der anderen Partei eine «goldene Brücke»,[1211] indem wir mit ihr Verhandlungslösungen erarbeiten, welche auch ihre *Interessen*, aber auch die im Rahmen der Konfliktbereinigung identifizierten *Hindernisse*, die einer Lösung entgegenstanden, angemessen berücksichtigen. Interessenbasierte und lösungsorientierte Verhandlungsführung gleicht deshalb oft einer *Moderation*.[1212]

> Verhandlungslösungen sind dann besonders erfolgreich, wenn sie sich im Rahmen des Erfahrungshorizontes beider Parteien bewegen.

Neuen Lösungen stehen jedoch oft zwei Dinge entgegen: Erstens die *Macht der Gewohnheit,* die bewirkt, dass wir uns gerne in gewohnten Bahnen bewegen.[1213] Zweitens die *Macht der Umgebung*: Wir alle funktionieren in einer bestimmten Umgebung. Um in dieser Erfolg zu haben, müssen wir nach bestimmten Gesetzmässigkeiten spielen. An diese haben wir uns gewöhnt, und diese zu verändern, verursacht Unsicherheit. Verhandlungslösungen sind deshalb dann besonders erfolgreich, wenn sie sich im Rahmen des **Erfahrungshorizontes** beider Parteien bewegen und damit von diesen **nachvollzogen** werden können.[1214] Sie sollten so gestaltet sein, dass sie bei beiden Parteien und **in deren Umfeld auf Akzeptanz** stossen.[1215]

Eine bewährte Technik, um im Konfliktfall neue Lösungen zu finden, ist, sich (erneut) zu fragen, welches die eigentlichen Interessen der Parteien sind:[1216]

- Welches ist das **avisierte Verhalten oder das sachliche Ziel**, und
- **womit könnte man dieses erreichen?**
- Dann fragen wir uns, was diesem Verhalten oder Ziel **entgegensteht**, um dann gestützt auf die entsprechenden Erkenntnisse
- **Lösungsoptionen** zu erarbeiten: Wie können wir die Hindernisse überwinden und die angestrebten Interessen verwirklichen? In der Phase, in welcher wir

---

1211 URY, Schwierige Verhandlungen, S. 131 ff.; BOGHOSSIAN/LINDSAY, Schwierige Gespräche, S. 98 ff.
1212 Kostka umschreibt den **Moderationszyklus** wie folgt: 1. Eröffnung mit Vorstellung der Ziele und der Agenda; 2. Themenorientierung, wobei alle Moderationsteilnehmenden auf den gleichen Informationsstand gebracht werden; 3. Problembearbeitung, wo das Thema genau unter die Lupe genommen wird; 4. Lösungsfindung. 5. Umsetzungsplanung; 6. Abschluss (KOSTKA, Praxishandbuch Change Management, S. 146 ff., wo die einzelnen Phasen der Moderation genau beschrieben und die Moderationsplanung und -durchführung behandelt werden).
1213 Zur Macht der Gewohnheit, vgl. etwa KOSTKA, Change Management für Führungskräfte, S. 46 f.
1214 Vgl. dazu auch Kapitel IV.B.1 *in fine*. – Dies ist auch ein Grundsatz des Neurolinguistischen Programmierens (NLP; vgl. dazu FRITZSCHE, Souverän verhandeln, S. 161 ff.*).
1215 Vgl. dazu weitere Ausführungen in Kapitel V.D.2.3.4.
1216 Dies entspricht auch dem Projektmanagement-Ansatz. Vgl. zudem GLASL, Konfliktmanagement 2020, S. 492 f.).

Lösungen evaluieren, kann es hilfreich sein, von der Gegenseite keine Entscheide zu verlangen, sondern *Rückmeldungen und Einschätzungen*: «Könnten wir allenfalls in dieser Richtung eine Lösung finden?»

Das folgende Beispiel zeigt, wie verschieden die Interessen im Verhandlungsteam der anderen Partei sein können, und wie herausfordernd es sein kann, eine allseitig akzeptable Lösung zu finden:

> Sitzen uns in einer Verhandlungssituation beispielsweise ein Rechtsanwalt, der CFO der Gegenpartei und deren Projektmanager eines Bauprojektes gegenüber, um eine Nachforderung des Unternehmers zu besprechen, fliessen automatisch rechtliche, finanzielle und projektmanagementbezogene Sichtweisen in die Verhandlungen ein – und müssen entsprechend berücksichtigt werden. Der Anwalt möchte zeigen, dass seine vorgängige Analyse stimmt und er sein Geld wert ist. Der CFO schaut, wie er die vorgeschlagene Lösung mit dem Projekt, das vom Verwaltungsrat genehmigt wurde, und der Empfehlung des Anwalts in Einklang bringen kann. Und der Projektmanager wird sich verteidigen, da nicht er die Mehrkosten des Projektes verursacht haben will. In der geschilderten Verhandlung gilt es deshalb, dem Projektmanager und dem CFO zu zeigen, dass Mehrforderungen nicht ein Versagen auf ihrer Seite darstellen. Dann muss die vorgeschlagene Lösung – unter Berücksichtigung der rechtlichen Einschätzung des Falles (welche stets verschiedene Möglichkeiten der Würdigung zulässt) – so gestaltet werden, dass in der Optik des CFO und des Verwaltungsrats der Gesellschaft die Lösung nachvollziehbar ist. Das bedarf detaillierter Berechnungen, die dann ihrerseits Gegenstand der Verhandlungen werden. Im konkreten Fall bedurfte es allerdings einer Schlichtung, in welcher der Schlichter seine Einschätzung der Sach- und Rechtslage kundtat, damit trotz der völlig unterschiedlichen Ansichten der Parteien, aber auch innerhalb des Verhandlungsteams des Gegenübers, eine Lösung gefunden werden konnte.

Auch im politischen Umfeld ist äusserst wichtig, dass Lösungen so ausgestaltet sind, dass sie von den anderen Parteien oder Regierungen ihrer Wählerschaft und anderen Key Playern verkauft werden können. Dies zeigt folgendes Beispiel:

> Ein Ausweg aus politisch verzwickten Situationen in Staaten, welche nicht über unabhängige staatliche Institutionen verfügen, ist, die Streitsache an eine *formell unabhängige Instanz* wie ein Gericht zu delegieren, welches dann einen Entscheid im Sinne der angestrebten Lösung trifft: So war der amerikanische Pastor Andrew Brunson in der Türkei auf dem Höhepunkt der Spannungen zwischen den beiden Ländern im Nachgang zum Putschversuch 2016 verhaftet worden. Präsident Erdogan hatte zuvor die Auslieferung des in die USA emigrierten Predigers Gülen verlangt und sich dann, als die USA nicht einlenkten, mit der Verhaftung des Pastors Brunson ein «Faustpfand» verschafft. Als die USA daraufhin für die Türkei schmerzhafte Wirtschaftssanktionen verhängten, krebste Präsident Erdogan zurück: Einige Zeugen widerriefen ihre Aussagen, Pastor Brunson wurde freigesprochen und in die USA abgeschoben. Damit war den Erwartungen und der Umgebung beider Parteien

Genüge getan. Erdogan hatte sein Gesicht gewahrt[1217] und die Situation zwischen der Türkei und den USA entspannte sich in der Folge (vorübergehend) etwas.

Wie unter schwierigsten Umständen eine «goldene Brücke» gebaut werden kann, zeigt ein weiteres Beispiel aus der Politik: Am 19. Oktober 1962, vier Tage nachdem Major Richard Heyser mit seinem amerikanischen Spionageflugzeug U-2 im Westen von Kuba die Abschussrampen für ballistische Mittelstreckenraketen entdeckt hatte, setzten sich Präsident John F. Kennedy und sein Bruder und Justizminister, Robert Kennedy, sowie der US-Verteidigungsminister, Robert McNamara, zusammen, um eine Strategie in der Kuba-Raketenkrise zu entwickeln. Wie im Film «Thirteen Days» packend nacherzählt wird, war der Kalte Krieg auf dem Höhepunkt angekommen: Die Sowjetunion gebärdete sich immer aggressiver und praktisch jedes US-Kabinettmitglied ausser den drei genannten drängte auf einen Militärschlag und eine Invasion Kubas. «Bomb them», am besten mit Nuklearbomben, so war die Devise des damaligen Vorsitzenden des Strategischen Luftkommandos (Air Force) LeMay. Admiral George Whelan Anderson war gleicher Meinung und weitere Generäle mit ihnen. Zwischen den Kennedy-Brüdern und den Generälen, insbesondere LeMay, die keine andere Option ausser einem Bombenangriff auf Kuba sahen, kam es zunehmend zu heftigen Auseinandersetzungen. Das Militär und auch die CIA handelten dabei mehr und mehr selbständig und gegen den ausdrücklichen Befehl des Präsidenten, Aktionen in Kuba zu unterlassen und die Sowjets nicht mit anderen Aktionen als der laufenden Seeblockade zu provozieren. Um die Sowjetunion nicht übermässig zu reizen, nannte J.F. Kennedy diese verharmlosend eine «maritime Quarantäne». Diese war jedoch essentiell, da sie der US-Regierung Zeit für Verhandlungen verschaffte. Letztere fanden in den USA unter grössten internen Anspannungen statt: Wie verschiedene Beteiligte der Kennedy-Administration später berichteten, lag zunehmend eine Atmosphäre eines Militär-Coups in der Luft. Das Militär erachtete nämlich die Einnahme Kubas und die Beseitigung des dortigen kommunistischen Castro-Regimes als Riesenchance, die Kennedy-Brüder und McNamara jedoch befürchteten einen dritten Weltkrieg, in den sie unter keinen Umständen ungewollt oder durch das eigene Militär induziert «hineinstolpern» wollten. Die Loyalität LeMays und anderer Top Ranks des US-Militärs war eine offene Frage. Präsident Kennedy veranlasste deshalb als Sofortmassnahme, dass das Militär und insbesondere auch die Navy, welche immer noch in Kuba eindringen wollte, *genau beobachtet werden sollte.* Zudem wurde *Admiral George Whelan Andersen nach Rom auf einen Botschafterposten abgeschoben.* Weiter liess Präsident Kennedy seinen Bruder Robert, auf den er sich zu 100% verlassen konnte, in *Geheimverhandlungen* zuerst mit Georgi Bolschakow (bis sie merkten, dass dieser sie täuschte) und dann mit dem russischen Botschafter Anatoly Dobrynin treten. Während sich die Kuba-Krise aufgrund des Abschusses des U2-Piloten Major Rudolf Anderson durch eine sowjetische Luftabwehrrakete über Kuba sowie des Abwurfs von Signalwasserbomben über dem sowjetischen U-Boot

---

1217 Ury bezeichnet dies treffend als «dem Gegner dabei helfen, seine Triumphrede zu schreiben» (vgl. URY, Schwierige Verhandlungen, S. 153).

«B-59», welches mit Atomtorpedos bestückt war (die US-Marine wollte dieses zum Auftauchen zwingen und löste damit beinahe einen Atomschlag des sowjetischen U-Boot Kapitäns aus, der nur durch die besonnene Reaktion des Kommendanten der sowjetischen U-Boot-Flotille vor Kuba, Admiral Wassili Archipov, verhindert wurde), zuspitzte, schilderte Bobby Kennedy Anatoly Dobrynin, wie der damalige sowjetische Staatspräsident Nikita Chruschtschow in seinen Memoiren schrieb, dass das amerikanische Militär ausser Kontrolle geraten könnte und eine rasche Lösung gefunden werden müsste – womit er *Verhandlungsdruck aufbaute.* Auch spielte Bobby zunehmend die *emotionale Karte,* indem er schilderte, wie er und sein Bruder ihre Familie und insbesondere die Kinder seit vielen Tagen nicht mehr gesehen hätten. Er appellierte zudem an die *Menschlichkeit und an das Verantwortungsbewusstsein* der Sowjetführung. Auch Chruschtschow war unter Druck und fürchtete ein Vorpreschen seiner Generäle. Schliesslich konnten die Verhandlungspartner vereinbaren, dass die Sowjetunion die Abschussrampen in Kuba abbauen und die sich auf dem Weg dorthin befindlichen Raketen zurückbeordern würde. Dafür gaben die USA die Zusicherung, Kuba nicht anzugreifen und die gegen die Sowjetunion gerichteten Atomraketen aus der Türkei zurückzuziehen – damit war den Interessen beider Parteien gedient. Durch die besonnenen Reaktionen der US- und sowjetischen Staatsoberhäupter, welche unbedingt einen Atomkrieg verhindern wollten, deren Verhandlungsgeschick sowie Admiral Archipovs Fähigkeit, auch unter höchstem Druck ruhig Blut zu bewahren, ist es zu verdanken, dass die Welt 1962 nicht in einen Atomkrieg schlidderte. Auch die Schweiz war übrigens am Rande in die Lösung der Kuba-Krise involviert: Botschafter Emil Stadelmann organisierte die Repatriierung der sterblichen Überreste von Major Anderson und teilte zudem Kuba im Auftrag von Washington mit, die nächtlichen Überflüge über Kuba dienten ausschliesslich Aufklärungszwecken und die Signalraketen sollten nicht mit Bomben verwechselt werden.[1218]

Ein weiteres «Notmanöver» vor dem Scheitern von Verhandlungen ist das Folgende: Wenn die andere Partei den Laptop zuklappt und im **Begriff ist, die Verhandlung abzubrechen**, kann uns die Frage «*Welche Möglichkeiten sehen Sie, um doch noch zu einem Verhandlungsabschluss zu kommen?*», gepaart mit offenen

---

1218 Während die Öffentlichkeit die Beendigung der Kubakrise als riesigen Erfolg für Präsident Kennedy wertete, wurde seine friedliche Verhandlungslösung von grossen Teilen des Top US Militärs als klägliches Versagen und «Verrat» erachtet. Nach intensiven Recherchen und zahlreichen Interviews mit Ex-Militärs, Mafiosi und Politikern, die während der Kuba-Krise direkt involviert oder zumindest nahe am Geschehen gewesen waren, kommt der erfahrene Journalist David Talbot, der sich über Jahre mit den Kennedy-Brüdern und auch dem Mord an diesen befasst hatte, zum Schluss, dass es Kreise von Exilkubanern zusammen mit Mafia- und CIA-Exponenten gewesen sein müssen, welche die Kennedy-Brüder für deren Rückzug während der Schweinebucht-Krise 1961 und dem «Verrat» während der Kuba-Krise eliminiert hatten, während Top-Militärs und CIA-Top-Ranks, die allenfalls davon wussten, geflissentlich wegschauten. – Vgl. zum Ganzen die sehr minutiös recherchierte, detaillierte und lebendige Schilderung der berühmten dreizehn Tage von TALBOT, Brothers, S. 163–174. Vgl. auch ROLAND D. GERSTE, Am Rande eines Atomkriegs, NZZ online vom 12. Oktober 2022, wie Moskau und Washington 1962 einen Ausweg aus der Eskalation fanden.

zielgerichteten Fragen,[1219] allenfalls wieder ins Gespräch bringen. Auch mit einem Einlenken wie *«Heute wird wohl nichts daraus; schlafen wir doch beide nochmals darüber und schauen, wie wir die Kuh vom Eis bringen»* schaffen wir es oft, einen Schuh in die Türe zu halten und zu verhindern, dass diese ganz zuschlägt.

5.7 Machen Sie es der anderen Partei schwierig, «Nein» zu sagen

Fragen Sie etwa: «Würden Sie diesen Vorschlag Ihrer Geschäftsleitung/Ihrer Regierung unterbreiten, wenn Sie in meiner Position wären?»

Wenn die andere Partei nicht von einem positiven Ansatz überzeugt werden kann, stellt sich die Frage, ob die Verhandlungen weitergeführt oder abgebrochen werden sollen.[1220] Wenn Sie weiterhin an einer Verhandlungslösung interessiert sind, *klären* Sie die Gegenpartei über die nun entstandene **heikle Situation** und die damit verbundenen **Risiken** auf. Fragen Sie, was Sie ihres Erachtens tun sollen, damit die Verhandlungen nicht scheitern oder wenn sie denn scheitern würden *(«Was soll ich nun Ihrer Meinung nach tun?»)*, und kontern Sie einen nicht annehmbaren Vorschlag beispielsweise mit der Frage: «Würden Sie diesen Vorschlag Ihrer Geschäftsleitung/Ihrer Behörde/Ihrer Regierung unterbreiten, wenn Sie in meiner Position wären?» Oder zeigen Sie auf, dass Sie den Abbruch der Verhandlungen ernsthaft in Betracht ziehen («Was denken Sie, was passiert, wenn wir hier keine Lösung finden?») beziehungsweise warnen Sie konkret vor den Konsequenzen des Scheiterns, indem Sie diese in aller Klarheit aufzeigen.[1221] Dabei können Sie die Gegenpartei auf ihre beste Alternative (was idealerweise der angebotene «Deal» ist) oder auf die Opportunitätskosten beim Nichtzustandekommen einer Vereinbarung[1222] hinweisen. Eine hilfreiche Frage ist oft auch jene nach dem «warum» *(«Aus welchem Grund sollten wir dies Ihrer Meinung nach tun?»)*.

Nachdem die Interessen der Parteien in den vorangehenden Phasen intensiv diskutiert wurden, müssen in dieser Phase auch nicht mehr alle Avancen und neuen Aufbringen der anderen Partei ausführlich beantwortet werden. Manchmal reicht es, schlicht **auf die** (mittlerweile festgelegte) **eigene Position zu verweisen**: «Wie gesagt, wir benötigen dazu ein Jahr, leider ist dies nicht anders möglich.»[1223] Dies stellt oft eine **Vorstufe zum Ultimatum** dar: Man dramatisiert die Situation und steuert auf den *«worst case»* zu. Das tun wir einerseits, um die Limiten der anderen Partei herauszufinden, oder anderseits, wenn wir wissen, dass die andere Partei den «worst case» nicht will, beispielsweise, weil sie viel zu

---

[1219] Vgl. dazu Kapitel IV.B.1.
[1220] Vgl. zur Exit-Strategie, Kapitel V.E.5.
[1221] URY, Schwierige Verhandlungen, S. 158 ff.
[1222] Vgl. dazu auch die Kapitel III.B.2 und V.A.5.2.2.
[1223] Dies entspricht dem Prinzip des Beharrens (vgl. Kapitel III.C.5). Man spricht in diesem Zusammenhang auch von der **«Broken Record»-Taktik** (vgl. NAUMANN, Die Kunst der Diplomatie, S. 41).

gewinnen oder viel zu verlieren hat. In rechtlichen Verhandlungen bemerken wir an diesem Punkt etwa: «Dann bleibt uns wohl nur noch der Verhandlungsabbruch/der Prozess.» Wenn die andere Partei den Vertragsabschluss benötigt oder einen Gerichtsprozess vermeiden will, etwa weil sie sich ein aufwändiges und langwieriges Verfahren nicht leisten kann, vor dem Verkauf der Unternehmung steht, die von der anderen Partei eingeklagte Forderung im Jahresabschluss zurückstellen müsste oder beweismässig nicht gut aufgestellt ist, wird sie sich zweimal überlegen, ob sie nicht Hand zu einer einvernehmlichen Lösung bieten will.[1224]

Wir können auch auf **Opfersymmetrie** pochen und etwa postulieren: «Alle müssen Konzessionen machen.»

> Dies war auch eines der zentralen Argumente von England, um am Wiener Kongress 1815 ein Einlenken von Russland zu bewirken. So drängte der englische Abgesandte Lord Castlereagh den die Verhandlungen zeitweise blockierenden russischen Zaren Alexander III., alle Parteien müssten Konzessionen machen, um eine Einigung zu erreichen, bevor die Lage ausser Kontrolle gerate. Alexander lenkte darauf ein.[1225]

Eine ähnliche Wirkung hat das Bestehen auf Legitimationskriterien, wie: «Alle Parteien müssen damit einverstanden sein»,[1226] «Die Lösung muss rechtlich unbedenklich und durch ein Rechtsgutachten abgesichert sein», oder das Bestehen auf anderweitigen Standards.

1224 Die obigen Grundsätze sind sowohl in der Wirtschaft wie auch in der Politik anwendbar. So empfahl etwa eine Denkschrift der Carl Friedrich von Weizsäcker Stiftung für den Umgang des Westens mit dem Konflikt Russlands um die Ostukraine erstens, die gegenseitigen geopolitischen Einflusssphären des Westens mit Russland zu *verstehen* und zu akzeptieren (Interessen erkennen und anerkennen). Zweitens sollte der *Konflikt entideologisiert* werden (persönliche Auffassungen vom Problem trennen), um in einer «konsolidierten Neutralität» in eine zukunftsgerichtete und stabile Entwicklung im Sinne eines gemeinsamen Hauses Europa zu gelangen. Und drittens sollten *konstruktive Verhandlungen,* welche das Gemeinsame betonen und gemeinsame Interessen in den Vordergrund stellen, zu einer Verflechtung derselben führen, so dass für keine Partei ein Aufkünden der Partnerschaft mehr lohnenswert ist (siehe auch THEISEN, Der Westen und die neue Weltordnung, S. 125). Ob eine solche Strategie Erfolg hat, hängt allerdings auch davon ab, ob beide Parteien ein Interesse am Frieden haben oder ob nicht der Konflikt die Interessen einer Partei (Einflussnahme, innenpolitischer Rückhalt durch äusseren Feind etc.) besser bedient. Dabei stehen oft auch Partikularinteressen der Machtelite eines Landes – oder der involvierten Länder –, wie der eigene Machterhalt, einer «win-win»-Situation und damit einer Friedenslösung entgegen.
1225 ZAMOYSKI, «1815», S. 457.
1226 Mit diesem Argument brachte Talleyrand Frankreich, das die Schlacht bei Waterloo verloren hatte, an den Verhandlungstisch: Indem dieses sich für die schwächeren Staaten einsetzte, reklamiere es gleichzeitig ein Verhandlungsrecht für sich selbst (ZAMOYSKI, «1815», S. 420).

5.8 Wenn alles nichts nützt: Erwägen Sie die Änderung des Verhandlungsteams, rechtliche Möglichkeiten oder den Exit aus den Verhandlungen

Wenn die oben aufgeführten Methoden nicht zum Erfolg führen und die Möglichkeiten auf der Sachebene ausgeschöpft sind, heisst dies, dass wir das Verhandlungsumfeld ändern müssen oder die Verhandlungen zumindest im gegenwärtigen Zeitpunkt nicht zu einem erfolgreichen Abschluss kommen können:

- **Prüfen Sie den Beizug eines Vermittlers:** In Kapitel VI.A.5.5 haben wir gesehen, wie wir durch den Beizug von Verbündeten Verhandlungen begünstigen können. Wenn sich die Parteien jedoch so in ihre Probleme vergraben haben, dass sie nicht mehr selbst daraus herausfinden, hilft nur ein Perspektivenwechsel. Hier kann ein **Dritter (Vermittler)** helfen, die eigentlichen Interessen der Parteien herauszuarbeiten.[1227] Dieser erstellt gemäss den Inputs der Parteien überarbeitete Entwürfe einer Vereinbarung oder eines Plans, der den Weg zu einer Vereinbarung aufzeigt. Am Schluss des Austausches wird den Parteien ein «bestmöglicher» Entwurf unterbreitet, den diese annehmen oder ablehnen können.[1228] Dieses Verfahren wird regelmässig in innerpolitischen Krisen, wie sie Burma, Irland oder Spanien in der Katalonienfrage erlebten, eingesetzt. Deren Empfehlungen können beinhalten, einen verurteilten politischen Führer der entsprechenden Bewegung zu begnadigen und in den politischen Prozess einzubinden, Autonomie- oder andere Anliegen in einem offenen und konstruktiven politischen Prozess und Diskurs anzugehen, oder Lösungen zu treffen, um die Wirtschaft zu stärken und eine neue gemeinsame nationale Identität zu schaffen.

  Illustrativ ist etwa das Beispiel von Ben Rhodes, der beschreibt, wie die US-Administration 2016 durch konstante positive und informative Nachrichten, Fakten, Einbezug von Unterstützern und Bearbeitung von Meinungsbildnern dem Atomabkommen mit dem Iran zum Durchbruch verhalf.[1229]

Auch im Wirtschaftsbereich sind Vermittlungen möglich, etwa indem man gemeinsam eine unabhängige Drittperson beizieht, die den Parteien Möglichkeiten aufzeigt, wie sie zu einer Lösung finden können, oder für sie, wie im Beispiel in der vorstehenden Ziff. 5.6, nach erfolgloser Vermittlung eine unabhängige Risikoeinschätzung des Falls vornimmt. Die Interessenwahrung der Parteien findet dabei durch diese selbst beziehungsweise deren interne Rechtskonsulenten, oder dann durch einen externen Rechtsbeistand statt.

1227 GLASL, Konfliktmanagement, S. 169 ff.
1228 GLASL, Konfliktmanagement, S. 420 ff.
1229 Vgl. RHODES, Im Weissen Haus, S. 435 ff.

- Eine ähnliche Funktion wie der Einsatz von Vermittlern kann auch die **Eskalation** der Angelegenheit an eine obere Managementstufe oder an ein von den Parteien zu diesem Zweck besonders gebildetes Gremium bilden. Solche Gremien werden von den Parteien gerade in komplexen Bauprojekten teilweise bereits vorgängig definiert.[1230] Zudem sehen Wirtschaftsverträge oftmals eine Verhandlungsklausel vor: Dabei bestimmt der Vertrag, dass die Parteien vor dem Anrufen eines Gerichts oder Schiedsgerichts zunächst während einer bestimmten Zeit (sogenannte «*Cooling-off Period*»)[1231] auf höherer oder Top-Managementstufe ernsthaft versuchen müssen, den Disput durch Verhandlungen zu lösen.

- Bei Verhandlungen zur Konfliktbeilegung stehen zudem Massnahmen zur **alternativen Streitbeilegung (ADR)** zur Verfügung, welche in Kapitel VI.C beschrieben werden.

- **Prüfen Sie die Auswechslung von Mitgliedern des Verhandlungsteams:** Die Auswechslung von Mitgliedern des Verhandlungsteams drängt sich auf, wenn sich diese gegenüber der anderen Partei emotional übermässig exponiert haben, eigene Interessen verfolgen oder durch unfaire Verhandlungstaktiken die Verhandlungen gefährden. Gerade in Verhandlungen um eingetretene Schäden oder Mängel verteidigen beispielsweise Projektleiter nicht nur die Position ihres Arbeitgebers, sondern auch ihre eigene Arbeit, was zu einer unkonstruktiven Zurückweisung jeder Lösung führen kann, da ein Nachgeben für sie das Eingeständnis eigener Fehler bedeuten würde. Hier kann sich nach Klärung der Sachlage eine Verhandlungsrunde in veränderter Zusammensetzung aufdrängen, um eine Lösung zu finden. Dasselbe ist dann der Fall, wenn persönliche Inkompatibilitäten bestehen oder sich «*heimliche Allianzen*» über die Teams hinweg gebildet haben, welche die angestrebte und optimale Verhandlungslösung torpedieren. Dies kann aus vorbestehenden Konflikten, Komplizenschaft (die sich etwa aus einer langjährigen Zusammenarbeit ergeben kann, zum Beispiel von Chefverkäufer zu Chefeinkäuferin), charakterlichen Inkompatibilitäten und kultureller Inkompetenz entstehen.[1232]

> Blockierte Verhandlungen können wir manchmal voranbringen, wenn wir das Verhandlungsteam verändern.

- Die Veränderung des Verhandlungsumfelds durch Auswechslung von Mitgliedern des Verhandlungsteams wird gelegentlich auch offensiv eingesetzt, indem eine Partei den Verhandlungsführer oder die Verhandlungsführerin der anderen Partei angreift. Durch diese **taktische Finte** wird versucht, den kompetentesten oder aggressivsten Exponenten des anderen Teams zu beseitigen.

1230 Diese Gremien werden Dispute Resolution Boards genannt.
1231 GARNER, Black's Law Dictionary definiert diese wie folgt: «*An interval of time during which no action of a specific type can be taken by either side in a dispute*».
1232 Vgl dazu auch ausführlich Kapitel V.D.1.1.

So verkündete ein nordkoreanischer Minister nach Auftritt von Verteidigungsminister Mike Pompeo vor dem US-Senat im April 2019, wo dieser den nordkoreanischen Präsidenten Kim Jong-un einen Diktator nannte, Nordkorea verhandle nicht mehr mit Pompeo. Dieser sei untragbar.[1233] Eine solche Avance kann auch bezwecken, dass der Angegriffene zurückgepfiffen oder zumindest zurückhaltender wird, oder dann kann man sich zumindest Zugeständnisse bezüglich gewisser Themen (die dann verhandelt oder nicht mehr verhandelt werden) oder der gegenseitigen Kommunikation einhandeln.

- **Prüfen Sie das Ergreifen rechtlicher Mittel:** Für den Fall, dass alle Stricke zu reissen drohen, müssen auch rechtliche Optionen erwogen werden. Wenn zum Beispiel eine Partei trotz langer und positiver Vertragsverhandlungen und trotz greifbarer Einigung plötzlich nicht mehr Hand zu einer Vereinbarung bietet, kann dies unter Umständen ein rechtlich verpöntes, unredliches Verhalten darstellen (sogenannte «*culpa in contrahendo*») und Schadenersatzfolgen nach sich ziehen. Auch wenn die Verhandlungstaktik der anderen Partei gewisse Schranken überschreitet,[1234] stellt sich die Frage, ob rechtliche Massnahmen ergriffen werden sollen. Diese Frage ist vor allem auch dann virulent, wenn die Verhandlungen zu scheitern drohen beziehungsweise scheitern oder sie in einem konfliktträchtigen Umfeld verhandeln. Rechtliche Massnahmen können dabei ein Mittel darstellen, um die Gegenpartei in die Schranken zu weisen, die eigene Verhandlungsposition zu stärken und betonen oder bei unberechtigten Vorwürfen der Gegenpartei in der Öffentlichkeit kommunikativ in die Offensive zu gehen («wir lassen uns das nicht gefallen und haben Klage eingereicht»). Als rechtliche Möglichkeiten kommt unter anderem in Frage, ein Schreiben oder ein Memorandum durch einen Anwalt verfassen zu lassen, in dem dargelegt wird, inwieweit das Verhalten der anderen Partei unrechtmässig ist und welche Konsequenzen dies haben könnte.

  So wurde etwa der Unternehmer während Vergleichsverhandlungen in einer Anlagebauangelegenheit darauf hingewiesen, dass das von ihm stets angedrohte Einstellen der Arbeiten unrechtmässig wäre und hohe Schadenersatzfolgen nach sich ziehen würde, was durch detaillierte Ausführungen in einem Memorandum eines Rechtsprofessors untermauert wurde. Der Unternehmer verlor damit seine Verhandlungsmacht und liess die Drohung fallen. Als weitere Möglichkeit ist die Klageerhebung oder zumindest ein Gesuch um vorsorgliche Massnahmen denkbar, um angedrohte negative Handlungen und Vorkehrungen der Gegenpartei zu verhindern.[1235]

1233 WINKLER, Nordkorea erhöht den Druck auf die USA und Südkorea, NZZ online vom 6. Mai 2019.
1234 Zu denken ist bei Vergleichs- oder Vertragsverhandlungen etwa an Drohungen, unredliche Beeinflussung Dritter, unlautere oder unwahre Verlautbarungen in der Öffentlichkeit zur Druckerzeugung etc.
1235 Vgl. zur Frage «Verhandeln oder Prozessieren» das Kapitel VI.C.

Im Sinne einer Warnung können wir auch rechtliche Schritte laut andenken. Davon sollten wir jedoch nur dann Gebrauch machen, wenn wir diese Möglichkeit konkret erwägen und uns dies glaubhaft einen Vorteil bringen könnte, insbesondere weil wir auch unter rechtlichen Gesichtspunkten eine durchsetzbare Position haben. Sonst verlieren wir an Glaubwürdigkeit.

- **Die Frage von rechtlichen Massnahmen** stellt sich stets auch bei Vergleichsverhandlungen, welche zur Vermeidung eines Prozesses geführt werden: Scheitern diese, muss erwogen werden, den Disput mittels ADR oder auf dem Gerichtsweg auszutragen.[1236]

- **Evaluieren Sie eine Exit-Strategie:** Schliesslich kann sich auch der Abbruch der Verhandlungen aufdrängen. Dieser sollte rechtzeitig – und nicht erst, wenn wir uns in einer ausweglosen Situation befinden – geprüft werden und als «Plan B» zunächst wenigstens gedanklich, bei entsprechenden Umständen jedoch auch konkret vorbereitet werden. Fragen zur Exit-Strategie werden näher in Kapitel V.E.5 diskutiert. *S. 399*

6. Strategien gegen trickreich und unfair taktierende Parteien sowie gegen Ultimaten

6.1 Typische Antworten auf trickreiche und unfaire Taktiken

S. 104

Wie in Kapitel III.C.8 gezeigt, gestalten gewisse Parteien ihre Verhandlungen nicht oder wenig kooperativ, sondern vielmehr taktisch, ja listenreich: Durch entsprechenden Druck, überraschende Kurswechsel und unfaire oder zumindest grenzwertige «Tricks» soll die andere Partei zu einer bestimmten Lösung gedrängt werden. Es bestimmen «Zuckerbrot und Peitsche» die Verhandlungen. Dabei wird der anderen Partei im richtigen Moment der Arm hinter dem Rücken verdreht, um sie verhandlungstaktisch in die gewünschte Richtung (heisst: zur eigenen Lösung) zu zwingen. Dies sowie Taktiken wie Zugeständnisse stets anzunehmen und Gegenforderungen nicht zu kommentieren, immer wieder die Position zu wechseln oder auf vereinbarte Zwischenergebnisse zurückzukommen, bedeutet eine besondere Herausforderung,[1237] stellen solche Vorgehensweisen doch genau das Gegenteil kooperativer Verhandlungen dar. Stellen Sie in der Analyse oder während der Verhandlungen fest, dass eine Gegenpartei so taktiert, gilt es zu fragen, was das **Motiv** und der **Zweck** hinter dieser Vorgehensweise ist und ob die Verhandlungen überhaupt **weitergeführt** werden sollen. Gegebenenfalls sind entsprechende **Gegenmassnahmen** zu treffen.[1238] Es stehen uns aber auch

> Bei trickreichen und unfairen Taktiken ist zu fragen, was der Zweck und das Motiv dahinter ist und ob die Verhandlungen überhaupt weitergeführt werden sollen.

1236 Vgl. Kapitel VI.D.
1237 Vgl. auch HEUSSEN/PISCHEL, Handbuch Vertragsmanagement, S. 315 ff.
1238 Dazu drängen sich vorab die in Kapitel VI.A.5 dargelegten Massnahmen auf.

weitere Vorgehensweisen zur Verfügung, die speziell gegen unfaire Verhandlungstaktiken geeignet sind. Insbesondere haben sich dabei meiner Erfahrung nach die folgenden Empfehlungen bewährt:[1239]

- **Bewahren Sie Ruhe:** Grundsätzlich gilt es auch bei listreich oder gar unfair taktierenden Gegenparteien, Ruhe zu bewahren und den Konflikt zu analysieren. Akzeptieren Sie, dass solche Manöver in Verhandlungen üblich und Teil des «Spiels» sind. Oft werden Störmanöver bewusst eingesetzt, um die Gegenpartei von deren Verhandlungsziel abzulenken und aus dem Konzept zu bringen. Versuchen Sie deshalb in solchen Situationen ebenfalls, Zeit zu gewinnen, und analysieren Sie die Ursachen der Schwierigkeiten (sogenannte «Konfliktdiagnose»).[1240]

- **Analysieren Sie, weshalb die Störungen aufgetreten sind:** Haben wir die andere Partei in eine Enge gedrängt oder an einem heiklen Punkt getroffen? Handelt es sich um eine unfaire Verhandlungstaktik oder haben wir den Bogen mit Forderungen überspannt? Zudem lauert gerade dort, wo ein Wissens- oder Machtgefälle besteht, die Gefahr, dass man *besserwisserisch wirkt* und die andere Partei in die «Unwissenden-Ecke» drängt, oder sich diese *sonstwie unter Druck gesetzt fühlt*, was entsprechende Reaktionen erzeugen kann. In solchen Situationen ist besonderes Fingerspitzengefühl gefordert. Eine Riposte im Sinne eines sofortigen Gegenangriffs[1241] dagegen führt oft zur unkontrollierten Eskalation.

- **Signalisieren Sie der anderen Partei, dass Sie sie durchschauen, aber bieten Sie eine «golden Brücke» an:** Massnahmen gegen unfaire Taktiken können darin bestehen, das Verhalten und das Motiv der anderen Partei *offenzulegen*. Dies ist jedoch nur eine Möglichkeit, und oft nicht die beste, da die Gegenpartei damit ihr *Gesicht verliert* und weitere Verhandlungen (soweit diese gewünscht, oder gar notwendig sind) erschwert, wenn nicht verunmöglicht werden. Deshalb empfiehlt es sich unter Umständen, der Gegenpartei zwar zu signalisieren, dass Sie ihr Manöver durchschaut haben, und dann eine *«goldene Brücke»* zu einem Vertragsabschluss zu bauen. Das «Störmanöver» und die Kommunikationskultur können auch zwischen den Verhandlungsführenden unter vier Augen geklärt werden. Gleichzeitig können Sie *Begleitmassnahmen* treffen, um die anderen Stakeholder für sich zu gewinnen, die interne oder die öffentliche Meinung zu konsolidieren und eine Exit-Strategie zu prüfen. Dabei gilt, dass die *Wirkung einer Warnung meist stärker als deren Ausfüh-*

1239 Vgl. auch Schranner, Verhandeln im Grenzbereich, S. 151–157, sowie Heussen/Pischel, Handbuch Vertragsmanagement, S. 53–90.
1240 Glasl, Konfliktmanagement, S. 123 ff.
1241 Dies entspräche dem dynamischen Prinzip des Druckausübens (vgl. dazu Kapitel III.C.2).

rung ist: Wer nichts mehr zu verlieren hat, weil die Warnung bereits ausgeführt wurde, hat wenig Grund, sich noch Schranken aufzuerlegen. Das Zurückhalten der Blossstellung einer unfairen Taktik wirkt dann während der Verhandlungen wie ein Faustpfand.

- Bei einfacheren «Manövern» empfiehlt es sich dagegen, die **Problematik konkret anzusprechen**, beispielsweise: «Wir kommen nicht auf vereinbarten Positionen zurück.» Oder: «Ein weiteres Entgegenkommen unsererseits setzt zunächst voraus, dass wir von Ihnen aufgezeigt erhalten, wie wir die Punkte X und Y lösen können.» Gerade der Einsatz von «Pledges» kann hier hilfreich sein.[1242] Dann stellen wir die Verhandlungsregeln klar und halten diese bei Bedarf auch schriftlich in einem Protokoll oder in einer E-Mail-Korrespondenz fest.

Für eine Reihe von «Manövern», die wir in Verhandlungen immer wieder antreffen, bieten sich die folgenden Antworten an:[1243]

- **«Letzte-Minute-Änderungen»** sind zwar sehr unbeliebt, aber in Verhandlungen nicht selten. Darauf kann je nach Situation entsprechend den grundsätzlichen Handlungsweisen[1244] verschieden reagiert werden: Am besten sind wir *darauf vorbereitet* und behalten allenfalls einen kleinen strategischen Trumpf genau für diesen Moment im Ärmel – diesen können wir dann seelenruhig spielen und der Gegenpartei den «Erfolg» bezüglich ihres Änderungswunsches lassen. Selbst wenn wir keinen solchen Trumpf mehr im Ärmel haben, gilt es Ruhe zu bewahren. Unter Umständen muss die Forderung zurückgewiesen werden, wie dies die israelischen Unterhändler gegenüber den palästinensischen Letzte-Minute-Forderungen in Oslo 1993 taten. Die Palästinenser kamen daraufhin mit einem vernünftigeren Angebot zurück, das die Israeli akzeptieren konnten.[1245] Dabei können wir mit der anderen Partei vereinbaren, dass solche Manöver zukünftig unterlassen werden sollen. Oder wir reagieren mit Gegendruck, indem wir das gegnerische Verhalten kritisieren, die neuen Forderungen zurückweisen und sofort neue eigene Forderungen aufstellen, damit wiederum ein gegenseitiges Nachgeben eingefordert werden kann. Oder wir drohen, die Verhandlungen abzubrechen oder zu stornieren («Das wird ein Deal Killer»; «Unsere Geschäftsleitung hat bereits den «Deal» zu den jetzigen Konditionen abgesegnet, eine Abänderung desselben ist nicht möglich [oder

---

1242 Siehe dazu Kapitel V.D.2.7.
1243 Vgl. dazu auch DUTTA/FOLDEN, Winning Strategies, S. 162 ff.; FRITZSCHE, Souverän verhandeln, S. 79 ff.
1244 Vgl. Kapitel III.C.
1245 POWELL, Talking to Terrorists, S. 272.

wäre ohnehin erst in einigen Wochen überhaupt möglich]»; oder «Dann müssen wir auch auf unser Zugeständnis bezüglich … zurückkommen»).

Dazu ein Beispiel: Nachdem die USA und China im Handelskrieg 2019 ihre Einfuhrzölle gegenseitig heraufgesetzt hatten, konnten ihre Verhandlungsdelegationen in Einigungsgesprächen in verschiedener Hinsicht Fortschritte erzielen. Die chinesische Führung unter Präsident Xi Jinping meinte allerdings, die Administration Trump benötige aus politischen Gründen unbedingt einen «Deal» und änderte in letzter Minute einige Bestimmungen der Vereinbarung, über welche die Parteien bereits eine Voreinigung oder zumindest ein gemeinsames Verständnis erzielt hatten. Die amerikanische Seite reagierte *offensiv:* Sie setzte die Verhandlungen aus und Präsident Trump kündigte an, zusätzliche Zölle auf weiteren chinesischen Gütern zu erheben.[1246] Der chinesische Plan war damit erfolgreich gekontert worden und nicht aufgegangen.

Es hätten allerdings auch andere Gegenstrategien bestanden: *Defensiv* zu reagieren, indem man die Änderungswünsche einfach zurückweist. Oder *ausweichend* zu entgegnen, indem die Forderung nicht aktiv aufgenommen und versucht wird, diese «unter den Teppich zu kehren». Allerdings gibt es auch Situationen, in denen Änderungen in letzter Minute nicht zurückgewiesen und geprüft werden müssen oder können: Dies ist dann der Fall, wenn diese berechtigt sind oder wenn man unbedingt eine Verhandlungslösung will oder gar braucht, mit anderen Worten, wenn die andere Partei den entsprechenden *«Leverage»* hat, um den Änderungswunsch durchzusetzen.

- Dasselbe gilt bei in letzter Minute **nachgeschobenen Forderungen** der Gegenpartei oder stets neuen Discount-Forderungen. Oft zieht eine «letzte» Forderung dann eine weitere «letzte» Forderung nach sich.

- **Künstlich erzeugten Zeitdruck** beantworten wir mit ruhiger Analyse, Time-outs und Überprüfen der vorgeschlagenen Lösung mit unserer MAPP.

- Eine destruktive Taktik des Gegners kann wie in Kapitel VI.A.5.4 gezeigt auch **positiv umgedeutet** werden («Reframing»). Dies taten wir beispielsweise, als eine Partei in Verhandlungen zur Beilegung von Vertragsstreitigkeiten behauptete, wir setzten sie unfair unter Druck. Wir entgegneten, es sei in der Tat wichtig zu diskutieren, wie beide Parteien im Rahmen ihrer Möglichkeiten die Situation beilegen könnten, und fokussierten auf die Lösung statt auf den unseres Erachtens unzutreffenden Vorwurf. Daraus ergab sich in der Folge eine positive Stimmung und Dynamik während der Verhandlungen, und die Sache konnte mit einem für beide Parteien annehmbaren Vergleich abgeschlossen werden.

1246 Vgl. BUCKLEY/BRADSHER, How Xi's Last-Minute Switch on U.S.-China Trade Deal Upended It, Time Magazin online vom 17. Mai 2019.

- Wenn die Gegenpartei eine **ausgesprochene Verzögerungstaktik** anwendet, sollten wir zuerst verstehen, weshalb die andere Partei verzögert und wer von der Verzögerung profitiert. Verhandlungen zu verzögern, stellt eine übliche Taktik dar, um Verhandlungsdruck aufzubauen und dann «*Letzte-Minute-Änderungen*» zu beantragen (oft in Form von Ultimaten). Oder dann wird *plötzliches Desinteresse* simuliert, um von der anderen Partei Konzessionen zu erwirken. Um die Verhandlungen voranzutreiben (wenn dies gewünscht ist), können wir versuchen, einen verbindlichen Zeitrahmen zu setzen und möglichst eine äussere Zwangssituationen zu kreieren (anstehende Verwaltungsrats- oder Geschäftsleitungssitzung; Bestellungen von Abnehmern etc.), welche den Abschluss der Vereinbarung innert einem bestimmten Zeitraum erforderlich machen.

- **Gegen massive Übertreibungen, etwa von angeblichen Gefahren und Risiken,** hilft vor allem gelassenes Reagieren, Adressieren der Thematik und genaues Nachfragen, um die Übertreibung aufzudecken, oder eine paradoxe Intervention.[1247]

- Wenn am Ende des Verhandlungsprozesses **der «Boss»** auftritt und plötzlich alles in Frage stellt, hilft nur, sich auf den bisherigen Verhandlungsprozess zu beziehen und sich auf das bisher erzielte Verhandlungsergebnis zu berufen – oder zu realisieren, dass man bisher mit der falschen Person verhandelt hat. Diesfalls muss das gesamte Verhandlungspaket «aufgeschnürt» werden, um zu verhindern, dass sich die andere Partei einseitig zusätzliche Zugeständnisse sichert.

- **Endloses Referieren und Wiederholen** können Sie wie folgt unterbrechen: Sie intervenieren mit fester Stimme und sagen: «Sie sagen XY; das ist offenkundig ein für Sie sehr wichtiger Punkt, da Sie ihn regelmässig wiederholen. Verstehe ich Sie richtig ...», und dann fassen Sie die entsprechende Position oder das wiederholte Statement der anderen Partei zusammen. Oder Sie verweisen darauf, dass man sich in einem anderen Punkt der Traktandenliste befindet, beziehungsweise thematisieren Sie das Zeitmanagement für die Sitzung. Eine weitere Möglichkeit besteht darin, zu einem Flipchart zu gehen und dort diesen Punkt zu vermerken; damit wird der anderen Seite signalisiert, dass man verstanden hat, dass dieser Punkt für sie wichtig ist.

- Auch andere **Blockadetechniken** wie für alles *Beweise* anfordern, *Studien* zitieren, die etwas Bestimmtes (und für die andere Partei Vorteilhaftes) aussagen, taktisch die *Moralkeule* schwingen («Wissen Sie eigentlich, was das für die Umwelt beziehungsweise die Gesellschaft bedeutet?» etc.) kontern wir am

---

[1247] Vgl. dazu Kapitel VI.A.5.1.

besten, indem wir genau nachfragen, was die andere Partei damit meint: «Welche Beweise benötigen Sie genau? Was stellen Sie sich unter ... vor?», beziehungsweise stellen Sie in Aussicht, diese zu liefern. Auch präzisierende Fragen wie «Um welche Studie handelt es sich genau? Was war dort die Fragestellung? Wie wurde dies erhoben?», oder bei der Frage nach der Umwelt oder Gesellschaft mit «Was bedeutet es Ihrer Meinung nach für die Umwelt oder Gesellschaft?» helfen, der Sache auf den Grund zu gehen und taktische Blockadetechniken zu überwinden.[1248]

- Gegen **Betrugs- oder Verschleierungsversuche** (Letzteres äussert sich etwa in bewusst vage gehaltenen Absichten und Pflichten, unscharfen Fakten, unklaren Vollmachten etc.) schaffen wir am besten *Klarheit und Verbindlichkeit* und prüfen allenfalls eine Exit-Strategie.[1249]

- **Drohungen** schliesslich werden am besten angesprochen im Sinne von: «Ich gehe nicht auf Drohungen ein» oder «Ich finde Drohungen nicht konstruktiv».

- Insgesamt gilt, dass sofern die andere Partei ihr Verhalten dennoch nicht ändert, wir dieses und das Problem freundlich adressieren und **versuchen sollten, die Regeln der Verhandlungsführung beziehungsweise des Verhandlungsprozesses neu zu vereinbaren**.[1250]

Wenn wir es so nicht schaffen, eine faire Kommunikations- und Verhandlungsbasis zu schaffen, brechen wir die Verhandlung (zumindest vorübergehend) ab.

6.2   Wie beantworten wir persönliche Angriffe und Provokationen?

In Verhandlungen treffen wir gelegentlich auch persönliche Angriffe und Provokationen wie Beleidigungen, Vorwürfe oder eine sonstige sehr konfrontative Verhandlungsführung an. Dazu gehören Anwürfe wie «Ihre Sorgen möchte ich haben!»; «Was geht Sie das an? Das ist unsere Angelegenheit!», «Das scheint mir voreilig», «Das ist unter meiner Würde», «Das wird nicht funktionieren», «Das hat noch Zeit», oder «Wollen Sie die Vereinbarung gefährden?» oder «Wollen Sie mir meine Kunden vergraulen?», «Sie scheinen nicht zu begreifen, dass es uns hier um etwas anderes geht» etc. Wichtig ist auch hier, zu beurteilen, ob solche Äusserungen einer echten Besorgnis entspringen oder taktisch «auf den Mann gespielt» sind.

Persönliche Angriffe oder Provokationen können in der Wesens- oder Verhandlungsart der anderen Person liegen oder ein taktisches Mittel zum Ausloten von Grenzen oder Inerfahrungbringen von Informationen darstellen.

Treten in Verhandlungen persönliche Angriffe oder Provokationen auf, können diese in der Wesens- oder Verhandlungsart der anderen Person liegen oder ein

---

1248 Naumann, Die Kunst der Diplomatie, S. 194 ff.
1249 Vgl. dazu auch Kapitel V.E.5.
1250 Fisher/Ury/Patton, Das Harvard Konzept, S. 189 f.; Fritzsche, Souverän verhandeln, S. 77; Ury, Schwierige Verhandlungen, S. 125 ff.

taktisches Mittel zum Ausloten von Grenzen oder Inerfahrungbringen von Informationen darstellen: Wenn wir infolge eines solchen Überraschungsangriffs die Balance verloren haben, können uns Antworten entschlüpfen, die wir sonst gerne zurückbehalten hätten. Auch zielen sie oft darauf ab, die andere Partei aus dem Gleichgewicht zu bringen und zu nicht beabsichtigten Konzessionen zu bewegen. Wir können damit umgehen, indem wir

- sie einfach *ignorieren*. Als Beispiel sei ein bekannter Dirigent erwähnt, der an einem Geschäftsanlass einer Unternehmung zum Thema Teamarbeit und Leadership sprach. In der Fragerunde stellte ein Teilnehmer provokativ die Frage, weshalb er sich einen solchen Anlass überhaupt antue, dafür sei er doch viel zu gut. Der Dirigent nahm die Frage entgegen, wie wenn sie sich auf das Dirigieren beziehen würde und hielt ein flammendes Plädoyer, wie gemeinsam im Team – und einem Orchester – Erfolg erzielt werden könne und wie ihn dies stets beflügle. Die Frage war damit vom Tisch.[1251] Oder eine Lehrerin reagierte auf die provokative Frage einer Mutter anlässlich eines Elternabends, ob die Lehrpersonen während der Corona-Virus-Krise und dem Homeschooling nicht viel zu viel verdient hätten, indem sie begeistert von den neuen Medien und der Zusammenarbeit mit den Schülerinnen und Schülern, aber auch den anderen Lehrpersonen und Eltern berichtete. Dabei wurde allen Anwesenden klar, welch grossen Zusatzaufwand die Lehrpersonen geleistet hatten.

- Druck wegnehmen sowie **Spiegelungs-, *Deeskalationsstrategien* und *Reframing-Techniken*** einsetzen.[1252] Gerade Spiegelungstechniken eignen sich ausgezeichnet, um aggressive Avancen des Gegenübers zu neutralisieren. Dabei vermeiden wir Blickkontakt, hören nur zu und wiederholen die Aussagen der anderen Partei im Sinne einer Frage oder eines *Echos*. Dies bewährt sich etwa, wenn die Gegenpartei ein Argument übertreibt und beispielsweise insistiert, man habe sie als unfair bezeichnet. Dies können Sie kontern, indem Sie entgegnen: «Und Sie, finden Sie Ihren Vorschlag fair?» Oder wir haken bei der Frage «Was geht Sie das an?» nach: «Finden Sie denn, das sollte uns nichts angehen?» Bei «Das ist voreilig» fragen wir nach: «Voreilig?», bei «Das wird nicht funktionieren»: «Weshalb nicht?» Bei einer Bemerkung bezüglich der Preisvorstellung von «viel zu tief …» «Viel zu tief?», bei «Unfair …» «Unfair?» etc. Damit werden nicht nur die Emotionen abgekühlt. Es wird auch das beidseitige Verständnis für die Situation gefördert und Zeit für Lösungen gewonnen.[1253]

1251 Zum Umgang mit unfairen Verhandlungstaktiken vgl. auch Kapitel VI.A.6.
1252 Vgl. Kapitel VI.A.5.1 und 5.3. Dieses Vorgehen enthält auch Ansätze des Ausweichens, Verzögerns und Nachgebens (siehe dazu Kapitel III.C.3 und 4).
1253 URY, Schwierige Verhandlungen, S. 41; HEUSSEN/PISCHEL, Handbuch Vertragsmanagement, S. 308, 323; NAUMANN, Die Kunst der Diplomatie, S. 56 ff. und 134 f.

- Das *«Problem übergeben»,* indem wir etwa sagen: «OK, Sie tragen dann die Verantwortung dafür.» Bei Behauptungen wie «Sie behaupten nur, Sie gehen einfach nicht auf mich ein» können Sie antworten: «Wie soll ich denn Ihrer Meinung nach auf die Vorwürfe eingehen, ich sei naiv, besserwisserisch etc. – wenn das offenbar Ihr wichtigstes Argument ist?» Wir können, wenn die Umstände dies zulassen, auch entgegnen: «OK, dann haben Sie die Verantwortung, dass das von Ihnen vorgeschlagene Vorgehen dann funktioniert. Wenn Sie diese Verantwortung übernehmen, können wir dem zustimmen.»[1254]
- Oder dann ignorieren wir den Vorwurf und versuchen, *gemeinsames Terrain* zu finden: «Sind Sie mit mir aber einverstanden, dass …?»[1255]
- Wirksam ist oft auch die *paradoxe Intervention.*[1256]
- Oder dann schweigen wir einfach – bis die Stille und unser *Schweigen* unerträglich werden.[1257] Wie in Kapitel IV.B.5.3.1 gezeigt, werden *Sprechpausen unter einer Sekunde normal empfunden, über fünf Sekunden jedoch als unnatürlich,* und die anderen Verhandlungsteilnehmenden oder Zuhörenden fragen sich, was jetzt los sei. Durch solche Sprechpausen kann sehr gut ein offenkundiges Missfallen kommuniziert werden.
- Wenn der persönliche Angriff dagegen *massiv* ist und *wiederholt* auftritt, sprechen wir diesen an und akzeptieren ihn nicht. Auch hier gilt es jedoch, sich zuerst zu überlegen, ob wir mit «Reframing»-Techniken nicht weiterkommen als mit dem Aufdecken der unfairen Taktik.
- Spielt sich ein Mitglied des anderen Verhandlungsteams auf, um die eigene Partei zu beeindrucken oder einen *«Showdown»* herbeizuführen, müssen wir ihm diese Bühne wegnehmen und das bilaterale Gespräch mit dem Verhandlungsführer suchen, wo wir das Verhalten und die Problematik adressieren und wenn möglich Verhandlungsregeln für eine konstruktive gemeinsame Vorgehensweise festlegen. Gerade aggressive Gegenüber suchen gerne den Showdown – das ist genau die Art von Situationen, in der sie sich wohl fühlen und die sie unbedingt gewinnen wollen. Es ist deshalb unmöglich, einen Konflikt mittels Showdown beizulegen. Deshalb gilt es, diesen zu vermeiden.
- **Unzutreffende Aussagen und Vorwürfe auf der *Sachebene*** sollten hinterfragt und korrigiert werden. Beispielsweise liegt der Vorwurf bei Verhandlungen über ein Projekt in der Luft, unsere Partei helfe nicht wirklich mit, das

---

1254 Dies stellt eine Kombination von Gegendruck ausüben und Kompromisse eingehen dar (vgl. dazu Kapitel III.C.2 und 6).
1255 Dies entspricht dem kooperativen Ansatz, vgl. Kapitel III.C.7 sowie SCHRANNER, Verhandeln im Grenzbereich, S. 134 ff.
1256 Vgl. dazu Kapitel VI.A.5.1.
1257 Dies entspricht dem Prinzip des Beharrens (vgl. dazu Kapitel III.C.5).

Projekt voranzutreiben. Wir fragen: «Was meinen Sie mit ‹wir haben uns nie eingesetzt und sind keinen Schritt weitergekommen?›» Dann zeigen wir auf, dass wir uns sehr wohl sehr für das Projekt eingesetzt haben und heute an einem ganz anderen Ort sind als vor einigen Monaten. Wenn der Vorwurf wiederholt erhoben wird, können wir auch nachfragen: «Finden Sie Ihren Vorwurf fair, wenn wir bereits hunderttausende von Euros in das Projekt gesteckt und diesen Projektbericht erarbeitet haben?»

6.3 Wie gehen wir mit Ultimaten um?

Wir haben in Kapitel III.C.2.3 gesehen, dass in Verhandlungen regelmässig Ultimaten eingesetzt werden, was ihr verhandlungstaktischer Wert ist und welche Risiken sie bergen. In Kapitel V.D.2.6 haben wir näher untersucht, wie Ultimaten in verhandlungstechnische Sackgassen führen können. Nachfolgend untersuchen wir nun, wie wir in Verhandlungen mit Ultimaten umgehen können.

Tatsächlich stellen Ultimaten eine häufige Ursache von Verhandlungsblockaden und Eskalationen dar. Diese werden am besten überwunden, wenn die damit generierte konfrontative **Dynamik der Verhandlung verändert** wird. Dies können wir tun, indem wir die *Annahmen*, welche dem Ultimatum zugrunde liegen, *widerlegen*, *Verhandlungsoptionen* vorschlagen oder *Alternativen* ins Spiel bringen. Auch ein *Perspektivenwechsel* kann die Verhandlungsdynamik positiv beeinflussen: Durch die Verwendung anderer oder die Abänderung von bisherigen Definitionen, Begriffen oder Berechnungsarten können wir aus der Deadlock-Situation kommen, ohne dass die andere Partei das Gesicht verliert.[1258] In Ultimatums-Situationen helfen uns deshalb vor allem kreative Lösungsansätze,[1259] die dazu führen, dass die Partei, die das Ultimatum ausgesprochen hat, von diesem abrückt. Idealerweise kann sie dabei gegenüber ihren Stakeholdern verkünden, sie hätte jetzt eine noch bessere Lösung erzielt, was deren Akzeptanz erhöht und die Umsetzung begünstigt. Und manchmal hilft es, wenn wir sie einfach *nicht beachten*. In den in Kapitel VI.A.5.6 beschriebenen Verhandlungen zwischen den USA und der Sowjetunion während der Kubakrise stellte Chruschtschow in letzter Minute noch ultimativ zusätzliche Bedingungen, welche die US-Seite jedoch einfach ignorierte – sie tat so, als ob es das entsprechende Schreiben gar nie gegeben hätte! Stattdessen gelangte sie umgehend an die Öffentlichkeit und teilte der erleichterten Welt mit, die Parteien hätten eine einvernehmliche Lösung gefunden und damit einen Dritten Weltkrieg abgewendet.

Ultimaten führen häufig zu Verhandlungsblockaden und Eskalationen.

1258 Vgl. dazu auch die Beispiele in Kapitel V.D.2.2.1, insbesondere über die Gebietsaufteilungen durch Neudefinition der Bewertungs- und Bemessungskriterien.
1259 Vgl. dazu auch Kapitel V.D.2.2.

Damit verunmöglichte sie der sowjetischen Führung, weiter auf ihren zusätzlichen Bedingungen zu insistieren.[1260]

Wenn das Ultimatum jedoch nicht beseitigt oder umgangen werden kann, helfen manchmal Klärungen, um die Situation aufzuweichen. Dabei wird die Vereinbarung und die dortige Regelung nicht direkt verändert, aber über **«Begriffs-» beziehungsweise «Verständnisklärungen»** wird versucht, dem vorgelegten Abkommen teilweise eine andere Bedeutung zu geben und damit den Regelungsinhalt ohne Änderung des Wortlauts abzuändern. Dies ist auch gerade in internationalen Verhandlungen der Fall, wenn die eine Partei erklärt, die Vereinbarung stehe nun, es gebe nichts mehr zu verhandeln. Dies war etwa im Rahmen der Brexit-Verhandlungen von Grossbritannien mit der EU oder der Verhandlungen der Schweiz um ein Rahmenabkommen 2019 der Fall.[1261]

Allerdings muss der Verhandlungstaktik der Gegenpartei gelegentlich auch eine **klare Grenze** gesetzt werden. Wenn es die eigene Position erlaubt, kann beispielsweise die Strategie der anderen Partei benannt und *zurückgewiesen* werden, weil Deeskalation das falsche Vorgehen wäre und die Konfliktdynamik nur verstärken würde («Wir schätzen Ultimaten nicht»; «Wir lassen uns nicht erpressen»).

> Gerade in den Brexit-Verhandlungen 2018–2019 spielte die englische Seite stark mit Ultimaten. Premierminister Boris Johnson bootete sogar das eigene Parlament aus, um freie Hand für knallharte Verhandlungen mit der EU zu haben und seine Forderungen mit der Drohung eines «harten» Brexits (das heisst ohne Vertrag) zu untermauern. Die EU reagierte mit Gegendruck, indem sie die mit der Vorgängerin von Premierminister Boris Johnson, Theresa May, ausgearbeitete Vereinbarung als «höchstens in Details verhandelbar» bezeichnete. Damit wurde zwar eine gewisse Gesprächsbereitschaft signalisiert und die Türe für Gespräche offengelassen, allerdings auch klargemacht, dass die grossen Linien nicht neu verhandelt würden. Die EU konterte Gesprächsofferten von Johnson stets geschickt mit dem gleichen Satz: *«Wir warten auf konstruktive Vorschläge der englischen Seite.»* Damit musste die EU kein Jota nachgeben, um im Gespräch zu bleiben, und machte stets von Neuem klar, wo sie das Problem sah: bei der Gegenseite. Siehe auch Kapitel VI.A.5.2 mit weiteren Beispielen.

[1260] Dobbs, One Minute to Midnight, S. 338.
[1261] Vgl. etwa Sieber/Hardegger, Bundesrat will «Klärungen» beim Rahmenabkommen und warnt vor «Schweizer Brexit», NZZ vom 7. Juni 2019.

6.4 Exkurs «The Art of the Deal» – US-Präsident Trumps Verhandlungskünste unter der Lupe[1262]

«Ich tue es nicht für Geld. Davon habe ich genug, viel mehr, als ich je brauchen werde.»

Mit diesem genialen Selbstvermarktungssatz beginnt Donald J. Trumps Buch *«The Art of the Deal»*, das 1987 erstmals erschien und auch heute noch als «No. 1 International Bestseller» beworben wird.[1263] Das Buch begründete Trumps Ruf als geschickter und durchsetzungsstarker Verhandlungspartner, was einen nicht zu unterschätzenden Einfluss auf seine zukünftige politische Karriere hatte. *«The Art of the Deal»* beschreibt sein Leben und seine grössten Verhandlungserfolge in Immobilienentwicklungsprojekten – wobei diese durch die neusten Enthüllungen über Trumps Einkommen und Schulden vielleicht zukünftig anders beurteilt werden müssen. Auf jeden Fall hatte es Trump in den 1980er- und 90er-Jahren geschafft, sich in den USA den Nimbus eines äusserst erfolgreichen Geschäftsmanns zu erschaffen. Entsprechend bezeichnete er sich selbst stets als «THE Dealmaker»! Anlässlich einer Wahlveranstaltung im Jahr 2015 meinte er einmal: *«Ich mache hunderte von Deals, sie kommen wie zu meinen Ohren hinaus. Das sind gute ‹Deals›, die meisten sogar phänomenal.»* Seine Dealmaking-Qualitäten waren eines der dominanten Themen während seines Wahlkampfs im Jahre 2015 – und Amerikaner lieben heisse Deals! Nach seiner Präsidentschaft – und vielleicht vor seiner nächsten – stellt sich die Frage, wie es um die *tatsächlichen* Verhandlungskünste des 45. US-Präsidenten steht. Ich habe diesen nie «live» in Verhandlungen erlebt. Deshalb vergleiche ich hier seine Ratschläge in «The Art of the Deal» mit heutigen bewährten Verhandlungsstrategien und erlaube mir aufgrund der öffentlich verfügbaren Informationen einige Bemerkungen über die aussenpolitischen Verhandlungen der Administration Trump, lassen diese doch aufschlussreiche Schlussfolgerungen in Bezug auf die Verhandlungskünste des früheren US-Präsidenten und erfolgreiche Verhandlungsführung im Allgemeinen zu.

Doch zuerst zum Buch: «The Art of the Deal» ist vor allem eine autobiographische Selbstvermarktung des Businessman Donald Trump und enthält nur wenige kurze Empfehlungen zur Verhandlungsführung. Dazu gehören: das Umfeld zu kennen («Know your Market»), die Kosten im Griff zu behalten («Contain the Costs»), seine Verpflichtungen einzuhalten («Deliver the Goods» – was er als US-Präsident in Form von Wahlversprechen auch mehrheitlich tat oder zumindest

---

[1262] Eine gekürzte Version dieses Kapitels wurde am 7. Januar 2021 in der schweizerischen Handelszeitung publiziert.

[1263] Schwartz machte in einem späteren Interview vor Oxford-Studenten Ende 2016 geltend, er habe das Buch alleine geschrieben, Trump habe nur minimal kooperiert. Zudem bereute er, mit dem Bestseller zu Trumps Präsidentschaft beigetragen zu haben.

versuchte), Verhandlungsdruck aufzubauen (dazu sogleich), seine Risiken abzudecken – und dabei auch Spass zu haben («Have fun»). Nichts Neues also. Anders als man angesichts seines aggressiven Verhandlungsstils vermuten könnte, empfiehlt Trump jedoch keine kompromisslose Risikostrategie, sondern stets mehrere Eisen im Feuer zu haben – also **Alternativen** und damit Verhandlungsspielraum zu schaffen («Maximise your Options»), dann werde sich das Potential des «Deals» von alleine entfalten («Protect the Downside and the Upside will take Care of Itself»).

Donald Trump steht sinnbildlich für «US Big Business», welches für sein «Think big» und seine Bereitschaft bekannt ist, maximalen Verhandlungsdruck aufzubauen, um so die eigenen Ziele zu erreichen. Entsprechend empfiehlt Trump im Kapitel «Trump Cards – The Elements of the Deal», die **Ziele hoch anzusetzen** und dann **immerfort Druck** auszuüben, bis man erreicht hat, was man will. Dabei setzt er auf einen an Obsession grenzenden Fokus auf das eigene Ziel («it's almost a controlled neurosis») – und Instinkt.

Anders noch als während seiner Zeit in den 80er- und 90er-Jahren, als Trump als Immobilienmogul und Poster Boy New Yorks durch seine politischen Beziehungen und geschickten Manöver hinter den Kulissen Hunderte von Millionen an Steuererleichterungen erreicht hatte und als wohl bekanntester US-Unternehmer und TV-Star der 90er Jahre mit dem sensationslüsternen Publikum geflirtet hatte, suchte er als Präsident keine der in der Politik typischen überparteilichen Allianzen und Kompromisse, sondern zeigte vor allem die Bereitschaft, **maximalen Druck** und praktisch jedes Mittel einzusetzen, um zu gewinnen, was jedoch nach der Lektüre von «The Art of the Deal» niemanden überraschen konnte. Dabei offenbarte er die grundlegende Problematik von prägnanten Verhandlungsführern und ebensolchen Druckstrategien: Anders als flexible Strategien bewähren sich diese *nur in bestimmten Situationen*, in anderen dagegen scheitern sie kolossal. Sie setzen gewisse Rahmenbedingungen voraus, unter denen sie funktionieren. Liegen diese nicht vor, steht man plötzlich vor einem Scherbenhaufen und weiss nicht weiter. Wenn die andere Partei etwa den «Deal» nicht benötigt, sich am druckorientierenden Auftreten stört oder bei einem Nachgeben das Gesicht verlieren würde, platzt die Verhandlung. Wie die Präsidentschaftsjahre Trumps gezeigt haben, stossen deshalb solche Strategien gerade im politischen Umfeld, wo vielfach überparteiliche und langfristige Lösungen gesucht sind, oft an enge Grenzen. Maximale Druckstrategien beinhalten zudem regelmässig **Ultimaten** und laufen damit auf «make it or brake it» hinaus, was bei den Gegenspielern regelmässig **starke Abwehrreflexe** hervorruft und Verhandlungen gefährdet, wenn nicht sogar zum Scheitern bringt. Diese Erfahrung dürfte beim 45. US-Präsidenten zur Überzeugung geführt haben, mit seinen politischen Gegenspielern werde am besten gar nicht erst verhandelt. Trumps Druckstrategie sieht denn auch vor, *sehr hart zurückzuschlagen*, wenn man sich schlecht behandelt oder übervorteilt fühlt («fight back very hard»): unnachgiebig, mit aller Macht, vorzugsweise über die Medien und die Gerichte (über die letzten Jahre wurde deutlich, dass der frühere US-Präsident jede andere Meinung als «unfair» empfindet). Diese im Geschäftsleben stets von Neuem eingesetzte Strategie – die Medien sprechen von Tausenden von Gerichtsverfahren, die Trump beziehungsweise seine Unternehmen in all den Jahren geführt haben sollen – verfolgte Trump auch während seiner Zeit als Präsident: Seine Gegner wurden mit Klagen überzogen, die Wahl des US-Präsidenten 2020 vor zahlreichen Gerichten angefochten, Gegner verhöhnt und verspottet, die Wahl als «gestohlen» möglichst delegitimiert.

Wie wir in den Kapiteln III.B.2 und III.C.2 gesehen haben, leiden maximale Druckstrategien unter einem weiteren Nachteil: Sie führen regelmässig zu **nicht nachhaltigen und ineffizienten Ergebnissen**, da die Parteien unter Zwang eingegangene Verpflichtungen erfahrungsgemäss schlecht einhalten und die Berücksichtigung der beidseitigen Interessen oft eine bessere Lösung erlaubt, als wenn sich eine Partei unter Druckausübung einseitig durchsetzt. Zudem vernachlässigen sie die Beziehungsebene, welche in Verhandlungen eine herausragende Rolle spielt. Wie Watzlawick nachwies, wird bei gestörter Kommunikation (Beziehungsebene) auch das Verhandlungsergebnis (Sachebene) beeinträchtigt. Die Bedeutung der Beziehungsebene verdeutlichte der ehemalige Präsident Südafrikas, Frederik Willem de Klerk, als er die *Fähigkeit, sich in andere hineinzuversetzen,* als einen der Schlüsselfaktoren für den Erfolg seiner Verhandlungen mit Nelson Mandela zur Überwindung der Apartheit in seinem Land bezeichnete.

Erfolgreiche Verhandlungsführerinnen und -führer setzen deshalb heute eher auf **moderne Kommunikationsstrategien**, die sich insbesondere aus der Erkenntnispsychologie, der Systemtheorie und dem Konfliktmanagement ableiten, und setzen Druckstrategien nur soweit wie erforderlich ein. Wie bereits erwähnt, haben Studien über die Verhandlungsstrategien bekannter Anwältinnen und Anwälte aus US-Kanzleien ergeben, dass nur eine Minderheit auf harte Verhandlungsstrategien setzt und die Mehrheit somit die Interessen ihrer Klienten genauso erfolgreich – jedoch effizienter und nachhaltiger – mit moderateren Methoden vertritt als mit «harten Bandagen».[1264]

Trump bewies nicht nur als Immobilienunternehmer, sondern auch als Politiker einen ausgeprägten Instinkt, die Leute für sich zu gewinnen, die er brauchte, um seine Ziele umzusetzen. Allerdings funktionieren instinktbasierte Verhandlungsstrategien nur in dem Umfeld, in dem man einen Instinkt entwickeln konnte, was

---

1264 Vgl. dazu Fn. 49.

regelmässig jahrelange Erfahrung voraussetzt. Instinkt sollte deshalb stets mit einer sorgfältigen Analyse des Verhandlungsumfelds einhergehen, dies ganz im Sinne des Grundsatzes *«préparer pour mieux improviser»*. Dabei gilt es nicht nur das bestmögliche eigene Ziel (MAPP) festzulegen, sondern auch zu evaluieren, wer welche Alternativen zu einer Verhandlungslösung hat (BATNA), um dies dann in den Verhandlungen geschickt zum Tragen zu bringen. Die Vernachlässigung der Analyse und damit der Fakten sowie einer Verhandlungsstrategie können uns in Verhandlungen in echte Risiken und Probleme führen, da wir so anfällig für Manipulationen und nachteilige Spontanentscheidungen werden. Zwar empfiehlt der berühmte chinesische Stratege Sun Tzu, in seiner Vorgehensweise unberechenbar zu bleiben[1265] – und Unberechenbarkeit war sicherlich eines der Kennzeichen von Präsident Trump. Deren Einsatz sollte jedoch wohl überlegt sowie strategisch ausgerichtet, und nicht spontan-erratisch erfolgen. Zudem dürften Verbündete eher mit Allianzen als mit Drohungen und sprunghaftem Verhalten an sich zu binden sein und sollte die Unberechenbarkeit für die Gegner aufgespart werden.

Es dürfte heute noch zu früh sein, eine abschliessende Bilanz der Administration Trump in Bezug auf die Konflikte mit Iran, China und Nordkorea zu ziehen. Vielleicht können wir aus den Entwicklungen der letzten Jahre die Erkenntnis ziehen, dass diese Konflikte – wenn überhaupt – kurzfristig nicht zu lösen sind und, um mit Mayer zu sprechen, wir uns auf ein «staying with conflict», also einen dauerhaften Konflikt, einrichten und überlegen müssen, wie wir mit diesem mittel- bis längerfristig umgehen.[1266] Das schonungslose Offenlegen der diametral (durch seine Gegner teilweise «schöngeredeten») entgegengesetzten Interessen der Parteien könnte der nachfolgenden Administration den Boden für eine realistische Politik gelegt haben, ganz im Stil der bekannten «Good guy – Bad guy»-Verhandlungstaktik. Dazu werden die USA allerdings stabile Allianzen benötigen. Diese zu schmieden war definitiv keine Stärke Donald J. Trumps.

Dies bringt uns zurück zur eingangs gestellten Frage: War Donald Trump während seiner Amtszeit ein erfolgreicher Dealmaker? Trump hat in seiner Präsidentschaft die NAFTA-Verhandlungen in Rekordzeit zu einem für die USA positiven Ergebnis geführt, die Beziehung zu der EU und China auf eine neue (allerdings konfliktorientierte) Basis gestellt und sich aus internationalen Verhandlungen (Transatlantic Trade and Investment Partnership, TTIP) und Abkommen wie dem Pariser Klimaabkommen zurückgezogen. Er setzte dabei auf maximale Druckstrategien und seinen Instinkt. Seine abrupte und erratische Vorgehensweise hat die Verbündeten der USA brüskiert und Gegnerschaften wie jene zu Russland oder China

---

1265 Sun Tzu/Cleary, The Art of War, S. 6.
1266 Mayer, Staying with Conflict, S. 9.

vertieft. Dies ist das logische Ergebnis einer einseitigen, auf maximalem Druck basierende Verhandlungsstrategie, welche keine Facetten kennt: Entweder bist du für mich und nimmst meine Bedingungen an, oder du bist gegen mich. Zurück bleiben trotz einigen beachtlichen aussenpolitischen Verhandlungserfolgen viele irritierte Partnerschaften, verpasste Opportunitäten wie die Verstärkung des US-Einflusses im Pazifik, in Frage gestellte Allianzen und Scherbenhaufen. Viele dürften sich unter «The Art of the Deal» etwas anders vorgestellt haben. Seinen Anhängern jedoch wird Donald J. Trump wahrscheinlich nicht vorab als «Dealmaker» in Erinnerung bleiben, sondern für das, was er innenpolitisch ohne «Deal» und damit ohne Kompromisse erreicht hat: den Weiterbau der Mauer an der Grenze zu Mexiko, die Steuersenkungen, die Abschaffung von Umweltvorschriften sowie die Ernennung von drei konservativen Supreme Court- und zahlreichen Bundesrichtern. Das reichte zwar nicht für die Wiederwahl, könnte jedoch die republikanische Agenda über Jahre, wenn nicht Jahrzehnte, befördern. Es scheint, als habe Präsident Trump entsprechend seinen Empfehlungen in «The Art of the Deal» stets genau geprüft, ob er **Alternativen zum Verhandeln** hatte. Und diese gab es oft. Auch wenn wir uns dies ungern zugestehen, zeichnete sich die politische Schläue von Präsident Trump vielleicht genau dadurch aus: sich als «the greatest Dealmaker» auszugeben, und dabei – **die Gegner täuschend – ohne «Deals» seine Ziele zu erreichen**. Ich stelle mir vor, dass die Chinesen mit ihrer jahrtausendalten Tradition in strategischem Denken anerkennend nicken und sich dabei das Strategem Nr. 6 in Erinnerung rufen: «*Im Osten lärmen, im Westen angreifen.*»[1267] Um zu gewinnen. Um jeden Preis.

1267 VON SENGER, 36 Strategeme für Manager, S. 52 f.

B. Verhandeln mit dem Teufel

*«Ich bin ein Teil von jener Kraft,
Die stets das Böse will und stets das Gute schafft.»*

Johann Wolfgang von Goethe[1268]

Sollen wir mit dem «Teufel» verhandeln? Und wenn ja – wie? Auch wenn sie nicht alltäglich ist, kann sich diese Frage im Verhandlungsalltag durchaus stellen – eher seltener im Geschäftsbereich, aber durchaus regelmässig in der Politik. Wie Voss in seinem Buch «Kompromisslos verhandeln» zeigt, sind Verhandlungen mit Geiselnehmern zur Freilassung ihrer Gefangenen oder mit Terroristen zur Abwendung von Anschlägen – oft über Dritte wie lokale Vertrauenspersonen – trotz dem lapidaren Statement der Behörden «Wir verhandeln nicht mit Terroristen!» durchaus üblich. Dabei stellen sich nicht nur Fragen der Verhandlungsstrategie und -taktik, sondern auch schwierige staatsrechtliche und moralische Fragen: Darf ein Staat mit Terroristen verhandeln? Ermutigen solche Verhandlungen weitere Entführungs- und Erpressungsaktionen und gefährden damit andere Menschen? Werden durch entsprechende Zahlungen die finanziellen Mittel der Terroristen für zukünftige Anschläge gestärkt? Soll ein Aggressor, der ein Nachbarland blutig überfällt, über eine gesichtswahrende Lösung zum Frieden bewogen werden? Und – auch wenn die meisten von uns nie mit dem «Teufel» wie Geiselnehmern, Extremisten oder Terroristen verhandeln werden – was können wir daraus für unsere Verhandlungen mit extrem schwierigen Gegenparteien lernen?

1. Sollen wir mit dem «Teufel» verhandeln?

Lassen Sie mich die Thematik der Verhandlungen mit dem «Teufel» mit zwei Beispielen einleiten.

Der erstaunliche Fall von **Rezsö (Rudolf) Kasztner** zeigt exemplarisch die nahezu unlösbaren ethischen und moralischen Dilemmata auf, die in solchen Situationen auftreten:

> Nach der Machtübernahme Hitlers in Deutschland im Jahre 1933 nahm der Antisemitismus auch in Ungarn rapide zu. Die rechtsnationalistischen «Pfeilkreuzler» standen den deutschen Nazis beim Drangsalieren ihrer jüdischen Mitbürger in keiner Art und Weise nach und erliessen «Judengesetze», welche diese massiv benachteiligten und aus dem öffentlichen Leben drängten. Nach der berüchtigten Wannseekonferenz im Sommer 1942 stand die ungarische Regierung zunehmend unter Druck, die

---

[1268] Johann Wolfgang von Goethe, Mephistopheles in Faust 1.

Deportation und Vernichtung der Juden im eigenen Land voranzutreiben. Nach dem Einmarsch der deutschen Truppen am 22. März 1944 wurde auch die Lage der dortigen Juden katastrophal. **Rezsö Kasztner**, ein ungarischer Journalist, geboren im Jahre 1906 in der ungarischen Kleinstadt Klausenburg (ungarisch: Kolozsvár) in Siebenbürgen, der bereits in seiner frühen Studentenzeit überzeugter Zionist geworden war, führte im Rahmen eines lockeren Verbundes, dem Komitee ungarischer Zionisten Wa'ada, eine erstaunliche Rettungsaktion in Gang. Die Wa'ada war mit zahlreichen ausländischen Untergrundorganisationen verbunden. Kasztner stieg durch seinen Ideenreichtum und seine Kaltblütigkeit rasch zu deren führendem Kopf auf. Die Wa'ada wusste aus ihren Kontakten zum Industriellen Oskar Schindler, dass man von den Nationalsozialisten jüdisches Leben für Lösegeld kaufen konnte. Sosehr Kasztner Verhandlungen mit Massenmördern wie den für die Deportation und Vernichtung der Juden zuständigen Reichsführer SS, Reichsinnenminister Heinrich Himmler sowie SS-Obersturmbannführer Adolf Eichmann widerstrebte, sosehr wusste er auch, dass diese die einzige Rettungsmöglichkeit für viele seiner Glaubensgenossinnen und -genossen darstellte. Er und andere Exponenten gaben sich deshalb gegenüber den Nazis als «Vertreter des Weltjudentums» (an das seine Nazikontrahenten glaubten) aus. Ihr Ziel war, möglichst viele ungarische Juden zu retten. Durch kaltblütige Konfrontation, Ausflüchte, Schmiergeldzahlungen, Aktionen zur Verzögerung der Deportation von Juden, aber auch Täuschungsmanöver und blanke Lügen verleitete Rezsö Kasztner seine Gegenspieler dazu, Deportationen zu verzögern und schliesslich aus Listen von Deportierten zusammen mit dem ungarischen Judenrat eine Zusammenstellung von jüdischen Mitbürgerinnen und Mitbürgern zu erstellen, die freigekauft werden sollten.[1269] Als Himmler bei einem persönlichen Treffen Kasztner ignorierte und zu dessen Einschüchterung zu rauchen begann, tat ihm das Kasztner gleich. Er «zockte» um seine Mitbürgerinnen und Mitbürger, indem er vortäuschte, es wäre ihm völlig egal, wenn die Verhandlungen scheiterten und tat stets so, als wären er und Himmler gleichwertige Verhandlungspartner.[1270] Er feilschte stundenlang und täuschte vor, er könne die absurden Forderungen der Nationalsozialisten nach Kriegsmaterial, insbesondere Lastwagen der Alliierten (sic!) und Geld erfüllen, wobei er wiederholt offen mit dem Verhandlungsabbruch drohte. Dabei drängte er Himmler stets von Neuem zu einem Aufschub der Deportationen: «*Die Verhandlungen [mit den Alliierten in Istanbul um die Lastwagen] stehen schlecht, weil sie die Deportationen forcieren. Sie müssen einen Beweis liefern, dass Sie Ihr Angebot ernst meinen. Was machen Ihnen diese paar Juden aus?*»[1271] Von Rückschlägen liess er sich nicht abbringen. Aufzeichnungen über diese Verhandlungen lassen erahnen, wie sehr Kasztner diese widerstrebten und er seine Kontrahenten verabscheut haben muss: So äusserte Eichmann, der für Himmler die «Judenfrage» in Ungarn lösen

---

1269 Löb, Geschäfte mit dem Teufel, S. 50–57. Auch Löb wurde durch die Rettungsaktion Kasztners vor der Ermordung im KZ Bergen-Belsen verschont. Der Fall wird auch bei Mnookin, Verhandeln mit dem Teufel, S. 61 ff., beschrieben.
1270 Löb, Geschäfte mit dem Teufel, S. 67–69.
1271 Löb, Geschäfte mit dem Teufel, S. 73.

sollte, etwa folgenden Wunsch: «*Was ich gerne bekäme, das wären Lastkraftwagen. Sie wollen eine Million Juden haben? ... Ich mache Ihnen ein kulantes Angebot: Sie liefern mir ein Lastauto für hundert Juden .... Das macht in summa zehntausend Lastwagen ... Sie müssen für den Winterbetrieb geeignet sein.*»[1272] Dabei log Eichmann brandschwarz, da er nie eine Million Juden vor der Vernichtung zu verschonen bereit war. Doch die Verhandlungen wurden weitergeführt, weil Kasztner immer weiter Druck aufsetzte und dabei stets neue Forderungen stellte. Er hatte nämlich erkannt, dass sich Nazigrössen wie Himmler angesichts der sich abzeichnenden Niederlage des deutschen Reichs **Devisen zur Flucht** verschaffen wollten – das war der «**Black Swan**» und damit sein «Leverage». Also log er, er beschaffe die geforderten Devisen im Ausland. Andere wie SS Standartenführer Kurt Becher hofften, nach dem Krieg in **einem besseren Licht** zu erscheinen, wenn sie (zumindest vermeintlich) Hand zur Rettung von Juden boten. Dabei änderten sich die gegenseitigen «Angebote» in der Folge immer wieder, oft rein willkürlich. Kasztner stand unter immensem Druck, da Himmler die Endlösung angesichts des Vormarsches der Alliierten beschleunigen wollte und ihm immer weniger Zeit blieb, zumindest einen Teil seiner jüdischen Mitbürgerinnen und Mitbürger zu retten. Gleichzeitig hoffte er, durch den Sieg der Alliierten würden die Vernichtungen gestoppt, weshalb er mit seinen Verhandlungen verzweifelt versuchte, die Deportationen zu verzögern.[1273] Insgesamt konnte Rezsö Kasztner wohl um die 1670 Juden vor der Vernichtung im Konzentrationslager Bergen-Belsen retten, welche im sogenannten «Kasztner-Transport» 1944 in die sichere Schweiz ausreisen durften.[1274]

Kasztner wanderte nach dem Krieg in den 1949 neu gegründeten Staat Israel aus und machte dort in der sozialdemokratischen Partei (Mapai) Karriere, unter anderem als Sprecher des Industrieministeriums. Doch Ende 1952 wurde er in einem Zeitungsartikel beschuldigt, den Tod vieler Juden mitverschuldet zu haben. Da er ein Mandat in der Knesset anstrebte und dabei einen tadellosen Ruf vorweisen musste, strengte Kasztner auf Insistieren seiner Vorgesetzten einen *Verleumdungsprozess* gegen den Journalisten an. Dieser entwickelte sich allerdings rasch zu einem Verfahren gegen Kasztner selbst, versuchte doch die politische Rechte Israels, aus dem Verfahren politisches Kapital zu schlagen. Der Führer der Cherut-Partei und spätere Ministerpräsident Menachem Begin etwa sagte: «*Wer für die Mapai stimmt, stimmt für Juden, die Juden an die Gestapo verschachert haben.*»[1275] Dies war doppelt ungerecht: Nicht nur hätte Untätigsein den sicheren Tod der schliesslich durch Kasztner geretteten Juden bedeutet; Kasztner selbst riskierte dabei stets von Neuem sein Leben und hätte nach dem Kasztner-Transport in der Schweiz bleiben können. Doch er ging zurück nach Ungarn und versuchte dort, wenn auch erfolglos, weitere Juden zu retten. Der Prozess legte den fundamentalen Gegensatz der damaligen jüdischen Gesellschaft zwischen jenen offen, die sich bereits vor dem Krieg in Palästina niedergelassen hatten und den

---

1272 Löb, Geschäfte mit dem Teufel, S. 59.
1273 Löb, Geschäfte mit dem Teufel, S. 76 f.
1274 Löb, Geschäfte mit dem Teufel, S. 163.
1275 Vgl. ‹https://de.wikipedia.org/wiki/Rudolf_Kasztner›.

Juden in Europa übelnahmen, dass sie sich «wie Lämmer auf die Schlachtbank» hatten führen lassen.[1276] Der Prozess wurde damit *politisch instrumentalisiert*, und Kasztner vom Ankläger zum Opfer. Richter Benjamin Halevi akzeptierte die Beweise gegen Kasztner. Nach seiner Aussage hatte Kasztner «seine Seele dem Teufel verkauft». Darüber hinaus wurde Kasztner vorgeworfen, in seinen Aussagen während des Nürnberger Kriegsverbrecherprozesses Nationalsozialisten wie Becher geschont zu haben, dies weil er auch für einzelne SS-Offiziere, mit denen er auch verhandelt hatte, entlastende Elemente erwähnt hatte. Der Journalist, der ihn in der Zeitung diskreditiert hatte, wurde freigesprochen. Das Berufungsgericht billigte Kasztner dann mehrheitlich zu, nicht freiwillig an der Vernichtung von 600'000 Juden mitgeholfen zu haben, wie Halevi gemeint hatte. Die unbedachte Äusserung Halevis zum «Verkauf der Seele an den Teufel» wurde einhellig gerügt. Doch Kasztner konnte sich über seinen Sieg nicht freuen, nach dem Prozess war er ein gebrochener Mann: Er, der sich stets als Retter verstanden hatte, war im Prozess in eine niederträchtige Schmutzkampagne gestossen worden, von der er sich nicht mehr erholte. Tragischerweise wurde er schliesslich am 3. März 1957 vor seiner Wohnung in Tel Aviv von einem rechtsnationalen Juden angeschossen. Er erlag am 15. März 1957 seinen Verletzungen.

Der Fall von Rezsö Kasztner zeigt eindrücklich, dass Verhandlungen, die in einem **schwierigen ethisch-moralisch Kontext** stattfinden, stets Wertungen enthalten, die durch **Weltanschauungen** geprägt sind. Oftmals gibt es dabei kein richtig oder falsch, sondern ist ein Entscheid zu treffen, der zu unterschiedlichen – und auch unterschiedlich gewerteten – Ergebnissen führt.

Einen diametral anderen Weg als Rezsö Kasztner wählte **Hildebrand Gurlitt**:

> **Hildebrand Gurlitt** wurde am 15. September 1895 in Dresden in die Familie berühmter Künstler und Pädagogen geboren. Sein Grossvater Louis etwa war ein gefeierter Landschaftsmaler gewesen, Ludwig Gurlitt ein bedeutender Reformpädagoge. Als studierter Kunsthistoriker etablierte sich Hildebrand Gurlitt in den 1920er-Jahren als Förderer der Moderne in der deutschen Museumswelt. Seine besondere Leidenschaft waren Expressionisten und «Brücke»-Künstler wie Kirchner, Bleyl, Schmidt-Rotluff oder Pechstein. Dadurch wurde er zur Zielscheibe der Nationalsozialisten, welche einem «klassischen» Kunstbild frönten. Im Jahre 1930 verlor er wegen nationalsozialistischer Hetze seine Stelle als Direktor des König Albert-Museums in Zwickau, als er sich weigerte, die nationalsozialistische Flagge zu hissen.
>
> Nach der nationalsozialistischen Machtübernahme im Jahre 1933 war Hildebrand Gurlitt als Leiter des Hamburger Kunstvereins erneut politischem Druck ausgesetzt und kam seiner Entlassung durch eigene Kündigung zuvor. Gurlitt, mittlerweile Vater eines Sohnes und damit privat exponierter als zuvor, wechselte in den Kunsthandel und eröffnete 1935 seine eigene Galerie in Hamburg, das Kunstkabinett Dr. H. Gurlitt. Doch die Rassengesetze der Nationalsozialisten setzten Gurlitt, der selber «Vier-

---

1276 Löb, Geschäfte mit dem Teufel, S. 198.

teljude» war (einer seiner Grossväter war jüdischen Glaubens gewesen), trotz seiner Teilnahme als Soldat («Frontkämpfer-Privileg») im ersten Weltkrieg zunehmend unter Druck. Diesmal beugte er sich – und ging den *Pakt mit den Schergen* ein: Er wurde zu einem der Kunsthändler der Nationalsozialisten, der Kunst gegen Devisen ins Ausland verkaufte.

Der Kunsthandel im Nationalsozialismus war eng mit der Verfolgung der jüdischen Bevölkerung verbunden. Ab 1933 entzog das Regime Juden sukzessive die Lebensgrundlagen und drängte einerseits jüdische Kunsthändler aus dem Gewerbe. Andererseits waren viele Juden gezwungen, für ihr Überleben oder für ihre Flucht ihre Sachwerte zu verscherbeln, was den Preis für Kunstwerke aus jüdischem Besitz zusätzlich unter Druck setzte. So gelangten zahlreihe Kunstwerke zu günstigen Preisen auf den Kunstmarkt, wovon Händler wie Gurlitt profitierten. Infolge der Aktion «Entartete Kunst» wurden moderne Kunstwerke, die dem Geschmack des «Führers» widersprachen (dieser bevorzugte idyllische, harmlose Bilder), eingezogen, in den Hofgartenarkaden vor dem Verkauf als geschmähte Femekunst ausgestellt und schliesslich durch Gurlitt und weitere Kunsthändler im Auftrag des Reichsministeriums für Volksaufklärung und Propaganda grossenteils gegen Devisen ins Ausland verkauft. Der Reichspropagandaminister Goebbels hatte dabei nach der Besichtigung der beschlagnahmten Bilder durch Adolf Hitler in sein Tagebuch notiert: *«Das Resultat war vernichtend. Kein Bild findet Gnade. Führer auch für entschädigungslose Enteignung.»*[1277] Nach der Besetzung Westeuropas durch die Deutschen 1940 handelte Gurlitt auf den Kunstmärkten der Niederlande, Belgiens und vor allem Frankreichs. Ab 1943 erwarb er aufgrund seiner Sonderbefugnisse als «Chefeinkäufer» Kunstwerke für das geplante «Führermuseum» in Linz. Als der Zweite Weltkrieg zu Ende war, wurde Hildebrand Gurlitt für seine Beteiligung am Kunstraub während der nationalsozialistischen Diktatur in Deutschland zwar wiederholt verhört, jedoch im Rahmen der Denazifizierung als «Mitläufer» entlastet. Von 1948 bis zu seinem Tod im November 1956 leitete er den Kunstverein für die Rheinlande und Westfalen in Düsseldorf.

Der Fall «Gurlitt» erregte weltweit Aufmerksamkeit, als die Staatsanwaltschaft Augsburg im September 2010 nach einer Zollkontrolle im Zug von Zürich nach München Ermittlungen gegen Hildebrand Gurlitts Sohn Cornelius wegen des Verdachts auf Steuerhinterziehung aufnahm. Cornelius Gurlitt hatte ein sehr zurückgezogenes Leben geführt und zeitlebens als Eigenbrötler den Kunstkonvolut seiner verstorbenen Eltern verwaltet. Im Frühjahr 2012 wurde seine Münchner Wohnung durchsucht und die dort aufgefundenen Kunstwerke sichergestellt. Cornelius Gurlitt starb am 6. Mai 2014 mit 81 Jahren in München. In seinem Testament hatte er die Stiftung Kunstmuseum Bern als Alleinerbin benannt.[1278] Im Rahmen der intensiven Prove-

---

1277 HOFFMANN/KUHN, Hitlers Kunsthändler, S. 182.
1278 Vgl. statt vieler HOFFMANN/KUHN, Hitlers Kunsthändler; Website des Kunstmuseums Bern ‹https://www.kunstmuseumbern.ch/de/forschen/der-nachlass-gurlitt/hildebrand-gurlitt-corne

nienzforschung zum Gurlitt-Nachlass wurden lediglich fünf Werke als Raubkunst restituiert. Weitere Restitutionen erfolgten auf freiwilliger Basis.

Der Fall «Kasztner» ist sicherlich ein Extremfall, bei dem unter allen Umständen möglichst kurzfristig Leben gerettet werden sollten. Rezsö Kasztner liess sich unter grösstem persönlichen Einsatz und Risiko mit Haut und Haaren auf das gefährliche «Spiel» mit Verbrechern wie Himmler und Becher ein und konnte immerhin einen begrenzten Erfolg erwirken. Seine Mitmenschen, die er mit seinem wagemutigen Vorgehen rettete, dankten es ihm ein Leben lang. Und andere, die nicht dabei gewesen waren, verurteilten ihn aufgrund seiner Verhandlungen mit dem Teufel. Damit müssen Verhandlungsführerinnen und -führer, die sich in Extremsituationen engagieren und exponieren, leben können.

Während der Fall «Gurlitt» die schwierige moralische Frage aufwirft, wieweit man zu seinem eigenen Vorteil (allenfalls zumindest teilweise auch zum Schutz der eigenen Familie) mit dem «Teufel» verhandeln soll und darf, stellt sich in jenem von Rezsö Kasztner unter anderem jene, ob Verhandlungen mit dem «Teufel» überhaupt im «klassischen» Sinne geführt werden können, oder ob dabei **eigene Regeln** gelten. Inwieweit muss hier geblufft und getäuscht werden, um einen Verhandlungserfolg zu erzielen? Darauf werden wir noch zurückkommen.

Die Frage, ob man mit dem «Teufel» verhandeln darf, ja soll, ist im Kern auf jene zurückzuführen, **wie wir mit extremen Druckstrategien umgehen, die uns in moralische Dilemmata führen**. Jonathan Powell, der in den Jahren 1997–2007 als Chefunterhändler für die britische Regierung unter Tony Blair die schliesslich erfolgreichen Friedensverhandlungen mit der IRA führte, zeigt in seinem spannenden Buch *«Talking to Terrorists – How to end armed conflicts»*, dass diese Frage nicht einheitlich beantwortet werden kann, sondern die Antwort sehr von den konkreten Umständen abhängt. Dabei bestehen vielfältige Vorbehalte gegen solche Verhandlungen. So wird etwa argumentiert, im falschen Kontext würde damit Schwäche signalisiert und die andere Partei könnte zu noch mehr Druck ermutigt werden beziehungsweise deren Hardliner erhielten dadurch Auftrieb, womit gleichzeitig die moderaten Stakeholder verprellt würden. Diese müssten nämlich erkennen, dass die Hardliner mit ihrer Druckstrategie insofern Erfolg hätten, als sie Verhandlungen erzwingen könnten. Zudem könnten damit eigene Verbündete, welche einen bisher unterstützt hatten, verprellt werden. Auch würden gerade Verhandlungen mit Terroristen nicht nur die Opfer verhöhnen, sondern hätten weiter einen legitimierenden Effekt für die Gruppe wie auch für deren

---

lius-gurlitt-2487.html›; MEIER, Wie Hildebrand Gurlitt zum Kunsthändler der Nazis wurde, NZZ Feuilleton vom 24. Juni 2020.

gewaltsame Methoden. Damit würden Verhandlungsangebote und -gespräche gar kontraproduktiv.[1279]

Die Frage, ob mit der Gegenpartei überhaupt Verhandlungen geführt werden sollen, stellt sich auch im Russland-Ukraine-Konflikt. Trotz der systematischen Angriffe Russlands auf die zivile ukrainische Infrastruktur und die Zivilbevölkerung sowie nachgewiesener Gräueltaten gegen letztere äusserten sich bereits im Sommer 2022 der französische Präsident Emmanuel Macron, Henry Kissinger, pensionierte deutsche Generäle und weitere westliche Politiker dahingehend, dass solche Konflikte schliesslich doch stets am Verhandlungstisch gelöst würden. Diese Aussage wird durch die Geschichte nicht bestätigt: Konflikte werden entweder bis zum bitteren Ende ausgetragen, wie dies im Zweiten Weltkrieg der Fall war, der in die bedingungslosen Kapitulationen des Deutschen und des Japanischen Reiches mündete (im geschäftlichen Bereich kann dies ein Gerichtsentscheid sein), oder sie enden in Verhandlungen, welche jedoch durch die vorgelagerten Aktionen der Parteien (im Kriegsfall: insbesondere durch militärische Aktionen oder neu formierte Bündnisse; im wirtschaftlichen Bereich beispielsweise durch neu ausgerichtete Lieferantenkette, die Einleitung von Gerichtsverfahren etc.) entscheidend vorgespurt werden. Wieder andere Konflikte wie jener zwischen Nord- und Südkorea werden einfach eingefroren.[1280]

Die Erfahrung zeigt mithin, dass es durchaus Situationen gilt, in denen wir schlicht **nicht verhandeln** können oder sollten.

Dies gilt nicht nur im politischen, sondern auch im wirtschaftlichen oder sozialen Kontext.

> So habe ich Vertragsverhandlungen erlebt, welche sich derart mühsam gestalteten, dass ich meiner Klientschaft die Frage stellte, ob sie überhaupt mit dieser Partei einen Vertrag abschliessen und in eine Geschäftsbeziehung treten wolle. In einem Fall verlangte ein US-amerikanisches Start-up bereits im Rahmen des Aufsetzens einer Geheimhaltungsvereinbarung zur Aufnahme von Verhandlungen für einen Zusammenarbeitsvertrag derart ungewöhnliche textliche Anpassungen an Standardformulierungen und wünschte gleichzeitig ausgedehnte (natürlich unentgeltliche!) Workshops zu der zu regelnden Thematik, dass sich die Frage stellte, ob es ihr nicht vielmehr darum ging, in Workshops unentgeltlich Knowhow zu gewinnen. Als wir auf ihre Forderungen nicht eingingen, brach die andere Partei – glücklicherweise – die Verhandlungen ab und klärte damit unsere Frage gleich selber.

Die Behauptung, Konflikte würden stets am Verhandlungstisch gelöst, ist jedoch auch *verhandlungstaktisch ungeschickt,* da sie die Ernsthaftigkeit der Gegenwehr

---

1279 POWELL, Talking to Terrorists, S. 26 ff.
1280 RÜSCH, Frieden wird es mit Putin nicht geben, NZZ online vom 20. Januar 2023.

in Frage stellt. Die oben erwähnte Aussage von Macron et al. konnte nämlich durchaus als Signal an Russland verstanden werden, seine Aggressionen würden letztlich keine Konsequenzen haben.

2. Unter welchen Umständen sollen wir mit dem «Teufel» verhandeln?

Die Bedenken, mit dem «Teufel» zu verhandeln, führen allerdings immer wieder an die **Grenzen des Erträglichen**: So können Konflikte das Leben von Menschen so sehr beeinträchtigen, dass sich diese ihre moralischen Bedenken kaum mehr leisten können. Oder dann sind wir so sehr auf die Gegenpartei angewiesen, dass wir trotz ihres äusserst schwierigen beziehungsweise schwer ertragbaren Verhaltens bevorzugen, eine Lösung zu finden, statt weiterhin im *Status quo* zu verharren.

Powell zeigte auf, dass die meisten Konflikte nicht durch reine Gegendruckstrategien gelöst werden können,[1281] dies insbesondere, wenn sie komplex sind, bereits lange andauern und die andere Partei über genügend Ressourcen, Support und Macht verfügt, um den Konflikt zu perpetuieren.[1282] Gerade bei tiefgreifenden Konflikten werden ernsthafte Gespräche viel zu lange aufgeschoben, nur um später in einer noch viel verhärteteren Situation mit Parteien, welche sich zumindest teilweise vollständig mit dem Konflikt identifizieren und radikalisiert haben, dennoch geführt werden zu müssen. Und auch wenn wir dies nicht mögen: Die Gespräche müssen dabei mit denjenigen Personen auf der Gegenseite geführt werden, welche die meiste **Macht** haben – und das sind meist die Falken, nicht die Tauben. Der frühere finnische Ministerpräsident Martii Ahtisaari, ein erfolgreicher Mediator, meinte dazu, *moralische Ambiguität* gehöre unvermeidlich zu solchen Verhandlungen.[1283]

> «Die meisten Konflikte können nicht durch reine Gegendruckstrategien gelöst werden.»

Die oben aufgeführten Einwände gegen Verhandlungen mit dem Teufel sind deshalb nicht zwingend Argumente gegen solche Verhandlungen *per se*.

Somit fragt sich, **wann und unter welchen Voraussetzungen** Verhandlungen mit dem «Teufel» erfolgen sollen. Dabei stellen sich vor allem vier Fragen:

- **Haben wir valable *Alternativen* zu den entsprechenden Verhandlungen?**

1281 POWELL, Talking to Terrorists, S. 25.
1282 Vgl. diesbezüglich auch Kapitel IV.B.9 zur Eskalationsdynamik, welche sich bei gegenseitigen Druckstrategien aufbaut.
1283 POWELL, Talking to Terrorists, S. 19–21. Auch Mayer weist ausdrücklich darauf hin, dass tiefgreifende und langandauernde Konflikte moralische Zweideutigkeit, Unsicherheit und damit verbundenes Unbehagen auslösen können. Damit müssen Verhandlungsparteien in solchen Situationen leben können (vgl. auch MAYER, Staying with Conflict, S. 36 f.).

Damit wir uns die Frage, ob wir mit dem Teufel verhandeln sollen, überhaupt stellen können, müssen wir Alternativen zu Verhandlungen haben. Sonst können wir uns den Luxus, nicht zu verhandeln, schlicht nicht leisten. So kann es sein, dass wir trotz erpresserischen Verhandlungstaktiken einfach auf eine Lösung mit der anderen Partei angewiesen sind: Wir benötigen ihr Einverständnis zu einem Vorhaben, wir benötigen ihr Produkt (das standardmässig in unser Endprodukt eingebaut wird, was uns wegen Lieferverpflichtungen unter Druck setzt), oder ihre politische Unterstützung zu einem zentralen Anliegen beziehungsweise Projekt. **Nichteinigungsalternativen** (BATNA) dagegen können in privaten oder geschäftlichen Situationen etwa in Gegendruckstrategien, aber auch in einer Mediation oder in einem Gerichtsprozess bestehen, oder – ebenso sehr wie im politischen Bereich – bei entsprechendem Druck in der Unterziehung unter die gestellten Forderungen.[1284] Bei der entsprechenden Betrachtung ist dabei hilfreich, sich die von Meyer beschriebenen typischen **Konflikt- und Eskalationsdynamiken** zu vergegenwärtigen.[1285]

- Können wir *mit dieser Gegenpartei* eine Verhandlungslösung erzielen?

Weiter muss es überhaupt möglich sein, mit der konkreten Gegenpartei eine Verhandlungslösung zu erzielen. Das ist beileibe nicht immer der Fall. Will oder kann sie dies nicht, so erübrigt sich die Frage erneut. Diese muss deshalb einzelfallweise beantwortet werden. Wie der Fall von Rezsö Kasztner zeigt, sind Verhandlungen selbst in Extremfällen möglich, auch wenn Kasztner nie davon ausgehen durfte, dass die Gegenseite die getroffenen Abmachungen auch wirklich einhalten würde (und sie dies oftmals auch tatsächlich nicht tat). Im Russland-Ukraine-Konflikt dagegen bezweifeln viele Kommentatoren, dass unter der Regierung Putin überhaupt ein Friede möglich sei, da dessen *politisches Schicksal* mit einem Sieg für Russland verbunden sei. Dieselbe Frage stellt sich auch in Bezug auf den ukrainischen Präsidenten Wolodymyr Selenskyj, da ein Kompromissfrieden mit Russland heute kaum Rückhalt in der ukrainischen Bevölkerung geniesst.[1286]

Nebst *Zielkonflikten und schwierigen Begleitumständen* kann auch die *Persönlichkeit der Gegenpartei* ein Hindernis für eine Verhandlungslösung darstellen: Weist diese nämlich psychopathische, etwa stark narzisstische oder paranoide Züge auf, müssen wir damit rechnen, dass sich die Verhandlungen sehr schwierig bis unmöglich gestalten. Solche Wesensmerkmale treten häufiger auf als man denkt. Untersuchungen zeigen, dass gerade Personen in Machtpositionen regelmässig mehr oder weniger ausgeprägt solche Züge aufweisen, was die Wahrscheinlich-

---

[1284] Vgl. dazu auch Kapitel VI.
[1285] Vgl. dazu Kapitel VI.A.3 und VI.A 5.2.1.
[1286] CHRUSCHTSCHOWA, «Ermordet sind die Friedensstifter», Gastkommentar in der NZZ online vom 3. Februar 2023.

keit erhöht, in wichtigen Verhandlungen auf so strukturierte Individuen zu treffen – im eigenen wie im gegnerischen Lager![1287]

Narzissten haben ein übertriebenes Selbstwertgefühl und mangelnde Empathie gegenüber anderen.[1288] Sie treten meist gefällig und attraktiv auf. Sie versprühen Charme, sind oft intelligent und einnehmend. Zwar gibt es auch die Variante des stillen Narzissmus. In der Regel sind Narzissten jedoch gerne im Mittelpunkt der Aufmerksamkeit und kontaktfreudig, *sie möchten gefallen*. Dem ordnen sie alles andere unter, weshalb sie ausgesprochen ichbezogen, oft hochstapelnd, aber auch herablassend und verletzend, bindungsschwach und manipulativ sind. Alles muss sich um sie drehen, sie beschäftigen sich am liebsten mit sich selbst. Wer ihnen nützt, ist ihr «Freund», wer sie in Frage stellt, ihr «Feind».[1289] Wenig erstaunlich stehen sie auch zur Wahrheit regelmässig in einem ambivalenten Verhältnis, da sie diese nur soweit anerkennen, als sie ihnen dient[1290] – dass der Begriff der «alternativen Fakten» von der Administration Trump geprägt wurde, ist keineswegs Zufall. Regeln interessieren sie wenig, Abmachungen ebensowenig. Der frühere FBI-Agent Joe Navarro beschreibt in seinem Buch «Die Psychopathen unter uns» die Wirkung von Narzissten auf andere Menschen als *«sich zur Schau stellend»* und *«auslaugend»*.[1291] Der Psychiater Dr. Pablo Hagemeyer spricht von *«grenzüberschreitender Selbstbezogenheit, die zerstörerisch für andere ist»*.[1292]

Paranoide Personen dagegen haben krankhaft *verfälschte, unkorrigierbare Gedanken und Vorstellungen*. Sie äussern oft objektiv falsche, unlogische Ansichten und Urteile, die für sie evident sind, mithin keines weiteren Beweises bedür-

---

1287 Navarro, Die Psychopathen unter uns, S. 51.
1288 Aronson/Wilson/Akert, Sozialpsychologie, Kapitel 5.5.
1289 Wie narzisstisch eine Person ist, wird in der Psychologie etwa anhand von **Narcisstic Personality Inventory-Tests (NPI-Tests)** evaluiert. NPI-Tests fokussieren typischerweise auf Themen wie *Autoritätsanspruch, Überheblichkeit und Selbstgefälligkeit, Überlegenheitsgefühl, Einzigartigkeit, Angeberei, Manipulationsneigung und Ausbeutung, sowie Anspruchsdenken*. Schmalbach et al. kamen 2020 zum Ergebnis, dass der NPI-8-Test als valides und – trotz seiner Kürze – zuverlässiges Verfahren für die Bewertung narzisstischer Persönlichkeitsmerkmale empfohlen werden kann (vgl. Schmalbach et al., The Narcissistic Personality, S. 68–77; Collani, Modifizierte deutsche Versionen des Narcisstic Personality Inventory; ein ausführlicher Testbogen findet sich auch bei Navarro, Die Psychopathen unter uns, S. 54 ff.). Narzissten kreuzen in NPI-Tests gerne Aussagen an wie «Ich bin ein geborener Leader», «Ich kontrolliere gerne andere Menschen», «Ich weiss immer, was ich tue», «Ich kann andere Menschen leicht dazu bringen, zu tun, was ich will», oder «Ich bin gerne im Mittelpunkt der Aufmerksamkeit». Auf dem Internet sind unter den Stichworten «narcisstic personality inventory» verschiedene NPI-Testkits verfügbar (vgl. etwa ‹www.ecosia.org/search?q=narcissistic%20personality%20inventory%20pdf›).
1290 Payk, Psychopathologie, S. 338; Navarro, Die Psychopathen unter uns, S. 29 ff.; Hagemeyer, Die perfiden Spiele der Narzissten, S. 25.
1291 Navarro, Die Psychopathen unter uns, S. 41.
1292 Hagemeyer, Die perfiden Spiele der Narzissten, S. 15.

fen.[1293] In ihren Augen verfügen sie über ein ihren Mitmenschen völlig überlegenes Verständnis der Dinge: Sie wissen, wie diese funktionieren, die anderen dagegen sind bestenfalls Ignoranten. Sie wissen, woher alle Probleme kommen und können diese klar zuordnen. Entsprechend sind sie voreingenommen und haben oft *starke Feindbilder*. Entsprechend sind sie auch *misstrauisch* und hängen gerne Verschwörungstheorien nach. Wieder andere sind melodramatisch, lautstark, sogar kämpferisch, oft kontrollierend. Solche Personen *ecken überall an* und verprellen nach und nach alle in ihrem Umfeld. Sie *erschöpfen die Menschen um sich herum und enttäuschen sie immer von Neuem.*[1294]

Diese Züge können natürlich in unterschiedlichen Schweregraden auftreten.

Beide Typen haben die Fähigkeit, Schwächen ihres Gegenübers sofort zu erkennen und diese dann eiskalt auszunutzen, was sie zu ihrem Vorteil auch ohne Weiteres tun.[1295] Je stärker die Ausprägung der psychopathischen Züge, umso *manipulativer, bindungsunfähiger, unverlässlicher und unberechenbarer* sind solche Personen. Was heute vereinbart wurde, wird morgen glattweg bestritten. Wenn es ihnen dienlich erscheint, manipulieren sie unser Umfeld und versuchen, uns ins Abseits zu drängen. Wir können sie darin auch mit viel Empathie und Verhandlungsgeschick kaum ändern. Und zwar nicht so sehr, weil sie dies nicht wollen, sondern vielmehr, weil sie aufgrund ihrer krankhaften psychischen Veränderung *nicht können*.[1296] Diesfalls bringen langwierige Diskussionen nichts. Ich habe verschiedentlich solche «Manöver» in Verhandlungen erlebt: So werden die am Vortag vereinbarten Zwischen- oder Endergebnisse in Abrede gestellt, wir werden der Lügen und des Betrugs bezichtigt, es werden uns unfaire Praktiken und bösartige Motive unterstellt, Änderungen im Text werden trotz vereinbarter Arbeit im Änderungsverfolgungsmodus wiederholt nicht angezeigt etc. Ich glaubte dennoch, dass auch solche Menschen in respektvollen Diskussionen von validen Positionen überzeugt werden könnten – und wurde mehrfach enttäuscht: Sobald ich nur leiseste Zweifel an ihren Behauptungen äusserte oder ihre Forderungen nicht umfassend akzeptierte, wurden sie grob, ausfällig und sämtliche vertrauensbildenden Massnahmen waren wie weggewischt. Dies ist nur logisch, da Menschen mit ausgeprägten narzisstischen Zügen bindungsunfähig sind und eine vertrauensvolle Beziehung zu ihnen kaum aufgebaut werden kann. Menschen mit paranoiden Zügen dagegen lassen sich einfach nicht von ihren fixen Ideen abbringen. Deshalb wird in der Verhandlungslehre meist empfohlen, sich von

---

1293 PAYK, Psychopathologie, S. 268.
1294 PAYK, Psychopathologie, S. 268 f.; NAVARRO, Die Psychopathen unter uns, S. 98 ff.
1295 HAGEMEYER, Die perfiden Spiele der Narzissten, S. 21.
1296 NAVARRO, Die Psychopathen unter uns, S. 184 f.

schwer narzisstisch gestörten und sonstwie psychopathisch veranlagten Personen wenn immer möglich *fernzuhalten*.[1297]

Wenn dies nicht möglich ist, können wir versuchen, die Grundsätze in Kapitel VI.B.3 anzuwenden, um die Verhandlungen möglichst erfolgreich zu gestalten und uns gleichzeitig zu schützen.

- **Können wir eine *Verhandlungslösung* zu für beide Parteien annehmbaren Konditionen erzielen?**

Manchmal liegen die Interessen und auch die Vorstellungen der Parteien hinsichtlich einer gemeinsamen Lösung (zumindest vorderhand) einfach zu weit auseinander. Die Erfahrung zeigt jedoch, dass gerade dieses Hindernis durch vertrauensbildende Massnahmen, Geduld und einen hartnäckigen positiven Dialog regelmässig überwunden werden kann.[1298] Vermeintlich unvereinbare Standpunkte sollten uns deshalb nicht daran hindern, eine Verhandlungslösung zu prüfen und anzustreben, oder zumindest in einen Dialog mit der Gegenpartei zu treten. Ob wir mit dieser eine Lösung finden können oder nicht, wissen wir erst, wenn wir es ernsthaft versucht haben.

- **Was sind die Kosten und die *Durchsetzungschancen* einer Lösung, aber auch die *Nichteinigungskosten*, wenn diese nicht zustande kommt?[1299]**

Die zentrale Frage in schwierigen und belastenden Situationen ist oft nicht nur, was die Kosten und die Durchsetzungschancen einer Lösung sind, sondern welche Kosten die **Nichteinigung** mit sich bringt.[1300] Können wir dadurch einen viel grösseren Schaden und viel grösseres Leid verhindern, als wenn wir nicht verhandeln? Dann könnten sich die Weigerung, Verhandlungen zu führen, auch als unethisch erweisen.[1301] Die Gerichte in den USA gingen sogar noch einen Schritt weiter: Nach einer blutig beendeten Geiselnahme kam es zu Anklagen gegen das

---

1297 Siehe etwa Navarro, Die Psychopathen unter uns, S. 193.
1298 Mayer nennt den scheinbaren Widerspruch zwischen der Anforderung, realistisch zu sein und gleichzeitig positiv zu bleiben, als Konfliktparadox (Mayer, Staying with Conflict, S. 33).
1299 Diese können materieller wie auch immaterieller Natur sein. – Vgl. auch Mnookin, Verhandeln mit dem Teufel, S. 34–36; zu den Nichteinigungskosten vgl. weiter Kapitel IV.H. 1. – Der ehemalige Spitzendiplomat und Chefunterhändler der Schweiz mit der EU, Michael Ambühl, meinte dazu: «Der Krieg wird mit einer Verhandlung enden müssen. Die Frage ist nur, wann und unter welchen Bedingungen. Verhandelt wird erst, wenn beide zur Einsicht kommen, dass sie ihre Interessen am Verhandlungstisch besser wahren können als auf dem Feld. Jede Seite hofft jetzt noch, dass sie mit der Fortsetzung des Krieges die Bedingungen für Verhandlungen verbessern kann. [...] [Es] ist eine Frage der Konflikreife» (NZZ vom 26. Oktober 2022).
1300 Zur besten Alternative ohne Einigung (BATNA) vgl. Kapitel V.A.5.2.3.
1301 Allerdings sollten wir bei der Beurteilung dieser Frage in Bezug auf andere sehr vorsichtig sein und uns stets fragen, mit welchem Recht wir unsere eigenen Vorstellungen und Wertmassstäbe an Stelle derjenigen Personen oder Parteien stellen dürfen, die sich im moralischen Dilemma befinden.

FBI wegen widerrechtlichen Tötungen. Im wegweisenden Urteil *Downs vs. United States of America* befand das US-Berufungsgericht 1975, es gebe bessere Alternativen zum Schutz und Wohlergehen der Geiseln als ein gewaltsamer Befreiungsversuch. Eine solche bestehe etwa in einem Abwarte- und Verhandlungsspiel («waiting game»). Vor einer taktischen Intervention müsse vorher zumindest ein vernünftiger Verhandlungsversuch unternommen werden. Dies war im Fall Downs, dem Piloten des entführten Flugzeugs, der bei der Geiselnahme erschossen wurde, nicht erfolgt, weshalb die Zivilklage seiner Witwe gutgeheissen wurde.[1302] Dies führte dazu, dass das FBI seine Interventionsstrategien völlig überarbeitete und, wie Voss beschreibt, auf eine primär anzustrebende Verhandlungslösung ausrichtete. Dass dazu immer auch interventionelle Alternativen vorbehalten werden, versteht sich von selbst.

Die Nichteinigungskosten können deshalb nach der Verhandlungstheorie nahelegen, Verhandlungen auch mit unbeständigen Rechtsbrechern wie Terroristen, Entführern, Erpressern usw. zu führen, wenn dies der Sache dient. Bei der Beurteilung der strategischen und taktischen Erwägungen müssen wir uns dabei dem Dilemma stellen, die Nichteinigungskosten gegen ethisch-moralische Bedenken, aber auch generalpräventive Überlegungen abzuwägen.

Zudem ist – auch hier – zu beachten, dass selbst die **verschiedenen Stakeholder auf der eigenen Seite** durchaus unterschiedliche Interessen haben können, was ihre Haltung massgeblich beeinflussen und die Konsensfindung erschweren kann.

> Dazu ein Beispiel – die Aktion sorgte schweizweit für Aufsehen: Am 8. Juli 2019 zogen rund 100 junge Klimaaktivistinnen und -aktivisten vor eine Schweizer Grossbank in Basel, wo sie Flyer mit ihren Anliegen verteilten und einen Sitzstreik durchführten. Am Aeschenplatz versperrten sie mit Ästen den Eingang der Grossbank und malten mit Kreide Parolen, forderten den sofortigen Ausstieg der Schweizer Grossbanken aus klimaschädlichen, fossilen Energien. Dann rief die Bank die Aktivistinnen dazu auf, ihr Areal unverzüglich zu verlassen. Noch vor Ablauf des Ultimatums schritt die Polizei ein und räumte das Areal. Es erfolgten Anhaltungen, Personalien wurden aufgenommen, und schliesslich erstattet die Bank Strafanzeige wegen Landfriedensbruch, Nötigung und Sachbeschädigung. Parallel zum Strafprozess erfolgten Verhandlungen des Klimaaktivistenkollektives mit der Bank.[1303] Einige ältere Aktivisten lehnten Verhandlungen mit der Bank *aus Prinzip* ab: «Keine Verhandlungen mit Klimazerstörern!» Doch andere, insbesondere jüngere Aktivistinnen und Aktivisten wollten die drohende strafrechtliche Verurteilung und einen Strafregistereintrag ver-

---

1302 Downs v. United States, 382 F. Supp. 713 (M.D. Tenn. 1974), ‹https://law.justia.com/cases/federal/district-courts/FSupp/382/713/2596989/›; Voss/Raz, Kompromisslos verhandeln, S. 20 f.
1303 Vgl. dazu ‹https://www.watson.ch/schweiz/klima/659526982-belagerung-der-ubs-klimaaktivisten-stehen-in-basel-vor-gericht›.

meiden, da sich ein solcher negativ auf ihr Leben auswirken konnte. Die Gruppe war uneinig, die Gespräche mit der Grossbank blockiert. In intensiven internen Diskussionen wurden schliesslich nicht nur das weitere Ziel der Aktion und die verschiedenen Optionen, sondern auch *die Konsequenzen eines Strafurteils für die Betroffenen* offen diskutiert. Die *pragmatische Fraktion* setzte sich durch, der Weg für eine Lösung mit der Bank war frei. Diese zog im Rahmen des Vergleichs ihre Strafanzeige wegen Sachbeschädigung zurück und erklärte im Musterprozess gegen drei Aktivistinnen, in dem noch die Offizialdelikte Nötigung und Landfriedensbruch behandelt wurden, ihr Desinteresse. Später folgten Freisprüche, die Aktion endete für alle Beteiligten glimpflich und erlaubte ihnen zudem die Wahrung ihres Gesichts.

3. Welche Schlussfolgerungen können wir für Verhandlungen mit dem Teufel ziehen?

«Die Frage ist [oftmals] nicht, ob wir verhandeln oder nicht, sondern vielmehr, ob wir richtig verhandeln.»

Jonathan Powell[1304]

Wie bereits früher ausgeführt, können nicht alle Konflikte durch Verhandlungen gelöst werden. Und manchmal ist es einfach zu früh dazu. Doch wenn das Nichtverhandeln keine Option ist, fragt sich nicht mehr, *ob* wir mit dem Teufel verhandeln sollen, sondern nur noch **wann** und **wie**.[1305]

Die meisten von uns werden zwar nie «teuflische Verhandlungen» mit Geiselnehmern oder Terroristen führen. Dennoch halten die Erfahrungen in Extremsituationen wie den oben geschilderten zusätzlich zu unserer übrigen «Werkzeugkiste» wertvolle Erkenntnisse für Verhandlungen in einem besonders schwierigen Konfliktumfeld für uns bereit:

1. **Seien Sie realistisch!** Voss weist in seinem Buch *«Kompromisslos verhandeln»* anhand diverser Beispiele nach, dass auch Verhandlungen in Extremsituationen durchaus einer *durchdachten Verhandlungsstrategie* folgen. Die oben dargestellten **allgemeinen Verhandlungsprinzipien** sind deshalb grundsätzlich auch hier anwendbar. Allerdings folgen sie oft völlig anderen Dynamiken als «gewöhnliche» Verhandlungen. Sie sind typischerweise geprägt von langanhaltenden (gemeinsamen) negativen Erfahrungen, grossen Vorurteilen und extremem Misstrauen. Manipulationen, Lügen, vorgeschobene Motive und das Ausnutzen jeder gegnerischen Schwäche, aber auch die Beeinflussung der öffentlichen Meinung durch unfaire Taktiken – all dies gehört hier

---

1304 POWELL, Great Hatred, Little Room, S. 5.
1305 POWELL, Talking to Terrorists, S. 41.

zur Tagesordnung. Zu den Besonderheiten solcher Verhandlungen gehört zudem, dass sich oft *schwierige moralische Fragen* stellen, welchen hohe Nichteinigungskosten gegenüberstehen. Dieses Dilemma müssen wir ernst nehmen – und gleichzeitig bedenken, dass viele Konflikte viel zu spät einer Verhandlungslösung zugeführt werden. Hier die richtige Entscheidung zu treffen, stellt wahrlich keine einfache Aufgabe dar!

Auch stellt sich prägnant die Frage, *ob wir überhaupt verhandeln wollen, und wenn ja, ob auch die Gegenpartei ernsthaft verhandelt* oder ob sie dies nur tut, um Zeit und anderweitige Vorteile zu gewinnen. Nicht ernsthaft werden hier Verhandlungen bezeichnet, welche aus rein taktischen Gründen (Verschaffen eines eigenen Vorteils wie Hinhalten der anderen Partei, gegen aussen in einem guten Licht erscheinen etc.) oder sonstwie mit böser Absicht wie etwa lediglich zur Informationsbeschaffung, um eine Druckstrategie erfolgreicher durchzusetzen, geführt werden. Solches Verhalten sollte man nicht belohnen, sondern wenn möglich vermeiden und sonst sanktionieren.[1306] Herauszufinden, ob die Gegenpartei ernsthaft verhandelt, ist oft schwierig und nur möglich, wenn wir mit der Gegenseite in einen Dialog treten.[1307] Das braucht einerseits Mut, anderseits aber auch ein gutes Urteilsvermögen.

Deshalb können wir mit Fug feststellen, dass in besonders schwierigen Verhandlungen durchaus auch **eigene Regeln** zur Anwendung gelangen können.

2. **Bereiten Sie Verhandlungen mit dem «Teufel» besonders umsichtig vor und bleiben Sie hartnäckig dran:** In schwierigen Verhandlungen müssen wir stets mit Rückschlägen und Überraschungen aller Art rechnen. Deshalb ist es besonders wichtig, die Situation sorgfältig zu analysieren und realistisch einzuschätzen. Um die möglichen Schwierigkeiten, aber auch die Chancen auf eine Lösung zu erkennen und soweit als möglich eine Beziehung zu schaffen, kommen gerade der *Konflikt- und der Stakeholder-Analyse*[1308] sowie der *Kommunikation* zentrale Bedeutung zu. Dabei ist auch hilfreich, sich die von Mayer beschriebenen *sechs Muster der Konflikt- und Eskalationsdynamik* zu vergegenwärtigen.[1309] Angesichts der oftmals sehr unterschiedlichen Auffassungen, Erfahrungen und Erwartungen können damit Missverständnisse reduziert und die verschiedenen Stakeholder mit völlig unterschiedlichen Interessen ins Boot geholt sowie – ebenso anspruchsvoll – auch im Boot behalten werden. Eine umsichtige Vorbereitung erlaubt uns einen gut *strukturierten Verhandlungsprozess*. Und schliesslich benötigen wir *viel Geduld*

1306 BOGHOSSIAN/LINDSAY, Schwierige Gespräche, S. 225 f., N 43.
1307 POWELL, Talking to Terrorists, S. 31.
1308 Siehe dazu Kapitel V.A.3.
1309 Vgl. dazu Kapitel VI.A.3 und VI.A 5.2.1.

sowie den unbedingten Willen, eine Lösung zu erzielen. Dabei müssen wir akzeptieren, dass der Konflikt bis zu dessen definitiver Regelung weiterbesteht und die Verhandlungen auch Rückschläge mit sich bringen werden. Dies bedingt von allen Parteien – wie der Konfliktforscher Mayer es ausdrückte – die Fähigkeit *«to stay with conflict»*.

3. **Schaffen Sie ein** «Window of Opportunity»: Wenn sich Konflikte heraufgeschaukelt und perpetuiert haben, nehmen sie oft eine eigenständige Dynamik an, welche die Wahrnehmung und Erfahrung der Konfliktparteien prägt. Dies erschwert die Konfliktlösung. In komplexen Konfliktsituationen werden deshalb Verhandlungen oft erst möglich, wenn ein «Window of Opportunity» auftritt oder, falls noch kein solches besteht, geschaffen wird.[1310]

4. **Setzen Sie Prioritäten und einigen Sie sich über den Verhandlungsprozess:** Um in «teuflischen» Konfliktsituationen weiterzukommen, müssen wir vormalige und vielleicht auch anhaltende Verhaltensweisen der Parteien – selbst wenn sie uns verwerflich erscheinen – vom Ziel der Konfliktlösung trennen. *Die Priorität liegt auf der Herstellung eines konstruktiven Streitbeilegungsdialogs und -prozesses, gewisse «Störgeräusche» werden dabei hingenommen.* Solange man noch miteinander spricht, sind Lösungen möglich. Powell nennt dies das «Veloprinzip»: Solange man fährt, kippt das Velo nicht – sobald man stillsteht, dagegen schon.[1311] Dabei gilt: Je schwieriger die Verhandlungen, desto wichtiger ist es, *Prioritäten* zu setzen, stufenweise Zwischenziele anzustreben und sich mit der Gegenpartei über allgemeine Prinzipien und den Verhandlungsprozess zu einigen.

So machte die englische Regierung unter Premierminister Tony Blair und Jonathan Powell das Thema «Konsens» zum Leitprinzip ihrer Verhandlungen mit der IRA, was bedeutete: Der Status von Nordirland musste auf dem Konsensweg zustande kommen und von der Bevölkerung getragen werden. Andere zentrale Leitmotive wie die Entwaffnung des bewaffneten Arms der IRA dagegen wurden zunächst zurückgestellt.[1312]

Der strukturierte Verhandlungsansatz ist in «teuflischen» Konfliktsituationen auch deshalb wichtig, weil diese regelmässig mit **starken Emotionen** verbunden sind. Dies wirkt sich sowohl auf den Verhandlungsprozess wie auch auf die Beurteilung, Entscheidfindung und Verhandlungslösung (oder deren Scheitern) aus. Dabei hilft uns die *HALT-PSP-Methode*,[1313] kritische Situationen rechtzeitig zu identifizieren, zu reflektieren und dann adäquat zu behandeln.

1310 Vgl. dazu Kapitel VI.A.4.
1311 POWELL, Great Hatred, Little Room, S. 5.
1312 POWELL, Great Hatred, Little Room, S. 12.
1313 Siehe dazu Kapitel IV.H. 1.3.3.

Auch über eine ausbalancierte *Teamzusammensetzung* können wir thematische und emotionale Reizthemen (Triggers) zumindest teilweise abdämpfen. Zudem erlaubt uns die *Gestaltung der Verhandlung*, insbesondere die Wahl der Themen, allenfalls der Beizug von Intermediären, einer Mediatorin oder einer anderen Vertrauensperson der Parteien,[1314] aber auch der Rhythmus der Verhandlungen, das Risiko und die Intensität explosiver emotionaler Ausbrüche zu reduzieren.[1315] Schliesslich empfiehlt es sich, gewisse *Regeln der Kommunikation* zu vereinbaren. Diese sollten einerseits realistisch sein (gelegentliche emotionale Ausbrüche sind kaum vermeidbar), anderseits sind persönliche Beleidigungen, ein Anschreien oder andauernde Unterbrechungen zu sanktionieren. Wenn trotzdem während den Verhandlungen starke Emotionen auftreten, gilt es vorab zu akzeptieren, dass diese vorhanden und ein Teil der «Wahrheit» der Parteien sind. Ein gelegentliches Übertreten der Regeln sollten wir deshalb im Interesse einer möglichen Lösung mit einem *gewissen Gleichmut* hinnehmen. Wichtig ist dabei nicht das starre Insistieren auf Regeln, sondern vielmehr, dass die Parteien (zurück) zu einem konstruktiven Dialog finden.[1316] Um dies zu bewerkstelligen, ist gerade die in Kapitel VI.5.1 beschriebene *Deeskalationstaktik* oder das Einlegen von *Verhandlungspausen* sehr hilfreich.[1317]

5. **Sichern Sie sich ab und schützen Sie sich:** Wie wir im Fall Kasztner gesehen haben, exponieren sich Verhandlungsführinnen und -führer in besonders schwierigen Fällen überdurchschnittlich. Sie sind auf persönlicher und beruflicher Ebene oft sehr grossem Druck ausgesetzt. Auch ihr Umfeld kann unter Druck geraten. Deshalb müssen wir uns in solchen Situationen besonders schützen. Wir sichern uns etwa ab, indem wir alles **Besprochene und Vereinbarte** sofort *schriftlich fixieren*.[1318] Dasselbe gilt für Übertretungen der anderen Partei: Nur wenn wir diese belegen können, gelingt es uns, unsere Verbündeten davon zu überzeugen – und die Gegenpartei in die Schranken zu weisen. Weiter suchen wir *starke und verlässliche* **Verbündete**,[1319] gewinnen wenn möglich und erforderlich die *Deutungshoheit über den Konflikt in der Öffentlichkeit*[1320] und ziehen möglichst auf beiden Seiten Personen bei, welche die Defizite von «teuflischen» Gegenspielern kompensieren kön-

---

1314 Vgl. dazu Kapitel VI.D.
1315 Mayer empfiehlt etwa regelmässige Pausen, das Bereitstellen von Erfrischungen, allenfalls die Begrenzung des Themenkreises, verhandeln in Untergruppen statt im Plenum oder den persönlichen Austausch mit konstruktiven Kräften der anderen Partei in Verhandlungspausen während oder zwischen den Verhandlungen (MAYER, Staying with Conflict, S. 234).
1316 Vgl. dazu ausführlich MAYER, Staying with Conflict, S. 222 ff.
1317 Siehe dazu auch BOGHOSSIAN/LINDSAY, Schwierige Gespräche, S. 170.
1318 Vgl. auch Kapitel V.E.2 und 3.
1319 Vgl. dazu auch Kapitel VI.A.5.5.
1320 Vgl. auch Kapitel VI.A.4, «Campaigning».

nen.[1321] Zudem *informieren* wir unsere Stakeholder regelmässig über den Stand der Angelegenheit, aber auch über allfällige «Spiele» der Gegenseite und behalten so die Deutungshoheit, zumindest im eigenen Lager.[1322] Damit verhindern wir, dass die Gegenpartei unsere Allianzen untergräbt.

6. **Hören Sie zu und schaffen Sie Vertrauen:** Auch in sehr (oft auch moralisch!) herausfordernden Verhandlungen sind der *Vertrauensaufbau* durch vertrauensbildende Massnahmen sowie die Fähigkeit und der Wille, *der anderen Partei zuzuhören* und ihre Geschichte zu verstehen, essentiell. Gerade die *graduelle gegenseitige Deeskalation* ist in solchen Situationen besonders wichtig.[1323] Wenn wir versuchen, an unserem schwierigen Gegenüber dennoch **positive Eigenschaften** zu finden, schaffen wir eine völlig andere Ausgangslage, als wenn wir dieses nur verteufeln.[1324] So schaffen wir nicht nur Vertrauen, sondern auch die Basis für zukünftige Lösungen.

Menschen, die **extreme Meinungen** haben, können nur dann gewonnen werden, wenn wir ihnen als (zumindest in gewissen Belangen) «geistig nahe» oder zumindest nicht «im feindlichen Lager» erscheinen. Deshalb gilt es in einem ersten Schritt, zumindest ein minimales Vertrauen aufzubauen. Nur wenn es uns gelingt, einen gemeinsamen Nenner zu finden (so klein dieser auch sein mag), wird sich unser Gegenüber für das, was wir zu sagen haben, interessieren.[1325] Dabei können auch *Weltanschauungen* wichtig sein. Vertrauen können wir etwa aufbauen, indem wir tatsächliche **Leistungen der anderen Partei anerkennen**, **zu Fehlern stehen**, die in der Vergangenheit gemacht wurden *(«Ja, das war eindeutig falsch!»)* und uns von *extremen Exponenten und Haltungen im eigenen Lager* **distanzieren**. Statt Problemursachen zu bezeichnen, können wir «Beiträge» identifizieren *(«Ja, dies trug sicher zur Eskalation bei und war falsch»)*. Dabei begeben wir uns natürlich auf eine heikle Gratwanderung: Wir wollen das Vertrauen der Gegenpartei gewinnen, dürfen aber jenes im Lager nicht verspielen und müssen zudem vermeiden, dass die andere Partei durch Zugeständnisse die moralische Deutungshoheit über die Auseinandersetzung gewinnt.

1321 Siehe dazu auch Ziff. 4 vorstehend.
1322 In besonders schwierigen Verhandlungen ist die Arbeit auf der Kommunikationsebene besonders wichtig.
1323 Amitai Etzioni und Charles E. Osgood haben im Rahmen ihrer friedenswissenschaftlichen Impulse die **GRIT-Theorie** (Graduated and Reciprocated Initiatives in Tension Reduction) entwickelt. Diese betont die Bedeutung der abgestuften Erwiderung zur Spannungsreduktion. Vgl. Koppe, Friedens- und Konfliktforschung im 20. Jahrhundert, S. 25. Zu den vertrauensbildenden Massnahmen vgl. auch ausführlich Kapitel IV.B.7.
1324 Schranner, Verhandeln im Grenzbereich, S. 151–157.
1325 Boghossian/Lindsay, Schwierige Gespräche, S. 63 ff.

Gleichzeitig müssen wir uns stets bewusst sein, dass der Vertrauensaufbau in gewissen Situationen oder bei bestimmten (etwa extrem narzisstischen) Individuen realistischerweise kaum oder gar nicht möglich ist.

In einem zweiten Schritt versuchen wir, die **Position der anderen Partei aufzuweichen**. Die Amerikaner nennen dies «*to soften up the crocodile's belly*».[1326] Dabei können wir die **Quellen** *des Wissens der Gegenpartei hinterfragen* («Woher haben Sie dieses Wissen?») und es mit anderen Quellen «gegenprüfen» («Ich habe gelesen ... Das verwirrt mich – können Sie mir dies erklären?»). Die Fragen sollten dabei möglichst nicht auf eine «Ja-Nein»-Antwort zielen, sondern so formuliert sein, dass die Antwort substantiell sein muss (also nicht: «Sind Sie damit einverstanden, den Preis zu senken?», sondern: «Wie könnten wir das Leistungspaket anpassen, damit dies einen tieferen Preis ermöglicht?»). Eine weitere bewährte Technik zur Widerlegung der Gegenpartei ist, sie zu fragen, *unter welchen Bedingungen ihre Meinung falsch wäre*, oder *mit welchen* **Argumenten** *sie sich vom Gegenteil überzeugen lassen würde*. Wenn sie selber keine Beispiele bringt, können wir diese frageweise einbringen.[1327]

Eine weitere bewährte Taktik ist, Aussagen und Wünsche des Gegenübers zu **spiegeln und gleichzeitig zu verdeutlichen beziehungsweise zu hinterfragen**. Wenn die andere Partei beispielsweise verlangt, den Preis des Produktes zu senken, können wir fragen: «*Entschuldigen Sie, Sie möchten den Preis senken und dafür die Einkaufsvolumen erhöhen?*» Wenn sie dies verneint, können wir sie wiederum spiegeln, indem wir etwa antworten: «*Damit ich Sie richtig verstehe, Sie möchten den Preis ohne Zusage grösserer Volumina senken – wie können wir gemeinsam die Verkaufskosten reduzieren?*» So signalisieren wir, dass sich eine Preissenkung für beide vorteilhaft auswirken muss, damit es zu einer Lösung kommt. Dasselbe können Sie mit mit einer Frage wie «*Wir sind bereit, den Produktpreis zu senken, wenn wir gemeinsam die Abwicklungskosten senken können. Wo sehen Sie Kostensparpotential?*» tun. Auch hier geht es darum, die Position der Gegenpartei zu hinterfragen und sie anzuhalten, selber Vorschläge einzubringen, wie ihr Ziel zum beidseitigen Nutzen der Parteien erreicht werden kann.[1328]

Um die andere Partei zu überzeugen, können wir auch hier **offene gezielte Fragen**[1329] und «**Reframing**»-**Techniken**[1330] einsetzen. Boghossian/Lindsay empfehlen zudem zur Klärung und Erarbeitung einer neuen, für beide Par-

---

[1326] Vgl. dazu auch Fn. 48.
[1327] BOGHOSSIAN/LINDSAY, Schwierige Gespräche, S. 129 ff.
[1328] Weitere Beispiele finden sich auch bei Voss/RAZ, Kompromisslos verhandeln, S. 60 ff.
[1329] Vgl. Kapitel IV.B.6.
[1330] Vgl. Kapitel VI.A.5.4 und BOGHOSSIAN/LINDSAY, Schwierige Gespräche, S. 104 ff.

teien besser akzeptablen Position die Methode der **Synthese**: Dabei stellen wir eine *Idee* vor (beispielsweise: «Ich bin bisher davon ausgegangen, dass ...») und laden die andere Partei ein, uns zu *widerlegen* («Sie scheinen dem aber nicht zuzustimmen» oder «Was übersehe ich dabei?»). Dann formulieren wir die Widerlegungsbedingungen («Wenn dies und jenes zutreffen würde, wäre diese These wohl widerlegt, einverstanden?»), um dann die formulierten Thesen anhand von Beispielen durchzuspielen. Dies erlaubt uns, eine neue, robustere Position einzunehmen, welche in vielen Aspekten bereits Gegenargumente der anderen Partei berücksichtigt.[1331] Anschliessend wird das Gespräch vertagt, damit beide Parteien die neue Situation reflektieren können.

7. Üben Sie **Gegendruck** aus – und bauen Sie eine «goldene Brücke»: Druckstrategien bedürfen hier *angemessenen Gegendrucks*; Verhandlungen dürfen nicht aus einer Position der Schwäche erfolgen und keinesfalls darf der Anschein erweckt werden, man suche verzweifelt eine Einigung. Deshalb sollten stets Alternativen erarbeitet und bei Bedarf der Gegenpartei auch signalisiert werden. Gegendruck kann dabei auf verschiedene Arten ausgeübt werden – dies kann nicht nur durch den eigenen Einsatz von Druckstrategien, sondern auch geschicktes Ausweichen, Verzögern, Beharren und Widerstandleisten erfolgen.

Zudem setzen wir unseren «Leverage» ein und ziehen bei Bedarf «rote Linien»: Gerade in schwierigen Verhandlungen muss der Gegenseite klar sein, dass diese abgebrochen werden, sofern gewisse Grenzen überschritten werden.[1332] So machte die britische Regierung der IRA zu Beginn der Friedensgespräche 1997 klar, dass die Einhaltung des vereinbarten Waffenstillstandes Voraussetzung für die Fortsetzung der Gespräche war und erneute Terroranschläge zur Suspendierung, wenn nicht gar einem Abbruch der Verhandlungen führen würden.[1333] Gegenüber *Narzissten* darf man durchaus kommunizieren, dass man sie durchschaut und auf manipulatives Lob oder

---

1331 BOGHOSSIAN/LINDSAY, Schwierige Gespräche, S. 163 ff.
1332 Gerade gegenüber Druckstrategien gilt es auch, sorgfältig zu bedenken, unter welchen Umständen wir die Verhandlungen abbrechen wollen (Exit-Strategie). So ist ab einer bestimmten Eskalationsstufe das Verhalten der Parteien oft nur noch darauf ausgerichtet, gegenüber den eigenen Stakeholdern und der Öffentlichkeit das eigene «Gesicht zu wahren» und vorteilhaft dazustehen (BOGHOSSIAN/LINDSAY, Schwierige Gespräche, S. 227, N 47). Wenn nötig kommunizieren wir die «roten Linien», die zu einem Verhandlungsabbruch (oder zumindest -unterbruch) führen, und halten uns dann daran. Selbst dann kann die Aufrechterhaltung eines Kontakts im Sinne eines «*Staying with Conflict – but also in contact*» dienlich sein (vgl. dazu auch Kapitel VI.A.1). Bei der Kommunikation von «roten Linien» ist allerdings Vorsicht geboten, da wir uns damit unnötig in Zugzwang bringen können (vgl. zu «roten Linien» und Ultimaten die Kapitel III.C.2.3 und V.D.2.6) oder der Gegenpartei ermöglichen, den Verhandlungsabbruch zu provozieren und uns diesen dann öffentlichkeitswirksam in die Schuhe zu schieben («*blame game*»).
1333 POWELL, Talking to Terrorists, S. 14.

Drohungen unempfindlich ist. Aber Achtung: Eine deutliche **Abgrenzung** im Sinne von *«Das geht aber gar nicht!»* ist manchmal nicht der erfolgversprechendste Weg, um Leitplanken zu legen, da wir damit starke Gegenreaktionen oder gar den Verhandlungsabbruch riskieren.

Dies erlebte ich während einer Verhandlung zur Beilegung von Strafverfahren und Schadenersatzforderungen in einem Arzthaftpflichtfall. Dabei war es mir trotz der äusserst schwierigen Persönlichkeit des Gegenübers (dieses drohte uns andauernd, leitete verschiedene Strafverfahren ein, beleidigte das Personal des Spitals und mich unflätig) – so meinte ich – gelungen, durch geduldige und verständnisvolle Kommunikation ein bestimmtes Vertrauensverhältnis aufzubauen. Das Ziel war, zu deeskalieren und das involvierte Spitalpersonal vor unnötigen Strafverfahren zu schützen. Als wir dann endlich konkrete Verhandlungslösungen diskutieren konnten, zeigte ich der Gegenpartei gewisse «rote Linien» auf: So würden wir zwar anerkennen, dass die Behandlung nicht optimal gelaufen sei und die Gegenseite durchaus eine leidvolle Zeit bis zur Genesung durchlaufen hatte; dies sei jedoch im Rahmen der leider üblichen (und aufgeklärten) Behandlungsrisiken erfolgt. Auch wenn wir hier durchaus die unterschiedlichen Wahrnehmungen der Parteien anerkennen würden, sei eine formelle Anerkennung einer Fehlbehandlung und einer Schadenersatzpflicht schon aufgrund der eingeleiteten Strafverfahren nicht möglich. Weiter zeigten wir gewisse Möglichkeiten, gleichzeitig aber auch die Grenzen einer finanziellen Lösung auf. Die Gegenpartei reagierte mit einem Wutanfall, Enttäuschung und (vorübergehend) mit einem Verhandlungsabbruch. Dies hätten wir aufgrund der cholerisch-narzisstischen Persönlichkeit der Gegenpartei sowie der emotional aufgeladenen Situation voraussehen können. Es gelang uns dann mit viel Aufwand, einigen taktischen Manövern und unter Beizug einer Drittperson, die Sache später dennoch zu regeln. Wir hätten wohl die ganze Aufregung und Eskalation vermeiden können, wenn wir die Grenzen *durch «wie»-Fragen*[1334] (*«Wie können wir dieser und jener Thematik Rechnung tragen?»*) und nicht als «rote Linien» in die Verhandlung eingebracht hätten.

Je nach Verhandlungsumfeld und -thema kann es für die eigene Glaubwürdigkeit wichtig sein, *für seine Werte einzutreten*. Dies ist allerdings nicht nur im politischen Bereich der Fall: Auch in geschäftlichen Verhandlungen sollten wir signalisieren, wenn sich gewisse Forderungen der anderen Partei mit unseren **Kernwerten** nicht vereinbaren lassen: *«Ein solch tiefer Preis würde uns zwingen, unsere Rohstoffe bei Zulieferanten einzukaufen, die unsere Nachhaltigkeitskriterien nicht erfüllen. Zudem würde sich dadurch die Lieferzuverlässigkeit und Qualität unseres Zwischenproduktes reduzieren. Unser Haus steht für Qualität – deshalb kommt das für uns nicht in Frage.»*

1334 Vgl. dazu Kapitel IV.B.6 und Voss/Raz, Kompromisslos verhandeln, S. 208 ff.

Ein wichtiger Grundsatz ist zudem, dass **übles Verhalten nicht belohnt werden darf**.[1335] Erfolgen *Unterstellungen und Lügen,* decken wir diese auf oder weisen sie zurück.[1336] Gerade bei baren Lügen – etwa dem Inabredestellen von bereits Vereinbartem – wird empfohlen, sich ebenfalls nicht auf seinen eigenen Zusagen behaften zu lassen, sondern gleichzuziehen und seinerseits den Preis für die Einigung zu erhöhen, mithin *selber ebenfalls taktisch zu agieren*.[1337] Das gilt auch bei anderen grenzwertigen Taktiken: Wenn uns die andere Seite auf Antworten warten lässt, lassen wir uns ebenso Zeit für unsere Rückantwort. Wenn wir zeitlich unter Druck gesetzt werden, verzögern wir, setzen aber bei nächster Gelegenheit selber Druck auf etc. Wichtig ist dennoch, die **Verhandlung möglichst positiv zu halten**, da dies das Aggressionspotential des Gegenübers reduziert und die Einigungschancen erhöht.[1338] Dies können wir etwa erreichen, indem wir stets von Neuem *kooperative Lösungen* vorschlagen und unserer Gegenpartei dabei klipp und klar machen, dass andere Lösungen für sie weniger vorteilhaft wären.

Während der *Preis der Nichteinigung* für die eigene Partei möglichst reduziert und für die Gegenpartei in die Höhe getrieben wird (Optimierung der eigenen BATNA), muss gleichzeitig ein **echter Anreiz** und damit eine «goldene Brücke» für eine Einigung geschaffen werden.[1339] Werden nämlich ernsthafte Verhandlungen und Lösungen zur Beilegung des Konflikts angeboten, riskiert jede Partei bei deren Abbruch einen erheblichen Gesichtsverlust, was sich nachhaltig auf den Support ihrer Stakeholder auswirken kann. Je länger Verhandlungen geführt werden, desto mehr tritt dieser Effekt ein.[1340] Er wird zudem verstärkt durch den «*Sunk Cost Bias*» beziehungsweise die «*Sunk Cost Fallacy*» (Versunkene-Kosten-Falle), also die Tendenz, ein Projekt fortzusetzen, in das wir Geld, Mühe und Zeit investiert haben, selbst wenn die laufenden Kosten in einem negativen Verhältnis zu den gewünschten Ergebnissen stehen.[1341]

1335 Navarro, Die Psychopathen unter uns, S. 195 ff.; Hagemeyer, Die perfiden Spiele der Narzissten, S. 132.
1336 Hagemeyer, Die perfiden Spiele der Narzissten, S. 130.
1337 Hagemeyer, Die perfiden Spiele der Narzissten, S. 93 f. und 131. – Dies würde dafürsprechen, dass in Extremsituationen in der Tat nicht dieselben Regeln gelten wie in «normalen» Verhandlungen. Rezsö Kasztner hätte dies sicherlich sofort unterschrieben.
1338 Hagemeyer, Die perfiden Spiele der Narzissten, S. 95.
1339 Hier sei nochmals betont, dass wir unter einer kooperativen beziehungsweise einer «win-win»-Lösung nicht eine solche verstehen, bei der wir unsere Interessen leichtfertig preisgeben. **Vielmehr streben wir stets unsere MAPP an,** sind aber bereit, den berechtigten Interessen und Anliegen unseres Gegenübers Rechnung zu tragen, um so eine nachhaltige, tragfähige Lösung zu erzielen.
1340 Powell, Talking to Terrorists, S. 29.
1341 Vgl. auch Kapitel IV.B.3.

8. **Schaffen Sie Verbindlichkeit und dokumentieren Sie die Verhandlungszwischen- und -endergebnisse:** Um Verbindlichkeit zu schaffen, sind Verhandlungsgespräche und -ergebnisse stets sofort, oder zumindest zeitnah, in der geeigneten Form zu *dokumentieren*.[1342]

9. **Denken Sie frühzeitig an die Umsetzung der Verhandlungslösung – aber auch an die BATNA:** Der Konflikt ist nicht bereits gelöst, wenn die Parteien die Verhandlungen erfolgreich abgeschlossen haben, sondern erst, wenn die *Verhandlungslösung erfolgreich umgesetzt* wurde. Die Frage der erfolgreichen Umsetzung einer möglichen Verhandlungslösung ist gerade in extremen Verhandlungssituationen derart zentral, dass ihr von Beginn an hohe Priorität zuerkannt werden muss. Dies heisst nicht, dass alle möglichen Verhandlungslösungen von Anfang an unter dem Damoklesschwert des «ist diese Lösung auch umsetzbar» stehen. Dies würde die Optionen übermässig beschränken und zudem ausser Acht lassen, dass sich das Verhandlungsumfeld während länger dauernden Verhandlungen oftmals stark verändert – dies nicht zuletzt aufgrund der Gespräche selber. Und schliesslich muss gerade in besonders schwierigen Verhandlungssituationen auch von Anfang an ein Plan B (BATNA) vorhanden sein, oder dann zumindest erarbeitet werden.

Lassen Sie mich dieses Kapitel mit einem persönlichen Beispiel abschliessen. Im Winter 2022 wurde ich mit einer schwierigen Situation konfrontiert: Ein langjähriger guter Freund unserer Familie hat zwei Jungs im Alter von 16 und 18 Jahren. Wir kennen sie seit langem, unsere Familien verbrachten auch schon gemeinsame Ferien. Beide Jungs hatten neuerdings zu boxen begonnen. Leider durchliefen sie während ihrer Pubertät eine sehr schwierige Phase und waren regelmässig in Schlägereien, Drogen und Ähnliches mehr involviert. Die Situation zu Hause war extrem angespannt, die Eltern waren verzweifelt. Externe Hilfe war nicht in Sicht oder bereits ausgeschöpft. Nun erfuhren wir, dass sich die beiden im Ausgang einen 17jährigen Jugendlichen spitalreif geprügelt hatten. Daraufhin entspann sich an unserem Familientisch eine intensive Diskussion: Sollten wir diese Vorfälle einfach ignorieren oder die Eltern der Jungs informieren? Hatten wir eine Pflicht dazu, oder sollten, ja durften wir sie nicht weiter belasten? Wie könnten ihre Eltern mit dieser Situation denn überhaupt umgehen, und was konnten wir zur Verbesserung der Situation beitragen? Und dann natürlich, *wie sollten wir uns verhalten, wenn wir sie wiedersehen würden?* Ich konnte mir einfach nicht vorstellen, den beiden Jungs zu begegnen und mich wie früher für ihr Boxen (das sie nun missbrauchten!) zu interessieren, als ob nichts geschehen wäre. Und aus der Sicht ihrer Eltern – gab es einen Punkt, an dem es «einfach genug» war? Aber was dann? Als die konträr geführte Diskussion in vollem Gange war, wurde mir bewusst, wie sehr die oben geschilderten Grundsätze auch auf solche Situationen anwendbar sind: Konfliktanalyse. Niederschwellige Deeskala-

---

1342 Vgl. dazu auch Kapitel V.E.2 und 3.

tion (obwohl dies zuerst fast kontraintuitiv erscheinen mag). Dialog aufbauen, vertrauensbildende Massnahmen, Dritte (Fachkräfte) beiziehen. Gewisse (mehr oder weniger flexible) Leitplanken setzen, Konsequenzen ziehen, aber auch versuchen, wieder eine gemeinsame Vision aufzubauen. *Stay with Conflict,* unerschütterlich an eine Lösung glauben und an ihr arbeiten, allen Rückschlägen zum Trotz. Denn den Preis der Nichteinigung möchten wir uns nicht vorstellen – und schon gar nicht bezahlen.[1343]

1343 In der Tat kommen die beiden ausgewiesenen Jugendpsychologen Prof. Dr. Haim Omer von der Universität Tel Aviv und Prof. Dr. Artist von Schlippe von der Universität Witten/Herdecke in ihrem Buch «Autorität durch Beziehung – Die Praxis des gewaltlosen Widerstands in der Erziehung» aufgrund ihrer Forschung und Praxistätigkeit zum Schluss, dass sich die Lehre des gewaltlosen Widerstandes auf extreme Verhaltensweisen bei Kindern und Jugendlichen anwenden lässt. Ich hatte dieses Buch einlässlich gelesen, als meine Kinder in die Pubertät gekommen waren und meiner Frau und mir plötzlich (natürlich aus unserer Sicht!) als teilweise schwer verständliche und zugängliche, unkooperative und wenig motivierte «Marsianer» entgegenblickten! Meine Versuche, die Situation mit dem «Harvard Konzept» zu lösen, waren kläglich gescheitert. Ich war konsterniert. Doch wo vorher gegensätzliche Ansichten und Anschuldigungen dominiert und zu immer neuen Zusammenstössen geführt hatten, konnte mit diesem innovativen Ansatz eine gemeinsame Kooperationsbasis aufgebaut werden. Die von den Professoren Omer und von Schlippe propagierten Grundprinzipien sind mit den oben aufgeführten identisch oder diesen zumindest sehr ähnlich. Sie erfordern von den Eltern vor allem sehr hohe *Dialogbereitschaft, Geduld – und viel Gelassenheit.*

C. Verhandeln oder Prozessieren?

Verhandeln und Prozessieren werden oft als völlig gegensätzliche Strategien zur Konfliktlösung betrachtet. So fehlen in Büchern zur Verhandlungsführung meist Hinweise zur Prozessführung, was auch *vice versa* gilt. Auch wenn wir im Kapitel I auf mögliche Nachteile der Prozessführung gegenüber Verhandlungen hingewiesen haben, gebührt in der Praxis Letzteren keineswegs *a priori* der Vorrang: Wie schon Sun Tzu und von Clausewitz betonten, bestehen konfliktorientierte Streiterledigungsmechanismen – hier Prozessführung vor staatlichen Gerichten oder privaten Schiedsgerichten, dort bewaffnete Konflikte – *gleichwertig* neben der Verhandlungsführung. Beide stellen Mittel zur Interessenwahrung und -durchsetzung dar. Wenn Konflikte anstehen oder andauern, ist deshalb im Rahmen der Analyse zu fragen, welcher Weg am erfolgreichsten erscheint. Im Wirtschaftsbereich spielen dabei regelmässig folgende Überlegungen eine Rolle:

- Wie wären unsere *Chancen*, in einem Gerichtsverfahren unsere Ansprüche durchzusetzen? Die Frage, ob wir verhandeln oder prozessieren sollen, beginnt mit einer sorgfältigen Sachverhaltseruierung und Rechtsanalyse. Allerdings sind bekanntlich Recht haben und Recht bekommen zwei Paar verschiedene Schuhe. Viele Parteien können zwar den Anspruch an sich belegen, scheitern jedoch an den prozessualen Beweisanforderungen in Bezug auf die Substantiierung der Höhe der Forderung (Quantum). Deshalb gilt es nun, den beweisrechtlichen Fragen grosse Bedeutung zuzumessen.

- Kann der Konflikt nach den Umständen oder der Natur des Konflikts durch eine *Verhandlungslösung oder alternative Streitbeilegung* (ADR)[1344] beigelegt werden? Geht es schlicht um Wahrung unserer Interessen (was typischerweise bei Immaterialgüterrechtsstreitigkeiten und Klagen wegen Verletzung von Geschäftsgeheimnissen oder Exklusivvertriebsrechten der Fall ist) oder sind auch kreative Lösungen denkbar, welche genau diese Situation berücksichtigen (zum Beispiel wird mit dem Rechtsverletzer ein Lizenzvertrag abgeschlossen, der uns ohne Prozess die Kasse füllt). Sind die Parteien vergleichs- oder zumindest gesprächsbereit? Dies hängt nicht zuletzt davon ab, welchen Verhandlungstyp die Parteien repräsentieren.

- *Vor welchen Gerichten und nach welchem Recht* würde der Streit entschieden? Was bedeutet dies für uns bezüglich Beizug eines Rechtsbeistandes, eigenem Personalaufwand, weiteren Kosten für Reisetätigkeit, Partei- und Gerichtskosten, Kosten für Gerichtstermine, Übersetzungen, Expertisen etc.?

1344 Vgl. dazu Kapitel VI.C.

- Wäre ein Urteil innert nützlicher Frist und mit vertretbaren **Kosten** zu erwarten? Wären dagegen Rechtsmittel möglich, und wäre ein rechtsgültiger Entscheid *durchsetzbar*?
- Geht es um Interessen, welche wir mit Nachdruck und für andere erkenntlich prozessual durchsetzen sollten, um uns einerseits Glaubwürdigkeit zu verschaffen, andererseits aber auch weitere Rechtsverletzungen zu verhindern («*Generalprävention*»)?
- Oder möchten die Parteien die **Beziehung nach der Streitbeilegung** weiterführen? Wie soll diese dann aussehen?
- Spielen für eine der Parteien – oder beide Parteien – im Prozessfall *Reputations- und Geheimhaltungsfragen* eine Rolle? Die meisten Gerichtsverfahren sind der Öffentlichkeit zugänglich. Viele Parteien suchen deshalb in Konfliktfällen eine aussergerichtliche Einigung, weil sie es sich schlicht nicht leisten können, in Zusammenhang mit gewissen Vorwürfen in der Presse zu erscheinen und weil sie vermeiden möchten, dass ihr Prozess im Dabeisein von Publikum und Presse verhandelt wird. So werden etwa Auseinandersetzungen zwischen Unternehmen und ehemaligen Angehörigen ihres Top Kaders, oder solche, in denen Strategiefragen oder Schlüsseltechnologien eine Rolle spielen, selten vor Gericht ausgetragen.
- Benötigen wir die *Einleitung des Prozesses,* um unseren berechtigten Anliegen den nötigen Nachdruck zu verleihen und Verhandlungsdruck aufzubauen? Wie schätzen wir die Chancen ein, dass nach Einleitung des Prozesses noch eine Vergleichslösung möglich ist? In der Schweiz werden statistisch gesehen über 60% der Gerichtsfälle nach deren Einleitung einvernehmlich beigelegt.[1345]
- Ist die Einleitung des Gerichtsverfahrens erforderlich, um der Gegenseite bei deren Einleitung eines eigenen Prozesses zuvorzukommen? Dies kann in internationalen Streitigkeiten entscheidend sein, um sich einen bestimmten (bevorzugten) Gerichtsstand zu sichern. Deshalb heisst diese Strategie auch «*race to the court*».
- Gilt es, einen bestimmten *Sachverhalt rechtsverbindlich zu regeln,* damit wir Rechte gegenüber Dritten wahren und durchsetzen können? Dies ist etwa bei Mehrparteienverhältnissen in Baufällen so, wo der Generalunternehmer unter Umständen den Prozess gegen den klagenden Bauherrn führen muss, damit er die Forderung schliesslich gegenüber seinem Subunternehmer geltend machen kann (Führen eines Hauptprozesses zu Regresszwecken). Allenfalls kann auch die involvierte Versicherung auf einem Prozess bestehen und eine gerichtliche Beurteilung des strittigen Schadenfalls verlangen, da dies Voraussetzung für

---

1345 Vgl. KOLLER-TUMLER, Das Schlichtungsverfahren im Kanton Bern.

die Ausrichtung von erheblichen Versicherungsleistungen sein kann. Gerade in Schadenersatzprozessen sehen wir regelmässig, dass die Haftungsfrage auf dem Gerichtsweg geklärt werden muss. Wenn einmal die Haftung feststeht, vergleichen sich die Parteien oft aussergerichtlich bezüglich der Schadenshöhe (Quantum).

- Allenfalls müssen Sie einen Prozess einleiten, um den *Verfall von vertraglichen oder ausservertraglichen Rechten durch Zeitablauf* (Verjährung und Verwirkung) zu verhindern.
- Gilt es, bestimmte Interessen durch Anrufung der Gerichte, allenfalls im Rahmen *vorsorglicher Massnahmen,* rasch zu schützen? Dies ist insbesondere dann der Fall, wenn Zuwarten erhebliche Nachteile mit sich bringt, etwa weil die Rechtsverletzung anhält und nicht leicht wiedergutzumachende Nachteile zeitigt.
- Prozessuale Massnahmen können je nach Prozessordnung auch zur *vorsorglichen Beweisführung,* mithin der Beweiserhebung, Beweissicherung und Evaluation der Prozesschancen dienen.

Prozessführung und Verhandlungen sind gleichwertige Methoden, um je nach Situation eine Lösung herbeizuführen.

Auch wenn die **Prozesschancen** sowie die **Nichteinigungskosten** eine wichtige Rolle spielen,[1346] zeigen diese Fragen, dass der Entscheid, ob Ansprüche in einem Prozess durchgesetzt werden sollen oder nicht, sehr **vielschichtig** sein kann und gut bedacht werden sollte. Deshalb sollten wir gerade in Konfliktsituationen weder reflexhaft auf Verhandlungen noch auf die Prozessführung setzen, sondern beides als Mittel zum Zweck zu betrachten, um unsere Interessen durchzusetzen. Und schliesslich gilt, dass das eine das andere meistens nicht ausschliesst. Wichtig ist, dass wir die Prioritäten richtig setzen und erkennen, wann wir vom einen zum anderen umschwenken müssen.

In diesem Sinne ist gerade in Konfliktsituationen die Frage «verhandeln oder prozessieren?» falsch gestellt: Bei sorgfältiger Verhandlungsführung muss bis zum Vorliegen einer Vereinbarung und deren Vollzug stets damit gerechnet werden, dass diese nicht zustande kommt oder nicht beziehungsweise nicht korrekt erfüllt wird. Dies bedingt, dass wir parallel zu den Verhandlungen prüfen, wie wahrscheinlich die gerichtliche Auseinandersetzung ist und ob das Dossier beweismässig so aufzuarbeiten ist, dass **bei Bedarf ein Prozess** eingeleitet und erfolgreich geführt werden könnte. Dies kann insbesondere bedeuten, dass wir parallel zu den Verhandlungen Beweismittel sammeln, erstellen, aufbereiten oder rechtliche Schritte durch den Beizug externer Anwältinnen und Anwälte, Vorbereiten von vorsorglichen Massnahmen oder Einreichen einer Klage vorbereiten.

1346 Vgl. JULMI, Arbitration in der Spieltheorie, S. 109. Zum Konzept der besten Alternative ohne Einigung (BATNA) siehe Kapitel IV.C.

D. Einvernehmliche Konfliktbeilegung unter Beizug Dritter

«Das Ziel eines Konflikts oder einer Auseinandersetzung soll nicht der Sieg, sondern der Fortschritt sein.»
Joseph Joubert[1347]

Wenn es die Parteien nicht selber schaffen, den Konflikt zu lösen, scheitern die Verhandlungen oder können nur mit Unterstützung von externen Dritten, welche neue Impulse in die Verhandlungen einbringen, zu einem erfolgreichen Ende gebracht werden. Dabei besteht heute eine Vielzahl von bewährten alternativen Streitbeilegungsmethoden (Alternative Dispute Resolution, ADR), die je nach Art des Konflikts, der Einschätzung allfälliger Prozesschancen[1348] oder der Präferenzen der Parteien eingesetzt werden. Sie zielen entweder wie Verhandlungen darauf ab, gemeinsam eine einvernehmliche Einigung zu erzielen, indem eine Verhandlungslösung erarbeitet wird. Solche Instrumente können auch in Verbindung mit einem Begutachtungs- oder einem staatlichen beziehungsweise schiedsgerichtlichen Verfahren eingesetzt werden, indem etwa ein Teilaspekt des Disputs einer unabhängigen Institution oder einem Dritten zum autoritativen Entscheid unterbreitet wird. Dieser bildet dann die Grundlage für eine anschliessende Einigung der Parteien im anderen Bereich. Dies ist etwa der Fall, wenn die Grundsatzfrage der Patent- oder Vertragsverletzung umstritten, der allenfalls daraus entstandene Schaden jedoch klar ist, oder umgekehrt. Oder dann muss die Angelegenheit einem staatlichen Gericht oder einem privaten Schiedsgericht zur umfassenden autoritativen Entscheidung unterbreitet werden.

Im Bereich der ADR bestehen folgende grundsätzlichen Optionen, die sich in aufsteigender Reihenfolge durch zunehmende Sophistikation und Verbindlichkeit auszeichnen.[1349]

- Niederschwellig können **«Vermittler»** eingesetzt werden, welche durch eine neue Sicht der Dinge, Autorität und dem Vertrauen der Parteien in ihre Beurteilungsfähigkeit eine neue gemeinsame ZOPA schaffen, innerhalb der die Parteien dann zu einer Einigung gelangen sollen. Dies können aktuelle oder ehemalige Senior Manager der Parteien sein, welche bisher nicht mit der Angelegenheit befasst waren, oder aussenstehende Persönlichkeiten, welche

---

1347 Joseph Joubert war ein französischer Denker. Er lebte von 1640 bis 1719.
1348 Zur Prozessrisikoanalyse siehe Kapitel V.A.5.2.4.
1349 Glasl geht davon aus, dass je nach Eskalationsgrad ein Konfliktbeilegungsmodell geeignet ist, welches mehr oder weniger eines Machteingriffs einer Drittpartei bedarf (siehe Glasl, Konfliktmanagement 2020, S. 424 ff.). Erfahrene Mediatoren haben mir jedoch verschiedentlich von Fällen berichtet, in welchen die eingangs des Mediationsverfahrens sehr zerstrittenen und der Mediation gegenüber kritisch eingestellten Parteien zu einer Einigung gebracht werden konnten.

das Vertrauen der Parteien geniessen. Unterbreitet der Schlichter den Parteien einen Vorschlag für die einvernehmliche Streitbeilegung, spricht man von *Schlichtung*.[1350]

- Auch **Ombudsverfahren**[1351] bieten eine Plattform für eine aussergerichtliche Einigung.

- In einer **Mediation** dagegen versucht ein Mediator oder eine Mediatorin, die Parteien in einem einvernehmlichen *strukturierten Prozess* zu einer Vergleichslösung zu führen. Unter dem Begriff der (reinen) Mediation versteht man gemeinhin ein freiwilliges, auf Vertrag beruhendes, teilweise aussergerichtliches Konfliktbewältigungsverfahren, in dem zwei oder mehr Konfliktparteien miteinander eigenverantwortlich und selbständig in einem strukturierten Verfahren eine nachhaltige und von allen Parteien getragene Lösung ihres Konfliktes erarbeiten und dabei von einem oder mehreren dafür geschulten, unabhängigen und unparteilichen Dritten ohne Entscheidbefugnis unterstützt werden.[1352] Die Mediation durchläuft regelmässig die fünf Stufen (i) Auftragsklärung, erste Sachverhaltsdarstellung; (ii) erweiterte Sachverhaltsdarstellung, Themensuche und -bewertung; (iii) Sachverhalts- und Interessenklärung, Erörterung der Rechtslage; (iv) kreative Suche nach Lösungsoptionen nebst deren Bewertung sowie (v) Abschluss einer Mediationsvereinbarung oder Abbruch der Mediation.[1353] Die Mediatorin oder der Mediator setzt dabei bewährte Arbeitstechniken ein, welche das Gespräch und das Verständnis zwischen den Parteien fördern und geeignet sind, eine Einigung herbeizuführen.[1354] Entscheidend für den Erfolg von Wirtschaftsmediationen ist dabei regelmässig, die Entscheidträger an einen «runden Tisch» zu bringen, da dies den Fokus auf eine *wirtschaftlich vernünftige Lösung* ermöglicht und verhindert, dass sich die Parteien in Rechtfertigungsübungen der bisher mit der Sache befassten Personen ergeben. Um einen Lösungsdruck zu erzielen, werden gerade Wirtschaftsmediationen oft auf 1–2 Tage angesetzt. Die Lösung wird oft zunächst in einem Dokument zusammengefasst, die Ausarbeitung der detailliert ausformulierten Vereinbarung erfolgt dann gemäss einem vereinbarten Zeitplan in den darauffolgenden Tagen und Wochen. Mediationen, denen komplexe wirtschaftliche und rechtliche Fragestellungen, politische oder vorwiegend persönliche Konflikte zugrunde liegen, benötigen dagegen regelmässig mehr Zeit.

1350 Girsberger/Peter, Aussergerichtliche Konfliktlösung, Rz. 13 ff.
1351 Siehe dazu auch Girsberger/Peter, Aussergerichtliche Konfliktlösung, Rz. 18.
1352 Vgl. Schütz, Mediation und Schiedsgerichtsbarkeit, Rz. 106; Girsberger/Peter, Rz. 11 und 449 ff.
1353 Vgl. Schütz, Mediation und Schiedsgerichtsbarkeit, Rz. 303 ff.
1354 Vgl. Girsberger/Peter, Aussergerichtliche Konfliktlösung, Rz. 564 ff.

- Neben der Mediation bestehen in der Praxis eine Vielzahl **anderer alternativer beziehungsweise hybrider Streitbeilegungsmechanismen.**[1355] So kann die Mediation mit Verhandlungs- und Schlichtungselementen kombiniert[1356] oder können in Schiedsverfahren Mediationsfenster vorgesehen werden (sogenannte «Arb-Med»).[1357] Schiedsverfahren kombiniert mit anderen ADR-Elementen gehören zu den bevorzugten internationalen Streitbeilegungsformen.[1358]

- Weiter können **Gutachter** oder sogar **Schiedsgutachter** ein Sachthema klären oder entscheiden und damit für die Parteien in gewissen Punkten Entscheidgrundlagen für eine Einigung legen. Während Gutachten von gemeinsam gewählten Expertinnen und Experten einen erhöhten Beweiswert haben, sind Schiedsgutachten für die Parteien ausser bei groben Fehlern bindend.[1359]

1355 Siehe dazu etwa Med-Arb-Verfahren, Mini-Trial, Dispute Review Boards etc.; SCHÜTZ, Mediation und Schiedsgerichtsbarkeit, Rz. 127 ff.; GIRSBERGER/PETER, Aussergerichtliche Konfliktlösung, S. 5 ff. und 251 ff. – Eine Übersicht über die Unterschiede der verschiedenen ADR-Verfahren findet sich bei SCHÜTZ, Mediation und Schiedsgerichtsbarkeit, S. 150 ff. und 369 ff.

1356 Sofern die Parteien klar vereinbart haben, dass vor Einleitung eines Schieds- oder eines staatlichen Gerichtsverfahrens eine Vergleichsverhandlung oder eine Mediation durchzuführen ist, so sind sie gehalten, diese auch tatsächlich durchzuführen. Ansonsten kann nach schweizerischem Recht jede Partei die Sistierung des Verfahrens verlangen. Das staatliche oder Schiedsgericht setzt dann den Parteien Frist an, in welcher die Verhandlung oder Mediation durchgeführt werden muss (vgl. BGE 142 III 296). Die Lösungsansätze bei der Behandlung von mehrstufigen alternativen Streitbeilegungsmechanismen (sogenannte «multi-tier ADR») variieren jedoch international. Sie reichen von der Nichtberücksichtigung über die Sistierung bis zur Abweisung der Klage.

1357 So enthält etwa die Mediationsordnung der Schweizerischen Handelskammern (SCAI) aus dem Jahr 2019 in Art. 18 und 19 Bestimmungen zur Einleitung eines Schiedsverfahrens vor oder während eines laufenden Schiedsverfahrens. Da beide Streitbeilegungsmechanismen freiwillig sind, können die Parteien jederzeit schriftlich vereinbaren, ihren Streitfall oder einen Teil davon an die SCAI zur Regelung durch ein Schiedsverfahren gemäss der Internationalen Schweizerischen Schiedsordnung der Swiss Chambers' Arbitration Institution zu übertragen (Art. 18 Abs. 1 SCAI Mediationsordnung). In allen Schiedsverfahren, die bei der SCAI anhängig sind, kann zudem eine Partei oder ein Schiedsrichter vorschlagen, dass die Parteien versuchen sollen, den Konflikt ganz oder teilweise mittels einer Mediation gütlich beizulegen. Falls die Parteien eines Schiedsverfahrens einer Mediation nach der SCAI-Mediationsordnung zustimmen, beginnt das Sekretariat nach Erhalt der Einleitungsanzeige sowie der Einschreibegebühr mit der Benennung eines Mediators nach Massgabe des Kapitels II der Mediationsordnung (Art. 19 SCAI Mediationsordnung). Aber auch andere Institutionen wie die ICC, die Swedish Chamber of Commerce (SCC), die Deutsche Institution für Schiedsgerichtsbarkeit (DIS), das Vienna International Arbitration Centre (VIAC) oder die World Intellectual Property Organization (WIPO) bieten die Möglichkeit der Kombination von Schiedsverfahren und Mediation an.

1358 WHITE & CASE, Queen Mary University of London, 2018 International Arbitration Survey.

1359 So können beispielsweise technische oder finanzielle Fragen durch ein Schiedsgutachten entschieden werden. Das Schiedsgutachten bindet die Parteien und auch ein Gericht hinsichtlich der darin festgestellten Tatsachen, wenn die Parteien über das Rechtsverhältnis frei verfügen konnten, die Schiedsgutachterin unabhängig und unparteilich war, das Schiedsgutachten ohne Bevorzugung einer Partei erstellt wurde und nicht offensichtlich unrichtig ist (so etwa Art. 189 Abs. 3 der Schweizerischen Zivilprozessordnung; siehe auch SCHÜTZ, Mediation und Schiedsgerichtsbarkeit, Rz. 118 ff.).

- Manchmal ist die **Einleitung eines Klageverfahrens** nur die «Ouverture» für Vergleichsverhandlungen oder für ein alternatives Streitbeilegungsverfahren.

All diesen Methoden zur Streitbeilegung ist gemeinsam, dass sie durch die Parteien vereinbart werden müssen, um zur Anwendung zu gelangen, und möglichst auf den Erhalt der Beziehung setzen. Aufgrund ihrer *Freiwilligkeit* können sie allerdings jederzeit einseitig abgebrochen werden. Umso mehr ist sicherzustellen, dass eine einmal getroffene Vereinbarung *durchsetzbar* ist, wozu die nationalen Gesetzgebungen teilweise Lösungen bereitstellen.[1360] Gegenüber Vergleichsverhandlungen zwischen den Parteien und allenfalls ihren Rechtsvertretern ist der Beizug einer Drittperson immer dann hilfreich, wenn die *Interessen und Positionen der Parteien stark voneinander abweichen* oder der *Konflikt verhärtet* ist. Diesfalls ist es nach der hiesigen Erfahrung wenig wahrscheinlich, dass die Parteien ohne Beizug einer Drittperson zu einer Lösung finden können – vor allem wenn Letztere trotz Bemühungen beiderseits bislang nicht gefunden werden konnte.

[1360] Während auf internationaler Ebene von der UNCITRAL noch entsprechende Bestrebungen im Gange sind, sieht die schweizerische Zivilprozessordnung etwa die Möglichkeit vor, eine öffentlich vollstreckbare Urkunde zu erstellen, welche zumindest national vereinfacht durchgesetzt werden kann.

E. Konfliktbeilegung vor Gerichten und Schiedsgerichten

1. Allgemeine Ausführungen

Ist keine einvernehmliche Lösung möglich, muss in Konfliktfällen eine unabhängige und unparteiische Instanz gestützt auf festgelegte prozessuale Regeln und materielle Gesetze autoritativ über den Streit entscheiden. Dies sind in kommerziellen Angelegenheiten in der Regel ein *staatliches Gericht* oder ein *privates Schiedsgericht*. Die Tatsache, dass im Falle der Nichteinigung autoritativ über den Streit entschieden würde, ohne zu wissen, wie der Entscheid ausfallen würde, begünstigt einvernehmliche Verhandlungslösungen.[1361] Dies können wir als *«Vorwirkungseffekt»* der autoritativen Streitbeilegung bezeichnen. Wenn eine Einigung jedoch nicht möglich ist und die Sache einer Entscheidung bedarf, sind die staatlichen Gerichte oder Schiedsgerichte gefragt.

Dabei ist die Rechtsdurchsetzung im internationalen Verhältnis besonders anforderungsreich, bestehen dabei doch zusätzlich zu den Unsicherheiten bezüglich des Streitgegenstands solche hinsichtlich des internationalen Gerichtsstandes und des anwendbaren Rechts sowie der diesbezüglichen Rechtspraxis. Internationale Abkommen wie das Lugano Übereinkommen (LugÜ)[1362] oder nationale Gesetze wie das Schweizerische Bundesgesetz über das Internationale Privatrecht (IPRG) bestimmen den internationalen (zum Beispiel «Deutschland») und allenfalls auch den nationalen Gerichtsstand («Frankfurt»). Auch das anwendbare Recht ergibt sich aus internationalen Abkommen oder nationalem Recht. Allerdings können die Parteien innerhalb gewisser gesetzlicher Grenzen den Gerichtsstand und das anwendbare Recht selbst vereinbaren. Oder sie unterstellen zukünftige oder aktuelle Konflikte («ad hoc») parteieinvernehmlich einem privaten Schiedsgericht, welches das Verfahren gemäss der gemeinsam definierten Schiedsordnung wie den Schiedsregeln der Internationalen Handelskammer (International Chamber of Commerce, ICC[1363]), der Schiedsordnung der Schweizerischen Handelskammern (Swiss Chambers Arbitration Institution, SCAI[1364]), der Deutschen Institution für Schiedsgerichtsbarkeit (DIS[1365]), dem Vienna International Arbitration Centre (VIAC[1366]) sowie der im konkreten Fall gemeinsam mit dem Schiedsgericht vereinbarten oder von diesem verabschiedeten Schieds-

> Ist keine einvernehmliche Lösung möglich, muss in Konfliktfällen autoritativ über den Streit entschieden werden.

[1361] Vgl. JULMI, Arbitration in der Spieltheorie, S. 25.
[1362] Übereinkommen über die gerichtliche Zuständigkeit und die Anerkennung und Vollstreckung von Entscheidungen in Zivil- und Handelssachen vom 30. Oktober 2007 (Lugano-Übereinkommen).
[1363] ‹https://iccwbo.org/dispute-resolution-services/arbitration/›.
[1364] ‹https://www.swissarbitration.org›.
[1365] ‹http://www.disarb.org/de/›.
[1366] ‹https://www.viac.eu/de/›.

ordnung durchführt. Das Ergebnis ist – wiederum – eine Vergleichsvereinbarung, oder ein rechtlich durchsetzbarer Entscheid.

Die Art der Streitbeilegung sollten die Parteien bereits bei der Vertragsredaktion sorgfältig prüfen. Während für Schiedsgerichte gerade im internationalen Geschäftsverkehr insbesondere die Fachkompetenz der durch die Parteien gewählten Schiedsrichter, die Vertraulichkeit des Schiedsverfahrens sowie die Flexibilität der Verfahrensgestaltung (auch bezüglich der Wahl der Sprache und der Mitwirkungsrechte der Parteien), die Schnelligkeit des Verfahrens sowie die erleichterte internationale Durchsetzung des Entscheids ausschlaggebend sein können, wenden Parteien manchmal mangelnde Transparenz, hohe Kosten und die grosse Macht des Schiedsgerichts ein, dessen Entscheid in einem Rechtsmittelverfahren teilweise nur noch sehr begrenzt überprüfbar ist.[1367]

2. Besonderheiten bei Einigungsverhandlungen vor staatlichen Gerichten und Schiedsgerichten

Die einvernehmliche Streitbeilegung hat gerade in kontinentaleuropäischen Ländern wie Deutschland, Österreich und der Schweiz einen hohen Stellenwert. Die durchschnittliche Erledigungsquote der für viele Fälle obligatorischen schweizerischen Schlichtungsbehörden liegt regelmässig über 60%.[1368] Aber auch die staatlichen Gerichte verstehen ihre Aufgabe oft so, dass sie zumindest versuchen, die Parteien durch mehr oder minder sanften Druck, der eine vorläufige Einschätzung des Streitfalls beinhalten kann, zu einem Vergleich zu führen.

Bei Schiedsgerichten – und insbesondere in internationalen Schiedsverfahren – ist die Situation komplexer, da die Parteien das Schiedsgericht bewusst als *Streitbeilegungsinstanz* gewählt haben. Ob Schiedsgerichte einen Vergleich fördern sollen oder nicht, ist dabei nicht nur eine Frage der Rechtskultur,[1369] sondern auch – und vor allem – des Mandats des Schiedsgerichts. Der Umfang des Mandats wird durch das auf das Schiedsverfahren anwendbare Recht, die *lex arbitrii* (die jedoch in der Regel zu diesem Punkt schweigt), geregelt, die das Mandat und die anwendbaren Schiedsregeln definiert.

[1367] Vgl. dazu ausführlich WAGNER/SCHWARZ, Vorsorgende Vertragsgestaltung, S. 9 ff.
[1368] Vgl. dazu PLATZ, Der Vergleich im Schweizerischen Recht, S. 1; KOLLER-TUMLER, Das Schlichtungsverfahren im Kanton Bern, S. 77.
[1369] Während in kontinentaleuropäischen Ländern dies eher vorstellbar ist (MARZOLINI, The Arbitrator as a Dispute Manager, S. 99 ff.), weisen Parteien aus angelsächsischen Ländern bereits die Fragen nach einer möglichen Vermittlung durch das Schiedsgericht meist als ungebührlich zurück, da sie die Rolle des Schiedsrichters und Mediators/Schlichters klar trennen (HARRIS, Arbitrators and Settlement, S. 92).

Streitbeilegung durch Schlichtung ist effizient, und Effizienz wird durch die meisten Schiedsregeln wie etwa Art. 22 (1) der ICC Schiedsregeln propagiert. Art. 21 (3) der ICC-Schiedsregeln sieht allerdings vor, dass das Schiedsgericht nur dann die Befugnisse eines *Amiable Compositeurs* übernimmt, wenn die Parteien dies vereinbart haben. Die ICC empfiehlt ferner, dass das Schiedsgericht erwägen sollte, die Parteien darüber zu informieren, dass es ihnen freisteht, die Streitigkeit jederzeit während des laufenden Schiedsverfahrens ganz oder teilweise beizulegen, entweder durch direkte Verhandlungen oder durch jede Form von ADR-Verfahren, wie zum Beispiel nach der ICC-Mediationsordnung.[1370] Gelegentlich ermächtigt das Mandat der Parteien das Schiedsgericht, Vergleichsverhandlungen zwischen den Parteien zu führen und sieht sogar ein «Vergleichs-» oder «Vermittlungsfenster» vor. Die Parteien können das Schiedsgericht auch ersuchen, das Schiedsverfahren für einen bestimmten Zeitraum auszusetzen, während die Vergleichsgespräche stattfinden. Schliesslich steht es den Parteien frei, zu vereinbaren, dass das Schiedsgericht weitere Schritte zur Erleichterung der Beilegung ihrer Streitigkeit unternimmt, sofern diese mit der Verpflichtung des Gerichts nach Art. 41 der ICC-Schiedsregeln zu vereinbaren sind, die Vollstreckbarkeit des Schiedsspruchs zu gewährleisten.[1371] Dies bedeutet in diesem Kontext für das Schiedsgericht vor allem, auch in Vergleichsverhandlungen unparteiisch zu bleiben, sind doch Schiedssprüche, die unter Verletzung des Grundsatzes der Gleichbehandlung der Parteien erlassen wurden, anfechtbar oder nicht durchsetzbar.

Art. 15(8) Swiss Rules geht in die gleiche Richtung, indem er bestimmt, dass das Schiedsgericht mit Zustimmung jeder Partei Schritte zur Erleichterung der Beilegung der Streitigkeit, mit der es befasst ist, unternehmen kann. Jede solche Vereinbarung einer Partei stellt einen Verzicht auf ihr Recht dar, die Unparteilichkeit eines Schiedsrichters auf der Grundlage der Teilnahme des Schiedsrichters und der bei der Durchführung der vereinbarten Schritte erworbenen Kenntnisse abzulehnen.

Während die UNCITRAL-Notizen zur Organisation von Schiedsverfahren 1996 empfahlen, dass die Gerichte «Vergleichsverhandlungen nur mit Vorsicht vorschlagen» (Abs. 47), hielt es die UNCITRAL-Arbeitsgruppe in den überarbeiteten Notizen für wichtig, die Möglichkeit einer gütlichen Einigung während des

---

1370 Auch Anhang IV zu den ICC Schiedsregeln sieht die Möglichkeit der Streitschlichtung durch Schiedsrichter vor. Dasselbe gilt für den ICC Commission Report, Abs. 41 («Arbitral tribunal's role in promoting settlement»).
1371 Vgl. dazu HABEGGER, Saving Time and Costs in Arbitration. Die Nichtsuspendierung des Verfahrens stellt jedoch keine Verletzung des Anspruchs der Parteien auf rechtliches Gehör dar, auch wenn das Schiedsverfahren durch ein anderes anhängiges (Straf- oder Zivil-)Verfahren beeinflusst werden kann (so etwa BGE 133 III 139 E. 6.1; 119 II 386 E. 1b).

Schiedsverfahrens positiver zu reflektieren. Sie war der Ansicht, dass sich die Ansätze in dieser Angelegenheit so weit entwickelt haben, dass es in einigen Fällen sogar angebracht sein könnte, dass sich die Schiedsrichter an der Vermittlung solcher Einigungen beteiligen (Abs. 72).[1372] Eine Möglichkeit ist etwa, ein Mediationsfenster nach der ersten Runde schriftlicher Eingaben vorzusehen, in dem ein externer Mediator eine Mediation gemäss den zwischen den Parteien vereinbarten Regeln durchführt.[1373] Eine Anleitung dazu kann zum Beispiel den CEDR-Regeln für die Erleichterung der Streitschlichtung in der internationalen Schiedsgerichtsbarkeit entnommen werden.

Auch die Deutsche Institution für Schiedsgerichtsbarkeit (DIS) sieht in Art. 32.1 ihrer Schiedsregeln ein Schlichtungsverfahren vor. Eine überarbeitete und vereinfachte Fassung der DIS-Konfliktmanagementordnung (DIS-KMO) aus dem Jahr 2010 findet sich in Anlage 6 der DIS-Schiedsgerichtsordnung aus dem Jahre 2018. Mit der DIS-KMO stellt die DIS ein Verfahren zur Verfügung, in dem ein auf Antrag einer Partei von der DIS benannter Konfliktmanager mit den Parteien möglichst innerhalb weniger Tage nach Ausbruch eines Konflikts klärt, wie und mit welcher Methode der Konflikt einer Lösung zugeführt werden soll.[1374] Ähnliches gilt für die Vienna International Arbitration Centre (VIAC) Schieds- und Mediationsordnung 2018, die nunmehr aus drei Teilen besteht: Schiedsordnung (Teil I), Mediationsordnung (Teil II) und Anhänge (Teil III), wobei die Schiedsordnung und die Mediationsordnung sich nun gleichwertig gegenüberstehen[1375].

Um die Integrität des Schiedsgerichtsverfahrens zu wahren, sollte das Schiedsgericht jedoch nur dann und nur in dem Masse, wie die Parteien dies wünschen, Schritte zur einvernehmlichen Streitbeilegung in Betracht ziehen. In keinem Fall sollte das Schiedsgericht versuchen, einer Partei oder den Parteien «den Arm zu verdrehen», um einen Vergleich gegen ihren Wunsch oder Willen zu schliessen. Zudem sollten diesfalls die vereinbarten Bedingungen einer solchen Verpflichtung klar sein und die Unparteilichkeit des Schiedsgerichts und die Integrität des Schiedsverfahrens nicht gefährden.[1376]

[1372] Art. 32.1 der DIS-Regeln sehen sogar vor, dass das Schiedsgericht in jeder Phase des Verfahrens versuchen soll, eine gütliche Beilegung der Streitigkeit oder einzelner Streitpunkte zu fördern.
[1373] Um das Schiedsverfahren im Falle der Nichteinigung nicht durch eine potentiell wahrgenommene Aufgabe der Unvoreingenommenheit des Schiedsgerichts zu gefährden, wird von einer Mediation durch das Schiedsgericht abgeraten.
[1374] Siehe dazu die Website der DIS unter ‹http://www.disarb.org/de/57/content/ueber-die-dis-id46›.
[1375] Vgl. dazu die VIAC Website ‹https://www.viac.eu/de/schiedsverfahren/schiedsordnung›.
[1376] So auch MARZOLINI, The Arbitrator as a Dispute Manager, S. 113 ff.

Teil 5:
Die Anwendung in der Praxis und Schlussbemerkungen

VII. Die Anwendung in der Praxis

*«Lernen ohne zu denken ist eitel,
denken ohne zu lernen gefährlich.»*
Konfuzius[1377]

A. Typ I- und Typ II-Verhandlungen

Wie bereits in der Einleitung erwähnt, ist es das Ziel dieses Buches, die Verhandlungsführung umfassend, in einem systematischen konzeptionellen Zusammenhang und auf praxisrelevante Art darzustellen. Da Verhandeln in weiten Teilen auch Übungssache ist, habe ich versucht, den Leserinnen und Lesern nebst den Grundlagen der Verhandlungsführung mit einer «Toolbox» und einer Vielzahl von Beispielen auch viele praktische Ideen für das Führen erfolgreicher Verhandlungen zu vermitteln.

Nicht alle Verhandlungen sind so komplex, dass sie eine profunde Analyse und Planung der Verhandlungsstrategie und -taktik erfordern. Auch verhandeln wir oft alleine und nicht im Team und haben wenig Zeit, eine Verhandlungslösung zu erzielen. Doch auch hier hilft eine (unter Umständen auch kurze) Vorbereitung, um unsere Verhandlungsziele besser zu erreichen.

Wie setzen wir nun die in diesem Buch beschriebenen Verhandlungsansätze konkret in der Praxis um?

Vorab ist wichtig, dass wir ein vertieftes **Verständnis** davon haben, was Verhandeln ist, welche Verhandlungskonzepte bestehen und welche Dynamiken in Verhandlungen auftreten beziehungsweise wir bewirken können. Dies ist eine Grundvoraussetzung für erfolgreiches Verhandeln. Dem sind die Kapitel II und III gewidmet. Verhandlungen erfolgen mit Vorteil in den *fünf Phasen*, die in Kapitel V beschrieben werden. Dabei setzen wir unser Wissen um die in Kapitel IV behandelten *psychologischen, kommunikativen und organisatorischen Aspekte sowie die praktischen Empfehlungen in Kapitel V.D und E* zur Verhandlungsführung ein. Treten *Konflikte* auf, erweitern wir unsere **«Toolbox»** um die in Kapitel VI beschriebenen Techniken. Schliesslich soll dieses Buch auch als **Nachschlagewerk** dienen, welches in schwierigen Verhandlungssituationen herbeigezogen werden kann. Ich hoffe, dies den Leserinnen und Lesern durch die Ausgestaltung der Titel der Kapitel und Abschnitte sowie das Stichwortverzeichnis zu erleichtern.

1377 Für die biographischen Daten von Konfuzius siehe Fn. 119.

Abschliessend fasse ich die **wichtigsten Punkte der flexiblen Verhandlungsführung** zusammen. Dabei unterscheide ich zwischen «Typ I-» und «Typ II»-Verhandlungen:[1378] «Typ I-Verhandlungen» weisen einen *geringeren*,[1379] «Typ II-Verhandlungen» einen *erhöhten Komplexitätsgrad* auf. Beide Verhandlungstypen folgen zwar grundsätzlich denselben Mustern und Grundsätzen, diese sind jedoch auf die Merkmale der entsprechenden Verhandlung angepasst. Bei «Typ I-Verhandlungen» haben wir meistens (wenn überhaupt) nur *wenig Zeit zur Vorbereitung*, sie erfolgen *unmittelbarer*, oft ausschliesslich oder weitgehend *mündlich* und *in einem Durchgang (keine zweite Chance!)* und erfordern deshalb viel spontanes Reagieren und Geistesgegenwart. Manches, was wir bei Typ II-Verhandlungen in der Vorbereitungphase tun, erfolgt hier direkt während der Verhandlung. Wenn wir jedoch unsere Fragetechniken anwenden, können wir Zeit gewinnen, um uns Klarheit über die nachstehenden Punkte zu verschaffen, eine gewisse Struktur in die Verhandlung zu bringen und den Verhandlungsführungsprozess dennoch reflektiert umzusetzen.

Typ I-Verhandlungen:

1. **Bereiten** Sie die Verhandlung **kurz vor**. Denken Sie daran, dass gerade einfachere und einmalige Verhandlungen oftmals vorwiegend **taktisch** geprägt sind.	Phase 1 Kapitel V.A.1–4.1
Analysieren und definieren Sie dabei vorab die **Aufgabenstellung**: *«Worum geht es?»*	Kapitel III.A.5
Stellen Sie bei Bedarf ein **Verhandlungsteam** zusammen und ziehen Sie dieses bei der Vorbereitung der Verhandlung bei.	Kapitel V.D.1.1
2. Beschaffen Sie die nötigen **Informationen** über *die andere Partei* und *allfällige weitere relevante Stakeholder, den Verhandlungsgegenstand* **und** *das Verhandlungsumfeld* und **analysieren** Sie diese. Fragen Sie sich insbesondere:	Kapitel II.B, IV.E und Kapitel V.A
Welche **Verhandlungstypen** sitzen am Tisch?	Kapitel IV.B.4 und Kapitel V.A.3
Liegt eine *einmalige Verhandlung* vor oder geht es um wiederkehrende Verhandlungen? Handelt es sich um eine *reine Preisdiskussion*? Wie soll das *Verhältnis* zwischen den Parteien nach der Verhandlung aussehen?	Kapitel III.C.8.1 und Kapitel V.E.4

[1378] In der rechten Spalte erfolgen Hinweise auf die wichtigsten Stellen im Buch, wo Sie zum entsprechenden Thema detaillierte Ausführungen finden.
[1379] Auch wenn wir bei «Typ I-Verhandlungen» nicht reine «Basar»-Situationen im Sinn haben, können die dort aufgeführten Grundsätze auch bei diesen angewendet werden und ist auch der generelle Ablauf derselbe.

Fragen Sie sich dabei, welche **Mittel** den Parteien zur Verfügung stehen. Suchen Sie nach des **«Pudels Kern»** der Problemstellung (den wahren Interessen der Parteien) und *«Black Swans»* (verhandlungsentscheidende unbekannte Fakten) und ergründen Sie, wie die **Verhandlungsmacht** verteilt ist und was diese ausmacht: Was die eine Partei von der anderen unbedingt *benötigt oder will*, verschafft jener *«Leverage»*.	Kapitel V.A.2 Kapitel V.A.4.1, 5.1 und Kapitel V.D.2.2.1 Kapitel IV.F.2
Gerade bei Typ I-Verhandlungen erfolgen diese Schritte nicht selten zumindest teilweise anlässlich der Verhandlung selber.	
3. Definieren Sie die **Anforderungen an eine Verhandlungslösung** (*«must haves»*, *«no gos»* und *«tradeables»*) *und ergründen Sie Alternativen*, Optionen und *Prioritäten*.	Kapitel V.A.4
Bestimmen Sie daraufhin Ihre Verhandlungsziele (**MAPP**), die mögliche *ZOPA* und die *BATNA (Nichteinigungsalternative)*. Bedenken Sie, dass kein «Deal» zustande kommt, wenn am Schluss die ZOPA unterhalb der BATNA einer Partei zu liegen kommt.	Kapitel V.A.4.2
Identifizieren Sie mögliche **Verhandlungsszenarien** und **bewerten Sie diese**, inklusive der BATNA, anhand der festgelegten Beurteilungskriterien. Beachten Sie dabei das *«vierfache Muster»*.	Kapitel V.A.5
Antizipieren Sie dabei die MAPP, ZOPA und BATNA sowie die Verhandlungsstrategie und -taktik der **anderen Partei**.	Kapitel IV.B.3.2
Legen Sie sich nun Ihre **Verhandlungsstrategie und -taktik** zurecht, aber seien Sie bereit, wenn nötig davon abzuweichen und zudem günstige Gelegenheiten zu ergreifen. Fragen Sie sich insbesondere: *«Welcher Dynamik folgt die Verhandlung voraussichtlich, beziehungsweise welche Dynamik begünstigt Ihre Interessen oder jene der anderen Partei? Verhandle ich eher kooperativ oder eher distributiv? Mit welchem übergeordneten Plan und mit welchen Mitteln beabsichtige ich, meine Verhandlungsziele zu erreichen? Muss ich dabei die Verhandlungsstrategie der Gegenpartei angreifen? Wenn ja, wie?»*	Kapitel V.A.5 Kapitel III.C
Planen Sie den **Verhandlungsablauf**.	Kapitel V.A.6
Scripten Sie wenn möglich kurz die Kernpunkte der Verhandlungen, so wie Sie sich diese gemäss den von Ihnen identifizierten Verhandlungsszenarien vorstellen.	Kapitel II.B.4.6
Überlegen Sie sich möglichst auch **Optionen** für den Fall, dass sich die Verhandlung *anders als erwartet entwickelt*.	Kapitel V.D.2.3.4

4. Bedenken Sie, dass erfahrene Verhandlerinnen und Verhandler sich auch in einfacheren Verhältnissen nicht kopfüber in Verhandlungen stürzen, sondern zu Beginn der Verhandlungen mit der anderen Partei **geduldig** das Verhandlungsumfeld und die wahren Interessen des Gegenübers zu **klären** suchen.	**Phasen 2 und 3** Kapitel V.B und C
Beachten Sie dabei, dass in Verhandlungen der **Beziehungsaspekt** meist ebenso wichtig ist wie der **Inhaltsaspekt**. Versuchen Sie deshalb, zum Gegenüber eine **positive Beziehung** aufzubauen («Reziprozitätsprinzip»). Setzen Sie dabei Ihre **Emotionen** während des Verhandlungsprozesses bewusst (aber wohl dosiert) ein.	Kapitel IV.B.4
Erfolgreich zu verhandeln setzt voraus, dass Sie Ihren Verhandlungspartner oder Ihre Verhandlungspartnerin verstehen – und *vice versa*.	
Versuchen Sie dabei auch in Erfahrung zu bringen, ob die andere Partei **ernsthaft** oder nur aus taktischen Gründen verhandelt.	
Bedienen Sie sich dazu der oben dargestellten *Frage-, Framing-, Reframing-* und bei Bedarf der *Konfliktmanagementtechniken*.	Kapitel IV.B.3.3 und 6; Kapitel VI, insb. Kapitel VI.A.5.4 und 6.2
Wenn Sie im Team verhandeln: Bereiten Sie Ihr **Verhandlungsteam** für die Verhandlungen vor und stimmen Sie sich bezüglich Rollen und Strategie ab.	Kapitel V.D.1.1
5. Während des **Kernverhandlungsprozesses** setzen Sie die «Werkzeugkiste» sowie die oben beschriebenen **Verhandlungstechniken** ein (siehe dazu insbesondere auch die *2x8 Tipps* zur erfolgreichen Verhandlungsführung in Kapitel V.D.1 und 2):	**Phase 4** Kapitel V.D

Exploration:
- Klären Sie nun näher die **Themen gemäss Ziff. 2 und 3** oben, insbesondere die *Erwartungen, Interessen, Motive und Absichten* der anderen Partei (dies dient gleichzeitig der Überprüfung unserer Vorarbeiten in Phase 1). Das Ziel ist, ein gemeinsames Verständnis der Verhandlungssituation zu entwickeln und bei der anderen Partei ein **«das stimmt!»** zu erzielen.
- Prüfen Sie, welche *gemeinsamen Beurteilungskriterien* helfen könnten, Lösungen und Alternativen zu bewerten.
- Beachten Sie, welche **Hindernisse** Ihrer MAPP im Wege stehen könnten und arbeiten Sie an Lösungen, um diese zu beseitigen beziehungsweise zu umgehen.
- Wo liegen ***«des Pudels Kern»?, «Leverage»?, «Black Swans»?***

Einwandbereinigung:
- Klären Sie Fragen und bereinigen Sie Einwände der anderen Partei.

Erarbeiten der Verhandlungslösung – von der MAPP zum Agreement:
- Stellen Sie *Interessen* und nicht Positionen in den Vordergrund und vermeiden Sie Sackgassen, wie etwa verfrühte oder unpassende beziehungsweise unrealistische Ultimaten.
- Prüfen und arbeiten Sie mit der anderen Partei möglichst *verschiedene Lösungsvarianten* aus.
- Erlaubt die Modifikation des Verhandlungsgegenstandes (insbesondere dessen Ausweitung, Einengung oder sonstige Veränderung) *kreative Lösungen* («think out of the box»)?
- Auch das Vorlegen von *Wahlmöglichkeiten* («ich teile, du wählst») und das *Verhandeln in Paketlösungen* hilft, Verhandlungslösungen zu erzielen.
- Setzen Sie (wohldosiert) zur Erarbeitung der Verhandlungslösung Ihre *Verhandlungsmacht, «Anker», Leitplanken und «must haves»*, aber auch Ihre «tradeables» sowie Bedingungen und schrumpfende Zugeständnisse ein.
- Wenden Sie darauf die erarbeiteten *Beurteilungskriterien* an.
- Loten Sie wenn möglich die *Grenzen der möglichen Zugeständnisse* der Parteien (BATNA) aus und versuchen Sie dann, über eine Erweiterung oder kreative Lösungen die Verhandlungslösung zu optimieren. Fordern Sie dabei möglichst *beidseitige Zugeständnisse* ein. Ihr Ziel ist jedoch nicht eine Einigung im Bereich der BATNA, sondern der MAPP!
- Zur Prüfung derselben, aber auch einer allfälligen gemeinsamen ZOPA bewährt es sich, *«Versuchsballone» steigen zu lassen* («Wäre es denkbar ...?»).
- Sprechen Sie *Gewinnhoffnungen* und *Verlustaversionen* an (vgl. das «vierfache Muster» von Kahneman und Tversky, Kapitel V.B.3) und setzen Sie rhetorische Elemente wie Begründungen («weil ... dann») und Alternativfragen («nur ... oder») ein. Rufen Sie dabei sich, aber auch der anderen Partei die **Vision einer Einigung**, aber auch die **Nichteinigungsalternative** (und deren Preis) in Erinnerung.
- Passen Sie falls notwendig Ihr Verhandlungsziel (MAPP) an.
- Idealerweise schlägt die **andere Partei** die Lösung (ganz oder teilweise) vor!
- Halten Sie den einen oder anderen «Verhandlungstrumpf» im Ärmel *(«strategische Reserve»)*. Überlegen Sie sich aber bereits vorher, wieweit Sie dabei zu gehen bereit sind – dies auch in Hinblick auf die Umsetzung des Deals.
- Seien Sie zudem bereit, im letzten Moment bei Bedarf noch einmal ein kleines Zugeständnis zu machen – oder auch zu fordern (*«Versüssen des Deals»;* siehe auch Ziff. 8 nachstehend)!

6. Gleichen Sie regelmässig den aktuellen Verhandlungsstand **mit Ihrer MAPP ab.** *Schliessen Sie nie überstürzt eine Vereinbarung ab,* wenn sich das Verhandlungsergebnis ausserhalb Ihrer Zielsetzungen befindet. Wenn Sie das Gefühl haben, die Verhandlungsdynamik habe sich unerwartet gegen Sie gewendet und Ihr Verhandlungsziel sei nicht mehr erreichbar, nehmen Sie sich Zeit (und wenn es nur ein **Time-out** mittels Verhandlungspause ist), um die Situation zu analysieren. Gewinnen Sie mental Distanz. Verpassen Sie allerdings nicht, sich situativ bietende *Chancen zu packen!* Dies gelingt am besten, wenn Sie auf die Verhandlungen gut vorbereitet sind. Meist gilt dabei (ausser Sie benötigen den Deal unbedingt): **Lieber kein Deal als ein schlechter Deal!**	Kapitel V.D.1.2
7. Bedenken Sie, dass sich Parteien gerne diverser **Verhandlungstricks** bedienen, um ihre Interessen durchzusetzen. Typischerweise setzt die anbietende Partei auf *Angebotsknappheit und Zeitdruck,* während die interessierte Partei *Desinteresse* vortäuscht und laut über bessere *Alternativen* **nachdenkt.** *Überrumpelungs-, Druckversuche oder psychologische Tricks* wie **Schmeicheln,** Drohen, einen «Abgang» anzudrohen, sowie «Good Guy – Bad Guy»-Spiele stellen gängige Taktiken dar, um in Typ I-Verhandlungen zum Erfolg zu gelangen. **Achten Sie deshalb auf das «Spiel» und nicht «den Spieler!»**	Kapitel III.C.8 Kapitel IV.B.3.5
8. «Make it or brake it.» Nehmen Sie frühzeitig Einfluss auf die **Redaktion des Vereinbarungsdokuments** und sichern Sie gegebenenfalls bereits Zwischenergebnisse schriftlich ab (sofern die Verhandlung nicht rein mündlich abläuft). Kommen Sie zum **Abschluss der Verhandlung** und seien Sie bereit, dazu nochmals etwas nachzugeben *(«Versüssen des Angebots»).* **Gönnen Sie dann Ihrem Gegenüber seinen Verhandlungserfolg** (*«Sie sind für mich ein zu harter Verhandler, ich denke, Sie lassen mir keine Alternative ...»).* Damit wird die Umsetzung des Verhandlungsergebnisses verbessert und die Basis für die nächste gemeinsame (positive) Verhandlung gelegt. Bedenken Sie am Schluss gegebenenfalls, wer über den Verhandlungsausgang zu informieren ist (interne und externe **Kommunikation**).	**Phase 5** Kapitel V.E

Typ II-Verhandlungen:

1. In Typ-II-Verhandlungen kommt der **Planung und Strukturierung** des Verhandlungsprozesses sowie der **Organisation und Kommunikation** im Vergleich zu Typ I-Verhandlungen erhöhte Bedeutung zu. Bereiten Sie die Verhandlung deshalb sorgfältig vor und denken Sie daran: *«Gouverner, c'est prévoir!»*. **Führen Sie** Typ II-Verhandlungen *analysebasiert, zielorientiert und situationsangepasst* (**flexible Verhandlungsführung**) und nach **Projektmanagement-Grundsätzen**.	Vgl. dazu Kapitel V.A.1.–4.1
Stellen Sie ein geeignetes **Verhandlungsteam** zusammen und verteilen Sie die Rollen und Aufgaben im Team. Sprechen Sie sich innerhalb des Teams zudem stets über die Strategie und Kommunikation ab. **Analysieren und definieren Sie die Aufgabenstellung:** *«Worum geht es?»*	**Phase 1** Kapitel V.D.1.1 Kapitel V.A.1, 2 und 5; Kapitel III.A.5
2. Beschaffen Sie die nötigen **Informationen** über *die andere Partei* und allfällige weitere *relevante Stakeholder, den Verhandlungsgegenstand* **und** *das Verhandlungsumfeld* und **analysieren** Sie diese. Fragen Sie sich insbesondere:	Kapitel IV.D. und Kapitel V.A
Welche **Verhandlungstypen** sitzen am Tisch? Wer behindert die Verhandlung, und wer kann Sie unterstützen? Wer entscheidet am Schluss über das Zustandekommen eines «Deals» *(Stakeholder-Analyse)*?	Kapitel IV.B.4 und Kapitel V.A.3 Kapitel V.A.3
Liegt eine *einmalige Verhandlung* vor oder geht es um wiederkehrende Verhandlungen? Handelt es sich um eine *reine Preisdiskussion*? Wie soll das *Verhältnis* zwischen den Parteien nach der Verhandlung aussehen?	Kapitel III.C.8.1 und Kapitel V.E.4
Welcher *Dynamik* folgt die Verhandlung voraussichtlich, beziehungsweise welche Dynamik begünstigt Ihre Interessen oder jene der anderen Partei?	Kapitel III.C
Fragen Sie sich dabei, welche **Mittel** den Parteien zur Verfügung stehen. Suchen Sie nach des **«Pudels Kern»** der Problemstellung (den wahren Interessen der Parteien) und *«Black Swans»* (verhandlungsentscheidende unbekannte Fakten) und ergründen Sie, wie die **Verhandlungsmacht** verteilt ist und was diese ausmacht. Was die eine Partei von der anderen unbedingt *benötigt oder will*, verschafft jener *«Leverage»*.	Kapitel V.A.2 und Kapitel V.A.4.1 Kapitel V.A.4.1, 5.1 und Kapitel V.D.2.2.1
Überprüfen Sie mögliche Szenarien und Lösungen auf allfällige **Denkfehler**.	Kapitel IV.B.3 und Kapitel IV.F.2

3. Definieren Sie die **Anforderungen an eine Verhandlungslösung** (*«must haves», «no gos»* und *«tradeables»*) *und ergründen Sie Alternativen*, Optionen und *Prioritäten*.	Kapitel V.A.4
Analysieren Sie die Verhandlungssituation auf allen fünf Verhandlungsebenen.	Kapitel V.A
Bestimmen Sie daraufhin Ihre Verhandlungsziele (**MAPP**), die mögliche *ZOPA* und die *BATNA (Nichteinigungsalternative)*. Bedenken Sie, dass kein «Deal» zustande kommt, wenn am Schluss die ZOPA unterhalb der BATNA einer Partei zu liegen kommt.	Kapitel V.A.4.2 Kapitel V.A.5.2.5 (Bewertung der BATNA)
Identifizieren Sie mögliche **Verhandlungsszenarien** wie auch mögliche **Priors** und **bewerten Sie Erstere,** inklusive der BATNA, anhand festgelegter Beurteilungskriterien. Beachten Sie dabei das *«vierfache Muster»*.	Kapitel V.A.5 und Kapitel IV.H. 1.3 Kapitel IV.B.3.2 Kapitel V.A.5
Antizipieren Sie die MAPP, ZOPA und BATNA sowie die Verhandlungsstrategie und -taktik der anderen Partei.	
Legen Sie sich nun Ihre **Verhandlungsstrategie und -taktik** zurecht, aber seien Sie bereit, wenn nötig davon abzuweichen und zudem günstige Gelegenheiten zu ergreifen. Fragen Sie sich insbesondere: *«Verhandle ich eher kooperativ oder eher distributiv? Mit welchem übergeordneten Plan und mit welchen Mitteln beabsichtige ich, meine Verhandlungsziele erreichen? Muss ich dabei die Verhandlungsstrategie der Gegenpartei angreifen? Wenn ja, wie?»*	Kapitel V.A.6 Kapitel II.B.4.6
Planen Sie den **Verhandlungsablauf.**	
Scripten Sie wenn möglich die Kernpunkte der Verhandlungen, so wie Sie sich diese gemäss den von Ihnen identifizierten Verhandlungsszenarien vorstellen.	Kapitel V.D.2.3.4
Überlegen Sie sich möglichst auch **Optionen** für den Fall, dass sich die Verhandlung *anders als erwartet entwickelt*.	
4. Bedenken Sie, dass sich erfahrene Verhandlerinnen und Verhandler **nicht kopfüber in Verhandlungen stürzen**, sondern zu Beginn der Verhandlungen mit der anderen Partei das Verhandlungsumfeld und die wahren Interessen des Gegenübers zu **klären** suchen. Ebenso setzen sie ihre **Emotionen** während des Verhandlungsprozesses bewusst und wohl dosiert ein.	**Phasen 2 und 3** Kapitel V.B und C Kapitel IV.B.6 und Kapitel V.D.2.8
Verhandeln Sie deshalb **phasengerecht** und unter Anwendung der **«Verhandlungslandkarte».** Behalten Sie dabei stets die *Verhandlungsdynamik* und die *«Big Four»* im Auge.	Kapitel III.A.6 Kapitel III.A.5
Bereiten Sie Ihr **Verhandlungsteam** für die Verhandlungen vor und stimmen Sie sich bezüglich Rollen, Strategie und Taktik regelmässig ab.	Kapitel V.D.1.1

5. Beachten Sie beim **Warm-up**, dass in Verhandlungen der **Beziehungsaspekt** meist ebenso wichtig ist wie der **Inhaltsaspekt**. Versuchen Sie deshalb, zum Gegenüber eine **positive Beziehung** aufzubauen («Reziprozitätsprinzip»).	Kapitel IV.B.4 und 5
Die **Vision eines Verhandlungserfolgs** schafft einen gemeinsamen Referenzpunkt und begünstigt den Verhandlungserfolg.	
Versuchen Sie überdies möglichst früh in Erfahrung zu bringen, ob die andere Partei **ernsthaft** oder nur aus taktischen Gründen verhandelt.	
Erfolgreich zu verhandeln setzt voraus, dass Sie Ihren Verhandlungspartner **verstehen** – und *vice versa*.	
Überprüfen Sie die bei der Vorbereitung ausgemachten möglichen **Mittel, Verhandlungstechniken und Argumente,** mit denen Sie Ihre Interessen durchsetzen wollen. Adjustieren Sie gegebenenfalls Ihre MAPP, ZOPA und BATNA.	
Bedienen Sie sich dazu der oben dargestellten *Frage-, Framing-, Reframing-* und bei Bedarf der *Konfliktmanagementtechniken*.	Kapitel IV.B.3.3 und 6; Kapitel VI, insb. Kapitel VI.A.5.4 und 6.2
5. Während des **Kernverhandlungsprozesses** setzen Sie Ihre «Werkzeugkiste» sowie die oben beschriebenen **Verhandlungstechniken** ein (siehe dazu insbesondere auch die *2x8 Tipps* zur erfolgreichen Verhandlungsführung in Kapitel V.D.1 und 2):	**Phase 4** Kapitel V.D

Exploration:

- Klären Sie mit den Frage- und Ausleuchtungstechniken nun näher die *Erwartungen, Interessen, Motive und Absichten* der anderen Partei und die weiteren **Themen gemäss Ziff. 2 und 3** oben (dies dient gleichzeitig der Überprüfung unserer Vorarbeiten in Phase 1). Das Ziel ist, ein gemeinsames Verständnis der Verhandlungssituation zu entwickeln und bei der anderen Partei ein **«das stimmt!»** zu erzielen.
- Prüfen Sie, welche **gemeinsamen Beurteilungskriterien** helfen könnten, Lösungen und Alternativen zu bewerten.
- Beachten Sie, welche **Hindernisse** Ihrer MAPP im Wege stehen könnten und arbeiten Sie an Lösungen, um diese zu beseitigen beziehungsweise zu umgehen. Gibt es *Komplexitätstreiber,* welche wir beherrschen, reduzieren, eliminieren oder neutralisieren können beziehungsweise müssen?
- Wo liegt ***«des Pudels Kern»?*** Wie steht es mit ***«Leverage», «Black Swans»?***

Einwandbereinigung:

- Haben Sie **Geduld** und antizipieren Sie.
- Klären Sie offene **Fragen** und bereinigen Sie Einwände der anderen Partei.
- Bedienen Sie sich dabei der bewährten **Kommunikationstechniken**, insbesondere der *Frage-, Framing-, Reframing-* und bei Bedarf *Konfliktmanagementtechniken*.
- Auch offene gezielte **Fragen** beziehungsweise Fragen wie *«Was wäre, wenn …?»* beziehungsweise *«Mal angenommen, Frau XY, was würden Sie dazu sagen, wenn …?»* oder *«Welche Variante überzeugt Sie mehr, diese … oder jene …?»* helfen, Einwände zu bereinigen, aber später auch, bei unserem Gegenüber Entscheidungen herbeizuführen.
- Um diese erfolgreich einzusetzen, bedarf es der *genauen Kenntnis des Verhandlungsgegenstandes und -umfelds*, eines *echten Interesses* an einer Verhandlungslösung und den Bedürfnissen der anderen Partei (gepaart mit entsprechender Hartnäckigkeit und Kreativität!) sowie einer positiven Beziehung zwischen den Verhandlungsparteien.

Kapitel IV.B.6 und Kapitel V.D.2.1
Kapitel IV.B.6 und Kapitel V.D.2.1

Erarbeiten der Verhandlungslösung:

(zusätzlich zu den unter der Einwandbereinigung aufgeführten Punkten, die auch hier gelten):

- Stellen Sie **Interessen** und nicht Positionen in den Vordergrund und vermeiden Sie Sackgassen, wie etwa verfrühte oder unpassende beziehungsweise unrealistische Ultimaten.
- Prüfen Sie mit der anderen Partei möglichst **verschiedene Lösungsvarianten** und verfeinern Sie diese.
- In komplexen Verhandlungen werden oftmals **Zwischenziele** avisiert und in **Projektteams** *verschiedene Verhandlungsthemen parallel* (statt sequentiell) behandelt, was nicht nur ein rascheres Voranschreiten, sondern auch das Unterbreiten von bedingten Angeboten und Angeboten in themenübergreifende «Paketen» erlaubt. So wird auch sichergestellt, dass das Gesamtergebnis der Verhandlungen in sich stimmig ist.
- Erlaubt die Modifikation des Verhandlungsgegenstandes (insbesondere dessen Ausweitung, Einengung oder sonstige Veränderung) **kreative Lösungen** («think out of the box»)?
- Auch das Vorlegen von **Wahlmöglichkeiten** *(«ich teile, du wählst»)* und das Verhandeln in **Paketlösungen** hilft, Verhandlungslösungen zu erzielen.
- Wenden Sie darauf die erarbeiteten **Beurteilungskriterien** an.
- Setzen Sie zur Erarbeitung der Verhandlungslösung (wohldosiert) Ihre *Verhandlungsmacht, «Anker», Leitplanken und «must haves», aber auch Ihre «tradeables», sowie Bedingungen und schrumpfenden Zugeständnisse* ein.

Kapitel V.D

Kapitel V.D.2.2

Kapitel V.A.4.1 und Kapitel V.D.2.7

- Loten Sie wenn möglich die **Grenzen der akzeptablen Zugeständnisse** der Parteien (BATNA) aus und versuchen Sie dann, über eine Erweiterung oder kreative Lösungen die Verhandlungslösung zu optimieren. Fordern Sie dabei möglichst *beidseitige Zugeständnisse* ein. Ihr Ziel ist jedoch nicht eine Einigung im Bereich der BATNA, sondern der **MAPP**!
- Zur Prüfung derselben, aber auch einer allfälligen gemeinsamen ZOPA bewährt es sich, *«Versuchsballone» steigen zu lassen* (*«Wäre es denkbar…?»*).
- Sprechen Sie **Gewinnhoffnungen** und **Verlustaversionen** an (vgl. das «vierfache Muster» von Kahneman und Tversky in Kapitel V.B.3) und setzen Sie rhetorische Elemente wie Begründungen (*«weil … dann»*) und Alternativfragen (*«nur … oder»*) ein. Rufen Sie dabei sich, aber auch der anderen Partei die *Vision einer Einigung*, aber auch die *Nichteinigungsalternative* (und deren Preis) in Erinnerung.
- Zur Vermeidung von Denkfehlern überprüfen Sie Ihre Szenarien und Bewertungen auf «Bias» und setzen Sie **Advokatus Diaboli-Sitzungen**, **Prämortem-Diskussionen** sowie die **HALT-PSP-Methode** ein, um zu verifizieren beziehungsweise zu falsifizieren. \hfill Vgl. insb. Kapitel IV.B.3 und Kapitel IV.H. 1.3.2–1.3.4
- Weiter finden in Typ II-Verhandlungen oft auch **inoffizielle Gespräche** auf Top Management-Level statt, um Hindernisse anzusprechen oder Lösungsoptionen zu explorieren.
- Aktivieren Sie bei Bedarf das *Verhandlungsumfeld* und ziehen Sie **Verbündete** wie auch sonstige Dritte als Unterstützer – und bei Bedarf als Vermittler – bei.
- *Auch vertrauensbildende Massnahmen helfen,* den Verhandlungsprozess zu unterstützen.
- Bedenken Sie, dass idealerweise die **andere Partei** die Lösung ganz oder teilweise vorschlägt. Das erhöht die Akzeptanz und die Durchsetzungstreue.
- Setzen Sie die **interne und externe Kommunikation** zielführend ein.
- Passen Sie falls notwendig Ihr Verhandlungsziel (MAPP) an.
- Fixieren Sie die **Zwischenergebnisse** schriftlich und sprechen Sie sich mit der anderen Partei regelmässig über den *weiteren Verhandlungsablauf* ab. \hfill Kapitel V.E.2.5
- Halten Sie den einen oder anderen *«Verhandlungstrumpf»* im Ärmel (*«Strategische Reserve»*). Überlegen Sie sich aber bereits vorher, wieweit Sie dabei zu gehen bereit sind – dies auch in Hinblick auf die Umsetzung des Deals.
- Seien Sie zudem bereit, im letzten Moment bei Bedarf noch einmal ein kleines Zugeständnis zu machen – oder auch zu fordern (*«Versüssen des Deals»*; siehe auch Ziff. 9 nachstehend).

6. **Gleichen** Sie regelmässig den aktuellen **Verhandlungsstand mit Ihrer MAPP ab.** *Schliessen Sie nie überstürzt eine Vereinbarung ab,* insbesondere wenn sich das Verhandlungsergebnis ausserhalb Ihrer Zielsetzungen befindet. Wenn Sie das Gefühl haben, die Verhandlungsdynamik habe sich unerwartet gegen Sie gewendet und Ihr Verhandlungsziel sei nicht mehr erreichbar, nehmen Sie sich Zeit (und wenn es nur ein **Time-out** mittels Verhandlungspause ist), um die Situation zu analysieren. Gewinnen Sie mental Distanz und besprechen Sie die Verhandlungssituation und -optionen im Team oder mit Dritten. Verpassen Sie allerdings nicht, sich situativ bietende *Chancen zu packen!* Dies gelingt am besten, wenn Sie auf die Verhandlungen gut vorbereitet sind. Meist gilt dabei (ausser Sie benötigen den Deal unbedingt): **Lieber kein Deal als ein schlechter Deal!**	Kapitel V.D.1.2
7. Bedenken Sie, dass sich Parteien gerne diverser **Verhandlungstricks** bedienen, um ihre Interessen durchzusetzen.	Kapitel III.C.8 und Kapitel VI.B
Typischerweise setzt die anbietende Partei auf *Angebotsknappheit und Zeitdruck,* während die interessierte Partei *Desinteresse* vortäuscht und laut über bessere *Alternativen* **nachdenkt.**	
Zudem **stellen *Überrumpelungs-, Druckversuche oder psychologische Tricks*** wie **Schmeicheln**, Drohen, einen «Abgang» anzudrohen sowie «Good Guy – Bad Guy»-Spiele gängige Taktiken dar, um in Typ I-Verhandlungen zum Erfolg zu gelangen.	
Achten Sie deshalb auf das «Spiel» und nicht «auf den Spieler!»	Kapitel IV.B.3.5
Der beste Schutz gegen unliebsame Überraschungen ist eine *sorgfältige Vorbereitung* der Verhandlung. Wenn die andere Partei nicht kooperativ verhandelt, wissen Sie jedoch Ihre Interessen auch durch entsprechende Gegenmassnahmen zu schützen. Dazu bedienen Sie sich bewährter Taktiken gegen unkooperatives Verhandeln sowie Konfliktmanagement-Techniken – und bei Bedarf der **alternativen Streitbeilegung** oder des **Rechtswegs**.	Kapitel VI.C-E
8. **Wenn Verhandlungen stocken …**	
Wenn Verhandlungen stocken, analysieren Sie die Ursache.	Kapitel V.E.6, Kapitel VI.A und B
Befinden wir uns bereits im Konfliktmodus? Dann ziehen Sie die Grundsätze des Konfliktmanagements bei. Beachten Sie auch die typischen Konfliktmuster nach Mayer.	Kapitel VI.B
Behalten Sie dabei Möglichkeiten der Alternativen Streitbeilegung (ADR) oder rechtliche Möglichkeiten stets im Blick. Beurteilen Sie die Situation unter einer Prozesschancenanalyse, um die BATNA neu zu evaluieren.	Fn. 1143 Kapitel VI.C-E

9. «Make it or brake it.»	**Phase 5**
Nehmen Sie frühzeitig Einfluss auf die **Redaktion des Vereinbarungsdokuments** und sichern Sie gegebenenfalls bereits Zwischenergebnisse schriftlich ab (sofern die Verhandlung nicht rein mündich abläuft).	Kapitel V.E
Kommen Sie zum **Abschluss der Verhandlung** und seien Sie bereit, dazu nochmals etwas nachzugeben *(«Versüssen des Angebots»)*. **Gönnen Sie dann Ihrem Gegenüber seinen Verhandlungserfolg** (*«Sie sind für mich ein zu harter Verhandler, ich denke, Sie lassen mir keine Alternative ...»*). Damit wird die Umsetzung des Verhandlungsergebnisses verbessert und die Basis für die nächste gemeinsame (positive) Verhandlung gelegt.	
Bedenken Sie am Schluss, wer über den Verhandlungsausgang zu informieren ist (**interne und externe Kommunikation**).	

Wenden Sie die hier beschriebenen Grundsätze in Ihrer Verhandlungspraxis an und konsultieren Sie bei der Vorbereitung von schwierigeren Verhandlungen und bei besonderen Herausforderungen die entsprechenden Kapitel dieses Buches. Nehmen Sie nach wichtigen oder lehrreichen Verhandlungen ein **Debriefing**[1380] vor, erstellen Sie Ihre eigene, auf Ihre Bedürfnisse zugeschnittene Analyse-Checkliste und führen Sie ein **«Verhandlungstagebuch»**, wo Sie Ihre Erfahrungen notieren und kritisch reflektieren. Und nehmen Sie sich vor, bei jeder Verhandlung ihre Verhandlungskunst zu vervollkommnen.[1381]

1380 Vgl. Kapitel V.E.6.
1381 Vgl. dazu auch weiterführende Empfehlungen bei Troczynski/Löhr, Verhandlungen gewinnen, S. 137f.

B. Beispiele für Typ I- und Typ II-Verhandlungen

Typische Beispiele für eine **Typ I-Verhandlung** stellen der Autokauf oder der orientalische Basar, oder andere, einfache Verhandlungen dar. Sie werden oft mit viel Geschick und List geführt, faszinieren deshalb seit jeher und beflügeln entsprechend auch die Phantasie von Schriftstellerinnen und Schriftstellern.

> James Clavell beschreibt in seinem stark autobiographisch gefärbten Bestseller «King Rat»[1382] realitätsnah, wie ein gewiefter amerikanischer Korporal, von allen nur «the King» genannt, im berüchtigten POW-Lager Changi in Singapore 1944 als Zwischenhändler und unter Mitwirkung seines englischen fremdsprachkundigen Freundes Peter Marlowe als Übersetzer für Major Prouty eine Omega-Uhr verkauft – natürlich mit entsprechendem Profit für sich selber. Er trifft sich mit der interessierten koreanischen Lagerwache Torusumi und überreicht dieser die Uhr zur Besichtigung. Dabei weist «the King» Marlowe wie folgt an: «Sag ihm, ein Typ, den ich kenne, möchte die Uhr verkaufen. Sie ist teuer und vielleicht nicht das, was er will» (Köderung über die Exklusivität, Anker werfen [«teuer!»] und *Expectation Management* über die Ankündigung, die Uhr sei teuer). Der Koreaner nimmt die Uhr mit einem Blitzen in den Augen entgegen, was dem «King» signalisiert, dass die Wache bereits angebissen hat. Doch diese spielt das Spiel geschickt mit; sie weiss, dass solche Uhren im Lager selten sind und der «King» sie verkaufen möchte: «Frag ihn, ob er noch etwas anderes hat.» Damit spielt er sein Interesse an der angebotenen Uhr herunter und gibt dem «King» zu verstehen, dieser – und nicht er als potentieller Käufer – sei unter Zugzwang. Nach weiteren Höflichkeiten beginnt die Preisdiskussion. Der Koreaner eröffnet sie, indem er nach dem Preis fragt, was für ihn verhandlungstaktisch nachteilig ist, da er damit sein Kaufsinteresse offenlegt (tatsächlich warten Verkäufer oft auf die Frage «Was kostet dies?»; dies ist der Lackmustest, ob der potentielle Käufer effektives Interesse am Kaufobjekt hat). Der «King» entschuldigt sich geschickt und wortreich über den vom Käufer geforderten «völlig überrissenen» Preis von 3'000 Dollar, aber er könne nichts machen, es gebe schliesslich auch andere Kaufinteressenten, die diesen zu zahlen bereit wären. *Gerade letzte Woche hätte er eine ähnliche Uhr zum selben Preis verkauft* (was, wie Torusumi ahnt – aber nicht sicher weiss –, nicht stimmt, aber ein *typisches Verkäuferargument* zur Unterstützung des geforderten Preises und Signalisieren des Interesses im Markt, allenfalls auch von [hier: Verkaufs-]Alternativen ist). Auf den möglichen Weiterverkauf an chinesische Händler in Singapore angesprochen, die gemäss Torusumi einen viel geringeren Preis zahlen würden, meint der «King», diese würden sie ihn betrügen, er müsse definitiv mehr fordern! Die Diskussion über mögliche Abnehmer zeigt dem «King», dass Torusumi wohl bereits einen solchen hat, was dessen Verhandlungsposition schwächt, da dies ein starkes Kaufinteresse indiziert. Nach einem ausgedehnten Austausch über den je nach Standpunkt hohen oder tiefen Marktwert für Omega-Uhren, einem gemeinsamen Lamento über

---

[1382] JAMES CLAVELL, King Rat, S. 161 ff.

den gierigen Verkäufer und dem Bestätigen ihrer bewährten Geschäftsbeziehung («*Bonding*») lässt sich der «King» «überreden», mit dem Verkäufer über den Preis zu reden. Er mahnt jedoch, keine übertriebene Hoffnung zu haben («Expectation Management»; Verhandlungsspielraum selber einschränken), er kenne diesen als sehr stur und fordernd, aber sie zwei seien ja Freunde, wenigstens einen Versuch würde er ihm einfach schulden. Der «King» begibt sich nun zur Hütte, in welcher der Verkäufer lebt, und verhandelt mit diesem mit umgekehrten Vorzeichen über den Preis, um sich anschliessend bei der Lagerwache Torusumi zu beklagen, der Verkäufer bleibe stur … Nach längeren, teilweise hitzigen Verhandlungen in beide Richtungen, bei denen Torusumi zuerst 2'000 Dollar bietet und der «King» mit 2'600 Doller dagegenhält, offeriert Torusumi schliesslich 2'200 Dollar, der King gibt sich seufzend geschlagen und lobt den Käufer für sein Verhandlungsgeschick («Gesicht» wahren lassen), dies, nachdem er dem Verkäufer die Uhr für 1'200 Dollar abgekauft hatte … Für die Preisbildung waren unter anderem entscheidend, dass Torusumi und der «King» den Wiederverkaufspreis in Singapore ähnlich einschätzten und der Major keine Ahnung davon hatte. Der «King» hätte bei weiterem Widerstand von Torusumi das Angebot erweitern und weitere Kaufobjekte mitbieten können – und Torusumi hätte dies natürlich auch von sich aus tun können. Eine weitere Möglichkeit, in unsicheren Verhältnissen zu einem Abschluss zu kommen, wäre eine Rücknahmeverpflichtung des «King» gewesen – natürlich zu einem reduzierten Preis.

Gerade **Wiederverkäufersituationen** bieten besonders viel Spielraum für taktische Manöver und «Pokerspiel», da der Mittelsmann regelmässig über **mehr Informationen** als der Käufer und der Verkäufer verfügt. Davon leben Händler.

Dies zeigte sich unlängst besonders eindrucksvoll im Bereich des Kunsthandels, als der Genfer Kunsthändler Yves Bouvier dem russischen Miliardär und Oligarchen Dmitri Rybolowlew das angebliche Da Vinci-Bild «Salvator Mundi» verkaufte. Um den Käufer gegenüber dem Verkäufer geheim zu halten (ein Milliardär als offengelegter Käufer treibt den Preis *a priori* nach oben), benutzte er dazu wie offenbar viele andere Kunsthändler in solchen Situationen eine eigene Handelsfirma, welche wie der «King» im Beispiel oben gleichzeitig mit dem Verkäufer und dem Käufer hart verhandelte. Damit realisierte Bovier am Schluss – zunächst unbemerkt von Rybolowlew – einen Zwischengewinn von 47.5 Mio. Dollar (abzüglich Kommission von 3 Mio.)! Seine Aussage gegenüber Rybolowlew, der Verkäufer wolle unbedingt 127.5 Mio. Dollar, stimmte zwar vordergründig. Allerdings verschwieg er dabei, dass nicht der damalige Besitzer des Bildes diesen Preis forderte – der wollte 80 Mio. Dollar –, sondern seine Handelsgesellschaft, der das Bild für eine logische Sekunde gehörte … Rybolowlew wirft dem für ihn vormals tätigen Kunsthändler Bouvier aufgrund des langjährigen Vertrauensverhältnisses Betrug vor, der Fall wird nun vor den Gerichten ausgetragen.[1383]

1383 Der Kunstfall des «Salvator Mundi» wird ausführlich in Kapitel IV.B.1 beschrieben. In der Tat ist zumindest erklärungsbedürftig, wenn nicht fragwürdig, wie sich der massive Zwischengewinn

Das nachfolgende Beispiel zeigt eine **Typ II-Verhandlung**, die sich weit über ein halbes Jahr hinzog. Es illustriert nicht nur, wie die verschiedenen in diesem Buch aufgeführten Verhandlungsinstrumente eingesetzt werden können, sondern auch, wie eine sorgfältige Verhandlungsplanung und -führung selbst zwischen langjährigen Geschäftspartnern an ihre Grenzen kommen kann, wenn die über «*Leverage*» verfügende Partei bereit ist, diesen kompromisslos einzusetzen – und dass sich bei geschicktem, hartnäckigem Verhandeln auch dann noch Lösungen ergeben können. Ähnliche Verhandlungen treten etwa bei Infrastruktur-, Anlagebau- und Hochbauprojekten oder um Staatsverträge auf. Diese können natürlich auch wesentlich aufwändiger und komplexer sein als das nachfolgend geschilderte Beispiel. Die grundlegenden Verhandlungsmechanimen bleiben jedoch dieselben.

> Wir verhandelten im Jahr 2021 für eine schweizerische Engineering-Unternehmung mit einem ihrer langjährigen Hauptkunden, einem internationalen Nahrungsmittelkonzern, einen neuen **Rahmenvertrag für die Erbringung von Entwicklungsdienstleistungen**. Dieser Vertrag hatte für beide Parteien hohe strategische Bedeutung. Die Verhandlungen waren entsprechend komplex und hart. Der Kunde verhandelte die kommerziellen Bedingungen parallel zu den rechtlichen Verhandlungen, die in unseren Händen lagen, zunächst selber. Ende des Jahres waren die juristischen Differenzen weitgehend bereinigt, die kommerziellen Verhandlungen dagegen ob verschiedener nicht akzeptabler Forderungen des Konzerns ins Stocken geraten. Der Kunde bat uns deshalb, ihn auch in diesen zu unterstützen.[1384] Wir *analysierten* zur **Vorbereitung** der nächsten Verhandlungsrunde zunächst gemeinsam, woran die Verhandlungen unseres Kunden bisher gescheitert waren und wer von der Gegenseite mit welcher Agenda am Tisch sitzen würde (Einkäufer, Projektmanager etc.). Dann identifizierten wir mögliche Lösungen sowie das BATNA und einigten uns über den angestrebten Ablauf der kommenden Verhandlung und die Rollen der einzelnen Mitglieder unseres Verhandlungsteams. Weiter definierten wir unsere MAPP, die «must haves» und «tradeables» (Verhandlungsmasse) sowie die Schlüsselfragen und -argumente (*Ablaufplanung und Scripting*). Die Verhandlungen begannen mit einer Vorstellungsrunde, nach welcher der Chefverhandlungsführer der anderen Partei mit einer Reihe von Fragen sofort die Initiative ergriff. Diese zielten darauf hin, die internationale Struktur unseres Kunden besser zu verstehen, um die offerierten Stundensätze der Mitarbeiter durch Off-Shoring-Lösungen zu drücken. Wir dagegen betonten das gute Verhältnis und den gemeinsamen Erfolg der Parteien (Anknüpfen an positive gemeinsame Erlebnisse, Visionen) und stellten dann mit der Gegenpartei

---

Bouviers mit seiner Treuepflicht gegenüber Rybolowlew – immerhin war er seit Jahren für diesen als Kunstberater und -einkäufer tätig – vereinbart werden kann.

1384 Wie wir oben gesehen haben, sollte möglichst vermieden werden, die Preisdiskussion am Ende der Verhandlungen zu führen. Dies ist zwar anzustreben, jedoch nicht immer möglich. Wenn die Preisdiskussionen dann stocken, muss unter Umständen auf den übrigen Vertragsinhalt zugrückgegriffen werden, um das Gesamtpaket neu zu schnüren.

die *offenen Punkte* fest (Klarheit schaffen betreffend Verhandlungsgegenstand, mit der Kontrollfrage: *«Haben wir damit alle Punkte erfasst?»).* Dabei versuchten wir, von einer reinen Preisdiskussion wegzukommen (vgl. dazu Kapitel V.E.4) und mit den bewährten, in Kapitel IV und V beschriebenen Fragetechniken die Qualität und die gemeinsame Vision («wie stellen wir auch in Zukunft den gemeinsamen Erfolg sicher») in den Vordergrund zu rücken. Gleichzeitig versuchten wir durch *Expectation Management,* den Kunden früh darauf vorzubereiten, dass wir kaum noch Verhandlungsspielraum hätten. Nach harten Verhandlungen und einem Time-out konnten wir einen Vorschlag präsentieren, bei dem zwar wie von der Geschäftsleitung unseres Kunden vorgegeben die Stundensätze erhöht, bei entsprechenden Volumina jedoch gleichzeitig von einem entsprechenden Rabatt kompensiert würden. Weiter vereinbarten wir, uns in den nächsten Tagen über einen Preisanpassungsmechanismus und weitere Nebenpunkte zu einigen. Am Schluss *fassten* wir das mündlich Vereinbarte nochmals *zusammen* und bestätigten es am nächsten Tag per E-Mail. Freude herrschte – der Durchbruch war (scheinbar) gelungen, beide Parteien hatten dabei in ihren Hauptpunkten gewonnen! Zwei Tage später kam das böse Erwachen: Der Konzern hatte zwar während der Verhandlung Entgegenkommen und Übereinstimmung signalisiert, konfrontierte uns nun aber mit einem brutalen *Ultimatum.* Dabei rückte die Gegenpartei von der mündlich erzielten Lösung ab, indem sie zwar unser Entgegenkommen akzeptierte, selber jedoch wieder auf ihre alten Forderungen zurückging. Wir waren auf «Feld 1» angelangt! Wie sollten wir darauf reagieren? Wir entschlossen uns, das Ultimatum nicht zu beachten und einfach mit einem neuen Lösungsvorschlag zu antworten. Dabei setzten wir die mündlich vereinbarten Lösungen ohne Weiteres wieder im Vertragsentwurf ein. Parallel dazu erfolgte die Bereinigung der verbleibenden juristischen Punkte. Nach erneuten Verhandlungen, die von informellen Gesprächen begleitet wurden, in denen unser Kunde erneut versuchte, an die gemeinsamen Erfolge sowie die beidseitig beschworene «Sonderbeziehung» sowie die Vision einer zukünftigen Entwicklungspartnerschaft anzuknüpfen und wir die verbleibenden rechtlichen und kommerziellen Differenzen «paketweise» verhandelten, fanden die Parteien endlich eine für beide Parteien annehmbare Lösung (wir liessen es uns dabei nicht nehmen, den Verhandlungspartnern des Konzerns mit Hinweis auf entsprechende Presseartikel zum erneuten ausgezeichneten Quartalsergebnis zu gratulieren, welches auf Preiserhöhungen bei der Produkte zurückzuführen war!). Unser Kunde hatte sich vom Powerplay des internationalen Grosskonzerns nicht einschüchtern lassen und in den rund neunmonatigen Verhandlungen *geschickt seine Trümpfe gespielt,* im Wissen darum, dass er kurzfristig kaum, oder dann nur zu einem Preis ersetzbar war, der weit über den vom Gegenüber angestrebten Preiseinsparung lag.

VIII. Schlussbemerkungen

«Das Auge nimmt's kaum wahr,
doch jeder Ochse grast,
in einem anderen Traum.»

Der Autor

Jede Verhandlung ist einzigartig und wird von zahlreichen Hoffnungen und Ängsten der Stakeholder begleitet. Erfolgreiche Verhandlungsführerinnen und -führer verfügen über eine gute Menschenkenntnis, hören genau zu und verhandeln geduldig und hartnäckig. Sie zeichnen sich durch eine sorgfältige Vorbereitung und ein feines Gespür für Verhandlungssituationen und deren Dynamik aus. Sie können rasch auf Veränderungen reagieren, allseitig akzeptable Lösungen erarbeiten und erkennen, wann man zum Abschluss kommen sollte. Verhandlungen zu führen erfordert ein echtes Interesse an Lösungen, Offenheit und Mut, neue Wege zu gehen. John F. Kennedy sagte dazu, *wir sollten nie aus Angst verhandeln, aber auch nie Angst vor Verhandlungen haben.*

Ich hoffe, Ihnen mit diesem Buch ein Nachschlagewerk und eine «Werkzeugkiste» in die Hand zu geben, damit Sie künftig Ihre Verhandlungen noch erfolgreicher führen können. Stets mutig und verhandlungssicher. Und so mit Ihrer Verhandlungskompetenz auch in schwierigen Situationen erfolgreich Lösungen erzielen.

Literaturverzeichnis

ABDEL-LATIF ADEL, Quick & Dirty – Die geheimen Strategien und Taktiken des Verhandlungsprofis, München 2016 (zit. ABDEL-LATIF, Quick & Dirty)

ACKERET MARKUS, Selenski will Frieden im Donbass, NZZ vom 6. November 2019

Ackeret MARKUS, Russland hegt keine Illusionen, NZZ vom 16. Juni 2021

ACKERET MARKUS, Kaum Chancen für Friedensmission, NZZ online vom 12 April 2022

ALBRIGHT MADELEINE, Madam Secretary, 2. Auflage, New York 2013 (zit. ALBRIGHT, Madam Secretary)

AMMANN BEAT, Trump als Friedensstifter in Nahost, NZZ online vom 3. Mai 2017 (zit. AMMANN, Trump als Friedensstifter in Nahost)

ANDERSEN STEFFEN/ERTAC SEDA/GNEEZY URI/HOFFMAN MOSHE/LIST JOHN A., Stakes Matter in Ultimatum Games, American Economic Review 101, Dezember 2011 (zit. ANDERSEN et al., Stakes matter)

ÅREBO MEISSL INGRID, Nobelpreis für die Suche nach der perfekten Versteigerung, NZZ online vom 12. Oktober 2020

ARONSON ELLIOT/WILSON TIMOTHY/AKERT ROBIN, Sozialpsychologie, München 2014 (zit. ARONSON/WILSON/AKERT, Sozialpsychologie)

BASIEUX PIERRE, Die Welt als Spiel – Spieltheorie in Gesellschaft, Wirtschaft und Natur, Hamburg 2008 (zit. BASIEUX, Die Welt als Spiel)

BAUER WOLFGANG, Geschichte der Chinesischen Philosophie, München 2023 (zit. BAUER, Geschichte der Chinesischen Philosophie)

BAUMANN MERET, Dieses Signal nützt Putin mehr als der Ukraine, NZZ online vom 12. April 2022

BECKLEY MICHAEL, Enemies of My Enemy – How Fear of China is Forging a New World Order, Foreign Affairs Vol. 101 Nr. 2 (2022), S. 77 ff. (zit. BECKLEY, Enemies of My Enemy)

BELTON CATHERINE, Putins Netz, Hamburg 2022 (zit. BELTON, Putins Netz)

BERZ GREGOR, Spieltheoretische Verhandlungs- und Auktionsstrategien, 2. Auflage, Stuttgart 2014 (zit. BERZ, Spieltheorie)

BIGALKE SILVIA, Wladimir Putin will eine konservative Verfassung, Berner Zeitung vom 9. März 2020

BIRKENBIHL VERA F., Psycho-logisch richtig verhandeln, München 2019 (zit. BIRKENBIHL, Psycho-logisch richtig verhandeln)

BLAKE ROBERT, Jardine Matheson – Traders of the Far East, London 1999 (zit. BLAKE, Jardine Matheson – Traders of the Far East)

BOGHOSSIAN PETER/LINDSAY JAMES, Die Kunst, schwierige Gespräche zu meistern, München 2020 (zit. BOGHOSSIAN/LINDSAY, Schwierige Gespräche)

Brett Jeanne M., Negotiating Globally, San Francisco 2001 (zit. Brett, Negotiating Globally)

Büchenbacher Kathrin, China möchte im Krieg vermitteln, NZZ vom 4. März 2022

Buckley Kris/Bradsher Keith, How Xi's Last-Minute Switch on U.S.-China Trade Deal Upended It, Time Magazin online vom 17. Mai 2019

Bumbacher Beat, Es bleiben nur Verlierer beim Brexit – das Resultat zahlreicher Fehler, NZZ online vom 29. März 2019, abrufbar unter: ‹https://www.nzz.ch/international/es-bleiben-nur-verlierer-beim-brexit-ld.1471245›

Büring-Uhle Christian/Eidenmüller Horst/Nelle Andreas, Verhandlungsmanagement, Analyse – Werkzeuge – Strategien, 2. Auflage, München 2017 (zit. Büring-Uhle et al., Verhandlungsmanagement)

Burkeman Oliver/Daniel Kahneman, «We're beautiful devices», The Guardian vom 14. November 2011

Burri Anja/Häuptli Lukas, «Salvator Mundi»: Das Rätsel um das teuerste Bild der Welt, NZZ Online-Magazin vom 5. Oktober 2019

Büttner Dorothee, Sportmoment 2022: Kamila Walijewa – ein Opfer des Systems, SWR Sport online vom 24. Dezember 2022

Carroll Lewis, kommentierte Ausgabe «Alles über Alice», mit Einleitungen und Anmerkungen von Martin Gardner, Hamburg 2002 (zit. Carroll/Gardner, Alles über Alice)

Chang Jung, Big Sister, Little Sister, Red Sister – Three Women at the Heart of the Twentieth-Century China, London 2019 (zit. Chang, Big Sister, Little Sister, Red Sister)

Chernov Ron, Titan: The Life of John D. Rockefeller, SR, New York 1998 (zit. Chernow, Titan)

Churchill Winston, Memoiren – Der zweite Weltkrieg, Band 1 – Von Krieg zu Krieg, Bern/München 1953 (zit. Churchill, Memoiren)

Clavell James, King Rat, London 2006 (zit. Clavell, King Rat)

Clear James, Die 1%-Methode – minimale Veränderung, maximale Wirkung, München 2020 (zit. Clear, Die 1%-Methode)

von Collani Gernot, Modifizierte deutsche Versionen des Narcisstic Personality Inventory (NIP-d), in: Daniel Danner/Angelika Glöckner-Rist (Hrsg.), Zusammenstellung sozialwissenschaftlicher Items und Skalen, Online-Portal 2014 (zit. Collani, Modifizierte deutsche Versionen des Narcisstic Personality Inventory)

Collins Jim, Der Weg zu den Besten – Die sieben Management-Prinzipien für dauerhaften Unternehmenserfolg, Frankfurt am Main 2011 (zit. Collins, Der Weg zu den Besten)

Conn Charles/McLean Robert, Bulletproof Problem Solving, Komplexe Probleme in Unternehmen in 7 Schritten lösen, Weinheim 2020 (zit. Conn/McLean, Bulletproof Problem Solving)

Coulmas Florian, Japan und seine Nachbarn – Tokios sturer Unwille, begangenes koloniales Unrecht einzugestehen, verhindert einen wahren Frieden im ostasiatischen Raum, NZZ online vom 30. Mai 2020

Crowley Michael/Halbfinger M. David, Trump Outlines Mideast Peace Plan That Strongly Favors Israel, New York Times online vom 28. Januar 2020

Chruschtschowa Nina L., «Ermordet sind die Friedensstifter» – wenn Wolodimir Selenski sich gegenüber dem Kreml auf Kompromisse einlassen würde, wäre das innenpolitisch ein äusserst heikler Akt, Gastkommentar in der NZZ online vom 3. Februar 2023

De Mente Boyé Lafayette, The Chinese have a Word for it, Lincolnwood (Illinois) 1996 (zit. de Menthe Boyé, The Chinese have a Word for It)

Dobelli Rolf, Die Kunst des klaren Denkens – 52 Denkfehler, die Sie besser anderen überlassen, München 2011 (zit. Dobelli, Klares Denken)

Dülfer Jost, Im Februar 1945 trafen sich Churchill, Roosevelt und Stalin auf der Krim, NZZ online vom 4. Februar 2020

Dutta Ariran/Folden Hetzel W., Winning Strategies – Secrets to Clinching Multimillion-Dollar Deals, Singapore 2010 (zit. Dutta/Folden, Winning Strategies)

Eberle Henrik, Hitlers Weltkriege, Hamburg 2014 (zit. Eberle, Hitlers Weltkriege)

Ferguson Niall, Feiglingsspieler grillieren unseren Planeten, NZZ vom 27. August 2017

Feindt Michael/Kerzel Ulrich, Prognosen bewerten – Statistische Grundlagen und praktische Tipps, Berlin/Heidelberg 2015 (zit. Feindt/Kerzel, Prognosen bewerten)

Fisher Roger/Ury William L./Patton Bruce, Das Harvard Konzept, Frankfurt am Main 2014 (zit. Fisher/Ury/Patton, Das Harvard Konzept)

Frankopan Peter, Die neuen Seidenstrassen, Berlin 2019 (zit. Frankopan, Die neuen Seidenstrassen)

Frei Michael, Change Management für Führungskräfte, München 2018 (zit. Frei, Change Management)

Frigenti Enzo/Comninos Dennis, The Practice of Project Management, London 2002 (zit. Frigenti/Comninos, Project Management)

Fritzsche Thomas, Souverän verhandeln: Psychologische Strategien und Methoden, Bern 2015 (zit. Fritzsche, Souverän verhandeln)

Fruht Christiane, Konflikte unter sozialpsychologischer Perspektive, anwaltsrevue 4/2013, S. 149 ff. (zit. Fruth, Konflikte)

Fulterer Ruth, Google versucht, die Sympathien der Verlage zu erkaufen, NZZ vom 19. Februar 2021

Füting Ulrich Chr., Troubleshooting im Projektmanagement, Frankfurt am Main/Wien 2003 (zit. Füting, Troubleshooting im Projektmanagement)

GALINSKY ADAM D./MUSSWEILER THOMAS, First Offers as Anchors: The Role of Perspective-Taking and Negotiator Focus, Journal of Personality and Social Psychology 2001, Vol. 81. Nr. 4, S. 657–669 (zit. GALINSKY/MUSSWEILER, First Offers as Anchors)

GALLO CARMINE, Talk Like TED, London 2014 (zit. GALLO, Talk Like TED)

GALLO CARMINE, The Storyteller's Secret, London 2016 (zit. GALLO, The Storyteller's Secret)

GARNER BRYAN A., Black's Law Dictionary, New York 2009 (zit. GARNER, Black's Law Dictionary)

GERSTE ROLAND D., Am Rande eines Atomkriegs: Die Erinnerung an die Kubakrise vor 60 Jahren ist vor dem Hintergrund von Putins Drohnungen umso relevanter, NZZ online vom 11. Oktober 2022

GISSLER DOMINIC, Einsätze wirksam führen, Eine universale Führungstheorie für die Gefahrenabwehr und das Krisenmanagement, Stuttgart 2021 (zit. GISSLER, Einsätze wirksam führen)

GLADWELL MALCOLM, Outliers: The Story of Success, London 2008 (GLADWELL, Outliners: The Story of Success)

GLASL FRIEDRICH, Konfliktmanagement, 11. Auflage, Stuttgart 2013 (zit. GLASL, Konfliktmanagement)

GLASL FRIEDRICH, Konfliktmanagement, 12. Auflage, Stuttgart 2020 (zit. GLASL, Konfliktmanagement 2020)

GILLENKIRCH ROBERT, Definition der Strategie, abrufbar unter: ‹https://wirtschaftslexikon.gabler.de/definition/strategie-43591› (zit. GILLENKIRCH, Definition der Strategie)

GIRSBERGER DANIEL/PETER JAMES T., Aussergerichtliche Konfliktlösung, Zürich 2019 (zit. GIRSBERGER/PETER, Aussergerichtliche Konfliktlösung)

GOODWIN DORIS KEARNS, Team of Rivals, London 2005 (zit. GOODWIN, Team of Rivals)

GORBATSCHOW MICHAIL, Was jetzt auf dem Spiel steht, München 2019 (zit. GORBATSCHOW, Was jetzt auf dem Spiel steht)

GRANT ADAM, Think Again – Die Kraft des flexiblen Denkens, München 2022 (zit. GRANT, Think Again)

GREEN WILLIAM, Über die Kunst, reicher, weiser und glücklicher zu sein, München 2021 (zit. GREEN, Über die Kunst, reicher, weiser und glücklicher zu sein)

GREENE ROBERT, 33 Strategies of War, London 2006 (zit. GREENE, 33 Strategies of War)

GREINER BERND, Henry Kissinger, München 2020 (zit. GREINER, Henry Kissinger)

HABEGGER PHILIPP, Saving Time and Costs in Arbitration, in: Manuel Arroyo (Hrsg.), Arbitration in Switzerland, The Practitioner's Guide, Den Haag 2013 (zit. HABEGGER, Saving Time and Costs in Arbitration)

HABERBECK PHILIPP, Zur Bedeutung und zum Inhalt von Prozesschancenanalysen, Jusletter vom 25. September 2017 (zit. HABERBECK, Prozesschancenanalysen)

HÄFLIGER MARKUS/STEPHAN ISRAEL, Das grosse Missverständnis, Der Bund vom 22. Juni 2019

HAGEMEYER PABLO, Die perfiden Spiele der Narzissten, Hamburg 2021 (zit. HAGEMEYER, Die perfiden Spiele der Narzissten)

HALLINAN JOSEPH T., Why We Make Mistakes, New York 2009 (zit. HALLINAN, Why We Make Mistakes)

HARRIS CHRISTOPHER, Arbitrators and Settlement – A Common Law Perspective, in: Domitille Baizeau/Franz Sporenberg (Hrsg.), The Arbitrators' Initiative: When, Why and How should it Be Used?, ASA Special Series No. 45, Stadt 2016 (zit. HARRIS, Arbitrators and Settlement)

HÄSLER GEORG, Resultat einer modernen amerikanischen Dokrin, NZZ vom 20. September 2022

HEINIGER BASTIAN, Mariela Jaffé erforscht, wie Menschen Wahrheit wahrnehmen, Bilanz 3/2022 (zit. HEINIGER, Mariela Jaffé erforscht, wie Menschen Wahrheit wahrnehmen)

HERRERA TIM, 3 Tips to Have Better Conversations, New York Times online vom 16. September 2018

HEUSSEN BENNO/PISCHEL GERHARD, Handbuch Vertragsverhandlung und Vertragsmanagement, 4. Auflage, Köln 2014 (zit. HEUSSEN/PISCHEL, Handbuch Vertragsmanagement)

HOFFMANN MEIKE/KUHN NICOLA, Hitlers Kunsthändler, München 2006 (zit. HOFFMANN/KUHN, Hitlers Kunsthändler)

HOLIDAY RYAN, The Obstacle is the Way, New York 2014 (zit. HOLIDAY, The Obstacle is the Way)

HÖLTSCHI RENÉ, Feiglingsspiel nähert sich der Entscheidung, NZZ vom 9. Mai 2015

HOSP GERALD, Trumps maximaler Druck bedeutet maximales Risiko, NZZ vom 24. April 2019

JANSEN GABRIELE, Zeuge und Aussagepsychologie, Heidelberg 2022 (zit. JANSEN, Zeuge und Aussagepsychologie)

JOHN D.B., Stern des Nordens, Hamburg 2018 (zit. JOHN, Stern des Nordens, Hamburg 2018)

JOHNSON GERRY/WHITTINGTON RICHARD/SCHOLES KEVAN/ANGWIN DUNCAN/REGNÉR PATRICK, Strategisches Management, Hallbergmoos 2018 (zit. JOHNSON ET AL., Strategisches Management)

JULMI CHRISTIAN, Arbitration in der Spieltheorie, Saarbrücken 2012 (zit. JULMI, Arbitration in der Spieltheorie)

KAESER EDUARD, Auch «hässliches» Wissen muss Gehör finden, NZZ vom 6. Februar 2020

Kaeser Eduard, Unwahrscheinliches geschieht ständig, NZZ vom 20. Juni 2020

Kahneman Daniel, Thinking, Fast and Slow, London 2011 (zit. Kahneman, Thinking, Fast and Slow)

Kahneman Daniel/Sibony Oliver/Sunstein Cass R., Noise – was unsere Entscheidungen verzerrt – und wie wir sie verbessern können, München 2021 (zit. Kahneman et al., Noise)

Kasparov Garry, Deep Thinking, London 2017 (zit. Kasparov, Deep Thinking)

Kissinger Henry A., On China, London 2012 (zit. Kissinger, On China)

Kilchenmann Emanuel/Bérard Stefan, Übertragbarkeit von militärischen Techniken zur Unterstützung der Entscheidungsfindung auf die Praxis des Anwaltsberufs, anwaltsrevue 6/7/2016, S. 265 ff. (zit. Kilchenmann/Bérard, Militärische Techniken)

Klingbacher Barbara, Nicht schon wieder eine Sitzung!, NZZ Folio «Die Macht des Büros», Dezember 2021, Nr. 353 (zit. Klingbacher, Nicht schon wieder eine Sitzung!)

Koller-Tumler Marlis, Das Schlichtungsverfahren im Kanton Bern, in: Jolanta Kren Kostkiewicz/Alexander R. Markus/Rodrigo Rodriguez (Hrsg.), Das Schlichtungsverfahren nach ZPO, Praxis und Umsetzung des obligatorischen Schlichtungsverfahrens in ausgewählten Kantonen, Besonderheiten des Schlichtungsverfahrens im arbeits- und mietrechtlichen Kontext und besondere Entscheidverfahren, Bern 2016 (zit. Koller-Tumler, Das Schlichtungsverfahren im Kanton Bern)

Koppe Karlheinz, Zur Geschichte der Friedens- und Konfliktforschung im 20. Jahrhundert, in: Peter Imbusch/Ralf Zoll (Hrsg.), Friedens- und Konfliktforschung – Eine Einführung, Wiesbaden 2010 (zit. Koppe, Friedens- und Konfliktforschung im 20. Jahrhundert)

Kostka Claudia, Change Management – Das Praxishandbuch für Führungskräfte, München 2016 (zit. Kostka, Praxishandbuch Change Management)

Kuhn Nicola, Vereinbarung über das Erbe von Cornelius Gurlitt: Bund, Bayern, Bern: die Testamentvollstrecker, Der Tagesspiegel online vom 24. November 2014, abrufbar unter: ‹https://www.tagesspiegel.de/kultur/vereinbarung-ueber-das-erbe-von-cornelius-gurlitt-bund-bayern-bern-die-testamentsvollstrecker/11026408.html›

Kurmann Judith, Macrons Risiko am G-7-Gipfel zahlt sich aus, NZZ vom 28. August 2019

Lamla Jörn, Wirtschaftssoziologie, in: Kneer Georg/Schroer Markus (Hrsg.), Handbuch Spezielle Soziologien, Berlin Heidelberg 2010, 663 ff. (zit. Lamla, Handbuch Spezielle Soziologien)

Lampton David M., The Making of Chinese Foreign and Security Policy in the Era of Reform, Stanford 2001 (zit. Lampton, Chinese Foreign and Security Policy)

Langer Marie-Astrid, Man muss Empathie für die Hacker zeigen, NZZ vom 22. Juni 2021

Lanz Martin, Die USA und China erzielen im Handelsstreit einen «Mini-Deal», NZZ online vom 12. Oktober 2019

Lax David A./Sebenius James K., Komplexe Verhandlungen erfolgreich führen, Harvard Business Manager Mai 2013 (zit. Lax/Sebenius, Komplexe Verhandlungen)

Lientz Bennet P./Rea Kathryn P., International Project Management, London 2003 (zit. Lientz/Rea, International Project Management)

Lipp Wolfram/Smolinksi Remigiusz/Kesting Peter, Beyond the First Offer: Decoding Negotiation Openings and Their Impact on Economic and Subjective Outcomes (zit. Lipp/Smolinksi/Kesting, Beyond the First Offer: Decoding Negotiation Openings)

Löb Ladislaus, Geschäfte mit dem Teufel – Die Tragödie des Judenretters Rezsö Kasztner, Köln et al. 2010 (zit. Löb, Geschäfte mit dem Teufel)

Lombriser Roman/Abplanalp Peter A., Strategisches Management, Zürich 2018 (zit. Lombriser/Abplanalp, Strategisches Management)

Lord Winston, Kissinger über Kissinger, Salzburg/München 2019 (zit. Lord, Kissinger über Kissinger)

Lotter Katharina, Drei, zwei, eins ... Eskalation!, NZZ vom 29. Juni 2019

Ludewig Revital/Baumer Sonja/Tavor Daphna, Einführung in die Aussagepsychologie, in: Revital Ludewig/Sonja Baumer/Daphna Tavor (Hrsg.), Aussagepsychologie für die Rechtspraxis – zwischen Wahrheit und Lüge, Zürich/St.Gallen 2017 (zit. Ludewig/Baumer/Tavor, Einführung in die Aussagepsychologie)

Luhmann Niklas, Legitimation durch Verfahren, Frankfurt am Main 2001 (zit. Luhmann, Legitimation durch Verfahren)

Maaravi Yossi/Heller Ben, Buyers, Maybe Moving Second Is Not That Bad After All: Low-Power, Anxiety, and Making Inferior First Offers, frontiers in psychology, 31. Mai 2021, Vol. 12, S. 1 (zit. Maaravi/ Heller, Buyers, Maybe Moving Second Is Not That Bad After All)

Macintyre Ben, The Spy and the Traitor, München 2018 (zit. Macintyre, The Spy and the Traitor)

Maier Philipp/Knobel Judith, Konfliktlösungsstrategien im Gerichtssaal, AJP 2015, S. 551 ff. (zit. Maier/Knobel, Konfliktlösungsstrategien im Gerichtssaal)

Malik Fredmund, Führen Leisten Leben – Wirksames Management für eine neue Welt, St.Gallen 2019 (zit. Malik, Führen Leisten Leben)

Marsa-Maestre Ivan/Lopez-Carmona Miguel A./Velasco Juan R./de la Hoz Enrique, Avoiding the Prisoner's Dilemma in Auction-based Negotiations for Highly Rugged Utility Spaces, Proc. of 9th Int. Conf. on Autonomous Agents and Multiagent Systems (AAMAS 2010), Toronto 2010 (zit. Marsa-Maestre/Lopez-

Carmona/Velasco/de la Hoz, Avoiding the Prisoner's Dilemma in Auction-based Negotiations)

Martin Karin, Gegen alle Logik – Paradoxe Interventionen für Juristen, Anwaltsrevue 8/2015, S. 335 f. (zit. Martin, Paradoxe Interventionen)

Marzolini Paolo, The Arbitrator as a Dispute Manager, in: Domitille Baizeau/Frank Spoorenberg (Hrsg.), The Arbitrators' Initiative: When, Why and How should it Be Used?, ASA Special Series No. 45, Stadt 2016 (zit. Marzolini, The Arbitrator as a Dispute Manager)

Mayer Bernard, Staying with Conflict – A Strategic Approach to Ongoing Disputes, San Francisco 2009 (zit. Mayer, Staying with Conflict)

Meier Philipp, Wie Hildebrand Gurlitt zum Kunsthändler der Nazis wurde, NZZ Feuilleton vom 24. Juni 2020

Meier Philipp, Radikale Lösungen bringen nichts, NZZ-online vom 31. März 2023

Meyer Maren, So werden Meetings nicht zur Qual, Handelszeitung online vom 10. Oktober 2018

Mijares Tomas C./Jamieson Jay D., Case History: Downs v. United States, ‹https://www.cahn.us/html/article_downs_vs_us.pdf› (zit. Mijares/Jamieson, Case History: Downs v. United States)

Mnookin Robert H., Verhandeln mit dem Teufel – Das Harvard-Konzept für die fiesen Fälle, Frankfurt am Main 2011 (zit. Mnookin, Verhandeln mit dem Teufel)

Moosbrugger Thierry, Besser und erfolgreicher streiten – Sagen Sie «und» statt «aber», Das Magazin zur NZZ vom 12. Juni 2021, S. 20

Müller Matthias, Kim testet wieder Raketen, NZZ vom 6. Mai 2019

Müller Ute, Die Baronin und ihr Gespür für Geld, NZZ vom 27. Februar 2021

Münkler Herfried, Politikwissenschafter, im Interview mit der NZZ, «Es gibt Einflusszonen, die die Bündnisfähigkeit von Ländern beschränken», NZZ online vom 25. Januar 2022

Munsinger Harry L./Philbin Donald R., Why Can't They Settle? The Psychology of Relational Disputes, Cardozo J. of Conflict Resolution, Band 18, 2017 (zit. Munsinger/Philbin, Why Can't They Settle?)

Musashi Myiamoto, Das Buch der fünf Ringe, Düsseldorf 1983 (zit. Musashi, Das Buch der fünf Ringe)

Nasher Jack, Deal! Du gibst mir, was ich will!, München 2015 (zit. Nasher, Deal!)

Nasher Jack, Entlarvt!, Frankfurt am Main 2015 (zit. Nasher, Entlarvt!)

Naumann Frank, Die Kunst der Diplomatie, Zwanzig Gesetze für sanfte Sieger, Hamburg 2015 (zit. Naumann, Die Kunst der Diplomatie)

Navarro Joe, Die Psychopathen unter uns, München 2020 (zit. Navarro, Die Psychopathen unter uns)

Neff Benedict, «Der andere Blick»: Deutschland, das Disneyland für kriminelle Clans, NZZ online vom 16. August 2019, abrufbar unter: ‹https://www.nzz.ch/international/deutschland/der-andere-blick-deutschland-das-disneyland-fuer-kriminelle-clans-ld.1502242›

Noll Douglas E., Deescalate – How to Calm an ANGRY person in 90 Seconds or Less, New York 2017 (zit. Noll, Deescalate)

Ockenfeld Axel, Ultimatumspiel, abrufbar unter: ‹https://wirtschaftslexikon.gabler.de/definition/ultimatumspiel-48215›

Omer Haim/von Schlippe Artist, Autorität durch Beziehung – Die Praxis des gewaltlosen Widerstands in der Erziehung, Göttingen 2016 (zit. Omer/von Schlippe, Autorität durch Beziehung)

O'Neill Barry, International Negotiation: Some Conceptual Developments, Annual Review of Political Science, 19. März 2018 (zit. O'Neill, International Negotiations)

Opresnik Marc, Überzeugt! Erfolgreich kommunizieren, präsentieren und verhandeln, 3. Auflage, St.Gallen 2018 (zit. Opresnik, Erfolgreich kommunizieren)

Osório António, On the first-offer dilemma in bargaining and negotiations, Theory and Decision (2020) Vol. 89, S. 179–202 (zit. Osório, On the first-offer dilemma in bargaining and negotiations)

Panja Tariq/Smith Rory, Barcelona and the Crippling Cost of Success, New York Times online vom 12. Februar 2021

Payk Theo R., Psychopathologie – vom Symptom zur Diagnose, Berlin 2021 (zit. Payk, Psychopathologie)

Platz Ernst, Der Vergleich im Schweizerischen Recht, Dissertation St.Gallen 2014 (zit. Platz, Der Vergleich im Schweizerischen Recht)

Powell Jonathan, Great Hatred, Little Room – Making Peace in Northern Ireland, London 2009 (zit. Powell, Great Hatred, Little Room)

Powell Jonathan, Talking to Terrorists – How to end armed conflicts, London 2014 (zit. Powell, Talking to Terrorists)

Pozner Larry S./Dodd Roger J., Cross-Examination: Science and Techniques, Danvers 2004 (zit. Pozner/Dodd, Cross-Examination)

Rhodes Ben, Im Weissen Haus – Die Jahre mit Barack Obama, München 2019 (zit. Rhodes, Im Weissen Haus)

Rhyn Larissa/Forster Christof, Die Kampfjets kommen vors Volk, NZZ vom 17. Mai 2019

Rock Hermann, Erfolgreiche Verhandlungsführung mit dem Driver-Seat-Konzept, München 2019 (zit. Rock, Erfolgreiche Verhandlungsführung)

Röhl Klaus F., Verhandlungstechnik für Juristen, Skript 2002, abrufbar unter: ‹http://rsozblog.de/wp-content/uploads/Roehl_Verhandlungstechnik_-fuer_Juristen.pdf› (zit. Röhl, Verhandlungstechnik für Juristen)

Rosling Hans, Factfulness, Berlin 2019 (zit. Rosling, Factfulness)

Rüesch Andreas, Wer ist Jake Sullivan?, NZZ vom 8. Oktober 2021

Rüesch Andreas, Einen Frieden wird es mit Putin nicht geben, NZZ online vom 20. Januar 2023

Sadler Mathew/Regan Natasha, Zeitwende im Schach – AlphaZeros bahnbrechende Strategien und die Verheissungen der KI, New in Chess 2019 (zit. Sadler/Regan, AlphaZero)

Scheffold Frank, Primat der Wissenschaft, NZZ vom 18. Mai 2020

Schmalbach Bjarne/Zenger Markus/Tibubos Ana Nanette/Borkenhagen Ada/Strauss Bernhard/Elmar, The Narcissistic Personality Inventory 8: Validation of a Brief Measure of Narcissistic Personality, International Journal of Psychological Research (Int J Psychol Res [Medellin]). Juli-Dezember 2020, Nr. 13(2), S. 68–77 (zit. Schmalbach et al., The Narcissistic Personality)

Schmid Roland, Was ist Prozessrisikoanalyse?, ZZZ 2022, 140 ff. (zit. Schmid, Was ist Prozessrisikoanalyse?)

Schmid Ulrich M., Wladimir Putin gefällt sich als Rätsel – der russische Präsident präsentiert ein sorgfältig konstruiertes Selbstbild, NZZ online vom 31. Januar 2022

Schopenhauer Arthur, Parerga und Paralipomena, 2 Bde., Zweiter Band, 1851 (zit. Schopenhauer, Parerga und Paralipomena)

Schranner Matthias, Verhandeln im Grenzbereich – Strategien und Taktiken für schwierige Fälle, München 2001 (zit. Schranner, Verhandeln im Grenzbereich)

Schranner Matthias, Der Verhandlungsführer, Salzburg 2013 (zit. Schranner, Der Verhandlungsführer)

Schütz Jürg Gian, Mediation und Schiedsgerichtsbarkeit in der Schweizerischen Zivilprozessordnung, Dissertation Bern 2009 (zit. Schütz, Mediation und Schiedsgerichtsbarkeit)

Shorto Russel, Rembrandt in the Blood: An Obsessive Aristocrat, Rediscovered Paintings and an Art-World Feud, New York Times online vom 27. Februar 2019, abrufbar unter: ‹https://www.nytimes.com/2019/02/27/magazine/rembrandt-jan-six.html›

Shum Desmond, Chinesisches Roulette, München 2021 (zit. Shum, Chinesisches Roulette)

Sieber Frank/Hardegger Angelika, Bundesrat will «Klärungen» beim Rahmenabkommen und warnt vor «Schweizer Brexit», NZZ vom 7. Juni 2019

Siemann Wolfram, Metternich – Stratege und Visionär, München 2022 (zit. Siemann, Metternich)

Silver Nate, The Signal and the Noise, London 2020 (zit. Silver, The Signal and the Noise)

Sommer Theo, China First, München 2019 (zit. Sommer, China First)

Souchon Lennart, Claus von Clausewitz: Strategie im 21. Jahrhundert, Hamburg et al. 2012 (zit. Souchon, Strategie im 21. Jahrhundert)

Speicher Christian/Kohler Alexandra/Manz Kaspar, Warum die Interpretation der Reproduktionszahl nicht immer so einfach ist, NZZ online vom 18. Mai 2020

Sporer Siegried/Köhnken Günter, Nonverbale Indikatoren von Täuschung, in: Revital Ludewig/Sonja Baumer/Daphna Tavor (Hrsg.), Aussagepsychologie für die Rechtspraxis – zwischen Wahrheit und Lüge, Zürich/St.Gallen 2017 (zit. Sporer/Köhnken, Nonverbale Indikatoren von Täuschung)

Sprenger Reinhard K., Gib dem Zufall eine Chance, NZZ vom 28. Oktober 2019

Sprenger Reinhard K., Magie des Konflikts – Warum ihn jeder braucht und wie er uns weiterbringt, München 2020 (zit. Sprenger, Magie des Konflikts)

Stangl Wolfgang, Ankereffekt, abrufbar unter: ‹https://lexikon.stangl.eu/5691/ankereffekt/› (zit. Stangl, Ankereffekt)

Steinvorth Daniel, Schweizer Parlamentarier enttäuscht von der EU, NZZ vom 11. November 2021

Stein-Wigger Matthias, Aussagepsychologie im Zivilrecht, in: Revital Ludewig/Sonja Baumer/Daphna Tavor (Hrsg.), Aussagepsychologie für die Rechtspraxis – zwischen Wahrheit und Lüge, Zürich/St.Gallen 2017 (zit. Stein-Wigger, Aussagepsychologie im Zivilrecht)

Suppan Arnold, The Imperialist Peace Order in Central Europe, Wien 2019 (zit. Suppan, The Imperialist Peace Order)

Swartz Richard, In Erdogans Schwitzkasten – so als ob man keine Ahnung hätte, was ein Basar ist, hat Schweden angefangen, mit der Türkei über den Preis seiner Nato-Mitgliedschaft zu diskutieren, NZZ online vom 13. Februar 2023

Talbot David, Brothers – The Hidden History of the Kennedy Years, London 2007 (zit. Talbot, Brothers)

Theisen Heinz, Der Westen und die neue Weltordnung, Stuttgart 2017 (zit. Theisen, Der Westen und die neue Weltordnung)

Tetlock Philip E./Gardner Dan, Superforecasting – The Art and Science of Prediction, New York 2015 (zit. Tetlock/Gardner, Superforecasting)

Teytelboym Alexander, Discovering Auctions: Contributions of Paul Milgrom and Robert Wilson, Scand. J. of Economics 2021 Nr. 123(3), S. 709–750 (zit. Teytelboym Alexander, Discovering Auctions)

Thorne T.P.M., Crouching Dragon – The Journey of Zhuge Liang, 2013 (zit. Thorne, Crouching Dragon)

Tribelhorn Marc/Gafafer Tobias, Interview mit Jakob Kellenberger «Überheblichkeit ist eine Form von Dummheit», NZZ vom 3. Oktober 2019

Triebe Benjamin, London darf keine Geschenke erwarten, NZZ vom 20. August 2019

Troczynski Peter/Löhr Dietmar, Verhandlungen gewinnen, Wie Sie durch gezieltes Profiling einkaufen und verkaufen, Hamburg 2018 (zit. Troczynski/Löhr, Verhandlungen gewinnen)

Trump Donald J./Schwartz Tony, Trump: The Art of the Deal, New York 2017 (zit. Trump, The Art of the Deal)

Tversky Amos/Kahneman Daniel, Judgment under Uncertainty: Heuristics and Biases. Science 1974, S. 1124–1131 (zit. Tversky/Kahneman, Judgment under Uncertaintiy)

Tversky Amos/Kahneman Daniel, Advances in prospect theory: cumulative representation of uncertainty, in: Daniel Kahneman/Adam Tversky (Hrsg.), Choices, values and frames, Cambridge 2000 (zit. Tversky/Kahneman, Advances in prospect theory)

Tzu Sun/Cleary Thomas (Hrsg.), The Art of War – Sun Tzu, Boston & London 1988 (zit. Sun Tzu/Cleary, The Art of War)

Griffith Samuel B. (Hrsg.), Sun Zi – Die Kunst des Krieges, Librero IBP 2016 (zit. Sun Tzu/Griffith, Die Kunst des Krieges)

Ury William L., Schwierige Verhandlungen, Frankfurt am Main 1992 (zit. Ury, Schwierige Verhandlungen)

Varian Hal R., Grundzüge der Mikroökonomik, Berlin/München/Boston 2016 (zit. Varian, Grundzüge der Mikroökonomik)

Von Clausewitz Carl, Vom Kriege, Vollständige Ausgabe der acht Bücher, Berlin 2016 (zit. von Clausewitz, vom Kriege)

Von Ledebur Michael, Die Verkehrspolitik wird zum Schlachtfeld der Linken – die Sperrung ganzer Strassenzüge in Zürich ist womöglich nur ein Vorgeschmack, NZZ online vom 23. März 2021 (zit. von Ledebur, Die Verkehrspolitik wird zum Schlachtfeld der Linken)

Vonplon David/Stettelen Michael, Interview mit Uli Sigg, «Wir müssen uns verbessern, wenn wir gegen China bestehen wollen», NZZ vom 17. Januar 2020

Von Senger Harro, Strategeme – Lebens- und Überlebenslisten aus drei Jahrtausenden, Bern et al. 1988 (zit. von Senger, Strategeme – Lebens- und Überlebenslisten)

Von Senger Harro, 36 Strategeme für Manager, München und Wien 2004 (zit. von Senger, 36 Strategeme für Manager)

Von Senger Harro, 36 Strategeme für Juristen, Bern 2019 (zit. von Senger, 36 Strategeme für Juristen)

Von Senger Harro, Moulüe – Supraplanung: Unerkannte Denkhorizonte aus dem Reich der Mitte, München 2018 (zit. von Senger, Moulüe)

Voss Chris/Raz Thal, Kompromisslos verhandeln – Die Strategien und Methoden des Verhandlungsführers des FBI, München 2017 (zit. Voss/Raz, Kompromisslos verhandeln)

Wagner Philipp/Schwarz Joseph, Vorsorgende Vertragsgestaltung, in: Johannes Landbrecht/Simon Gabriel (Hrsg.), Konfliktmanagement im internationalen Rechtsverkehr, Bern 2017 (zit. Wagner/Schwarz, Vorsorgende Vertragsgestaltung)

WALTER KATYA, Chaosforschung, I Ging und Genetischer Code, München 1992 (zit. WALTER, Chaosforschung)

WALTON RICHARD/MCKERSIE ROBERT B., A Behavioral Theory of Labor Negotiations, New York 1965 (zit. WALTON/MCKERSIE, Labor Negotiation)

WATZLAWICK PAUL, Man kann nicht nicht kommunizieren, Bern 2016 (zit. WATZLAWICK, Man kann nicht nicht kommunizieren)

WATZLAWICK PAUL, Menschliche Kommunikation, Bern 2017 (zit. WATZLAWICK, Menschliche Kommunikation)

WEISINGER HENDRIE/PAWLIW-FRY J.P., How to Perform under Pressure, London 2016 (zit. WEISINGER/PAWLIW-FRY, How to Perform UNDER Pressure)

WEISS JEFF/DONIGIAN ARAM/HUGHES JONATHAN, Extreme Negotiations, in: On Mental Toughness, Harvard Business School Corporation 2018 (zit. WEISS/DONIGIAN/HUGHES, Extreme Negotiations)

WELCH JACK/WELCH SUZY, Winning – Das ist Management, Frankfurt am Main 2005 (zit. WELCH, Winning)

WHITE & CASE, Queen Mary University of London, 2018 International Arbitration Survey, abrufbar unter ‹https://www.whitecase.com/publications/insight/2018-international-arbitration-survey-evolution-international-arbitration›

WIDMER PAUL, Die Briten haben besser verhandelt, NZZ vom 18. Januar 2021

WILLMS JOHANNES, Talleyrand – Virtuose der Macht, München 2011 (zit. WILLMS, Talleyrand)

WINKLER PETER, Nordkorea erhöht den Druck auf die USA und Südkorea, NZZ online vom 6. Mai 2019

WINKLER PETER, Huawei ist nur die Spitze des Eisbergs, NZZ vom 22. Mai 2019

WINKLER PETER, Kein Durchbruch zwischen den USA und der Türkei, NZZ online vom 13. November 2019

WOLF GUNTHER, Meetings und Besprechungen effizient und effektiv gestalten, Hamburg 2016 (zit. WOLF, Meetings effektiv gestalten)

WRAGG DAVID, Operation Neptun, London 2014 (zit. WRAGG, Operation Neptun)

WRIGHT PETER L./PRINGLE CHARLES D./KROLL MARK J., Strategic Management, London 1993 (zit. WRIGHT/PRINGLE/KROLL, Strategic Management)

WYSS LUKAS, Juristisches Risk Management und Hedging als Mittel zur Risikokontrolle, Dissertation Bern 2005 (zit. WYSS, Juristisches Risk Management)

ZAMOYSKI ADAM, 1815 – Napoleons Sturz und der Wiener Kongress, München 2014 (zit. ZAMOYSKI, «1815»)

ZAMOYSKI ADAM, Napoleon – Ein Leben, München 2018 (zit. ZAMOYSKI, Napoleon – Ein Leben)

ZHUGE LIANG, Das Dao des Generals, Willich 2016 (zit. Zhuge Liang, Das Dao des Generals)

Zum Autor:

Dr. iur. Lukas Wyss hat in Bern Rechtswissenschaften studiert und 1992 das bernische Anwaltspatent erworben. Nach seiner Arbeitstätigkeit bei einer international tätigen Steuerberatungsgesellschaft in Zürich und im Rechtsdienst einer grossen Versicherung trat er anfangs 1998 in die Advokatur ein. Er absolvierte in den Jahren 2001 und 2002 ein Nachdiplomstudium in internationalem Wirtschaftsrecht an der Georgetown University Law School (GULC) in Washington, D.C. und schrieb anschliessend seine Dissertation zum Thema Risikomanagement und Hedging in Internationalen Wirtschaftstransaktionen und -projekten. Seit 2004 ist er Partner in der heutigen schweizerisch und international tätigen Anwaltskanzlei Bratschi AG. Er berät Unternehmungen beim Aufsetzen und Absichern komplexer nationaler und internationaler Vertrags- und Projektstrukturen, insbesondere bei Technologie-, Bau- und Anlagenbauprojekten sowie bei Wirtschaftstransaktionen im In- und Ausland. Seit vielen Jahren führt er auch Schulungen und Coachings im Bereich der Verhandlungsführung, des juristischen Risikomanagements sowie des Konfliktmanagements durch. Er ist weiter spezialisiert auf Fragen des vertraglichen und ausservertraglichen Haftpflicht- sowie Verantwortlichkeitsrechts.

Lukas Wyss hat über 180 Verfahren vor staatlichen Gerichten sowie vor nationalen und internationalen Schiedsgerichten geführt und diverse Publikationen verfasst. Er tritt unter verschiedenen Schiedsordnungen als Schiedsrichter auf, so etwa unter den UNCITRAL, den ICC- sowie den Swiss Rules of International Arbitration. Seit dem 1. Juni 2019 ist er Mitglied des Swiss Chambers' Arbitration Institution (SCAI) Court.

Lukas Wyss ist verheiratet und Vater von drei erwachsenen Kindern.

Mehr zum Autor unter ‹https://www.bratschi.ch/team/lukas-wyss›.

Stichwortverzeichnis

Symbole
6-Pager 237

A
Abhängigkeiten 266, 279, 291
Abschlussdruck 374
Abschreckung, nukleare 70
Absicherungsmassnahme 301
Absichten der anderen Partei, wahre 110
Ad-hoc-Publizität 316
Advokatus Diaboli 260, 519
Advokatus Diaboli-Ansatz 254
Aktionsplanung, militärische 28
Akzeptanz 448
Albright, Madeleine 90f., 329
Alexander der Grosse 138
Allianzen 275, 277, 300, 446, 455, 468, 470
Alternative Dispute Resolution, ADR 499
Alternativen 26, 55, 66, 306, 363
Alternativgeschäft 55
Ambiguitätstoleranz 352
Analyse 28, 30, 77, 186, 268, 269, 287, 396, 414
Analysekriterien 299
Angriffe, persönliche 462
Anker werfen 177, 291, 378
Antizipieren 137
«Appeasement-Politik» 142
Approximation 251
Aspekte
– geschichtliche 282
– kulturelle 131, 282
Auftragsklärung 323
Auktion 162, 338, 393, 394, 395
Ausleuchten 435, 443
Ausweichen und Verzögern 97
Autoritäten 178

B
BATNA 27, 218, 279, 300, 306, 363, 367, 399
– Bewertungsfunktion 305
– Eignungsprüfungsfunktion 304
– Schutzfunktion 303
Bayes'sches Theorem 251
Bedingungen 383
Begriffsklärungen 466
Beharren und Widerstand leisten 101
Bereichsanalysen 245
Betrugsversuche 462
Beurteilungskriterien 363, 364
Beziehungsaspekt 156, 189
Beziehungsaufbau 34, 182, 189, 318
Beziehungsebene 34, 274, 358, 428
Beziehungsfalle 359
Beziehungspflege 182, 189
Beziehung, Wendepunkt 438
Bias 166, 247
Black Magic 104
Black Swan-Konzept 297
Blair, Tony 133
Blinken, Antony 30, 80
Blitzkrieg 147
Blockadetechniken 461
Break-up fee 110
Brexit-Verhandlungen 367, 383
«Broken Record»-Taktik 452
Brücke, goldene 71, 448, 450, 458
Burgfriede 151

C
Campaigning 416
Carve-out 286, 445
Castro, Raul 423
Change Management 424
Chaostheorie 248, 259
Chicken Game 67, 86
China 54

Clausewitz, Carl Philipp Gottlieb von 55, 78, 84, 101, 134 f., 138, 269, 496
Confirmation Bias 174, 186
Conflict Avoidance Trap 406
Corona-Krise 257
Cortés, Hernán 69

D
Datenschutz 44
– DSGVO 44
D-Day 105
Dean, James 67, 69
Debiasing 339
Debriefing 400, 521
Decoy-Effekt 71
Deeskalation 466, 489
Deeskalationsmethode, dreistufige 417
Deeskalationsstrategien 463
Deeskalationstaktik 488
Deeskalationstechniken 159
Dembélé 95
Denkfallen 166
Denkmuster 166
Die Kunst des Krieges 77, 134
Dilemma 486
– ethisches 472
– moralisches 472, 477
Disputo, ergo sum 17
Dokumente
– inoffizielle 382
– offizielle 382
Dokumentenebene 34, 36, 432
Dokumentenmanagement 242
Dreh- und Angelpunkte 270
Drohpunkte 52, 57, 218
Drohungen 462
Druckausübung 80
– indirekte 96
Druckstrategien 81
– rechtliche Grenzen 87
DSGVO 44
Dynamik 270, 297

E
Ebene
– externe Kommunikation 34
– interne Kommunikation 34
– verhandlungsprozessuale 34, 35, 431
Einmalsituationen 66
Emotionen 372
Empathie, taktische 203
Enthüllungsstrategem 89, 110, 119, 221, 373
Enthüllung von Verdecktem 89
Entscheidungsbaum 302, 308
Entscheidungstheorien, rationale 155
Erdogan, Recep Tayyip 85, 96, 173, 447, 449
Erstangebot 338 f.
Erwartungsdifferenz 405
Eskalation 83, 86, 348, 380, 492
– kontrollierte 420
– Stufenmodell 411
Eskalation der Angelegenheit, obere Managementstufe 455
Eskalationsdynamik 480, 486
Eskalationsstrategie 84
Eskalieren 69
Etappenziele 136
Exit-Strategie 399, 457
Exklusivität 315
Experience Bias 178, 248

F
Faustpfand 55, 56, 57, 229, 230, 371, 449, 459
Faustregeln 255
FBI 198
Fehler, statistische 178
Feiglings-Spiel 67
Final Offer Arbitration 72
First Mover 338
First Mover-Vorteil 339
Fokusstrategien 139
Forderungen, nachgeschobene 460
Foresight Bias 176
Fragen

– moralische 486
– rhetorische 351
– vier grosse 38
Fraktale 249
Framing 175

G
Game Plan 136
Geduld 341
Gefangenen-Dilemma 64
Gegenultimatum 93
Geheimhaltungsvereinbarungen 47
Gelegenheiten, Ergreifen von 91
Gericht 503
Gerichtsprozess 55
Gerichtsstand 43
Gesamtstrategie 188
Geschäftsgeheimnisse 47
Gesichtsverlust 92
Gesichtswahrung 84, 96
Getting to No 200
Getting to Yes 17
Gewinnhoffnung 167
Glasl, Friedrich 410
Glaubwürdigkeit 93
Good guy – Bad guy 129
Grundregeln, erfolgreiche Kommunikation 191
Grundtypen, von Verhandelnden 183
Gültigkeitshindernisse 43
Gurlitt, Cornelius 353
Gutachten 501

H
Haftung, vorvertragliche 43
Hälftig teilen 57
Halo Effect 176
HALT-PSP-Analyse 257
Handlungsoptionen 78
Harvard Konzept 17, 103, 142
Heuristiken 155
Hindsight Bias 176, 248
Hybridstrategien 139

I
Ich-Botschaften 193
Ich teile – du wählst 70
Ideologie 173
Indifferenzpreis 52
Informationen 58, 219
– asymmetrische 58, 221
– Bewertung 294
– unvollständige 58, 176, 177, 221
Informationsaustausch 323
Informationsbeschaffung 140, 268
Inhaltsaspekt 156, 189
Initiative 227
Inkonsistenzen 191
Interessen 279
– gemeinsame 282
Interessenlagen, Klärung 323
Intervention, paradoxe 421, 464
Irrationalität 89
Irreversibilität 72

J
«Ja»-Sagen, Macht 211
Johnson, Boris 367, 466

K
Kahneman 166 f.
Kahneman, Daniel 143, 155, 157
Kamikaze-Strategie 68
Kasparov, Garry 220
Kausalität 249, 251
– falsche 177
Kellenberger, Jakob 85
Kernverhandlungsprozess 325, 335, 337, 412, 512, 517
Killerphrasen 193
Kissinger, Henry 58, 84, 89, 131, 133, 137, 139, 177, 217, 219, 269, 279, 290, 318, 340, 478
Klerk, Frederik Willem de 161
Koexistenz 407
Kommunikation 65, 158, 189, 315, 318
– externe 343, 431
– interne 343, 431

– vier Ebenen 190
Kommunikationsebene 35
Kommunikationsstörungen 361, 439
Kommunikationstechniken 361
Komplexitätstreiber 260, 296, 517
Kompromiss 102
Konflikt 41 f., 405
– Chancen 408
– «heisse» 410
– «kalte» 410
– Umgang 416
– Ursachen 409
– Ursache und Natur 424
Konfliktanalyse 273, 424
Konfliktbeilegung
– Gericht 503
– Prozess 414
– Schiedsgerichte 503
Konfliktdiagnose 417
Konfliktdynamik 466
Konfliktlösung 403
Konfliktmanagement 405
– Grundlagen 408
Konfliktsituationen 42
Konfliktursachen, fünf Verhandlungsebenen 427
Konfuzius 73, 509
Konsistenzfalle 188
Kooperationsgewinn 60
Kooperieren 103
Koreakrieg 319
Körpersprache 190
Korrelation 249
Kostenrechnungen 308
Kreuzverhörtechniken 127
Kuba 212, 416
Kuba-Krise 450 f.
Kuchen 53
Kunden-Profiling 389

L

Labeling 201, 441
Lage, Beurteilung 293
Langzeitprognosen 257

Lasker, Emanuel 341
Leitplanken 324, 379
Letzte-Minute-Änderungen 459
Leverage 229, 292, 357
– wahrgenommene 292
Liang, Zhuge 61, 268, 320, 321
Liking Bias 175, 178
Lincoln, Abraham 75
List und Täuschung 104
Logrolling 280
Loss aversion Bias 179
Lösungen
– kreative 352
– massgeschneiderte 62
Lösungsfindung, gemeinsame 438
Lösungsvarianten 71, 293
Lügen 112, 114, 117, 119, 126, 281, 473, 482, 485, 493
Luhmann, Niklas 35

M

Macron, Emmanuel 478
Mahabharatha 104
Malik, Fredmund 30
Management, strategisches 29
Mandela, Nelson 161, 415, 469
Mandelbrot, Benoît 248
MAPP 27, 205, 218, 244, 279, 281, 283, 304, 335, 345, 378
– Verhältnis zu ZOPA 284
MAPP-Strategie 27, 298
Markenrechtsverletzungsprozess 54
Massnahmenliste 241
Massnahmen, vertrauensbildende 131, 209 f., 213, 215, 300, 318, 361, 371, 415, 420, 430, 434, 436, 445, 483
Mayer, Bernard 81
May, Theresa 93, 367
Mediation 397, 500
Meeting 235
Meilensteine 343
Memorandum of Understanding 286
Metternich, Fürst von 99, 107, 276
Mischformen 128

Missverständnisse 360
Moderationszyklus 448
Molotow-Ribbentrop-Pakt 383
Momentum 78, 231
Motive 279
– gemeinsame 282
Muster, vierfache 167
Must haves 283, 290, 299, 379

N
Nachgeben 100
Napoleon 28, 57, 66, 84, 138, 422
Narcisstic Personality Inventory-Tests (NPI-Tests) 481
Narzissmus 481
Nash-Gleichgewicht 68
Nash, John 68
NDA 47
Negotiation Map 25, 33
Nichteinigungskosten 244, 483 f., 486, 498
Nichtintervention 99
Nixon, Richard 320
No deal is better than a bad deal 303
Noise 166, 180, 181, 247, 254, 256
Noll, Douglas E. 417
Non-Disclosure Agreements 47
Nullsummenspiel 58
Nutzenrechnungen 308

O
Obama, Barack 94, 158, 200, 212 f., 416, 423
Ombudsverfahren 500
Operation Barbarossa 135
Opfersymmetrie 453
Optionen 129

P
Parteien
– eigentliche Interessen 352
– Erfahrungshorizont 448
Patentrechtsverletzungsprozess 54
Pattsituation 84

Performance Pressure Paradox 165
Personen, paranoide 481
Perspektivenwechsel 192, 337, 339, 348 f., 397, 439, 465
Pledges 371
Polarisierung 421
Positionen 279
Postnormalität 29
Powell, Jonathan 133, 344, 477, 487
Prädikatoren 251
Praktiker-Forscher Paradoxon 338
Prämortem-Diskussion 260, 519
Preisdiskussionen, reine 388
«Premortem»-Methode 256
Prioritäten 135, 261, 267, 281, 299, 376, 487, 498, 511, 516
Priors 251, 253, 255 f., 261, 310, 516
Prisoner's Dilemma 64
Profiling 46
Prognose 244, 254 f.
– Anforderungen 254
– Fehlerquellen 247
– Grenzen 260
– relevante 251
Prognoseprozess 260
Projektcontrolling 243
Projektmanagement 19, 28, 66, 134, 224 f.
Prospect Theory 143, 167
Protokoll 241
Provokation 107, 356, 421, 429, 462
Prozesschancen 498
Prozesse 17
Prozessieren 496
Prozessrisikoanalyse 308, 310
Psychologie 155, 188
– und Verhandlungstaktik 198
Punktanalysen 245
Putin, Wladimir 80, 82 ff., 91, 96, 111, 187, 211, 213, 233, 289, 447, 480

Q
Quan, Li 83

R

Race to the court 497
Rahmenbedingungen, rechtliche 292
Rechtsdurchsetzung 407
Rechtsnormen, zwingende 43
Rechtswahl 43
Redaktionshoheit 366
Redaktion, Vereinbarungsdokument 365
Redundanz 159
Reframing 441, 443, 460, 463
Reframing-Techniken 440
Reinvestierungsstrategie 166
Reserve, strategische 365
Reziprozität 101
Reziprozitätsfalle 188
Rhetorik 52, 193, 198 f., 210
– destruktive 194
Rhythmus 232
Rijn, Rembrandt van 353
Risikoanalysen 261
Risikomanagement, juristisches 293
Road and Belt-Initiative 134
Rückkoppelungen 159, 266, 273, 279, 291
Rückschaufehler 176
Rückzugsmöglichkeiten 69

S

Sachebene 34 f., 279, 430
Sackgassen 323, 366, 465, 513, 518
Sadat, Anwar 415
Schachspiel 138
Schadenersatzverhandlungen 54
Schiedsgericht 503
Schiedsgutachten 501
Schiedsklausel 43
Schutzmassnahmen, angemessene 49
Schweigen ist Gold 194
Scripting 74, 401, 524
Second Mover 339
Selenski, Wolodimir 213, 289
Self-serving Bias 179
Senger, Harro von 78, 100, 209
Shock and awe 147

Show Bias 175
Sicherheiten, finanzielle 384
Sideletter 383
Sitzung 235
Sofortmassnahmen 312, 419
Spiegeltechnik 201
Spiegelungsstrategien 463
Sprungbrett-Technik 397
Stakeholder 26, 153, 274, 346
– Mapping 275
Standesrecht 49
Stay positive – name the game – change the game 438
Story Bias 175
Storytelling 445
Stossmich – Ziehdich 305
Strategeme 78, 106, 184
– chinesische 78
Strategie. s. Verhandlungsstrategie
Strategiebewertung 244
Strategieentwicklung 298
Strategiepapiere 137
Strategieüberprüfung 301
Streitbeilegung (ADR), alternative 455
Streitbeilegungsmechanismen 76
Stufenmodell 134, 214
– der Eskalation 411
Sunk Cost Bias 176
Superforecasting 294
Survivorship Bias 177
Sympathiefalle 181, 188, 211
Systemtheorie 158
Szenarien. s. Verhandlungsszenarien
Szenariendenken 261
Szenario-Analysen 246

T

Tagesordnungsliste 238
Take It Or Leave It 92
Talleyrand-Périgord, Charles-Maurice de 66, 84, 102, 128, 269, 330, 453
Team 329
Teammitglieder, Rolle 183
Teamstrategie 326

TED Talks 176
Teufel 472
Teutoburger Wald 105
The Big Four 38, 270
Theorie, ökonomische 73
Think out of the box 352
Thukydides-Falle 412
Timing 232
TIOLI 27, 92
To do-Liste 241
Tradeables 283
Traktandenliste 238
Transaktionskosten 55
Trendanalysen 245
Trendwendeanalysen 245
Tricks, schmutzige 42
Troja 105
Trump, Donald J. 467
Tse, Lao 28
Tversky, Amos 143, 167
Twain, Mark 29, 440
Typ I-Verhandlungen 509, 510
Typ II-Verhandlungen 509, 515
Tzu, Sun 19, 28 f., 33, 77 f., 81, 97, 105, 110, 133 f., 140, 151, 220, 227 f., 231, 268, 298, 302, 346, 370, 372, 434, 496

U
Überraschungsangriff 57, 101
Übersummation 159
Übertreibungen 461
Ultimatum 67, 74, 80, 92, 452, 457, 465
Ultimatumssituation, umgekehrte 370
Ultimatums-Spiel 73
Umarmungstaktik 210
Umdeutungs-Techniken 440
Unterschriftsberechtigung, unterzeichnende Personen 387

V
Varianten 70
Veloprinzip 487
Verbündete 446
Vereinbarungen
– Finalisierung 387
– gestaffelte 382
Verfahren Legitimation 35
Verflechtungen 266, 279, 291
Verhandlungen 18, 25, 75, 496
– Abschluss 374
– analysebasierte 42
– blockieren 396
– distributive 165
– Drohpunkt 53
– Dynamik 41, 77, 465
– einmalige 145
– erfolglose 152
– erfolgreiche 344
– ergebnisoffene 62
– flexibel 42
– internationale 131
– intuitiver Prozess 30
– kompromisslos 198
– mehrstufige 287
– phasenkonforme 333
– Planung 267
– rechtlicher Rahmen 42
– Staffelung 285
– stocken 396
– Struktur 342
– strukturierte 145
– unstrukturierte 145
– unter Druck 165
– wiederkehrende 145
Verhandlungsablauf 312
Verhandlungsansätze, spieltheoretische 52, 63
Verhandlungsbereitschaft 218
Verhandlungsdilemma 59, 82
Verhandlungsdurchführung, systematische 224
Verhandlungsdynamik 63, 77, 79, 465
– positive und negative 128
Verhandlungsebenen, fünf 34
Verhandlungsführung 25
– Anwältinnen und Anwälte 49
– dynamisch-flexible 139
– erfolgreiche 151

- flexible 148
  wichtigste Punkte 510
- Grundsätze der psychologischen 199
- Kommunikation in der 155
Verhandlungsführungsprozess 26, 37
Verhandlungskanäle 196
Verhandlungslandkarte 25, 33, 39
Verhandlungslandschaft 77
Verhandlungslösungen, Evaluation 363
Verhandlungsmacht 53, 221, 229, 292, 371
Verhandlungsmodelle
- distributive 52
- idealtypische 52
- kooperative 60
Verhandlungsoptionen 26, 283, 362
Verhandlungsorganisation 312
Verhandlungsort 313
Verhandlungspaket 337, 372
Verhandlungspausen 488
Verhandlungsplanung 293, 401
Verhandlungsplanung, systematische 224
Verhandlungsprozess 25, 261, 263
- fünf Phasen 38
Verhandlungsrhythmus 342
Verhandlungsschlaufe, negative 214, 216
Verhandlungsspirale, positive 214, 215, 412
Verhandlungsstil
- analysebasierter 19
- dynamisch-flexibler 19
- kooperativer 42
- systemisch-konzeptioneller 19
Verhandlungsstrategie 19, 25, 28, 30, 74, 77f., 133f., 136, 139f., 188, 221, 247, 261, 267, 270, 278f., 281, 293, 298, 300, 304, 329, 509
- analysebasierte 357
- Bedeutung 133
- defensive 185
- Festlegung 298
- flexible 29
- Grundtypen 139

- harte 139f., 184
- kompetitive 42, 139
- konfrontative 231
- kooperationsorientierte 144
- kooperative 142, 357
- laufend überprüfen 138
- semi-kooperative 71, 144
- Wahl der geeigneten 149, 299
- weiche 141
Verhandlungsszenarien 74, 270, 295, 303, 329
- Entwicklung 294
Verhandlungstagebuch 521
Verhandlungstaktik 25, 28, 30, 133, 137, 188, 221, 247, 267, 278, 293, 298, 300, 329, 336f., 509
- Festlegung 298
- gemischte 128
- harte 41, 106, 144
- kooperative 144
- listenreiche 108
- rechtliche Schranken 44
- Risiken listenreicher 108
- überaggressive 230
- unfaire 458, 463
- variieren 302
Verhandlungstechniken 25
Verhandlungs-Tools 235
Verhandlungsumfeld 19f., 31, 37, 62, 131, 133, 161, 208, 219, 229, 244, 259, 268, 270, 293, 357, 415, 438, 447, 492, 494, 515
Verhandlungsumgebung 40
Verhandlungsversprechen, bedingtes 371
Verhandlungsziel 28, 29, 30, 77, 261, 278, 283, 285f., 298f., 329, 332
Verlustaversion 167
Vermittler 212, 446, 454, 499
Vernehmlassungen, interne 137
Verschleierungsversuche 462
Versprechen 380
Verständnisklärungen 466
Verstrickungsfalle 188

Versuchsballon 221, 280, 324, 356, 372, 513, 519
Vertragsbruch 293
Vertragsdokument, schriftliches 382
Vertrauen 65
Vertrauensaufbau 34, 318
Vertraulichkeit 315
Verzerrungen, kognitive 160
Verzögerungstaktik 461
Vietnamkrieg 383
Vinci, Leonardo da 162
Vision 217
– gemeinsame 445
Vom Kriege 78
Vorausschau-Fehler 176
Voraussicht 28
Vorbedingungen 288
Vorgespräche 287
Vorhersagen 295
Vorwirkungseffekt 503
Vorwürfe 464
Voss, Chris 181, 183, 198, 208, 220

W

Wahlmöglichkeit 362
Wahrnehmung 157
Wahrnehmungsprozess 410
Wahrscheinlichkeit, bedingte 251, 308
Wahrscheinlichkeitsberechnungen 247
Wahrscheinlichkeitsdichten 247, 260
Wahrscheinlichkeitsverteilung 247
Warm-up 317
Watzlawick, Paul 156, 189, 271 ff., 416
Wer fragt, führt – wer argumentiert, verliert 345
Werkzeugkiste 151, 235
Wettbewerbsargument 55, 391
Wiederholung, rhetorische 349
Wiederholungssituation 66
Wiener Kongress 128
Window of Opportunity 414 f., 487
«Win-lose»-Strategien 52, 139
Winner's Curse 179
«Win-win»-Lösungen 323

Z

Zedong, Mao 318 f.
Zeitdruck 460
Zeitplan 241
Zhuge Liang 61
ZOPA 27, 217, 244, 283, 300, 335
– Verhältnis zur MAPP 284
Zugeständnisse 371
Zukunftsszenarien 245
Zwischenergebnisse 381
Zwischenziele 136